博纳敏行

首都经济贸易大学
2022届本科生优秀论文集

主 编 李小牧
副主编 刘 强 孙 亮

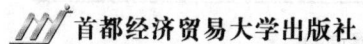

首都经济贸易大学出版社
Capital University of Economics and Business Press
·北京·

图书在版编目(CIP)数据

博纳敏行:首都经济贸易大学2022届本科生优秀论文集/李小牧主编. —北京：首都经济贸易大学出版社, 2023.10
ISBN 978-7-5638-3515-7

Ⅰ.①博… Ⅱ.①李… Ⅲ.①社会科学—文集 ②自然科学—文集 Ⅳ.①G427

中国版本图书馆 CIP 数据核字(2023)第 087424 号

博纳敏行——首都经济贸易大学2022届本科生优秀论文集
BONA MINXING——SHOUDU JINGJI MAOYI DAXUE
2022 JIE BENKESHENG YOUXIU LUNWENJI

主　编　李小牧
副主编　刘　强　孙　亮

责任编辑	王　猛
封面设计	风得信·阿东 FondesyDesign
出版发行	首都经济贸易大学出版社
地　　址	北京市朝阳区红庙（邮编100026）
电　　话	（010）65976483　65065761　65071505（传真）
网　　址	http://www.sjmcb.com
E-mail	publish@cueb.edu.cn
经　　销	全国新华书店
照　　排	北京砚祥志远激光照排技术有限公司
印　　刷	北京九州迅驰传媒文化有限公司
成品尺寸	170毫米×240毫米　1/16
字　　数	628千字
印　　张	32
版　　次	2023年10月第1版　2023年10月第1次印刷
书　　号	ISBN 978-7-5638-3515-7
定　　价	75.00元

图书印装若有质量问题,本社负责调换
版权所有　侵权必究

目 录

京津冀地区景观格局演变及驱动因素分析 ………………… 高天翔 / 1

企业 ESG 表现对商业信用的影响研究 ……………………… 余苏闽 / 22

家庭结构、代际支持与退休老年人再就业 …………………… 孙妍雨 / 55

数字劳工的政治经济学分析 …………………………………… 王逸飞 / 75

OFDI 对中国制造业全球价值链升级的影响 ………………… 焦澳东 / 98

数字经济发展与全球价值链嵌入
　　——基于跨国面板数据的经验研究 …………………… 余纪磊 / 118

国有股权参股会改变企业成本粘性吗？ ……………………… 朱明轩 / 136

资本市场相信"人设"吗？
　　——独董辞职潮下会计盈余质量的调节作用研究 …… 刘菁湘 / 155

教育扶贫的成效及机制
　　——基于国家实施班班通工程的研究 ………………… 陈秋月 / 176

新生代竞争意愿的性别差异实验研究 ………………………… 柯　畅 / 198

电商直播环境下主播特征对消费者购买意愿的影响研究
　　………………………………………………………………… 陈雅萱 / 212

北京市财政科技支出绩效评价研究 …………………………… 康沁怡 / 244

论二次创作短视频的合理使用 ………………………… 刘俣彤 / 266

金融科技对商业银行盈利性的影响
————以中国上市商业银行为例 ………………………… 赵 宇 / 287

ESG 表现对债券信用利差影响的研究 ………………… 朱浩天 / 327

股权结构对企业创新的影响研究 ……………………… 徐巧楚 / 343

EM 与 VBEM 算法在聚类与分类中的对比研究 ………… 张广莹 / 376

上市中小企业信用风险预测研究
————基于 Logistic 回归和随机森林算法 ……………… 彭丽红 / 404

控股股东股权质押对企业社会责任的影响研究 ………… 赵婧伊 / 447

基于机器学习的碳价格预测研究 ……………………… 唐雪涵 / 473

京津冀地区景观格局演变及驱动因素分析

城市经济与公共管理学院　　高天翔　　指导教师：任艳姣

摘要：随着经济迅速发展，我国城市大规模扩张、土地利用状况出现改变，土地利用状况变化又引起景观格局改变，产生农村空心化、农业发展受损、土地沙漠化等问题。本研究以京津冀地区为研究对象，基于 ArcGIS 空间分析、Fragstats 景观格局指数分析及 SPSS 因子分析等方法，对该区域 1990—2015 年间的景观格局演变及驱动因素进行分析，结果表明：京津冀地区在研究时段内土地利用状况变化较大，尤其是耕地与建设用地，耕地大量转化为建设用地；西北部的景观格局较为稳定，东南部的景观格局有较大变动，建设用地斑块向外扩张并侵占耕地斑块，耕地面积大幅减少，景观分割度上升，斑块破碎化，人为干预增多，景观类型增加，景观多样性、均匀度、异质性增加；影响景观格局演变的关键因素包括经济水平、城市建设、城乡人口、污染物排放；其中经济因素的表现尤为突出，包含经济生产总值、居民储蓄存款与固定资产投资三个变量。本文的研究结果可为区域土地利用规划及景观生态规划实践提供科学依据。

关键词：景观格局，演变，景观指数，驱动因素

1　引言

1.1　研究背景与意义

我国幅员辽阔，土地资源绝对总量大，但由于人口众多，所以相对数量较低，土地资源供给跟不上需求。随着国家越来越重视土地资源，我国走上了一条探索更加合理、充分利用并保护土地资源的道路，土地利用与景观格局规划逐渐成为新阶段的研究热点。改革开放以来，我国经济快速发展，经济与人口的快速增长，城市化进程不断加快。城镇化过程带来的土地利用类型改变是导致城市景观格局变化和生态系统结构功能转变的重要因素[1]。土地问题越发不容忽视，生态问题日益凸显，景观格局与数十年前相比发生较大变动，且改变还在持续发生，部分不利改变可能危及区域的长期可持续发展。土地利用与景观格局究竟发生了哪些变化，导致这些变化的因素是什么，如何解决土地得不到有效利用甚至出现错误利用的

问题成为生态环境领域研究与实践的热点。因此,区域景观格局演变及驱动因素分析具有极为重要的现实意义。

京津冀地区经济发达,也是我国的政治、文化中心。但随着北京与天津的经济发展以及河北重工业集中,该地区出现了严重的生态问题,如沙尘暴、重污染天气、土地沙漠化等。与此同时,土地利用与景观格局也发生了较大变化,且部分转变对于京津冀地区的生态安全与长期稳定发展十分不利。本研究通过分析京津冀地区景观格局演变情况、探索影响景观格局演变的关键驱动因素,以期在京津冀土地保护及相关研究中发挥作用。

1.2 国内外研究进展

1.2.1 国外研究进展

在 ScienceDirect 上搜索"landscape pattern",截至 2022 年 3 月 31 日,发现相关主题及关键词的文献共 10 675 篇,其中综述性文章 464 篇,研究文章 9 222 篇。国外理论界关于景观格局的研究源于 20 世纪 50 年代,经过数十年的发展,其理论与方法体系不断完善。自 20 世纪 90 年代以来,景观格局问题开始引起国际生态界的高度重视,逐渐成为诸多学者关注的热点,多个国家尝试运用 GIS 技术进行景观格局相关研究,并且取得了一定的进展[2]。国外学者所做的景观格局研究主要包括:Mirghaed 等人利用基于最小数据集和总数据集两种方法的土壤质量指标,评价伊朗西南部肖尔河流域的土壤质量,通过 ArcGIS 软件中的探索性回归分析了土地利用、海拔、坡度和归一化植被指数对土壤质量的影响,以及土壤质量与景观格局特征[3];Estoque 等人利用遥感影像绘制土地利用覆被图(2001 年和 2014 年),并利用空间度量和梯度分析对菲律宾、印度尼西亚、越南和缅甸的景观格局变化进行分析[4];Luck 等人将梯度分析与景观指标相结合,量化美国亚利桑那州凤凰城大都市区的城市化空间模式,沿着一个 165 公里长、15 公里宽的横断面和一个移动窗口计算了景观指标[5];Liu 等人分析了美国得克萨斯州加尔维斯顿湾湿地景观的模式,利用分形维数、多样性等景观指数对历史数据库的空间异质性进行了分析[6];Selinger 等人在法国两个河谷内部各密集测量 2 个研究区,利用两河谷 1/5 000 的植被图,从斑块的大小、数量和形式等方面对景观结构进行了比较,并分析了各景观的扰动特征,讨论了景观指数随农业增长的变化[7];Gustafson 回顾了自 1998 年以来景观格局分析的现状,最先进的方法源于信息论、分形几何、渗流理论、层次理论和图论,三维点云分析法处于积极探索中,但很大程度上依赖于使用分类地图的岛屿–斑块概念模型,除此以外还有二元斑块模型的替代品,如梯度分析,展现了能够促进景观生态学与景观格局研究的巨大潜力[8]。综上所述,国外学者对景观格局的研究集中在实地勘探获取数据或利用遥感影像、使用 Fragstats 软件进行景观格局变化分析,也有学者进行梯度分析与模型分析。

1.2.2 国内研究进展

在中国知网上搜索"景观格局",截至2022年3月31日,发现相关主题的文献共6 753篇,其中学术期刊4 002篇,学位论文2 456篇。目前国内对于景观格局的研究主要集中于景观格局特征、空间结构、分布规律以及扩散等方面。对景观格局的研究方法由传统的定性描述逐步发展为图形叠置与定量统计相结合[2]。主要研究方法包括:非统计学方法、景观格局指数方法、景观生态学模型、空间统计学方法等[2]。我国学者进行的景观格局研究主要包括:刘吉平等人以小三江平原为研究区域,以1955—2010年的地形图和Landsat TM遥感数据为数据源,采用网格分析法研究景观指数的时空分异规律,并分析不同时期人为干扰度对景观格局指数的影响[10];郭少壮等人利用秦岭地区1980—2015年土地利用数据,基于景观格局指数和地表覆盖分类系统,构建景观格局脆弱度指数和人为干扰度,研究了秦岭地区景观格局时空变化及其对人为干扰的响应[11];杨苗等人利用1980年、1990年、2000年、2010年、2017年等5期土地利用数据,分析了白洋淀区域景观类型的时空变化过程及其主要驱动因素,并结合相关规划探讨了白洋淀未来景观格局变化及影响[12];阳文锐采用TM遥感影像为信息源,通过RS解译建立了2003年、2007年和2011年北京市土地利用覆盖空间数据,利用Fragstats对景观格局特征指数进行了计算和分析[1];褚琳等人基于武汉市2005年、2010年和2015年3期景观类型信息,采用CA-Markov模型模拟预测了武汉市2020年自然增长情景下的景观格局发展方向,使用Logistic回归模型分析了景观变化的驱动力,结合InVEST模型评价3期景观格局分布下的生境质量分布和变化[13]。综上所述,我国学者对于景观格局的研究大多以ArcGIS、MapGIS为平台,对TM遥感影像数据进行处理,分析研究区的景观格局时空变化,引用适当的景观指数进行景观分析,或者利用模型进行回归分析,预测景观格局未来发展方向。

1.3 研究内容

1.3.1 京津冀地区景观格局时空变化分析

通过研究土地利用类型图的演变进程、土地利用类型各年份的面积统计数值等方式分析该区域在1990—2015年间的土地利用变化情况;基于Fragstats软件计算景观格局指数并对该区域1990—2015年间景观格局时空变化进行分析。

1.3.2 京津冀地区景观格局驱动因素分析

选择人口、经济、社会环境三个因素,通过SPSS软件的因子分析法筛选出影响该地区景观格局演变的关键驱动因子并进行分析[9]。

1.4 研究方法与技术路线

1.4.1 研究方法

1) 文献归纳法

通过充分阅读现有京津冀地区土地利用状况、景观格局演变、驱动因素分析的相关文献,收集并归纳整理相关数据,为本文研究打下坚实的理论基础。

2) 数据分析方法

综合采用 ArcGIS 生成土地利用状况一级分类图与面积信息表、Fragstats 景观格局指数、SPSS 因子分析等方法,定量与定性分析相结合。

1.4.2 技术路线

首先收集京津冀地区卫星遥感影像数据并进行数据预处理,生成 1990 年、2000 年、2015 年京津冀土地利用图;然后基于土地利用图计算类型水平和景观水平的景观格局指数,分析景观格局时空变化;最后利用因子分析法,分析景观格局演变的人口、经济和社会环境因素,并筛选出关键驱动因子。技术路线图如图 1 所示。

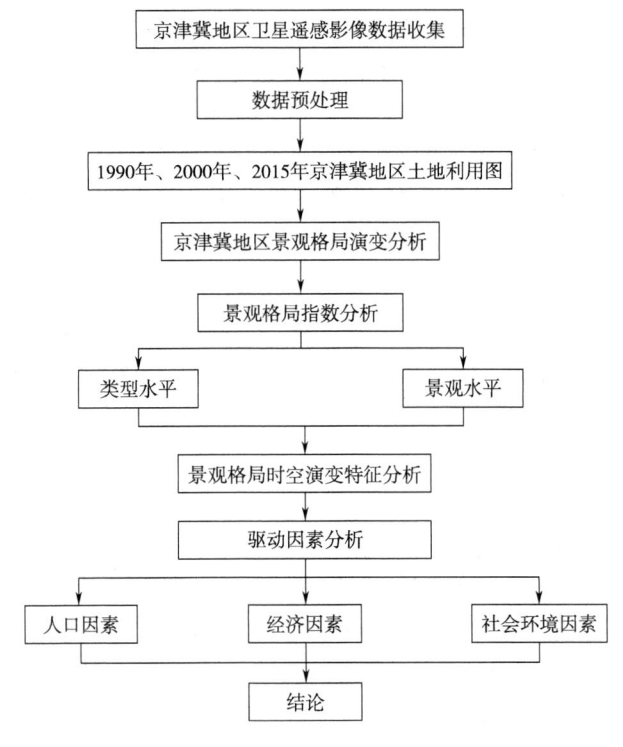

图 1 技术路线图

2 基本概念与理论基础

2.1 景观格局

2.1.1 景观格局概念

景观格局是大小和形状不一的景观嵌块体在空间上的排列[9],因土地利用引起的不同景观类型、数目以及空间分布格局,它反映出地表地物中的自然、生物和社会要素在不同过程中产生的结果[14]。景观格局演化是土地利用/覆盖变化和景观异质性在时空上的直接表现[15]。一切自然营力及人类活动都将引起景观格局的变化,其表现为景观自然变化形式和以人类干扰为特征的非自然变化形式[16]。

2.1.2 景观格局分析方法

景观格局定量分析方法主要有三大类:景观空间格局指数、景观格局分析模型和景观模拟模型[17]。

1) 景观空间格局指数

景观空间格局指数是高度浓缩的景观格局信息,是反映景观结构组成、空间配置特征的简单量化指标,并且是研究景观格局构成、特征的最常用的静态定量分析方法[17]。

2) 景观格局分析模型

景观格局分析模型有空间自相关性分析、趋势面分析、波谱分析、半方差分析、地统计学、亲和度分析等[18]。这些方法都为景观格局分析提供了有效且简捷方便的数学工具[17]。空间自相关性分析在土地利用的空间自相关格局分析、快速城市化景观格局分析、不同景观类型的景观格局分析等方面得到应用[19]。趋势面分析是研究景观要素空间分布规律和模式的重要研究方法[20]。波谱分析是揭示空间格局周期性规律的有效方法[20]。

3) 景观模拟模型

景观模拟模型研究景观格局的动态发展,分析景观要素的变化、景观功能、生物量与生产力的变化等,主要讨论景观各要素类型所占面积的变化——各景观要素类型在一定时期内的面积增减及其分别向其余各种景观要素类型转变的百分率(转移概率),常见的有马尔柯夫模型、元胞自动机模型等[17]。

2.2 景观格局指数

2.2.1 景观格局指数概念

在景观格局分析方法中,景观格局指数的应用最为广泛[21]。景观格局指数是指为了定量分析景观格局而设计的、反映空间配置与景观结构组成某些方面特征的指标[22]。景观格局指数能够通过简单的定量指标反映出景观格局构成和空间配置特征[23]。景观指标类型多样,包括面积边缘指标、形状指标、核心面积指标、差异指标、聚散性指标、多样性指标[24]。每种指标又含有多个指数,需根据研究需要筛选适用的指数。

2.2.2 景观格局指数量化方法

景观格局指数量化方法是生态学中常用的研究方法[25]。景观格局指数通常采用 Fragstats、Apack 和 Patch Analyst 三种软件计算获得[26]。其中 Fragstats 工具最早由俄勒冈州立大学于 1995 年开发并发行,是应用较为广泛的景观格局指数计算工具[27]。此外,景观格局指数可借助于 ArcGIS 技术平台的支持,完成相关数据的获取、分析及可视化。

3 研究区概况

京津冀地处中国华北与东北,涵盖北京市、天津市、河北省三个省市,其中河北省包围着天津市与首都北京市。京津冀地区总面积达 218 000 平方公里,属暖温带大陆性季风气候。京津冀地区东南部为华北平原,西北部为坝上高原,北有燕山、大马群山、七老图山,西有太行山,东临渤海湾。此地区地形种类丰富,按海拔高度从低到高划分,有盆地、平原、丘陵、高原、山地等类型;按地貌类型从低到高划分,有平原、台地、丘陵、小起伏山地、中起伏山地、大起伏山地、极大起伏山地 7 种类型。自 2005 年"十一五"规划开始至今,京津冀地区始终贯彻落实国务院、党中央决策部署,积极推进京津冀协同发展、经济一体化。

4 京津冀地区景观格局演变过程解析

4.1 土地利用时空变化

将京津冀三地区卫星遥感影像栅格数据导入 ArcGIS,通过镶嵌与重分类得到如图 2 所示的土地利用空间分布图。由图 2 可知,研究时段内区域土地利用空间分布整体格局相对稳定,建设用地(即城乡、工矿、居民用地)增加较为突出,北京市增加最明显,其次是天津市与河北省。北京与天津的建设用地大体都围绕一个中心向外逐步开拓、辐射与扩散,河北省建设用地围绕多个零散分布的中心向外扩张。

将栅格数据属性表转为 Excel 表格,如表 1 所示。

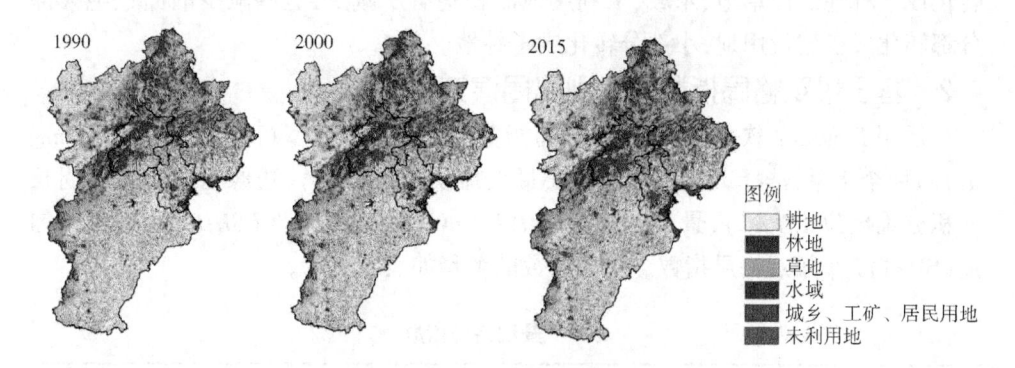

图2　京津冀1990年、2000年、2015年土地利用空间分布

资料来源：中国科学院地理科学与资源研究所资源环境科学与数据中心（https://www.resdc.cn）。

表1　土地利用类型面积统计

土地利用一级分类	面积（km²）		
	1990年	2000年	2015年
1. 耕地	111 793	109 506	107 435
2. 林地	44 564	44 652	44 590
3. 草地	35 537	35 166	34 881
4. 水域	6 220	6 435	6 137
5. 城乡、工矿、居民用地	15 162	17 704	20 525
6. 未利用地	2 261	2 073	1 987

1990—2000年，京津冀地区耕地面积减少2 287平方公里；林地面积增加88平方公里；草地面积减少371平方公里；水域面积增加215平方公里；城乡、工矿、居民用地面积增加2 542平方公里；未利用地面积减少188平方公里。

2000—2015年，京津冀地区耕地面积减少2 071平方公里；林地面积减少62平方公里；草地面积减少285平方公里；水域面积减少298平方公里；城乡、工矿、居民用地面积增加2 821平方公里；未利用地面积减少86平方公里。

总的来看，1990—2015年京津冀地区耕地面积减少4 358平方公里；林地面积在该时段内先增加后减少，总体增加26平方公里；草地面积减少656平方公里；水域面积先增加后减少，总体减少83平方公里；城乡、工矿、居民用地面积增加5 363平方公里；未利用地面积减少274平方公里。

1990—2015年间，京津冀地区耕地与城乡、工矿、居民用地变化最大，耕地面积大量减少，减少的4 358平方公里大部分转化成了城乡、工矿、居民用地，小部分转化成了林地。而草地、水域、未利用地面积均有所减少,这些减少的面积绝大部分都转化成了建设用地,小部分转化成了林地。

4.2 基于景观格局指数的景观格局演变分析

运用 Fragstats 软件进行景观格局指数分析,选取类型(class)与景观(landscape)两个水平,选择斑块密度(PD)、最大斑块指数(LPI)、边缘密度(ED)、周长面积分维数(PAFRAC)、景观分割度(DIVISION)、香农多样性(SHDI)和香农均匀度(SHEI)7 个景观格局指数。对各指数的解释如表 2 所示。

表 2 景观格局指数

指数	公式	解释
斑块密度(PD)	$PD = \dfrac{n_i}{A}(10\,000)(100)$ n_i——该斑块类型景观中的斑块数 A——总景观面积(m^2)	该斑块类型的斑块数量除以总景观面积,再乘 10 000(换算成公顷)。斑块密度越大,该类型斑块的数量越多,景观越破碎化
最大斑块指数(LPI)	$LPI = \dfrac{\max\limits_{i=1}^{n}(a_{ij})}{A}(100)$ a_{ij}——该类斑块的面积(m^2) A——总景观面积(m^2)	该斑块类型的最大斑块的面积除以总景观面积,再乘 100(换算成百分数)。最大斑块指数越大,该类型斑块的最大斑块面积越大
边缘密度(ED)	$ED = \dfrac{\sum\limits_{i=1}^{m} e_{ik}}{A}(10\,000)$ e_{ik}——该斑块类型的景观边缘总长度(m);包括涉及该斑块类型的景观边界和背景段 A——总景观面积(m^2)	该斑块类型的斑块的所有边缘长度之和除以总景观面积,再乘 10 000(换算成公顷)。边缘密度越大,该类型斑块的总边缘越长
周长面积分维数(PAFRAC)	$PAFRAC = \dfrac{2}{\left[n_i\sum\limits_{i=1}^{n}(\ln p_{ij} - \ln a_{ij})\right] - \left[\left(\sum\limits_{i=1}^{n}\ln p_{ij}\right)\left(\sum\limits_{i=1}^{n}\ln a_{ij}\right)\right]}{\left(n_i\sum\limits_{j=1}^{n}\ln p_{ij}^2\right) - \left(\sum\limits_{j=1}^{n}\ln p_{ij}\right)^2}$ a_{ij}——该类型斑块的面积(m^2) p_{ij}——该类型斑块的周长(m) n_i——该斑块类型景观中的斑块数	2 除以斑块面积对斑块周长的对数回归得到的回归线斜率,即 2 除以由最小二乘回归拟合得到的系数 b_1。周长面积分维数越接近 1,说明斑块形状越简单(如接近正方形的形状)或越有规律,地块受人类干扰较大;周长面积分维数越接近 2,说明斑块形状越复杂或越无规律,地块受人类干扰较小,较为天然

续表

指数	公式	解释
景观分割度 (DIVISION)	$DIVISION = \left[1 - \sum_{j=1}^{n}\left(\frac{a_{ij}}{A}\right)^2\right]$ a_{ij}——该类型斑块的面积(m^2) A——总景观面积(m^2)	1减去整体,整体为该类斑块中每个斑块的面积除以总景观面积后比值的平方再求和。景观仅包含一种类型的斑块时,DIVISION=0。随着景观类型增加,该类型每一个斑块的面积减小,DIVISION 趋于1
香农多样性指数(SHDI)	$SHDI = -\sum_{i=1}^{m}(P_i \circ \ln P_i)$ P_i——该斑块类型所占总景观的比例	该斑块类型与总景观的面积比乘以其值的自然对数之后求和的负值。当景观仅包含一种斑块(即无多样性)时,SHDI=0。随着不同斑块类型(斑块丰富度)数量的增加,或斑块类型间面积的比例分布变得更加均衡,SHDI 增加
香农均匀度指数(SHEI)	$SHEI = \dfrac{-\sum_{i=1}^{m}(P_i \circ \ln P_i)}{\ln m}$ P_i——该斑块类型所占总景观的比例 m——景观中存在的该类斑块的数量,不包括景观边界	香农多样性指数除以给定景观丰度下的最大可能多样性(各斑块类型均等分布)。SHEI=0,表明景观仅由一种斑块组成,无多样性;SHEI=1,表明各类型斑块均匀分布,有最大多样性

指数分析结果如表3和表4所示。

表3　景观格局指数分析(class)

年份	类型	斑块密度	最大斑块指数	边缘密度	周长面积分维数	景观分割度
1990	耕地	0.013 2	37.663 1	5.053 3	1.657 3	0.855 9
	林地	0.009 3	10.024 3	2.539 4	1.591 7	0.988 7
	草地	0.015 8	2.670 1	3.246 8	1.659 3	0.998 9
	水域	0.009 8	0.400 9	0.690 9	1.562 9	1
	建设用地	0.034 4	0.399	2.100 4	1.622 4	1
	未利用地	0.002 3	0.063 6	0.242 5	1.567 4	1

续表

年份	类型	斑块密度	最大斑块指数	边缘密度	周长面积分维数	景观分割度
2000	耕地	0.013 4	36.606 9	5.153	1.656 1	0.863 7
	林地	0.009 1	13.437 7	2.533 5	1.587 1	0.981 8
	草地	0.015 6	2.484 5	3.204 8	1.661 1	0.999 1
	水域	0.01	0.416 6	0.7	1.557 8	1
	建设用地	0.034 4	0.459 8	2.254 1	1.604 5	1
	未利用地	0.002 2	0.050 6	0.234 5	1.586 4	1
2015	耕地	0.013 8	35.487 9	5.216 3	1.656 1	0.871 8
	林地	0.009 1	13.422 6	2.532 4	1.586 4	0.981 8
	草地	0.015 6	2.443 5	3.191 7	1.662 4	0.999 1
	水域	0.01	0.392 5	0.693 7	1.558 4	1
	建设用地	0.033 9	0.852 2	2.432 6	1.605 8	0.999 9
	未利用地	0.002 2	0.050 6	0.23	1.591 6	1

由表3可知:建设用地斑块密度有所下降,即斑块数量有所减少,景观破碎度下降;最大斑块面积有所增加,斑块向外扩张;边缘密度有所增加,斑块总周长增加;周长面积分维数有所减小,斑块受人类干预增多,斑块形状越发规律;景观分割度数值为1或近似为1,斑块大体上较为分散、破碎。结合上文土地利用类型图、土地利用类型面积统计表可知:建设用地斑块数量减少,总面积增加,存在该类斑块向外扩张、合并同类斑块,并侵占其他类型斑块的现象。

耕地斑块密度有所上升,斑块数量有所增加,景观破碎度上升;最大斑块面积有所减少,斑块向内收缩;边缘密度增加,斑块总周长增加;周长面积分维数有所减小,斑块受人类干预增多,斑块形状越发规律;景观分割度有所上升,斑块逐渐变得破碎。结合上文土地利用类型图、土地利用类型面积统计表可知:耕地斑块数量增加,总面积减少,存在该类斑块被其他类型斑块侵占、分割的现象。

表4 景观格局指数分析(landscape)

年份	斑块密度	最大斑块指数	边缘密度	周长面积分维数	景观分割度	香农多样性指数	香农均匀度指数
1990	0.084 7	37.663 1	6.936 7	1.625 2	0.843 4	1.300 4	0.725 8
2000	0.084 6	36.606 9	7.04	1.623	0.844 5	1.320 8	0.737 1
2015	0.084 6	35.487 9	7.148 4	1.624 1	0.852 5	1.336 2	0.745 7

由表4可知:各用地斑块在25年间斑块密度变化不大;但最大斑块面积减小,斑块收缩;边缘密度增加,斑块周长增加;周长面积分维数减少,人类干预增多;景观分割度上升,斑块变得破碎化;香农多样性与香农均匀度增加,景观类型更加丰富多样,各类斑块分布更加均匀。

运用Fragstats4.2软件的网格分析功能,设置10km×10km网格,选择景观(landscape)水平下最大斑块指数(LPI)、斑块密度(PD)、景观分割度(DIVISION)、香农多样性(SHDI)和香农均匀度(SHEI)5个指数,将计算出的网格景观格局指数导入京津冀遥感影像得到图3[28]。由图3可知,京津冀地区景观格局较为稳定,从分布特征看,最大斑块指数(LPI)呈现出西北低、东南高的特征;斑块密度(PD)、景观分割度(DIVISION)、香农多样性(SHDI)、香农均匀度(SHEI)呈现出西北高、东

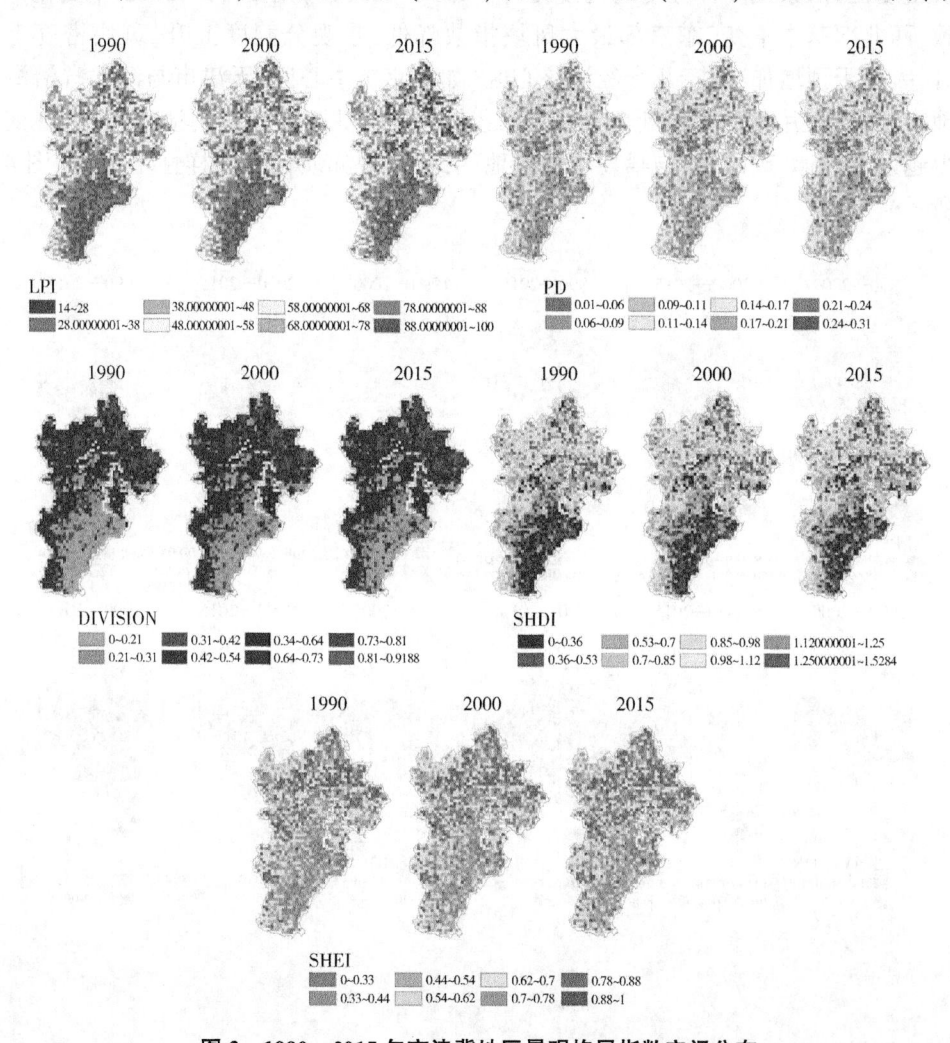

图3 1990—2015年京津冀地区景观格局指数空间分布

南低的特征。由于京津冀大片耕地主要位于东南方向的华北平原,这里耕地面积大,周长长,相对于西北地区处于坝上高原和延怀盆地等区域的小部分耕地来说更成规模、更聚集,所以最大斑块指数(LPI)东南高、西北低;西北方向大部分地形为山地、高原,人类少有涉足,海拔高度改变带来类型丰富、数量繁多的景观,其中林地与草地交错分布,景观天然、破碎,分布均匀,故而斑块密度(PD)、景观分割度($DIVISION$)、香农多样性($SHDI$)、香农均匀度($SHEI$)西北高、东南低。

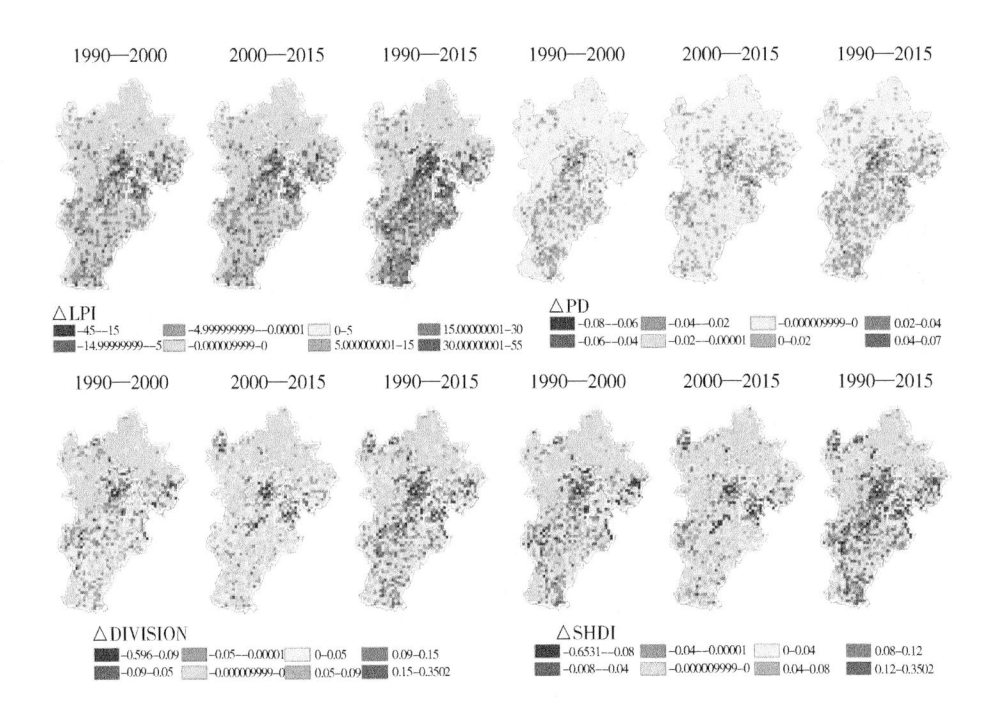

从时间序列上看,1990—2015年,西北方向的山地、高原、林地、草地并未发生太大变化,景观数目与形态较为稳定,东南方向华北平原的耕地发生较大变化,东南部的大量耕地被建设用地占用,最大斑块面积减少,景观分割度提升,斑块密度提升,景观多样性与均匀度提升。1990—2000年与2000—2015年变化一致,西北部基本不变,东南部最大斑块指数降低,景观分割度上升,斑块密度上升,人为干预增加,处于几个经济核心区(如北京市中心区、天津市与河北省沿海地带)的建设用地面积不断向外扩张,越来越多的耕地被建设用地占用,景观变得越发有规律、破碎化,与早期单一耕地相比,景观异质性与多样性增加(如图4所示)。

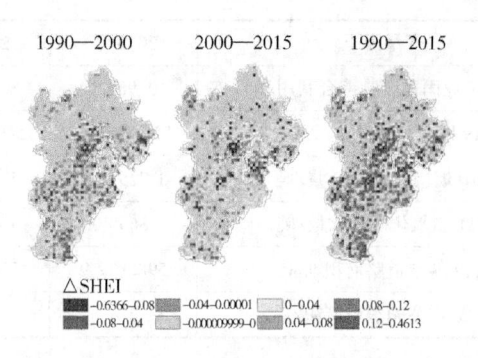

图 4　1990—2015 年京津冀地区景观格局指数空间分布变化

5　京津冀地区景观格局演变驱动因素分析

5.1　因子分析

土地资源的构成要素分为自然地理环境要素和社会经济要素(又称人文地理要素)[29]。自然地理环境要素包括植被、气候、土壤、地貌、水文等;社会经济要素包括经济文化、人口、通信设备、道路网等[29]。其中,人口因素、经济因素、社会环境因素对景观格局变化发挥着重要作用,故而从这三个方面分析驱动因素及其作用。

选取人口、经济、社会环境三方面因素的 13 个因子,建立京津冀地区景观格局变化影响因子体系[9]。搜集 1990—2015 年逐年的统计年鉴数据,部分结果如表 5 所示。

表 5　京津冀地区景观格局变化变量因子体系

类别	变量因子	2015 年	2014 年	2013 年
人口因素	$X1$ 常住人口城镇化率	0.634 9	0.617 8	0.606 1
	$X2$ 第二、三产业从业人员比重	0.761 0	0.756 4	0.752 3
经济因素	$X3$ 经济生产总值(国内生产总值)/亿元	62 057.00	58 775.50	55 339.60
	$X4$ 第二、三产业产值比重	0.945 4	0.942 7	0.938 1
	$X5$ 地方财政收入/万元	100 401 500	88 641 300	80 358 000
	$X6$ 固定资产投资/万元	487 763 000	441 143 000	391 715 000
	$X7$ 居民储蓄存款/万元	618 780 400	582 827 300	544 889 100

续表

类别	变量因子	2015 年	2014 年	2013 年
社会环境因素	$X8$ 工业固体废物综合利用率	0.980 3	0.982 7	0.967 3
	$X9$ 废水总排放量/万吨	555 308.93	549 898.96	539 710.47
	$X10$ 烟（粉）尘排放量/吨	1 725 500	1 994 600	1 460 100
	$X11$ 二氧化硫排放量/吨	1 365 400	1 478 000	1 588 600
	$X12$ 城市道路面积/km^2	598.912 9	570.912 7	556.271 0
	$X13$ 城市公园绿地面积/km^2	624	544	531

运用 SPSS 软件,导入以上全部数据,对所有数据进行因子分析,分析结果如表 6 所示。

表 6　KMO 与 Bartlett 球形度检验

取样足够度 Kaiser-Meyer-Olkin 度量		0.830
Bartlett 球形度检验	近似卡方	846.577
	df	78
	Sig.	0.000

KMO 值为 0.830,大于 0.5,说明变量间存在相关性;显著性为 0,小于 0.05,拒绝原假设,表明数据可以进行因子分析。

如表 7 所示,前两个因子对于变量解释的贡献率达到了 85.691%,即涵盖了大部分的信息,所以提取前两个因子为主成分。

表 7　解释的总方差

元件	起始特征值			提取载荷平方和			旋转载荷平方和		
	总计	方差百分比（%）	累计百分比（%）	总计	方差百分比（%）	累计百分比（%）	总计	方差百分比（%）	累计百分比（%）
1	9.760	75.078	75.078	9.760	75.078	75.078	9.645	74.192	74.192
2	1.380	10.613	85.691	1.380	10.613	85.691	1.495	11.499	85.691
3	1.029	7.914	93.605						
4	0.524	4.028	97.632						
5	0.200	1.538	99.171						
6	0.044	0.337	99.507						
7	0.027	0.206	99.714						

续表

元件	起始特征值			提取载荷平方和			旋转载荷平方和		
	总计	方差百分比（%）	累计百分比（%）	总计	方差百分比（%）	累计百分比（%）	总计	方差百分比（%）	累计百分比（%）
8	0.024	0.182	99.895						
9	0.008	0.061	99.956						
10	0.003	0.025	99.981						
11	0.001	0.010	99.991						
12	0.001	0.007	99.998						
13	0.000	0.002	100.000						

如表 8 所示,第一主成分在经济生产总值、居民储蓄存款、城市公园绿地面积、废水总排放量、城市道路面积、固定资产投资、地方财政收入、二三产业从业人员比重、常住人口城镇化率、二三产业产值比重上有较大载荷系数,定义第一主成分 F1 为经济水平、城市建设与城乡人口;第二主成分在烟(粉)尘排放量、工业固体废物综合利用率、二氧化硫排放量上有较大载荷系数,定义第二主成分 F2 为污染物排放。根据成分评分系数矩阵(见表 9),建立以下公式:

$$F1 = 0.087X1 + 0.097X2 + 0.107X3 + 0.094X4 + 0.109X5 + 0.108X6 + 0.108X7 + 0.103X9 + 0.073X10 - 0.038X11 + 0.101X12 + 0.105X13$$

$$F2 = 0.112X1 + 0.026X2 - 0.039X3 + 0.003X4 - 0.081X5 - 0.070X6 - 0.057X7 + 0.438X8 - 0.533X10 + 0.459X11 + 0.004X12 - 0.023X13$$

表 8 旋转成分矩阵

	元件	
	1	2
$X3$ 经济生产总值	0.993	
$X7$ 居民储蓄存款	0.991	
$X13$ 城市公园绿地面积	0.990	
$X9$ 废水总排放量	0.989	
$X12$ 城市道路面积	0.980	
$X6$ 固定资产投资	0.974	
$X5$ 地方财政收入	0.972	
$X2$ 第二、三产业从业人员比重	0.958	
$X1$ 常住人口城镇化率	0.952	

续表

	元件	
	1	2
$X4$ 第二、三产业产值比重	0.907	
$X10$ 烟(粉)尘排放量		-0.726
$X8$ 工业固体废物综合利用率		0.654
$X11$ 二氧化硫排放量		0.650

表 9　成分评分系数矩阵

	元件	
	1	2
$X1$ 常住人口城镇化率	0.087	0.112
$X2$ 第二、三产业从业人员比重	0.097	0.026
$X3$ 经济生产总值	0.107	-0.039
$X4$ 第二、三产业产值比重	0.094	0.003
$X5$ 地方财政收入	0.109	-0.081
$X6$ 固定资产投资	0.108	-0.070
$X7$ 居民储蓄存款	0.108	-0.057
$X8$ 工业固体废物综合利用率	0.000	0.438
$X9$ 废水总排放量	0.103	0.000
$X10$ 烟(粉)尘排放量	0.073	-0.533
$X11$ 二氧化硫排放量	-0.038	0.459
$X12$ 城市道路面积	0.101	0.004
$X13$ 城市公园绿地面积	0.105	-0.023

根据解释的总方差表与上述公式可知,第一主成分的驱动作用最为关键,其中经济水平的作用尤为突出,多个经济因素的评分全部高于0.105。

5.2　驱动因素分析

根据旋转成分矩阵(见表8)与旋转空间中的成分图(见图5),可以看出京津冀地区土地利用改变与景观格局演变的驱动因子包括 $X1$ 至 $X13$。第一主成分经济水平、城市建设与城乡人口是影响京津冀地区土地利用改变与景观格局演变的主导因素,25年间京津冀地区的经济水平、城市建设、城镇人口数量都有很大提升,使得土地利用与景观格局发生变化。第二主成分污染物排放与工业固废综合利用率和二氧化硫排放量有较大正相关,与烟(粉)尘排放量有较大负相关。随着经济快速发展,环境问题日益严重,国家出台了节能减排相关政策,旨在控制污染物排放,保护环境。污染物排放量并非像经济水平一样一路增长,例如京津冀地区烟(粉)尘排放量从1990年起一路上涨,在1998年达到最高峰2 377 535吨,之后逐渐下降,于2015年末降至1 725 500吨,这可能是第二主成分与烟(粉)尘排放量呈现负相关的原因。

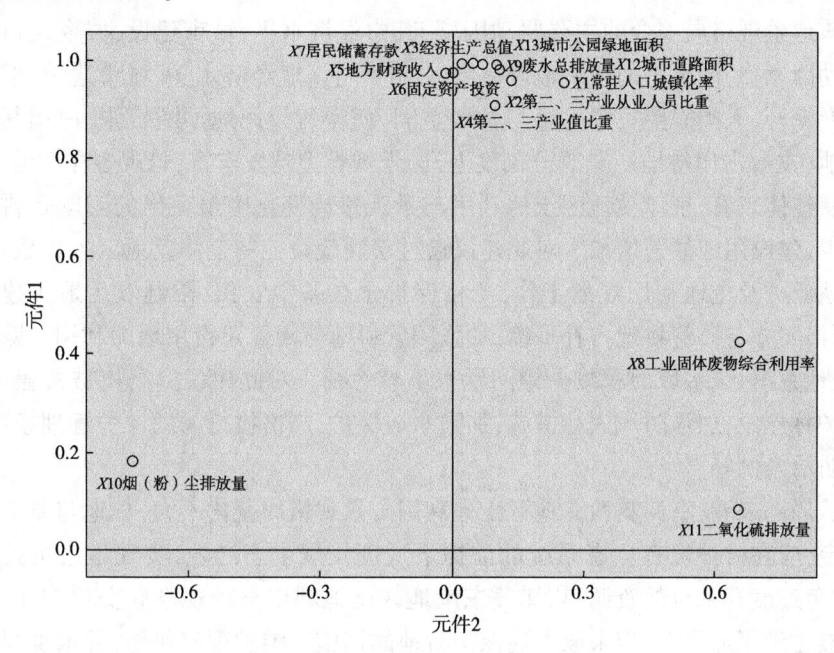

图5　旋转空间中的成分

6　结论与展望

6.1　研究结论

本研究主要结论如下:

由土地利用分析可知,1990—2015年京津冀地区土地利用状况发生较大变化,变化主要体现在耕地与建设用地(城乡、工矿、居民用地),而林地、草地、水域、未利用地变化较小。25年间该地区耕地面积不断减少,建设用地面积不断增加,减少的耕地大多被建设用地侵占。人类对土地的人为干预行为在不断增多,景观逐渐背离天然,变得越来越有规律、破碎化。

由景观格局分析可知,京津冀西北地区景观受人类干预较少,主要为天然的山地、高原、林地、草地、河流等,海拔高度变化大,景观种类丰富、多样性高,斑块密度大,景观分割度高;东南地区景观主要为大片耕地,类型较为单一,多样性低,最大斑块面积较大。从时间序列上看,1990—2000年与2000—2015年变化大致相同,西北方向景观较为稳定,没有太大变化;东南方向大量耕地被建设用地占用,景观分割度与斑块密度上升,最大斑块面积缩小,景观类型增加,景观多样性与均匀度提高。

由驱动因素分析可知,京津冀地区的经济水平、城市建设、城乡人口、污染物排放为该地景观格局演变的主要驱动因素,其中经济水平、城市建设、城乡人口为关键驱动因素,经济水平的作用最为突出。25年间该地经济水平、城市建设、城镇人口不断提升,人类需要更多生存与发展空间,使得建设用地不断扩张,占用其他类型土地(主要占用耕地),景观分割度上升,景观类型越发丰富,景观多样性增加。

从整体来看,京津冀地区土地利用与景观格局变化中最突出的问题是耕地显著减少、建设用地显著增加。对此建议通过宏观政策控制京津冀地区人口数量、加强土地保护及土地利用规划工作,严格保护永久基本农田,限制农用地转建设用地,严格实施与监管耕地占补平衡,加强闲置耕地与闲置建设用地的利用。除此以外,土地荒漠化、水域面积减少等问题也不容忽视。对此建议提高植被覆盖率,加强防护林建设,加强防风固沙措施;加强水域保护,严格执行河湖保护管理条例、水污染防治条例等。

从局部来看,京津冀西北地区土地利用与景观格局变化不大,林地与草地数量较稳定,应在维护现有生态系统的前提下适度发展生态产业,实现生态可持续发展,避免过度开采自然资源;京津冀东南地区土地利用与景观格局变化较大,耕地逐步被建设用地侵占,应采取上述保护耕地的措施以维护现有耕地,并增加耕地的斑块面积与聚集度,避免耕地分散化。

6.2 研究不足与展望

本文通过运用ArcGIS、Fragstats、SPSS等分析软件对京津冀地区景观格局与驱动因素进行分析,重点研究了京津冀地区景观格局的时空演变特征,解析了影响景观格局变化的关键驱动因素。因受专业知识水平及数据资源获取限制,本研究存在一定的局限性,后续需开展更深入的研究,例如统计数据主要来源于省市统计年鉴,因时间跨度较大,存在部分指标统计口径不一致问题;此外,驱动因素分析方法有待进一步完善。

参考文献

[1]阳文锐.北京城市景观格局时空变化及驱动力[J].生态学报,2015,35(13):4357-4366.

[2]齐丽.景观格局研究综述进展及分析[J].绿色科技,2019(5):39-40,45.

[3]MIRGHAED F A,SOURI B. Spatial analysis of soil quality through landscape patterns in the Shoor River Basin, Southwestern Iran[J]. Catena,2022,211(2):106028.

[4]ESTOQUE R C,MURAYAMA Y. Quantifying landscape pattern and ecosystem service value changes in four rapidly urbanizing hill stations of Southeast Asia[J]. Landscape Ecology,2016,31(7):1481-1507.

[5]LUCK M,WU J. A gradient analysis of urban landscape pattern:a case study from the Phoenix metropolitan region,Arizona,USA[J]. Landscape Ecology,2002,17(4):327-339.

[6]LIU A J,CAMERON G N. Analysis of landscape patterns in coastal wetlands of Galveston Bay,Texas(USA)[J]. Landscape Ecology,2001,16(7):581-595.

[7]SELINGER L R,GREVILLIOT F,MULLER S. Structure of plant communities and landscape patterns in alluvial meadows of two flood plains in the north-east of France[J]. Landscape Ecology,1999,14(2):213-229.

[8]GUSTAFSON E J. How has the state-of-the-art for quantification of landscape pattern advanced in the twenty-first century?[J]. Landscape Ecology,2019,34(9):2065-2072.

[9]张秋菊,傅伯杰,陈利顶. 关于景观格局演变研究的几个问题[J]. 地理科学,2003(3):264-270.

[10]刘吉平,董春月,盛连喜,等. 1955—2010年小三江平原沼泽湿地景观格局变化及其对人为干扰的响应[J]. 地理科学,2016,36(6):879-887.

[11]郭少壮,白红英,孟清,等. 1980—2015年秦岭地区景观格局变化及其对人为干扰的响应[J]. 应用生态学报,2018,29(12):4080-4088.

[12]杨苗,龚家国,赵勇,等. 白洋淀区域景观格局动态变化及趋势分析[J]. 生态学报,2020,40(20):7165-7174.

[13]褚琳,张欣然,王天巍,等. 基于CA-Markov和InVEST模型的城市景观格局与生境质量时空演变及预测[J]. 应用生态学报,2018,29(12):4106-4118.

[14]杨阳,唐晓岚,李哲惠,等. 长江流域土地利用景观格局时空演变及驱动因子:以2008—2018年为例[J]. 西北林学院学报,2021,36(2):220-230.

[15]李广东,戚伟. 中国建设用地扩张对景观格局演化的影响[J]. 地理学报,2019,74(12):2572-2591.

[16]任嘉衍,刘慧敏,丁圣彦,等. 伊河流域景观格局变化及其驱动机制[J]. 应用生态学报,2017,28(8):2611-2620.

[17]刘颂,李倩,郭菲菲. 景观格局定量分析方法及其应用进展[J]. 东北农

业大学学报,2009,40(12):114-119.

[18] 陈建军,张树文,郑冬梅.景观格局定量分析中的不确定性[J].干旱区研究,2005(1):63-67.

[19] 董玉红,刘世梁,安南南,等.基于景观指数和空间自相关的吉林大安市景观格局动态研究[J].自然资源学报,2015,30(11):1860-1871.

[20] 郭晋平,张芸香.景观格局分析空间取样方法及其应用[J].地理科学,2005(5):74-79.

[21] 齐杨,何立环,董贵华,等.城市景观格局分析与动态模拟方法研究[J].安徽农业科学,2013,41(21):8979-8981,8984.

[22] 胡巍巍,王根绪,邓伟.景观格局与生态过程相互关系研究进展[J].地理科学进展,2008(1):18-24.

[23] 李婷,王思元.基于原型思维的城市边缘区景观格局演变研究:以北京市大兴区为例[J].生态学报,2022,42(3):1153-1164.

[24] MCGARIGAL K. FRAGSTATS help[D]. University of Massachusetts: Amherst, MA, USA, 2015:182.

[25] 李桢,刘淼,薛振山,等.基于CLUE-S模型的三江平原景观格局变化及模拟[J].应用生态学报,2018,29(6):1805-1812.

[26] 孔凡亭,郗敏,李悦,等.基于RS和GIS技术的湿地景观格局变化研究进展[J].应用生态学报,2013,24(4):941-946.

[27] 李冲,张璇,吴一帆,等.京津冀生态屏障区景观格局变化及其对水源涵养的影响[J].中国环境科学,2019,39(6):2588-2595.

[28] 常玉旸,高阳,谢臻,等.京津冀地区生境质量与景观格局演变及关联性[J].中国环境科学,2021,41(2):848-859.

[29] 吴殿廷,丛东来,杜霞.区域地理学原理[M].南京:东南大学出版社,2016:362.

指导教师评语：

该论文在文献梳理和理论总结的基础上,收集并整理了京津冀地区1990—2015年的卫星遥感影像数据及社会经济数据,运用Fragstats景观格局指数及SPSS因子分析、ArcGIS空间分析等方法,揭示了京津冀区域景观格局时空变化特征及其关键驱动因素,研究结果可为区域土地利用规划及景观生态规划实践提供科学依据。

论文选择了区域景观格局演变及驱动因素解析这一生态环境领域

的热点问题,选题具有较高的科学意义和重要的实践指导价值;研究方法可靠且较先进;研究内容设置合理且层次清晰;论证过程翔实且逻辑合理,结构完整;内容丰富,语句表达流畅清晰,文字图表及参考文献等写作规范。

　　该生能够自主查阅相关文献并进行归纳总结,较好地梳理国内外研究进展以及相关研究方法,且积极主动学习新方法新思路,写作态度认真,数据分析及论文撰写过程中思路清晰。

企业 ESG 表现对商业信用的影响研究

工商管理学院　余苏闽　指导教师:王凯

摘　要:从企业的 ESG 实践到投资领域的 ESG 投资,ESG 已成为国际流行的先进理念。而 ESG 内涵与我国"高质量发展"的时代主题高度契合,因此近些年在国内也逐渐受到关注。为探究企业的合作方对 ESG 的态度和应用,本文以 2010 年至 2020 年中国 A 股上市公司为样本,实证检验了企业 ESG 表现对其所获商业信用的影响。回归结果发现,企业 ESG 表现对其所获的商业信用具有负向影响。机制分析表明,企业代理成本对 ESG 表现和商业信用之间的关系起到中介作用:企业管理层开展 ESG 实践会产生代理问题,进而从各方面降低供应商的商业信用供给意愿,减少企业商业信用融资规模。而有效的外部监督能降低信息不对称,缓解代理问题,实证结果也显示外部监督减弱了 ESG 表现对商业信用的负向影响。异质性分析发现,国有企业和高污染企业开展 ESG 实践时分别会因国有企业高管的政治动机、高污染企业"漂绿"背后隐藏的高管机会主义行为产生更加严重的代理问题,因此 ESG 表现对其所获商业信用的负向影响更强。

本研究创新性地选择供应商提供的商业信用作为企业 ESG 表现的因变量,拓展了 ESG 理念在投融资领域的应用范围,丰富了关于企业开展 ESG 实践的影响研究。此外,本文就企业开展 ESG 实践为外部利益相关者、外部监督方等提供了建议,以求促进 ESG 理念在国内的进一步推广。

关键词:企业 ESG 表现,商业信用,代理问题

1　绪论

1.1　研究背景

ESG 是环境(Environmental)、社会(Social)和公司治理(Governance)的简称,是绿色投资、责任投资和可持续投资理念的延伸(Michelson 等,2004)。目前,ESG 主要作为一种投资策略流行于投资界,盛行于欧洲、北美等地区(Bofinger 等,2022)。根据全球可持续投资联盟针对全球部分地区(欧洲、美国、加拿大、日本、大洋洲)的统计,ESG 投资的资产管理规模在 2020 年初就已达到 35.30 万亿美元,占

全球总资产管理规模的1/3。假设之后增速为15%(过去5年增速的1/3),那么到2025年,ESG资产规模或突破50万亿美元。在我国,党的十九大报告指出,我国经济已由高速增长阶段转向高质量发展阶段,十三届全国人大四次会议强调推动高质量发展是"十四五"时期经济社会发展的主题,而ESG的内涵与这些政策方针高度契合,因此近些年企业ESG表现在我国也受到了极大的关注,相关配套体系也在建立和完善当中。据《2021中国ESG发展白皮书》统计,2021年前三季度,权益类公募ESG基金新发产品48只,接近此前5年的总和,截至第三季度,全市场ESG公募基金资产管理总规模跃升至近2 500亿元,逾1/4的A股上市公司发布了2020年度CSR/ESG报告。

可以看出,相对于欧洲、美国等金融市场发达国家的成熟应用,中国的ESG投资正处于起步后的发展阶段,虽然在近些年引起了一股热潮,但仍属于在探索中前进、不断积累经验的时期,相关制度与标准也不够完善。不过ESG投资理念确实成为指导金融资源流向的重要标准之一,在国内投融资领域也得到了众多支持。对于投融资领域而言,常规的外部融资,即直接融资和间接融资,是资金的初次配置,属于正式金融体系。而商业信用是企业在购买商品时通过延期付款占用的资金,相当于卖方为买方提供的短期贷款(孙浦阳等,2014),因此商业信用体系可作为正式金融体系的有益补充,在金融资源二次分配过程中发挥重要作用(张杰等,2013;王彦超,2014)。目前,中国金融市场仍处于整体抑制的状态,金融领域供求失衡,资源要素无法有效配置(王仁祥等,2021)。该状态意味着金融市场中各种类型的资金价格被扭曲,企业融资能力受到损害(周业安,1999)。当国内部分企业难以在正式金融体系中取得足够的融资时,商业信用融资的二次配置功能就将扮演重要角色(王彦超,2014)。

基于此,本文试将ESG投资理念与企业商业信用融资结合,探究在企业进行商业信用融资时,ESG表现是否成为供应商制定决策的依据之一。而供应商等应用ESG投资理念的前提是企业开展ESG实践,在此过程中,企业ESG表现起到了引导和辅助作用。企业ESG表现是指企业在环境、社会和公司治理领域的综合表现,一般由第三方评级机构按其制定的框架和指标进行评估,评估结果以级别或分数的形式反映企业ESG表现,进而科学地引导资金流向。

1.2 研究意义

本文以2010年至2020年中国A股上市公司为研究对象,探究企业ESG表现对其所获商业信用的影响,主要具有以下理论和现实层面的研究意义。

1.2.1 理论意义

一方面,过往对企业ESG表现的研究大都集中于反映企业财务指标方面或是投资者方面的变量,很少研究企业间关系和行为受ESG表现的影响。而本文则关注企业的合作伙伴对ESG理念的态度和应用,并选取供应商这一对象,基于委托代理理论探究企业ESG表现与商业信用之间的关系,拓展和丰富了关于企业ESG实践产生的影响相关方面的研究。

另一方面,已有对ESG在投融资领域的研究大都处于正式金融体系内,即资金的初次配置,很少涉及金融资源二次分配过程。而本文拓展了ESG理念在投融资领域的应用范围,不再局限于仅探讨ESG与正式金融体系中投融资的关系,而是研究超出常规外部融资意义的商业信用融资与ESG之间的关系。

1.2.2 现实意义

ESG理念是绿色发展和可持续发展的进一步延伸,同时关注环境、社会责任和公司治理三个方面,契合我国经济社会发展的主流趋势:2020年9月中国明确提出2030年"碳达峰"与2060年"碳中和"目标;党的十九大报告指出我国经济已由高速增长阶段转向高质量发展阶段。但是ESG在我国刚起步就引起了一股争相模仿的风潮,在相关制度与标准还不够完善的情况下,这种过热无疑会引发诸多问题,从而产生预期以外的不利影响。

基于此,我国需要识别并解决ESG发展过程中遇到的障碍以及可能产生的危害,充分发挥ESG理念在"双碳"战略中的作用,使其成为"高质量发展"转型的动力来源,并将其推广到经济社会的各个领域中。故本文探究ESG表现对商业信用的影响,不仅能拓展ESG理念在经济金融体系中的应用范围,还能进一步识别ESG的作用及其不利影响,为相关方(如外部利益相关者)提供参考,并为政府相关部门、外部监督方在引导企业合理规范开展ESG实践、规避ESG实践不利影响等方面提供政策建议。

1.3 研究思路与结构

1.3.1 研究思路

首先,本文对企业ESG表现的经济后果和企业获取商业信用的影响因素的国内外文献进行总结分析,并参考前人研究成果进行理论分析、提出本文假设。本文主要从四个方面进行研究:第一,企业ESG表现对商业信用具有负向影响;第二,进一步研究ESG表现对商业信用产生负向影响的内部机制,并选取代理成本作为中介变量;第三,为探究如何减弱ESG表现对商业信用的负向影响,选取外部监督作为调节变量;第四,在异质性分析中,以企业产权性质、行业特征为分组变量,区分国有企业和非国有企业、高污染企业和低污染企业,研究ESG表现与商业信用的关系是否受到两者的影响。其次,本文以描述性统计和相关性分析验证选取的样本和变量是否合适。在各影响效应的实证检验中,使用了多元线性回归模型,并采用替换被解释变量、补充遗漏变量、滞后解释变量和工具变量法等方法进行稳健性检验。最后,归纳总结本文的研究结论,并就企业开展ESG实践为外部利益相关者、外部监督方等提供建议,进一步阐述本研究的不足和对未来的展望。

1.3.2　研究结构

文章主要的研究框架如图 1 所示。

```
企业ESG表现对商业信用的影响研究
        │
   引言:研究背景与研究意义、创新点等
        │
      文献综述
      ╱     ╲
企业ESG表现的经济后果研究   企业获取商业信用的影响因素研究
        │
   理论分析与研究假设
        │
   企业ESG表现 ──→ 商业信用
   中介作用         调节作用
      代理成本       外部监督
        │
      研究设计
        │
    实证结果与分析
   ╱    │    │    ╲
主回归分析 中介效应分析 调节效应分析 稳健性检验
        │
      异质性分析
        │
    研究结论与建议
```

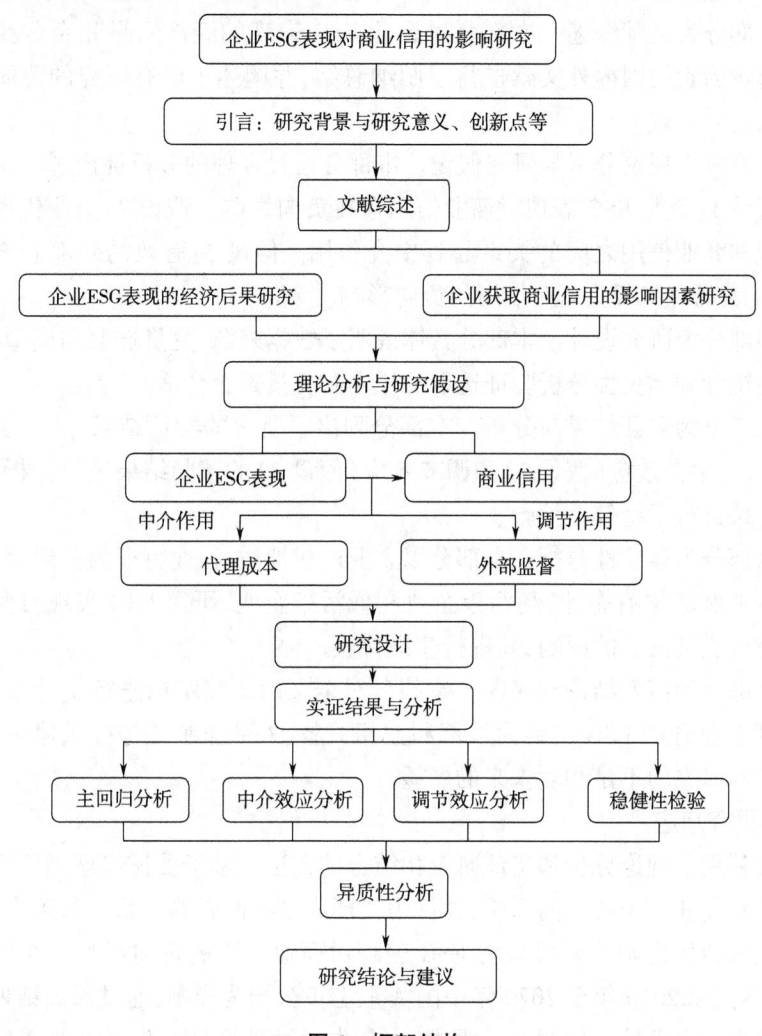

图 1　框架结构

1.4　研究内容与方法

1.4.1　研究内容

本文以 2010 年至 2020 年中国 A 股上市公司为样本,研究企业 ESG 表现对其所获商业信用的影响,并选取代理成本作为中介变量探究企业 ESG 表现对商业信用产生影响的内部机制,以外部监督为调节变量探究其对企业 ESG 表现与商业信用之间关系的影响。

第一部分为引言。本部分从研究背景切入,明确了 ESG 的发展现状及其与商业信用之间关系研究的可能性和必要性,并进一步对本文的研究意义、研究思路和研究框架等进行梳理。

第二部分为文献综述。本部分对企业 ESG 表现的经济后果和企业获取商业信用的影响因素的国内外文献进行了归纳总结,并阐述了已有研究的薄弱点和本研究切入的创新点。

第三部分为理论分析与研究假设。本部分通过合理的分析提出了本文的三个假设。假设 1:企业 ESG 表现对商业信用存在负向影响。假设 2:企业代理成本对 ESG 表现和商业信用之间的关系起到中介作用。假设 3:有效的外部监督能减弱企业 ESG 表现对其所获商业信用的负向影响。

第四部分为研究设计。本部分具体说明了数据来源、变量选取和模型构建,并以描述性统计和相关性分析验证选取的样本和变量是否合适。

第五部分为实证结果与分析。本部分列出了所有的实证结果,并分别对主效应(假设 1)、中介效应(假设 2)和调节效应(假设 3)的回归结果进行分析。最后,对主要结果进行了稳健性检验。

第六部分为异质性分析。本部分以企业产权性质、行业特征为分组变量,区分了国有企业和非国有企业、高污染企业和低污染企业,研究 ESG 表现与商业信用的关系是否受到两者的影响,并进行实证检验。

第七部分为研究结论与建议。本部分对全文的研究结论进行了总结,并在此基础上就企业开展 ESG 实践为外部利益相关者、外部监督方等提供建议,也进一步阐述了本研究的不足和对未来的展望。

1.4.2　研究方法

本文利用了理论分析和实证研究相结合的方法。基于委托代理理论研究企业 ESG 表现对商业信用的负向影响,并认为代理成本在两者的关系中起到中介作用,而外部监督能作为调节变量减弱 ESG 表现对商业信用的负向影响。在提出上述假设后,本文以 2010 年至 2020 年中国 A 股上市公司为样本,通过回归结果检验假设的正确性和合理性。异质性分析中,也是先通过理论分析预测企业产权性质和行业特征对 ESG 表现与商业信用之间关系的影响,再进行实证检验。具体的研究方法如下:

1) 文献研究法

首先确定本文要研究的主题,并依据主题利用中国知网等平台查阅相关文献,对企业 ESG 表现的经济后果研究和企业获取商业信用的影响因素研究进行归纳总结,发现已有研究的薄弱点和本研究可切入的创新点,并为后续的理论分析提供指导和借鉴,同时为样本选择、变量选取等提供参考。

2) 实证研究法

在进行理论分析、提出假设的基础之上，本文以 2010 年至 2020 年中国 A 股上市公司为样本，构造中介效应模型进行机制分析，构建调节效应模型探究如何减弱两者的负相关关系。实证检验了企业 ESG 表现对商业信用的负向影响，以及代理成本的中介作用和外部监督的调节作用。根据实证结果，就企业开展 ESG 实践为外部利益相关者、外部监督方等提供建议。

1.5 创新点

首先，对于企业 ESG 表现，过往研究的落点大都集中于反映企业财务指标各方面或是投资者各方面的变量（Wong 等，2021；张琳和赵海涛，2019；Bofinger 等，2022；周方召等，2020；Starks 等，2017），很少研究企业间关系和行为受 ESG 表现的影响，即企业的合作伙伴对 ESG 指标的态度和应用。而本文以供应商为对象，探究了企业 ESG 表现对商业信用的影响，丰富了关于企业 ESG 表现的影响研究。而商业信用是企业在购买商品时通过延期付款占用的资金，相当于卖方为买方提供的短期贷款，其作为金融资源的二次分配方式，属于金融体系的一部分（张杰等，2013；王彦超，2014；孙浦阳等，2014）。以往对 ESG 在投融资领域的研究大都处于正式金融体系内，即资金的初次配置，很少涉及金融资源二次分配过程。因此，本文抓住了商业信用的这一特性，试图拓展企业 ESG 表现在投融资领域内的应用范围。

其次，本文基于委托代理理论，考察了企业开展 ESG 实践产生代理问题而降低供应商商业信用供给意愿这一传导路径。由于 ESG 内涵充分契合可持续发展理念，能推动经济社会的良性发展，因此已有研究大多讨论企业开展 ESG 实践的正面影响，很少识别其负面效应。但对于我国 ESG 才刚起步的发展阶段来说，相关政策制度的推进无法跟上 ESG 的热度，此时若企业仿效成功典型、过度投资于 ESG 实践，就很可能给予高管可乘之机，产生代理问题等不利后果，进而从各方面影响到供应商的商业信用供给意愿。此外，本文进一步结合企业 ESG 表现对商业信用的影响机制，选取外部监督这一调节变量，完善了研究结构。

最后，在异质性分析中，本文选取企业产权性质和行业特征作为分组变量，区分国有企业和非国有企业、高污染企业和低污染企业，探究二者对企业 ESG 表现和商业信用之间关系的影响，丰富了研究的层次。

2 文献综述

通过前期大量文献的阅读和归纳，本部分将对相关研究进行总结和梳理，并从企业 ESG 表现的经济后果研究和企业获取商业信用的影响因素研究两个方面展开,分析已有研究较少涉及的薄弱点和本研究的可行性及可切入的创新点。

2.1 企业ESG表现的经济后果研究

ESG受到社会各界的广泛关注,逐渐成为指导金融资源流向的重要标准之一(Bofinger等,2022),对经济与社会的发展产生了重要影响。现有文献主要研究企业ESG表现对企业财务指标各方面或投资者各方面的变量的影响。

在企业财务指标方面的因素中,ESG会影响到企业资本成本、投资效率和财务风险等变量:已有研究发现ESG升高,资本成本会下降(Wong等,2021;邱牧远和殷红,2019)。高杰英等(2021)认为良好的ESG表现能够帮助企业降低代理成本、缓解融资约束,从而提高企业投资效率。Shakil(2021)发现企业ESG表现越好,使利益相关者满意的能力越强、获得的组织合法性越高、有更多的道德资本吸引投资者稳定的长期投资,从而使企业面临更低的财务风险。另外,学者还探讨了企业ESG表现对企业价值的影响,但尚未得出统一的结论:有研究发现ESG表现越好,企业价值越高(Wong等,2021;张琳和赵海涛,2019);而Sassen等(2016)认为企业价值与ESG表现呈负相关关系,Atan等(2018)以马来西亚公司为样本发现企业ESG表现与企业价值之间没有显著关系。除了企业价值外,对于ESG表现对企业盈利能力的影响也意见不一:Duque-Grisales等(2021)以拉丁美洲公司为样本发现企业ESG表现与盈利能力(ROA)负相关,李井林等(2021)则认为企业良好的ESG表现能显著提高企业盈利能力(ROA)。

在投资者方面的因素中,有研究认为存在ESG风险溢价,当ESG评级不确定性较低时,企业ESG表现越好,投资风险越低,CAPM模型的Alpha收益越低(Avramo等,2021;李瑾,2021)。Kim和Li(2021)认为可将ESG因素纳入信用风险分析和信用评级体系中,或提供给投资者供其参考。而各类投资者一般都偏好于投资ESG评级较高、企业社会责任表现较好的企业,特别是独立的、倾向于长期投资的机构投资者(周方召等,2020;Starks等,2017)。但是Chen和Yang(2020)认为在投资过程中投资者情绪会夸大ESG的作用,ESG对投资的影响的趋势在长期会逆转。

总体来看,既有文献较少考虑企业间关系和行为受ESG表现的影响,即鲜有关注企业的合作伙伴对ESG的态度和应用。因此本文选择从供应商提供的商业信用切入,对企业ESG表现的影响进行探究。

2.2 企业获取商业信用的影响因素研究

作为金融资源二次配置、缓解企业融资压力的重要方式(王彦超,2014),商业信用一直是学者们关注的焦点。已有研究主要从企业特征和外部环境两个角度去探究商业信用的影响因素。

在外部影响因素中,已有研究发现位于金融发展水平较低、金融抑制程度较高地区的企业更依赖于商业信用(张杰等,2013;王彦超,2014)。政策对商业信用的影响也很大,货币政策紧缩、经济政策不确定性都会影响企业获取商业信用(张园园等,2021;陈胜蓝和刘晓玲,2018;郑军等,2013)。方明月(2014)则探究了市场竞争程度对商业信用的影响。马黎珺等(2016)发现供应商−客户关系也会影响到商业信用的获取,而供应商集中程度对企业的商业信用融资规模具有负向影响。

在企业特征方面,已有研究发现市场地位高、谈判能力强的企业可获得更多商业信用(Fabbri and Menichini,2010;刘欢等,2015;Fisman and Love,2003),而国有企业凭借产权优势更易获得商业信用(王化成等,2016)。企业的信誉声誉也有一定影响,比如诚信纳税会显著提升企业的商业信用融资水平(耿艳丽等,2021)。另外,独立董事关系网络也属于企业的重要资源,独立董事关系网络位置越重要,企业的商业信用融资水平越高(张勇,2021)。一般来说,商业信用提供方主要根据企业会计信息判断需求方的财务风险和偿债能力,并以此做出商业信用供给决策(Hui等,2012;黄波等,2018),因此财务信息披露质量也会影响企业获取商业信用(陈红等,2014;修宗峰等,2021)。而公司战略则通过影响企业业绩、增加收益不确定性,进而影响到会计信息质量和盈余质量,最终影响商业信用提供方的供给意愿(朱杰,2018;方红星和楚有为,2019)。

ESG涉及环境、社会和公司治理的各个方面,作为商业信用的企业特征方面的影响因素大都与其有联系。郑军等(2013)从降低信息不对称、减轻代理问题的角度探究了内部控制质量对企业商业信用融资的影响。张勇(2021)发现独立董事关系网络位置越重要,商业信用融资规模越大,而代理问题、内部控制质量和独立董事关系网络等都与公司治理息息相关。Kim等(2012)发现企业非财务信息质量如社会责任信息披露质量会影响到企业内部财务信息的披露质量,进一步影响供应商对企业风险水平与收益能力的判断以及商业信用供给决策的制定(黄波等,2018),而企业的信誉声誉比如诚信纳税会提高企业的商业信用融资水平(耿艳丽等,2021),这些因素都与ESG里的社会责任或环境保护相联系。基于此,本文识别了企业ESG表现这一重要因素,探究其对企业商业信用获取的影响。

3 理论分析与研究假设

3.1 企业ESG表现与商业信用

基于利益相关者理论,ESG理念充分考虑到了利益相关者的利益,由此利益相关者也会支持企业的运营并为企业提供自己拥有的相应资源(Deng等,2013)。企业ESG表现越好,使利益相关者满意的能力越强、获得的组织合法性越高、有更多的道德资本吸引投资者和合作伙伴,从而促进供应商提高商业信用的供给(Shakil,

2021)。此外,已有研究还发现,企业 ESG 表现越好,企业价值越高(Wong 等,2021;张琳和赵海涛,2019),盈利能力越强(李井林等,2021),良好的发展前景可能吸引供应商加深与其合作,提高商业信用供给。

而基于委托代理理论,企业为获取良好的 ESG 表现而大力开展 ESG 实践会产生代理问题,进而从各方面降低供应商的商业信用供给意愿,减少企业所获取的商业信用。已有研究发现,企业进行社会责任、环境保护等活动是服务于管理层利益而非股东利益(Friedman,1970),如管理层可以通过大力开展 ESG 实践提高个人声誉,增加自己直接控制的资源,谋求更大的权力和威望(权小锋等,2015;詹雷和王瑶瑶,2013)。一旦管理层出于该动机过度投资于 ESG 相关活动,就会耗费企业有限的资源,却不能带来相匹配的直接收益,导致企业经济利润、企业价值的下降,进而对股东利益造成威胁(Cronqvist 等,2009;Bofinger 等,2022)。而为了进一步掩饰其自利行为及产生的不良后果,管理层会利用盈余管理等财务违规行为试图降低企业透明度,加剧信息不对称问题(Kim 等,2012;杨棉之和刘洋,2016)。以上代理问题可能会间接影响企业的盈利能力和偿债能力,导致财务风险的上升和企业信息披露质量的下降,引发股东-管理层代理冲突,动摇企业的稳定运营,扰乱公司内部秩序。这些不良后果会使供应商面临更严峻的逆向选择和道德风险问题,造成供应商对企业及其高管的信任缺失,使供应商担忧与企业交易时管理层的机会主义倾向以及由此产生的违约风险对自身利益造成的威胁,从而降低供应商的商业信用供给意愿。

尽管存在上述对立的两种观点,但由于 ESG 理念在我国才刚起步就已引起一股争相模仿的风潮,在相关制度与标准还不够完善的情况下,高管很可能利用 ESG 的流行趋势,通过开展 ESG 实践牟取私利,产生更加严重的代理问题。这会影响供应商对企业的认知和态度,甚至会威胁到供应商的切身利益。已有研究也发现,代理问题会使管理者出于私利而损害交易伙伴等外部利益相关者的利益,进而影响到供应商的商业信用供给意愿(郑军等,2013;付佳,2017;Hui 等,2012)。基于此,本文认为,当企业为获取良好的 ESG 表现而大力开展 ESG 实践时,负向影响会胜过正向影响,代理问题的存在威胁供应商的利益,从而会使供应商减少对商业信用的供给。基于以上分析,本文提出假设 1:

H1:企业 ESG 表现对商业信用存在负向影响。

3.2　企业 ESG 表现、代理成市与商业信用

根据委托代理理论,在现代企业所有权与经营权分离的背景下,作为委托人的股东其效用函数不同于作为代理人的管理者,因此管理者可能利用信息不对称以股东利益为代价追求个人目标,进而产生代理问题(Jensen and Meckling,1976)。在本研究中,企业开展 ESG 实践产生代理问题可以从两条路径来分析:企业管理

层开展 ESG 实践的动机和结果。

从动机角度考虑,源于代理理论的管理者机会主义假说认为,ESG 中社会责任和环境的投入可能是管理层提升职业声誉、树立良好形象及掩饰自身失德行为的"自利工具"(权小锋等,2015)。例如,高勇强等(2012)就曾发现企业从事慈善事业大多是为了掩盖企业真实的内在社会责任缺失问题或其他丑闻。而为了进一步掩饰其自利行为、防止在短期内被外界察觉,管理层会有意降低企业信息透明度。有研究发现,企业非财务信息质量——社会责任信息披露质量越高,则企业内部财务信息的质量就越低(Kim 等,2012)。这说明管理层可能通过控制会计信息的披露、利用财务违规行为(如盈余管理等)来掩饰企业 ESG 实践背后自身的不良动机,导致信息失真,使代理问题严重化(杨棉之和刘洋,2016)。

从结果角度考虑,企业可能受社会期望影响而聚焦于 ESG 绩效评价,忽视自身的核心业务,产生 ESG 寻租行为,导致 ESG 实践的极端化甚至盲目化(肖红军等,2021)。此时企业过度投资于环境、社会责任等活动会耗费企业有限的资源,产生的成本不能带来相匹配的直接收益(Cronqvist 等,2009),占用了本可投入主营业务及其他盈利项目中的资金,降低企业的投资效率,导致了经济利润、企业价值的下降,使公司在竞争中处于劣势地位(Bofinger 等,2022)。但这种过度投资能帮助管理者增加其直接控制下的资源,为他们建立"企业帝国",进一步带来更大的权力和声望(詹雷和王瑶瑶,2013)。也就是说,ESG 实践大部分的成本和损失都将由股东承担,而权力、声誉等大部分利益都由管理层攫取,这无疑会引发股东与管理层之间的代理冲突。另外,开展 ESG 实践也迫使管理层消耗更多精力去统筹兼顾 ESG 活动的资本投入和财政收入的现金流,这不仅增加了企业的财务风险,还给管理层带来了巨大压力,易引发管理层与股东之间的矛盾(袁业虎和熊笑涵,2021)。

基于上述分析,依托于代理理论,企业开展 ESG 实践会由管理层出于自利动机产生的机会主义行为和因股东利益损失导致的股东-管理层冲突两条路径引发严重的代理问题。站在供应商的角度,相关代理问题会降低其对企业的商业信用供给意愿。首先,企业管理层出于自利动机而不顾股东利益的机会主义行为,可能造成供应商对企业及其高管的信任缺失,担忧与其交易时管理层的机会主义倾向对自身利益造成威胁;其次,管理层为掩饰其开展 ESG 实践的自利动机及产生的不良后果,可能会控制财务信息披露,主动降低企业信息透明度,进而增加信息不对称程度,导致供应商面临更严峻的逆向选择和道德风险问题;再次,企业良好的 ESG 表现可能意味着其"不务正业"的发展趋势,将资源过度投入环境、社会责任等活动,间接影响到企业的盈利能力和偿债能力,导致财务风险的上升,所以供应商会减少商业信用的供给以降低与其合作带来的违约风险;最后,股东和管理层之间的冲突意味着公司治理出现问题,可能会动摇企业的稳定运营,扰乱公司内部秩序,加重供应商与企业合作的顾虑。已有研究也证明了企业的代理问题会影响到商业信用融资,而缓解相互交易时可能存在的代理问题,则有利于与供应商等合作方交易的达成和合约的执行(唐松等,2017;Hui 等,2012)。另有研究以代理问题解释各种因素对商业信用的影响机制:郑军等(2013)发现代理问题会让管理者为私利而损害供应商等利益相关者的利益,而有效的内部控制能缓解代理问题,进而增加商业信用融资;付佳(2017)发现税收规避降低了企业会计信息透明度,加重了代理问题,进而增加了供应商的风险感知程度,减少了其对商业信用的供给。因此,本文认为开展 ESG 实践会通过产生代理问题,来减少企业获得的商业信用。

Jensen 和 Meckling(1976)认为委托人为防止代理人损害自身利益,会通过严密的契约和严格的监督来约束代理人的行为,而这一过程需要付出代价,即代理成本。代理成本一般由委托人的监督成本、代理人的担保成本和剩余损失组成。当代理问题严重时,管理者的决策偏离了股东期望,可能会促使股东加强对管理者的监督和激励、增加管理者违约的机会成本,进而提高代理成本。简而言之,可以以代理成本的大小来衡量代理问题的严重性。

综合上述观点,企业开展 ESG 实践会产生严重的代理问题,提高代理成本,减少企业的商业信用融资。基于以上分析,本文提出假设 2:

H2:企业代理成本对 ESG 表现和商业信用之间的关系起到中介作用。

3.3 外部监督、企业 ESG 表现与商业信用

根据对企业 ESG 表现与商业信用之间关系的分析,我们发现:企业为取得良好的 ESG 表现而大力开展 ESG 实践会产生严重的代理问题,进而从各个方面降低供应商的商业信用供给意愿。而外部监督作为缓解企业代理问题的重要机制之一,能够抑制管理层的寻租行为(郑珊珊,2019),在一定程度上降低 ESG 表现对商业信用的负向影响。

一方面,随着公司治理问题受到社会的广泛关注,企业的经营状况和高管行为等都逐渐显露于公众视野,国家授权的监督机构、媒体舆论、分析师审计师、机构投资者等各方能利用信息优势或专业优势发挥外部监督作用(孙彤和薛爽,2019)。当企业开展 ESG 实践时,由管理者自利动机产生的机会主义行为和以股东利益为代价的过度投资等代理问题一旦发生,企业就可能面对被媒体等加速曝光、被监督机构等强制管控的风险,管理者的声誉形象、职业发展等都会受到损失,因此有效的外部监督能提高管理者违约的机会成本从而能遏制代理问题的产生,也能解决企业交易伙伴对企业的信任缺失问题。另一方面,企业开展 ESG 实践产生的代理问题是供应商减少商业信用供给的主要原因之一,而代理问题的根源是信息不对称,外部监督本质上也是通过降低信息不对称来发挥作用的:处于公司外部的供应

商一般通过企业披露的各项报告来了解企业各方面的情况,并以此做出商业信用供给决策(Hui 等,2012;黄波等,2018)。然而,管理层会通过干预财务报告披露、进行盈余管理等财务违规行为来降低企业信息透明度,以掩饰其开展 ESG 实践的自利动机和不良后果(杨棉之和刘洋,2016)。这无疑会影响外部合作方的信息获取,加剧逆向选择问题。而有力的外部监督如高质量审计师会要求并督促企业提高信息披露质量,约束管理层出于机会主义而主观选择会计信息生成和披露方式的行为(张勇,2018),确保股东、供应商等能获取真实准确的有关企业经营状况、财务绩效等各方面的信息,从而降低信息不对称程度,缓解企业因开展 ESG 实践产生的代理问题。因此,有效的外部监督能减弱 ESG 表现对商业信用的负向影响,增加企业商业信用融资规模。基于此,我们提出本文的假设 3:

H3:有效的外部监督能减弱企业 ESG 表现对其所获商业信用的负向影响。

3.4 理论模型图

在提出本研究的三个主要假设后,本节将根据三个假设对应的主效应、中介效应和调节效应构建理论模型(如图 2 所示)。

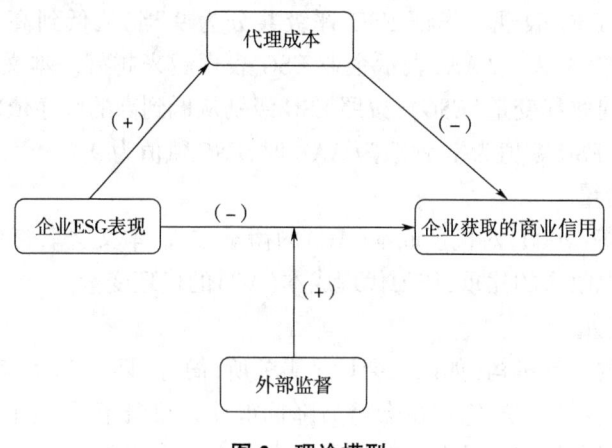

图 2 理论模型

4 研究设计

4.1 数据来源和样本选择

本文选取 2010 年至 2020 年的中国 A 股上市公司为研究样本,ESG 评级数据来源于 WIND 数据库,其他财务数据来源于 CSMAR 数据库和 WIND 数据库,并且将数据按照以下原则进行处理:①剔除了 ST 或 *ST 等 T 类样本;②剔除了金融行业的样本;③剔除了资产负债率大于 1 的样本;④剔除了含缺失值的样本。最终得到 3 129 家公司共 20 050 个公司年度观测值。另外,为了减少异常值对实证结果

4.2 模型设定和变量定义

基于上述分析,本文构建以下回归模型:

$$BC = \alpha_0 + \alpha_1 ESG + \sum \alpha_i Controls + \varepsilon_1 \quad (1)$$

$$AC = \beta_0 + \beta_1 ESG + \sum \beta_j Controls + \varepsilon_2 \quad (2)$$

$$BC = \gamma_0 + \gamma_1 ESG + \gamma_2 AC + \sum \gamma_p Controls + \varepsilon_3 \quad (3)$$

$$BC = \delta_0 + \delta_1 ESG + \delta_2 ESG \times Big4 + \sum \delta_q Controls + \varepsilon_4 \quad (4)$$

4.2.1 被解释变量

根据陆正飞和杨德明(2011)对商业信用(BC)的测量方式,本文使用企业年末应付账款、应付票据、预收账款之和与企业年末总资产的比率来衡量标准化后的商业信用(BC)。

4.2.2 解释变量

随着ESG投资理念的推广,国内外出现了多种ESG评级体系。本文参考高杰英等(2021)的做法,选取了覆盖范围较广、更新频率较高的华证ESG评级指标度量企业年度的ESG表现。华证ESG评级共分为9档,从低到高分别为C、CC、CCC、B、BB、BBB、A、AA、AAA,表示企业ESG表现越来越好。本文根据上述级别使用赋值法构建解释变量(ESG),按照ESG级别从低到高的顺序依次赋值为1~9,如评级为C时,ESG赋值为1,评级为AAA时,ESG赋值为9。

4.2.3 中介变量

参考Ang等(2000)对代理成本(AC)的衡量方式,本文选取管理费用率,即管理费用占营业总收入的比重,作为代理成本(AC)的代理变量。

4.2.4 调节变量

规模较大的审计机构(如四大会计师事务所,简称"四大")拥有科学成熟的审计程序,为维护良好声誉,它们也会努力降低审计失败概率,因此它们有动机也有能力发现企业财务报表中没有及时披露或者没有公允报告的信息,并鼓励企业进行更多的自愿性信息披露(姜付秀等,2016;Bushman and Smith,2001),进而对企业经营起到了有效的外部监督作用,同时降低了企业的信息不对称程度。即大规模审计机构具有较强的监管能力,能利用其专业能力和权威性约束企业及其管理层行为,而聘用大规模审计机构的公司也比聘用小规模审计机构的公司与外部合作方之间的信息透明度相对更高。因此,参考宋建波等(2018)对外部监督的衡量方式,本文将公司是否经由"四大"(普华永道、德勤、毕马威、安永)审计设为外部监督的代理变量,"是"则令该虚拟变量(Big4)为1,"否"则为0。

4.2.5 控制变量

借鉴陈胜蓝和马慧(2018)、黄兴李等(2016)、王化成等(2016)的做法,本文主要从公司财务状况和治理水平两方面控制可能影响企业获取商业信用的其他因素，财务状况方面包括公司规模（Size）、公司成立年限（Firmage）、盈利能力（Roa）、成长能力（Tobinq）、抵押能力（Mortgage）和现金流水平（Cashflow），治理水平方面包括董事人数（Board）、独立董事比例（Indep）、股权集中度（Top1）、股权制衡度（Balance）和产权性质（SOE）。此外，为了进一步控制不随时间和行业变化的不可观测因素，在模型中加入了时间固定效应和行业固定效应。

表1列出了上述变量的名称、符号及度量方法。

表1 变量定义

变量类型	变量名称	变量符号	变量度量
被解释变量	商业信用	BC	企业应付账款、应付票据、预收账款之和与总资产的比值
解释变量	企业ESG表现	ESG	根据华证ESG评级从低到高赋值为1~9
中介变量	代理成本	AC	选取管理费用率，即企业管理费用与营业总收入的比值，作为代理成本的代理变量
调节变量	外部监督	Big4	虚拟变量：将企业是否经由"四大"（普华永道、德勤、毕马威、安永）审计设为外部监督的代理变量（Big4），"是"为1，"否"则为0
控制变量	公司规模	Size	ln（企业总资产）
	公司成立年限	Firmage	ln（当前年份-企业成立年份+1）
	盈利能力	Roa	企业净利润与总资产的比值
	成长能力	Tobinq	企业市场价值与账面价值的比值
	抵押能力	Mortgage	企业固定资产与总资产的比值
	现金流水平	Cashflow	企业经营活动产生的现金流量净额与总资产的比值
	董事人数	Board	ln（董事会人数）
	独立董事比例	Indep	独立董事与董事人数的比例
	股权集中度	Top1	第一大股东持股数量与总股数的比值
	股权制衡度	Balance	第二到五位大股东持股比例之和与第一大股东持股比例之和的比值
	产权性质	SOE	国有控股企业取值为1，其他为0

4.3 描述性统计

表2报告了主要变量的描述性统计结果，样本企业ESG表现的均值为6.505，

标准差为1.065,中位数为6,说明ESG评级的平均水平较高,位于BBB和A之间;样本企业获取商业信用的均值为0.171,标准差为0.117,最小值为0.009,中位数为0.143,最大值为0.545,说明样本企业所获取的商业信用存在较大差异,且大部分样本的商业信用水平都低于0.2,其他控制变量的描述性统计结果与现有研究(高杰英等,2021;陈胜蓝和马慧,2018)基本一致。

表2 主要变量的描述性统计结果

变量名	(1) 样本量	(2) 均值	(3) 标准差	(4) 中位数	(5) 最小值	(6) 最大值
BC	20 050	0.171	0.117	0.143	0.009	0.545
ESG	20 050	6.505	1.065	6	1	9
AC	20 050	0.088	0.063	0.074	0.009	0.361
$Big4$	20 050	0.051	0.221	0	0	1
$Size$	20 050	22.17	1.289	21.984	19.95	26.21
$Firmage$	20 050	2.790	0.379	2.833	1.386	3.466
Roa	20 050	0.045	0.054	0.040	−0.159	0.206
$Tobinq$	20 050	1.956	1.162	1.573	0.873	7.644
$Mortgage$	20 050	0.218	0.159	0.185	0.003	0.698
$Cashflow$	20 050	0.043	0.068	0.043	−0.159	0.227
$Board$	20 050	2.141	0.195	2.197	1.609	2.708
$Indep$	20 050	0.373	0.053	0.333	0.333	0.571
$Top1$	20 050	0.351	0.149	0.333	0.089	0.745
$Balance$	20 050	0.709	0.604	0.537	0.026	2.785
SOE	20 050	0.360	0.480	0	0	1

注:为了更直观地报告回归结果,在后续回归分析中将被解释变量BC扩大100倍处理。

4.4 相关性分析

表3报告了主要变量的相关性分析结果。尽管结果显示商业信用(BC)与企业ESG表现(ESG)呈正相关,与假设1结论相反,但这可能是因为没有控制其他影响商业信用(BC)的变量,因此本文的实证结果将以后面的回归分析为主。同时,本文应用VIF方法进行变量的多重共线性检验,结果显示各变量的VIF值均小于5,说明不存在多重共线性问题。

表3 主要变量的相关性分析结果

	BC	ESG	AC	Big4	Size
BC	1				
ESG	0.058***	1			
AC	-0.288***	-0.083***	1		
Big4	0.044***	0.164***	-0.099***	1	
Size	0.232***	0.349***	-0.380***	0.342***	1
Firmage	0.082***	0.090***	-0.120***	0.027***	0.223***
Roa	-0.125***	0.083***	-0.064***	0.023***	-0.086***
Tobinq	-0.146***	-0.077***	0.351***	-0.090***	-0.402***
Mortgage	-0.221***	-0.021***	-0.101***	0.061***	0.109***
Cashflow	-0.057***	0.057***	-0.059***	0.076***	0.053***
Board	0.036***	0.134***	-0.105***	0.096***	0.263***
Indep	-0.015**	-0.00200	0.042***	0.026***	0.00400
Top1	0.067***	0.082***	-0.148***	0.132***	0.179***
Balance	-0.077***	-0.060***	0.105***	-0.035***	-0.116***
SOE	0.140***	0.247***	-0.148***	0.137***	0.359***

	Firmage	Roa	Tobinq	Mortgage	Cashflow
Firmage	1				
Roa	-0.145***	1			
Tobinq	-0.027***	0.188***	1		
Mortgage	0.043***	-0.142***	-0.087***	1	
Cashflow	0.042***	0.350***	0.106***	0.260***	1
Board	0.033***	-0.00700	-0.130***	0.156***	0.038***
Indep	-0.0120	-0.017**	0.036***	-0.051***	-0.014*
Top1	-0.105***	0.105***	-0.101***	0.077***	0.079***
Balance	-0.043***	0.042***	0.024***	-0.087***	-0.024***
SOE	0.190***	-0.148***	-0.126***	0.205***	0.00700

	Board	Indep	Top1	Balance	SOE
Board	1				
Indep	-0.515***	1			
Top1	0.00300	0.050***	1		
Balance	0.00600	-0.028***	-0.683***	1	
SOE	0.271***	-0.060***	0.211***	-0.282***	1

注:***、**、*分别表示在1%、5%、10%水平下显著,下表同。

5 实证结果与分析

5.1 主要假设回归结果

表 4(1)列报告了商业信用和控制变量包括行业固定效应和时间固定效应的回归结果,(2)列是加入了解释变量企业 ESG 表现后的回归结果。可以看出,企业 ESG 表现对其所获商业信用具有负向影响。由(2)列可知,ESG 的回归系数为 -0.306,在 1% 水平下显著为负,说明企业 ESG 表现的提高减少了其所能获取的商业信用,假设 1 成立。其余控制变量对商业信用的影响与现有研究(胡海青等,2014;陈胜蓝和马慧,2018)基本一致。

表 4(2)(3)(4)列报告了代理成本(AC)作为中介变量的实证结果。(2)列是不加入中介变量时企业 ESG 表现对所获商业信用的回归结果。(3)列是企业 ESG 表现对中介变量代理成本的回归结果,ESG 的回归系数为 0.002,在 1% 水平下显著为正,说明良好的 ESG 表现会提高企业代理成本,加重企业代理问题。(4)列在(2)列的基础上加入了中介变量代理成本,回归结果显示,代理成本的回归系数为 -52.639,在 1% 水平下显著为负,说明代理成本越高,企业获得的商业信用越低;而此时 ESG 的回归系数为 -0.226,与(2)列相比,加入中介变量代理成本后 ESG 对商业信用的负向影响减弱了,说明代理成本起到了部分中介作用,即良好的 ESG 表现意味着更高的代理成本和更严重的代理问题,从而影响了供应商的商业信用供给意愿,减少了企业获得的商业信用。因此,假设 2 成立。

表 4(5)列报告了外部监督($Big4$)作为调节变量的实证结果。在(2)的基础上加入了外部监督($Big4$)和交乘项 $ESG×Big4$,回归结果显示,ESG 对商业信用的影响仍显著为负,交乘项回归系数为 0.920,在 1% 水平下显著为正,说明当企业经由"四大"审计时,外部监督更强,减弱了企业 ESG 表现对所获商业信用的负向影响,假设 3 成立。

表 4 主要假设回归结果

变量名	(1)	(2)	(3)	(4)	(5)
	BC	BC	AC	BC	BC
ESG		-0.306***	0.002***	-0.226***	-0.338***
		(-4.19)	(3.98)	(-3.19)	(-4.56)
AC				-52.639***	
				(-40.04)	
$Big4$					-2.263***
					(-6.09)

续表

变量名	(1) BC	(2) BC	(3) AC	(4) BC	(5) BC
ESG×Big4					0.920***
					(3.19)
Size	1.680***	1.767***	−0.012***	1.154***	1.856***
	(22.26)	(22.54)	(−31.67)	(14.72)	(22.74)
Firmage	0.478**	0.489**	−0.006***	0.197	0.505**
	(2.21)	(2.26)	(−4.74)	(0.96)	(2.33)
Roa	−26.613***	−25.925***	−0.198***	−36.369***	−25.848***
	(−17.03)	(−16.54)	(−19.72)	(−23.43)	(−16.47)
Tobinq	−0.272***	−0.262***	0.010***	0.244***	−0.244***
	(−3.70)	(−3.56)	(17.75)	(3.41)	(−3.32)
Mortgage	−12.533***	−12.540***	−0.004	−12.763***	−12.480***
	−20.44	−20.48	(−1.25)	(−21.33)	(−20.39)
Cashflow	15.291***	15.402***	0.004	15.638***	15.632***
	(11.58)	(11.66)	(0.67)	(12.18)	(11.83)
Board	−0.542	−0.501	0.003	−0.319	−0.512
	(−1.18)	(−1.10)	(1.50)	(−0.72)	(−1.12)
Indep	−8.171***	−8.046***	0.040***	−5.943***	−7.967***
	(−5.40)	(−5.31)	(5.14)	(−4.03)	(−5.26)
Top1	2.567***	2.562***	−0.014***	1.805***	2.877***
	(3.58)	(3.58)	(−3.94)	(2.61)	(3.99)
Balance	−0.579***	−0.573***	0.003***	−0.425***	−0.521***
	(−3.55)	(−3.52)	(3.10)	(−2.74)	(−3.17)
SOE	3.060***	3.150***	−0.005***	2.911***	3.156***
	(16.09)	(16.51)	(−4.89)	(15.84)	(16.55)
Constant	−18.681***	−19.016***	0.318***	−2.293	−20.868***
	(−8.04)	(−8.16)	(28.58)	(−0.98)	(−8.69)
样本量	20 050	20 050	20 050	20 050	20 050
R^2	0.3306	0.3312	0.3821	0.3799	0.3323
行业固定效应	是	是	是	是	是
时间固定效应	是	是	是	是	是

注：***、**、* 分别表示在1%、5%、10%水平下显著，回归系数下括号内为使用异方差稳健标准误计算的 t 值。

5.2 稳健性检验

5.2.1 替换被解释变量

参考陈胜蓝和马慧(2018)的做法,本文使用企业年末应付账款、应付票据、预收账款之和与企业年末营业总成本的比值作为商业信用(BC)的替换变量 $BC2$;参考张杰等(2013)的做法,本文使用企业年末应付账款、应付票据、预收账款之和与企业年末营业总收入的比值作为商业信用(BC)的替换变量 $BC3$。

表5(1)列报告了被解释变量用 $BC2$ 度量的回归结果,ESG 的回归系数为 -0.790,在1%水平下显著为负;(2)列报告了被解释变量用 $BC3$ 度量的回归结果,ESG 的回归系数为 -0.969,同样在1%水平下显著为负,说明基本回归结果稳健。

5.2.2 内生性检验

1) 补充遗漏变量

除了已控制的反映企业财务状况和内部治理的因素外,外部政策环境和企业除商业信用外的融资状况都会对企业获取的商业信用规模产生影响;货币政策紧缩时期企业获得的商业信用融资显著下降(郑军等,2013),而银行信用与商业信用之间可能是替代、互补或转化关系(王彦超,2014),商业信用无疑会受到银行信用的影响。因此,在基本回归的基础上进一步控制了货币政策、银行信用两个变量,根据金鹏辉等(2014)的做法,货币政策用 M2 的同比增长率度量,而为了与商业信用的度量协调,银行信用使用企业长期借款与总资产的比值来度量。另外,为了进一步控制不可观测的公司间因素,本文采用双向固定效应模型进行回归。

表5(3)列是加入了货币政策($M2rate$)和银行信用(bc)作为补充控制变量的回归结果,ESG 的回归系数为 -0.340,在1%水平下显著为负。(4)列是使用双向固定效应模型进行回归的结果,ESG 的回归系数为 -0.145,显著性有所下降,但仍在10%水平下显著为负。

2) 滞后解释变量(ESG)

本文将解释变量(ESG)滞后一期来减少双向因果问题,表5(5)列是 ESG 滞后一期的回归结果,滞后一期解释变量($LESG$)的回归系数为 -0.397,在1%水平下显著为负,另外,本文将 ESG 滞后两期、三期、四期、五期后结果依然显著。因此,基本回归的结果是稳健的。

表5 稳健性检验结果1:替换被解释变量、补充遗漏变量和滞后解释变量

变量名	(1)	(2)	(3)	(4)	(5)
	$BC2$	$BC3$	BC	BC	BC
ESG	-0.790*** (-4.47)	-0.969*** (-3.55)	-0.340*** (-4.71)	-0.145* (-1.68)	

续表

变量名	(1) BC2	(2) BC3	(3) BC	(4) BC	(5) BC
L.ESG					−0.397***
					(−4.70)
bc			−28.132***		
			(−24.56)		
M2rate			0.626***		
			(12.78)		
Size	3.374***	4.252***	2.258***	1.823***	1.766***
	(17.25)	(13.72)	(28.01)	(5.51)	(19.89)
Firmage	−0.867*	−1.669**	0.733***	2.307*	0.289
	(−1.77)	(−2.14)	(3.42)	(1.93)	(1.15)
Roa	−105.249***	−79.354***	−29.331***	−10.881***	−24.560***
	(−25.08)	(−12.90)	(−18.73)	(−6.49)	(−13.82)
Tobinq	−0.134	0.877***	−0.259***	0.462***	−0.383***
	(−0.68)	(2.59)	(−3.55)	(5.72)	(−4.53)
Mortgage	−18.730***	−29.052***	−9.857***	−5.412***	−13.401***
	(−12.07)	(−11.35)	(−16.21)	(−3.35)	(−19.34)
Cashflow	−6.779**	−1.819	13.148***	15.732***	16.560***
	(−1.97)	(−0.34)	(10.11)	(13.99)	(10.82)
Board	−3.188***	−4.548***	−0.518	1.142	−0.766
	(−2.87)	(−2.62)	(−1.14)	(1.17)	(−1.47)
Indep	−8.144**	−4.075	−7.826***	2.916	−8.970***
	(−2.24)	(−0.72)	(−5.23)	(1.16)	(−5.23)
Top1	−2.857	−3.131	2.236***	−2.995	3.037***
	(−1.62)	(−1.12)	(3.16)	(−1.26)	(3.78)
Balance	−0.742*	0.136	−0.564***	−0.812**	−0.492***
	(−1.85)	(0.21)	(−3.52)	(−2.45)	(−2.66)
SOE	2.012***	0.073	3.153***	1.306*	3.282***
	(4.24)	(0.10)	(16.79)	(1.80)	(15.60)

续表

变量名	(1) BC2	(2) BC3	(3) BC	(4) BC	(5) BC
Constant	−22.772*** (−4.12)	−26.838*** (−3.04)	−41.350*** (−15.90)	−29.030*** (−3.95)	−15.712*** (−5.70)
样本量	20,050	20,050	20,050	20,050	15,778
R^2	0.405	0.368	0.349	0.068	0.337
个体固定效应	否	否	否	是	否
行业固定效应	是	是	是	否	是
时间固定效应	是	是	是	是	是

3) 工具变量法

借鉴高杰英等(2021)的做法,选取每家企业同一年度公司注册地所有上市公司 ESG 评级的均值(ESG_IV)作为工具变量。企业的 ESG 表现会受到同一注册地其他企业 ESG 表现的影响,而其他企业的 ESG 表现与该企业所获取的商业信用无直接相关关系,因此初步认定该工具变量是合适的。本文采用两阶段最小二乘法(2SLS)进行工具变量回归,表6(1)列报告了第一阶段回归结果,工具变量 ESG_IV 的回归系数为 0.831,在 1% 水平下显著为正,且 Anderson-Rubin Wald F 值为 17.33,通过了弱工具变量检验;(2)列 ESG 的回归系数为−0.701,在 1% 水平下显著为负,说明基本回归的结果是稳健的。

表6 稳健性检验结果2:工具变量法

变量名	(1) ESG(第一阶段)	(2) BC(第二阶段)
ESG		−0.701*** (−4.17)
ESG_IV	0.831*** (65.37)	
Size	0.256*** (39.86)	1.879*** (20.88)
Firmage	0.057*** (2.99)	0.505** (2.34)

续表

变量名	（1） ESG（第一阶段）	（2） BC（第二阶段）
Roa	2.002***	-25.036***
	(13.83)	(-15.54)
$Tobinq$	0.030***	-0.248***
	(4.64)	(-3.38)
$Mortgage$	0.109**	-12.550***
	(2.09)	(-20.56)
$Cashflow$	0.347***	15.546***
	(3.32)	(11.80)
$Board$	0.082**	-0.448
	(1.97)	(-0.98)
$Indep$	0.102	-7.884***
	(0.73)	(-5.21)
$Top1$	-0.089	2.556***
	(-1.46)	(3.58)
$Balance$	-0.006	-0.565***
	(-3.47)	(-0.38)
SOE	0.187***	3.267***
	(11.45)	(16.53)
行业固定效应	是	是
时间固定效应	是	是
Cragg-Donald Wald F 值		3 795.797
		{16.38}
Kleibergen-Paap rk Wald F 值		4 273.404
		{16.38}
Kleibergen-Paap rk LM 值		1 292.578
		[0.000 0]
样本量	20 050	20 050

注：[ ]内为统计量的 p 值，{ }内为 Stock-Yogo 检验 10%水平下的临界值。

6 异质性分析

前文主要讨论并检验了"企业 ESG 表现是否影响商业信用""企业 ESG 表现如何影响商业信用""如何减弱企业 ESG 表现对商业信用的负向影响"等问题,本部分主要研究企业 ESG 表现与商业信用的关系受哪些因素影响。

6.1 企业产权性质

企业管理层积极实施 ESG 行为也可能是出于政治动机:企业管理层可能通过履行社会责任、开展 ESG 实践等行为来获取政府的好感和信任,建立或维持政治关系(高勇强等,2012;Zhang,2010)。2006 年《党政领导干部交流工作规定》强调,要实行党政机关与国有企业事业单位之间的干部交流,选调国有企业事业单位领导人才到党政机关任职。换句话说,部分国有企业高管甚至具有政府官员身份,或者是官员预备役:为了让政府官员具有经济管理领域的实践经验,这一职位成为他们锻炼能力的工具(陈仕华等,2014;Shi 等,2020),而据不完全统计,在过去 10 年间仅中央、地方政府和国有企业之间交流的省部级官员就高达 100 多名(徐业坤和梁亮,2021)。因此,对于大部分国有企业高管来说,相比于职业经理人身份,作为政府官员身份的倾向性更为强烈(杨瑞龙等,2013)。这时他们的职业追求就不仅是在企业中长期工作、在经理市场上具备竞争力,更是为政治上的职位晋升。与此相对应,对国有企业高管的评估主要基于他们是否实现了政治目标和社会目标,对经济目标和公司财务绩效的要求则是次要的(Shi 等,2020),如 Cheng 等(2017)发现国有企业为助力高管的个人晋升而倾向于披露和报告更多的环境保护信息。

在这种背景下,为了实现高管评估中的政治目标和社会目标、追求作为政府官员身份的职位晋升,国有企业高管很可能过度投入社会责任、环境保护等活动中以获得良好的绩效和声誉,而忽视企业主营业务和经济目标。该倾向无疑会威胁到股东的利益,引发严重的代理问题。另外,国有企业能凭借其产权性质、在国民经济中的重要作用等优势获取到比非国有企业更多的资源,如果其高管有开展 ESG 实践以谋求私利的动机,那么他们就有足够的资源可供消耗,产生大量的"不必要"成本,从而损害企业的盈利能力,加剧股东与管理层的代理冲突。

基于以上分析,本文预期相比非国有企业,国有企业良好的 ESG 表现可能意味着更严重的代理问题,从而对商业信用的负向影响更强,并进行了实证检验:根据企业产权性质(SOE)对样本进行了分组回归,表 7(1)(2)列分别报告了非国有企业($SOE=0$)、国有企业($SOE=1$)中 ESG 表现对其所获商业信用的回归结果,其中非国有企业组 ESG 对商业信用的影响不显著,而国有企业组 ESG 的回归系数为 -0.440,在 1% 水平下显著为负,即相比于非国有企业,国有企业 ESG 表现对商业信用的负向影响更强,与预期一致。最后,本文对组间 ESG 回归系数差异进行了基于似无相关模型 SUR 的检验,p 值为 0.039 8,在 5% 水平下显著,说明两组的 ESG 回归系数存在显著差异,分析结果是稳健的。

6.2 行业特征

环境是 ESG 的三支柱之一,不同行业的企业对此有不同的反应,而在环境治理上各利益相关者对不同行业的企业也有不同的态度和要求。基于此,本文考虑到行业间的差异,根据原环保部 2010 年公布的上市公司环境信息披露指南中的规定,将经营火电、钢铁、水泥、电解铝、煤炭、冶金、化工、石化、建材、造纸、酿造、制药、发酵、纺织、制革和采矿业等 16 类产业的企业定义为高污染企业($PI=1$),其余为低污染企业($PI=0$)。

已有研究认为,要素投入结构中固定资产投资比重较高的行业环境技术调整成本也相对更高,对这种行业来说,通过增加生产要素投入获取经济产出以抵消环境规制成本上升的激励,要强于通过增加环境技术研发投入来降低单位产出污染排放量的激励(童健等,2016)。而高污染行业一般都具有较高的固定资产投资比重,其业务转型升级的成本高、效率低、耗时长,所以高污染企业可能不会轻易进行业务转型升级。但是由于党的十八大后绿色发展和可持续发展的要求、国家对高污染行业施加的环境约束、消费者和投资者不断增强的环保意识以及媒体舆论的持续关注等,高污染企业面对着外界对其环境保护和环境治理的重重压力,在无法轻易进行业务转型升级的情况下,高污染企业可能更倾向于机会主义的高效率低成本的虚假"漂绿"行为。此外,现行的环境规制不够完善,规制效力也具有很高的不确定性,给企业留下了可操作的"漂绿"的空间(李大元等,2015)。且 Kollman 和 Prakash(2001)研究发现,绿色市场是典型的信息不对称市场,公众无法真正得知企业环境保护情况,只能依靠官方数据感知企业的环境污染程度(汪璇,2021)。而企业 ESG 表现作为与环境相关的应用广泛的指标之一,可作为绿色信号传递机制来向公众反映企业对环境保护的投入力度,间接为企业"漂绿"创造条件。

综合上述分析,高污染企业 ESG 表现越好,可能意味着"漂绿"动机越强烈。已有研究证明,在重污染行业中,"漂绿"行为明显地抑制了企业盈利能力的提升,降低了企业财务绩效,损害了股东利益(吴雨等,2021)。而一旦"漂绿"行为被曝光,会进一步对企业各方面产生不利影响:企业形象和声誉受到打击,资本市场将迅速反应导致股价下跌,同时威胁到企业价值和股东利益(蔡凌和陈玲芳,2021)。因此,高污染企业出于"漂绿"动机获取良好的 ESG 表现会引发更加严重的代理问题。而且在环境治理逐渐受到重视的行业背景下,即使企业管理层开展 ESG 实践是为了获取个人利益,这种自利动机也会被隐藏在企业的环保决策后难以察觉,进一步诱发管理层的机会主义行为,导致代理问题更加严重。

基于以上分析,本文预期相比低污染企业,高污染企业 ESG 表现对商业信用的负向影响更强,并根据行业污染程度(PI)对样本进行了分组回归:表 7(3)(4)列分别报告了低污染企业($PI=0$)、高污染企业($PI=1$)中 ESG 表现对其所获商业信用的回归结果,其中低污染企业 ESG 的回归系数为 -0.198,在 5% 水平下显著为负,而高污染企业 ESG 的回归系数为 -0.586,在 1% 水平下显著为负,即对于高污染企业,良好的 ESG 表现对商业信用的负向影响更强,与预期一致。同样,本文对组间 ESG 回归系数差异进行了基于似无相关模型 SUR 的检验,p 值为 0.004 5,在 1% 水平下显著,说明两组的 ESG 回归系数存在显著差异,分析结果是稳健的。

表 7 异质性分析结果

变量名	(1) $BC(SOE=0)$	(2) $BC(SOE=1)$	(3) $BC(PI=0)$	(4) $BC(PI=1)$
ESG	-0.130 (-1.47)	-0.440 *** (-3.59)	-0.198 ** (-2.02)	-0.586 *** (-6.14)
Size	1.994 *** (20.11)	1.039 *** (7.83)	2.330 *** (23.29)	0.311 *** (2.84)
Firmage	-0.119 (-0.49)	1.186 ** (2.54)	0.247 (0.93)	1.145 *** (3.37)
Roa	-23.752 *** (-13.17)	-23.663 *** (-7.88)	-27.091 *** (-13.63)	-23.494 *** (-9.91)
Tobinq	-0.126 (-1.49)	-0.984 *** (-7.03)	-0.289 *** (-3.14)	-0.128 (-1.16)
Mortgage	-7.972 *** (-10.60)	-15.814 *** (-15.09)	-14.273 *** (-17.49)	-5.879 *** (-6.42)
Cashflow	12.082 *** (7.77)	16.895 *** (7.25)	18.626 *** (11.49)	6.557 *** (3.23)
Board	-0.946 (-1.61)	0.222 (0.30)	-0.868 (-1.47)	0.252 (0.38)
Indep	-6.563 *** (-3.43)	-7.005 *** (-2.86)	-11.432 *** (-5.96)	-1.731 (-0.76)
Top1	2.456 *** (2.74)	3.325 *** (2.71)	5.319 *** (5.82)	-1.865 * (-1.90)
Balance	0.005 (0.03)	-1.537 *** (-4.64)	-0.311 (-1.52)	-0.952 *** (-4.12)

续表

变量名	(1) $BC(SOE=0)$	(2) $BC(SOE=1)$	(3) $BC(PI=0)$	(4) $BC(PI=1)$
SOE			3.607*** (14.78)	1.789*** (6.74)
$Constant$	−19.157*** (−5.98)	−4.717 (−1.30)	−30.040*** (−10.47)	9.600*** (3.35)
样本量	12 833	7 217	14 075	5 975
R^2	0.280	0.436	0.321	0.232
行业固定效应	是	是	是	是
时间固定效应	是	是	是	是
组间差异检验	4.23**		8.06***	

7 研究结论与建议

7.1 研究结论

随着我国市场开放程度的持续加深,国内企业想在国际市场上立足并吸引投资者,就有必要接受在国际市场上受到广泛认同的投资理念。这就倒逼国内企业更加重视 ESG 实践,进而引起了一股 ESG 的热潮。在此背景下,本文以 2010—2020 年中国 A 股 3 129 家上市公司为样本,探究了企业 ESG 表现对其所获商业信用的影响。实证结果表明,企业 ESG 表现对其所获商业信用具有负向影响,且结果通过了稳健性检验,基本回归是稳健的。在企业 ESG 表现与商业信用的关系中,代理成本起到了中介作用:企业开展 ESG 实践导致了更严重的代理问题和更高的代理成本,从而影响了供应商的商业信用供给意愿,减少了企业获取的商业信用。而有效的外部监督能降低信息不对称程度、缓解代理问题,从而减弱企业 ESG 表现对其所获商业信用的负向影响。异质性分析结果表明,对于国有企业以及高污染企业,ESG 表现对其所获商业信用的负向影响更强。

7.2 提出建议

基于上述研究结论,本文提出如下建议:

第一,外部利益相关者要充分认识到企业开展 ESG 实践的不利影响,并加强甄别,防止自身利益在与企业合作和交易过程中受损。随着近些年绿色发展、可持续发展逐渐成为社会发展的主流,ESG 实践与 ESG 投资也成为市场上的流行趋势。但是由于起步较晚,我国企业对 ESG 理念的应用还不够成熟,在尝试的过程中难免会出现一些问题。而其中最普遍的就是产生了严重的代理问题,特别是对于国有企业和高污染企业：国有企业高管的政治动机、高污染企业"漂绿"背后隐藏的高管机会主义行为等都是 ESG 实践时代理问题产生的源头。在这种情况下，外部利益相关者不能被 ESG 的"热度"迷惑，在支持 ESG 理念的同时要充分认识到企业开展 ESG 实践的不良后果，并加强甄别，防止因合作、交易和投资等行为而对自身利益造成损失。

第二，审计师、机构投资者等外部监督方应充分发挥其监督作用，约束企业及其管理层行为，降低信息不对称程度，减少代理问题。在调节效应分析时，被"四大"审计的企业，ESG 表现对其所获商业信用的负向影响减弱，说明外部监督方能遏制管理层的机会主义行为，进而缓解供应商对企业的信任缺失问题。在所有外部监督中，国家授权的监管部门应发挥主要作用，完善相关处罚和激励措施，引导企业及其管理层约束自身行为。此外，审计师和机构投资者等还能督促企业提高信息披露质量、鼓励企业进行更多的自愿性信息披露，缓解信息不对称问题，从而降低代理成本。外部监督各方发挥作用时也是在维护自身的利益（如机构投资者），或提升己方声誉（如审计机构），因此外部监督方有能力也有动机对企业进行监督，并帮助增加企业透明度、减弱信息不对称程度，令多方受益。

第三，政府相关部门应制定科学的 ESG 信息披露标准，完善有关 ESG 实践的法律法规。证监会、证交所等应在积极吸收 ESG 理念进入中国资本市场的同时，注意通过政策制定规避 ESG 实践的不利影响。各类部门可引导企业在履行社会责任的同时兼顾财务绩效，避免过度投资，促使其主动提高信息披露质量、响应和配合外部监督，从而有效缓解代理问题，维护与供应商等外部利益相关者的信任关系。只有解决了企业开展 ESG 实践产生的问题，才能进一步在国内推广 ESG 理念，充分发挥 ESG 在"双碳"战略中的重要作用，让 ESG 成为我国"高质量发展"转型中的动力来源。

7.3 研究不足与展望

第一，本文关于企业 ESG 表现对商业信用的影响仅阐述和检验了一条作用机制——代理成本的中介效应，即企业开展 ESG 实践会产生代理问题，而代理问题会从各方面降低供应商的商业信用供给意愿，进而减少企业能获取的商业信用。但是除代理成本的中介效应外，本文未发现其他机制，之后的研究可以进一步挖掘作用机制，拓展企业 ESG 表现对商业信用的影响研究。

第二，本文仅探究了 ESG 整体对商业信用的影响，但是没有分别从环境（E）、社会责任（S）和公司治理（G）角度进行具体分析，之后的研究可以更深入地探讨不同构成指标对商业信用的影响。

第三，本文为探究企业合作伙伴对 ESG 的态度和应用，选取了供应商作为研究对象，以供应商提供的商业信用为因变量研究企业 ESG 表现对其的影响，但并没有涉及供应商以外的利益相关者,如顾客、银行等。之后的研究可以从企业其他利益相关者或合作伙伴的角度出发,进一步丰富关于企业 ESG 表现的影响研究。

参考文献

[1]陈胜蓝,刘晓玲.经济政策不确定性与公司商业信用供给[J].金融研究,2018(5):172-190.

[2]陈胜蓝,马慧.贷款可获得性与公司商业信用:中国利率市场化改革的准自然实验证据[J].管理世界,2018,34(11):108-120.

[3]陈仕华,姜广省,李维安,等.国有企业纪委的治理参与能否抑制高管私有收益?[J].经济研究,2014,49(10):139-151.

[4]蔡凌,陈玲芳.企业社会责任"漂绿"的负面效应与治理对策研究[J].财务管理研究,2021(11):65-69.

[5]陈红,陈玉秀,杨燕雯.表外负债与会计信息质量、商业信用:基于上市公司表外负债监察角度的实证研究[J].南开管理评论,2014,17(1):69-75.

[6]方明月.市场竞争、财务约束和商业信用:基于中国制造业企业的实证分析[J].金融研究,2014(2):111-124.

[7]付佳.税收规避、商业信用融资和企业绩效[J].山西财经大学学报,2017,39(2):87-98.

[8]方红星,楚有为.公司战略与商业信用融资[J].南开管理评论,2019,22(5):142-154.

[9]高杰英,褚冬晓,廉永辉,等.ESG 表现能改善企业投资效率吗?[J].证券市场导报,2021(11):24-34,72.

[10]耿艳丽,鲁桂华,李璇.纳税诚信企业更容易获得商业信用融资吗?[J].管理评论,2021,33(3):269-281.

[11]高勇强,陈亚静,张云均."红领巾"还是"绿领巾":民营企业慈善捐赠动机研究[J].管理世界,2012(8):106-114,146.

[12]胡海青,崔杰,张道宏,等.中小企业商业信用融资影响因素研究:基于陕西制造类非上市企业的证据[J].管理评论,2014,26(2):36-48.

[13]黄波,王满,吉建松.战略差异、环境不确定性与商业信用融资[J].现代财经,2018(1):37-51.

[14]黄兴李,邓路,曲悠.货币政策,商业信用与公司投资行为[J].会计研究,2016(2):58-65.

[15]金鹏辉,张翔,高峰.银行过度风险承担及货币政策与逆周期资本调节的

配合[J]．经济研究，2014，49(6)：73-85．

[16]李大元，贾晓琳，辛琳娜．企业漂绿行为研究述评与展望[J]．外国经济与管理，2015，37(12)：86-96．

[17]卢宁文，杨广星．民营上市公司税收规避、管理层持股与企业价值[J]．财会通讯，2021(17)：62-66．

[18]陆正飞，杨德明．商业信用：替代性融资，还是买方市场？[J]．管理世界，2011(4)：6-14．

[19]李瑾．我国A股市场ESG风险溢价与额外收益研究[J]．证券市场导报，2021，347(6)：24-33．

[20]李井林，阳镇，陈劲，等．ESG促进企业绩效的机制研究：基于企业创新的视角[J]．科学学与科学技术管理，2021，42(9)：71-89

[21]刘欢，邓路，廖明情．公司的市场地位会影响商业信用规模吗？[J]．系统工程理论与实践，2015，35(12)：3119-3134．

[22]马黎珺，张敏，伊志宏．供应商-客户关系会影响企业的商业信用吗：基于中国上市公司的实证检验[J]．经济理论与经济管理，2016(2)：98-112．

[23]邱牧远，殷红．生态文明建设背景下企业ESG表现与融资成本[J]．数量经济技术经济研究，2019，36(3)：108-123．

[24]权小锋，吴世农，尹洪英．企业社会责任与股价崩盘风险："价值利器"或"自利工具"？[J]．经济研究，2015，50(11)：49-64．

[25]孙彤，薛爽．管理层自利行为与外部监督：基于信息披露的信号博弈[J]．中国管理科学，2019，27(2)：187-196．

[26]孙浦阳，李飞跃，顾凌骏．商业信用能否成为企业有效的融资渠道：基于投资视角的分析[J]．经济学(季刊)，2014，13(4)：1637-1652．

[27]宋建波，文雯，王德宏，等．管理层权力、内外部监督与企业风险承担[J]．经济理论与经济管理，2018(6)：96-112．

[28]童健，刘伟，薛景．环境规制、要素投入结构与工业行业转型升级[J]．经济研究，2016，51(7)：43-57．

[29]唐松，王俊杰，马杨，等．可抵押资产、社会网络与商业信用[J]．南开管理评论，2017，20(3)：53-64，89．

[30]王仁祥，曾夏颖，黄家祥．金融抑制、资本扭曲与"科技-金融"耦合脆弱性[J]．工业技术经济，2021，40(11)：71-79．

[31]王彦超．金融抑制与商业信用二次配置功能[J]．经济研究，2014，49(6)：86-99．

[32]王化成，刘欢，高升好．经济政策不确定性、产权性质与商业信用[J]．经

济理论与经济管理,2016(5):34-45.

[33]汪璇.污染企业的"漂绿"实践及其逻辑:基于M牧场沼液污染的经验研究[J].南京工业大学学报(社会科学版),2021,20(2):65-76,112.

[34]吴雨,李月娥,赵童心,等.外部压力、企业"漂绿"行为与企业绩效的关系:基于重污染上市公司的证据[J].中国经贸导刊(中),2021(3):108-113.

[35]修宗峰,刘然,殷敬伟.财务舞弊、供应链集中度与企业商业信用融资[J].会计研究,2021(1):82-99.

[36]肖红军,阳镇,商慧辰.从理想主义到合意性:企业社会责任多重悖论的破解[J].财贸研究,2021,32(5):62-81.

[37]徐业坤,梁亮.高管政治晋升激励影响会计信息质量吗?——来自国有上市公司的经验证据[J].中央财经大学学报,2021(6):64-76.

[38]杨瑞龙,王元,聂辉华."准官员"的晋升机制:来自中国央企的证据[J].管理世界,2013(3):23-33.

[39]袁业虎,熊笑涵.上市公司ESG表现与企业绩效关系研究:基于媒体关注的调节作用[J].江西社会科学,2021,41(10):68-77.

[40]杨棉之,刘洋.盈余质量、外部监督与股价崩盘风险:来自中国上市公司的经验证据[J].财贸研究,2016,27(5):147-156.

[41]郑珊珊.管理层权力强度、内外部监督与股价崩盘风险[J].广东财经大学学报,2019,34(4):72-86.

[42]詹雷,王瑶瑶.管理层激励、过度投资与企业价值[J].南开管理评论,2013,16(3):36-46.

[43]朱杰.财务战略影响公司商业信用融资能力吗?[J].审计与经济研究,2018,33(6):71-82.

[44]郑军,林钟高,彭琳.高质量的内部控制能增加商业信用融资吗?——基于货币政策变更视角的检验[J].会计研究,2013(6):62-68,96.

[45]张杰,刘元春,翟福昕,等.银行歧视、商业信用与企业发展[J].世界经济,2013,36(9):94-126.

[46]周方召,潘婉颖,付辉.上市公司ESG责任表现与机构投资者持股偏好:来自中国A股上市公司的经验证据[J].科学决策,2020(11):15-41.

[47]周业安.金融抑制对中国企业融资能力影响的实证研究[J].经济研究,1999(2):13-20.

[48]张琳,赵海涛.企业环境、社会和公司治理(ESG)表现影响企业价值吗?——基于A股上市公司的实证研究[J].武汉金融,2019(10):36-43.

[49]张园园,王竹泉,邵艳.经济政策不确定性如何影响企业的商业信用融

资?——基于供需双方的探讨[J]. 财贸研究,2021,32(5):82-97.

[50]张勇. 独立董事关系网络位置与企业商业信用融资:基于程度中心度和结构洞视角[J]. 中南财经政法大学学报,2021(2):40-52.

[51]张勇. 外部监督、关联方交易与企业会计信息可比性[J]. 现代财经(天津财经大学学报),2018,38(3):99-113.

[52]ANG J S,COLE R A,LIN J W. Agency costs and ownership structure[J]. the Journal of Finance,2000,55(1):81-106.

[53]AVRAMOV D,CHENG S,LIOUI A,et al. Sustainable investing with ESG rating uncertainty[J]. Journal of Financial Economics,2021.

[54]ATAN R,ALAM M M,SAID J,et al. The Impacts of Environmental,Social,and Governance Factors on Firm Performance:Panel Study of Malaysian Companies[J]. Management of Environmental Quality,2018,29(2):182-194.

[55]BOFINGER Y,HEYDEN K J,ROCK B. Corporate social responsibility and market efficiency:Evidence from ESG and misvaluation measures[J]. Journal of Banking & Finance,2022,134:106322.

[56]BUSHMAN R M,SMITH A J. Financial accounting information and corporate governance[J]. Journal of accounting and Economics,2001,32(1/3):237-333.

[57]CHEN H Y,YANG S S. Do investors exaggerate corporate ESG information? Evidence of the ESG momentum effect in the Taiwanese market[J]. Pacific-Basin Finance Journal,2020,63:101407.

[58]CUI J,JO H,NA H. Does corporate social responsibility affect information asymmetry? [J]. Journal of business ethics,2018,148(3):549-572.

[59]CHENG Z,WANG F,KEUNG C,et al. Will corporate political connection influence the environmental information disclosure level? Based on the panel data of A-shares from listed companies in shanghai stock market[J]. Journal of Business Ethics,2017,143(1):209-221.

[60]RONQVIST H,HEYMAN F,NILSSON M,et al. Do entrenched managers pay their workers more? [J]. The Journal of Finance,2009,64(1):309-339.

[61]DENG X,KANG J,LOW B S. Corporate social responsibility and stakeholder value maximization:Evidence from mergers[J]. Journal of Financial Economics,2013,110(1):87-109.

[62]DUQUE-GRISALES E, AGUILERA-CARACUEL J. Environmental, social and governance (ESG) scores and financial performance of multilatinas:Moderating effects of geographic international diversification and financial slack[J]. Journal of

Business Ethics,2021,168(2):315-334.

[63] FABBRI D, MENICHINI A M C. Trade credit, collateral liquidation, and borrowing constraints[J]. Journal of Financial Economics,2010,96(3):413-432.

[64] FISMAN R, LOVE I. Trade credit, financial intermediary development, and industry growth[J]. The Journal of Finance,2003,58(1):353-374.

[65] FRIEDMAN M. The social responsibility of business is to increase its profits [M]//Corporate ethics and corporate governance. Springer, Berlin, Heidelberg, 2007: 173-178.

[66] HUI K W, KLASA S, YEUNG P E. Corporate suppliers and customers and accounting conservatism[J]. Journal of Accounting and Economics,2012,53(1/2): 115-135.

[67] HANLON M, RAJGOPAL S, SHEVLIN T. Are executive stock options associated with future earnings? [J]. Journal of Accounting and Economics,2003,36 (1/3):3-43.

[68] JENSEN M C, MECKLING W H. Theory of the firm: Managerial behavior, agency costs and ownership structure [J]. Journal of Financial Economics, 1976, 3 (4):305-360.

[69] KIM S, LI Z F. Understanding the impact of ESG practices in corporate finance[J]. Sustainability,2021,13(7):3746.

[70] KIM Y, PARK M S, WIER B. Is earnings quality associated with corporate social responsibility? [J]. The Accounting Review,2012,87(3):761-796.

[71] KOLLMAN K, PRAKASH A. Green by choice? Cross-national variations in firms' responses to EMS-based environmental regimes[J]. World Politics,2001,53(3): 399-430.

[72] MICHELSON G, WAILES N, VAN DER LAAN S, et al. Ethical investment processes and outcomes[J]. Journal of Business Ethics,2004,52(1):1-10.

[73] PAWLINA G, RENNEBOOG L. Is investment - cash flow sensitivity caused by agency costs or asymmetric information? Evidence from the UK [J]. European Financial Management,2005,11(4):483-513.

[74] SHAKIL M H. Environmental, social and governance performance and financial risk: Moderating role of ESG controversies and board gender diversity[J]. Resources Policy,2021,72:102144.

[75] STARKS L T, VENKAT P, ZHU Q. Corporate ESG profiles and investor horizons[J]. Available at SSRN 3049943,2017.

[76] SHI W, AGUILERA R, WANG K. State ownership and securities fraud: A political governance perspective[J]. Corporate Governance: An International Review, 2020, 28(2):157-176.

[77] SASSEN R, HINZE A K, HARDECK I. Impact of ESG Factors on Firm Risk in Europe[J]. Journal of Business Economics, 2016, 86(8):867-904.

[78] WONG W C, BATTEN J A, MOHAMED-ARSHAD S B, et al. Does ESG certification add firm value?[J]. Finance Research Letters, 2021, 39:101593.

[79] WONG J B, ZHANG Q. Stock market reactions to adverse ESG disclosure via media channels[J]. The British Accounting Review, 2021:101045.

[80] ZHANG R, ZHU J, YUE H, et al. Corporate philanthropic giving, advertising intensity, and industry competition level[J]. Journal of business Ethics, 2010, 94(1):39-52.

指导教师评语：

本文基于2010—2020年我国A股3129家上市公司20 050个观测值组成的面板数据，研究得出企业ESG表现对其所获商业信用具有负向影响，企业代理成本对ESG表现和商业信用之间的关系起到部分中介作用，外部监督对企业ESG表现与商业信用的关系起到削弱作用，且国有企业和高污染企业获取的商业信用受企业ESG表现的负向影响更强。

在"双碳"战略的新要求下，该选题具有一定的实践意义和理论意义，符合培养方向。论文对国内外已有相关研究进行了一定梳理，在此基础上根据代理理论分析了ESG表现对商业信用的影响、代理成本的中介效应以及外部监督机制的调节效应，构建了理论模型，并利用上市公司数据对理论模型进行了实证检验。论文还进行了一系列稳健性检验及进一步分析，工作量丰富。总体上，论文结构合理、层次清晰、方法得当、结论准确，写作规范性强。

该同学的写作态度较好，在论文的准备和正式写作过程中查阅了较多资料、做了大量尝试，且能够在论文写作的各环节积极与指导教师沟通，并根据指导教师的意见进行相应修改。总体来说，这是一篇非常优秀的毕业论文，评阅成绩为优。

家庭结构、代际支持与退休老年人再就业

经济学院　孙妍雨　　指导教师：袁　航

摘　要：在我国人口老龄化加剧、退休政策面临改革的背景下，从家庭视角探究退休老年人再就业的影响因素对合理促进老年人力资源的开发具有现实意义。本文基于CHARLS2018年的数据，通过构建Probit模型研究家庭结构对退休再就业的相关影响。研究发现：第一，子女数量与老年人退休再就业有显著正相关关系，且儿子数量越多，退休父母再就业的可能性越大；已婚子女越多，再就业的可能性越小。第二，子女结构的差异性不同程度上影响代际支持行为，表现在儿子数量越多的家庭，父母提供经济支持的可能性越高；已婚子女数量越多的家庭，父母提供时间支持的概率越高。第三，代际支持显著地影响了退休老年人再就业行为，体现在家庭中向下的财富代际转移会增加退休父母再就业的概率，然而提供隔代照料的时间支持对老年人再就业行为则有明显的挤出效应。基于以上结论，本文从渐进性退休政策、健全社会养老制度、构建幼儿托管服务体系三个方面提出相关建议，激励中低龄老年人再就业，提高老年人社会福利，增强其选择再就业行为的自主性。

关键词：退休再就业，家庭结构，代际支持

1　绪论

1.1　研究背景及意义

在当前我国人口老龄化的发展背景下，随着人均寿命不断延长，老年人的退休、养老及社会保障等问题受到越来越多的关注。同时，当前社会上大量出现"退而不休"的现象，在退休政策面临改革的背景下，探究如何合理促进老年人力资源的开发、实现退休老年人再就业的问题更有现实意义。目前关于养老保险、延迟退休等社会保障宏观政策对退休老年人福利的影响研究已经十分成熟，同时，也有诸多学者根据老年人退休前的个体特征、退休后的养老金收入或其他社会保障对其退休后劳动供给决策的影响进行了计量分析。实际上，老年人退休后再就业决策受到多方面因素影响，往往不是个体决策，而是需要综合配偶、子女结构等家庭因

素。近年来,年轻人生活成本和工作压力提高,出现越来越多的"啃老买房""隔代照料"现象。为了帮助子女分担压力,父母选择"退而不休",因此逆向反哺现象成为退休老年人再就业决策一个新的影响因素。由此可见,家庭结构和代际支持互动成为影响退休老年人再次进入劳动市场行为的重要因素。

已有研究很少关注老年人家庭结构特征对其自身劳动参与的影响,并且有关代际支持对再就业的影响研究大多关注子女对老年人的反哺行为,而很少关注逆反哺维度下老年人的再就业决策。针对以上不足,本文将致力于从家庭视角分析退休老年人配偶及子女结构差异对老年人退休再就业决策的不同影响,重点引入代际支持这一中间变量,从实证角度分析子女结构、代际支持和退休老年人再就业三者之间的内在关系,从而针对退休政策给出更具体可行的建议。

1.2　论文结构及研究方法

第一部分是绪论。提出本文的研究背景与研究意义、论文结构与创新之处。

第二部分是相关概念的界定与国内外相关文献概述:主要从老年人劳动供给决策与代际支持角度分析国内外的实证研究,综述相关结论。

第三部分是理论分析与假设。根据相关理论对老年人再就业行为与代际支持行为进行分析,并提出相关假设。

第四部分是实证分析,构建 Probit 模型:首先分析家庭结构对退休老年人再就业决策的影响,并着重考察子女特征结构对退休父母再就业的不同影响;然后,从代际支持角度重点探究父母给子女提供经济支持和时间支持的代际逆反哺现象对家庭结构影响再就业行为的中间作用机理,同时分析代际转移和代际反哺行为对退休老年人再就业行为的影响,验证相关假设。

第五部分是研究结论与政策:结合实证分析的相关结果,在社会及家庭层面提出相关建议来提升退休老年人的社会效用,并指出本文的不足与展望。

1.3　创新之处

从研究视角层面看,关于老年人退休再就业的已有研究大多关注老年个体特征,对家庭层面的因素考虑较少,然而老年人作为家庭的一分子,其劳动参与行为并不是独立的个体行为。因此,本文将着重从家庭视角出发,探究不同家庭结构对老年人劳动参与行为的影响及其作用机理。

从研究内容层面看,研究家庭结构、代际支持对退休再就业的影响的实证文献较少,其中已有的关于探究代际支持的文献也主要聚焦于子女对老年人的赡养支持。然而,现实中代际逆反哺现象越来越普遍,成为研究老年人退休再就业行为不可忽视的重要方面。因此,本文将从代际支持角度,着眼于代际逆反哺与代际反哺两个方向的代际支持,分析其对老年人退休再就业的差异化影响,探究代际支持在家庭结构与再就业之间的中间影响。

2 相关概念及国内外文献综述

2.1 相关概念

2.1.1 退休再就业

退休是指劳动者按照国家规定到了退休年龄后退出劳动岗位。中国健康与养老追踪调查(CHARLS)问卷中界定的退休主要指从政府单位、企事业单位退休人员及参加了基本养老保险的灵活就业人员办理退休手续,可以提前退休或内退。我国现行的退休年龄是男性60周岁,女性干部55周岁,女性工人50周岁。

再就业指退出劳动力市场的劳动者再次走上工作岗位。近年来,退休老年人再次选择就业的情况越来越多,许多研究开始聚焦于老年人再就业问题,因此CHARLS在2018年工作与退休问卷模块中专门设置了退休后是否再就业问题。其中,再就业包含务农、挣工资工作、不拿工资的家庭经营帮工等,不包含家庭劳动及义务劳动。因此,探究老年人再就业问题,与我国退休年龄政策改革相关性极大。

2.1.2 代际支持

代际在学术研究中通常指家庭关系中的两代人。基于代际关系,在社会经济发展的当下,两代人之间通常会产生双向的支持行为。

费孝通(1983)在研究家庭结构与老年人赡养问题时曾提出,中国的代际关系是反哺模式,即子代有经济能力后赡养亲代或给予经济支持来报答养育之恩。然而在现代城市家庭中,父母为了减轻子女的经济、时间压力,会主动提供经济支持或时间支持。其中,时间支持主要体现在隔代抚育行为上。这种代际支持行为与成年子女赡养老年人的反哺模式对立,因此可称为代际逆反哺。

在现代家庭中,已经不仅仅是单向的代际支持,通常是反哺与逆反哺同时存在的支持行为。从"养儿防老""多子多福"等养老观念可以看出,代际支持与子女数量、子女结构有直接关系。本文将重点探讨代际支持对退休老年人再就业的影响机制。

2.2 老年人劳动力供给决策的影响因素

2.2.1 国外有关老年人劳动力供给决策的影响研究

国外对老年人再就业问题的研究比国内早,尤其是发达国家人均寿命高,已较早地进入人口老龄化时代。21世纪初就有大量关于健康状况对退休意愿的正反作用的实证研究。Gregory P. J. 等(2002)认为身体健康的老年人更愿意正常退休,退休后不会再进行劳动行为;而有研究分析发现,身体状况较差的老年人由于面临额外的治疗费用,更偏向选择延迟退休(Gustman and Steinmeier,2004)。后来这方面的研究主要针对健康程度或疾病的严重程度对老年人预期退休年龄的影响

（Gupta and Larsen,2010）。在退休意愿与社会福利方面,相关研究发现,若有较高的社会支持、社会经济福利等,个体考虑退休的意愿更高（Brown et al.,2014；Madero-Cabib and Fasang,2016）。

2.2.2 国内有关老年人劳动力供给决策的影响研究

在退休老年人劳动力供给决策的影响因素探究上,已有研究基本从以下三个方面进行分析。一是个体特征。众多研究表明,年龄较低、自评健康状况好、受教育水平高的男性退休后选择再就业的概率更大。由于男性在生理和技能条件方面优势更大,所以男性退休后更倾向于继续参与劳动（李琴、雷晓燕等,2014）。二是经济因素和社会保障。当经济状况一般,生活质量较低,退休后收入降低不能满足基本开销时,老年人极有可能会选择继续劳动（张文娟,2010）。老年人退出劳动市场后的社会保障与老年人是否再就业决策密切相关,诸多研究表明,养老保险与退休再就业在很大程度上形成替代效应（朱浩,2015）,但当退休后的养老金收入等不足以弥补之前的经济负担时,老年人也会选择再就业（曲丹,2014）。三是退休前的工作因素。退休前的工资、公司性质、工作带来的社会地位和满足感都会对老年人延迟退休的决策产生影响。田立法等（2014）调研并分析了天津市 450 名退休老年人的数据,结果表明,退休前在事业单位工作的老年人再就业概率小,恰恰退休前工作不稳定的老年人再就业意愿较大。

在家庭结构视角下针对退休老年人劳动力供给问题的研究较少。赵建国、王净净（2021）通过实证得出子女数量对退休再就业意愿有抑制作用,但儿子数量的增加显著提高了老年人参与劳动的概率。同时,也有学者从配偶层面分析认为,夫妻双方个人的退休决定可能受到对方的影响,各种因素的影响路径可以归因为替代效应、收入效应及互补效应（赵昕,2021）。

除此之外,宏观层面的因素,例如人口年龄结构、经济结构转型、相应的退休政策等也会对我国城镇老年人劳动力供给产生影响（郑爱文等,2018）。

2.3 代际支持对老年人退休再就业的影响

2.3.1 国外有关代际支持对老年人退休再就业的影响研究

国外主要从隔代照料方面分析代际支持对老年人劳动供给的影响,与孙辈同住时老年人通常会选择隔代抚育,同时需要照看孙辈时老年人通常会选择减少自己的工作时间和工作内容,并且自己的退休计划会受到照料孙辈因素的影响（Hamilton and Jenkins,2015）,但是相较于提供时间支持,老年人更愿意继续参与劳动为子女提供经济支持（Ho,2013）。

2.3.2 国内有关代际支持对老年人退休再就业的影响研究

国内关于代际支持对退休再就业行为的影响研究比较少,诸多学者研究子女反哺对老年人健康、投保、消费等方面的影响,而有关老年人退休意愿的影响研究比较少。有的研究表明,子女数量越多,老年人养老压力越小,更倾向于提前退出劳动市场,再就业意愿显著降低(廖少宏,2012),然而于丽等(2016)通过分析CHARLS2011基线数据发现,虽然普遍存在"养儿防老"的观念,但是子女数量越多,老年人再就业的概率越高,其中就关注到父母对子女的逆反哺现象。逆反哺包括父母对子女的时间支持和经济支持。父母提供隔代照料抚育等时间支持形式会减少老年人劳动时间,降低其再就业概率(何圆等,2015)。相反,父母给予子女经济支持会大大促进老年人的劳动参与,尤其是隔代照料对退休女性劳动时间会产生明显的挤出效应(赵建国等,2021;诸艳霞等,2018)。同时,家庭层面下,健康状况较差、受教育水平低的老年人由于家庭收入、代际交流等压力也会被迫选择退而不休(王兆萍等,2017)。也有研究表明,需要减少父母对成年子女的经济支持,来缓解其对青年子女就业的负向影响(撒凯悦,2018)。

3 作用机制及研究假设

生命周期理论认为退休与个人、家庭轨迹及预期寿命相关(Modigliani,1954)。第一,人们后期的选择通常会受到前期生命历程的影响,离开工作岗位意味着没有了固定的收入来源,所以老年人通过考虑积蓄水平、家庭支出情况、养老金、家庭成员赡养情况等因素预期未来效益,与自身幸福感、闲暇效益相比较,借此判断退休后是否再参与劳动,延长生命的自立期(王树新,2003)。第二,人们之间是相互依赖和影响的,尤其在家庭由成熟期迈向衰老期时,父母的生命价值已基本在前期生命历程中得到体现,更多地想要维持与子女之间的家庭关系,给予子女更多经济与时间的付出。即使是在竞争激励的现代社会冲击下,家庭代际间的团结依然保持其韧性(杨菊华,2009;徐勤,2011)。因此,父母退休后再就业决策就不仅仅只是考虑个人特征后的决定,而是受家庭中的配偶特征、子女结构、代际关系等因素的共同作用(萧振禹,1996;赵昕,2021)。

John Caldwell(1976)提出的代际财富流理论认为,家庭中的代际财富流动以物质和非物质两种形式存在。通常来说,子女未成年前,家庭间的财富一般从父母流向子女,来抚育孩子成长;子女成年尤其是成家后,家庭间的财富流动一般体现在子女赡养父母产生的财富代际向上转移(伍海霞,2015;撒凯悦,2018)。在传统孝道模式下,子女成年后的家庭财富主要表现为子女对父母履行赡养义务而提供的经济支持(李银河,2011;田青,2016)。因此,在传统认知下,由于存在子女的经济支持,随着子女数量的增多,老年人的再就业意愿应显著降低(廖少宏,2012),然而,于丽、马丽媛(2016)根据CHARLS数据实证发现,退休再就业意愿并不会因为子女的养老而降低,并且与给子女提供的净支付有关。

在利他主义假设下,随着年轻人生存压力不断加大,父母在经济方面帮衬子女的现象越来越普遍,本着家庭效益最大化原则,代际财富流动在交换互惠的动机下转变为由父母向子代的逆向转移(赵建国,2021)。父母为了帮助子女分担经济压力选择再就业的现象越来越普遍,子女的性别和数量在代际资源分配上也会产生影响。同时,父母给子女代际支持的另一个显著特征是隔代照料。为了缓解年轻子女的时间压力,退休老年人选择牺牲自己的劳动时间来照料(外)孙子女,甚至可能选择提前退出劳动市场(Lumsdaine R. L. and Vermeer S. J. C. ,2015)。结合以上理论及相关文献,本文提出以下假设:

假设1:家庭结构对退休老年人再就业行为有显著影响。

假设1a:子女数量与老年人再就业行为有显著正相关关系。

假设1b:儿子数量占比对老年人再就业行为有显著正向影响。

假设2:代际支持显著影响退休老年人再就业行为。

假设2a:代际转移对退休老年人再就业有显著正向作用。

假设2b:隔代照料对老年人再就业有明显的挤出效应。

4 实证结果与分析

4.1 模型构建

由于本文研究的被解释变量退休再就业是一个二元虚拟变量(就业=1,不就业=0),因此本文构建Probit模型进行实证分析。家庭结构、代际支持与退休再就业变量的函数关系可以表示为:

$$Y^* = \alpha + \beta X + \varepsilon \quad (1)$$

$$且 Y = \begin{cases} 1, Y^* > 0, 就业 \\ 0, Y^* < 0, 不就业 \end{cases}$$

其中,ε代表随机误差,服从正态分布。X为影响因素变量。

所以,影响退休老年人再就业的离散模型可以构建为:

$$\text{Prob}(Y = 1 \mid X) = \text{Prob}(Y^* > 0 \mid X_i) = \Phi(\alpha + \beta X_i) \quad (2)$$

其中,Φ取值范围是0~1,表示标准正态的累积分布函数。Y^*表示不可观测的潜在被解释变量。Y表示实际观测到的因变量,表示退休老年人是否再就业,$Y=1$,代有再就业。X代表影响因素向量。X_i则代表实际观察到的影响因素,在本文中包括配偶状况、子女特征、代际支持等因素。

4.2 变量说明

4.2.1 数据来源

本文采用CHARLS数据库中2018年的基线调查的相关数据进行实证分析。

CHARLS 从 2011 年开始,每隔 2~3 年对受访者进行一次追踪调查,覆盖全国 28 个省份、150 多个县,主要以村为单位展开调研,专门针对 45 岁以上中老年人的家庭、健康、养老、医疗等问题进行追踪调查。CHARLS 数据库涵盖近十年来 1.7 万名受访者的高质量微观数据,对于分析我国老年人现实问题具有重要价值。为了减少数据误差、缺失情况,本文的研究对象选定为 70 岁以下的退休老年人,并从家户问卷中选取不同模块中研究需要的相关问题,应用 STATA15 统计软件进行研究分析。

4.2.2 主要变量说明及描述性统计

1)被解释变量

被解释变量为退休再就业。根据问卷中上一轮退休(包括提前退休与内退)记录是否正确与"您是否已经办理了退休手续,包括提前退休,或内退?"问题结果合并筛选 2 474 个退休样本,再就业有以下三种情况:

(1)退休后参加过工作的退休老年人;

(2)上周工作了至少一个小时(包括挣工资打工、从事个体与私营生意、不拿工资为家庭经营帮工等)的退休老年人;

(3)有非农工作,目前正在培训、放假中且 6 个月内会回到原先岗位的退休老年人。

退休再就业是虚拟变量,至少有上述一种情况即再就业=1,否则=0。

2)主要解释变量和控制变量

(1)家庭结构:基于对以上文献的研究发现,受访者是否有配偶对老年人退休再就业有显著影响;家庭结构中主要研究的是子女结构,本文以子女的数量及性别构建子女结构变量。同时,注意到子女的其他特征包括已婚子女数量、是否上学、是否与父母共同居住等也会对退休老年人再就业行为产生影响。因此,本文引进以上数据详细观察不同的子女结构特征对父母退休后再就业决策的差异化影响。

(2)代际支持:包含代际反哺及代际逆反哺。

代际反哺主要指子女对父母的赡养义务,包含经济支持、情感支持等。但是随着家庭结构不断变化,子女越来越倾向于用金钱和物品代替时间来履行赡养义务,并且子女对老年人的情感支持、时间支持等变量很难具体化。因此,本文用子女对父母提供的经济支持来表示代际反哺。用"过去一年中,子女不与您同住时,您和您的配偶从子女那里得到多少经济支持?"作为代际反哺中的经济支持变量,其中加总了受访者各个子女给予的金钱与实物价值。

代际逆反哺与代际反哺模式对立,主要研究父母给子女提供的经济支持与时间支持。逆反哺的经济支持用"过去一年,子女不与您同住时,您和您的配偶给子女提供多少经济支持?"(包含受访者给予各个子女的金钱与实物价值)来衡量。父母给子女提供的时间支持主要指隔代照料行为,本文以"是否照看(外)孙子女"

作为时间支持变量,有隔代照料行为则是对子女提供了时间支持。

（3）控制变量:除了以上主要解释变量外,本文加入受访者的个体特征作为控制变量。受访者性别、年龄、受教育水平、自评健康状况及养老收入都与退休后的劳动决策有关。其中受教育水平按受访者接受的最高教育为变量,按受教育年限赋值:未受过教育、未读完小学、私塾=1,小学=6,初中=9,高中=12,中专=13,大学专科=15,大学本科=16,研究生=18。自评健康状况是指问卷中"您认为自己身体情况怎么样？"受访者对自己身体状况的认知通常对其能否继续参与劳动起重要作用,对结果进行赋值:很好=5,好=4,一般=3,不好=2,很不好=1。受访者的养老收入主要指受访者每月从各个养老保险中领取的退休金/养老金(包含各种补贴)。养老收入作为退休后的一项主要收入,对劳动参与产生一定的挤出效应。为了减少异常值对模型的影响,本文处理养老收入变量时,在其基础上加1再取对数值。相关变量的具体说明及定义见表1。

表1 变量说明与定义

变量名		定义
被解释变量	再就业	虚拟变量:再就业=1,不就业=0
解释变量		
家庭结构	是否有配偶	虚拟变量:已婚与配偶一同居住、已婚因工作原因等暂时没有跟配偶一同居住=1;分居、离异、丧偶、从未结婚=0
	子女数量	受访者的子女总数量
	儿子数量	受访者的儿子数量
	女儿数量	受访者的女儿数量
	已婚子女数量	受访者的已婚的子女数量
	未婚子女数量	受访者的未婚的子女数量
	是否有上学的子女	虚拟变量:受访者有正在上学的子女=1,没有正在上学的子女=0
	是否与子女同居	虚拟变量:与至少一个子女共同居住超过6个月=1,否则=0
代际支持	代际转移	虚拟变量:父母给子女提供的经济支持大于子女给父母提供的经济支持=1,否则=0
	反哺经济支持	过去一年非同住子女给父母提供的经济支持
	反哺经济支持*	过去一年非同住子女给父母提供的经济支持加1取对数
	逆反哺经济支持	过去一年父母给非同住子女提供的经济支持
	逆反哺经济支持*	过去一年父母给非同住子女提供的经济支持加1取对数
	逆反哺时间支持	虚拟变量:照看(外)孙子女=1,否则=0

续表

变量名		定义
控制变量		
个体特征	性别	虚拟变量:男性=1,女性=0
	年龄	周岁
	受教育水平	年限:未受过教育、未读完小学、私塾=1,小学=6,初中=9,高中=12,中专=13,大学专科=15,大学本科=16,研究生=18
	自评健康状况	健康水平:很好=5,好=4,一般=3,不好=2,很不好=1
个体特征	参加养老保险	虚拟变量:参加或领取一种或几种养老金=1;没有参加或领取任意一种养老金=0
	养老收入	过去一年退休金/养老金(包括各种补贴)
	养老收入*	过去一年退休金/养老金(包括各种补贴)加1取对数

对主要变量输出描述性统计,如表2所示。

表2 变量的描述性统计

变量	样本数	均值	标准差	最小值	最大值
老年个体					
退休再就业	1 636	0.273	0.445	0	1
性别	1 636	0.458	0.498	0	1
年龄	1 636	62.026	5.552	46	70
受教育水平	1 636	8.613	3.888	1	18
参加养老保险	1 636	0.905	0.294	0	1
自评健康状况	1 549	3.217	0.927	1	5
养老收入	1 636	2 227.195	1 496.309	0	7 000
家庭结构					
是否有配偶	1 636	0.913	0.282	0	1
子女数量	1 636	1.893	1.076	0	9
儿子数量	1 636	0.98	0.836	0	5
女儿数量	1 636	0.913	0.876	0	7
是否有上学的子女	1 636	0.039	0.192	0	1
已婚子女数量	1 602	1.766	0.947	0	8
未婚子女数量	1 602	0.121	0.453	0	6
是否与子女同居	1 636	0.317	0.465	0	1

续表

变量	样本数	均值	标准差	最小值	最大值
代际支持					
反哺经济支持	1 636	4 554.185	9 030.556	0	57 000
逆反哺经济支持	1 636	7 052.67	19 345.617	0	130 000
逆反哺时间支持	1 635	0.522	0.5	0	1
代际转移	1 636	0.285	0.451	0	1

4.3 实证分析

4.3.1 家庭结构对老年人再就业影响的计量分析

本节构建 Probit 模型，主要研究家庭结构对退休老年人劳动决策的影响。家庭结构主要包括是否有配偶、子女数量、儿子数量、已婚子女数量等变量。同时以 OLS 模型作补充展示，表3是模型估计结果，第（1）列给出的是 Probit 模型的平均边际效应及相应的标准误，第（2）列是 OLS 回归模型的估计系数及标准误。

表3　家庭结构对退休老年人再就业影响的回归结果

解释变量	（1）Probit 模型	（2）OLS 模型
性别	0.176***	0.170***
	(0.024)	(0.023)
年龄	-0.022***	-0.022***
	(0.028)	(0.002)
受教育水平	-0.082**	-0.076**
	(0.037)	(0.035)
自评健康状况	0.026**	0.025**
	(0.011)	(0.012)
参加养老保险	0.104**	0.155***
	(0.097)	(0.053)
养老收入	-0.026***	-0.031***
	(0.005)	(0.005)
是否有配偶	-0.018*	-0.016*
	(0.040)	(0.039)
子女数量	0.261**	0.252**
	(0.131)	(0.126)

续表

解释变量	(1) Probit 模型	(2) OLS 模型
儿子数量	0.749*** (0.025)	0.076*** (0.027)
是否有上学的子女	0.052 (0.058)	0.076 (0.060)
已婚子女数量	-0.118* (0.066)	-0.116* (0.062)
是否与子女同居	-0.024** (0.023)	-0.023** (0.025)
常数项	2.756*** (0.956)	1.269*** (0.235)
N	1 514.000	1 517.000
R^2	0.127	0.144
P	0.000 0	0.000 0

注:表中 Probit 模型估计结果为平均边际效应,括号内是相应的稳健标准误;OLS 模型估计结果为回归系数,括号内是稳健标准误;*、**、*** 分别代表在 10%、5%和 1%的置信水平下显著。

从表 3 中可以看出,性别、年龄、受教育水平、自评健康状况、参加养老保险、养老收入、子女数量、儿子数量、已婚子女数量对老年人退休再就业决策有显著影响,对比 OLS 模型的回归结果发现,得到的估计结果较为一致,说明模型稳健。下面基于 Probit 的边际效应结果,探讨影响退休再就业决策的影响因素及其作用。

1) 个体特征

男性退休个体选择再就业的概率显著大于女性退休个体。年龄的增长对老年人选择再就业有负面影响,年龄每增加一岁再就业的边际效应降低 0.022。受教育水平对退休再就业有明显的挤出作用,平均边际效应是-0.082。原因在于,高学历通常与高收入高职称相对应,因此受教育水平高的退休老年人通常家庭经济条件较好,退休生活质量较高,因此其人群再就业率相对较低。同时,老年人自评健康状况越好,其再就业概率也相应提高。除此之外,可以看到老年人的养老收入与退休再就业决策显著负相关,养老收入是退休后老年人的主要收入来源,养老收入高的老年人对时间闲暇的需求更高,因此产生了对退休后再参与劳动行为的挤出效应,再就业概率相对较低。

2) 家庭特征

在一定水平上,家庭层面内有配偶共同生活的老年人退休后再就业的概率更低。从子女结构层面上分析,子女数量对退休老年人再就业决策有显著的正向作用,子女数量每增加一个,老年人退休后选择再就业的平均边际效应就会增加 0.261。下面从子女的具体特征上探究不同的子女结构对老年人再就业的影响:首先,儿子数量显著增加了老年人退休再就业的概率,其原因在于,从社会习惯上来说,父母给予儿子和女儿的婚嫁支持一般不是相等的,这说明随着男性步入家庭的社会压力增大,父母只能暂时将"养儿防老"的传统观念搁置一边,先为其提供金钱或车房等物质支持。其次,是否有上学的子女变量对退休再就业变量的影响不显著,原因可能在于退休个体子女一般都已工作,退休时还有上学子女的样本数太少。但是从估计结果上可以看出,有上学子女与再就业有一定的正向影响,说明即使退休,考虑到上学子女的抚养费用也会再次选择就业。再次,已婚子女数量对老年人退休再就业有显著抑制作用,这与中国传统抚养观念有关,父母培养孩子直到子女成家,是家庭层面上的"退休",已婚的子女越多,父母的经济压力越小,再就业的概率也相对降低。最后,与子女同居的退休老年人再就业的概率显著低于独居的退休老年人再就业概率。与子女同居通常有两种情况,一种是同居照顾子女和孙子女,没有时间再参与社会劳动;另一种是父母身体状况差,随时需要子女照顾,这种情况的退休老年人再就业概率很低。

综上所述,家庭结构的不同对退休老年人再就业有不同程度的影响。家庭中儿子数量越多,退休老年人参与劳动的概率越高;子女已婚后,老年父母经济压力小,选择再就业行为的可能性更低;并且与子女同居的老年人更不倾向于再次进入劳动市场。

4.3.2 从代际支持角度分析家庭结构对老年人再就业的作用

上文实证分析证明了不同的家庭结构,尤其是子女数量、性别及婚姻状况对老年人退休再就业的影响,本节将基于代际支持的角度,从代际逆反哺、代际转移与代际反哺三个维度,着重聚焦代际间的经济支持、时间支持对父母退休再就业行为的影响,从而从代际支持角度分析家庭结构对退休再就业影响的作用机理。

1) 代际逆反哺:退休再就业、父母给子女提供的经济支持与隔代照料

从代际逆反哺的经济支持和时间支持角度,引入虚拟变量"经济支持1"(表示父母给子女的经济支持大于5 000元)和虚拟变量"隔代照料"[表示有照看(外)孙子女行为],利用Probit模型进行实证分析,估计结果如表4所示。

表4 退休再就业、经济支持与时间支持的回归结果(系数)

解释变量	(1) 退休再就业	(2) 经济支持1	(3) 隔代照料
性别	0.605*** (0.087)	−0.020 (0.082)	0.020 (0.072)

续表

解释变量	(1) 退休再就业	(2) 经济支持1	(3) 隔代照料
年龄	-0.078***	-0.002	0.024***
	(0.009)	(0.008)	(0.007)
受教育水平	-0.017	0.030***	-0.002
	(0.010)	(0.011)	(0.009)
自评健康状况	0.083**	0.082**	-0.009
	(0.038)	(0.040)	(0.036)
参加养老保险	0.380**	0.173	0.186
	(0.170)	(0.202)	(0.164)
养老收入	-0.088***	0.023	-0.021
	(0.018)	(0.020)	(0.017)
是否有配偶	-0.082	0.126	0.414***
	(0.131)	(0.135)	(0.121)
经济支持1	0.023**		
	(0.089)		
隔代照料	-0.019***		
	(0.072)		
子女数量		-0.169*	0.033**
		(0.095)	(0.084)
儿子数量		0.134**	-0.018
		(0.055)	(0.050)
已婚子女数量		0.158	0.024***
		(0.099)	(0.091)
是否有上学的子女		0.925***	-0.799***
		(0.186)	(0.201)
是否与子女同居		0.226***	0.337***
		(0.083)	(0.076)
常数项	4.043***	-1.839***	-1.741***
	(0.615)	(0.581)	(0.498)
N	1548.000	1517.000	1516.000
R^2	0.329	0.151	0.163
P	0.000	0.000	0.000

注：括号内是标准误；*、**、*** 分别代表在 10%、5%和 1%的置信水平下显著。

从表4中可以看出:①退休再就业模型中(第一列),父母对子女的经济支持会显著提升再就业的概率;相反,退休老年人对子女提供时间支持与其再就业行为呈显著负相关。②经济支持模型中(第二列),子女数量、儿子数量、是否有上学的子女以及是否与子女同居都与经济支持有显著相关性,说明家庭的不同结构对父母给子女的经济支持有差异化影响。子女数量越多,父母养育负担高,父母平均给子女的经济支持更可能低于5 000元。儿子数量对老年人的经济支持有显著促进作用,同时已婚子女数量越多,父母经济支持的可能性越大。上学的子女相对于已经参加工作的子女来说更需要父母的经济支持,因此老年人有上学的子女,其经济支持的概率更大。除此之外,老年人与子女同居会显著增加经济支持行为的概率,可能的原因在于同居时父母会帮助子女分担部分家庭消费。③时间支持模型中(第三列),家庭结构对时间支持行为有显著的影响。具体来说,首先,有配偶的受访者选择隔代照料的概率更大;其次,子女数量与提供时间支持有显著的正相关关系,尤其是已婚子女数量越多,说明(外)孙子女数量越多,因此老年人照看(外)孙子女的可能性越大;再次,上学子女与隔代照料有明显的替代效应,上学子女更需要父母的照顾,因此有上学子女的老年人选择隔代照料的概率较低;最后,与子女同居的老年人更方便照顾(外)孙子女,因此老年人更倾向于照顾同居子女的后代。

综上所述,家庭的不同结构对退休父母给子女提供经济支持和时间支持都有显著的差异化影响,而老年人给子女提供经济支持和时间支持对其自身的再就业又有显著影响,然而从回归结果看,两种支持行为对退休再就业的影响是相反的,因此退休老年人是否选择再就业最终要取决于两种行为作用的大小。

2) 代际转移与代际反哺

下面将对代际转移和代际反哺对老年人退休再就业行为的影响作 Probit 回归,发生代际转移表示父母给子女的经济支持大于子女给父母的经济支持,代际反哺用子女给父母的经济支持对数变量来表示。估计结果如表5所示。

表5 代际转移、代际反哺对退休再就业的回归结果

解释变量	(1)	(2)
性别	0.175 ***	0.174 ***
	(0.024)	(0.024)
年龄	−0.023 ***	−0.023 ***
	(0.027)	(0.003)
受教育水平	−0.005 *	−0.005 *
	(0.003)	(0.003)
自评健康状况	0.024 **	0.024 **
	(0.011)	(0.011)

续表

解释变量	(1)	(2)
参加养老保险	0.121**	0.120**
	(0.049)	(0.050)
养老收入	-0.026***	-0.090***
	(0.005)	(0.005)
是否有配偶	-0.013	-0.012
	(0.039)	(0.040)
子女数量	0.018	0.017
	(0.024)	(0.024)
儿子数量	0.042***	0.042***
	(0.015)	(0.016)
有配偶子女	-0.037	-0.035
	(0.027)	(0.027)
是否有上学的子女	0.030	0.038
	(0.059)	(0.060)
是否与子女同居	-0.022	-0.018
	(0.027)	(0.025)
代际转移	0.027*	
	(0.024)	
子女给父母的经济支持对数		-0.002
		(0.003)
常数项	3.982***	3.992***
	(0.635)	(0.636)
N	1517.000	1517.000
R^2	0.111	0.110
P	0.000	0.000

注:表中 Probit 模型估计结果为平均边际效应,括号内是标准误;*、**、*** 分别代表在 10%、5% 和 1% 的置信水平下显著。

从第(1)列回归结果看,代际转移与老年人退休再就业在一定水平上显著正相关。当家庭财富发生向下的转移,即父母给予子女的金钱或物质支持超过子女给父母的时,老年父母选择再就业的平均边际效应提高 0.027。当前,随着子女的生活压力越来越大,父母为减轻子女的生活压力,提高后代的生活质量,通常会选择主动为子女提供金钱或物质支持,因此,更多的退休老年人会选择再次就业来获得更多的劳动收入。综上,代际转移的发生显著提高退休老年人的再就业概率。

从第(2)列回归结果看,子女给父母提供的经济支持与父母退休再就业行为有负相关关系,但是不明显,说明父母参与劳动的概率与子女赡养老人提供的金钱或物质没有明显相关关系。但结合第(1)列回归结果看,家庭中的财富流动对父母再就业行为的影响主要通过经济支持程度来决定,即子女提供给父母的经济支持无法抵消父母给子女提供的经济支持时,依然会增加父母退休后再就业的概率。

5 结论与政策建议

5.1 研究结论

在我国人口老龄化不断加剧、退休政策面临改革的背景下,退休老年人再就业行为得到越来越多的研究与讨论。老年人的劳动力供给行为通常不仅取决于个体特征因素,更多受到家庭因素的影响,包括配偶特征、子女结构及代际支持行为。当下年轻人面临的竞争压力越来越激烈,老年父母通常会选择为子女分担经济压力,因此"退而不休"成为普遍现象。同时,隔代照料行为也较为普遍。基于以上背景,本文利用CHARLS2018年的调查数据,构建Probit模型,主要研究家庭结构对老年人再就业的影响,同时加入代际支持这一中间变量,考察代际间经济支持和时间支持行为的代际反哺与代际逆反哺对老年父母退休再就业决策的影响,探究不同家庭结构对退休再就业行为的作用机理。研究发现:

第一,家庭的不同结构对老年人退休再就业行为有显著影响。其中,子女数量对老年父母退休再就业有显著促进作用;不同的子女结构对老年人再就业行为也会产生不同影响。儿子数量多的家庭中,老年人退休再就业的可能性更大。然而,已婚子女数量越多,老年人的经济压力越小,再就业率也相对较低。这一结论证明了前文的假设 1、假设 1a 和假设 1b。

第二,代际支持对退休老年人再就业行为决策也会产生显著影响。代际逆反哺角度下,父母给子女经济支持、时间支持会对其自身的再就业起到相反的影响。提供经济支持会促进老年人再就业行为,而隔代照料会显著挤出老年人参与再就业行为的劳动时间;代际反哺角度下,子女给父母提供的经济支持与退休父母再就业行为没有明显替代效应,但是子女的赡养费用与老年人再就业意愿呈负相关关系;代际转移,即子女给予父母的经济支持不足以抵消父母给子女提供的经济支持时,父母退休后再就业的可能性更高。以上结论证明了前文的假设 2、假设 2a 和假设 2b。

第三,家庭结构通过影响代际支持进而影响老年人退休再就业行为。不同的家庭结构对父母给予的经济支持和时间支持有不同的影响。儿子数量越多的家庭,父母给予孩子经济支持的可能性越高;已婚子女数量越多的家庭,父母提供隔代照料的时间支持的概率越高。同时,父母提供的代际支持对其自身的就业行为又产生显著影响。因此,代际支持是家庭结构影响退休老年人再就业的中间作用变量。

5.2 政策建议

通过以上结论与分析,家庭特征尤其是子女结构是影响老年人再就业行为的重要因素,其中双向的代际支持在中间起到关键的中介作用。从家庭层面出发,老年人再就业的因素绝大部分取决于后代的经济生活条件,具体来源于子女的上学、结婚、买房买车、生子的经济需求和时间需求。因此,本文基于老年人个性化家庭需求,提出以下建议,以使退休老年人拥有更多选择自己生活的可能。

第一,渐进性延迟退休年龄,完善老年人就业保障体系。当下支持和反对延迟退休政策的声音很多,说明延迟退休并不能满足所有人的意愿,应尽量鼓励差异化的政策措施。基于养老保险、医疗保险等保障体系,结合老年人的退休意愿、家庭情况等,灵活落实退休政策。例如,鼓励受教育程度高、干部职称高的老年人继续发挥其人力资本的更高价值;优先渐进性延迟子女数量多的劳动者退休年龄。此外,建立健全老年人就业保障体系,避免老年人在劳动市场上当受骗。

第二,健全社会养老体制,提高老年人的福利水平。由于我国传统的家庭模式下,父母不愿给子女过多的赡养负担,对子女的逆反哺行为几乎是普遍的。因此,社会需要给老年人提供一个福利水平高、可以"老有所依"的完善的养老体制,缓解老年人的养老顾虑,鼓励中低龄老年人再就业,实现"老有所为",避免老年人力资源的浪费。

第三,构建幼儿托管服务体系,减轻幼儿托管教育成本。将年幼儿童交由正规的幼儿托管行业培养,不仅能减轻老年人的照料压力,提高子女的生活质量,还能使儿童接受正式的早期教育(彭争呈,2019)。因此,构建政府主导的幼儿托管教育行业,依托社区提供正规的托幼服务,可以有效增加老年人的空闲时间,提高老年人的劳动参与程度。

5.3 研究不足

本文通过构建 Probit 模型,主要分析了家庭结构对退休再就业行为的影响,并考察了代际支持这一变量的中间作用及相关机理,但仍存在不足之处。

第一,本文的被解释变量退休再就业是虚拟变量,仅研究了老年人的决策,还需要研究退休老年人选择再就业的工作时间。家庭中配偶、子女的不同特征也会影响到老年人再就业的工作时间。因此,若能加入再就业工作时长这一维度,研究结论将更深入全面。

第二,本文的解释变量中关于配偶特征的变量较少。CHARLS 问卷中关于配偶的问题较少,仅有当年新退休人群的配偶访问数据,样本量太少;代际支持部分,问卷中只涉及父母与不同住子女之间的经济往来,而缺失有关同居子女间的经济支持变量,导致经济支持数据不全面。今后随着 CHARLS 问卷的不断更新,可以对不同年份的数据进行动态变化分析,从而使研究更加全面精准。

第三,变量内生性问题。本文模型建立在变量外生的假设上,认为退休老年人再就业的决策与其子女间的代际支持行为是完全外生的。然而,在现实生活中,受各种可观测或不可观测家庭因素的影响,变量间存在内生关系,工具变量难以确定。因此,未来进行相关问题研究时,应根据变量之间的相关性,适时采用更系统的估计方法,使实证结果更科学合理。

参考文献

[1]程杰."退而不休"的劳动者:转型中国的一个典型现象[J].劳动经济研究,2014,2(5):68-103.

[2]何圆,王伊攀.隔代抚育与子女养老会提前父母的退休年龄吗?——基于 CHARLS 数据的实证分析[J].人口研究,2015,39(2):78-90.

[3]李琴,雷晓燕,赵耀辉.健康对中国中老年人劳动供给的影响[J].经济学(季刊),2014,13(3):917-938.

[4]李琴,彭浩然.预期退休年龄的影响因素分析:基于 CHARLS 数据的实证研究[J].经济理论与经济管理,2015(2):89-100.

[5]廖少宏.提前退休模式与行为及其影响因素:基于中国综合社会调查数据的分析[J].中国人口科学,2012(3):96-105.

[6]李银河.家庭结构与家庭关系的变迁:基于兰州的调查分析[J].甘肃社会科学,2011(1):6-12.

[7]彭争呈,邹红,何庆红.社会托幼资源、隔代照料与中老年人劳动参与[J].财经科学,2019(12):53-66.

[8]曲丹.养老保险制度对劳动力供给影响研究[J].经济纵横,2014(12):116-119.

[9]宋宝安,于天琪.城镇老年人再就业对幸福感的影响:基于吉林省老年人口的调查研究[J].人口学刊,2011(1):42-46.

[10]撒凯悦,罗润东."啃老"还是"养老":家庭代际财务转移与青年就业的关系[J].甘肃社会科学,2018(6):146-154.

[11]田立法,沈红丽,赵美涵,等.城市老年人再就业意愿影响因素调查研究:以天津为例[J].中国经济问题,2014(5):30-38.

[12] 田青,郭汝元,高铁梅. 中国家庭代际财富转移的现状与影响因素:基于CHARLS数据的实证研究[J]. 吉林大学社会科学学报,2016,56(4):16-27,188.

[13] 伍海霞. 啃老还是养老?——亲子同居家庭中的代际支持研究[J]. 社会科学,2015(11):82-90.

[14] 王树新. 北京市人口老龄化与积极老龄化[J]. 人口与经济,2003(4):1-7,13.

[15] 王兆萍,王典. 社会保障、代际支持如何影响城镇老年人退而不休?[J]. 人口与经济,2017(3):24-34.

[16] 徐勤. 农村老年人家庭代际交往调查[J]. 南京人口管理干部学院学报,2011,27(1):5-10.

[17] 萧振禹. 个人和家庭因素对城市老年人就业的影响[J]. 人口与经济,1996(3):38-43.

[18] 于丽,马丽媛,尹训东,等. 养老还是"啃老"?——基于中国城市老年人的再就业研究[J]. 劳动经济研究,2016(5):24-54.

[19] 杨菊华,李路路. 代际互动与家庭凝聚力:东亚国家和地区比较研究[J]. 社会学研究,2009,24(3):26-53,243.

[20] 郑爱文,黄志斌. 基于个人和社会双重视角的老年人再就业影响因素分析[J]. 宁夏社会科学,2018(5):133-143.

[21] 朱浩,易龙飞. 社会保险对城乡低龄老年人再就业的影响:基于CHARLS数据的实证分析[J]. 西北人口,2015,36(3):53-58.

[22] 赵建国,王净净. "逆向反哺"、子女结构与老年人口劳动参与[J]. 人口与发展,2021,27(2):17-28.

[23] 张文娟. 中国老年人的劳动参与状况及影响因素研究[J]. 人口与经济,2010(1):85-89,92.

[24] 赵昕. 家庭联合退休行为研究述评与展望[J]. 中国人力资源开发,2021,38(3):109-126.

[25] 诸艳霞,朱红兵. 延迟退休年龄下隔代抚育与劳动参与的抉择:基于工资收入随机性假定的研究[J]. 经济理论与经济管理,2018(6):15-27.

[26] 钟涨宝,路佳,韦宏耀. "逆反哺"? 农村父母对已成家子女家庭的支持研究[J]. 学习与实践,2015(10):92-103.

[27] BROWN M,PITT-CATSOUPHES M,MCNAMARA T K,et al. Returning to the workforce after retiring:A job demands,job control,social support perspective on job satisfaction[J]. International Journal of Human Resource Management,2014,25(22):3113-3133.

[28] DATTA G N, LARSEN M. The Impact of Health on Individual Retirement Plans:Self-Reported Versus Diagnostic Measure[J]. Health Economics,2010(19):792-813.

[29] GREGORY P J,MATSUDA K. Health and Retirement:Do Changes in Health Affect Retirement Expectations? [J]. Journal of Human Resources, 2002, 39(9317):25.

[30] GUSTMAN A L,STEINMEIER T L. Personal Accounts and Family Retirement[J]. NBER Working Papers,2004,13(3):478-479.

[31] HAMILTON M,JENKINS B. Grandparent childcare and labour market participation in Australia(SPRC Report 14/2015)[R]. Melbourne:National Seniors Australia,2015.

[32] HO C. Grandchild care, intergenerational transfers, and grandparents' labor supply[J]. Review of Economics of the Household,2013:1-26.

[33] LUMSDAINE R L, VERMEER S J C. Retirement timing of women and the role of care responsibilities for grandchildren[J]. Demography,2015,52(2):433-454.

[34] JOHN C CALDWELL. Toward A Restatement of Demographic Transition Theory [J]. Population and Development Review,1976,2(3/4):321-366.

[35] MADERO-CABIB I,FASANG A E. Gendered work – family life courses and financial well-being in retirement[J]. Advances in Life Course Research,2016,27:43-60.

[36] MCGARRY, K. Health and Retirement:Do Changes in Health Affect Retirement Expectations? [J]. The Journal of Human Resources,2004,39(3),624-648.

指导教师评语：

孙妍雨同学的论文《家庭结构、代际支持与退休老年人再就业》立足于我国人口老龄化加剧、退休政策改革的现实背景，基于CHARLS2018年的数据，通过构建Probit模型，从家庭视角研究了家庭结构、子女特征及代际支持对退休老年人再就业的影响，并根据研究结论从渐进性退休政策、健全社会养老制度、构建幼儿托管服务体系等三个方面提出相关建议。论文结构安排合理，行文逻辑顺畅，语言表述简洁，方法科学合理，论证过程严谨，达到了本科生毕业论文的基本要求，是一篇优秀的本科毕业论文。

数字劳工的政治经济学分析

经济学院　王逸飞　　指导教师:王　琨

摘　要:互联网平台反映了私人消费领域与公共生产空间之间的矛盾,这使得用户在被动接受受众商品化过程的同时也参与了互联网生产过程。人们使用互联网时实际被赋予了双重身份,一方面作为消费者享受平台提供的信息资源与便利性服务,另一方面作为生产者即数字劳工在与他人的社交活动中主动或被动生产出数据资源,甚至交付自身的个体数据异化为商品在网络空间流通供平台牟利。本文以传播政治经济学视角,从互联网空间生产、数字消费景观社会的角度研究分析数字劳工的异化过程。用户越依赖互联网就越受数字资本的控制与异化,沦为比"赤裸生命"更赤裸的存在,因此从理论出发呼吁空间正义与生命政治的建构,分别从外部环境因素与内部个人治理方面维系互联网平台秩序与维护数字劳工权益,以助力数字经济成为驱动我国经济发展的重要推力。

关键词:数字劳工,传播政治经济学,空间生产,景观社会,生命政治

1　绪论

1.1　研究背景与研究主题

互联网技术发展日新月异,越来越多的人离不开互联网,人们的生活、交往与娱乐方式正悄然发生变革。互联网技术实现了足不出户便知天下事,人不相聚便可侃侃谈,其形成的网络社区集群极大提高了信息的流通效率。尤其是新冠疫情期间,人们的工作学习由线下转向线上,对互联网的依赖度不断提高,数字生产与数字消费顺势崛起。根据第48次互联网发展统计报告,截至2021年6月,中国网民规模约10.1亿,互联网普及率达到71.6%。2021年上半年,个人互联网应用呈现持续稳定增长态势,其中外卖服务、网上医疗和线上办公的用户规模增长率超过10%,搜索引擎、网络新闻、网络购物和网络直播用户规模均实现稳定的增长态势①。

---

① 中国互联网络信息中心．第48次互联网发展统计报告［EB/OL］．［2021-09-15］．http://www.cnnic.net.cn/hlwfzyj/hlwxzbg/hlwtjbg/202109/t20210915_71543.htm．

在人们依赖互联网的同时，其受数字资本控制的程度也不断加深。互联网社交媒介信息具有碎片化、即时化的特征，用户的网络使用成本极低，但大量碎片信息的涌入会麻痹人对外界的知觉，当我们误以为利用的仅仅是以碎片时间使用互联网时，不知不觉中已然消耗大量的时间与精力。网络游戏与短视频直播的流行更是影响着用户的情感刺激阈值，相较阅读、旅游、学习等其他活动，用户只能通过使用互联网来获得短时的情感满足。而这些都不是免费的午餐，"粉丝经济""网红经济"以及互联网公司的高利润都显示出它背后的价码，用户无意识地异化为互联网生产环节的一环。当人们使用互联网时，他们正在成为什么？他们是否有能力控制这种异化的过程？如何规范互联网平台运营与数字经济发展，使之更好地造福国计民生？这些问题值得深思。

1.2 研究意义

从理论角度而言，劳动的概念是马克思政治经济学的核心所在，劳动创造价值，研究劳动从而把握资本主义生产过程中的价值产生与分配，对必要劳动时间与剩余劳动时间予以区分。其中，剩余劳动时间产生剩余价值，而剩余价值则揭示了资本主义剥削的本质。反对剥削与压迫，保障劳工权益，是马克思主义者的铿锵誓言。经济基础决定上层建筑，技术革命催生新的马克思主义思潮，尤其是面对平台资本主义、认知资本主义等新的资本主义外皮，如何正确认识劳动与价值，保障每个经济活动参与者的权益，反对垄断与剥削成为新时代亟待解决的问题。但国内对数字劳动、互联网经济中的剥削是否成立仍没有一个系统全面的解释，数字劳工的异化过程过于主观抽象，分析仅仅停留在现象层面，研究主要集中在新闻传播学领域，缺乏经济学理论的支撑，急需更为完备翔实的理论予以完善。

研究数字劳工，有助于生产链条不同主体的权益保障、反垄断、反对剥削与压迫的同时，也有利于建立公平共赢的互联网生态秩序，营造良好的网络社交环境，使数字经济更好地驱动社会经济发展。

1.3 文献综述

1.3.1 国内外文献综述

笔者以"数字劳工"为关键词检索知网（CNKI），截至2021年12月，获得文献总数184篇。总体而言，国内学者于21世纪初开始着手研究数字劳工问题，但2010年前理论成果几近于无，相较之下国外学者对数字劳工问题研究起步较早。2018年以后，中国对于数字劳工的研究才日益重视，文献产出2018年20篇，2020年50篇，2021年68篇，主要研究社交媒体行业、影视音频行业等传媒平台的数字劳工现象。随着移动平台游戏产业的蓬勃发展，以及游戏产业消费者玩家到"玩工"的身份转变，"玩劳动"概念进入学者视野。

国内，吴鼎铭基于传播政治经济学和数字劳工理论，观察"公民记者"的价值创造过程,认为互联网平台运用"平等""话语权"等政治意味十足的话语引诱网民主动参与新闻内容的生产过程,该生产过程作为数字劳工的公民是无酬的,却帮助商业网站实现了资本积累与增值[①]。田正庚研究互联网内容生产者与平台资方的收入分配模式以及平台受众与资方间的劳动关系,认为内容生产者处于劣势,受众商品化,资方是真正的获利者[②]。陈梦琦和孙琳从传播政治经济学视角分析数字劳工的物化过程,认为资本家通过强制受众使用商业平台,物化受众并占有其隐私数据信息,剥削受众[③]。江颖基于"数字劳工"理论认为,用户情感劳动化及商品化过程中,用户情感表达行为可以转化为具有交换价值的数字化资本,从而揭示了互联网行业通过规制用户情感表达来实现资本积累的目的[④]。程凡菲以文化研究取向,研究网络产消者在内容生产前、内容生产中和内容生产后的价值创造和劳动特征,认为网络产消者具有更强的自主性、独立性和更多的自由,不受传统劳资关系束缚[⑤]。张严溢通过研究新媒体环境下流量明星粉丝群体的劳工行为,认为媒介环境加速了粉丝群体"劳工工厂"的形成[⑥]。贾云清以手游《王者荣耀》为例,指出资本的趋利性促使其在数字服务中有意识地营造劳动环境,通过引导暗示等手段吞噬玩家的时间、精力与金钱,并转换为利益增值手段[⑦]。

  国外,最早由达拉斯·斯麦兹开辟了传播政治经济学领域,提出了受众商品理论,他认为大众传媒与传播商业的主要产品是人力(注意力)。斯麦兹指出,在发达的资本主义社会,所有的时间都是劳动时间,电视节目、广播、信息言论等"免费午餐"的享用者不仅仅是在消磨时光,他们仍在工作并创造价值,但这种工作不仅无酬,其成果也为资方占有,并以广告附加值的形式由"无酬劳工"即受众来承担其经济结果[⑧]。在克里斯蒂安·福克斯《数字劳动与卡尔·马克思》一书认为,位于产业链较上游的刚果民主共和国东部矿区明显的现代奴役与剥削形式以及工厂配件泰勒制管理模式的剥削都属于原始传统的剥削形式,硅谷工人贵族的劳动仍

---

① 吴鼎铭."公民记者"的传播政治经济学反思:以"数字劳工"理论为研究视角[J].新闻界,2015(23):4-9.
② 田正庚.试论内容创业背后的劳动关系[J].新闻论坛,2018(2):11-14.
③ 陈梦琦,孙琳.传播及其批判:受众商品和数字劳工[J].合肥工业大学学报(社会科学版),2018,32(3):28-34.
④ 江颖.数字劳工理论视域下网络用户的情感劳动[J].新媒体研究,2020,6(6):94-96,99.
⑤ 程凡菲.不同视角下的网络受众:"数字劳工"还是"自由产消者"[J].传播力研究,2020,4(13):180-182.
⑥ 张严溢.从数字劳工角度看粉丝文化行为[J].记者摇篮,2020(6):155-156.
⑦ 贾云清.网络游戏中"玩工"的身份构建与数字劳动:以手游"王者荣耀"为例[J].视听,2021(9):178-179.
⑧ 彭晶晶."商品"的发现与"人"的忽视:"受众商品论"的一种解读[J].新闻世界,2009(4).

然在资本逻辑的剥削语境之下[①],并且这三者都是物质性剥削,即如若不参与劳动就无法换得生活所需的物质资料,而奴隶形式的剥削退出则意味着死亡。对于最末端也是最活跃的互联网数字平台,福克斯研究了商业资本剥削"数字劳工"强迫性、异化与产消者双重商品化的三种形式。卡尔·法斯特、亨里克·奥恩布林格、迈克尔·卡尔森三位学者探讨了媒介产业中不同工种的无酬劳工,他们认为媒介产业较高的生产成本和消费者差异化、非透明的信息偏好,使媒介产业具有高风险特征,而"无酬劳工"正好满足了企业把风险分散到不同主体之中的需求,有助于媒介企业降低生产成本。[②]

1.3.2 文献评述

根据既往国内外学者对于数字劳工的研究与分析,基本是从平台-用户的二元对立视角出发,从微观层面分别考察互联网平台的商业化模式与主导性地位的建立、用户(即数字劳工)具体行为背后的商品化过程以及用户与平台之间的交流与互动引致的不平等数字劳动关系,从而揭示数字劳工的异化过程与平台的不正义盈利行为。用户在互联网参与的过程中,受到互联网"平等话语权"的政治诱导盲目从事新闻生产与信息的主动暴露,平台以游戏、影视、热搜等内容营造劳动环境引导暗示用户消耗大量时间、精力与金钱,甚至个人隐私与情感都能被异化为商品转化为平台的利益增值手段。

但是基于网络田野观察的方法将劳动者的异化分析停留在现象层面,平台与用户之间的非均势现象的确是由资本的控制与劳动者异化导致,但同样可能来源于利益分配不均、市场失灵等其他因素。互联网空间中劳动者的异化反映出他们在数字经济中所处的被动地位,但真实的异化过程并不是某个具体的行为所导致的瞬间畸变,而是在资本主义生产过程中具有潜移默化和连续的特点。异化是马克思从现象到理论的概括与总结,因此对数字劳工的异化分析应该从理论角度出发,即实现从理论到现象的分析与应用。同时,在微观-中观-宏观的分析框架中,微观层面的用户与平台行为分析以及中观层面网络社群分析已经相对翔实,因此需要从更为宏观的如资本主义空间生产角度、消费社会角度等方面分析大环境下资本与劳动之间如何相互作用、相互影响,从而使异化进一步深化、广化,并使最终形态具有相对稳定性。

1.4 研究思路、方法及创新点说明

1.4.1 研究思路与方法

从传播政治经济学视角,首先分析出互联网产业中数字劳工的生产特点,以及

---

① 克里斯蒂安·福克斯. 数字劳动与卡尔·马克思[M]. 周延云,译. 北京:人民出版社,2020:207-369.

② 姚建华. 传播政治经济学视域下的媒介产业数字劳工研究[J]. 南京社会科学,2018(12):116-122.

产消者的异化过程。从生产的观点出发,互联网空间生产是对资本主义抽象空间的生产的延伸,针对空间生产中的异化提出空间正义的构建。从消费的观点出发,互联网消费景观社会使产消者处于被动地位,从商品拜物教到空间拜物教,生产嵌套消费的景观加深数字劳工的异化使之丧失意志独立性,基于此呼吁生命政治对于个体的规训。最后,从存在形态即互联网新殖民主义的现象出发,实行用户实名制以及羊群管理的牧领策略维护价值理性与平台正义(见图1)。

现实链条上数字劳工的异化 → 互联网空间生产中数字劳工的异化 → 数字消费景观中产消者的异化 → 互联网新殖民主义的斗争与治理

图1 研究思路

一是通过文献分析法,根据对过往学者研究文献中的研究方法、数据及对应结果进行整理归纳,总结经验,结合传播政治经济学观点、异化劳动、空间生产、景观社会和生命政治理论分析网络平台中的数字劳动。

二是通过虚拟民族志的方法,基于线上田野工作参与观察研究,用网络用户的行为作为资料来源,以获得民族志对网络文化现象的理解和描述。通过对笔者作为"数字劳工"同时对其他数字劳工的观察,实际探寻研究对象的内心状态与被研究者之间的交流与互动,以达到"理解他人的理解"。

三是构建模型,如生产空间的分析模型、嵌套型景观社会模型以及劳动力在金字塔形三大产业结构中的下沉模型,研究劳动力的流动与劳动者的异化。

1.4.2 创新点说明

其一,将数字劳动、平台经济与生命政治三个不同层次的研究领域结合进行分析。平台经济是数字经济中市场无形之手具象化的表现,作为数字劳动用工的主要场所,平台的性质与运行方式深刻影响数字劳工的劳动形式与异化程度。同时,互联网平台又作为公共领域延伸了用户的政治参与形式,但以数字经济为基础的互联网政治空间充满了异化、剥削与不平等,权力规训使个体成为资本牟利的工具。为巩固资本主义统治的资本主义经济形态对于个体生命特质实现了从排斥、接纳到再利用的过程,而再利用所包含的档案化与数据化的主要实现场所就是网络平台。生命政治所蕴含的"解放"与"规训"的张力在平台对于数字劳工的管理实践中得到充分体现,生命政治与数字经济相结合的数字-生命政治学批判也已成为面向未来的艺术。

其二,结合空间生产与景观社会理论,提出空间嵌套型的景观社会。从生产的观点来看,资本的增殖本能使资本生产空间不断扩张,从空间中的生产到空间生产的理论飞跃在实际中表现为数字化虚拟空间的生产展现出的资本增殖的广度与劳动力异化的深度。从消费的观点来看,生产社会的内核是消费社会,商品通过满足消费者需要以及影像化证明自己的合法性,而消费者在消费过程中得到满足的幻觉,商品景观的形成使消费者的存在以商品的存在为必要前提。数字劳工,一方面不得不从事空间生产以增加自身的维度价值,另一方面又无法避免成为消费景观的附庸,被迫接纳成为空间器官与商品化的双重异化。

其三,类比传统殖民主义,提出互联网殖民主义,并结合羊群管理模型进行互联网平台管理。资本生产空间扩展到互联网领域,作为新的资本增殖平台,互联网空间具有殖民主义初期的特征,实现了对劳动者更深层次的异化与剥削,互联网商品景观更是使产消者融入景观并在商品化的过程中进一步自我殖民。羊群管理模式对于管理具有分散、高流动性特征的网民群体具有借鉴意义,在牧羊人、牧羊犬以及头羊的带领下,实现从身体的牧领到精神的牧领。在实施现代牧领治理艺术后的网络空间将不再是资方的殖民地,而是能够实现用户自身价值的真实的乌托邦。

1.5 局限与不足

第一,论文采用的文献分析与模型架构等分析方法较为抽象,与现实的直接联系略有不足,因而可能弱化政策建议的针对性和适用性,对此可以采用数据分析或者文献计量的方法来加强论据,以此为基础提出具体的政策建议。

第二,所采用的模型较为理想化,如空间嵌套、羊群管理模型等都回避了对模型内各个要素之间微观联系的考察,对于相互关系的分析也停留在静态层面,对此可以引入动态分析,从而与现实更为贴合。

第三,空间生产、景观社会、生命政治等理论多参考外文文献,由于外语水平所限及翻译问题存在阐述不清晰的地方,因而在理论的逻辑建构上整体凝聚性不够,对此须进一步加强理论学习,加深对于文献思想的把握。

2 受众商品化与产消者劳动:数字劳工与剥削

就数字劳工本身的生产行为而言,纵观西方互联网产业链,现实中位于上中游的网络设备原材料开采矿工、工厂装配员工以及硅谷负责软件开发的工人贵族都处于传统意义上的剥削与异化环境之下,而位于最下游也是最活跃的互联网用户同样在消费的过程中不知不觉参与互联网信息生产与运输并转变为数字劳工,接受更深层次的异化与剥削。

2.1 数字资本生产链条中的"劳工"现状

纵观整个西方互联网产业链,位于电子设备产业链上游的刚果民主共和国东部矿区有着明显的现代奴役与剥削形式。一项为"自由奴隶"进行的实证研究报告(2011)侧重于采访 Bisie 和 Oate 矿的工人以及 Walikale 和 Masisi 的采矿工人($N=742$次访谈),研究发现,奴隶制在采矿业中十分普遍,包括采矿、分拣、运输和销售矿物等行业。大约40%的受访者在 Bisie 矿——那里80%的刚果民主共和国的锡或锡石被开采——的奴隶制条件下工作,他们表示"如果逃跑就会面临被杀害的威胁"[①]。这种现代奴役形式包括强迫劳动、债役、性奴役以及儿童奴役等,而且都处在极其恶劣的工作环境下。尽管处于现代的国际分工中,但相对独立的生产模式(即在这种现代奴隶制度下,劳动力、生产资料和劳动产品的所有者都是奴隶主)、鲜明的异化过程构成对劳动者即奴隶的人身剥削。一个矿产资源丰富的国家却是奴役与压迫甚至血腥冲突频发之地,而这都与数字技术产业链息息相关。

相对于直接以自然资源为劳动对象的采矿业工人,工厂中负责电子设备装配的技术工人则突出反映了剥削在工业社会的表现。一项对某大型电子设备装配工厂工作条件的研究证实:存在低工资、工作日的无酬劳动、没有休息、工作时间长、有害身心的工作环境、强迫加班、强迫童工劳动、包括处罚和殴打的军事化管理以及雇主友好的伪工会的状况。"为了最大限度地提高生产力,工人在富士康都像机器一般地工作。"[②]工人在一个工作日的劳动成果包含薪水和利润两部分,马克思称生产薪水的时间为必要劳动时间,生产利润的时间为剩余劳动时间。同时,他指出资本家通过组织工作日以积累更多利润的两种方法:绝对剩余价值和相对剩余价值的生产。前者通过延长工时占有更多剩余劳动,改变劳动的量;后者主要通过技术手段,提高劳动效率,改变劳动的质。该工厂主要采用绝对剩余价值生产方式来增加利润,工人的工作日被无限拉长,挤占其生活时间并将之转化为工作时间,在这个过程中,工人受到剥削。

信息通信设备工厂装配工人的奴隶特征在采矿区工人身上得到延续,前者是后者的辩证扬弃。视线转到数字技术产业链的下游,即端坐在有着独立工位、空调等良好工作环境的软件工人身上,他们也被称为工人贵族。美国一家职业搜索和企业点评网站通过采访及收集数据发现,谷歌公司美国软件工程师的平均年薪为112 915美元,高级工程师的平均年薪为144 692美元(2013,$N=187$)[③]。并且大部分受访者表示他们倾向于留在谷歌长时间工作,因为公司提供免费的食物、运动设施、社交活动、技术会谈以及其他的额外津贴。在这样"优越"的工作环境下,工人贵族闲暇与劳动的界限不断模糊,有时为了职业外部压力(如分派任务)与内部压力(如岗位竞争等),他们不得不自动压缩闲暇时间延长工时,这直接导致绝对剩余价值的生产不断扩大,利润最终也大量流入资方。另一方面,技术水平提高倒逼社会不断提高对于劳动者素质的要求,社会生产率增长也使对相对剩余价值的剥

---

① 克里斯蒂安·福克斯. 数字劳动与卡尔·马克思[M]. 周延云,译. 北京:人民出版社,2020:207.
② 克里斯蒂安·福克斯. 数字劳动与卡尔·马克思[M]. 周延云,译. 北京:人民出版社,2020:242.
③ 克里斯蒂安·福克斯. 数字劳动与卡尔·马克思[M]. 周延云,译. 北京:人民出版社,2020:281.

削增加。

数字与信息技术产业链的主要环节无不充斥着劳动者的异化与剥削,但这条"剥削链"并不仅仅局限于生产领域,也向消费领域渗透。广大互联网用户将自身闲暇时间无偿交与影视平台、游戏、社交媒体等,他们的隐私数据以及"生产"出来的虚拟信息被平台免费占有,资方也以此获利。用户的互联网使用是否属于劳动范畴,以及他们的个体身份是否被异化,互联网数字劳动是否被剥削值得探讨与深思。

电子设备原材料采矿业中的数字劳工	工厂负责电子设备装配的数字工人	办公室中直接负责软件生产与后台的工人贵族	互联网产消者群体……

图 2　现实互联网产业链的数字劳工

2.2　数字产消者:技术革命下消费者的身份转变

产消者(Prosumer)概念最早由阿尔文·托夫勒提出,形容参与生产活动的消费者①。顾名思义,互联网产消者既是消费并接收互联网信息的用户,又是从事互联网信息生产及运输的劳动者。

互联网产消者处于数字经济产业链最末端,同时他们也是最活跃的群体。从劳动形式来看,产消者劳动似乎摆脱了奴役(即劳动的强迫性),一切行为都处于民主、自愿的情景之中。从产业链的源头出发研究资本剥削逻辑,奴隶矿工、车间装配工到硅谷的工人贵族,劳动的物质压迫性被不断削弱,人们劳动的初衷从物质生活需求向精神上的满足转变。但这种产业形式在空间上的割据却反映出了资本控制生产的劣根性,即极不平等地牺牲绝大部分人的利益满足极少部分人的利润需求,同时也折射出其剥削本质愈加隐蔽的时代特征,而对互联网"产消者"的剥削正是其最隐蔽、最完备的形态。

达拉斯·斯麦兹提出受众商品理论,开创了传播政治经济学领域,他认为大众传媒与传播商业的主要产品是人力(注意力)。斯麦兹指出,在发达的资本主义社会,所有的时间都是劳动时间,电视节目、广播、信息言论等"免费午餐"的享用者不仅仅是在消磨时光,他们仍在工作并创造价值,但这种工作不仅无酬,其成果也为资方占有,并以广告附加值的形式由"无酬劳工"(即受众)来承担其经济结果。

随着互联网技术的进步,相较过去电视广告等单向信息输出形式,网络给予用户更广阔的低门槛信息交互平台。轻触屏幕,一键发送,对于平台资方更为高效且无偿的信息生产方式,在用户眼中则是更为便捷、低门槛的社交手段与政治参与形

---

① 阿尔文·托夫勒. 第三次浪潮[M]. 黄明坚,译. 北京:中信出版社,2018:5.

式,"民主与共享"掩盖了"剥削与占有"。从用户和平台二元对立角度看,用户的闲暇时间(即劳动外时间)主要用于休息、娱乐等劳动力再生产活动,在这个时间段内,用户行为可以自我选择并完全不受经济生产驱动。平台经济的一大特性就是平台一旦搭建,平台投入的边际成本与平均成本不断下降,平台维系更为依赖用户的活跃度。社交媒体平台具有极其广泛的渗透性,并已然渗透进用户的闲暇时间,满足用户社交需求的同时实现平台对经济利润的需求,而后期维系成本正是源于用户的时间、精力乃至情感等无法用货币具体衡量的抽象价值载体。

2.3 数字劳工的多重异化现象分析

异化在资本主义生产方式下有出现的必然性,资本家在逐利的同时利用利润掩盖剩余价值。随着劳动的商品化,劳动者成为劳动机器并受资本家的奴役统治。就具体过程而言,异化包括生产过程及生产产品与劳动者的异化,劳动者本质与其自身的异化,劳动者与其他主体之间关系的异化。通俗来讲,即指一个事物的发展不断超脱其控制,并发生质变,人类创造出的东西成了与人类对立的力量,劳动产品实现了对人的统治甚至导致了人与人的相互奴役。

异化与剥削本身带有主动或被动的强迫性,异化是剥削的开端,也贯穿剥削的整个过程。主体交付个人的自由意志,并被动接收资方的逐利意志驱动。传统奴隶经济以及工业经济中,劳动者受到身体暴力的胁迫,因为他们一旦拒绝劳动,就无法获得维系基本生活的物质资料所需的一般等价物(即货币工资),极端情况下奴隶甚至受到死亡的威胁,在低薪状态下勉强维持生存,被迫劳作。互联网产消者的劳动同样具有强迫性,他们被意识形态裹挟,一旦拒绝参与互联网生产劳动,就意味着放弃社交机会,隔断与他人的联系。

从理论角度出发,用户客观上被异化。就与主体和劳动对象的关系而言,他们如果离开垄断资本平台,就会受到孤立和社会弱势的胁迫;就与劳动工具的关系而言,他们用于媒介交往的人类经验在资本的控制之下;就与劳动产品的关系而言,平台并非由用户实际占有,而为幕后的私营企业所掌控,私营企业对用户数据进行商品化,货币利润由平台所有者单独控制。

最后,网络用户无意识中接纳更深层次的意志异化。吉尔·德勒兹指出,在当代资本主义,规训力的形式转化使居民不必经过直接性外部强制力来进行自我管控,他将这种情况称为自控社会[①]。例如,它体现在参与性管理的策略中。这种方法引导了激励作用,并将玩乐融合到劳动中。在互联网营造的大众参与和民主化的氛围下,平台中的用户似乎都成了互联网社群建设的参与者与管理者,这种身份代入式的错误知觉在群体的无意识中极易扩大,模糊了真实的本我与自我,同时也

---

① 吉尔·德勒兹. 哲学与权力的谈判[M]. 北京:商务印书馆,2000:191.

追求虚假的超我,但客观上资本建构的逐利环境实际控制着用户意识。用户的自由意志被放逐,并且这一切都发生在一种"自愿自主"的信条下,看似自控实为失控。

2.4 本节小结

本节主要从数字劳工个体行为角度联系社会现实,从纯粹的消费者到商品化受众,并最终融合数字劳工特质成为互联网产消者,在这一系列的身份转变过程中,异化与剥削以一种更为隐蔽的方式实现对个体从物质存在到意识形态的奴役。但这种现象并非不可抗力,消除异化、对抗剥削的手段之一是从个体角度出发寻求劳工自身意志的解放。

3 网络空间生产与资本景观社会:平台垄断与新殖民主义

数字劳工所处的网络空间本质是物质性的,但它的存在却以用户之间的意识形态交往为前提。作为数字劳工接受异化与剥削的网络空间平台的建设与资本主义发展有着密切的联系,同时作为消费者互联网的虚拟与折射功能加深了消费社会的景观化统治,外部环境进一步巩固了互联网产消者的被动地位。

3.1 数字化平台构建空间生产体系

3.1.1 空间生产的理论建构

法国思想家列斐伏尔曾在其著作《资本主义生存》中这样描述:资本主义已经认识到自己有能力缓解(而非解决)自身出现的内部诸多矛盾。因此,自《资本论》的写作完成后百年间,资本主义已然成功实现了"增长",尽管代价无法计算,但手段已然明确:通过占有空间,并生产出空间。

经典马克思主义者关注"资本主义生产实质就是用时间消灭空间的限制",列斐伏尔则认为所谓"消灭空间的限制"就是"生产出新的空间"。传统意义上的空间被视作一个空洞的场所,仅仅作为生产的空间(Production in Space)存在,空间中仅仅包含物质与精神两种存在形式,与经典二元辩证法一致。对此,列斐伏尔发展为三元一体辩证法,认为空间包含空间实践、空间表征与再现性空间,对应物质空间、精神空间及与二者辩证统一的社会空间,并提出空间生产(Production of Space)的概念①。

社会空间非由物质空间和精神空间简单堆叠,而是一种相互的解构与重构,自身存在否定之否定的辩证过程,并产生一个新的开放性选择。第三元的"否定之否

---

① 亨利·列斐伏尔. 空间的生产 [M]. 北京:商务印书馆,2021:337-518.

定"又与黑格尔的否定之否定不同,黑格尔在"肯定-否定-否定之否定"的历史性概念的命题中描述为线性的循环与流动,而列斐伏尔以"他者"的存在为前提在三元辩证关系中描述为立体结构,既实现了螺旋式上升的超越,又处于真实和想象之外,是融构了真实和想象的"异托邦"(见图3)。

图3 空间生产的三元辩证法

3.1.2 数字经济延伸资本主义抽象空间

不同社会都会生产出自身独有的空间,资本主义社会生产出抽象空间,它广义上反映为货币权利和国家政治等形式。资本主义的增殖本能决定了资本主义的抽象空间目的是消除各种空间性差异、实现世界空间的统一,即把生产要素整合为资本增殖的工具,不断消除空间壁垒,缓解过剩危机,维护资本统治,这就成为出现资本主义内部矛盾的根源。抽象空间有生产出差异性空间的倾向,资本表现出生产过程的区域性以及消费选择的多样性,而这与普遍的同质化初衷是相悖的,这样就形成了如全球化和区域反抗的矛盾性空间。社会主义的空间是一种纯粹的差异性空间,即重视个体的差异化特质,私有财产以及国家对空间的政治性支配走向终结,占有转向取用,使用优先于交换。

数字经济的存在依托网点、光纤、电缆(包括通信设备)等物质性基础设施,同时平台构建折射出大众对于技术、文化与民主的多重想象。互联网数字空间同资本主义的空间本质上都属于抽象空间,以私有为基础,数据的占有者并以此营利的唯一主体是平台所有者(资方),而非使用者(受众/数字劳工)。平台的发展依赖于用户之间的互动及充分的实践活动才得以延续,以用户个性化信息推送的差异化假象实则是消费的差异化掩盖了生产劳动的同质化,而个体的异化特质也被平台用作监视与控制手段。从空间生产角度来看,数字劳工自身的异化正是源于互联网生产空间的抽象化,即同质化倾向。网络空间是资本增殖向社交媒介领域的延展,受众商品化以及数据成为流通物,信息交换与占有跃居用户生产与使用之上,平台操控力度强于个体的自由度,劳工的数字劳动不仅仅在网络空间中进行生产活动,更是不断在生产空间本身,走向个体的异化与群体的同质化,并最终成为空间生产的一个"器官",履行统一但又各异的职能。

3.2 互联网虚拟景观化统治与产消者的被动地位

3.2.1 从商品拜物教到空间拜物教的景观统治

《资本论》开篇将占统治地位的资本主义生产方式生产出的社会财富表述为"庞大的商品堆积"[①],因此马克思的研究便从分析商品开始。马克思认为物质性商品无法反映出甚至遮蔽了它背后的社会关系。这种遮蔽直接形成了马克思所说的"拜物教",即物与物的关系掩盖了人与人的关系,在此之中,商品似乎具有决定生产者命运的神秘力量。列斐伏尔的空间生产理论同样存在一种拜物教隐喻,空间拜物教就是抽象空间即空间生产资本化肆意发展的结果:空间商品化,无差别劳动凝结于空间生产的产品之中并且对象化为空间的商品属性,空间的符号生产加深生产主体人格的异化以及社会的多重奴役。

法国思想家、境遇主义代表人物居伊·德波的著作《景观社会》开篇将现代生产条件占统治地位的整个社会生活描述为一种"巨大的景观积聚"。景观(Spectacle)指"呈现出来的表象"[②],有景观就有观众,通过"看"的动作以图像为中介形成人与人之间的社会关系。但景观并不是由观众决定的,先有景观而后有观众。随着人类社会的发展,景观内容越发丰富。随着信息技术的发展,景观被延展并具有更广泛的渗透性,人们一旦进入景观,就只能被动接受景观所赋予的观众身份并在景观统治下进行生活生产。

从商品堆积到景观积聚,反映了马克思对工厂生产的强调到境遇主义者对城市消费的研究转变。空间生产的扩张到消费社会的形成,景观化则是其成熟形态的本质特征,并以其自身意识形态统治的天然禀赋成为新的统治形式,带来的结果就是生产者和消费者更深层次的异化。对于数字劳工即产消者而言,在互联网平台,他们越是生产就越是远离真实的生活,从而丧失自身否定性和超越性的批判维度,自觉接受消费景观对自己的划分和安置。数字劳工不断被凝视、异化,他们自身的活动不再属于自己,而是给予景观的一种展现。

3.2.2 嵌套型景观社会中的劳动与异化

从宏观视角来看,互联网空间是一种嵌套于外部社会资本生产内的虚拟景观社会,这种生产嵌套消费的结构彼此之间既相互联系又具有相对独立性。在联系的方面,它们处于同一生产链条互联网产业链之中,实现了信息商品从生产向消费领域的转变,并共同导致了数字劳工的异化与空间生产的抽象化;在矛盾的方面,它们在资本增殖过程中履行不同职能,从统治力来看,内部景观即互联网空间生产中互联网产消者的劳动占支配地位,起着主要作用,而外部景观通过制造大量广义的数字劳工(如矿工、车间工人及工人贵族)的方式巩固并加深内部景观的统治

---

① 马克思. 资本论[M]. 姜晶花,张梅,编译. 北京:北京出版社,2007:3.
② 居伊·德波. 景观社会[M]. 南京:南京大学出版社,2017:19.

力。因为上述不同景观内的群体本质上是相同的，只是服务于不同的资本增殖形式，并且前者的劳动时间正处于后者的闲暇时间内，这也是能够形成空间景观嵌套的时间维度解释。

图 4　空间嵌套的景观社会模型

商品化与交换构成商品经济的基本特征，商品拜物教主宰的消费社会形成资本景观，资本的增殖冲动让生产空间无限延展，空间拜物教进一步加深对劳动者与社会的异化，互联网虚拟景观统治下，处于内核消费社会的消费者同样无法脱离空间生产赋予的劳动者身份。

3.3　网络空间延伸新殖民主义内涵

信息化时代，一部分国家通过发展和垄断互联网信息技术、控制信息网络来实现其殖民利益，这与传统的武力掠夺式殖民不同，而是以一种更为隐蔽的方式掠夺他国信息资源，并进行文化和意识形态渗透，这种殖民手段被称为信息殖民。

信息殖民主要是国家间的矛盾与对抗，但对于互联网产业中的资方与劳工双方的矛盾则隐含了更深层次的殖民特性，这是由资本实现增殖、不断拓展生产空间的本质所决定的。被殖民者是所有互联网用户（即数字劳工），掌握技术优势并垄断整个平台的资方相较传统殖民者并不具有客观实在的实体，而是被抽象化并弥散在空间生产的各个角落，隐藏在景观社会的幕后。传统殖民方式带有暴力、强迫劳动等行为，并对殖民地资源进行掠夺性开采，采取政治、经济、文化等全方面强制干预。网络空间的殖民行为将暴力强迫转变为隐蔽式的异化，数字劳工在景观统治之下与主体意志分离，更多表现为无意识的自我殖民，即在此类殖民模式下，被殖民者无法察觉"他者"的存在，并且也无法认知自我被殖民的身份，甚至产生民主的幻觉与自由人的自我认知错觉。因此，网络空间生产中的异化导致数字劳工的劳动结果不仅与自身对抗，甚至开始殖民自身，普遍的个体自我殖民则形成了群体性的空间殖民。

互联网殖民的政治、文化等意识形态渗透性极强，互联网产消者对平台的高度依赖又不断加深殖民程度。平台资方通过监视、控制数字劳工生产出的数据信息，劳工自我殖民的过程中不断生产、传播互联网价值理念，并且是在个体闲暇时间

(即劳动力再生产时间段)内,不仅仅是生产利益的掠夺式殖民,更是个人人身权益的侵略式殖民。

3.4 本节小结

本节分析外部环境,互联网空间延伸了资本的增殖空间,使社会化大生产进一步广化,空间生产产生了更多的劳工。景观社会显示了消费内核对于社会的强大统治力,用户消费的过程仅仅是给予景观的一种展现,这使生产过程中的异化进一步深化。生产嵌套消费的社会景观是数字劳工接受深层次异化的外部因素,甚至出现了殖民主义的明显特征,因此对空间与景观的合理规划与布置成为对抗异化的另一个手段。

4 平台秩序的重建与生命政治规训:论牧领治理的当代诠释

对抗剥削、消除异化的两个主要手段分别为对数字劳工个体行为进行规训以及对所处的网络空间进行合理的规制,这对于我国社会主义市场经济环境下平台经济的治理与引导具有现实意义。对于前者,在实现网络技术改善基础设施及提高居民生活水平的基础上,更加重视平台对个体的积极引导。对于后者,由于网络空间的抽象性,需要从用户与用户、平台与用户之间的关系角度出发,寻求利益的耦合与效益的最大化,实现空间正义。

4.1 反垄断与殖民:空间正义建构互联网平台新秩序

4.1.1 隐蔽式网络空间非正义性

资本主义空间生产充满了不平等、压迫与新殖民主义行径,"空间正义"则是在对空间生产中非正义现象的批判中形成的,网络平台的空间正义则主要体现为利益分配以及权益保障的正义性。对于利益分配而言,与客观地理空间中的侵占不同,网络空间是传统生产领域中的空白区域,就如同哥伦布发现新大陆一样,网络空间的开拓者似乎先天拥有这片区域的领地主权(前提是该区域并没有原住民)。随着网络技术的发展,技术垄断的打破带来网络空间的公共化,但资本的主导仍旧利用平台性垄断瓜分利益。在互联网用户眼中,网络平台的公共性给自身政治诉求与表达提供了民主化的渠道,但实际上"呼声"并非全然民主,只是被"流量"裹挟,并为资本操控。这样便导致信息资源与空间利益向强势者倾斜,弱者的呼声被掩盖。

对于数字劳工(即互联网用户)而言,他们的利益诉求更多着眼于社交机遇,与之相较,平台的利益需求(即数据信息)只是用户互联网活动的附属产物,对用户仅仅具有抽象的价值,而这种价值又被隐藏在频繁的网络活动以及虚拟的资本景观背后。网络空间的非正义性则体现在此种对价值的扭曲与隐蔽之中,空间生产引致的利益分配,于用户而言,实际上不过是镜花水月,于生产者而言,尽管商品本身仅仅只具有抽象的价值形态(即交换价值),需要经过货币交换让渡价值给消费者,才能真实满足自身效用,但既因数字劳工本身的产销合一特性,生产出数据商品的价值让渡未到达产消者自身,而是被资方占有。因此,需要通过构建互联网平台的新秩序来对价值流通与流向进行合理规划,实现空间正义。

4.1.2 用户实名制推动空间正义

对空间正义的诉求本质就是对价值分配的合理化,构建互联网平台秩序需要资方的自省以及他方的干涉,更需要数字劳工对自身利益的合理维护。从利益分配角度,数据商品的生产流通方式主要有两种,其中最常见的发生在用户之间的社交活动中,也是数据商品生产最活跃的地方,却实现了最少的货币变现与最有限的异化。如同简单的物物交换,用户间的交流与信息传递是以直接的价值交换方式各取所需,是一种相对公平的形式,因此更多需要规范主体行为,因为用户间活动更多呈现外部不经济,既不利于自身权益也有损他人利益,如散播虚假信息、网络诈骗等。政治性的法律制度约束往往很难到达网络私人空间交往的灰色地带,作为网络空间的构成要素,在符号化的生产语境中,个体因为群体以及虚拟化的保护在信息生产的过程中不断脱离自我在社会中所应受到的约束,同时因为信息输出与社会曝光的便利性(即低成本)容易造成负外部性影响,且如果没有技术支持很难追溯,因此实名制成为必要手段。就理论而言,用户信息实名制可使用户在自我认知层面约束深层的异化,减少因为匿名性导致的信息流动不稳定性,增加可证伪度。

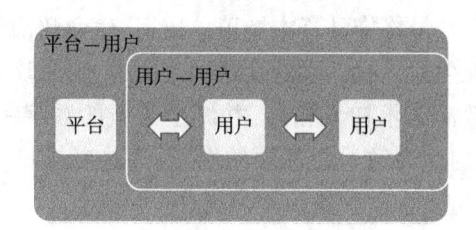

图 5 用户-平台、用户-用户间的网络互动模式

同时,用户的实名也可以提高用户与平台之间的利益互动效率。用户实名制意味着财产实名、银行账户绑定等,一部分平台通过用户创作激励以及阅读量、点击率热度的变现回馈。因为有价值的信息产物,如公众号、短视频创作等需要时间、精力甚至组织团队等高成本要素,因此通过已经可以实现网络创作变现的实名制用户与平台对其需求之间的博弈达到一定程度的利益均衡。

4.2 反剥削与异化:生命政治引导数字劳工合理权益

4.2.1 互联网"赤裸生命"再现了生命政治批判

互联网对个人生活的高度渗透以及数字劳工在生产嵌套消费的景观统治中异

化不断加深,隐蔽的剥削与压迫使用户成为比阿甘本所描述的"赤裸生命"更为赤裸的存在。互联网用户的个体形象都被模糊为一个个数据符号,并且被资本与社会强制监控。尤其面对沉默的螺旋、网络暴力、旁观者的冷漠等,人们失去意识形态的充分自由与人文情怀,只剩下赤裸生命。这种"赤裸生命"状态完全是因为资本的逐利本质所导致的,因为"赤裸",剥削与异化似乎也被无罪辩护。

生命政治(Biopolitics)由法国哲学家米歇尔·福柯提出,他认为政治权力不应通过死亡的威吓施展,而是要专注于养育国家的人口素质。传统政治自上而下的统治已经被新的自下而上的微观支配取代,新的生命政治技术就是要使人们聚合在一起,在生活和交往的微观层面,更加依赖居民个体的自我治理和日常生活塑形,本质是让人们真实地感到生活变得更好[①]。

生命政治诞生于西方资本主义制度,从其历史发展阶段来看,为巩固资本主义统治的资本主义经济形态对于个体生命特征实现了从排斥、接纳到再利用的过程。

随着世界民主运动的发展,生命政治在现代社会不再呈现以往血腥暴力式区分个体的形式,而开始作为民主政治管理甚至推动经济运行的工具存在。人口出生率、死亡率、性别比、老龄化甚至疫苗接种率等数据作为人口学统计概念为国家管理社会、服务民众提供依据。因为只有这些生物性数据保持在平衡和稳定的状态,政治乃至经济社会才是安全的。

在互联网空间中,用户的生物特征被深度数据化,用户的情感、效用偏好、注意力都可以被平台档案化,而这种档案化的根本目的并不是服务用户,而是服务于平台自身作为牟利手段,并最终推动资本增殖。数字-生命政治背后实际是异化与控制,并生产出更多赤裸生命。在新型的互联网殖民中,生命政治似乎陷入了历史的倒退,与福柯的生命政治艺术初衷相悖,并诞生了新的数字-生命政治批判形式。而这种批判必然带来对生命政治必然性的思考,其转变与归宿应指向激发主体活动,形塑更好的自己,进而实现使生活变得更好。

4.2.2 生命政治生产应使"数字化生存"更有温度

意大利哲学家奈格里把生命政治定位于后现代,认为资本主义生产已向生命政治生产过渡[②]。在互联网生产中,剩余价值生产更倾向于脑力、非物质,基于交往之上的劳动所得,因此研究新的剩余价值理论,则是聚焦于身体的生产性,即生命政治生产。生命注定为了生产、交往而劳动,而这些都是在监控与规训之下展开的。互联网技术,如云终端共享、数字医疗、数字乡村建设,使消费者生存、发展的

[①] 张一兵. 从牧领到治安:现代资产阶级政治权力的微观生活化治理触角:福柯的法兰西学院演讲评述[J]. 学术研究,2015(5):1-7,27.

[②] 蓝江. 一般智力的生命政治生产:奈格里的生命政治思想谱系蠡探[J]. 福建师范大学学报(哲学社会科学版),2020(5):19-27,168-169.

权利得到保障;而产消者个体中无法割裂的数字劳工身份同样需要予以生命政治关怀。网络游戏的"防沉迷"机制、网购时理性消费的劝告以及访问权限等都体现了权力对于生命的规训。生命政治的归宿应激发主体的主动性,即主体自主寻求自我的解放,更好认识自我、管理自我。

在"数字化生存"的形式中,数字空间成为公共视域,且作为社会环境的折射,个体自我表达的方式不受约束。以公共空间为存在形式的互联网本质是无主之地,尽管实际上用户仅仅具有平台的使用权而非所有权,但因为用户本身的生产行为很难触及平台的利益边界,没有形成实际的利益冲突,用户可以自由利用平台资源满足自身生活发展的需要。

技术的进步与空间的拓展是对个体感官的延伸,互联网空间可以实现对个体生命有温度的融入,因为只要存在正义的引导,内在价值理性会超越外在工具理性。以冲突性群体运动为例,无产阶级革命爆发于资本主义的内在危机根源即有效需求不足与生产过剩的矛盾,激烈的网络社会舆论冲突与此类工人运动具有一致性。热搜、媒体曝光等都是因为信息在对立双方的不对称,少部分人掌握大量信息而大部分用户仅仅拥有少量信息甚至被蒙蔽,进而产生对事实与真相的探索与呼吁,也因此出现公关购买热搜、控评等处于灰色地带的操纵舆论行为。当物品被标上价码,主动或被动接受商品化时,如果没有外部约束,异化则会在自由却不成熟的初级市场经济中引发无序。

但这种无序是可控的,面对群体的无意识并非只能消极应对。监控的侧面是提供个性化服务,群体的盲从意味着加以合理的引导也能形成积极的力量。如冬季奥运会期间,互联网奥运文化的盛行正是由于平台的积极引导,既带动奥运经济发展,又培育全民奥运氛围。个体在平台的引领下追寻更有意义的生命价值,最终推动实现从数字"景观"到数字"奇观"的嬗变。

4.3 羊圈中的政治:数字劳工的牧领治理实践

福柯认为,政治实践如同牧羊[①]。尽管在现代国家理性的治理模式已然取代了牧领治理,但在微观层面的互联网空间,由于用户的分散性和高流动性,并且缺乏统一集中的管理模式,作为权力本身的垄断平台也仅仅是行使凝视、监督的职能。用户如羊群,互联网治理就如同牧羊人牧羊一般,具有物质与精神的双重引领作用,羊群消失,牧羊人也不复存在。

总体而言,互联网治理与传统的政治牧领的整体目标是相一致的,因为都体现了对于个体生命权利的关怀,都呈现出"永久地照看所有人和每个人的生活,帮助他们,改善他们的命运"的治理艺术。

---

① 莫伟民. 权力拯救灵魂?——福柯牧领权力思想探析[J]. 复旦学报(社会科学版),2011(5):41-48.

互联网牧领治理是一种现代管理学艺术,牧羊人作为推力给集体指明方向,牧羊犬作为"修正力"保护羊群并适时进行路线调整,羊群中的头羊作为"拉力"发挥引导学习与竞争的榜样作用。"7·20"郑州特大暴雨事件中,官方第一时间发布通报,当地开展紧急救援,网络平台中的用户也纷纷伸出援助之手。有志愿者通过网络共享文档的形式方便受灾地区居民进行编辑记录自己的处境以及生活所需,方便救援人员开展救援活动。对于网络中容易造成恐慌的负面信息,审核人员进行过滤筛除,以稳定民心。尽管在网络中用户如同羊群,但在合理的路线规划中更具自主性,且每个人都有做头羊的自由与权利。

4.4 本节小结

本节具体讨论对抗异化与剥削的两种手段,分别是提倡空间正义对数字劳工所处的外部环境进行规制以及平台生命政治对于用户个体的规训,并提出互联网牧领治理方式。数字劳工的异化实质上是平台进行过度的监视与控制,因此遵循适度的原则,追求内在的价值理性超越外部的工具理性,就会使非正义的监控转化为正义的引领与向导。

5 结论与反思

5.1 劳动力的空间流动与吸纳:劳工数字化推动产业结构变迁

数字信息的技术实践使资本进行空间生产并不断占有新的空间成为可能,其一个侧面则表现为劳动可以实现空间的转移,并在新的生产空间内参与生产,从而获得实现再生产的物质资料。传统劳动力逐渐实现了从农业向工业和服务业的流动,即从农田到工厂以及城市的场所转移。网络空间突破了地域限制,只要有网络覆盖及电脑、手机等设备,用户立即可以实现从现实场所到虚拟场所的生产空间转移,成为数字劳工。

在世界经济布局中,越是发达的国家其第三产业服务业比重就越大,美国、日本、德国等发达资本主义国家服务业在三大产业中比重已超70%,中国第三产业比重也已超过50%,成为拉动经济增长的重要驱动力,形成金字塔结构的三大产业模式。第三产业的强驱动力以及较高的投入回报率吸纳了大量劳动力,形成金字塔结构的"沉底"和积聚(见图6)。根据2020年度人力资源和社会保障事业发展统计公报,全国就业人员75 064万人,其中第三产业就业人员占47.7%[①],极大带动了城乡就业。

---

① 中华人民共和国人力资源和社会保障部.2020年度人力资源和社会保障事业发展统计公报[EB/OL].[2021-06-03]. http://www.mohrss.gov.cn/SYrlzyhshbzb/zwgk/szrs/tjgb/202106/t20210604_415837.html.

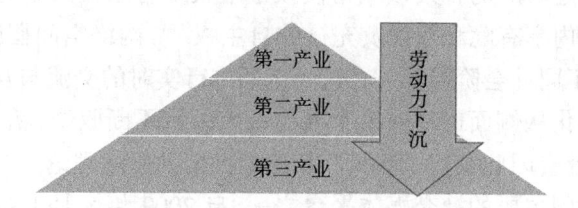

图 6　金字塔形三大产业结构以及劳动力下沉模型

马克思认为资本主义生产中存在形式性(formal)和实质性(real)两个劳动力吸纳过程。"形式吸纳"是机械性的吸纳,指资本将位于其控制域外的劳动并入其自身的生产活动中,导致的结果是资本扩大生产。当资本主义扩张到某一极限点时,"形式吸纳"被"实质吸纳"所取代,因为此时"形式吸纳"对资本的边际贡献非正,而推动"实质吸纳"会促使劳动的实质性内容被更深广地整合入资本之中,同时社会也更完全地由资本所塑。

"形式吸纳"表现为劳动力量的增长,在城乡以及三大产业间呈现机械性流动。"实质吸纳"则体现为更多高素质劳动力融入资本生产过程,技术进步对经济增长的贡献率提高。从互联网产业链来看,矿工、车间工厂属于资本的形式吸纳过程,硅谷的工人贵族则展现了资本对劳动力的实质吸纳,互联网产消者(即数字劳工)由于其自身的分散与灵活性以及劳动的主观创造性,兼具形式吸纳与实质吸纳两个过程。互联网流量经济、粉丝经济等就属于形式吸纳,因为仅仅以"点击率"为实现价值积累的主要衡量标准,是劳动力从现实向网络空间的机械转移;互联网团队运营与盈利形式的平台化等实质吸纳手段则体现了劳动力的有机转移,即真正意义上融入了互联网价值生产环节,实现数据增值与生产效率提高。

发展经济学先驱刘易斯提出的"刘易斯拐点",从理论上描述了在工业化过程中农村劳动力向非农产业逐步转移的过程,最终会使农村劳动力逐渐减少、匮乏并达到瓶颈状态。劳动力向网络空间的转移与刘易斯描述的转移有本质的区别,并且前者的转移方式会延缓刘易斯拐点的到来。因为数字经济引致产业数字化的发展会使信息技术反哺第一、二产业,推动数字农业、数字工业的建设,提高生产效率,使实质吸纳进一步深化。随着数字化建设的推动,劳动力不再囿于三大产业内部各自的定性研究,而更具有交融性,这意味着劳动力大方向上朝第三产业流动的同时也形成向第一、二产业流动的潜流。因此,推动数字劳工的产业融入,在政策方向上引导劳动力向信息服务业形成有机转移,可以实现劳动力的优化配置,缓解劳动力短缺,有利于解决人口流动、城乡差距与巨额补贴的"三角悖论"问题。

5.2　网络技术服务公共化:私人领域公共化的道德边界

公共领域概念由德国哲学家哈贝马斯提出,社会集体意志以及公共意见在此领域产生。而与之对应的私人领域指仅限于个人及有限关系集的生活生产领域,个体在这一领域内享有隐私权以及充分的自主权①。网络空间摆脱了对实体空间的依赖,使位于不同社会阶层的人在这一空间进行实时的交流与互动,具有公共特征。但这种公共化从侧面也反映出个人的私人领域不断收窄,私域与公域的边界不断模糊,网络社会因此重塑了哈贝马斯的经典公共领域理论。

微博作为中国主要的社交媒体平台之一,自2009年8月上线以来,用户规模一直保持着爆发式增长。与以往媒介平台不同,微博为用户提供了向外界社会展示自我的开放式公共平台。由于用户自身的有限理性与平台监督不当,微博会使本应在私人领域进行有限人际传播的事件展示在公共平台上。各种炒作与作秀(如明星私生活丑闻)在热搜中甚嚣尘上,甚至一度出现人肉搜索、网络暴力等骇人听闻的侵犯个人权利事件。2020年9月14日,中华人民共和国国家互联网信息办公室发布消息称,新浪微博、豆瓣网、抖音、兴趣部落等平台中存在大量诱导未成年人参与应援打榜、大额消费、煽动挑拨青少年粉丝群体互撕谩骂的不良信息和行为②。高曝光度引致社会的混乱,公私边界一度挤压引发"内爆",社会网络同质增强、个性弱化,最终导致意义的虚无与崩塌。"内爆"出现的根源就是互联网平台资本管控下的市场失灵,大量用户不断被挤压进网络平台,这些产消者生产以及消费的"商品资源"没有得到合理的流动与分配,在技术尚未祛魅之时沦为劳工,接受资本意志的殖民与奴役。

网络空间的"内爆"需要外部权力的强制性约束。2020年6月10日,北京网信办依法约谈处罚新浪微博,热搜停更一周。2021年8月27日,中央网信办发布《进一步加强"饭圈"乱象问题治理》的通知,要求取消所有涉明星的排行榜单,至此新浪不再显示明星榜单③。同时,我们应谨防在公共领域中不断放大的个人情绪,在私人领域与公共领域的交汇处划清道德的边界,有自身独立的思考,更加专注于自我精神世界有价值的生产与创作,而非以参与为名行窥私之实,不让公序良俗因金钱而沉沦。

参考文献

[1]陈梦琦,孙琳.传播及其批判:受众商品和数字劳工[J].合肥工业大学学报(社会科学版),2018,32(3):28-34.

---

① 赵佳佳.网络空间中私人领域公共化的再现与凝视[J].今传媒,2018(5):51-53.
② 中国网信网.国家网信办"清朗"未成年人网络环境暨网课平台专项整治依法查处第二批存在问题的网站[EB/OL].[2021-06-14].http://www.cac.gov.cn/2020-09/14/c_1601641539700487.htm.
③ 中国网信网.关于进一步加强"饭圈"乱象治理的通知[EB/OL].[2021-08-27].http://www.cac.gov.cn/2021-08/26/c_16315639 02354584.htm.

[2]单传友.政治经济学批判与生命政治的初次相遇:哈特、奈格里对《1844年经济学哲学手稿》的重新解读[J].理论月刊,2021(9):61-68.

[3]丁依然.从"剥削"中突围:数字劳工研究的现状、问题和再陌生化[J].新闻界,2021(5):68-77.

[4]郭艳艳.用户劳工化:传播政治经济学视阈下的"社交媒体工厂"[J].今传媒,2021,29(8):137-139.

[5]贺日兴,宫辉力.空间生产视角下的数字全球化技术体系构建[J].国外社会科学,2021(5):65-73.

[6]贾云清.网络游戏中"玩工"的身份构建与数字劳动:以手游"王者荣耀"为例[J].视听,2021(9):178-179.

[7]居伊·德波.景观社会[M].张新木,译.南京:南京大学出版社,2017.

[8]克里斯蒂安·福克斯.数字劳动和卡尔·马克思[M].周延云,译.北京:人民出版社,2020.

[9]克里斯蒂安·施密特,杨舢.迈向三维辩证法:列斐伏尔的空间生产理论[J].国际城市规划,2021(3).

[10]李倩.数字劳工价值创造的多维透视[D].成都:四川省社会科学院,2021.

[11]李霞飞."数字劳工":传播政治经济学视阈下的社交媒体用户[D].太原:山西大学,2018.

[12]李霞飞.从"咪蒙"粉丝的"数字劳动"看自媒体粉丝群体的商品化[J].东南传播,2018(3):107-109.

[13]李妍,韩志伟.数字资本主义的生成机制及基本特征[J].深圳大学学报(人文社会科学版),2021,38(3):144-151.

[14]李妍.数字资本主义社会研究[D].长春:吉林大学,2021.

[15]李瑛琦.超级连接、规训权力与数字生命政治:人的主体性视角下的现代媒介技术再审视[J].中国社会科学院研究生院学报,2021(5):33-44.

[16]梁欣.赋权与俘获:短视频平台的商业逻辑[D].济南:山东师范大学,2021.

[17]林怡."数字劳工"理论视域下社交媒体对用户的劳动引导:以微博为例[J].科技传播,2021,13(11):154-156.

[18]刘懿璇,何建平.从"数字劳工"到"情感劳动":网络直播粉丝受众的劳动逻辑探究[J].前沿,2021(3):104-115.

[19]马晓媚.批判与超越:历史唯物主义视域下的数字资本主义研究[D].杭州:浙江大学,2021.

[20]邱林川.告别i奴:富士康、数字资本主义与网络劳工抵抗[J].社会,2014,34(4):119-137.

[21]孙冬鑫,刘鸣筝.数字劳工的主体性构建[J].青年记者,2021(12):31-32.

[22]田正赓.试论内容创业背后的劳动关系[J].新闻论坛,2018(2):11-14.

[23]万盟盟.提升或削弱:媒介融合对人的社会资本构建[J].新闻世界,2021(6):38-41.

[24]王琳.当代西方消费社会的景观化统治研究[D].武汉:武汉大学,2019

[25]吴鼎铭,胡骞.数字劳动的时间规训:论互联网平台的资本运作逻辑[J].福建师范大学学报(哲学社会科学版),2021(1):115-122,171.

[26]吴鼎铭,石义彬."大数据"的传播政治经济学解读:以"数字劳工"理论为研究视角[J].广告大观(理论版),2014(6):70-76.

[27]吴鼎铭.互联网时代的"数字劳工"研究[D].武汉:武汉大学,2015.

[28]吴鼎铭.网络"受众"的劳工化:传播政治经济学视角下网络"受众"的产业地位研究[J].国际新闻界,2017,39(6):124-137.

[29]吴鼎铭.作为劳动的传播:网络视频众包生产与传播的实证研究:以"PPS爱频道"为例[J].现代传播(中国传媒大学学报),2018,40(3):56-62.

[30]徐淑秋.虚拟劳工:人工智能时代数字劳工虚拟化现象探析:以抖音APP为例[J].现代商贸工业,2021,42(22):35-36.

[31]许敏.网络直播中话语权平民化分析[J].青年记者,2021(8):104-105.

[32]姚建华,徐婧.数字时代传播政治经济的新现象与新理论[J].全球传媒学刊,2017,4(3):30-43.

[33]姚建华.传播政治经济学视域下的媒介产业数字劳工研究[J].南京社会科学,2018(12):116-122.

[34]应笑妍.社交媒体中的"数字劳工"现象解读[D].沈阳:辽宁大学,2017.

[35]张海鹰.资本逻辑语境中的数字劳动研究[D].桂林:广西师范大学,2021.

[36]张孝远.短视频平台对用户的剥削方式探析:以数字劳工理论为视角[J].视听,2021(7):132-134.

[37]张艳.德波景观社会理论的建构逻辑及反思[J].文化创新比较研究,2019,3(26):34-36.

[38]张志安,刘黎明.互联网平台数字劳动的合法性话语建构研究[J].新闻与写作,2021(7):71-79.

[39]周泉.作为"异化辩证法"的辩证唯物主义:列斐伏尔《辩证唯物主义》对

马克思辩证法的重建[J].山东社会科学,2021(10):47-53.

[40]朱力."空间结构化":一个解释当代中国空间生产的理论框架[J].城市发展研究,2021,28(9):8-15.

[41] BROWN, BRIAN A. Primitive Digital Accumulation: Privacy, Social Networks&Biopolitical Exploitation[J]. Rethinking Marxism,2013,25(3):385-403.

[42]CLOUGH, P. TICINETO. The Digital Labor and Measure Beyond Biopolitics [M]//Scholz,Trebor. Digital labor: the internet as playground and factory. New York: Routledge,2013.

[43] FUCHS CHRISTIAN. Digital Labor and Karl Marx[M]. Taylor and Francis,2014.

[44]LEHNER. The work of the digital undead: digital capitalism and the suspension of communicative death[J]. Continuum,2019,33(4).

[45] THOMAS ALLMER. Academic Labor, Digital Media and Capitalism[J]. Media Watch,2017,8(3).

指导教师评语：

王逸飞同学的毕业论文《数字劳工的政治经济学分析》对新一代数字技术影响下因社交活动而产生的全新形态的劳动过程进行了较为细致的理论分析,基于马克思主义政治经济学和传播政治经济学的基本原理,从互联网空间生产、数字消费景观社会的角度揭示出了数字劳动的"异化"过程,论证了互联网数字劳动过程中剥削现象的存在,进而从外部环境因素和内部个人治理方面提出了维护数字劳工权益的建议。

在全球数字经济蓬勃发展、"零工"逐渐普遍、数字劳动强度日益加大以及中国大力发展数字经济的背景下,论文的选题对于促进我国数字经济的高质量发展具有重要的理论和现实意义。论文结构合理,论证充分,写作规范,资料翔实,文字晓畅,展现了作者较强的资料搜集分析能力和写作能力。

OFDI 对中国制造业全球价值链升级的影响

经济学院　焦澳东　　指导教师:闫云凤

摘　要:在中国经济进入新常态发展阶段之际,制造业依然面临着"低端锁定"的困局,对外直接投资(Outward Foreign Direct Investment,OFDI)作为我国对外开放格局的重要组成部分,探究 OFDI 对制造业全球价值链(Global Value Chains,GVC)的作用和机制,对中国制造业升级和 GVC 地位提高具有重要意义。本文在分析中国 OFDI 和制造业 GVC 地位现状的基础上,采用定性分析和定量分析相结合、理论分析和实证检验相结合的方法探究 OFDI 对制造业 GVC 升级的影响,研究结果表明:①2000—2014 年中国制造业在 GVC 中的地位呈现倒"N"形变化趋势,而在 GVC 中的参与程度变化不大,基本在 0.23 和 0.28 之间上下波动。②逆向技术溢出效应和边际产业转移效应是 OFDI 影响制造业 GVC 地位的主要机制。③基于行业面板数据,以双向固定效应模型作为基准模型,实证检验 OFDI 对中国制造业 GVC 地位的影响,发现 OFDI 对中国制造业 GVC 升级具有促进作用,异质性分析的检验结果表明,OFDI 对中等技术和低等技术制造业细分行业 GVC 升级的促进作用最大,且 OFDI 对 GVC 升级的促进作用具有边际递增效应。基于上述结论,本文提出以下政策建议:继续大力推进"走出去"战略,通过 OFDI 转移国内过剩产能,优化资源配置,推动产业结构升级;提倡差异化 OFDI,鼓励低技术行业和中等技术行业"走出去",构建全球性采购与供应链网络;改善国内要素结构,转移国内过剩产能,为产业结构升级腾出空间。

关键词:对外直接投资,制造业,全球价值链升级,双向固定效应模型

1　绪论

1.1　研究背景和意义

在百年变局和新冠疫情交织叠加的背景下,贸易保护主义再抬头以及跨国公司供应链不断调整,使 GVC 面临新一轮的重构和转移。中国作为全球制造业的中心和 GVC 的重要组成部分,如何在国际国内形势发生深刻变化的情形下,实现制造业 GVC 升级成为亟须探讨的问题。OFDI 作为中国对外开放格局中的重要组成

部分,是影响制造业 GVC 升级的重要因素。探究 OFDI 如何推动中国制造业走出"低端锁定"的困局,避免陷入"贫困化增长"的陷阱,对我国制造业 GVC 升级具有重要意义。本文以 OFDI 对制造业 GVC 升级的影响机制和路径作为研究的核心议题。在理论意义上,以不同于传统的研究角度,将聚焦点放在 OFDI 对制造业 GVC 地位的影响,一定程度上丰富了 GVC 的研究视角,为探究 OFDI 对于 GVC 关系提供了借鉴和参考。在实践意义上,对 OFDI 与制造业 GVC 升级的研究,符合我国现阶段产业结构升级、贸易高质量发展的政策,有利于我国产业结构布局的优化。

1.2 研究思路和研究方法

1.2.1 研究思路

本文的研究思路可以分为四部分:第一,对现有文献进行收集、整理和分析,了解 OFDI 影响制造业 GVC 地位升级的路径和主要结论,以完成文献综述部分。第二,收集有关制造业 GVC 地位和 OFDI 特征的相关数据,并进行指标测算,对制造业 GVC 国际分工地位和 OFDI 的现状及变化趋势进行测算分析。第三,对 OFDI 促进制造业 GVC 升级的机制进行深入分析,为实证分析做铺垫。第四,以双向固定效应模型作为基准模型,实证研究 OFDI 对制造业 GVC 升级的影响,并在此基础上基于行业技术密集度和制造业细分行业的 GVC 地位差异,进行分组回归和分位数回归,分析 OFDI 对技术密集度和 GVC 位置不同的制造业细分行业的影响差异(如图 1 所示)。

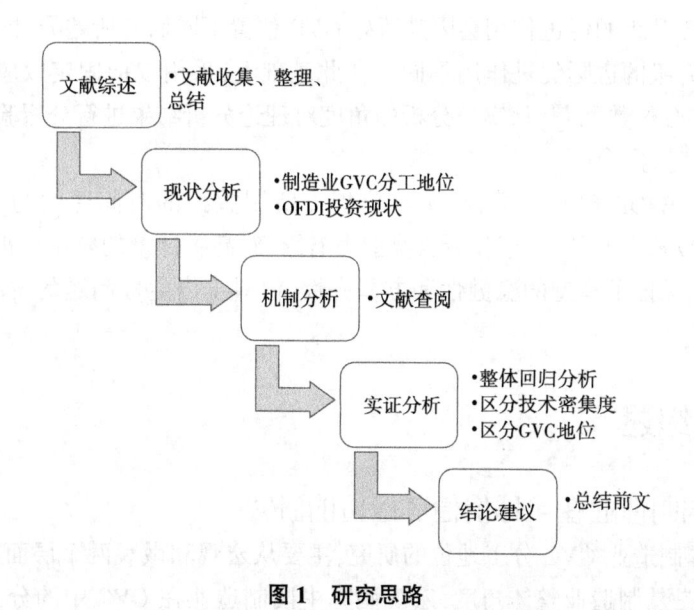

图 1 研究思路

1.2.2 研究方法

本文通过文献查阅、定性和定量分析以及理论和实证分析的方法,研究 OFDI 对制造业 GVC 的影响。第一,文献查阅法。以"OFDI""制造业 GVC 升级"等作为关键词,通过知网、WOS 等数据库查阅相关文献,并对文献进行分类整理,在前人研究中寻找启发点。此外,通过大量阅读相关文献,掌握 OFDI 影响制造业 GVC 升级的理论体系、OFDI 研究现状与进展,以形成国内外文献综述和论文相关的理论支持。第二,定性分析和定量分析相结合。在文献查阅的过程中,形成对制造业 GVC 分工地位的定性认识,并在此基础上,依据国家统计局等相关数据库,对相关指标进行测算分析,从定量的角度进一步丰富对理论和现状的认知。第三,理论分析和实证分析相结合。通过研究相关基础理论,总结归纳 OFDI 促进制造业 GVC 升级的机理,从理论的角度得出促进制造业 GVC 升级的方法。在此基础上,通过双向固定效应回归、分组回归和分位数回归,实证分析验证理论分析的结果。

1.3 论文创新与不足

1.3.1 研究视角的创新

从 OFDI 的视角探究其对 GVC 升级的影响,并在此基础上,进一步考虑行业异质性,将问题深入到 OFDI 对技术密集度和 GVC 位置不同的行业的影响。

1.3.2 研究方法的创新

采用理论与实证相结合的方法。在理论上探讨 OFDI 对制造业 GVC 升级的影响机制,提出两个基本假设:OFDI 能够促进中国制造业 GVC 地位的提高;OFDI 对制造业 GVC 升级的促进作用会因其所处 GVC 位置不同而有所差异,即 OFDI 对制造业 GVC 升级的边际促进作用不同。在此基础上,采用双向固定效应模型,结合分组回归和分位数回归,从实证分析的角度对理论分析结果进行分析验证。

1.3.3 本文的不足

受制于 WIOD 现有数据,在实际分析中所用数据的时间区间为 2000—2014 年,代表性较弱。此外,由于作者自身能力有限,对高级计量的应用还很不足,尽管一定程度上保证了模型的稳健性和方差齐性,但对于内生性问题的解决还存在很多不足。

2 文献综述

2.1 中国制造业在全球价值链地位的研究

对中国制造业 GVC 分工地位的研究,主要从宏观和微观两个层面出发。在宏观上,主要是从制造业整体角度,宏观测算中国制造业在 GVC 中的分工地位和变化趋势;而在微观上,则是从制造业整体的角度转向某一具体行业,如装备制造业等。从查阅的相关文献看,以制造业整体作为研究主体的文献偏多。唐铁球(2015)研究测算了中国制造业的竞争优势,发现中国制造业的竞争优势主要体现在位于价值链低端的产业,而在零部件等高端环节进口依赖度较高,具有明显的竞争劣势。戴翔等(2017)测算了中国制造业的全球价值链分工地位指数,发现中国制造业的国际竞争力在2000—2014年间呈现先降后升的"V"形变化趋势。聂名华(2017)通过实证分析发现,虽然目前中国是世界第一制造大国,但仍存在"大而不强"的问题,在GVC中的嵌入程度较低,GVC地位偏低,出口产品附加值较低。欧阳嘉原等(2019)认为中国制造业整体GVC参与程度较高,但地位较低,国际竞争力较强,但存在"低端锁定"的情况。古柳等(2021)认为中国制造业面临着"大而不强"的发展问题,且制造业融入GVC分工体系的主要优势已经发生深刻变化,突出表现为劳动力成本快速上升。综合现有相关文献,可以得出以下结论:目前中国制造业仍处于GVC的低端,且传统比较优势正逐渐丧失。

2.2 OFDI对制造业全球价值链升级影响的研究

对国内外OFDI与制造业GVC升级的相关文献进行总结分析可以发现,目前主要的研究方法是理论分析和实证检验。在理论分析方面,主要是基于前人研究成果,提出新的见解,并基于实际案例进行解释分析。目前,多数学者认为OFDI对制造业GVC升级的影响主要还是通过逆向技术溢出、边际产业转移、产业关联等。在实证分析方面,主要是基于前人理论分析,探讨相关影响因素,选取GVC地位作为被解释变量,OFDI或FDI作为主要解释变量,构建模型进行回归分析和实证检验。罗军(2018)从理论分析和实证检验的角度出发,分析了OFDI影响全球价值链的路径,发现OFDI对制造业GVC的影响主要是通过技术进步和服务创新。陈璐楠(2019)基于中介效应模型以及我国2000—2014年制造业细分行业数据,分析了FDI对中国制造业GVC升级的影响机制,发现FDI通过横向、前向和后向的技术溢出效应促进制造业GVC分工地位的提高。Amendolagine等(2019)基于撒哈拉以南非洲国家和越南的样本数据,以GVC企业层面的数据集与全球价值链参与的衡量指标相匹配,发现FDI往往促进GVC参与度的提高,且这种效应会随着法治和教育环境的改善而增强。Li等(2021)在Koopman提出的贸易增加值核算方法基础上,以"全球价值链区位指数"和"全球价值链参与指数"作为被解释变量,论证了OFDI对母国全球价值链升级的正向积极作用。丁秀飞(2021)以中国制造业细分行业的GVC地位指数,实证研究了OFDI与GVC的双向促进关系,发现OFDI对不同技术密度的行业的影响程度不同。王磊等(2021)基于中国省级面板数据实证分析发现,双向FDI、生产性服务业集聚及其交互作用对我国制造业GVC升级有显著促进作用。Zhang等(2021)则从"双向FDI"的角度,基于IFDI和OFDI和双向FDI影响GVC的机制,以GVC地位作为被解释变量,双向FDI作为主要解释变量,构建了固定效应模型,实证检验了 FDI 对中国制造业 GVC 升级的影响。对相关文献进行总结可知,不同文献在 OFDI 对制造业 GVC 升级的影响路径的具体阐述上存在差异,但基本上还是围绕着逆向技术溢出、边际产业转移、产业关联三种观点。而在实证上,不同学者选取的控制变量虽有所差异,但被解释变量基本上是制造业 GVC 地位指数,主要解释变量是 OFDI(或 FDI),且在结果上存在一定的一致性,皆认为 OFDI(或 FDI)会促进制造业 GVC 升级。

3 中国 OFDI 现状分析及中国制造业全球价值链分工地位现状

3.1 中国 OFDI 现状

1) 对外直接投资规模逐步扩大

从图 2 可以看出,中国 OFDI 的规模从 2012 年的 878 亿美元增加到 2020 年的 1 537 亿美元,年均增长率为 7.25%。2020 年在新冠疫情冲击下,全球货物贸易萎缩 5.3%,外国直接投资同比减少四成,"逆全球化"现象加剧。受新冠疫情的影响,各国出现了严重的供应链瓶颈问题,发达国家也更加重视自身供应链稳定,供应链进一步向内收敛。尽管全球经济形势不容乐观,但在"走出去"的投资背景下,中国 OFDI 流量逆势增长,同比增加 12.3%,达到了 1 537.1 亿美元,首次位居全球第一,呈现出欣欣向荣的景象。此外,2017 年中国 OFDI 首次出现负增长,经分析,主要是由于政策原因。为进一步引导和规范对外直接投资方向,推动对外直接投资健康发展,有效防范各类风险,2017 年中国政府加强了对企业对外投资的真实性、合规性审查,因此 OFDI 出现了负增长。

图 2 2012—2020 年中国 OFDI 流量及增长率

2) 投资领域日趋广泛,结构不断优化

根据《2020 年度中国对外直接投资公报》,我国 OFDI 行业分布偏向多元化,截至 2020 年,中国 OFDI 已经涵盖国民经济的 18 个行业大类。由图 3 可知,租赁和商务服务业、信息传输、计算机服务和软件业已经成为中国对外直接投资的主要行业。国家统计局数据显示,OFDI存量的八成集中在服务业,主要分布在租赁和商务服务、批发和零售业、信息传输/软件和信息技术服务、金融、房地产、交通运输/仓储和邮政等领域。在经济发展的过程中,中国OFDI投资规模不仅在不断扩大,对外投资结构也在不断优化,逐渐从传统领域转向新兴科技领域与第三产业。

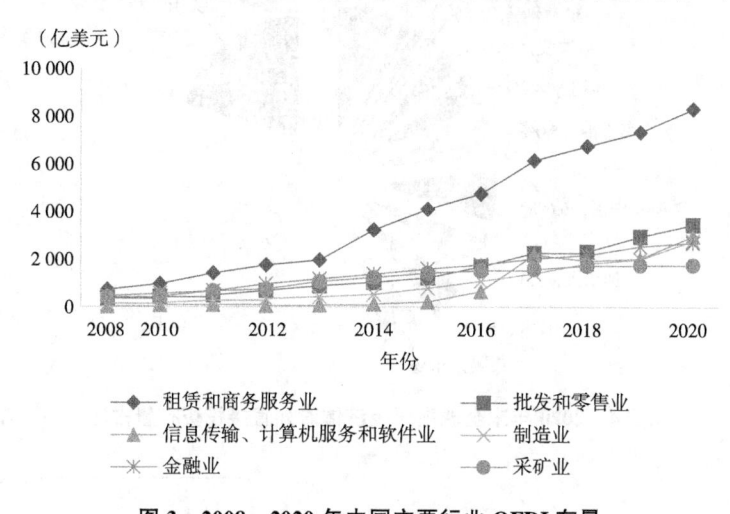

图3 2008—2020年中国主要行业OFDI存量

3) 投资主体趋向多元化

在投资主体上,非公经济与公有经济齐头并进。2020年对外投资中,非公有经济控股的境内投资者对外投资671.6亿美元,占50.1%,同比增长14.1%;公有经济控股的境内投资者对外投资668.9亿美元,占49.9%,同比增长15.1%。

综上所述,中国对外投资总体规模不断扩大,投资结构不断优化,投资主体逐渐趋于多元化。不过,从总体上看,中国OFDI的存量与美国、欧盟相比还存在很大的差距(如图4所示)。在投资区域上,中国对外直接投资80%以上都集中于中国香港和开曼群岛等避税区,而对欧美等发达国家的投资还存在不足,虽然投资流量逐年增长,但对发达国家的总体投资存量较少,不利于我国市场的多元化和投资风险的分散。

3.2 中国制造业在全球价值链中的分工地位

3.2.1 全球价值链分工地位的测度指标

借鉴Koopman等(2010)的研究,将一国总出口(E)分解为以下几个部分(如图5所示)。第一部分表示从r国出口到s国最终产品中的国内增加值;第二部分表示中间品出口经直接进口国s加工后,用于最终消费的r国国内增加值;第三部分表示中间品出口经直接进口国加工后,又出口到第三国t的r国国内增加值

(IV);第四部分表示中间品出口经直接进口国加工后,又返回 r 国的国内增加值(FV)。并基于上述分解,提出 GVC 地位指数和 GVC 参与度指数,以衡量某行业在全球价值链中的分工地位。

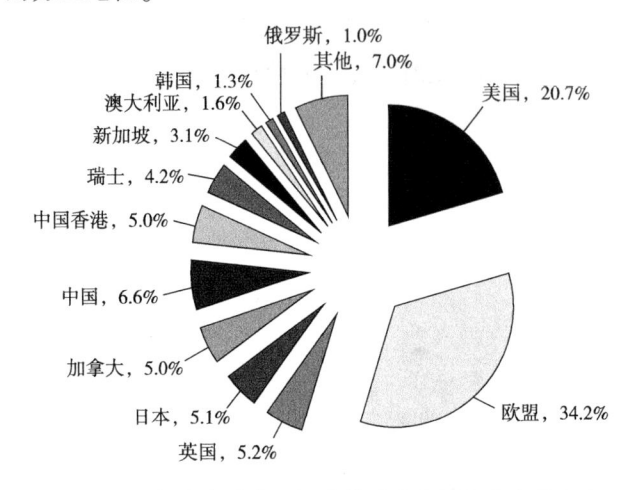

图 4 2020 年末全球主要经济体对外直接投资存量占比

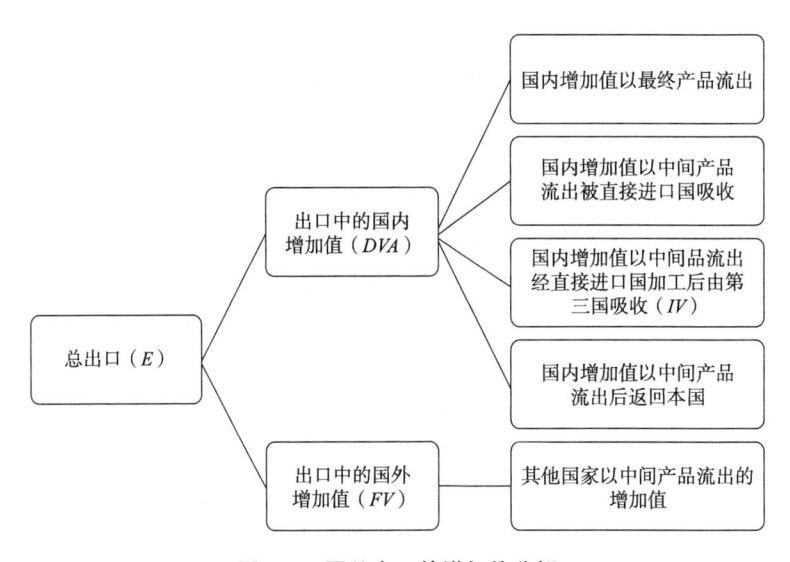

图 5 一国总出口的增加值分解

1) GVC 地位指数

GVC 地位指数测算的是一国某行业在全球价值链中的地位,本文主要用该指数测算中国制造业在全球价值链中的地位,该指数用公式表示为:

$$GVC\_Position_{ir} = \ln\left(1+\frac{IV_{ir}}{E_{ir}}\right) - \ln\left(1+\frac{FV_{ir}}{E_{ir}}\right) \quad (1)$$

其中，$GVC\_Position_{ir}$ 是 GVC 地位指数，衡量 r 国第 i 行业在全球价值链的地位。i 表示行业；r 表示国家；E_{ir} 表示 r 国 i 行业的总出口；IV_{ir} 表示 r 国 i 行业的间接增加值出口，它测算的是他国出口中包含的本国增加值；FV_{ir} 是 r 国 i 行业出口中的国外增加值，测算的是 r 国 i 行业出口（包括最终品出口和中间品出口）中来自其他国家的增加值，如果一国某行业处于全球价值链的"上游"，则该行业主要以研发、设计或向其他国家提供原材料等中间产品的形式参与全球价值链，该国间接增加值出口（IV_{ir}）占总出口（E_{ir}）的比例就会高于国外增加值（FV_{ir}）占总出口（E_{ir}）的比例。某行业的 GVC 地位指数越大，表示该行业在全球价值链中的地位越高。

2) GVC 参与度指数

GVC 参与度指数衡量的是一国某行业在全球价值链中的参与程度，用公式表示为：

$$GVC\_Participation_{ir} = \frac{IV_{ir}}{E_{ir}} + \frac{FV_{ir}}{E_{ir}} \tag{2}$$

其中，$GVC\_Participation_{ir}$ 是 GVC 参与度指数，$\frac{IV_{ir}}{E_{ir}}$ 表示 r 国 i 行业的前向参与度；$\frac{FV_{ir}}{E_{ir}}$ 表示 r 国 i 行业的后向参与度。

若某产业的前向参与度高，表明该产业的国内增加值更多地作为中间品出口到第三国；相反，若某产业的后向参与度高，则表明该产业更多依赖于外国中间品投入。GVC 参与度指数越大，代表该产业参与全球生产的程度越高，在全球价值链中更重要。

3.2.2 全球价值链地位测度的数据来源与说明

本文主要基于 WIOD 发布的国际投入产出表数据，以 KPWW 指标对制造业 GVC 地位和参与度进行测算分析。根据国际标准行业分类第 4 版（ISIC ReV.4），WIOD 将行业细分为 56 个行业，（c1~c56），本文选取了 c5 至 c22 这 18 个行业作为制造业的细分行业（c23 依据性质也属于制造业，但因该行业增加值可忽略不计，故不考虑该行业），具体对照见表 1。

表 1 制造业细分行业对照表

序号	行业（部门）	序号	行业（部门）
c5	食品、饮料和烟草制品	c14	其他非金属矿产品制造
c6	制造纺织品、服装和皮革制品	c15	基础金属的制造
c7	生产木材及制品（除家具）	c16	制造金属制品，机械设备除外
c8	纸及纸制品制造	c17	电脑、电子及光学产品制造业

续表

序号	行业(部门)	序号	行业(部门)
c9	记录媒体的印刷和复制	c18	电气设备制造
c10	焦炭和精炼石油产品的制造	c19	机械及设备等制造
c11	化工产品制造	c20	制造机动车辆、挂车和半挂车
c12	基础医药制品和医药制剂的制造	c21	其他运输设备的制造
c13	橡塑制品制造	c22	制造家具;其他制造业

3.2.3 中国制造业参与 GVC 分工情况

1) 中国制造业 GVC 地位指数情况

从图 6 可以看出,中国制造业 GVC 地位呈倒"N"形变化趋势,其中 2001—2005 年 GVC 地位指数呈下降态势,制造业的 GVC 地位指数下降了 0.05,国际分工地位向下游延伸。分析原因,可能是早期加工贸易的发展阻碍了制造业 GVC 地位的升级。在中国融入全球市场的初期,劳动力成本低,对外贸易主要以加工贸易的形式进行,在该过程中进口了大量的中间品经转配加工后又对外出口,其中包含了大量的国外增加值,因此,这一阶段中国制造业的国际分工地位迅速下滑。2006—2014 年 GVC 地位指数呈现上升趋势,约上升了 0.08,中国制造业的 GVC 地位迅速提高。分析该时期内中国制造业分工地位提高的原因,本文认为主要有两个:一是随着中国经济的发展,人民生活水平提高。中国劳动力成本不断上升,一些跨国公司将加工环节更多地转移到了印度、越南等劳动力成本更低的国家;二是由于我国加工贸易转型升级政策,中国企业在对外贸易过程中,资本不断积累,经验不断丰富,出口结构有所变化,间接增加值的出口比重增加,进而促进了制造业全球价值链分工地位的升级。

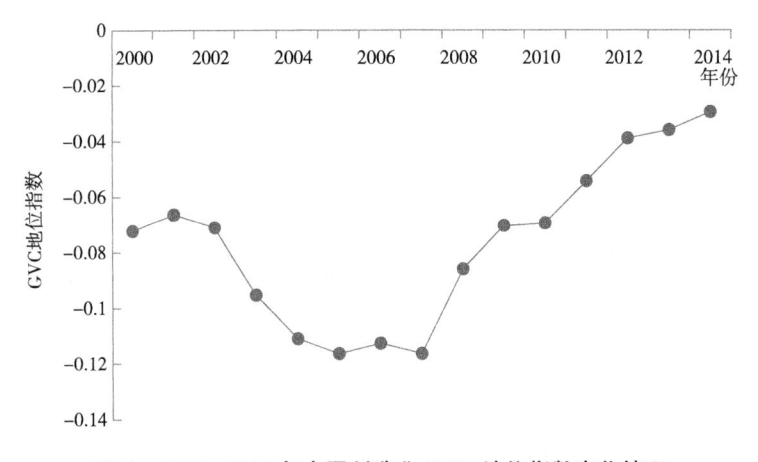

图 6 2000—2014 年中国制造业 GVC 地位指数变化情况

2) 中国制造业的 GVC 参与度指数

从图 7 来看,在考察期内中国制造业的 GVC 参与度指数呈现上下波动的状态,但整体变化不大,基本维持在 0.23 到 0.28 之间。就 2008 年之前来看,制造业的参与程度呈现增强的态势,这主要是因为中国加入 WTO,扩大了国外市场。在此期间,中国不仅出口了大量的劳动密集型产品,还进口了大量先进的设备,我国制造业与国际市场的联系愈加密切。与此相反,2009—2014 年制造业在全球价值链中的程度相对降低。对该现象进行分析,主要原因有两个:一是 2008 年发生的全球金融危机和欧洲主权债务危机,导致全球经济低迷,贸易保护主义严重,政治上具有很强的不确定性;二是中国的贸易发展方式正由单一的出口导向型发展向扩大内需与产业升级并重的方向转变,进口中间品逐步被国内中间品替代,出口贸易中的国外增加值占比下降,从而引起制造业 GVC 参与度指数下降。

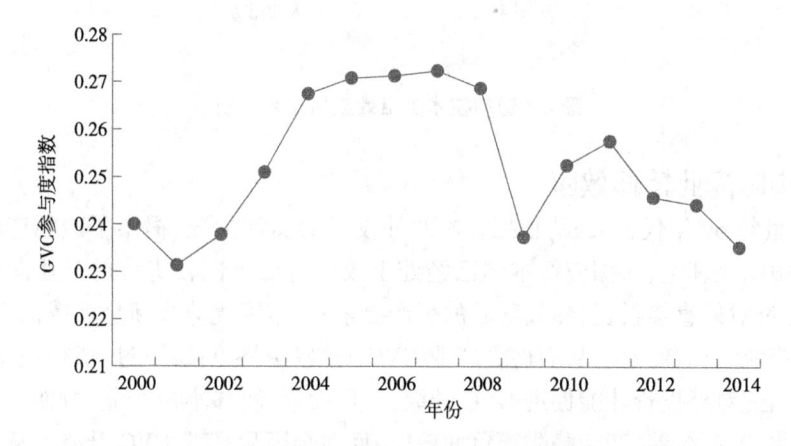

图 7 2000—2014 中国制造业 GVC 参与度指数变化情况

4 OFDI 影响制造业全球价值链地位的理论机制分析

4.1 逆向技术溢出效应

逆向技术溢出效应多发生在发展中国家对发达国家的对外投资中,发展中国家通过对外投资,会逐渐吸收和学习东道国的先进技术,提高本行业的技术水平。OFDI 逆向技术溢出的作用机制可以进一步分为三条路径(见图 8):一是通过技术迁移,以跨国并购的形式从东道国获得先进技术,再通过子公司和母公司之间的技术流动实现技术迁移;二是通过产业关联效应,在对外投资的过程中,企业势必会受到上下游行业的影响,当这种影响以跨国公司为中介,传递到本国相关上下游企业时,就产生了产业关联效应;三是通过人才流动,本国跨国公司在对外直接投资的过程中,不仅获得了产品销售市场,也获得了在国际人才市场招聘的条件,当高质量员工在子公司和母公司之间流动时,就会产生积极的外部效应,促进行业技术水平的提高。逆向技术对制造业细分行业 GVC 升级的促进作用存在差异,如聂名华等(2016)认为 GVC 地位高的行业具备更强的吸收能力,能更好地获取被投资国的技术,OFDI 对其 GVC 地位的提升更大。

图 8　逆向技术溢出效应的作用机制

4.2　边际产业转移效应

20 世纪 60 年代,小岛清根据日本对外投资的实际情况,提出了边际产业转移理论。根据该理论,一国应将本国已经处于或即将处于比较劣势的产业向外进行转移,通过对外直接投资,释放落后的生产要素,为本国优势高新企业腾出空间,促进国内产业结构合理化,从而促进产业 GVC 升级(见图 9)。不过,值得注意的是,只有恰当的对外投资才能促进 GVC 升级,盲目投资,转移本国产业,可能会带来产业空心化、产业级差、产业陷阱等负面效应,反而会阻碍产业 GVC 升级。从产业转移的作用机理来看,产业转移实质上是要素的空间转移,本质上是要素配置效率的改进和要素流动的外部性。合理地利用边际产业转移效应,有利于转出地和承接地的经济发展和结构升级。

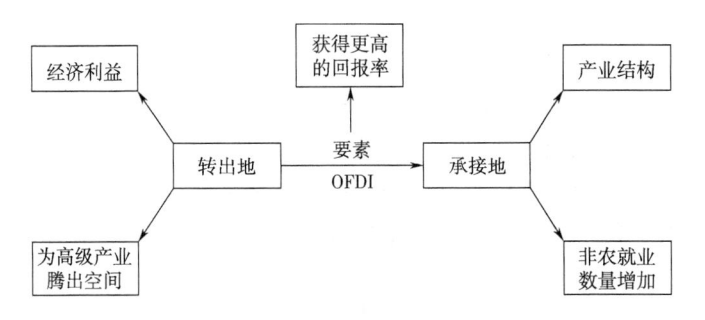

图 9　边际产业转移效应示意图

5 OFDI促进中国制造业全球价值链升级的实证分析

5.1 研究

根据前文机制分析,提出了本文的第一个假设:

H1:OFDI能够促进中国制造业GVC地位的提高。

在此基础上,考虑到OFDI对制造业GVC升级的边际促进作用可能存在差异,提出本文的第二个假设:

H2:OFDI对制造业GVC升级的边际促进作用会因其所处GVC地位的不同而有所差异。

5.2 变量说明

5.2.1 被解释变量

根据对现有文献的总结分析,实证分析制造业GVC地位时,多数文献采用Koopman等(2010)提出的GVC地位指数,故本文也采取GVC地位指数[见公式(1)],作为实证分析的被解释变量来衡量制造业GVC地位。

5.2.2 解释变量

目前,制造业细分行业的OFDI存量数据获取难度较大,这里参考叶红雨等(2021)的做法,选取某一变量作为权重,估算细分行业的OFDI存量,具体计算方式如下:

$$OFDI_{it} = \frac{DVA_{it}}{DVA_t} OFDI_t \tag{3}$$

其中,$OFDI_{it}$为第i个细分行业在t年的OFDI存量,$OFDI_t$为制造业19个细分行业OFDI存量之和,DVA_{it}为i个细分行业在t年的出口中的国内增加值,DVA_t则是19个细分行业出口中的国内增加值之和。

5.2.3 控制变量

为控制其他因素对制造业全球价值链的影响,本文结合前人文献和经济学相关理论,选取了部分指标作为控制变量:

(1)外商直接投资(FDI)。FDI作为助推经济发展的重要因素,对制造业技术进步和产业升级具有重要影响,也是制造业GVC升级不可忽略的影响因素。该指标参照OFDI存量的计算方法。

(2)行业规模。根据新国际贸易理论,行业规模是影响国际比较优势的重要影响因素,因此,考虑价值链影响因素时有必要将其考虑在内。本文参考杨连星等(2017)的做法,选取行业年均人工数作为衡量指标。

(3)国内生产总值(GDP)。GDP作为宏观经济发展的重要衡量指标,其在一定程度上代表着行业发展的整体经济环境,对价值链升级具有重要意义。由于本文的主要研究内容是 OFDI 对制造业全球价值链的影响,因此选取国内生产总值中的工业生产总值作为衡量指标。

(4)2008 年亚洲金融危机和欧洲主权债务危机。2008 年发生的危机事件对世界经济具有深刻而广泛的影响,因此,本文将其作为虚拟变量加入实证模型。

5.3 模型构建

为验证前述假设,分析 OFDI 对制造业 GVC 升级的影响,同时考虑到样本数据为面板数据,因此本文采用双向固定效应模型。为了消除异方差的影响,本文在回归时对部分变量进行了对数处理,构建的基本模型如下:

$$GVCs_{it} = \gamma_0 + \gamma_1 \ln OFDI_{it} + \gamma_2 \ln FDI_{it} + \gamma_3 \ln Size_{it} + \gamma_3 \ln GDP_{it} + Crisis_t + \gamma_{it} + \mu_{it} \tag{4}$$

其中,i、t 分别为行业和年份;γ_{it} 表示"行业-年份固定效应",以控制不同行业随时间变化的特征;μ_{it} 代表随机误差项。

5.4 数据来源

全球价值链地位指数是基于 WIOD 数据库中的投入产出表计算得到;OFDI 存量数据来源于《2020 年度中国对外直接投资统计公报》;FDI、GDP 数据来源于国家统计局;行业规模数据来源于中国统计年鉴。

表 2 变量选择、测度及数据来源

变量	变量名称	变量的解释意义	数据来源
GVCs	全球价值链分工位置指数	中国制造业在全球价值链中的分工地位指数	根据 WIOD 提供的原始数据计算获得
OFDI	对外直接投资	对外直接投资存量	国家统计局、《2020 年度中国对外直接投资统计公报》
FDI	外商直接投资	外商直接投资流量	国家统计局
Size	行业规模	行业年均员工数	历年《中国统计年鉴》
GDP	国内生产总值	工业生产总值	国家统计局
Crisis	2008 年危机	0=未发生;1=发生	以事件发生前后为界

5.5 实证结果分析

5.5.1 基准回归模型

本文采用 Stata 软件进行实证分析,在双向固定效应模型的基础上,采用逐步回归的方法,逐步加入控制变量,最终实证结果见表 3。从实证结果来看,所有的变量均通过了显著性检验。

表3 双向固定效应模型回归结果

	（1）	（2）	（3）	（4）	（5）
	GVCs	GVCs	GVCs	GVCs	GVCs
ln$OFDI$	0.108***	0.009**	0.05***	0.057***	0.043***
	(0.032)	(0.004)	(0.012)	(0.014)	(0.013)
lnFDI		0.098***	0.058**	0.074***	0.114***
		(0.029)	(0.022)	(0.025)	(0.028)
$Crisis$			-0.133***	-0.145***	-0.382***
			(0.03)	(0.033)	(0.073)
ln$Size$				-0.023**	-0.049***
				(0.01)	(0.014)
lnGDP					0.188***
$\_cons$	-0.31***	-1.237***	-0.857***	-0.955***	-3.297***
	(0.075)	(0.352)	(0.276)	(0.293)	(0.672)
时间固定效应	是	是	是	是	是
行业固定效应	是	是	是	是	是
$Observations$	234	234	234	234	234
R^2	0.557	0.557	0.557	0.557	0.559

注：表格内数据为系数，括号内数据为标准误。*** 表示 p 小于 0.01，** 表示 p 小于 0.05，* 表示 p 小于 0.1。

在5组回归模型中，OFDI与制造业GVC地位均呈正相关关系，验证了前文假设，即OFDI能促进制造业GVC升级；FDI与制造业的GVC地位同样呈正相关关系，结合OFDI回归系数显著为正，说明双向FDI的确能促进制造业GVC地位攀升，实证结果和前人文献一致，也符合理论预期；2008年发生的全球金融危机和欧洲主权债务危机的回归系数显著为负，说明了危机对全球经济的破坏，会阻碍制造业GVC地位攀升，符合经济常识；行业规模的回归系数显著为负，而本文行业规模以行业年均员工数表示，说明了单纯地扩大人员规模对于制造业攀升全球价值链有阻碍作用，也说明了通过边际产业转移将过剩的产能转移实现价值链攀升的可行性；工业生产总值的回归系数显著为正，说明了宏观经济的发展对制造业GVC升级具有显著的正向促进作用，该结果符合理论预期。

5.5.2 基于制造业各行业不同技术类别的分析

本文借鉴叶红雨等（2021）对制造业细分行业按照技术密集度高低进行的划分，基于OECD的划分标准，将细分行业划分为低技术产业、中技术产业和高技术产业,具体分类结果见表4。

表4 样本行业分类明细

低技术行业	中技术行业	高技术行业
食品、饮料和烟草制品	焦炭和精炼石油产品的制造	化工产品制造
制造纺织品、服装和皮革制品	橡塑制品制造	基础医药制品和医药制剂的制造
生产木材及制品(除家具)	其他非金属矿产品制造	电脑、电子及光学产品制造业
纸及纸制品制造	基础金属的制造	电气设备制造
记录媒体的印刷和复制	制造金属制品,机械设备除外	机械及设备等制造
制造家具;其他制造业		制造机动车辆、挂车和半挂车
		其他运输设备的制造

基于不同技术水平对制造业细分行业进行回归估计,结果如表5所示。从回归结果看,OFDI对中低技术制造业GVC地位的系数显著为正,说明了OFDI对中低技术密集度的制造业细分行业GVC升级具有显著的促进作用,而OFDI对高技术制造业GVC地位的影响并不显著。根据《2020年度中国对外直接投资统计公报》,中国对外直接投资近九成分布在发展中经济体,OFDI对中国制造业全球价值链的促进作用主要还是通过边际产业转移效应,将过剩产能进行转移,优化国内资源配置,从而实现价值链攀升,因此OFDI对中低技术制造业GVC地位的影响更加显著。

表5 基于制造业技术水平的分析

	(1)	(2)	(3)
	低技术制造业	中技术制造业	高技术制造业
ln$OFDI$	0.079**	0.092*	−0.002
	(0.028)	(0.034)	(0.009)
lnFDI	0.218***	0.07*	0.007
	(0.036)	(0.032)	(0.044)
控制变量	是	是	是
时间固定效应	是	是	是
行业固定效应	是	是	是
Observations	78	65	91
R^2	0.776	0.741	0.579

注:表格内数据为系数,括号内数据为标准误。*** 表示 p 小于 0.01,** 表示 p 小于 0.05,* 表示 p 小于 0.1。

5.5.3 分位数回归

为验证 OFDI 对制造业 GVC 升级的边际促进作用,本文利用分位数回归,以双向 OFDI 作为主要解释变量,工业生产总值和行业总出口(E)作为控制变量,进行了实证检验。表6报告了行业 GVC 地位处于 0.1、0.25、0.5、0.75、0.9 分位数时的回归结果。

表6 分位数回归结果

变量	(1) Q10	(2) Q25	(3) Q50	(4) Q75	(5) Q90
$\ln OFDI$	0.078 0*** (0.029 1)	0.082 7*** (0.023 7)	0.093 9*** (0.015 3)	0.104*** (0.019 4)	0.109*** (0.024 4)
$\ln FDI$	0.113** (0.047 9)	0.095 7** (0.039 0)	0.054 9** (0.026 0)	0.016 7 (0.032 0)	-0.001 33 (0.039 9)
控制变量	是	是	是	是	是
时间固定效应	否	否	否	否	否
行业固定效应	是	是	是	是	是
Observations	234	234	234	234	234

注:表格内数据为系数,括号内数据为标准误。*** 表示 p 小于 0.01,** 表示 p 小于 0.05,* 表示 p 小于 0.1。

通过表6的分位数回归结果可以发现,无论行业处于 GVC 哪种分位数水平上,OFDI 对制造业 GVC 地位的作用都通过显著性检验,且显著为正,再次论证了前文假设 H1,即 OFDI 能够促进中国制造业 GVC 地位攀升。更具体来看,从 0.1 分位水平到 0.9 分位水平,OFDI 回归系数从 0.078 增至 0.109,整体呈上升的变化趋势,说明当行业 GVC 地位较高时,扩大 OFDI 规模,更有利于制造业 GVC 地位的提高,也验证了前文所提假设 H2,即 OFDI 对制造业 GVC 升级的边际促进作用会因其所处 GVC 地位的不同而有所差异。与此相反,FDI 从 0.1 分位水平到 0.9 分位水平,回归系数整体呈现下降趋势。综合 OFDI 回归结果,可以得出以下结论:当制造业处于 GVC 低端时,FDI 对制造业 GVC 地位的促进程度更大;而当制造业 GVC 地位较高时,OFDI 对制造业 GVC 地位的促进程度更大。

6 结论与建议

6.1 结论

在中国经济进入新常态发展阶段之际,中国制造业依然面临着"低端锁定"的困局。为了解决该问题,避免制造业陷入"贫困化增长"的陷阱,本文研究探讨 OFDI 与制造业 GVC 地位之间的关系,经理论分析和实证检验得出以下结论。

第一,2000—2014 年,中国制造业 GVC 地位呈倒"N"形变化趋势,而中国制造业 GVC 参与度变化不大,基本保持在 0.23 和 0.28 之间。在 2008 年以前,中国制造业 GVC 参与度指数呈上升态势,中国制造业参与 GVC 的程度在逐步加深,2009—2014 年中国的 GVC 参与度指数呈现下降趋势,中国制造业的 GVC 参与程度逐步降低。中国制造业国际竞争力也呈倒"N"形变化趋势。

第二,OFDI 对制造业 GVC 升级的正向作用,主要体现在逆向技术溢出效应和边际产业转移效应。其中,逆向技术溢出效应,主要通过技术迁移、产业关联和人才流动,实现行业技术水平和要素使用效率的提高,进而推动制造业 GVC 升级。边际产业转移效应,主要是通过国内过剩产能的转移,释放落后生产要素,实现资源配置优化,从而促进制造业 GVC 地位攀升。

第三,OFDI 对制造业 GVC 升级有显著的促进作用,且该作用会因行业的技术密集度和 GVC 地位的不同而产生差异。在考察 OFDI 对制造业 GVC 升级的影响时,本文采用了制造业 18 个行业的面板数据构建了双向固定效应模型,并在该模型的基础上,区分行业技术密集度和行业所处 GVC 地位,进一步解析了 OFDI 对技术密集度和处于 GVC 不同位置的行业的影响。实证结果表明:①OFDI 对制造业 GVC 升级有显著的促进作用;②OFDI 对制造业技术密集度不同的行业影响程度不同,其中对中等技术和低等技术制造业的促进作用最明显。③OFDI 对处于 GVC 不同位置的行业的促进作用不同,对处于全球价值链高端的行业正向作用最明显。

6.2 政策建议

基于理论分析和实证分析结果,本文提出了以下政策建议:

第一,继续推进"走出去"战略,不断提高我国在全球价值链上的治理能力和重构能力,为制造业 GVC 升级营造良好的外部发展环境。当前,全球价值链是以发达国家为核心,更多地体现发达国家的利益,只有打破现有的分工格局,构建以新兴经济体为核心的价值链体系,才能更多地体现发展中国家的诉求和利益,推动发展中国家制造业的转型升级和 GVC 地位的提高。继续推进"走出去"发展战略,以"一带一路"、自贸区建设等为契机,加深中国同相关国家间的经济联系,构建以我国为核心的区域价值链体系,推动全球价值链的深化和创新,建立更加开放、包容和平等的全球价值链体系,提高我国在全球价值链上的治理能力和重构能力,进而推动制造业 GVC 升级。我国要继续加强对新兴经济体和发展中国家的投资,充分发挥 OFDI 的边际产业转移效应,降低国内过剩产能,优化产业结构布局,提高资源配置效率,进而实现 GVC 地位攀升。政府可进一步引导和规范对外直接投资方向,加强企业对外投资真实性、合规性审查,避免企业盲目投资;同时,鼓励中间品进口,提高进口中间品的质量,发挥其通过关联效应对制造业的正向技术溢出作用,进而提升产业技术水平和产品质量,推动制造业价值链攀升。

第二,提倡差异化 OFDI。鼓励低技术行业和中等技术行业"走出去",构建我国全球性的采购与供应链网络。全球价值链是开放的和竞争的,拥有全球性的采购和供应链体系,能够提升我国制造业在全球价值链上的协调能力,实现资金流、商品流、要素流、价值流与信息流的迅速发展,进而推动制造业 GVC 升级。在提倡差异化 OFDI 的同时,也不能忽视对对外直接投资资源的整合,要从分散式的对外直接投资转变为全球价值链式的链式投资,以产业调整与价值链升级为导向引导我国对外直接投资的方向,并且沿着全球价值链上下游进行合作式抱团投资,增加各环节间的合作度与协调度,实现协同发展。

第三,通过产业结构调整提高制造业 GVC 地位。实证分析发现,边际产业转移效应对制造业 GVC 升级具有明显的促进作用,以 OFDI 实现产业结构调整,是促进制造业结构合理化与高级化,实现制造业 GVC 升级的重要方式。我国丰裕的劳动力资源,造就了我国"世界工厂"的地位,但也制约了制造业 GVC 地位的提升。目前我国部分高技术产业仍未突破中低端锁定,同时部分原有优势产业因劳动力比较优势丧失而转移到其他发展中国家,造成了我国产业结构升级支撑不足的困顿局面。对此,一方面要升级要素禀赋结构,在对外投资过程中不断吸收利用外国先进技术,改善国内要素结构,加大资本和技术密集型等高级要素对产业发展的贡献,推动制造业转型升级;另一方面要利用 OFDI 的边际产业转移效应,将部分过剩产能向国外进行转移,优化资源配置,为产业结构调整腾出更多的发展空间。

参考文献

[1] AMENDOLAGINE V, PRESBITERO A F, RABELLOTTI R, et al. Local sourcing in developing countries: The role of foreign direct investments and global value chains[J]. World Development, 2019, 113: 73-88.

[2] KOOPMAN R, POWERS W, WANG Z, et al. Give credit where credit is due: Tracing value added in global production chains [R]. National Bureau of Economic Research, 2010.

[3] LI X, ZHOU W, HOU J N. Research on the impact of OFDI on the home country's global value chain upgrading [J]. International Review of Financial Analysis, 2021, 77.

[4] QIANNAN ZHANG, YIYIN HUANG, MIRAJ AHMED BHUIYAN. The impact of Two-way FDI on the upgrading of global value chain of China's manufacturing

industry. E3S Web of Conferences,2021,251.

[5]陈露楠.FDI对中国制造业全球价值链地位升级的效应分析[D].大连:东北财经大学,2019.

[6]戴翔,李洲.全球价值链下中国制造业国际竞争力再评估:基于Koopman分工地位指数的研究[J].上海经济研究,2017(8):89-100.

[7]丁秀飞,毕蕾,仲鑫.中国对外直接投资与制造业全球价值链升级的双向影响关系研究[J].宏观经济研究,2021(12):69-82.

[8]关蕾.中国制造业全球价值链地位测度及影响因素研究[D].济南:山东财经大学,2021.

[9]古柳,戴翔.人口老龄化对中国制造业GVC分工地位的影响[J].国际经贸探索,2022,38(3):51-67.

[10]韩超.OFDI对中国全球价值链升级的影响研究[D].北京:首都经济贸易大学,2018.

[11]郝洁.产业转移效应的理论探析[J].商业研究,2013(3):12-19.

[12]黄光锋,杨国才.基于全球价值链调整的中国制造业国际分工参与度与地位比较[J].统计与决策,2022(3):108-113.

[13]金钰莹,叶广宇,彭说龙.中国制造业与服务业全球价值链地位GVC指数测算[J].统计与决策,2020,36(18):95-98.

[14]刘莹,陈燕婷.中国制造业参与国际分工的程度与地位研究:基于GVC指数的测度分析[J].现代商业,2021(24):62-65.

[15]罗军,冯章伟.制造业对外直接投资与全球价值链地位升级[J].中国科技论坛,2018(8):76-82,91.

[16]聂名华,徐英杰.对外直接投资、金融发展与经济增长[J].财经问题研究,2016(12):13-20.

[17]聂名华.中国制造业在全球价值链中的地位与升级方略[J].东南学术,2017(2):127-134,248.

[18]欧阳嘉原,许美菊,何均琳.中国制造业全球价值链参与地位解析:基于KPWW方法测算[J].福建农林大学学报(哲学社会科学版),2019,22(4):60-67,77.

[19]王磊,李吉.双向FDI、生产性服务业集聚与制造业全球价值链升级[J].工业技术经济,2021,40(10):86-93.

[20]王乐雪,李庆华,孙会敏.中国农业对外直接投资现状及对策研究[J].商业经济,2021(6):140-142.

[21]谢妍.对外直接投资对全球价值链地位升级的影响:基于中国制造业行

业面板数据的实证研究[J].市场周刊,2019(11):156-158.

[22]闫云凤.中美服务业在全球价值链中的地位和竞争力比较[J].河北经贸大学学报,2018(3).

[23]杨连星,罗玉辉.中国对外直接投资与全球价值链升级[J].数量经济技术经济研究,2017,34(6):54-70.

[24]叶红雨,申雅.OFDI对中国制造业全球价值链攀升影响的实证研究[J].西部经济管理论坛,2021,32(5):33-41,47.

[25]余海燕.对外直接投资影响母国全球价值链地位的研究[D].上海:上海社会科学院,2020.

[26]余珮,彭歌.中国制造业双向FDI是否提升了其全球价值链的分工地位[J].现代经济探讨,2020(2):64-74.

[27]张淼."一带一路"国家双边投资对全球价值链地位的影响[D].太原:山西财经大学,2019.

[28]周鲜,胡国晖.中国OFDI逆向技术溢出对制造业技术升级的影响[J].统计与决策,2020,36(17):106-110.

[29]张玺.中国制造业全球价值链分工地位研究综述[J].价值工程,2020,39(20):133-135.

[30]钟帅.我国对外直接投资逆向技术溢出机理研究[J].江苏商论,2022(2):135-137.

指导教师评语：

  该论文在分析OFDI影响制造业升级的理论机制基础上,构建计量模型实证检验了OFDI对中国制造业价值链升级的影响,选题对于中国的产业升级具有较为重要的实践意义。

  论文结构合理、逻辑清晰、格式规范、方法得当、内容丰富、数据充实、文笔流畅、结论正确,具有一定的创新性,是一篇比较优秀的本科毕业论文。

数字经济发展与全球价值链嵌入
——基于跨国面板数据的经验研究

经济学院　余纪磊　　指导教师:张宸妍

摘　要:本文首先选取15个数字经济相关指标,通过主成分分析法建立一个国家数字经济综合指标体系,并依据这一体系计算了56个国家(地区)10年的数字经济发展水平得分。其次基于2007—2016年世界投入产出数据库测算了这56个国家(地区)35个行业的全球价值链上游度作为嵌入度指标。最后在实证研究的基础上,探讨了数字经济发展对国内产业全球价值链分工地位的影响和内部机制。研究表明:第一,数字经济的发展极大地促进了一国行业在全球价值链中分工地位的提升;第二,异质性回归分析表明,2008年金融危机的爆发对数字经济的价值链分工地位攀升效应有显著的抑制作用,但随着全球经济逐步从危机中复苏,这种促进作用已经重新确立;第三,从经济发展水平的异质性上看,数字经济对全球价值链攀升的刺激作用随国家收入的提高先增大后减小。本文也就实证结果为国家全球价值链嵌入提出了一些具有可行性的政策建议。

关键词:数字经济,全球价值链,主成分分析,产业结构升级,分工地位

1　引言

依托信息通信技术(ICT)的新一轮技术革新,数字经济正成为重新配置全球要素资源、重新调整全球经济结构、重新塑造全球竞争格局的核心动力,成为国家经济实力的全新增长点。《全球数字经济发展白皮书2021》指出,2020年47个国家的数字经济增加值共计32.6万亿美元,占GDP的43.7%,同比名义增长3.0%。由此可见,鉴于新冠疫情对全球经济造成的下行压力,数字经济加速变革,对于经济复苏和稳定经济形势起到了极大的作用。其中,2020年中国数字经济规模达5.4万亿美元,居世界第二位,同比增长率为9.6%,居世界第一位,在数字经济变革中居于领先优势地位。因此,对于中国而言,数字经济也成为能否抓住新一轮工业革命机遇、实现产业转型升级的重要机遇和关键点(柏培文和张云,2021)。数字经济变革必将为中国优化产业结构、转变粗放型经济发展模式、保持经济高速增长

提供重要战略抓手与新动能。因此,如何引导数字技术与实体经济进一步融合,从而助推传统产业转型升级正成为一个亟待解决的问题。

与此同时,由于全球价值链(Global Value Chain,GVC)下游竞争日渐激烈,产业向上游攀升面临技术阻力,我国对外贸易在 GVC 中长期面临"低端锁定"问题(Schmitz,2004;刘维林,2021)。中国对外贸易利润率当前面临下行压力,同时要素市场扭曲、技术外溢通道闭塞等也阻碍了进一步嵌入全球价值链并接受其红利扩散的进程。而数字经济以其打破地域时间限制的属性,能够以信息形式引导技术、人才等知识性要素从全球价值链上游加速向下游外溢,有利于中国实现技术进步,实现跨区域知识和技术要素共享,推动中国企业向 GVC 上游攀升。因此,本文通过理顺数字经济发展与全球价值链嵌入的关系,寻求通过数字经济推动企业向 GVC 上游攀升的途径,为中国的产业经济变革提供可能的破题思路。

在相关文献方面,数字经济概念最早见于 Tapscott 在 1996 年发表的著作《数字经济:网络智能时代的机遇和挑战》中,该书首次详尽讨论了互联网将如何改变我们的商业模式。此后,众多学者就数字经济的内涵界定问题进行了多角度的探索与剖析。面对全球经济放缓、复苏乏力的困境,2016 年二十国集团(G20)通过了《二十国集团数字经济发展与合作倡议》。倡议指出,数字经济是指以数字化的知识和信息作为关键生产要素、以现代信息网络作为重要载体、以信息通信技术的有效使用作为效率提升和经济结构优化的重要推动力的一系列经济活动。在此之后,"数字经济"一词频繁出现在国内政策文件与重要会议上,数字经济对国际贸易的影响也成为学术界的研究热点。从宏观层面来看,已有大量文献将数字经济的发展与国际贸易成本的降低和国际贸易量的增加建立了理论和实证联系。Anderson 和 Wincoop(2003)、齐俊妍和任奕达(2020)等均认为,ICT 的发展与应用可以降低国际贸易中始终存在的贸易成本。其中,搜索引擎与实时通信技术的发展降低了搜寻成本,在线交易降低了合同签订的通信成本。同时,Liu 和 Nath(2013)还指出,ICT 的发展可以有效地缩短从海外市场获取信息的时滞,使企业更加迅速及时地应对贸易中的风险和不确定性。此外,郭周明和裘莹(2020)认为数字经济发展还有效降低了创新成本。在数字经济对于贸易量的影响层面,Freund(2004)认为信息技术的迅速发展会降低出口贸易的沉没成本,从而引致一国货物贸易量的提升。Choi 等(2011)则认为 ICT 技术发展能提高服务贸易出口量。

虽然数字经济对于国际贸易的推动作用已被大量文献证实,但是由于当前国际贸易和分工模式已发生重大变革,以跨国公司经营为主导的全球价值链生产模式进一步发展。Koopman 等(2012)提出的增加值贸易理论由于其具有全球价值链分工视角而更具现实意义,得到了广泛认可和应用(Wang Z 等,2013;程大中,

2015)。本文旨在运用增加值贸易理论探求数字经济发展能否促进一国全球价值链地位的提高。因此,需要从数字经济发展指标的确定以及数字经济对于全球价值链分工的影响机制两方面对已有文献进行总结归纳。

首先,在数字经济发展水平的衡量上,已有文献主要包括单一维度法和综合指数编制法两种。单一维度法通过国家经济指标、卫星账户构建、增加值分解等方式进行国际比较和测算(许宪春、张美慧,2020)。综合指数编制法由于其包括数字经济的多重内涵,是更多学者采用的方法。范鑫(2021)构建了基于ICT技术水平、基础设施建设、经济影响和应用环境的指标衡量体系,衡量中国各地区数字经济发展水平。杨慧梅和江璐(2021)采用主成分分析法,从数字工业化和产业数字化两个维度构建数字经济发展水平指标体系,对中国省级数字经济发展水平进行评价。可以看到,上述运用综合指数编制法的文献主要以中国内部各省份为研究对象构建指标体系,很少将其使用在跨国贸易的国际背景下。

其次,关于数字经济对于GVC全球分工的影响机制的实证研究,该领域文献主要包括中国国内经验分析和跨国经验分析两个层面,其中中国国内的相关经验研究集中从微观层面讨论地域、行业甚至微观企业的异质性分析。范鑫(2021)利用省级出口面板数据发现数字经济对GVC嵌入的影响存在区域性差异。孙黎等(2021)利用企业微观数据进行研究,发现对东部地区GVC嵌入的空间溢出正向效应显著强于中西部地区。Ding等(2021)认为数字经济对中国出口的知识密集型和资本密集型产品的增加值提升幅度更大。而跨国经验分析主要采用引力模型开展研究,已有文献集中讨论数字经济产品和技术层面的差异对国际分工的影响。徐海波、张建民(2018)认为,由于不同类型的产品对数字经济引起的贸易成本变化的敏感性不同,中间品特别是制造业贸易成本的下降,促进了中国在价值链中地位的提高(余群芝、户华玉,2020)。Antràs(2020)认为,GVC的嵌入位置主要取决于处于不同生产阶段的国家之间的贸易成本,而贸易成本的复合效应使相对集中的国家能够在下游生产阶段获得比较优势。Abeliansky和Hilbert(2016)认为,ICT数量对发展中国家的促进作用更为显著;而对发达国家而言,ICT质量的促进作用则更为明显。上述文献集中讨论数字经济微观层面的异质性,对于宏观层面发展状况的异质性研究较为缺乏。

与以往的文献相比,本文可能有以下边际贡献:①从研究问题来看,本文不仅研究数字经济在多大程度上影响了各国在GVC中的参与程度,也对其影响机制进行了系统的阐述和分析。②从研究方法来看,本文通过主成分分析法来构造各国数字经济发展综合指标体系,对于各国数字经济的刻画更加完整真实。③从研究内容来看,本文通过异质性回归分析,考虑各国经济发展水平的差异,进一步探讨了数字经济对行业全球价值链分工地位提升的敏感性。

2 理论框架与研究假说

如前文所述,一些学者对于数字经济带来的全球价值链嵌入提升效应进行了研究,但是并未完整地梳理这一效应的影响机制。本文尝试从贸易成本降低、人力资本升级、产业结构升级三个渠道展开讨论。图1对本文的理论框架进行了总结和展示。

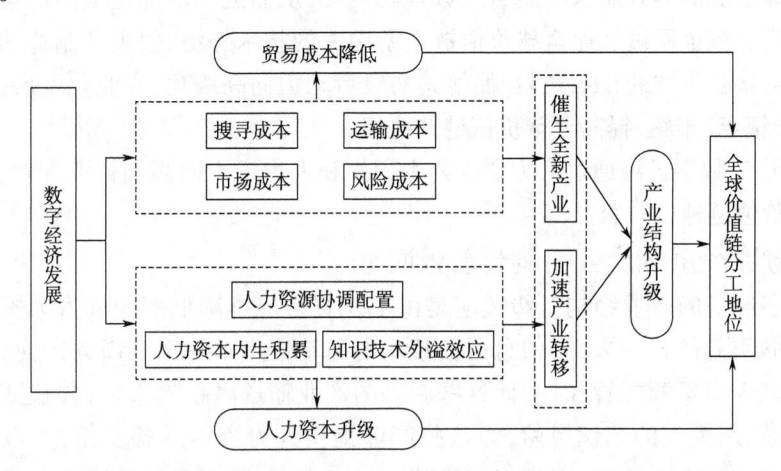

图1 数字经济促进全球价值链分工地位提升的理论分析

2.1 数字经济的贸易成本降低效应

数字经济在全球价值链中间产品和最终产品贸易中都有显著的成本降低效应,虽然中间产品和最终产品贸易处于全球价值链贸易的不同环节,但它们的贸易成本具有相似的形式,包括搜寻成本、运输成本、市场成本和风险成本等。数字经济以其信息的自由流动和实时共享,大大减少了贸易环节的信息不对称,提高了信息匹配和搜索的效率和准确性,降低了搜寻成本;数字经济打破空间地理限制的特性则使数字产品和服务的运输成本接近零,而依托ICT技术的仓储物流智能化同样推动货物贸易运输效能大幅提高,降低运输成本;数字平台服务、线上合同等新模式促使企业组织更加迅速精准地寻找供应商和客户,减少试错从而降低市场成本;数字经济以其时效性,有效降低从海外市场获取信息的时滞,使企业能迅速应对贸易中的风险和不确定性,降低了贸易的风险成本。通过降低贸易成本,一国能获取更高的贸易附加值,从而提升其全球价值链分工地位。

假说1:数字经济通过降低中间产品和最终产品的贸易成本,驱动一国全球价值链分工地位向上攀升。

2.2 数字经济的人力资本升级效应

全球价值链地位升级离不开人力资本结构的升级。数字经济以其自由的知识传递与信息共享,为劳动力获取知识、技能提供了多样化的渠道,这一普惠性优势又通过"干中学"的扩大和深化,快速提高劳动力的效率与竞争优势,从而推动专业化人力资本的内生积累。此外,数字经济能够通过信息的流通性进行人力资本配置,使高技能劳动力流入全球价值链高端生产服务及制造部门,实现专业人力资本与全球价值链攀升需求的质量和数量相匹配,从而进一步加速国内产业结构升级。数字经济也通过加速全球价值链上游国家的技术外溢,使生产制造的下游国家有机会接触先进的技术经验,促使其初级劳动力向高级化、专业化发展,从而克服"低端锁定"难题,提高全球价值链的地位。

假说2:数字经济通过人力资本内生积累和人力资本向高端行业配置,推动一国全球价值链地位升级。

2.3 数字经济的产业结构升级效应

数字经济的产业结构升级效应是由上述贸易成本降低效应和人力资本升级效应共同引起的。一方面,信息通信技术的革新催生了一系列新兴产业,数字经济通过其人力资源配置作用,向这些新兴的产业输送高技术人才,并快速传播这些新业态、新模式的知识经验,为这些产业提供人力资本后备支持,并以此进一步优化国家的产业结构,引发经济变革。另一方面,数字经济也通过贸易成本降低效应,加速 GVC 高端国家的夕阳产业通过生产线、人力资本转移等模式向外转移,同时吸引发达经济体向上述转移产业输送 FDI,从而助推一国 GVC 嵌入度的提升。

假说3:数字经济发展推动一国产业结构升级,从而提升全球价值链嵌入度。

3 实证设计

3.1 数字经济发展综合指标体系构建

依据《二十国集团数字经济发展与合作倡议》对数字经济的含义解释,衡量一个国家数字经济发展水平需要将三个因素纳入考虑:一是数字化生产要素的投入使用程度;二是数字基础设施的完善度和成熟度,也就是互联网与信息通信设备等在国内分布的广泛程度与发展情况;三是数字产业的国际竞争力,既包括一国 ICT 在国际中的地位,也包括一国数字经济的盈利能力和经济效率。本文综合以上三个要素,选取如表1所示的15个指标,综合考量一国的数字经济发展水平。

在此基础上,本文整理了基于上述 15 个指标的 56 个国家(地区)2007—2016 年共 10 年的相关数据,并运用 SPSS 软件对这些指标进行主成分分析。分析最终提取三个累计贡献率达到79.683%的主成分,正交旋转后可以得到如表1所示的三个已命名的主成分。第一个主成分数字经济基础条件包括9个指标,这些指标主要体现了支持一国数字经济的技术和法律条件。第二个主成分数字经济国际竞争力主要是数字经济及高科技产品的出口水平,体现了一国数字经济在国际贸易中的实力和地位。第三个主成分是数字经济政治环境,体现了该国政府对数字经济的重视程度和管理水平。

表1 数字经济发展水平的衡量指标

主成分名称	指标名称	指标权重	数据范围	数据来源
数字经济基础条件	最新技术可用度	0.085 9	2.05~6.28	WEF
	数字内容接入能力	0.085 5	2.81~6.4	WEF
	ICT相关法律	0.088 3	15.75~168.27	WEF
	知识产权保护	0.084 6	0.31~63.33	WEF
	移动手机使用率	0.038 4	0.03~36.48	ITU
	固定电话使用率	0.071 7	3.03~6.22	ITU
	固定宽带普及率	0.071 9	2.85~6.16	WDI
	互联网商用程度	0.082 6	2.91~6.27	WEF
	安全互联网服务器(每百万人)	0.065 4	0.2~2 481.72	WDI
数字经济国际竞争力	ICT服务出口占比	0.021	3.37~6.62	WDI
	ICT产品出口占比	0.021	3.36~6.47	WDI
	高科技出口占比	0.052 6	2.13~6.08	WDI
数字经济政治环境	政府未来愿景中ICT重要度	0.075 3	0~47.48	WEF
	政府在ICT推广中的成功度	0.075 1	0~43.19	WEF
	ICT运用和政府效率	0.080 8	0~52.67	WEF

资料来源:作者根据世界经济论坛(WEF)、国际电信联盟(ITU)和世界银行的世界发展指标数据库(WDI)编制。

依照得分系数矩阵,本文以上述三个主成分的方差贡献率为权重,计算出各国和地区数字经济标准化后的综合得分,作为各国和地区数字经济的综合发展水平指标。表2展示了2007年和2016年数字经济发展排名前20的国家和地区的综合得分。根据结果可知,虽然两年各国(地区)得分情况和排名结果不尽相同,但是各国(地区)十年以来得分都有提升。此外,可以看到排名靠前的以发达国家(地区)为主,这一方面是由于发达国家(地区)有足够的经济实力发展新兴的数字经济产业,另一方面也是由于发达国家(地区)政府将数字经济纳入国家(地区)长期发展规划,将数字产业作为支柱性产业发展。例如,美国于《国家网络战略》和

《先进制造业美国领导力战略》中都明确提及促进数字经济发展的相关内容;欧盟还发布了一系列数字经济指令,如《欧盟人工智能战略》《通用数据保护条例》等,同时"地平线欧洲"计划也概述了促进数字经济发展的具体措施。

表2 数字经济综合水平排名前20的国家和地区

排名	国家(地区)	2007年得分	排名	国家(地区)	2016年得分
1	丹麦	94.48	1	新加坡	98.39
2	瑞典	94.10	2	芬兰	98.04
3	新加坡	92.40	3	瑞典	95.14
4	芬兰	92.01	4	挪威	94.8
5	瑞士	91.62	5	美国	94.45
6	荷兰	89.92	6	荷兰	94.1
7	美国	89.54	7	瑞士	93.75
8	英国	88.76	8	英国	92.13
9	挪威	87.07	9	卢森堡	91.78
10	加拿大	85.36	10	日本	90.15
11	中国香港	84.98	11	丹麦	89.8
12	日本	84.21	12	中国香港	89.45
13	澳大利亚	82.50	13	韩国	89.11
14	德国	82.12	14	加拿大	88.76
15	奥地利	81.74	15	德国	88.4
16	韩国	79.65	16	澳大利亚	86.08
17	爱沙尼亚	77.93	17	奥地利	84.11
18	爱尔兰	77.55	18	爱沙尼亚	83.41
19	法国	76.79	19	比利时	83.06
20	比利时	75.08	20	法国	81.44

资料来源:作者根据计算整理所得。

图2展示了全球价值链三大生产中心——中国、美国、德国的数字经济发展综合指标得分变化情况。可以看到三国在2007—2016年间得分均呈上升趋势,其中,美国和德国的数字经济发展在2007年即达到了较高水平,此后几乎没有太大的波动,中国的得分上升的幅度明显大于美国和德国。从上述结论可以看出,虽然

中国的数字经济发展水平相对美国、德国较低,但其具有的发展潜力不可忽视。中国数字经济的迅速发展与近年来国内线上贸易兴起、数字产业不断与传统产业相结合息息相关。

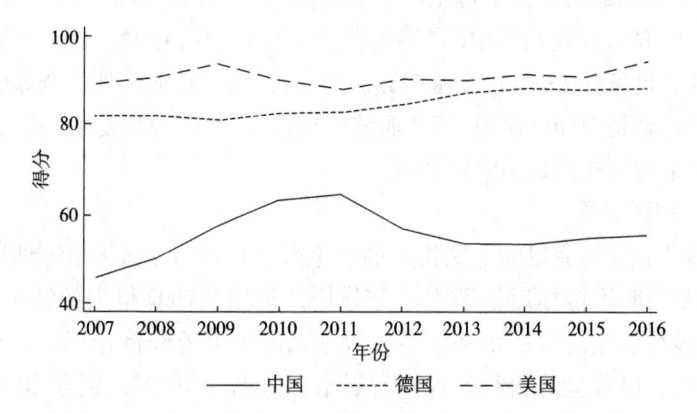

图2 中国、美国、德国数字经济 2007—2016 年发展趋势

3.2 模型设定、变量与数据

3.2.1 计量模型设定

本文主要参照吕越等(2018)的研究进行模型构建,模型设定如下:

$$Up_{ijt} = a_0 + a_1 Dig_{it} + a_2 X_{it} + \delta_i + \eta_j + \nu_t + \varepsilon_{ijt} \tag{1}$$

其中,Up_{ijt} 表示 i 国行业 j 在第 t 年的全球价值链上游度指数,Dig_{it} 表示 i 国在第 t 年的数字经济综合指数,X_{it} 表示其他影响全球价值链上游度的控制变量,δ_i、η_j、ν_t 分别表示国家、行业及时间的固定效应项,而 ε_{ijt} 则为随机误差项。

3.2.2 指标说明及数据来源

1) 被解释变量

本文采用全球价值链上游度(Upstream,Up)作为全球价值链嵌入程度的衡量指标。倪红福(2019)认为上游度是用于衡量全球价值链嵌入程度、生产地位以及生产结构复杂程度的重要指标。本文的数据主要来源于 ADB-MRIO2021 投入产出表,该数据库包括 63 个国家和地区的 35 个部门 2007—2019 年的投入产出数据。本文计算方法主要参照 Fally(2012),以各个生产阶段中行业中间投入与最终投入的增加值所引致的行业总产出为权重,计算生产价值链上不同阶段到最终需求的生产阶段数的加权平均值,作为该国(地区)产业位置到最终需求的距离指标。结合王恕立、吴楚豪(2018)对上游度的处理方法,本文将行业 i 的全球价值链上游度表示为:

$$Up_i = 1 \times \frac{F_i}{Y_i} + 2 \times \frac{\sum_{j=1}^{N} \hat{d}_{ij} F_j}{Y_i} + 3 \times \frac{\sum_{j=1}^{N} \sum_{k=1}^{N} \hat{d}_{ik} \hat{d}_{kj} F_j}{Y_i} +$$

$$4 \times \frac{\sum_{j=1}^{N}\sum_{k=1}^{N}\sum_{l=1}^{N}\hat{d}_{il}\hat{d}_{lk}\hat{d}_{kj}F_j}{Y_i} + \cdots \quad (2)$$

其中,d_{ij} 表示封闭经济条件下每生产 1 单位 j 行业最终品消耗的 i 行业产出中间投入,$d_{ij} \geq 0$。F_i 表示行业 i 产出中最终消费,Y_i 表示行业 i 的总产出。上游度是无穷项的加和且满足条件 $Up_i \geq 1$,上游度数值越大,说明该行业越处于全球价值链相对上游的位置也就是中间产出段,其产业链条越长,产业结构越复杂;反之,则越处于全球价值链下游即越靠近最终消费端。

2)核心解释变量

本文的核心解释变量为上文构建的国家数字经济发展水平综合指数,也就是选取上述 15 项衡量指标后依照主成分分析评价模型计算得出的结果,其得分越高,说明一国数字经济发展水平越高。数据来源于世界经济论坛(WEF)、国际电信联盟(ITU)以及世界银行的世界发展指标数据库(WDI),包含 2007—2016 年的 56 个国家和地区的相关数据。

3)控制变量

本文选取了以下 5 个控制变量:一是开放程度(open),用一国外国资本流入量占 GDP 的比重进行衡量。开放程度越高表示国家吸引外资的能力越强,对国际市场了解越深,其 GVC 嵌入度也就越高。二是一国的人力资本量(lnlab),以一国劳动力总量衡量。人力资本的多少对于一国在 GVC 中的分工地位也有很大的影响。三是以人均国内生产总值计量的经济发展水平(lnpgdp)。一个国家的经济水平决定着它可能的生产方式及贸易水平。四是人均资本存量(lncpc),用一国总资本形成与总人口的比率来衡量。人均资本越高,越有可能促进一国的工业化和深入参与国际分工。五是技术水平(tech),由国家研发投入资金与 GDP 的比值计算得到。研发投入和科技水平影响一国产品的质量和创新,从而影响国家在全球价值链分工中的地位。为了缓解异方差问题、优化数据结构,本文对经济发展水平、人均资本存量、人力资本量及技术水平这四个指标的数据进行了对数处理。控制变量相关数据都来自世界银行(WB)。表 3 展示了上述所有变量的数据来源和描述性统计结果。

表 3 数据来源与描述性统计

变量	观测值	平均值	标准差	最小值	最大值	数据来源
$\ln Up$	19 600	0.728	0.371	0	5.066	ADB-MRIO2021
Dig	19 600	64.253	21.651	6.460	98.915	WEF、WDI、ITU
$open$	19 600	9.972	31.266	-57.605	449.083	WB
$\ln tech$	19 600	-0.115	1.002	-2.911	1.406	WB

续表

变量	观测值	平均值	标准差	最小值	最大值	数据来源
ln*lab*	19 600	16.071	1.736	12.042	20.494	WB
ln*cpc*	19 600	8.138	1.296	4.721	10.263	WB
ln*pgdp*	19 600	9.978	0.897	7.517	11.638	WB

4 计量结果与分析

根据上述模型,本文首先进行基准回归分析,然后从多个角度检验回归的稳健性。此外,本文还通过工具变量法来检验回归可能存在的内生问题。

4.1 基准回归结果

表 4 展示了依次纳入核心解释变量以及各项控制变量进行回归的结果,第(1)列至第(6)列是采用时间、国家及行业固定效应回归的结果,第(7)列是采用不包含固定效应项的 OLS 回归结果。从核心解释变量数字经济发展水平来看,其回归结果显著为正,且均在 1% 的显著水平上拒绝原假设,其系数在多次回归中都较为稳定。说明数字经济的发展可以有效推动一国更深度地嵌入全球价值链,且能有效提升其分工地位。就控制变量而言,技术水平($tech$)即一国的研发投入可以显著提升一国的全球价值链上游度,这是由于科技提升有助于提高一国产品的质量和竞争力从而在全球价值链占据优势地位。经济发展水平($pgdp$)对于全球价值链的嵌入作用显著为负,经济发展水平降低了行业在全球价值链的上游度。究其原因,可能是经济发展水平较高的国家国内产业链建设相对完善,国内产业链与国际产业链之间可能存在局部替代,从而引起行业的国际分工参与度有所下降。人力资本量(lab)对于全球价值链上游度的作用显著为负,这是由于劳动力相对较多的国家更可能发展一些劳动力密集型产业,这些产业一般集中于全球价值链中下游。人均资本存量(cpc)能显著提升全球价值链上游度,人均资本与劳动要素的边际生产力密切相关,因此可以影响全球价值链分工。对外开放度($open$)显著提升了价值链上游度,这可能是因为对外开放加强了一国与他国的交流和贸易往来,增强了对于彼此市场的了解与互信,使其更有可能进行互补性分工与合作,从而提升全球价值链分工地位。

表 4 基准回归结果

ln*Up*	(1)	(2)	(3)	(4)	(5)	(6)	(7)
ln*Dig*	0.142***	0.091***	0.116***	0.125***	0.121***	0.122***	0.128***
	(41.598)	(17.69)	(14.992)	(15.789)	(15.239)	(15.324)	(9.264)

续表

lnUp	(1)	(2)	(3)	(4)	(5)	(6)	(7)
ln$tech$		0.03***	0.033***	0.038***	0.033***	0.033***	0.033***
		(13.152)	(13.868)	(14.96)	(12.03)	(11.984)	(6.977)
ln$pgdp$			−0.017***	−0.029***	−0.061***	−0.060***	−0.051***
			(−4.382)	(−6.514)	(−7.836)	(−7.749)	(−4.024)
lnlab				−0.006***	−0.006***	−0.006***	−0.006***
				(−5.615)	(−5.734)	(−5.775)	(−3.331)
lncpc					0.027***	0.026***	0.018**
					(4.984)	(4.874)	(2.161)
$open$						0.00008*	0.00041***
						(1.703)	(4.863)
_$cons$	0.231***	0.441***	0.51***	0.686***	0.797***	0.79***	0.647***
	(13.664)	(19.008)	(18.202)	(16.326)	(16.776)	(16.567)	(8.257)
观测值	19 600	19 600	19 600	19 600	19 600	19 600	19 600
R^2	0.677	0.680	0.681	0.681	0.681	0.682	0.034

注：回归同时控制国家、行业及时间固定效应；括号中的值为系数的 t 统计量；***、**、* 分别表示回归结果在 1%、5%、10%水平下显著。下文如无特殊说明则同本表。

4.2 稳健性检验

为了提高基准回归的可靠性，本文改变了被解释变量和核心解释变量的测量方法，并用分位数回归来检验其稳健性，结果如表 5 所示。首先，调整被解释变量。基准回归使用的上游度指标主要反映行业嵌入全球价值链分工位置问题，这里选用一国总出口中国外增加值的比例（FVAR）进行回归分析，该指标主要反映一国在全球价值链分工中的参与度。其次，调整核心解释变量。本文核心解释变量数字经济发展水平指标是对一国整体水平的衡量，这里换用出口 ICT 产品服务占 GDP 的比重（ICT_x），这一指标更加集中体现实物层面的数字经济发展。从表 5 第（1）、（2）列可以看到，上述的两次回归结果与基准回归结论一致。上述基准回归属于均值回归范畴，虽然它能够反映数字经济发展提升价值链上游度的总体趋势，但缺乏对这种提升的全面体现。因此，本文进一步采用分位数回归的方法来检验稳健性。本文以 1/4、1/2 和 3/4 分位数为起点，重复采样 50 次。回归结果如表 5 第（3）列至第（5）列所示。可以看出，核心解释变量在 1%的显著性水平上仍然支持原始假设，说明基准回归结果稳健可信。

表 5　稳健性检验结果

被解释变量	调整被解释变量	调整核心解释变量	分位数回归		
	(1) $FVAR$	(2) $\ln Up$	(3) $\ln Up$	(4) $\ln Up$	(5) $\ln Up$
$\ln Dig$	0.042***		0.085***	0.085***	0.104***
	(2.894)		(10.551)	(10.687)	(13.085)
ICT_x		0.002***			
		(13.075)			
控制变量	Y	Y	Y	Y	Y
_cons	2.925***	0.909***	0.447***	0.607***	0.782***
	(33.445)	(18.585)	(9.212)	(12.692)	(16.415)
N	19 600	19 600	19 600	19 600	19 600

4.3　内生性检验

上文证实了数字经济对于一国全球价值链分工地位的提升具有积极的推动作用。随着全球价值链的深入发展，各国可能会推动本国数字经济的发展，以满足生产合作和贸易活动的需要。因此，回归结果中可能存在双向因果关系问题。以下主要通过寻找合适的工具变量和执行两阶段最小二乘法(2SLS)来解决内生问题。

由于一个国家(地区)目前的数字经济发展水平必然与以前的技术基础和发展水平密不可分，而一个国家(地区)目前的全球价值链嵌入水平不能影响到以前的技术水平，故本文主要以历史数据作为工具变量。首先，采用本文样本期之前的国家(地区)固定电话使用率和移动电话使用率作为工具变量进行再回归，这两个变量描述了一国(地区)当时的信息技术水平。本文选择数据相对完整年份——2000—2006 年的数据进行 2SLS 回归，表 6 第(1)、(2)列展示了回归结果。一阶段回归结果表明，两个工具变量的选择是有效的，并且与本文的核心解释变量有显著相关性。同时，二阶段回归结果支持了数字经济发展推动全球价值链地位上升这一结论。其次，本文还将核心解释变量的滞后一期和滞后两期共同作为工具变量再次进行了 2SLS 回归，结果见表 6 第(3)、(4)列，该工具变量的回归结果与早期全国(地区)电话使用率和手机使用率的回归结果一致，再一次证实了基准回归的结论，且上述的 2SLS 回归结果均通过了弱工具变量检验和识别不足检验。

表 6　内生性检验结果

$\ln Up$	早期固定电话与移动电话使用率		滞后一期与滞后两期	
	(1)一阶段回归	(2)二阶段回归	(3)一阶段回归	(4)二阶段回归
$\ln Dig$		1.418***		0.147***
		(8.42)		(13.70)

续表

lnUp	早期固定电话与移动电话使用率		滞后一期与滞后两期	
	（1）一阶段回归	（2）二阶段回归	（3）一阶段回归	（4）二阶段回归
fix	0.002*** (6.99)			
mob	-0.001*** (-4.54)			
l.lnDig			0.935*** (124.95)	
l2.lnDig			-0.108*** (-15.23)	
控制变量	Y	Y	Y	Y
_$cons$	-1.252*** (-15.81)	2.052*** (9.54)	0.234*** (12.53)	0.864*** (15.73)
识别不足检验	90.094 [0.00]		1.3e+04 [0.00]	
弱工具变量检验	45.309 {19.93}		3.6e+04 {19.93}	
N	7 840	7 840	15 680	15 680

注：( )中的值为系数的 t 统计量，[ ]中的值为 P 值，{ }中的值为 Stock-Yogo 检验 10% 水平上的临界值。

5 拓展性回归

上文基准回归及稳健性检验、内生性检验证实了一国数字经济发展水平能够提升行业的全球价值链上游度。本部分进一步通过异质性分析探寻这一促进作用对一国经济发展水平及时间维度的敏感性差异性影响。

5.1 基于金融危机前后的异质性分析

吕越等(2021)认为，数字经济的发展可以通过缓解信息不对称问题、降低金融交易成本、改善信贷结构错配来优化一国的融资环境，从而提升一国在全球价值链中的地位。因此，在本文的时间范围内，2008 年的金融危机很可能会阻碍这种促进机制，从而削弱数字经济价值链的上游促进效应。世界银行发布的《2020 年世界发展报告》也证实了这一点。该报告指出，2008 年前后全球价值链的生产规模发生了重大调整，金融危机确实对全球价值链的分工体系产生了重大冲击。因此，本文试图验证数字经济发展水平对全球价值链分工地位的促进作用是否对金融危机的爆发敏感。本文主要将研究样本分为两个阶段:危机(2007—2010年)和危机后恢复(2011—2016年)。表7的第(1)、(2)列显示了异质性回归结果。可以看出,危机阶段的回归系数明显小于危机复苏后的回归系数,且似无相关检验显著拒绝原假设,表明金融危机显著削弱了数字经济对全球价值链分工地位的推动作用,但这一效应可以在危机的影响逐渐消退后重新建立。

表7 异质性回归结果

lnUp	金融危机		国家发展水平		
	2007—2010年	2011—2016年	高收入国家	中高收入国家	中低收入和低收入国家
	(1)	(2)	(3)	(4)	(5)
lnDig	0.105***	0.183***	−0.016	0.303***	0.102***
	(10.166)	(13.923)	(−.967)	(14.127)	(7.779)
控制变量	Y	Y	Y	Y	Y
_cons	0.68***	0.83***	1.609***	2.406***	0.671***
	(9.421)	(13.289)	(19.433)	(19.763)	(6.258)
N	7 840	11 760	12 600	3 500	3 500
R^2	0.684	0.683	0.714	0.764	0.628

5.2 基于国家发展水平的异质性分析

考虑到各国基础设施、产业结构、市场环境的区别,本文认为不同国家的发展水平对数字经济对全球价值链嵌入的刺激效应存在差异。因此,本文按照世界银行2016年对于国家收入的分类,将国家划分为高收入(HI)国家、中高收入(UM)国家、中低收入(LM)国家和低收入(LI)国家四种,由于低收入国家在数据样本中较少,本文将其与中低收入国家划归为一类进行异质性分析。异质性回归结果如表7第(3)至(5)列所示,数字经济的促进作用对于高收入国家并不显著,对于中高收入国家的回归系数显著且最高,对中低收入和低收入国家回归结果次之。这可能是因为,高收入国家在全球价值链的分工位置较为相近,产业结构可能存在一定程度的重叠,且数字经济发展水平相差较小。而中高收入国家享受最多数字经济的产业转移和技术外溢效应,因此其对于全球价值链嵌入的刺激作用最为明显。回归结果说明,数字经济对全球价值链攀升的刺激作用随国家收入的提高先增大后减小,因此中高收入国家应抓住数字经济发展机遇,提升其价值链分工地位。表8为系统差异性检验结果。

表 8　系数差异性检验结果

异质性回归类型		金融危机		国家发展水平	
		2007—2010 年	2011—2016 年	中高收入国家	中低收入和低收入国家
lnUp		0.105 ***	0.183 ***	0.303 ***	0.102 ***
Suest 检验	Chi2(1)	22.13		62.40	
	Prob>Chi2	0.00		0.00	

6　结论及政策建议

本文通过实证回归发现,数字经济发展水平的提升能够显著提升各行业在全球价值链的分工地位,同时这一结果较为稳健且不存在严重的内生性问题;在异质性回归分析中发现,在时间维度的异质性上,2008 年全球性金融危机极大地抑制了数字经济的价值链分工地位攀升效应,但随着全球经济逐步从危机中复苏,这种促进效应已经重新确立;从经济发展水平的差异性上看,数字经济的促进作用对于高收入国家并不显著,对于中高收入国家的回归系数显著且最高,对中低收入和低收入国家回归结果次之。数字经济对全球价值链攀升的刺激作用随国家收入的提高先增大后减小。

近年来,受中美贸易摩擦及新冠疫情的冲击,全球经济面临较大下行压力:一方面,既有价值链分工体系出现削弱,阻碍了国家间的贸易;另一方面,传统贸易模式不断受阻。因此,抓住全球供应链调整带来的机遇,促进我国更积极地参与国际生产和分工,势在必行。与此同时,凭借低成本、高效率、跨越地理和政策限制的优势,数字经济创造了大量新技术、新业态,丰富了传统贸易模式,对国内产业结构转型升级,乃至提升我国在全球价值链分工中的参与度和地位具有重要意义。因此,随着世界新一轮信息技术改革的进行,我国应该进一步发挥 5G 建设的优势,进一步加强数字经济基础设施建设。同时,优化数字经济的营商环境、法律环境、政治环境,在有效管控的基础上提高对于数字经济产业的激励和扶持力度。通过数字经济产业的发展调整产业结构,并更加深度地参与全球价值链,实现全球价值链分工地位的攀升。

参考文献

[1]柏培文,张云. 数字经济、人口红利下降与中低技能劳动者权益[J]. 经济研究,2021(5):91-108.

[2]程大中. 中国参与全球价值链分工的程度及演变趋势:基于跨国投入–产

出分析[J].经济研究,2015(9):4-16.

［3］范鑫.数字经济与出口:基于异质性随机前沿模型的分析[J].世界经济研究,2021(2):64-76.

［4］郭周明,裘莹.数字经济时代全球价值链的重构:典型事实、理论机制与中国策略[J].改革,2020(10):73-85.

［5］何树全,赵静媛,张润琪.数字经济发展水平、贸易成本与增加值贸易[J].国际经贸探索,2021,37(11):16.

［6］刘维林.劳动要素的全球价值链分工地位变迁:基于报酬份额与嵌入深度的考察[J].中国工业经济,2021(1):76-94.

［7］吕越,陈泳昌.互联网发展与全球价值链嵌入[J].江南大学学报(人文社会科学版),2021,20(1).

［8］吕越,盛斌,吕云龙.中国的市场分割会导致企业出口国内附加值率下降吗[J].中国工业经济,2018(5):19.

［9］齐俊妍,任奕达.东道国数字经济发展水平与中国对外直接投资:基于"一带一路"沿线43国的考察[J].国际经贸探索,2020(9):56-72.

［10］孙黎,许唯聪.数字经济对地区全球价值链嵌入的影响:基于空间溢出效应视角的分析[J].经济管理,2021,43(11):19.

［11］徐海波,张建民.贸易成本对入世后中国制造业全球价值链分工位置的影响[J].现代经济探讨,2018(5):62-69.

［12］杨慧梅,江璐.数字经济、空间效应与全要素生产率[J].统计研究,2021(4):3-15.

［13］佘群芝,户华玉.贸易成本对中国全球价值链地位的影响:基于制造业细分行业的实证[J].统计与决策,2020(19):88-92.

［14］许宪春,张美慧.中国数字经济规模测算研究:基于国际比较的视角[J].中国工业经济,2020(5):23-41.

［15］ABELIANSKY A L,HILBERT M. Digital technology and international trade:Is it the quantity of subscriptions or the quality of data speed that matters?[J]. Telecommunications Policy,2016(1):35-48.

［16］ANDERSON J E,VAN WINCOOP E. Gravity with gravitas:A solution to the border puzzle[J]. American Economic Review,2003,93(1):8.

［17］ANTRÀS P,DE GORTARI A. On the geography of global value chains[J]. Econometrica,2020,88(4):1553-1598.

［18］CHOI C. The effect of the Internet on service trade[J]. Economics Letters,2011,109(2):102-104.

[19] DING Y, ZHANG H, TANG S. How Does the Digital Economy Affect the Domestic Value-Added Rate of Chinese Exports? [J]. Journal of Global Information Management, 2021, 29(5): 71-85.

[20] FREUND C L, WEINHOLD D. On the Effect of the Internet on International Trade[J]. Journal of International Economics, 2004, 62(1): 171-189.

[21] KOOPMAN R, WANG Z, WEI S J. Estimating domestic content in exports when processing trade is pervasive[J]. Journal of Development Economics, 2012, 99(1): 178-189.

[22] LIU L, NATH H K. Information and Communications Technology and Trade in Emerging Market Economies[J]. Emerging Markets Finance and Trade, 2013(6): 67-87.

[23] MEIJERS H. Does the internet generate economic growth, international trade, or both? [J]. International Economics and Economic Policy, 2014, 11(1): 137-163.

[24] SCHMITZ H. Local Upgrading in Global Chains: Recent Findings [R]. Paper to Be Presented at DRUID Summer Conference, 2004.

[25] TAPSCOTT, D. The digital economy: Promise and peril in the age of networked intelligence[M]. New York: Mc Graw-Hill, 1996.

[26] WANG Z, WEI S J, ZHU K. Quantifying international production sharing at the bilateral and sector levels [R]. NBER Working Paper, 2013.

[27] YUSHKOVA E. Impact of ICT on trade in different technology groups: analysis and implications[J]. International Economics and Economic Policy, 2014, 11(1): 165-177.

指导教师评语：

论文围绕数字经济发展如何影响全球价值链嵌入问题，从贸易成本降低效应、人力资本升级效应、产业结构升级效应三方面分析理论机制，构建国家层面数字经济发展水平的综合指标，着重探究了数字经济发展水平和行业全球价值链嵌入地位之间的关系。在选题方面，论文聚焦国际经济与贸易领域的研究热点问题，具有一定的理论意义和现实意义。在研究内容方面，论文基于较为充分的文献梳理，不仅进行了理论分析和计量分析，还对不同国家主体和时间维度上的异质性进行了深入探讨，内容较为丰富。在研究方法方面，论文借助SPSS、STATA等数据分析工具，利用层析分析法等分析模型，基于大量数据采用主成分分析法构建数字经济发展综合指标,工作量较大,具有一定的技术难度,结论较为严谨。总体来说,论文思路清晰,层次分明,格式规范,观点表达准确,在选题、研究方法、写作规范方面都达到了优秀水平。

国有股权参股会改变企业成本粘性吗？

会计学院　朱明轩　　指导教师：闫华红

摘　要：成本粘性体现着管理者决策对企业经营效率和经营风险的影响。随着混合所有制改革的推进，国有股权参股上市公司的现象越来越多。国有股权在促进企业创新、提升企业绩效、提高公司治理水平上发挥了积极作用。那么国有股权参股是否也会改变企业成本粘性呢？本文选取2009—2019年A股上市公司为样本，实证检验了国有股权参股对企业成本粘性的影响。研究发现：国有股权参股显著降低了企业成本粘性，并且国有股权参股比例越高，企业成本粘性越低；机制检验表明，国有股权通过降低两类代理成本，进而降低了企业成本粘性。本文从成本粘性的角度，证实了国有股东在公司治理中的积极作用，同时为深入推动混合所有制改革提供了经验证据。

关键词：国有股权，代理成本，成本粘性

1　引言

当前，世界经济仍处于深度调整期，我国经济增速也有所放缓，经济发展进入新常态，企业在决策经营方面不断面临经济下行和生产经营成本上行压力的考验。有效的成本管控，对企业的持续发展起着决定性的作用。现实中，有些企业一味追求业务量的提高而忽视了成本的管控，导致企业经营成本高企，经营风险剧增。例如，海底捞2021年收入同比增长43.7%，却因资产处置和减值的巨额损失，净利润巨亏41.6亿元。而有些企业面对业务量下滑时重视成本的管控，及时调整企业经营决策，降低经营风险。例如，华为2021年收入同比下降28.56%，却因主营业务盈利能力的提升，实现了1 137亿元的净利润，同比增长75.9%。由此可见，企业能否盈利不仅取决于收入的变动，更依赖于成本的灵活调整。

传统成本理论认为成本的变动与收入的变动成正比，但是近年来人们发现成本的变动存在粘性，具体表现为销售收入下降时成本下降的幅度小于销售收入上升时成本增加的幅度，即存在成本与收入的不对称性变化。正是成本出现的"易涨

不易跌"现象,使得许多企业出现成本高企、盈利堪忧的问题。已有研究表明,代理成本是成本粘性的主要成因之一。相比西方国家,我国的市场经济起步较晚,不完善的市场机制和公司治理制度,使得我国上市公司代理问题更加严重,更易发生成本粘性。

在发展混合所有制经济的背景下,国有资本与民营资本相互融合的现象越来越多。国有控股公司基于治理优化、资源配置效率提高等目标引入非国有股权;民营控股公司基于增强政治关联、提高企业绩效等原因引入国有股权。那么国有股东参股给企业带来的治理效应,是否会影响企业的成本粘性呢?

本文以 2009—2019 年中国 A 股上市公司为研究样本,从成本粘性动因中代理成本的方面对国有股权参股与企业成本粘性的关系进行理论分析与实证检验。本文的研究贡献在于从股权结构的视角拓宽了对成本粘性动因的探索路径,证实了国有股东在公司治理中发挥的积极作用,丰富了混合所有制改革背景下国有股权参股的经济后果。

本文结构安排如下:第二部分是文献综述,第三部分是理论基础与研究假设,第四部分是模型设计与样本选取,第五部分是实证结果分析和稳健性检验,第六部分是本文结论。

2 文献回顾

2.1 成本粘性研究现状

2.1.1 成本粘性的存在性

在传统的成本理论中,成本(y)由固定成本(a)和可变动成本(bx)组成,即成本 $y=a+bx$ 表示。其中固定成本维持不变,可变动成本随当期业务量增减而同比例增减,因此成本的变动只与业务量变动有关,与业务量变动方向无关,呈现对称性。但是这种成本理论忽视了管理者行为的影响,与企业现实经营存在差异。Cooper 和 Kaplan(1998)认为,管理层不同的成本管理行为会使得成本不再机械地随着业务量对称变动,而与业务量的变动方向有关。

Anderson 等(2003)首次以美国上市公司为样本,发现销售收入每增长 1%,销售和管理费用上升 0.55%;销售收入每下降 1%,销售和管理费用下降 0.35%。由此证实了成本与业务量变动的不对称性,即"成本(费用)粘性"。Calleja 等(2006)比较了成本粘性在不同国家的表现程度,发现相比于英美两国,法国和德国企业的成本粘性更强,原因在于法德两国关注利益相关者的治理模式要弱于美英两国关注股东利益的治理模式。孔玉生等(2007)以中国上市公司营业成本为样本,证实了中国企业也存在着显著的成本粘性。

2.1.2 成本粘性的成因

在相关研究的基础上,Banker 等(2010)将调整成本、管理层乐观主义和代理问题归纳为成本粘性产生的三大动因。

首先,调整成本观点认为,企业的成本来自资源的投入。管理者调整经营决策时,会增减投入资源,进而产生调整成本。例如,在经济不景气、业务量下滑的时期,管理者会减少人力资源和设备资源的投入,由此发生大量的解聘费用和资产处置成本。而当经济形势转好、业务量上升时,管理者会增加人力资源和运营设备资源的投入,由此产生人员再招聘和固定资产再购置等系列成本。因此,出于对资源调整的成本考量,管理者往往不倾向于在业务下滑时向下调整资源,致使出现成本粘性的现象。Anderson 等(2003)发现,在劳动密集度和资产密集度高的企业中,资源的调整成本更高,成本粘性更显著。江伟等(2016)发现,在《最低工资规定》实施后,雇员成本的增加会弱化企业业务量下降时保留冗员的意愿,进而弱化成本粘性。

其次,管理者乐观主义观点认为,管理者进行决策时不仅考虑当前的业务状况,也会预测未来的业务走势。管理者普遍认为,长期来看企业的业务量是逐渐增长的,而现阶段的业务下滑是短期的,因此对企业未来销售额的增长保持乐观预期,也就不会迅速减少资源的投入,进而产生成本粘性。Anderson 等(2003)通过实证发现,当经济持续增长的时候,管理者持乐观态度,成本粘性程度会变高;而当收入连续两年下降时,成本粘性会减弱。赵欣(2021)发现,高管学术经历可以抑制高管乐观预期,进而减弱成本粘性。

最后,代理问题观点认为,管理层与股东之间存在委托代理问题,出于自利动机,管理者做出的资源调整决策可能不是企业的最优资源配置,并由此产生成本粘性。由于具体情形不同,代理问题对成本粘性的影响也不同(Kama and Weiss,2010)。在建造个人商业帝国的动机下,管理者偏好在业务量上升时资源投入增加过多,而在业务量下降时资源投入减少过少,由此加剧了成本粘性。而在管理者的薪酬与企业的业绩挂钩时,为完成既定业绩目标,管理者倾向于谨慎经营(王彦玲,2020),在业务量下降时减少过多的资源,进而减弱成本粘性。韩飞等(2010)认为,我国上市公司的"一股独大"特征明显,相对于国外企业来讲,内部治理问题更为突出,更有可能出现成本的粘性行为。

2.2 国有股权研究现状

2.2.1 国有股权参股的经济后果

党的十九大报告指出,要继续深化国有企业改革,发展混合所有制经济。混合所有制改革,以下简称"混改"。廖飞梅等(2020)认为,混改的本质是不同所有制之间的融合,各种资本间的交叉持股、各取所长,是一种有效率的资本组织形式。

王曙光等(2019)认为,国有股权的增减均可能提高公司治理水平,且与党组织治理存在联合效应。李井林(2021)发现,通过改善公司治理水平,混改带来的股权主体的多样性和制衡度可以促进国有企业投资效率的提升,对企业投资形成有效约束。杨典(2013)认为,在产权多元化及政府税收增长的背景下,国有股东对企业扶持力度的增加和攫取资源的减少,能够促进公司绩效的提高。

发展混合所有制经济,不仅是国有企业引入非国有资本,非国有企业也可引入国有资本。余汉等(2017)发现,民营企业中的部分国有股权可以依靠其政治关联为企业的发展提供更多的经济资源与发展机会。刘倩影(2020)发现,国资入股可以降低民营企业的两类代理成本,并且随着国有持股转为国有控股,其对民营企业的第二类代理成本降低作用显著。韦浪等(2021)发现,通过提高企业的抗风险能力和获取资源能力,非控股国有股权可以提高民营企业的创新水平和创新效率。唐松莲等(2021)发现,国有股东对家族企业发挥"监督效应"和"资源效应",从而抑制其股价崩盘风险。

2.2.2 国有股权与成本粘性

股权结构能够体现企业持股主体性质和股权分布情况(俞静和徐霞,2016),是公司治理的基础性力量,也是近年来成本粘性研究中普遍关注的问题。

关于国有股权与成本粘性的研究,目前主要是从产权性质不同的角度,讨论成本粘性在国有企业和非国有企业中的不同。万寿义和徐圣男(2012)认为,国有企业的费用粘性程度比非国有企业的高。Gu等(2016)认为,相比于非国企,国企承担着稳定就业的政治目标,劳动力调整成本更高,因此劳动力成本粘性更强。江伟等(2016)认为,与民营企业相比,《最低工资规定》的实施对国有企业成本粘性的弱化作用更强。程宏伟和吴晓娟(2018)认为,国有企业具有政治成本和税收征管优势,其税负粘性程度低于非国有企业。廖飞梅等(2020)发现,混改通过抑制经理人代理问题而降低国有企业成本粘性,尤其是在实行差异化战略的国有企业中作用更显著。李继元等(2021)认为,相对于民营企业,"党建入章"后国企的党组织能够直接参与公司重大决策,影响股东和管理者的行为,缓解双重代理问题,因而对企业成本粘性的抑制作用更显著。

2.3 对现有文献的评述

纵观国内外研究的文献资料,研究者对成本粘性的探究范围不断扩大,从最初的销售和管理费用,到劳动力成本,再到营业总成本;基于成本粘性的三大成因,许多学者从政策实施、股权结构、高管特征等角度深入研究影响成本粘性的因素。随着混合所有制改革的推进,国有股权和非国有股权交叉持股的现象越来越多,国有股权在促进企业创新、提升绩效、缓解融资约束等方面的作用也相继得到验证。但是有关国有股权与企业成本粘性的关系,目前研究多从企业产权性质的角度加以衡量,认为国有企业成本费用粘性更高;而较少将国家视为企业众多股东中的一员,从股东投资者的角度讨论国有股权参股对企业代理问题及成本粘性的影响。因此,本文计划从国有股东的角度,探究国有股权参股对上市公司成本粘性的影响,并聚焦代理成本,探求其中的作用机理。

3 理论基础与研究假设

本部分基于委托代理理论和信息不对称理论解释企业成本粘性的存在性,为成本粘性的深入研究奠定理论基础。

3.1 理论基础

3.1.1 委托代理理论

代理问题源于现代企业经营中所有权和控制权的分离,具体可分为两类代理问题:所有者与管理者之间的第一类代理问题、大股东与中小股东间的第二类代理问题。在股权较为分散时,所有者只掌握企业剩余收益索取权,而管理者掌握企业的经营管理权,第一类代理冲突严重。管理者可能会为了个人利益而做出损害股东权益的经营决策,例如建造商业帝国、增加在职消费、投资有利于个人业绩达标的项目等管理层自利行为,由此不利于企业资源的优化配置,进而产生了成本粘性。而股权高度集中时,大股东掌握企业的资源,管理者的经营决策与大股东偏好一致,中小股东无力干涉企业经营,由此大股东可能做出有利于自身但有损于小股东的决策,例如违规担保、建造商业帝国等大股东掏空行为,也会影响企业的资源配置效率,产生成本粘性。

无论哪类代理问题,都会使得企业成本管控水平和资源配置效率下降,产生企业成本粘性。为了缓解代理问题,一般会通过管理层薪酬体系、股权结构等内部控制与管理层道德约束、审计和政府等外部监督两种机制来完善公司治理,抑制成本粘性。

3.1.2 信息不对称理论

由于资本市场是不完善的,各类市场参与者所获得的信息存在不对称性。在市场经济活动中,相较于信息劣势一方的参与者,处于信息优势的一方拥有更多的主动权和收益机会。刘柏君(2018)认为信息的不对称为管理者机会主义行为提供了广阔的空间。管理者可以利用信息不对称性,为自利行为创造环境。

以发生信息不对称的时点为分界,可以将代理问题分为两类:事前信息不对称和事后信息不对称。事前信息不对称表现为企业选聘管理者时的逆向选择问题。处于信息劣势一方的企业并不清楚管理者的真实能力,因而以市场均价聘任管理者只能获得低于市场平均水平的管理者,类似于"劣币驱逐良币"。这样的管理者由于才能有限,在企业管理中不能敏锐捕捉市场动态,不能及时进行经营调整,进而产生成本粘性。事后信息不对称表现为受聘任的管理者在经营管理中的道德风险问题。管理者由于信息优势可能做出追求个人利益、有损于公司权益的决策却不被发现;而股东由于信息劣势不能有效识别和监督管理者的自利行为,由此增加了成本粘性。

3.2 研究假设

3.2.1 国有股权参股对成本粘性的影响

本文认为国有股权参股可以通过缓解代理问题进而降低公司成本粘性,具体分析如下。

企业代理问题是影响成本粘性的重要原因之一。当企业所有权与控制权分离,企业的经营权掌握在管理层或大股东手里时,就会产生委托代理问题。出于建造个人商业帝国的动机(谢获宝和惠丽丽,2014),管理者倾向于在企业业务量上升时,积极扩大企业规模,大量增加资源投入;而在业务量下降时,维持原有企业规模,延迟削减资源投入,由此产生成本粘性。同样,当大股东掌握经营决策权时,大股东倾向于选择顺从自己的管理者,从而与管理者形成利益合谋,实行对上市公司的"掏空行为"。大股东和管理者在资源配置结构调整时,偏好保留冗余资源,不愿在业务量下降时及时削减资源,由此也会产生成本粘性(王珏和肖露璐,2017;薛霞,2021)。

国有股权参股则有助于缓解企业代理问题,进而降低企业成本粘性。相比于其他股东,国有股东有更强的能力和动机监督管理者和大股东。从能力角度讲,国有股东拥有强大的政府背景,可以带给企业优质资源和融资便利(刘倩影,2020),在企业中拥有一定话语权,进而对管理层的经营决策施加影响。从动机角度讲,一方面,国有股东出于对国有资产流失、自身声誉维护和政治晋升的压力,会加强对参股企业经营管理的监督(唐松莲等,2021),由此抑制管理者和大股东的自利动机。另一方面,国有股东同机构投资者一样,入资追求的是企业长期价值,而不是短期套利,因此更有动机去监督公司管理者的自利行为(梁上坤,2018)。国有股权参股对管理层自利行为的监督和抑制,可以缓解代理问题,使得管理者和大股东在业务量上升时更为谨慎地投入资源,而在业务量下降时更为及时地削减资源,从而有效抑制成本粘性。

综上所述,代理问题是成本粘性产生的主要动因之一,国有股权参股通过加强对管理层和大股东自利行为的监督,可以缓解企业代理问题,降低企业成本粘性,为此本文提出以下研究假设:

假设1:国有股权参股会抑制企业成本粘性。

3.2.2 两类代理成本、国有股权参股与成本粘性的关系

上述理论分析表明,国有股权参股通过发挥国有股东的监督效应,抑制了管理层和大股东的自利行为,从而缓解了委托代理冲突,进而削弱了企业的成本粘性。因此本文认为,相比于代理问题不严重的企业,国有股权参股在代理问题严重的企业对成本粘性的抑制作用更显著。

由于股权结构和治理水平的不同,企业两类代理冲突的严重程度不同,国有股权参股抑制企业成本粘性的效果亦有所不同(谢获宝和惠丽丽,2014;薛霞,2021)。具体来讲,当公司治理结构不完善且股权结构较分散时,管理者的自利行为难以受到监管,任期越长的管理者在企业经营决策中的权力越大,追求自身名誉、权利和建立商业帝国的自利动机越强,第一类代理问题越严重,由此导致的成本粘性越高(谢获宝和惠丽丽,2014)。出于实现国有资产保值增值的投资目的,国有股东会加强对管理层的监督,并且当国有股权参股达到一定比例时,国有股东可以派驻董事参与公司高管的选任(刘倩影,2020),由此缓解管理层委托代理问题。因此,当第一类代理问题较为严重时,国有股权参股可能发挥更大的监督作用,对企业成本粘性的抑制作用可能更为显著。

当公司治理不完善而股权较为集中时,大股东与管理者合谋"掏空"上市公司的行为难以被控制,虽然第一类代理问题得以缓解,但是第二类代理问题较为严重。尤其是在家族企业和"母子结构"的上市公司,大股东通过"隧道效应"从控股企业攫取资源、侵害中小股东权益的行为越多(杨典,2013;唐松莲等,2021),企业成本粘性也越高。此时,引入国有股权可以提高中小股东对大股东的股权制衡(姜付秀等,2018),而国有股权的退出在资本市场存在传递信号作用,能够有效抑制管理者和大股东的自利行为(唐松莲,2021)。同时,国有股东带来的政治监管强化了对大股东侵占行为的监督(刘倩影,2020),有效缓解了第二类代理问题,进而降低了成本粘性。因此,相比于治理完善或不存在"一股独大"的企业,国有股权参股对企业成本粘性的负向影响在第二类代理成本较高的企业中可能更为显著。

由此推测,国有股权参股对成本粘性的抑制作用在代理成本较高的企业中可能更为显著。由此本文提出如下研究假设:

假设2:相对于代理成本低的企业,国有股权参股对成本粘性的抑制作用在代理成本较高的企业更显著。

4 研究设计

4.1 样本选择与数据来源

本文选取2009—2019年度我国沪深两市A股上市公司为研究样本,数据主要

来自 CSMAR 数据库,其中包括上市公司股东文件、股权性质、公司治理及财务数据等。由于部分变量的测算需要前两期的数据,故样本实际观测年度为 2007—2019 年。借鉴已有文献,本文对样本数据进行如下筛选:①剔除金融行业的上市公司;②剔除 ST、*ST 的公司样本;③剔除资产负债率(Lev)大于 1 的样本;④剔除样本区间内数据不全或不满足计算条件的研究样本,最终保留了 17 873 个样本观测值。为控制极端值的影响,本文参考梁上坤(2018)的做法,对全部连续变量进行了 0.5% 和 99.5% 分位上的 Winsorize 缩尾处理。

4.2 模型构建与变量定义

为检验本文假设,借鉴 Anderson 等(2003)、梁上坤(2018)等以往文献,构建多元回归模型如下:

$$\ln Cost = \beta_0 + \beta_1 \ln Rev + \beta_2 D \times \ln Rev + \beta_3 State \times D \times \ln Rev \\ + \beta_4 \times State + \sum Economic\_Vars \times D \times \ln Rev \\ + \sum Economic\_Vars + \sum Control\_Vars + \varepsilon$$

模型包含以下变量:

4.2.1 被解释变量

成本粘性的测量,通常采用成本变化与收入变化之间的变动关系来间接表示。参考李继元等(2021)的做法,本文选取的被解释变量为营业总成本变化($\ln Cost$),定义为公司当年与上一年营业总成本的比值的自然对数。

4.2.2 解释变量

本文以营业收入变化($\ln Rev$)表示收入变动,定义为公司当年与上一年营业收入的比值的自然对数。收入下降虚拟变量(D)表示公司当年营业收入较上年是否下降,下降取 1,不下降取 0。国有股权持股比例($State$)为年末公司前十大股东中国有股东(股东性质为国家或国有法人)的持股比例之和。

4.2.3 控制变量

参考 Anderson 等(2003)的研究,本文选取四大经济变量($Economic\_Vars$)作为控制变量,包括:是否连续两年收入下降($Dtwo$)、经济增长($Growth$)、人力资本密度(EI)及固定资本密集度(AI)。参考梁上坤(2018),本文在模型中还控制四大经济变量与粘性的交乘项($Economic\_Vars \times D \times \ln Rev$)。

此外,参考赵欣(2021)等的研究,本文还加入了四大经济变量以外的其他控制变量($Control\_Vars$),包括:公司规模($Size$)、资产负债率(Lev)、公司年龄(Age)、第一大股东持股比例(Sh)、管理层持股比例($Mshare$)、董事长和总经理两职合一虚拟变量($Dual$)、独立董事占比($Rinde$)以及所有权性质(Soe)。表 1 是本文具体变量的定义和说明。

表 1　变量定义

变量类别	变量名称	变量符号	测量方法
被解释变量	营业总成本变化	lnCost	本年营业总成本与上年营业总成本比值的自然对数
解释变量	营业收入变化	lnRev	本年营业收入与上年营业收入比值的自然对数
解释变量	收入下降	D	虚拟变量,本年营业收入低于上年营业收入时取1,否则取0
解释变量	国有股权持股比例	State	年末公司前十大股东中国有股东的持股比例
控制变量	是否连续两年收入下降	Dtwo	虚拟变量,营业收入连续两年下降则取1,否则取0
控制变量	经济增长	Growth	当年全国GDP增长率乘以100
控制变量	人力资本密度	EI	年末公司员工人数与当年营业收入(万元)的比值
控制变量	固定资本密集度	AI	年末公司资产总额与当年营业收入的比值
控制变量	公司规模	Size	年末公司总资产的自然对数
控制变量	资产负债率	Lev	年末公司总负债与总资产的比值
控制变量	公司年龄	Age	截至当年末公司上市年限
控制变量	第一大股东持股比例	Sh	年末公司第一大股东持股数与总股数的比值
控制变量	管理层持股比例	Mshare	年末公司管理层持股总数与总股数的比值
控制变量	独立董事占比	Rinde	年末公司独立董事人数与董事会总人数的比值
控制变量	两职合一	Dual	虚拟变量,董事长和总经理为同一人则取1,否则取0
控制变量	所有权性质	Soe	虚拟变量,国企取1,否则取0

在模型中,$D\times \ln Rev$描述了成本粘性。若$D\times \ln Rev$的系数显著为负,即意味着相比于收入上升时,收入下降时成本下降得更慢,表明存在成本粘性现象。若假设1成立,则粘性与国有股权持股比例的交乘项($D\times \ln Rev\times State$)的系数$\beta_3$显著为正,即国有股权参股显著降低了企业成本粘性。鉴于模型中已有三项交乘项,借鉴刘倩影(2020)的代理成本衡量方法和赵欣(2021)的分组研究思路,本文将代理成本细分为第一类代理成本和第二类代理成本,并以管理费用率(管理费用与营业收入的比值)衡量第一类代理成本,以其他应收款占比(其他应收款与总资产的比值)衡量第二类代理成本,进而根据样本数据与管理费用率、其他应收款占比年度和行业中位数的高低比较进行分组回归,以检验假设2。若假设2成立,则在管理费用率较高的组,β_3应该显著为正;同时,在其他应收款占比较高的组,β_3应该显著为正。

5 实证分析与结果

5.1 描述性统计

表2的统计结果显示,营业总成本变化($\ln Cost$)的均值为0.157,营业收入变化($\ln Rev$)的均值为0.15,可见营业收入与营业总成本的变化较为接近。观测收入下降虚拟变量(D)的均值,发现营业收入下降的观测样本占比为25.4%。国有股权持股比例的均值为15.7%,中位数为1.8%,最大值为80.5%,表明国有股东是中国上市公司一支重要持股主体,持股比例两端分布较多。此外,样本中营业收入连续下降的观测占比为8.6%,资产负债率的均值为41.8%,公司年龄平均为9年,第一大股东持股比例均值为34%,管理层持股比例均值为15.9%,独立董事平均占比为38.2%,两职合一的公司占比为28.6%,国有企业占比为32.8%,均与以往文献统计量接近。

表2 描述性统计

变量	样本	均值	中位数	标准差	最大值	最小值
$\ln Cost$	17 873	0.157	0.127	0.323	2.019	-0.898
$\ln Rev$	17 873	0.150	0.121	0.346	2.241	-1.000
D	17 873	0.254	0.000	0.435	1.000	0.000
$State$	17 873	0.157	0.018	0.225	0.805	0.000
$Dtwo$	17 873	0.086	0.000	0.280	1.000	0.000
$Growth$	17 873	0.075	0.070	0.012	0.106	0.061
EI	17 873	0.015	0.012	0.012	0.075	0.000
AI	17 873	2.422	1.911	1.930	15.54	0.310
$Size$	17 873	22.050	21.88	1.243	26.37	19.470
Lev	17 873	0.418	0.410	0.206	0.905	0.038
Age	17 873	9.044	7.000	6.728	25.000	1.000
Sh	17 873	0.340	0.317	0.145	0.771	0.081
$Mshare$	17 873	0.159	0.022	0.210	0.730	0.000
$Rinde$	17 873	0.382	0.364	0.073	0.625	0.231
$Dual$	17 873	0.286	0.000	0.452	1.000	0.000
Soe	17 873	0.328	0.000	0.469	1.000	0.000

5.2 相关性分析

表3列示了被解释变量、解释变量和经济变量的Pearson相关系数矩阵(因篇幅所限,未列示其他控制变量)。可以发现,营业总成本变化(lnCost)与营业收入变化(lnRev)高度相关,相关系数高达0.912。营业总成本变化(lnCost)与收入下降(D)、营业收入变化(lnRev)与收入下降(D)、是否连续两年收入下降(Dtwo)与收入下降(D)之间有较强的机械相关关系。国有股权持股比例(State)与营业总成本变化(lnCost)的相关系数为-0.048,在1%水平下显著,这表明企业营业总成本变化也受到国有股权参股的影响。其余变量(包括未列示的其他控制变量)间的相关系数均小于0.5,由此本文认为多重共线性不会对回归结果产生严重干扰。

表3 相关性分析

	lnCost	lnRev	D	State	Dtwo	Growth	EI	AI
lnCost	1							
lnRev	0.912***	1						
D	-0.518***	-0.567***	1					
State	-0.048***	-0.026***	0.040***	1				
Dtwo	-0.301***	-0.325***	0.526***	0.050***	1			
Growth	0.077***	0.072***	-0.056***	0.180***	-0.042***	1		
EI	-0.089***	-0.120***	0.089***	-0.106***	0.100***	0.141***	1	
AI	-0.108***	-0.148***	0.183***	-0.006	0.178***	-0.034***	0.213***	1

注:*、**和***分别表示在10%、5%和1%水平下显著。

5.3 研究假设检验

5.3.1 国有股权参股与成本粘性关系的检验

表4报告了本文研究假设1的回归结果。模型回归时,本文控制了行业效应(Ind,以CSRC标准分类并细分制造业)和年份效应(Year),按公司聚类回归(Cluster),以提高回归结果的稳健性。第(1)列仅包含营业收入变化(lnRev)和成本粘性(D×lnRev)两项。结果显示,营业收入变化(lnRev)的系数在1%水平下显著为正,成本粘性(D×lnRev)的系数在1%水平下显著为负,由此证明样本企业中普遍存在成本粘性的现象。第(2)(3)(4)列是加入国有股权持股比例(State)及其与粘性交乘项(D×lnRev×State)回归的结果,其中第(2)列未考虑其他控制变量,第(3)列加入了经济因素控制变量相关项,第(4)列又加入了经济因素以外的其他控制变量。无论是否加入控制变量,D×lnRev×State的系数均在5%水平下显著为正。以上结果表明,随着国有股权参股比例的上升,企业成本粘性有所下降,这一发现证实了假设1,即国有股权参股可以显著抑制企业成本粘性。

表 4　国有股权参股与成本粘性

变量	(1)ln$Cost$	(2)ln$Cost$	(3)ln$Cost$	(4)ln$Cost$
lnRev	0.882***	0.880***	0.874***	0.874***
	(0.008)	(0.008)	(0.008)	(0.008)
$D×\ln Rev$	-0.158***	-0.191***	-0.187**	-0.204**
	(0.019)	(0.022)	(0.086)	(0.085)
$D×\ln Rev×State$		0.242***	0.126**	0.130**
		(0.062)	(0.059)	(0.058)
$State$		-0.019***	-0.022***	0.003
		(0.004)	(0.004)	(0.009)
$Economic\_Vars×D×\ln Rev$			Yes	Yes
$Economic\_Vars$			Yes	Yes
$Control\_Vars$				Yes
$Cons$	-0.022**	-0.016*	-0.075***	-0.301***
	(0.009)	(0.009)	(0.017)	(0.031)
Ind	Yes	Yes	Yes	Yes
$Year$	Yes	Yes	Yes	Yes
N	17 873	17 873	17 873	17 873
$Adj\text{-}R^2$	0.841	0.842	0.845	0.848

注:括号中为 t 值,*、**和***分别表示在 10%、5%和 1%水平下显著,下同。

5.3.2　国有股权参股影响成本粘性的机制检验

假设 2 检验了国有股权参股通过降低两类代理成本,进而降低成本粘性的作用机制。首先,以管理费用率衡量第一类代理成本,检验国有股权与第一类代理成本及成本粘性的关系。由于管理费用包括差旅费、办公费等与管理者相关的费用,管理费用率可以比较准确地衡量经理人过度在职消费的问题,衡量经理人自利行为产生的第一类代理成本。表 5 报告了假设 2 的检验结果,其中第(1)(2)列结果显示,在高管理费用率组,$D×\ln Rev×State$ 的系数在 5% 水平下显著为正;而在低管理费用率组,$D×\ln Rev×State$ 的系数为负但不显著。此外,本文还针对两组 $D×\ln Rev×State$ 项系数的差异,使用似无相关模型 SUR(Suest 检验)做组间差异检验,所得组间系数差异检验 p 值小于 0.05。该结果表明,相比于第一类代理成本低的公司,国有股权参股在第一类代理成本较高的公司对成本粘性的抑制作用更显著。

其次,以其他应收款占比衡量第二类代理成本,检验国有股权与第二类代理成本及成本粘性的关系。由于其他应收款包括大股东以私自提供借款、担保和无商业实质的关联方交易的方式对企业非经营性资金的占用,其他应收款占比可以在一定程度上衡量大股东的"掏空行为",由此衡量大股东自利倾向产生的第二类代理成本。第(3)(4)列结果显示,在高其他应收款占比组,$D\times\ln Rev\times State$ 的系数在 1% 水平下显著为正;而在低其他应收款占比组,$D\times\ln Rev\times State$ 的系数为正但不显著。同样,本文对高、低其他应收款占比组使用 Suest 检验 $D\times\ln Rev\times State$ 系数的组间差异,所得组间系数差异检验 p 值小于 0.05。该结果说明,相比于第二类代理成本低的公司,国有股权参股在第二类代理成本较高的公司对成本粘性的抑制作用更显著。

综合以上结果,可以得出结论,相比于代理成本低的公司,在代理成本高的公司国有股权参股对成本粘性的抑制作用更显著,假设 2 得证。由此也证实了缓解两类代理问题是国有股权参股降低企业成本粘性的作用途径。

表 5 国有股权参股、代理成本及成本粘性

变量	(1)$\ln Cost$ 高管理费用率	(2)$\ln Cost$ 低管理费用率	(3)$\ln Cost$ 高其他应收款占比	(4)$\ln Cost$ 低其他应收款占比
$\ln Rev$	0.835***	0.898***	0.869***	0.880***
	(0.016)	(0.007)	(0.010)	(0.011)
$D\times\ln Rev$	−0.224**	0.020	−0.202	−0.152
	(0.105)	(0.116)	(0.143)	(0.104)
$D\times\ln Rev\times State$	0.163**	−0.054	0.256***	0.004
	(0.076)	(0.070)	(0.081)	(0.082)
$State$	0.001	−0.005	0.013	−0.007
	(0.016)	(0.010)	(0.014)	(0.013)
$Economic\_Vars\times D\times\ln Rev$	Yes	Yes	Yes	Yes
$Economic\_Vars$	Yes	Yes	Yes	Yes
$Control\_Vars$	Yes	Yes	Yes	Yes
$Cons$	−0.442***	−0.190***	−0.345***	−0.244***
	(0.053)	(0.038)	(0.046)	(0.040)
Ind	Yes	Yes	Yes	Yes
$Year$	Yes	Yes	Yes	Yes
N	8 937	8 936	8 945	8 928
$Adj\text{-}R^2$	0.767	0.929	0.842	0.856
组间系数差异检验 p 值	0.036		0.033	

5.4 稳健性检验

为缓解可能存在的互为因果、遗漏变量的内生性问题,本文通过滞后自变量、更换固定效应模型对结果进行稳健性检验。

5.4.1 滞后自变量

滞后自变量可以解决样本自变量与因变量互为因果的内生性问题。本文将国有股权持股比例($State$)及其交乘项($D×\ln Rev×State$)滞后一期,代入回归方程进行回归,结果如表6所示。在第(1)列全样本、第(2)列高管理费用率组、第(4)列高其他应收款占比组,$D×\ln Rev×L.State$ 的系数均为正,且前两者在10%水平下显著,后者在5%水平下显著。而在第(3)列低管理费用率组、第(5)列低其他应收款占比组,$D×\ln Rev×L.State$ 的系数均不显著。以上结果表明,上一年的国有股权持股比例也影响着公司成本粘性,对于第一类或第二类代理成本高的组,上年的国有股权持股比例对公司成本粘性的抑制作用同样显著,这增强了国有股权参股与成本粘性的因果关联及机制推断。

表6 滞后自变量稳健性检验

变量	(1)$\ln Cost$ 全样本	(2)$\ln Cost$ 高管理费用率	(3)$\ln Cost$ 低管理费用率	(4)$\ln Cost$ 高其他应收款占比	(5)$\ln Cost$ 低其他应收款占比
$\ln Rev$	0.885***	0.848***	0.910***	0.877***	0.893***
	(0.009)	(0.017)	(0.008)	(0.012)	(0.010)
$D×\ln Rev$	-0.159	-0.204*	0.092	-0.135	-0.097
	(0.097)	(0.119)	(0.142)	(0.158)	(0.113)
$D×\ln Rev×L.State$	0.116*	0.156*	-0.083	0.201**	0.012
	(0.066)	(0.086)	(0.083)	(0.095)	(0.094)
$L.State$	0.006	-0.004	0.005	0.021	-0.011
	(0.009)	(0.016)	(0.011)	(0.013)	(0.014)
$Economic\_Vars×D×\ln Rev$	Yes	Yes	Yes	Yes	Yes
$Economic\_Vars$	Yes	Yes	Yes	Yes	Yes
$Control\_Vars$	Yes	Yes	Yes	Yes	Yes
$Cons$	-0.313***	-0.466***	-0.194***	-0.355***	-0.274***
	(0.033)	(0.058)	(0.041)	(0.049)	(0.042)
Ind	Yes	Yes	Yes	Yes	Yes
$Year$	Yes	Yes	Yes	Yes	Yes

续表

变量	(1)ln$Cost$ 全样本	(2)ln$Cost$ 高管理费用率	(3)ln$Cost$ 低管理费用率	(4)ln$Cost$ 高其他应收款占比	(5)ln$Cost$ 低其他应收款占比
N	14 164	7 084	7 080	7 234	6 930
$Adj\text{-}R^2$	0.833	0.754	0.923	0.821	0.845

5.4.2 固定效应模型

为缓解原模型中不随时间变化的遗漏变量的问题,本文采用固定效应模型进行稳健性检验。由于固定个体特征比固定行业特征更为严格,本文采用控制个体公司和年份的固定效应模型进行回归检验。表7结果显示,在第(1)列全样本、第(2)列高管理费用率组、第(4)列高其他应收款占比组,$D×\ln Rev×State$ 的系数均为正,且分别在5%、10%及1%水平下显著。而在第(3)列低管理费用率组与第(5)列低其他应收款占比组,$D×\ln Rev×State$ 的系数均不显著。以上结果表明,更换个体和年份的固定效应模型进行回归检验,不改变前文的基本发现。

表7 固定效应模型稳健性检验

变量	(1)ln$Cost$ 全样本	(2)ln$Cost$ 高管理费用率	(3)ln$Cost$ 低管理费用率	(4)ln$Cost$ 高其他应收款占比	(5)ln$Cost$ 低其他应收款占比
lnRev	0.863***	0.819***	0.896***	0.858***	0.874***
	(0.009)	(0.018)	(0.008)	(0.011)	(0.011)
$D×\ln Rev$	-0.198*	-0.249*	0.053	-0.234	-0.001
	(0.104)	(0.130)	(0.139)	(0.186)	(0.159)
$D×\ln Rev×State$	0.148**	0.191*	-0.110	0.273***	-0.007
	(0.074)	(0.102)	(0.089)	(0.105)	(0.103)
$State$	-0.032	-0.035	-0.036	0.025	-0.063*
	(0.024)	(0.046)	(0.032)	(0.044)	(0.035)
$Economic\_Vars×D×\ln Rev$	Yes	Yes	Yes	Yes	Yes
$Economic\_Vars$	Yes	Yes	Yes	Yes	Yes
$Control\_Vars$	Yes	Yes	Yes	Yes	Yes
$Cons$	-0.229	-0.499	0.063	-1.081	-0.129
	(0.454)	(0.896)	(0.613)	(0.746)	(0.555)
$Company$	Yes	Yes	Yes	Yes	Yes

续表

变量	(1)ln*Cost* 全样本	(2)ln*Cost* 高管理费用率	(3)ln*Cost* 低管理费用率	(4)ln*Cost* 高其他应收款占比	(5)ln*Cost* 低其他应收款占比
Year	Yes	Yes	Yes	Yes	Yes
N	17 873	8 937	8 936	8 945	8 928
Adj-R^2	0.837	0.736	0.924	0.832	0.845

6 结论

随着混合所有制改革的推进,国有股权参股民营企业的现象越多,国有股东持股带来的经济后果越受关注。本文以成本粘性为切入点,选取2009—2019年我国沪深两市A股上市公司为研究对象,对国有股权参股与企业成本粘性之间的关系进行研究,并得出以下结论:国有股权参股能够显著抑制企业的成本粘性;当企业两类代理成本较高时,国有股权参股对企业成本粘性的抑制作用更显著,该结果证实了国有股权参股通过缓解企业代理问题抑制成本粘性的作用机制。在考虑遗漏变量、互为因果的内生性问题后,研究结论仍然成立。

本文丰富了有关股权结构、代理问题与成本粘性的有关研究,从代理问题动因的角度研究了国有股权参股对企业成本粘性的影响,丰富了混合所有制改革背景下国有股权参股的经济后果,为提高企业成本决策效率、推进混合所有制改革提供了理论支持与经验证据。本文的研究样本为A股上市公司,从整体的层面证实了国有股权与成本粘性的关系,并未对产权性质不同的公司进行分组研究。因此未来可以缩小样本范围,聚焦到第二类代理问题较严重的家族企业;亦可以关注国有股权参股对政策支持性行业企业的成本粘性的影响。此外,也可将营业总成本粘性的研究范围拓宽至费用粘性、工资粘性的研究,从而可以更全面地认识国有股权参股对企业成本粘性的影响和作用机制。

参考文献

[1]陈赛.混合所有制改革背景下国有股权与企业绩效关系研究[D].开封:河南大学,2018.

[2]陈智.客户集中度影响了企业成本粘性吗?——基于管理者过度自信与债务约束视角[J].财会通讯,2021(24):69-71.

[3]程宏伟,吴晓娟.税制结构、股权性质及企业税负粘性[J].中南大学学报(社会科学版),2018,24(4):77-86.

[4]韩飞,刘益平.关于制造业上市公司总成本粘性的实证分析[J].财会月刊,2010(33):24-26.

[5]姜付秀,蔡欣妮,朱冰.多个大股东与股价崩盘风险[J].会计研究,2018(1):68-74.

[6]江伟,胡玉明.企业成本费用粘性:文献回顾与展望[J].会计研究,2011(9):74-79.

[7]江伟,姚文韬,胡玉明.《最低工资规定》的实施与企业成本粘性[J].会计研究,2016(10):56-62,97.

[8]孔玉生,朱乃平,孔庆根.成本粘性研究:来自中国上市公司的经验证据[J].会计研究,2007(11):58-65,96.

[9]李继元,汪方军,赵红升,等."党建入章"与企业成本粘性:基于党组织治理的解释[J].外国经济与管理,2021,43(10):21-34.

[10]李井林.混合所有制改革有助于提升国有企业投资效率吗?[J].经济管理,2021,43(2):56-70.

[11]李培功,沈艺峰.媒体的公司治理作用:中国的经验证据[J].经济研究,2010,45(4):14-27.

[12]廖飞梅,万寿义,叶松勤.国企混改、竞争战略与费用粘性[J].审计与经济研究,2020,35(4):88-104.

[13]梁上坤.机构投资者持股会影响公司费用粘性吗?[J].管理世界,2018,34(12):133-148.

[14]刘柏君.股权结构、管理者过度自信与企业成本粘性[D].大连:东北财经大学,2018.

[15]刘倩影.国资入股对民营上市公司代理成本的影响研究[D].兰州:兰州大学,2020.

[16]潘飞,魏春燕.成本管理问题研究:基于管理者的决策动机[J].中国管理会计,2019(1):32-39.

[17]唐丽萍.产权性质、代理问题与企业成本粘性研究[D].天津:天津财经大学,2016.

[18]唐松莲,孙经纬,李丹蒙.国有股参股家族企业可抑制股价崩盘风险吗?[J].上海财经大学学报(哲学社会科学版),2021,23(6):3-19.

[19]万寿义,徐圣男.中国上市公司费用粘性行为的经验证据:基于上市公司实质控制人性质不同的视角[J].审计与经济研究,2012,27(4):79-86.

[20]王珏,肖露璐.股权集中度、成本粘性与企业风险[J].财会通讯,2017(27):28-31.

[21]王曙光,冯璐,徐余江. 混合所有制改革视野的国有股权、党组织与公司治理[J]. 改革,2019(7):27-39.

[22]王彦玲. 混合所有制改革、高管限薪与国有企业绩效[J]. 财会通讯,2020(8):38-41.

[23]韦浪,赵劲松. 非控股国有股权对民营企业创新水平的影响研究[J]. 财政研究,2021(10):114-129.

[24]谢获宝,惠丽丽. 代理问题、公司治理与企业成本粘性:来自我国制造业企业的经验证据[J]. 管理评论,2014,26(12):142-159.

[25]许宇鹏. 夫妻共治会改变企业成本粘性吗——基于中国家族上市公司的经验证据[J]. 上海财经大学学报(哲学社会科学版),2020,22(1):100-122.

[26]薛霞. 盈余管理、股权结构与企业成本粘性研究[D]. 重庆:重庆理工大学,2021.

[27]杨典. 公司治理与企业绩效:基于中国经验的社会学分析[J]. 中国社会科学,2013(1):72-94,206.

[28]余汉,杨中仑,宋增基. 国有股权能够为民营企业带来好处吗?——基于中国上市公司的实证研究[J]. 财经研究,2017,43(4):109-119.

[29]俞静,徐霞. 定向增发、股权结构与盈余管理[J]. 商业研究,2016(8):45-57.

[30]赵欣,杨世忠. 高管学术经历与企业成本粘性[J]. 软科学,2021,35(3):35-41.

[31]ANDERSON M C,BANKER R D,JANAKIRAMAN S N. Are selling,general,and administrative costs"sticky"?[J]. Journal of Accounting Research,2003,41(1):47-63.

[32]BANKER R D,BYZALOV D,PLEHN-DUJOWICH J M. Sticky cost behavior:theory and evidence[C]. AAA,2011.

[33]CALLEJA K,STELLAROS M,THOMAS D. A Note on Cost Stickiness:Some International Comparisons [J]. Management Accounting Research,2006,17:127-140.

[34]COOPER R,KAPLAN R S. The promise-and peril-of integrated cost systems [J]. Harvard Business Review,1998,76(4):109-119.

[35]GU Z,TANG S,WU D. The Political Economy of Labor Employment Decisions:Evidence from China[J]. Management Science,2020,66(10):4703-4725.

[36]KAMA I,WEISS D. Do managers' deliberate decisions induce stickycosts?[M]. Tel Aviv University,Faculty of Management,The Leon Recanati Graduate School of Business Administration,2010.

指导教师评语：

本文选取 2009—2019 年 A 股上市公司为样本，实证检验了国有股权参股对企业成本粘性的影响。论文从成本粘性的角度，证实了国有股东在公司治理中的积极作用，同时为深入推动混合所有制改革提供了经验证据，选题具有一定的理论意义和实践意义。论文在参阅了大量国内外文献基础上进行论证，研究方法合理，论证过程正确，结构合理，写作的规范性较好。作者写作态度认真，在写作过程中积极与老师进行沟通，并能及时按照沟通意见进行修改。论文达到了本科学士学位水平。

资本市场相信"人设"吗？
——独董辞职潮下会计盈余质量的调节作用研究

会计学院　刘菁湘　　指导教师：张　悦

摘　要：本文选取了2021年11月12日至2022年2月1日发布独立董事辞职的A股上市公司作为样本，并运用事件研究法来探究独立董事辞职事件所引起的市场反应。通过计算独立董事辞职后短时间内的累计超额收益率作为市场反应的度量，并在此基础上进行实证分析。研究表明：对于那些会计盈余指标较好的公司，独立董事辞职事件对其市场回报率的影响并不大，并且不一定是负面的，甚至有呈现正向影响；而对于会计盈余相对较差的公司而言，市场对其独立董事辞职事件的反应较为明显，多数呈现负面反应。由此可以看出，会计盈余质量对市场的异常回报起到了一定的调节作用。本研究再一次证实了财务信息披露的必要性，也证实了正确且公允地披露财务信息可以对企业起到积极的效果。

关键词：独立董事辞职，市场反应，会计盈余质量，调节作用，累计超额收益率

1 绪论

1.1 研究背景

2021年11月12日，康美药业财务造假案一审宣判，判决书中指出：康美药业需要赔偿投资者们约24.59亿元的损失，其中，5位独立董事被判承担5%~10%的连带赔偿责任。这意味着独立董事们需要承担上亿元赔偿。在大众的认知中，独立董事是一个"名利双收"的"阳光职业"，然而康美药业的判决打破了人们对独立董事"低投入，高回报"的认知，进而引发了一波A股上市公司的"独立董事辞职潮"。自康美药业一审判决书发布以来，数家上市公司已经发出了独立董事的辞职公告。

从公开信息中可知，自2021年11月12日至2022年2月1日，近200家上市公司的独立董事提出辞职。面对大规模的"独董辞职潮"，市场必定会做出反应，基于这一逻辑链条，生发了本文的研究方向。本文将以上述上市公司为样本，探究在"独董辞职潮"下上市公司的市场反应，进而可知"独董辞职潮"对上市公司的影响是正面的还是负面的。为了更进一步地探究市场反应为何呈现不同，作者将样

本根据会计盈余的优劣分为两组,进行会计盈余价值相关性分析。

通过这一系列的研究,希望能够分析此次"独董辞职潮"所带来的影响,并探究会计盈余质量对市场反应是否起到了调节作用。

1.2 研究方法

本文根据文章的研究思路来确定合理的研究方法,本文主要采用文献研究法、事件研究法和回归分析法相结合的方法进行研究。

本文第一、二部分主要运用文献研究法。通过阅读文献来获得资料,从而全面地、正确地了解独立董事辞职事件与市场反应的相关研究,总结归纳前人学者的文章,同时运用事件研究法与会计盈余质量相关性的相关理论,提出本文的两个假设。

从本文第三部分开始,主要采用的是事件研究法和回归分析法。首先通过前文的文献研究,确定本文的实验方向,进而确定了本文的实验变量与方法。通过事件研究法对假设 1 进行检验,证明独立董事辞职事件确实会引起市场的负面反应。在此基础上,结合会计盈余相关性理论,利用回归分析法对假设 2 进行实证检验,证明会计盈余的相关指标对异常的市场回报率是具有调节作用的。

全文交叉使用文献研究法、事件研究法和回归分析法,令结论更有说服力。

1.3 研究意义与创新点

1.3.1 研究意义

1) 理论意义

第一,在新的背景下,拓宽了对独立董事辞职的研究。虽然前人学者对独立董事的辞职事件进行了研究,但是,目前在康美药业案件的背景下进行的独立董事辞职的相关研究还相对较少。因此,本文将以这一最新发生的事件作为背景,探究市场对独立董事辞职事件的反应。同时,也旨在拓宽学术研究的路径及跨度,扩展学术研究的内容和领域,为会计实务领域贡献一份力量,希望学术成果能更好地转化为实务应用,两者做到完美融合,从而体现学术研究的价值。

第二,通过研究证实会计信息的可靠性,增强会计信息在社会公众心目中的可信度。近年来,对会计信息披露的监管力度从各方面都有所加强,会计从业人员的道德水平也在不断提高,但是仍不乏"康美事件"这类财务造假事件的发生。财务造假事件,使得会计从业人员在公众心目中的形象变得越发不堪,好似会计从业人员是"资本家们"的帮凶,通过粉饰财务报表,骗取投资者们的信任。因此,本文希望通过研究证明,会计盈余质量表现较好能够在一定程度上缓解"独董辞职潮"下的负面市场反应,进而证实上市公司所披露的信息是能够基本真实反映企业的经营状况的。同时,这一研究也将有利于增强会计信息的可信度,加强学术界对于会计公信力的研究,使得会计信息能够取得投资者的信任。

2)现实意义

第一,有助于完善独立董事制度的建设。本文以"康美事件"引发的"独董辞职潮"这一事件为研究出发点,探索市场对上市公司独立董事辞职事件的反应,从事后的视角来阐明市场对该事件的感知。因此,本研究有助于令企业重视独立董事在市场中的作用,并进一步完善独立董事制度,使独立董事能够做到真正的又"独立"又"懂事"的同时,对企业发展和公司治理起到积极作用,使其能更好地服务上市公司和社会公众,体现其应有的现实价值。

第二,有助于完善企业的信息披露制度。在"康美事件"引发的独立董事辞职事件中,投资者们会下意识地认为该上市公司有财务造假的可能,因此独立董事才会选择离职,以此来避免承担连带责任。而本文将会计盈余作为样本的重要分类指标,旨在研究财务指标对市场反应的调节作用,以此来证明,积极的财务指标会在负面事件中为企业带来积极的作用。同时,此次事件也提示上市公司应对财务数据的披露加以重视,因为完善的财务数据、积极的财务指标可能会在类似负面事件中为企业带来积极的影响,并营造良好、高效的资本市场氛围。

1.3.2 研究创新点

本文的创新点主要在于紧跟时事热点,角度新颖,扩展了现有的研究范围。本文的研究背景是康美药业财务造假案一审宣判,康美药业独立董事承担巨额的连带责任,数家上市公司已经出现了独立董事辞职的现象。在此背景下,生发了本文的研究方向,进而提出了研究假设并最终得到验证。

1.4 研究内容

本文以"康美事件"作为切入点,引入研究问题,并展开理论分析。本文首先对选题的背景、意义等进行了一个比较全面的阐述,并简单梳理和回顾了与主题相关的国内外文献,从整体上了解独立董事辞职引发的市场反应、会计盈余质量调节作用的相关研究结论及进程,为本文的研究进行了充分的铺垫。本文运用文献研究法和回归分析法对文章中的理论分析及提出的假设进行了验证。

各部分的内容如下:

第一部分绪论。通过对"康美事件"的介绍,引出本文的研究背景、意义等,继而介绍本文的研究方法,构建本文研究框架,说明本文的创新点。

第二部分文献综述与研究假设。本部分主要介绍独立董事辞职与会计盈余质量调节作用的相关理论和概念。通过对相关文献的简要总结和评述,确定了本文的研究重点,并为本文的研究提供了理论基础。在结合了本文的研究背景之后,本文共提出2个假设:①在由"康美事件"引发的"独董辞职潮"下,上市公司发生独立董事辞职事件将会引起市场的异常回报;②在"独董辞职潮"引发的异常市场回报的基础上,会计盈余质量能够对异常的市场回报起到调节作用。

第三部分研究设计。通过上述的分析,本部分开始进行实验设计。本文首先进行了研究样本的选择:以康美药业一审判决书出台(2021年11月12日)至2022年2月1日,发布独立董事辞职公告的中国A股上市公司(共计92家)作为样本。接着结合事件研究法,对运用的模型进行解释。最后,通过阅读、归纳前人学者的研究,结合本文所提出的假设来选择、设计变量。

第四部分回归分析。根据前文的研究设计,利用Excel与Stata等统计分析软件进行实验,并对实验结果进行分析。在描述性统计部分,对本文选取的变量进行描述,将变量的均值、中位数、最大值、最小值等信息进行展示,并对变量结果进行分析与说明。之后,在相关性分析部分,解释了解释变量与被解释变量之间的相关性,为后面对两个假设的验证奠定了基础。最后,对第二部分提出的两个假设的回归结果进行了分析,证明了两个假设的成立。

第五部分稳健性检验。为证明上述回归的可靠性,本部分进行了稳健性检验。通过扩大和缩小窗口期的方法,对假设1的结果进行了稳健性检验;然后通过变量替代法,对假设2的回归结果进行了二次检验。

第六部分研究结论与展望。本部分总结了前文的实验结果,并分析了结果的成因,最后提出本研究的结论、本研究的不足以及对未来研究的展望。通过本文的研究可知,"康美事件"发生后,独立董事的辞职事件会引起市场的负面反应。但是,通过分析可以看出,部分企业受独立董事辞职事件的影响回报率降低,但也有一部分企业非但没有受到负面影响,反而呈现回报率上涨的结果。针对这一现象,本文进行了进一步的研究。研究表明:会计盈余质量较好的公司,出现独立董事辞职事件后,对市场回报率产生影响的可能性较小,并且回报率有增长趋势;而对于会计盈余质量相对较差的公司而言,独立董事辞职事件会导致市场产生异常回报率。由此可见,会计盈余质量对市场反应起到了一定的调节作用,在某种意义上说明,该公司完整且公允地进行了财务信息的披露,财务信息的可靠性得到了证实,财务信息的重要性也得到了体现。

2 文献综述与研究假设

随着独立董事制度的建立,关于独立董事的研究就从未停止。为了更加明确本文的研究重点,并为下文假设的提出奠定更好的基础,本部分回顾了论文中涉及的独立董事辞职与市场反应、会计盈余信息价值相关性的相关文章,对其进行了梳理与评述,根据相关研究的理论基础提出了本文的两个假设。

2.1 独立董事辞职与市场反应的相关研究

1940年,独立董事制度最先在美国诞生。随着独立董事制度在股份制公司治理中的应用,其他欧洲国家纷纷学习,建立独立董事制度。

而独立董事制度在中国的应用时间相对较短。2001年12月11日,中国正式加入世界贸易组织(WTO),为了在证券市场和国际规范方面与发达国家接轨,中国证监会在2001年8月21日正式颁布《关于在上市公司建立独立董事制度的指导意见》,标志着独立董事制度正式引入中国。

因此,与国外相比,国内关于独立董事制度的研究相对匮乏。而关于独立董事辞职的研究却不尽相同。

国内关于独立董事辞职的研究,在中共中央组织部2013年10月19日下发《关于进一步规范党政领导干部在企业兼职(任职)问题的意见》(以下简称"中组部18号文")后,迎来了一个高潮。中组部18号文明确要求已经兼职(任职)的有关人员在三个月内辞去独立董事职务。此后,大批官员辞去了上市企业的独立董事职务。正因如此,自中组部18号文发布之后,不少专家学者开始以此次"独立董事辞职潮"为出发点,研究其带来的市场反应。

关于官员独立董事辞职与市场反应的研究中,一部分学者的研究结果显示,存在官员独立董事的上市公司在中组部18号文发布后,市场回报率显著为负(张俊生等[1],2010;辛宇等[2], 2016;龙小宁等[3] 2016;乐菲菲等[4], 2020;刘思敏等[5], 2021)。其中较有代表性的是:中山大学的叶青[6]教授(2016)在研究中发现,官员独立董事辞职后的上市公司,呈现了显著为负的CAR值,也就是说,官员独立董事辞职后市场明确给出了负面反应,这也说明了官员独立董事对上市公司有着重要的经济意义——官员独立董事在职期间真正提供了社会资源支持功能,因此随着此类独立董事的辞职,企业获取的社会资源减少了,于是市场给出了负面的反应。

而另一部分学者的研究结果显示,市场对官员独立董事辞职事件表现出正向的市场反应,这无异于说明官员独立董事在职期间实际是损害了公司的利益——部分官员独立董事在职期间毫无作为,扮演着"花瓶董事"的角色,这种行为本身

---

[1] 张俊生,曾亚敏. 独立董事辞职行为的信息含量[J]. 金融研究,2010(8):155-170.
[2] 辛宇,邓晓飞,滕飞. 制度压力感知与官员独董辞职:基于"中组部18号文"的实证研究[J]. 财经研究,2016,42(8):121-132.
[3] 龙小宁,张训常,杨进. 转轨背景下官员兼职规制的经济效应[J]. 中国工业经济,2016(7):40-56.
[4] 乐菲菲,张金涛,修浩鑫. 高管政治关联会导致创业板企业上市后创新绩效"变脸"吗?[J]. 经济与管理,2018,32(1):73-79,86.
[5] 刘思敏,郑建强,黄继承,等. 独立董事换届"未连任"与公司违规行为[J]. 金融评论,2021,13(4):77-91,125-126.
[6] 叶青,赵良玉,刘思辰. 独立董事"政商旋转门"之考察:一项基于自然实验的研究[J]. 经济研究,2016(6):98-113.

就损害了公司价值,因此随着这类独立董事的辞职,市场呈现了正向的反应(许泽君[①],2017;戴文涛等[②],2018;赵峰等[③],2018;李小军等[④],2021)。其中较有代表性的研究是:罗进辉等[⑤](2017)利用事件研究法检验官员独立董事辞职公告的市场反应,研究结果显示,市场对官员独立董事辞职事件呈现了正向的反应,这证实了官员独立董事在职期间其实是损害了公司利益的。

中组部18号文所引发的"独立董事辞职潮"与此次"康美事件"所引发的"独董辞职潮"有相似之处,但也存在很大差异。相同的是,两次"独立董事辞职潮"都引发了不小的市场反应。差异在于,前者是由政策引起的,投资者对企业的经营能力的判断可能会通过企业发展而相应变化;而后者则是由负面热点事件引起的。为研究在"康美事件"的背景下独立董事辞职事件是否会引起市场异常回报率,本文将选用事件研究法进行研究。

因此,基于前人学者的研究,本文提出如下假设:

H1a:"康美事件"发生后,独立董事辞职事件会令市场产生正向的异常回报。

H1b:"康美事件"发生后,独立董事辞职事件会令市场产生负向的异常回报。

2.2 会计盈余信息价值相关性的相关研究

独立董事的辞职事件会引起不同的市场反应,而在此次"康美事件"所引起的"独立董事辞职潮"中,有一些上市公司可谓是"无故躺枪"。明明经营良好,只因独立董事的辞职恰好赶上了这波"独董辞职潮"而被投资者怀疑财务造假,形成了负面的市场反应,给企业与其他的投资者都带来了损失。而这种现象是可以调节的,因为会计盈余是可以对市场反应进行调节的,而调节作用能够有效的原因是盈余信息价值相关性的存在。

通俗地讲,会计盈余信息价值相关性指的就是会计盈余信息对于股价的相关性强弱。FASB和我国《企业会计准则》的解释为"会计信息能够让使用者对公司历史、现状和未来的情况更加了解,或是对原先所做的预测和判断修改和更正,以对投资决策提供帮助"。

盈余信息价值相关性的提出源于1968年Ball和Brown的研究,他们发现股价

---

① 许泽君. 官员独董与民营企业非效率投资:基于中组部18号文的准自然实验[J]. 投资研究,2017,36(12):78-96.

② 戴文涛,刘秀梅,曲京山. 我国上市公司的独立董事制度有作用吗?——基于一个外生政策冲击的检验[J]. 财经问题研究,2018(11):59-65.

③ 赵峰,刘筱萱,甘方南,等. 反腐倡廉政策与企业税收优惠获得的公平性:对中组部18号文件政策效应的分析[J]. 财会月刊,2018(24):38-50.

④ 李小军,陈雪,毛庆媛. 外部薪酬差距、政治晋升预期与高管主动离职[J]. 哈尔滨商业大学学报(社会科学版),2021(3):62-76.

⑤ 罗进辉,谢达熙,陈华阳. 官员独董:"掠夺之手"抑或"扶持之手"[J]. 管理科学,2017,30(4):83-96.

对收益增加公告的反应很积极,对公布公司的收益下降反应很消极,证明了会计盈余具有价值相关性。在1993年会计改革由增减法改为借贷记账法之后,盈余信息价值性惯性的研究也被提上了日程。赵宇龙[①](1998)通过对未预期会计盈余符号与盈余公告日前后的股票非正常报酬率符号间相关性的研究,证明了我国会计盈余信息的披露是具有价值相关性的。之后陈晓等[②](1999)的研究,也证实了盈余信息在A股市场上同样具有较强的价值相关性。在之后的研究中,如陆静等[③](2002)、陈信元等[④](2002)、施耀等[⑤](2014),利用模型证实了更为具体的会计盈余信息,如现金流量、每股收益、每股净资产、每股经营活动净流量等具有价值相关性,会对股票价格产生相应影响;同时通过研究还发现,会计盈余信息对股价的解释越充分,其决策有用性也就越高。在经历过2006年会计准则的变动后,对会计盈余信息价值相关性的研究更为具体。例如:潘立生、张静雯[⑥](2018)对利润表中各项目的信息进行了价值相关性检验,发现利润表中体现的盈余信息比净资产信息对股票的解释和定价能力更强;张陈晔[⑦](2021)对现金流量表中的信息进行了与企业价值相关性的实证研究,并证明了现金流量对企业价值是有显著正相关性的。

上述学者的研究,为本文打下了坚实的基础,为本研究的顺利进行提供了强有力的理论支持。因此,本文提出了如下假设:

H2:相比于会计盈余质量较差的公司,会计盈余质量较好的公司更不易产生负的异常回报。

3 研究设计

3.1 样本与数据

本文以2021年11月12日(康美药业一审判决公布)至2022年2月1日发出过独立董事辞职公告的上市公司为初始样本,在进行过多轮筛选过后,共有92个

---

① 赵宇龙. 会计盈余披露的信息含量:来自上海股市的经验证据[J]. 经济研究,1998(7):42-50.
② 陈晓,陈小悦,刘钊. A股盈余报告的有用性研究:来自上海、深圳股市的实证证据[J]. 经济研究,1999(6):21-28.
③ 陆静,孟卫东,廖刚. 上市公司会计盈利、现金流量与股票价格的实证研究[J]. 经济科学,2002(5):34-42.
④ 陈信元,陈冬华,朱红军. 净资产、剩余收益与市场定价:会计信息的价值相关性[J]. 金融研究,2002(4):59-70.
⑤ 施耀,贝政新,陈作章. 会计盈余、现金流量、净资产与股票价格的相关性:基于中小板市场2005—2011年的经验数据[J]. 金融教学与研究,2014(1):44-47.
⑥ 潘立生,张静雯. 利润表列报信息有用性的实证检验[J]. 财会通讯,2018(7):17-22.
⑦ 张陈晔. 会计盈余、现金流量与企业价值的相关性实证研究:基于沪深两市的A股上市公司[J]. 广西质量监督导报,2021(4):211-212.

观测值。其中股票交易数据和公司财务数据来源于CAMAR数据库,独立董事辞职公告来源于巨潮资讯网。

本文首先通过巨潮资讯网的公告信息,手工收集了2021年11月12日至2022年2月1日发布的有关独立董事辞职的公告共161个,通过对公司信息的整理汇总,得出各类市场中发布独立董事辞职公告的公司数量(见表1)。

表1 各类市场中发布独立董事辞职公告的公司数量

市场类型代码	市场类型	发布公告的公司数量
1	上证A股市场(不包含科创板)	48
2	上证B股市场	0
4	深证A股市场(不包含创业板)	50
8	深证B股市场	1
16	创业板	53
32	科创板	9
64	北证A股市场	0

在初始样本的基础上,按照如下标准进行了样本筛选:①保留A股市场(不含科创板、创业板)的公司。由于创业板与科创板的风险大,易对最终实验产生干扰因素,因此实验样本只保留A股市场的上市公司。②剔除相关数据不全的样本。部分上市公司存在事件日后5天内均为未开盘的情况,无法选取窗口期;部分则是由于预测期不足,无法进行个股股票回报率的预测。

基于上述的筛选条件,最终确认样本量为92个。样本量较少的原因是,康美药业案件的一审判决于2021年11月12日下达,距本人样本选取的截止日期仅108天,未进行样本筛选前,就有161家上市公司发布了独立董事的辞职公告,可以说是1天有1.5家公司发布辞职公告。截至2021年11月3日统计,中国A股有4 554家上市公司,本人选取的样本约占2.02%。也就是说,自康美药业一审判决书下达之后,在短短3个月的时间里,有2.02%的A股上市公司的独立董事选择辞职。其规模可见一斑。因此,本人认为,该样本量足够对上述假设进行检验。

3.2 模型设计

3.2.1 事件日

事件日是指市场"接收"到信息或资讯的时点,有可能是事件发生的当日,也有可能存在一定的滞后。

由于本文的研究建立在独立董事辞职的背景下,根据规定,独立董事辞职需要发布公告,因此本文选取上市公司首次发布独立董事辞职公告的公告日为事件日

(第0天),包括关于独立董事辞职的公告、关于独立董事辞职及补选独立董事的公告等公告日期。若公告日为周末或公共节假日等而导致公告当日停牌,事件日则为公告日后复牌的第一个交易日,但若中间停牌间隔超过5日,则予以剔除。

3.2.2 窗口期

窗口期一般选取事件发生前后可能对因变量产生影响的时间段,而这一时间段包含事件日。

本文将独立董事辞职事件日后较短的一段时间设定为事件窗口。本文选取的窗口期为[0,1],即公告发布当日及发布后一日,这样可保证"噪声"最小。

3.2.3 预测期

预测期是指事件发生前的一段时期,利用该时间段估计假设事件未发生时股票的正常收益率。

本文将选取事件日前300天至事件日前50天作为预测期,用来计算实际日个股回报率与日市场回报率的回归方程。预测期的时间足够长会使结果误差更小、使回归方程更准确;但预测期过长,也会导致回归系数因预测期内发生的重大事件而产生偏差。因此,本文选取预测期的起始时间是在"后疫情时代"的开端,在各行各业都已经经受过疫情的冲击,并且生产经营活动也开始步入正轨,各个企业也逐渐开始适应疫情下的工作节奏的情况下,企业的发展趋于平稳,适合作为预测期。

3.2.4 事件研究法模型的运用

本文以独立董事辞职公告日后短时间窗口内的累计超额收益率(CAR)作为市场反应的度量指标,采用资本资产定价模型计算 CAR 的具体方法如下。

第一步,根据预测期估计 α、β 值:

$$R_{j,t} = \alpha_j + \beta_j R_{m,t} + \varepsilon_{j,t}$$

其中,$R_{j,t}$ 是个股 j 在第 t 日的实际日个股回报率,$R_{m,t}$ 是 A 股市场第 t 日的实际日市场回报率,$\varepsilon_{j,t}$ 是残差。通过 Stata 中的计算回归的语句,根据选取的预测期,计算出实际日个股回报率与日市场回报率之间的回归系数 β_j,通过资本资产定价模型得出关于实际日个股回报率的预测公式。

第二步,计算样本在预测期第 t' 日的预测日个股回报率:

$$R_{j,t'} = \alpha_j + \beta_j R_{m,t'} + \varepsilon_{j,t}$$

根据资本资产定价模型,第一步中计算出的 α、β 值,以及预测期后第 t' 日的实际日市场回报率,可以计算出在预测期之后第 t' 日的日个股回报率。为下一步计算超额收益率(AR)和累计超额收益率(CAR)提供了数据支持。

第三步,根据计算超额收益率(AR)和累计超额收益率(CAR):

$$AR_{j,t} = R_{j,t} - \alpha_j - \beta_j R_{m,t}$$

$$CAR_{j,t} = \sum_{t_1}^{t_2} AR_{j,t}$$

其中,$AR_{j,t}$ 是个股 j 在第 t 日的超额收益率,$CAR_{j,t}$ 是个股 j 在该时间窗口的累计超额收益率。

3.3 变量选取与定义

3.3.1 被解释变量

本文研究在"康美事件"的影响下,独立董事辞职事件与市场反应之间的关系,因此将市场反应作为被解释变量。而本文选用累计超额收益率(CAR 值)作为市场反应的替代度量指标,因此 CAR 值就是本文的被解释变量。

本文选择窗口期为[0,1]的 CAR 值,作为被解释变量,对应的 CAR 值分别为 CAR1。

3.3.2 解释变量

在关于会计盈余质量相关性的研究中,前人学者利用模型,实证检验了相关会计盈余指标对市场的调节作用。在对陆静等(2002)、陈信元等(2002)、施耀等(2014)研究进行学习后,本文选取的解释变量如下:

(1)每股经营活动中产生的现金流量(以下简称"每股经营现金流量")。每股经营现金流量指经营活动现金净流量与总股本之比。该指标可以衡量企业支付股利和资本支出的能力;再者,用现金流量更贴近股票价格的评估模型,且现金流量不受公司具体会计方法的影响,能更加真实地反映公司的经营状况。计算方法:

$$每股经营现金流量(F091801C) = \frac{经营活动产生的现金流量}{股本}$$

(2)利润含金量。利润含金量是指企业的经营活动产生的现金流量与净利润的比值,旨在衡量企业每 1 元钱的净利润收到了多少现金。计算方法:

$$利润含金量(F060101C) = \frac{经营活动产生的现金流量净额}{净利润}$$

3.3.3 控制变量

根据前人学者的研究,本文选择了公司规模、资产负债率、托宾 Q 值、公司性质作为控制变量。

(1)公司规模(SIZE):按常理理解,通常公司规模越大,企业的市场竞争力越强,其会计盈余质量也越好,反之则反。本文以企业 2021 年 6 月 30 日的企业总资产数的对数来衡量。

(2)资产负债率(DEBT):资产负债率主要衡量企业举债经营能力。公司资产负债率越高,则公司举债经营的风险也会越大,反之则反。所以,资产负债率也是投资者在进行投资决策时需要衡量的重要指标。本文以 2021 年 6 月 30 日的企业总负债与总资产之比来计算。

(3)托宾 Q 值($TOBINQ$):托宾 Q 值是指企业的市场价值与其资产重置价值的比率。它用于衡量企业的市场价值是否被高估或低估。托宾 Q 值越高,则市场对公司的定价预期也会越高,反之则反。本文以 2021 年 6 月 30 日的企业总市值与总资产之比来计算。

(4)企业性质(SOE):中国企业分类习惯性分为国有与非国有,因此本文将选取的样本企业分为两类,国有企业为 1,非国有企业为 0。

上述变量的符号和定义如表 2 所示。

表 2 变量汇总

变量类型	变量名称	变量符号	变量定义/计算方法
被解释变量	市场反应	$CAR1$	窗口期[0,1]累计超额收益率
解释变量	每股经营现金流量	$F091801C$	经营活动产生的现金流量/股本
	利润含金量	$F060101C$	经营活动产生的现金流量净额/净利润
控制变量	公司规模	$SIZE$	总资产对数
	资产负债率	$DEBT$	总负债/总资产
	托宾 Q 值	$TOBINQ$	总市值/总资产
	企业性质	SOE	国有企业取 1,非国有企业取 0

4 回归分析

4.1 描述性统计

本文对各变量进行了描述性统计分析,结果如表 3 所示。

表 3 主要变量的描述性统计

变量名	样本量	最大值	最小值	均值	中位数	标准差
$CAR1$	92	0.077 5	-0.151 2	-0.007 3	-0.000 7	0.037 9
$F091801C$	92	3.503 0	-2.128 9	0.518 2	0.214 3	0.890 7
$F060101C$	92	22.318 0	-8.972 8	1.655 4	1.132 0	3.817 1
$SIZE$	92	25.751 5	19.831 4	22.393 8	22.176 5	1.241 3
$DEBT$	92	2.587 9	0.029 9	0.495 5	0.467 9	0.329 8

续表

变量名	样本量	最大值	最小值	均值	中位数	标准差
TOBINQ	92	5.713 3	0.582 1	1.854 9	1.440 5	1.042 1
SOE	92	1.000 0	0.000 0	0.326 1	0.000 0	0.471 3

在实验中,本文将变量的样本量、最大值、最小值、均值、中位数和标准差均列示出来。通过分析,有如下发现:

4.1.1 被解释变量

被解释变量衡量的是市场反应,根据描述性统计可知:不同窗口期下的累计超额收益率 CAR1 的均值、中位数皆为负,且从标准差可以看出,数值相对集中。因此,可以合理猜测,独立董事辞职事件引起了市场的负面反应。

4.1.2 解释变量

解释变量应当对市场反应起到调节作用,通过描述性统计可以发现:每股经营现金流量与利润含金量的标准差相较于其他变量而言较高,意味着变量数据较为分散。因此不难判断,各个企业的现金流转情况迥异,导致企业的经营情况不同。而正因有差异,才得以判断会计盈余指标是否对市场反应产生了调节作用。

4.1.3 控制变量

因本研究未选取特定行业的企业作为样本,因此公司规模、资产负债率、托宾Q值以及企业性质都有着明显的区别。由此也可以看出,"康美事件"的影响并不体现在特定行业,而是体现在各个行业。

4.2 相关性分析

本文利用 Stata 软件,对各变量之间进行了皮尔森和斯皮尔曼相关性分析,结果如表4所示。

表4 主要变量相关性分析

	CAR1	F091801C	F060101C	SIZE	DEBT	TOBINQ	SOE
CAR1	1 (0.000 0)	0.072 5 (0.563 2)	0.150 9 (0.226 5)	-0.220 0 (0.075 9)	-0.052 1 (0.677 7)	-0.017 4 (0.889 8)	-0.036 9 (0.768 7)
F091801C	0.216 4 (0.039 3)	1 (0.000 0)	0.708 8 (0.000 0)	0.448 4 (0.000 2)	0.156 4 (0.209 9)	-0.192 7 (0.121 2)	0.266 4 (0.030 6)
F060101C	0.363 0 (0.002 7)	0.515 6 (0.000 0)	1 (0.000 0)	0.170 9 (0.170 0)	0.131 4 (0.292 8)	-0.125 3 (0.316 1)	0.050 0 (0.690 1)
SIZE	-0.109 5 (0.381 6)	0.366 1 (0.002 5)	0.066 5 (0.595 7)	1 (0.000 0)	0.359 2 (0.003 1)	-0.568 6 (0.000 0)	0.464 8 (0.000 1)

续表

	CAR1	F091801C	F060101C	SIZE	DEBT	TOBINQ	SOE
DEBT	0.040 9 (0.744 6)	0.153 1 (0.219 7)	0.104 5 (0.403 6)	0.311 9 (0.010 8)	1 (0.000 0)	−0.415 2 (0.000 5)	0.192 7 (0.121 2)
TOBINQ	−0.256 1 (0.038 0)	−0.122 7 (0.326 2)	−0.094 5 (0.450 5)	−0.410 9 (0.000 6)	−0.218 7 (0.077 7)	1 (0.000 0)	−0.327 1 (0.007 3)
SOE	0.051 7 (0.680 3)	0.281 5 (0.022 0)	0.058 6 (0.640 5)	0.457 1 (0.000 1)	0.180 6 (0.146 8)	−0.182 5 (0.142 5)	1 (0.000 0)

由表4可以看出,当窗口期为[0,1]时,每股经营现金流量与利润含金量同CAR1的皮尔森相关系数分别为0.216 4和0.363 0,且检验结果均显著,因此可以判断每股经营现金流量和利润含金量同市场反应之间呈正相关关系。

4.3 实验结果分析

4.3.1 假设1的实验结果与分析

本文对假设1的研究主要运用了事件研究法。

根据事件研究法的研究步骤,本文首先进行了样本的选取。以92家上市公司作为本次研究的样本,这些样本均为"康美药业"一审判决下达日(2021年11月12日)之后发布独立董事辞职公告的上市公司,样本选取的截止日期为2022年2月1日。在此之后,根据研究需要对选取的样本进行了筛选、整理。

根据事件研究法中事件日的确定原则,本研究决定将公告发布日作为事件日。之后为保证实验结果所受到的影响最小,本研究将窗口期尽可能地开到最小以保证"噪声"最小。因此选择了[0,1]作为窗口期,用符号表示为CAR1。

在选定研究窗口后,本研究选择通过资本资产定价模型对窗口期内的个股回报率进行预测。在Stata软件的帮助下,利用实际日市场回报率与实际日个股回报率的相关数据得到预测方程,通过回归方程计算出窗口期内预计日个股回报率,进而计算得出窗口期为[0,1]的累计超额收益率(CAR值),结果如图1所示。

```
One-sample t test

Variable      Obs       Mean    Std. Err.   Std. Dev.   [95% Conf. Interval]

cumula~n       92  -0.0073215   0.0039536   0.0379219   -0.0151749    0.0005319

    mean = mean(cumulative_abnormal_return)           t =  -1.8518
Ho: mean = 0                                 degrees of freedom =       91

   Ha: mean < 0              Ha: mean != 0              Ha: mean > 0
 Pr(T < t) = 0.0336       Pr(|T| > |t|) = 0.0673       Pr(T > t) = 0.9664
```

图1 CAR1的结果与显著性检验

通过结果可以看出,在独立董事辞职事件发生之后,样本的累计超额收益率的平均值为-0.007 3,通过 t 检验可知,CAR1<0 在统计意义上显著。这就说明,在样本发布独立董事辞职后,市场产生了消极的反应,导致市场呈现负的异常收益率。

该结果证明了假设 H1b 的成立:"康美事件"后,独立董事辞职事件会令市场产生负向的异常回报。

根据 2022 年 3 月的存贷款基准利率可知,一年定期存款的年利率为 1.50%,而将本研究中的 CAR1 转换为以年为单位,则异常回报率可高达-266.45%。这就意味着,如果在"康美事件"发生后有独立董事选择辞职,则将可能给公司带来不可估量的损失。而这么大的损失并不是所有企业都能承担的,也许就会有企业自此走向衰败。

但是从实验中单个样本企业的 CAR 值来看,并不是所有样本的累计超额收益率均为负数,有些样本反而显示正的累计超额收益率。这就意味着,有些上市公司并没有受到"康美事件"的影响。对于这一现象的产生,本文根据会计盈余相关性原理进行了合理推测,提出了假设 2,并通过回归分析对假设 2 进行了检验。

4.3.2 假设 2 的回归结果与分析

在运用事件研究法对假设 1 进行了验证之后,关于上述实验出现的异常现象,本人阅读了相关文献。通过文献研究法,发现该现象的产生可能与会计盈余信息相关性理论有关,于是提出了本文的第二个假设:相比于会计盈余质量较差的公司,会计盈余质量较好的公司更不易产生负的异常回报。

在该假设下,本文根据前人研究选取了两个会计盈余指标作为解释变量——每股经营现金流量和利润含金量。利用 Stata 软件,对解释变量同 CAR1 分别进行回归,并通过 t 检验验证其显著性,回归结果如表 5 所示。

表 5　回归结果

	CAR1		CAR1	
	估计系数	t 值	估计系数	t 值
截距项	0.153 2	0.192	0.019 36	0.016
F091801C	0.009 9	0.043		
F060101C			0.002 8	0.000
SIZE	-0.006 8	0.185	-0.008 2	0.020
DEBT	-0.007 0	0.629	0.001 9	0.904
TOBINQ	-0.007 9	0.134	-0.009 4	0.075
SOE	-0.010 0	0.249	0.007 4	0.399

本实验在选取变量时,考虑到样本企业所处行业不一样,企业规模也不尽相同,因此无法采用直接表示会计盈余质量的财务数据,只能选择财务指标作为变量。由于现金流量是企业经营情况最直观的体现,因此在选取变量时尽可能围绕现金流量选取。在陆静等(2002)的研究中就将每股经营现金流量作为变量,因此本文借鉴前人研究同样也选择每股经营现金流量作为解释变量,同时每股经营现金流量能够更加直观地体现企业的"造血能力",因此适合作为本研究的变量。由于净利润是衡量企业会计盈余的重要数据之一,因此本文还选取了利润含金量作为变量,来探索该变量对市场反应的调节作用。

通过实验结果可知,在窗口期[0,1]时,每股经营现金流量同 $CAR1$ 的回归系数为 0.009 9,t 检验结果为 0.043;利润含金量同 $CAR1$ 的回归系数为 0.002 8,t 检验结果为 0.000。这样的回归结果表明 $CAR1$ 同每股经营现金流量及利润含金量之间的回归结果在 5% 水平下显著为正,这就意味着变量间呈正相关关系。

由此结果可以判断,假设 2 成立;相比于会计盈余质量较差的公司,会计盈余质量较好的公司更不易产生负的异常回报。

这就意味着,在独立董事辞职事件作为负面消息导致市场做出了消极反应的情况下,部分企业的会计盈余指标揭示出该企业经营状况较好,由于会计盈余信息相关性理论的支持,负面事件带来的市场反应受到会计盈余信息的影响,因此企业在后续的发展中能够尽量避免被"误伤"。

5 稳健性检验

5.1 假设 1 的稳健性检验

对假设 1 的研究主要运用了事件研究法。为保证研究结果的可靠性,本研究改变了窗口期之后再次计算累计超额收益率。这次选取的窗口期为[0,0]和[0,2]。实验结果如图 2 和图 3 所示。

```
One-sample t test

Variable |    Obs        Mean     Std. Err.   Std. Dev.   [95% Conf. Interval]

cumula~n |     92    -0.0053316   0.0027451   0.0263298   -0.0107843    0.0001212

    mean = mean(cumulative_abnormal_return)               t =  -1.9422
Ho: mean = 0                                 degrees of freedom =       91

   Ha: mean < 0              Ha: mean != 0              Ha: mean > 0
 Pr(T < t) = 0.0276       Pr(|T| > |t|) = 0.0552      Pr(T > t) = 0.9724
```

图 2 $CAR0$ 的 t 检验结果

```
One-sample t test

Variable    |  Obs  |    Mean    |  Std. Err. |  Std. Dev. | [95% Conf. Interval]
cumula~n    |  92   | -0.0088034 |  0.0051126 |  0.0490388 | -0.0189591   0.0013522

    mean = mean(cumulative_abnormal_return)              t =  -1.7219
Ho: mean = 0                              degrees of freedom =       91

   Ha: mean < 0              Ha: mean != 0                 Ha: mean > 0
 Pr(T < t) = 0.0442       Pr(|T| > |t|) = 0.0885       Pr(T > t) = 0.9558
```

图 3　CAR2 的 t 检验结果

可以看出,在窗口期为[0,0]时,$CAR0 \neq 0$ 的检验结果为 0.055 2——显著不等于 0;$CAR0<0$ 的检验结果为 0.027 6——显著小于 0;$CAR0>0$ 的检验结果为 0.972 4——不可能大于 0。因此可以证明,独立董事辞职事件公告发布当日,对企业产生了负面影响,导致市场出现了负面反应。

在窗口期为[0,2]时,$CAR0 \neq 0$ 的检验结果为 0.088 5——显著不等于 0;$CAR0<0$ 的检验结果为 0.044 2——显著小于 0;$CAR0>0$ 的检验结果为 0.955 8——不可能大于 0。因此可以证明,在独立董事公告发布后的第二天,企业依旧会持续受到辞职事件的影响,呈现负面的市场异常回报率。

因此,在窗口期缩短或者扩大的情况下,CAR 值均呈现显著为负的情况,因此可以验证假设 1 的实验结果与分析是可靠的。

5.2　假设 2 的稳健性检验

为进一步验证假设 2 结论的可靠性,本文采用每股自由现金流量($F092201B$)代替每股经营现金流量($F091801C$)。从上述研究中可知,在独立董事辞职事件的影响下,市场呈现了负面的反馈。但是进一步研究发现,在企业经营情况较好的情况下,会计盈余指标对市场的异常回报率有调节作用的。因此,为了验证研究结果的有效性,本文采用了替换变量的方法进行稳健性检验。

每股自由现金流量计算方法:

$$F092201B = \frac{经营活动产生的现金流量 - 资本性支出}{股本}$$

每股自由现金流量($F092201B$)与每股经营现金流量($F091801C$)的区别在于资本性支出,每股经营现金流量的分子是企业经营活动所产生的经营现金流量净额,所获得的现金理应用于下一阶段的生产经营,但是往往企业需要为下一阶段的资本性支出留出足够的现金。这就意味着,有些企业的经营活动所产生的现金流量看似很充足,但是往往每股自由现金流量($F092201B$)的结果并不理想,进而因为现金流的不充足而影响企业的后续发展。因此,从某种意义上讲,每股自由现金流量($F092201B$)相较于每股经营现金流量($F091801C$)更加有说服力。

综上，本文采用每股自由现金流量($F092201B$)替换原解释变量的方法进行检验，检验结果如表6所示，每股自由现金流量同 $CAR1$ 的相关系数为0.0149，t检验结果为0.006。

表6 稳健性检验回归结果

	CAR1	
	估计系数	t 值
截距项	0.153 5	0.161
$F092201B$	0.014 9	0.006
$SIZE$	−0.006 6	0.158
$DEBT$	−0.008 9	0.532
$TOBINQ$	−0.007 7	0.157
SOE	0.015 1	0.094

从结果可知，每股自由现金流量同市场反应呈正相关关系。这意味着每股自由现金流量同每股经营现金流量一样，都可以调节由独立董事辞职事件引起的负面市场反应。

6 研究结论与展望

6.1 研究结论

自康美药业财务造假事件曝光以来，相关的报道从未停止。直到2021年11月12日，"康美药业"的一审判决下达，又引发了一波舆论高潮。其中，引起广泛讨论的便是独立董事的连带责任。因为在多数人眼中，独立董事是一份"钱多活少"的职业，可是在这次财务造假事件中，独立董事们需要承担上亿元的赔偿，让很多公司的独立董事开始感到危机，因此部分独立董事纷纷选择辞职以规避风险。本文正是在这样的背景下开展研究的。

本文运用事件研究法对独立董事辞职事件所引发的市场反应进行了研究，研究结果显示，在独立董事辞职后的短时间内，累计超额收益率显著小于0。这就意味着，独立董事辞职事件的发生，导致各企业的股价波动，出现了异常回报率。因而得出结论，在"康美事件"牵连一众独立董事担负高额赔偿之后，发生的独立董事辞职事件会引起市场的负面反应，并且绝大部分企业出现了负面的累计异常回报率，而少数企业的回报率有所上升。该现象的产生成为本文进一步研究的前提。

正因在市场呈现负面反应的时候，有部分企业的股价并未受到影响，反而有所上升,本文开展了进一步的研究。本文结合会计盈余信息相关性理论,利用累计超额收益率与相关会计盈余指标进行多元回归。回归结果显示,会计盈余指标同市场反应之间确实存在相关性,从而验证了会计盈余指标对市场反应的调节作用。研究表明:会计盈余质量较好的公司,出现独立董事辞职事件后,对市场回报率产生影响的可能性较小,并且回报率有增长趋势;而对于会计盈余质量相对较差的公司而言,独立董事辞职事件会导致市场产生异常回报率。这恰恰说明会计信息有助于企业抵御负面事件的影响。因此,为了在未来不会受到个别负面事件的波及,上市公司应当更加重视财务信息的披露。

6.2 研究建议

第一,上市公司应当完善本单位的独立董事制度。

通过本文的研究,独立董事辞职事件之所以会引起市场的负面反应,主要原因是在投资者眼中,独立董事辞职是一个负面事件。在投资者无法获取足够有效的信息的情况下,会先入为主地认为独立董事辞职是为了规避风险,这就意味着该企业有财务造假的风险。因此给企业带来了恶劣影响。

因此,为防止投资人的"无中生有"而导致股价波动,企业应当充分发挥独立董事的"独立"职责,使得独立董事出具的独立意见更加令人信服。同时,也能让独立董事在企业的经营发展中起到积极的作用,而不是让独立董事成为一个"花瓶",尽可能不要再出现独立董事对公司的经营状况并不了解的现象,进而也就不存在为了规避风险盲目跟风离职导致公司股价下跌的情况。

因此,完善独立董事制度,在企业未来的经营管理中具有至关重要的作用。

第二,上市公司应当更加注重财务信息的披露。

虽然独立董事辞职现象导致了市场的异常回报率,但是通过研究发现,有部分企业并未受到影响,其主要原因是会计盈余表现较好。而投资人主要通过上市公司所披露的财务报表等公开信息获得会计盈余信息。投资人对企业经营状况的评估也主要源于财务信息的披露。

通过本文的研究可知,在此次独立董事辞职事件中,会计盈余信息起到了调节市场反应的作用。因此不难看出,会计盈余质量的高低影响着投资者对企业未来发展潜力的判断。

因此,上市公司应当更加注重信息披露的及时性和准确性,提高信息披露质量,确保所披露信息的完整性,降低资本市场信息的不对称性,以便投资者全面了解上市公司的经营情况和财务状况,做出理性的投资决策。

6.3 研究不足

本研究虽然从时事热点出发,在结合国内外理论研究的基础上,对实际问题进行了实证检验,但是由于作者的学术水平有限,仍存在一些不足。

一是样本容量小。由于本文的研究背景为近期发生的事件,距离论文的写作时间仅间隔108天,因此从各类数据库与资讯网站上获得的公告也相对较少,手工收集独立董事辞职公告也相对比较困难,导致样本容量较小,回归结果与大样本容量下的结果可能会有差异。

二是影响市场反应的因素太多。本文主要研究在"康美药业"一审判决下达之后,独立董事辞职事件所引起的市场异常回报。虽然本文为了减少"噪声"将窗口期尽可能开得很小,剔除了存在可能影响CAR计算结果的样本,并且考虑了控制变量的影响因素,但是并不能保证市场的异常回报只是由独立董事辞职事件造成的。因此在未来的研究中,还需要进行充分的调研和文献阅读,以使研究逻辑更严谨,结果更完美。

参考文献

[1]陈晓,陈小悦,刘钊.A股盈余报告的有用性研究:来自上海、深圳股市的实证证据[J].经济研究,1999(6):21-28.

[2]陈信元,陈冬华,朱红军.净资产、剩余收益与市场定价:会计信息的价值相关性[J].金融研究,2002(4):59-70.

[3]戴文涛,刘秀梅,曲京山.我国上市公司的独立董事制度有作用吗?——基于一个外生政策冲击的检验[J].财经问题研究,2018(11):59-65.

[4]侯佳楠.融资融券对中国A股市场波动性影响的实证研究[D].烟台:山东工商学院,2019.

[5]黄佐,邹高峰,李丹.基于事件研究法的中国市场定向增发效应研究[J].甘肃科学学报,2018,30(3):141-146.

[6]乐菲菲,张金涛,魏震昊.独立董事辞职、政治关联丧失与企业创新效率[J].科研管理,2020,41(2):248-256.

[7]乐菲菲,张金涛,修浩鑫.高管政治关联会导致创业板企业上市后创新绩效"变脸"吗?[J].经济与管理,2018,32(1):73-79,86.

[8]李小军,陈雪,毛庆媛.外部薪酬差距、政治晋升预期与高管主动离职[J].哈尔滨商业大学学报(社会科学版),2021(3):62-76.

[9]刘思敏,郑建强,黄继承,等.独立董事换届"未连任"与公司违规行为[J].金融评论,2021,13(4):77-91,125-126.

[10]刘晓晖.公允价值计量、盈余管理与会计信息价值相关性[J].财会通讯,2020(5):25-28.

[11]龙小宁,张训常,杨进.转轨背景下官员兼职规制的经济效应[J].中国

工业经济,2016(7):40-56.

[12]陆静,孟卫东,廖刚.上市公司会计盈利、现金流量与股票价格的实证研究[J].经济科学,2002(5):34-42.

[13]罗进辉,谢达熙,陈华阳.官员独董:"掠夺之手"抑或"扶持之手"[J].管理科学,2017,30(4):83-96.

[14]潘立生,张静雯.利润表列报信息有用性的实证检验[J].财会通讯,2018(7):17-22.

[15]彭爱武,张新民.会计信息价值相关性研究:国外文献评述[J].国际商务(对外经济贸易大学学报),2020(2):124-141.

[16]彭情,唐雪松.流言招来的"是非":股市传闻与盈余价值相关性[J].管理世界,2019,35(3):186-204.

[17]施耀,贝政新,陈作章.会计盈余、现金流量、净资产与股票价格的相关性:基于中小板市场2005—2011年的经验数据[J].金融教学与研究,2014(1):44-47.

[18]辛宇,邓晓飞,滕飞.制度压力感知与官员独董辞职:基于"中组部18号文"的实证研究[J].财经研究,2016,42(8):121-132.

[19]许泽君.官员独董与民营企业非效率投资:基于中组部18号文的准自然实验[J].投资研究,2017,36(12):78-96.

[20]叶青,赵良玉,刘思辰.独立董事"政商旋转门"之考察:一项基于自然实验的研究[J].经济研究,2016(6):98-113.

[21]张陈晔.会计盈余、现金流量与企业价值的相关性实证研究:基于沪深两市的A股上市公司[J].广西质量监督导报,2021(4):211-212.

[22]张俊生,曾亚敏.独立董事辞职行为的信息含量[J].金融研究,2010(8):155-170.

[23]赵峰,刘筱萱,甘方南,等.反腐倡廉政策与企业税收优惠获得的公平性:对中组部18号文件政策效应的分析[J].财会月刊,2018(24):38-50.

[24]赵宇龙,王志台.我国证券市场"功能锁定"现象的实证研究[J].经济研究,1999(9):56-63.

[25]赵宇龙.会计盈余披露的信息含量:来自上海股市的经验证据[J].经济研究,1998(7):42-50.

[26] BASU S, DUONG T, MARKOV S, et al. How important are earnings announcements as an information source?[J]. European Accounting Review,2013,22(2):221-256.

[27] EUGENE F F. Agency Problem and the Theory of Firm[J]. Journal of

Political Economy,1980(88):288-307.

[28] EUGENE F F,MICHAEL JENSEN. Separation of Ownership and Control[J]. Journal of Law and Economics,1983,26:301-325.

[29] J. C. DOLLY,Characteristics and Procedure of Common Stock Split-Ups[J]. Harvard Business Review,1933,11(3).

[30] OHLSON J. Earnings, book values, and dividends in equity valuation[J]. Contemporary Accounting Research,1999,11(2):661-687.

指导教师评语：

论文选题符合专业培养目标,文献资料引用充分,采用大样本回归和 CAR 计算、t 检验等实证研究方法,论证运用较为规范,并附有相关的稳健性检验。

论文以事件研究法,分析了独立董事辞职事件对其市场回报率的影响,发现对会计盈余相对较差的公司而言,市场对其独立董事辞职事件的反应较为明显,多数呈现负面反应。文章数据翔实,计算准确,反映出作者较好地掌握了本专业的基础知识,并能理论联系实际。

该学生在论文写作过程中态度端正,刻苦钻研,经常向导师征询意见,提出问题。论文的研究内容和结论正确,对现实有参考价值和指导意义。论文研究方法科学,结构合理,思路清晰,语言顺畅,行文规范。

教育扶贫的成效及机制
——基于国家实施班班通工程的研究

劳动经济学院　陈秋月　　指导教师：王晓霞

摘　要：本文基于中国教育追踪调查数据(CEPS)，运用描述性统计分析、面板回归模型分析等方法，以认知能力和学习成绩为考量，考察班班通工程的实施效果，并从信息技术工具的使用和心理因素两个角度进行机制分析。基准回归结果表明，班班通工程对学生的认知能力及学习成绩均无显著影响。在机制分析中，从信息技术工具使用的角度，本文发现班班通工程可以增加教师使用多媒体投影设备及互联网的频率，但这并不能转化为对学生成绩的积极影响。从心理因素的角度，本文发现班班通工程不能显著影响学生学习兴趣、教育期望，但是可以提高学生语文及数学的学习接受度；班班通工程实施成效不理想的问题在农村更为突出，因为它降低了农村地区学校学生的教育期望。综合以上发现，本文认为班班通工程如要取得积极成效，应以教师专业能力的配套提升为前提，未来的政策方面对此应予以关注。

关键词：班班通工程，学业成果，信息技术工具，心理因素，教育扶贫

1　引言

1.1　研究背景与意义

贫困是人类社会共同面临的挑战，促进发展。摆脱贫困是人们的共同心愿。中国贫困人口多，且贫困代际传递显著，解决贫困问题的难度很大。中国政府始终将减缓贫困作为国家发展的重要目标和任务。20世纪80年代中期以来，中国政府开始有组织、有计划、大规模地开展农村扶贫开发，先后制定实施《国家八七扶贫攻坚计划(1994—2000年)》等减贫规划，持续推进中国减贫进程。党的十八大以来，中国组织实施了规模空前的脱贫攻坚战。截至2021年，脱贫攻坚战取得全面胜利，中国历史性地全面消除了绝对贫困，实现在现行标准下的9 899万农村贫困人口全部脱贫，占世界人口近1/5的中国全面消除绝对贫困。这使得中国提前十年

实现了《联合国2030年可持续发展议程》减贫目标。① 按照现行贫困标准计算,自改革开放以来,我国7.7亿农村贫困人口摆脱贫困;按照世界银行国际贫困标准,我国减贫人口占同期全球减贫人口的70%以上。② 中国为全球减贫事业做出了巨大贡献。

当前,我国已实现全面小康社会,正在大力推进乡村振兴。如何巩固脱贫成果,阻断贫困代际传递,实现乡村振兴也成为社会关注的热点问题。

教育作为人力资本获得和积累的重要方式,能够有效阻断贫困代际传递。人力资本理论认为,减少贫困的重要工具是教育。通过教育对人力资本进行投资,传授知识和技能,可以达到提高个体劳动生产率的目的,从而减少贫困。因此,国家一直高度重视教育扶贫工作,近年来颁布实施了一系列教育扶贫政策,包括"两免一补"政策、校舍改造计划和学生营养改善计划等。教育财政投入也不断加大,2019年,国家财政性教育经费支出达400 47亿元,首次突破4万亿元,是2015年的1.37倍,占GDP比例为4.06%,自2012年实现4%目标以来连续8年保持在4%以上。用于义务教育的经费达21 119亿元,首次超过2万亿元,占国家财政性教育经费的比例达到53%。③

随着时代发展,社会信息化步伐加快,信息技术对教育产生革命性影响,教育信息化也成为教育改革的重点,在推进教育均衡发展中扮演重要角色。国家在推进基础教育信息化建设方面投入了大量人力物力,积极推进"农远工程""三通两平台""教学点数字教育资源全覆盖"等工程建设,并取得初步成效。2018年全国中小学校(不含教学点)的联网率从2014年的77.4%增加到99.6%,拥有多媒体教室的比例从2014年的65.8%增加到95.2%,数量从230万间增加到374万间,75.9%的学校实现多媒体教学设备全覆盖,学校统一配备的教师终端、学生终端数量分别达到1 050万台和1 559万台。④ 2018年,教育部研究制定了《教育信息化2.0行动计划》,积极推进"互联网+教育"发展。教育信息化的发展对于促进城乡优质教育资源共享,促进教育均衡发展具有重要意义。

国家投入建设的基础教育信息化工程提升了学校的信息化水平,也促进了城乡优质教育资源共享和教育均衡发展。在国家投资建设的众多教育信息化工程

---

① 《人类减贫的中国实践》白皮书(全文),http://www.scio.gov.cn/zfbps/ndhf/44691/Document/1701664/1701664.htm,2021年4月6日发布。

② 习近平在全国脱贫攻坚总结表彰大会上讲话,http://politics.people.com.cn/n1/2021/0226/c1024-32037098.html,2021年2月26日发布。

③ 确保贫困地区义务教育有保障:改善教育面貌的格局之变,http://www.moe.gov.cn/jyb_xwfb/s5147/202101/t20210129_511647.html,2021年1月29日发布。

④ 教育扶贫—攻坚克难—脱贫攻坚展—人民网,http://fpzg.cpad.gov.cn/429463/430986/430999/index.html。

中,"三通两平台"中的班班通工程是其中重要一项。但班班通工程能否实现提高教育水平的目的？班班通工程对学生的学业成果又有着怎样的影响？已有的文献中对此鲜有研究,因此本文主要关注我国基础教育班班通工程的实施成效,并从信息技术工具的使用、心理因素等角度进行机制分析,希望为提高教育水平、缩小城乡教育差距及巩固脱贫成果提供基础数据支撑,并为提高班班通工程的成效提供科学合理的建议。

1.2 文献综述

教育扶贫长期吸引了国内外学者的关注。学者们大多聚焦于研究教育改善贫困的作用以及国家各类教育扶贫工程的实施效果。有学者认为,在贫困人口中,由于各种因素的限制,其子代往往也难以脱离贫困,从而产生强者愈强、弱者愈弱的"马太效应"(刘大伟,2020)。而侯玉娜(2020)通过研究发现,教育具有改善和阻隔代内收入差距(相对贫困)在代际转移的重要作用。李晓嘉(2015)研究发现,受教育水平的提高能够有效降低农户陷入贫困的概率,且对于相对贫困群体来说,受教育年限的增加可为其增加工作收入。可见,教育对于改善贫困状况具有重要作用。我国政府也一直高度重视教育,自改革开放以来,实施了多项教育扶贫工程。学者们普遍关注教育扶贫工程对改善贫困的影响。赵颖等(2021)研究了我国实施的1995—2000年国家第一期贫困地区义务教育工程,发现其在一定程度上改善了贫困地区的教育状况,但是没有增加个体义务教育阶段之外的教育水平。范子英等(2020)以我国实施营养改善计划为基础,研究营养干预对学生成绩的影响,发现我国营养改善计划通过提高学生健康水平有效地提升了学习成绩。Lai等(2015)则聚焦少数民族群体的教育,对基于计算机辅助项目(Computer-assisted Learning, CAL)的广泛交流语言强化项目(Language of Wider Communication, LWC)教授中国西北部农村少数民族学生普通话技能进行了研究,发现其能强化学生语言交流能力,提高学生的数学成绩。以上研究均显示了教育扶贫工程对提升教育水平和改善个体贫困状况的积极影响。但也有研究发现,政府实施的教育干预项目并不都能产生效果,获得积极成效需要有项目实施过程中的规范性作为前提。比如,Mo等(2020)发现,政府机构执行的CAL项目并没有提高学生的成绩,这主要是由于政策实施过程中的遵从度不高,规范实施过程的监督也不到位。

已有研究发现,在世界范围内的很多地区,将信息技术融入教育可以帮助学生提升自身能力(Banerjee等,2007;Lai and Gu,2011;Escueta等,2017)。我国也一直致力于将信息技术融入教育,促进教育信息化发展。其中,"三通两平台"中的班班通工程是国家实施的涉及信息技术的一项教育扶贫工程,它也引起了学者们的关注。大部分学者从宏观上探究班班通工程融合与应用的推进策略(倪正辉, 2014;李兆君,2010;刘志波和齐媛,2010),或从单个学科层面研究学科如何与班班通工程整合(李斐,2017;苏春景和高亚男,2015);有学者对班班通工程应用现状进行了调查和研究(李莉,2015;赵夫群,2015;杨永双,2010);有学者以班班通工程为背景研究网络学习空间的构建(黄利华等,2014)。此外,还有学者将班班通工程作为一个因子纳入学校教育信息化水平中,研究学校教育信息化的作用。龚伯韬(2019)从信息化教育促进教育结果公平的角度,实证分析了学校信息化对学业成果的影响,发现两者之间呈近似倒 U 形关系,学校信息化提升了学业成果及健康水平,但其水平高时负向作用明显,会对弱势群体更不利。胡钦太等(2021)也从同样的角度分析教育信息化的促进作用,发现信息化可以在发展不平衡的区域有效促进教育结果公平。可见,在现有研究中,对班班通工程的研究主要集中在融合与应用、改进策略以及网络学习空间构建上。而在对班班通工程实施成效的研究中大多将其纳入学校信息化水平,研究信息化的作用,较少单独地研究其实施后的具体成效。加之项目实施过程很长,影响的学生范围也很广。因此,有必要对班班通工程的实施效果进行具体的研究,分析学校实施班班通工程对学生学业成果的具体影响,对班班通工程的实施成效进行严格的政策评估,为已有文献做有益补充并进一步促进班班通工程实现政策预期效果提供参考。

1.3 研究内容与方法

1.3.1 研究内容

本文重点关注我国在基础教育中实施的班班通工程对教育结果的影响。本文基于中国教育追踪调查(CEPS)项目组调查的 2013—2014 学年、2014—2015 学年数据,构建回归模型,从多个教育结果维度,考察初中学校班班通工程的实施效果。首先,对研究背景和意义进行论述,对国内外关于教育扶贫、教育改善贫困的作用、教育扶贫工程的实施效果及班班通工程的研究现状进行梳理,并简要介绍本文的研究内容及研究方法;其次,选择并根据需要处理样本数据及变量,对主要变量进行描述性统计分析;再次,设立回归方程,运用面板回归模型分析班班通工程与学生学业成果的关系,得到评估班班通工程总体成效的基准回归结果;然后,从信息技术工具的使用、心理因素等角度,进一步分析班班通工程对学生学业成果的影响机制;最后,对数据分析所得到的结论进行总结和讨论,同时提出科学合理的政策建议。

1.3.2 研究方法

1) 文献资料法

一是收集、查阅关于教育扶贫成效、教育信息化及班班通工程的有关资料、文献,从而在整体上了解国内外教育扶贫成效的研究现状。对教育扶贫工程、教育信息化与学生学业成果关系的研究现状进行梳理、分析和总结,获取前人研究数据及结论以供参考。

二是对中国教育追踪调查(CEPS)微观数据库中的2013—2014学年基线调查数据和2014—2015学年追踪调查数据进行分析,从而奠定本文的实证分析基础。

2)数据分析法

基于中国教育追踪调查(CEPS)2013—2014学年基线调查数据和2014—2015学年追踪调查数据,综合运用描述性统计、面板回归模型分析等方法和STATA统计软件对数据进行分析。

2 数据与变量

2.1 数据来源与介绍

本文使用中国教育追踪调查(CEPS)项目组2013—2014学年和2014—2015学年的调查数据,选取其中七年级学生2013—2014学年的基线数据和2014—2015学年的追访数据作为样本数据。中国教育追踪调查数据(CEPS)系中国人民大学中国调查与数据中心(NSRC)主导实施的教育追踪调查项目,是具有全国代表性的大型追踪调查项目。该调查项目旨在考察家庭、学校、社区以及宏观社会结构对于个人教育产出的影响,并为各学科的研究提供基础数据支持。中国教育追踪调查数据以2013—2014学年作为基线(从七年级开始),并计划在初中毕业后的第1年、3年、4年、7年、8年、17年、27年持续追踪,具体追踪年限为30年,并在第10年再新起一个七年级开始的同期群。而且两轮调查数据中均具有可匹配的县(市、区)、学校、班级以及个体的唯一标识代码。

本文选择该数据主要有以下两点考虑:一是该数据样本范围广,其包括了来自全国各地的学校和学生及家长,以及大型城市(上海)和人口流动性高的地区,全国代表性强。二是其属于微观调查数据,有个体详细的信息且为追踪数据,提供了丰富的教学设施、过程和结果相关的信息,同时可避免不随时间变化的不可观测因素对结果产生干扰,且能进行面板回归研究。

2.2 数据及变量处理

学生的认知能力和学习成绩是本文的被解释变量。本文所用调查数据提供了被调查学生语、数、英三大主科的期中成绩。考虑到不同学校之间各学科的满分制有所差别、学校之间存在分数分布的系统性差异,本文参考范子英等(2020),基于学校对各学科成绩均进行了标准化处理,标准化后各学科平均成绩为70,标准差为10。认知能力的测度则直接使用调查数据提供的标准化的学生认知能力数据。

学校是否实施班班通工程是本文重要的解释变量。在学校管理人员(校长)问卷中提及了学校目前是否实现了班班通(指教室内安装电脑、互联网、投影仪等教学设备)。将"完全没有"和"一部分教室"赋值为0,表示学校未实施班班通工程;将"大部分教室"和"全部教室"赋值为1,表示学校实施班班通工程。

控制变量主要包括学生、家庭、学校三个层面。学生个人层面的控制变量包括学生性别、户口性质、是否独生子女、健康情况。家庭层面的控制变量包括家庭经济状况、父亲和母亲的受教育程度。学校层面的控制变量包括生师比及学校排名。

此外,本文以基线调查中的七年级学生及其在追踪调查的追访数据为分析基础,研究班班通工程对学生学业成果的影响。在做数据处理时,剔除了2013—2014学年基线调查中九年级的样本和2014—2015学年追踪调查中新入样的样本。因此,本文研究主要涉及2013—2014学年基线调查中七年级的10 279个学生个体和2014—2015学年追踪调查追访成功的9 449个学生个体,共19 728个学生样本。

2.3 描述性统计

学生的认知能力及学习成绩受到多方面因素的影响。本文在借鉴前人研究的基础上,将三大主科标准化成绩相加作为学生学习总成绩(徐章星,2020),与三大主科的标准化成绩、学生认知能力一起作为被解释变量;将班班通工程作为解释变量。同时,在学生个人、家庭、学校等层面设置了相应的控制变量。

有效样本中主要变量的统计特征如下:

(1)学生认知能力和学习成绩。由CEPS调查数据抽取了来自全国28个县(区)的样本(其中东部地区17个,中部地区5个,西部地区6个),考虑到教育在地区之间存在差异和班班通工程的实施对教育资源落后的地区具有重要的意义,本文以东部、中部、西部三个地区分别对学生认知能力、学习总成绩和三大主科标准化成绩作描述性统计,统计结果见表1。结果显示:东部、中部、西部地区的学生认知能力均值分别为0.20、0.01、0.12,东部地区比中部、西部地区分别高0.19、0.08,说明东部地区的学生认知能力普遍要比中西部地区好;东部、中部、西部地区的学生总成绩均值分别为210.06、210.04、210.02,东部地区比中部、西部地区分别高0.02、0.04,说明东部地区的学生总成绩普遍要高于中、西部地区。这体现出教育在地区之间的差异性,东部地区的教育普遍优于中西部地区。

表1 认知能力与学习成绩分地区统计

统计量	认知能力	总成绩	语文	数学	英语
东部地区					
样本量	10 859	10 695	10 720	10 715	10 715
均 值	0.20	210.06	70.00	70.00	70.00

续表

统计量	认知能力	总成绩	语文	数学	英语
标准差	0.89	26.11	9.94	9.94	9.94
最小值	-3.14	55.49	2.58	4.59	14.24
最大值	2.33	293.15	98.47	105.83	106.99
中部地区					
样本量	3 956	3 913	3 916	3 918	3 918
均　值	0.01	210.04	70.00	70.00	70.00
标准差	0.82	26.46	9.95	9.95	9.95
最小值	-2.77	50.68	-2.40	29.56	18.16
最大值	2.33	282.47	94.11	101.36	98.64
西部地区					
样本量	4 830	4 748	4 751	4 752	4 748
均　值	0.12	210.02	70.00	70.00	70.00
标准差	0.84	25.76	9.95	9.95	9.95
最小值	-3.12	60.82	9.17	27.21	11.35
最大值	2.33	293.93	97.60	145.11	94.75

资料来源：CEPS 数据。

(2) 班班通工程。CEPS 数据在全国抽样调查了 112 所学校，本文以 2013—2014 学年基线调查数据、2014—2015 学年追踪调查数据分别对这 112 所学校是否实施班班通工程分年份和地区进行了描述性统计，结果如表 2 所示。结果显示：在全国范围内，基线调查时实施班班通工程的学校有 93 所，未实施有 17 所，班班通工程覆盖率达 84.55%(93/110)；追踪调查时实施班班通工程的学校新增了 5 所，覆盖率达 88.99%(97/109)。[①] 分地区来看，基线调查时东部、中部、西部地区班班通工程覆盖率分别为 93.94%(62/66)，70.00%(14/20)，70.83%(17/24)；追踪调查时，东部、中部、西部地区班班通工程覆盖率分别为 93.85%(61/65)，75.00%(15/20)，87.50%(21/24)。中、西部地区的覆盖率均比东部地区低，说明教育资源班班通工程的实施在地区之间存在差异性，东部地区优于中、西部地区，这可能与地区间不同的经济发展情况有关。此外，西部地区的覆盖率高于中部地区，且提升的幅度也大于中部地区，这说明可能当时国家对西部地区有一定的政策倾斜。

---

① 追踪调查时有一所学校缺失数据。

表2 班班通工程实施情况

地区	2013—2014学年		2014—2015学年	
	实施学校(所)	未实施学校(所)	实施学校(所)	未实施学校(所)
全国	93	17	97	12
东部	62	4	61	4
中部	14	6	15	5
西部	17	7	21	3

资料来源：CEPS数据。

为观察实施班班通工程的学校与未实施的学校之间是否存在差异，对2013—2014学年的基线调查数据进行分组描述性统计，结果如表3、表4所示。结果显示：从均值来看，实施了班班通工程的学校其学生的认知能力和总成绩水平均优于未实施的学校学生；同时，实施了班班通工程的学校其学生户口性质的均值高于未实施的学校学生，说明未实施班班通工程的学校学生中农村户口学生所占比例较大，一定程度上体现了农村户口学生与城市户口学生拥有的教育资源的差异。这也有可能说明实施班班通工程的学校的学生学业成果优于未实施学校学生还受到了学生户口性质的影响。

表3 2013—2014学年实施班班通工程描述性统计

变量	样本量	均值	标准差	最小值	最大值
认知能力	8 651	0.05	0.88	-2.03	2.33
总成绩	8 439	210.07	25.90	50.68	293.93
语文	8 457	70.00	9.95	-2.40	97.60
数学	8 452	70.00	9.95	17.51	145.11
英语	8 461	70.00	9.95	11.35	104.05
学生性别	8 510	0.53	0.50	0.00	1.00
学生户口性质	6 245	0.36	0.48	0.00	1.00
是否独生子女	8 649	0.45	0.50	0.00	1.00
健康情况	8 563	0.96	0.20	0.00	1.00
家庭经济状况	8 193	0.90	0.30	0.00	1.00
母亲受教育程度	8 447	0.79	0.41	0.00	1.00
父亲受教育程度	8 442	0.87	0.34	0.00	1.00
生师比	7 359	21.78	91.4	1.00	981.00
学校排名	8 559	0.93	0.26	0.00	1.00

资料来源：CEPS数据。

表 4　2013—2014 学年未实施班班通工程描述性统计

变量	样本量	均值	标准差	最小值	最大值
认知能力	1 534	−0.30	0.78	−2.03	2.08
总成绩	1 505	210.05	26.16	109.43	286.45
语文	1 509	70.00	9.95	20.54	98.47
数学	1 510	70.00	9.95	32.90	95.14
英语	1 507	70.00	9.95	34.63	94.00
学生性别	1 479	0.52	0.50	0.00	1.00
学生户口性质	1 195	0.16	0.36	0.00	1.00
是否独生子女	1 534	0.30	0.46	0.00	1.00
健康情况	1 508	0.95	0.22	0.00	1.00
家庭经济状况	1 439	0.78	0.42	0.00	1.00
母亲受教育程度	1 509	0.67	0.47	0.00	1.00
父亲受教育程度	1 501	0.79	0.41	0.00	1.00
生师比	1 534	14.86	4.63	1.00	22.00
学校排名	1 534	0.88	0.32	0.00	1.00

资料来源：CEPS 数据。

(3)学生性别。将男生赋值为 1,女生赋值为 0,样本中男女人数差异不明显,其中男生占 52.44%,女生占 47.56%。

(4)学生户口性质。将城市户口赋值为 1,农村户口赋值为 0,居民户口和其他处理为缺失值。其中城市户口占 40.44%,农村户口占 59.56%,样本中户口的城乡差异较为明显。

(5)是否独生子女。将独生子女赋值为 1,非独生子女赋值为 0。其中独生子女占 43.61%,非独生子女占 56.39%,样本中是否独生子女的差异较小。

(6)健康情况。将问卷中回答"一般""比较好""很好"的学生视为健康并赋值为 1,回答"很不好""不太好"的学生视为健康水平低并赋值为 0。其中健康水平良好的占比为 80.59%,健康水平较低的学生占比为 19.41%,绝大部分学生健康水平良好。

(7)家庭经济状况。将中等、相对富裕和非常富裕视为非贫困家庭并赋值为 1,非常困难、相对困难视为贫困家庭并赋值为 0。其中,非贫困家庭占比为 86.34%,贫困家庭占比为 13.66%,具有明显差异性。

(8)父母亲受教育程度。父母亲的受教育程度可以体现家庭之间的人力资本差异(方超和黄斌,2018)。样本数据中,父亲、母亲受教育程度被赋值为 1~9,分别表示父母亲的受教育程度在文盲、小学、初中、中专(技校)、职高、普高、专科、本科、研究生及以上9个教育层级。本文以初中为受教育程度分界点,将教育层级在初中及以上赋值为1,将教育层级在初中以下(文盲、小学)赋值为0。具体而言,父亲、母亲受教育程度在初中及以上的占比分别为85.76%、77.34%,且父亲、母亲受教育程度的均值分别为0.86、0.77,说明父亲、母亲的受教育程度之间存在一定差异,父亲的受教育程度略高于母亲。

(9)学校生师比。生师比越低越有利于提高教学质量,有利于在校学生学习。学校的生师比最小为1,最大为981。

(10)学校排名。校领导中问卷调查学校在本县排名分为5个等级:最差、中下、中间、中上、最好。将中间、中上、最好视为中上游水平并赋值为1,最差、中下视为下游水平并赋值为0。其中位于中上游水平的学校占比为86.77%,位于下游水平的学校占比为13.23%,学校排名分布差异较为明显。

各主要变量的样本量、均值、标准差、最小值及最大值见表5。

表5 主要变量描述性统计

变量	样本量	均值	标准差	最小值	最大值
认知能力	19 645	0.14	0.87	−3.14	2.33
总成绩	19 356	210.05	26.09	50.68	293.93
语文	19 387	70.00	9.94	−2.40	98.47
数学	19 385	70.00	9.94	4.59	145.12
英语	19 381	70.00	9.94	11.35	107.00
班班通工程	19 347	0.86	0.34	0.00	1.00
学生性别	19 361	0.52	0.50	0.00	1.00
学生户口性质	16 598	0.40	0.49	0.00	1.00
是否独生子女	19 583	0.44	0.50	0.00	1.00
健康情况	19 519	0.81	0.40	0.00	1.00
家庭经济状况	19 118	0.86	0.34	0.00	1.00
母亲受教育程度	19 292	0.77	0.42	0.00	1.00
父亲受教育程度	19 266	0.86	0.35	0.00	1.00
生师比	17 662	17.24	59.30	1.00	981.00
学校排名	19 636	0.87	0.34	0.00	1.00

资料来源:CEPS数据。

3 实证策略

本文基于 CEPS 个人面板数据,对实施班班通工程与学生认知能力、学习成绩之间的关系进行面板回归分析,回归方程表达式为:

$$Y_{ist} = \alpha + \beta Banban_{st} + \lambda X_{ist} + S_s + T_t + \varepsilon_{ist}$$

其中,i 表示学生个体,s 表示学校,t 表示年份,被解释变量 Y_{ist} 为学生认知能力、期中考试总成绩和三大主科(语、数、英)的成绩。解释变量 $Banban_{st}$ 为学校 s 在第 t 年实施班班通工程的情况。α 代表常数项。β 代表解释变量的系数,是本文重点关注的政策效应系数,表示实施班班通工程对学生认知能力及学习成绩产生的影响。X_{ist} 为控制变量,包括学生性别、学生户口类型、是否独生子女、学生健康情况、家庭经济情况、父母亲受教育程度、生师比和学校排名等。S_s 为学校固定效应①,控制学校不随时间变化的不可观测因素。T_t 为年份固定效应,控制年份相关的不随个体变化的不可观测因素。ε_{ist} 为随机扰动项。

4 基准回归结果

基准回归结果见表6。被解释变量为学生的认知能力、学生总成绩及三大主科(语、数、英)的成绩,解释变量为班班通工程。核心解释变量班班通工程的估计系数显示:在控制年份固定效应、学校固定效应以及学生性别、学生户口类型、是否独生子女、学生健康情况、家庭经济情况、父母亲受教育程度、生师比和学校排名等控制变量后,各列回归系数均不显著,这表明实施班班通工程对学生认知能力、总成绩及三大主科成绩并无显著影响。也就是说,从学业成果来看,班班通工程并未产生积极的效果。本文将在下一小节从信息技术工具的使用和心理因素两个角度,对其中的机制做进一步的分析。

从控制变量的回归结果来看,本文有以下发现:①从学生个体特征来看,学生性别在1%水平下显著负向影响了学生认知能力、总成绩及三大主科成绩,说明平均来看,女生成绩较男生更好;学生户口性质在1%水平下显著正向影响了学生认知能力、总成绩、语文及英语成绩;学生是否独生子女在1%水平下显著正向影响了学生总成绩与英语成绩,在5%水平下显著正向影响了数学成绩;学生是否健康在不同水平下显著正向影响了总成绩及三大主科成绩。②从家庭特征来看,家庭经

---

① 班班通工程在学校层面实施。本文采用面板数据,学校班班通工程的实施情况可以随时间变化。因此,控制学校固定效应可以消除学校之间不随时间变化的差异,同时本文仍然可以利用班班通工程在学校之间随时间变化的差异。

济状况在1%水平下显著正向影响了学生认知能力、总成绩及三大主科成绩;母亲受教育程度在5%水平下显著正向影响了总成绩、语文及数学成绩,在10%水平下显著正向影响了英语成绩;父亲受教育程度则在1%水平下显著正向影响了学生认知能力、总成绩及三大主科成绩。父亲受教育程度的系数往往大于母亲受教育程度的系数,这可能说明父亲受教育程度对学生的影响更大。③从学校特征来看,学校排名在5%水平下显著负向影响了学生认知能力,但对学生成绩并无显著影响。

表6 基准回归结果

	被解释变量				
	认知能力	总成绩	语文	数学	英语
班班通工程	0.041 (0.032)	0.028 (1.062)	−0.060 (0.401)	0.152 (0.423)	−0.102 (0.401)
学生性别	−0.036*** (0.013)	−13.617*** (0.431)	−6.165*** (0.160)	−1.598*** (0.172)	−5.917*** (0.164)
学生户口性质	0.048*** (0.017)	1.759*** (0.563)	0.547*** (0.209)	0.328 (0.224)	0.871*** (0.215)
是否独生子女	−0.012 (0.016)	1.516*** (0.547)	0.220 (0.201)	0.508** (0.215)	0.808*** (0.208)
健康情况	0.021 (0.016)	1.401** (0.578)	0.438** (0.217)	0.414* (0.229)	0.576*** (0.218)
家庭经济状况	0.077*** (0.021)	2.401*** (0.714)	0.758*** (0.273)	0.962*** (0.281)	0.770*** (0.267)
母亲受教育程度	0.017 (0.018)	1.388** (0.606)	0.449** (0.224)	0.567** (0.242)	0.446* (0.230)
父亲受教育程度	0.078*** (0.020)	3.563*** (0.684)	1.456*** (0.257)	0.881*** (0.270)	1.236*** (0.263)
生师比	0.000 (0.000)	−0.003 (0.004)	−0.000 (0.002)	−0.001 (0.002)	−0.002 (0.002)
学校排名	−0.076** (0.035)	0.578 (1.139)	0.186 (0.425)	0.246 (0.466)	0.218 (0.434)
常数项	0.328*** (0.083)	205.069*** (3.090)	69.312*** (1.241)	66.999*** (1.281)	68.544*** (1.262)
年份固定效应	Yes	Yes	Yes	Yes	Yes
学校固定效应	Yes	Yes	Yes	Yes	Yes
样本量	13 393	13 217	13 239	13 236	13 233
R^2	0.279	0.081	0.110	0.014	0.100

注:括号内为稳健标准误;***、**和*分别代表1%、5%和10%的显著性水平。

5 机制分析

基准回归结果显示,班班通工程没有对学生学业成果产生实质性的改善效果。本小节将从信息技术工具的使用和心理因素两个角度出发,讨论无实质性改善效果的机制。

5.1 信息技术工具的使用

班班通工程的实施主要是指在教室内安装多媒体投影设备、互联网等信息技术工具。这些信息技术工具是否得到有效应用可能会影响其发挥作用。多媒体投影设备及互联网的使用频率在一定程度上反映着教育资源的利用效率(石兰月,2017)。因此,为探究班班通工程是否影响了教师使用多媒体投影设备和互联网授课的频率,本小节将教师使用多媒体投影设备和互联网授课的频率作为被解释变量,班班通工程作为解释变量,控制教师教龄、教师学历、学校生师比、学校排名及年份固定效应,进行回归分析,得到的回归结果见表7。结果显示:班班通工程在1%水平下显著正向影响了三大科目教师使用多媒体投影设备授课的频率,在1%水平下显著正向影响了数学、英语教师使用互联网授课的频率,对语文教师使用互联网授课的频率的影响则不显著。可见,班班通工程的实施提高了教师使用多媒体投影设备授课的频率,提高了数学、英语教师使用互联网授课的频率,对语文教师使用互联网授课的频率没有显著影响。总的来说,班班通工程的实施提高了教师使用信息技术工具的频率。

表7 班班通与信息技术工具使用频率回归结果

	多媒体投影设备			互联网		
	语文	数学	英语	语文	数学	英语
班班通工程	0.411***	0.424***	0.337***	−0.003	0.120***	0.085***
	(0.011)	(0.012)	(0.015)	(0.012)	(0.008)	(0.012)
教师教龄	0.009***	−0.001	0.009***	0.009***	0.005***	0.001
	(0.000)	(0.001)	(0.001)	(0.000)	(0.000)	(0.001)
教师学历	0.069***	0.291***	0.233***	0.040***	0.021*	0.028**
	(0.013)	(0.013)	(0.017)	(0.011)	(0.012)	(0.012)
生师比	−0.001***	0.000***	0.000***	0.001***	−0.000***	−0.000***
	(0.000)	(0.000)	(0.000)	(0.000)	(0.000)	(0.000)
学校排名	−0.133***	−0.032*	−0.020	0.064***	0.174***	−0.013
	(0.014)	(0.018)	(0.018)	(0.013)	(0.005)	(0.020)

续表

	多媒体投影设备			互联网		
	语文	数学	英语	语文	数学	英语
常数项	0.225***	0.069***	0.041	0.022	−0.182***	0.092***
	(0.020)	(0.023)	(0.027)	(0.017)	(0.016)	(0.024)
年份固定效应	Yes	Yes	Yes	Yes	Yes	Yes
样本量	11 089	8 598	8 184	10 548	8 076	7 756
R^2	0.134	0.178	0.110	0.058	0.044	0.008

注：括号内为稳健标准误；***、** 和 * 分别代表1%、5%和10%的显著性水平。

前文的回归结果显示了班班通工程对教师使用信息技术工具进行授课的频率具有积极影响，接下来继续探究教师应用信息技术工具进行授课的频率对学生认知能力和成绩的影响，利用教师使用多媒体设备和互联网的频率来衡量教师应用信息技术工具进行授课的情况。将问卷回答结果为"从不""偶尔""有时"赋值为0，视为未利用多媒体设备或互联网授课；将"经常""总是"赋值为1，视为使用多媒体设备或互联网进行授课。

将学生三大主科成绩作为被解释变量，各科教师应用信息技术工具的教学频率作为解释变量，控制学生性别、学生户口性质等变量，控制年份固定效应，得到的回归结果见表8。结果显示：多媒体设备应用频率可以在5%显著性水平下负向影响学生英语成绩，预测学生语文、数学成绩则不显著。而互联网应用频率预测学生语文、数学、英语成绩均不显著。总的来说，教师应用信息技术进行授课的频率并没有对学生学习成绩产生积极影响。

表8 应用频率与成绩回归结果

	被解释变量		
	语文	数学	英语
多媒体设备	0.066	−0.387	−0.510**
	(0.228)	(0.247)	(0.220)
互联网	−0.169	0.063	0.044
	(0.243)	(0.280)	(0.289)
学生性别	−5.860***	−1.544***	−5.720***
	(0.212)	(0.214)	(0.204)
学生户口性质	0.076	0.234	0.612**
	(0.250)	(0.249)	(0.240)

续表

	被解释变量		
	语文	数学	英语
是否独生子女	-0.165	-0.140	0.274
	(0.244)	(0.244)	(0.238)
健康情况	0.380	0.227	0.749**
	(0.382)	(0.344)	(0.323)
家庭经济状况	0.779**	0.749**	0.622*
	(0.343)	(0.331)	(0.326)
母亲受教育程度	0.224	0.256	0.052
	(0.279)	(0.279)	(0.278)
父亲受教育程度	1.241***	0.562*	1.042***
	(0.329)	(0.322)	(0.331)
生师比	-0.000	-0.002	-0.002
	(0.002)	(0.002)	(0.002)
学校排名	-0.309	-0.243	0.273
	(0.384)	(0.400)	(0.379)
常数项	71.743***	70.272***	71.103***
	(0.639)	(0.628)	(0.588)
年份固定效应	Yes	Yes	Yes
样本量	7 501	8 417	8 165
R^2	0.098	0.009	0.094

注:括号内为稳健标准误;***、**和*分别代表1%、5%和10%的显著性水平。

综合来看,在信息技术工具的使用上,尽管班班通工程提高了信息技术工具的使用频率,但是这些使用上的变化并没有对学生成绩产生实质性影响。联系实际,可能是因为信息技术工具的使用没有真正改变教师课堂教学质量。当然,这也可能是因为考察的是短期结果(当年结果),即便有效果,也难以在短期内积累起来。

5.2 心理因素

学生的学习兴趣、教育期望和学习接受度也是影响学生学业成果的重要因素。为探究班班通工程在其中起到的作用及影响,本文在数据处理上将问卷中"我在这个学校里感到无聊"回答结果为"完全不同意""比较不同意"赋值为0,视为在学校有学习兴趣,回答结果为"比较同意""完全同意"赋值为1,视为在学校缺乏学习兴趣;将问卷中"你希望自己读到什么程度"作为学生的教育期望,以大专为分界点,大专以下赋值为0,大专及以上赋值为1;以问卷中"你目前觉得以下课程学起来比较吃力"来衡量学生的学习接受度,"特别吃力"及"有点吃力"赋值为0,"不是很吃力"及"一点也不吃力"赋值为1。最后将学生的学习兴趣、教育期望和三大科目学习接受度作为被解释变量,班班通工程作为解释变量,控制学生性别、户口性质等变量及年份固定效应,进行了回归分析,回归分析结果见表9。结果显示:班班通工程对学生学习兴趣、教育期望及英语科目的学习接受度的影响均不显著,在1%水平下显著正向影响了语文和数学科目的学习接受度,表明班班通工程可以提高语文和数学科目的学习接受度。

表9 学生学习兴趣、教育期望、三大科目学习接受度回归结果

	被解释变量				
	学习兴趣	教育期望	语文	数学	英语
班班通工程	0.008	0.001	0.044***	0.035***	0.020
	(0.011)	(0.011)	(0.014)	(0.013)	(0.013)
学生性别	0.048***	−0.092***	−0.131***	0.083***	−0.205***
	(0.006)	(0.006)	(0.008)	(0.008)	(0.008)
学生户口性质	−0.017**	0.053***	0.036***	0.053***	0.104***
	(0.007)	(0.007)	(0.009)	(0.010)	(0.010)
是否独生子女	−0.026***	0.032***	0.015	0.044***	0.067***
	(0.007)	(0.007)	(0.009)	(0.010)	(0.009)
健康情况	−0.086***	0.019**	0.090***	0.087***	0.085***
	(0.009)	(0.009)	(0.011)	(0.011)	(0.011)
家庭经济状况	−0.068***	0.037***	0.083***	0.083***	0.093***
	(0.011)	(0.011)	(0.013)	(0.012)	(0.012)
母亲受教育程度	−0.010	0.041***	0.026**	0.051***	0.076***
	(0.009)	(0.009)	(0.011)	(0.011)	(0.011)
父亲受教育程度	−0.010	0.067***	0.072***	0.054***	0.084***
	(0.010)	(0.011)	(0.013)	(0.013)	(0.012)
生师比	0.000	0.000	0.000	0.000***	0.000
	(0.000)	(0.000)	(0.000)	(0.000)	(0.000)
学校排名	−0.023**	0.114***	0.035***	0.059***	0.073***
	(0.011)	(0.012)	(0.013)	(0.014)	(0.013)

续表

	被解释变量				
	学习兴趣	教育期望	语文	数学	英语
常数项	0.312***	0.609***	0.367***	0.034	0.199***
	(0.019)	(0.020)	(0.023)	(0.022)	(0.022)
年份固定效应	Yes	Yes	Yes	Yes	Yes
样本量	13 332	12 893	13 397	13 407	13 401
R^2	0.024	0.059	0.051	0.042	0.111

注：括号内为稳健标准误；***、**和*分别代表1%、5%和10%的显著性水平。

相对于城市地区而言,农村地区教育落后,信息技术设施更不发达,班班通工程在农村的实施往往被赋予更重要的意义。理想情况下,在农村地区实施班班通工程,一方面可以丰富农村学校的学习资源,另一方面可以丰富学生的身心活动。因此,本文对位于农村的学校进行了心理因素角度的机制分析。问卷中学校所在地区类型为城乡接合部、城区以外的镇及农村的情形均视为农村地区。以学生学习兴趣、教育期望和三大科目学习接受度为被解释变量,班班通工程为解释变量,对农村学校进行回归分析,回归结果见表10。结果显示：在农村地区,班班通工程对学生的学习兴趣没有显著影响,但是对学生教育期望在10%水平下具有显著负向影响,这表明班班通工程的实施可能存在问题；学习接受度方面,班班通工程在1%水平下显著正向影响了学生语文学习接受度,在10%水平下显著正向影响了学生数学学习接受度,对学生英语学习接受度则没有显著影响。这说明班班通工程提高了农村学生语文与数学的学习接受度,但降低了农村学生的教育期望。

表10 农村学校回归结果

	被解释变量				
	学习兴趣	教育期望	语文	数学	英语
班班通工程	0.008	-0.025*	0.053***	0.026*	-0.014
	(0.013)	(0.014)	(0.016)	(0.016)	(0.016)
学生性别	0.058***	-0.103***	-0.126***	0.081***	-0.228***
	(0.008)	(0.008)	(0.010)	(0.011)	(0.010)
学生户口性质	-0.011	0.032***	0.032***	0.050***	0.071***
	(0.010)	(0.010)	(0.012)	(0.013)	(0.012)
是否独生子女	-0.019**	0.031***	0.016	0.056***	0.087***
	(0.009)	(0.010)	(0.012)	(0.012)	(0.012)

续表

	被解释变量				
	学习兴趣	教育期望	语文	数学	英语
健康情况	-0.094*** (0.011)	0.014 (0.010)	0.088*** (0.013)	0.088*** (0.013)	0.091*** (0.013)
家庭经济状况	-0.054*** (0.013)	0.047*** (0.013)	0.076*** (0.015)	0.069*** (0.015)	0.079*** (0.014)
母亲受教育程度	0.000 (0.010)	0.040*** (0.011)	0.031** (0.013)	0.037*** (0.013)	0.078*** (0.012)
父亲受教育程度	-0.005 (0.012)	0.068*** (0.013)	0.074*** (0.015)	0.055*** (0.015)	0.077*** (0.014)
生师比	0.003*** (0.001)	0.002** (0.001)	-0.004*** (0.001)	-0.002** (0.001)	-0.000 (0.001)
学校排名	-0.010 (0.012)	0.114*** (0.013)	0.018 (0.014)	0.054*** (0.014)	0.072*** (0.014)
常数项	0.252*** (0.024)	0.579*** (0.025)	0.430*** (0.029)	0.095*** (0.028)	0.240*** (0.028)
年份固定效应	Yes	Yes	Yes	Yes	Yes
样本量	8 676	8 358	8 715	8 719	8 715
R^2	0.025	0.052	0.050	0.040	0.107

注：括号内为稳健标准误；***、**和*分别代表1%、5%和10%的显著性水平。

6 结论与讨论

本文基于具有全国代表性的微观数据（CEPS数据），利用学校之间存在的班班通工程实施差异，构建回归模型，对班班通工程的实施效果做了大范围的严格的科学评估，得出以下主要结论：

第一，基准回归结果显示，在控制相关变量、学校固定效应及年份固定效应后，实施班班通工程对学生认知能力、学习总成绩及三大科目（语、数、英）成绩的影响并不显著。这表明班班通工程并没有对学业成果产生实质性成效。

第二，从信息技术工具的使用这个角度来探索基准结果的产生机制，本文发现，实施班班通工程提高了教师使用多媒体设备的频率，同时也提高了数学、英语教师使用互联网的频率，对语文教师使用互联网频率则无显著影响。当把信息技术工具的使用与学生成绩关联起来时,回归结果显示,多媒体设备和互联网使用基本上不会影响学习成绩,且多媒体设备使用频率对英语成绩表现出了显著的负向影响。

第三,从心理因素这个角度来探索基准结果的产生机制,本文发现,实施班班通工程对学生的学习兴趣、教育期望没有显著影响;从学习接受度来看,实施班班通工程可以改善学生对语文和数学的学习接受度,但是不会显著影响英语的学习接受度。从这一角度单独对农村学校进行回归分析,本文发现,在农村地区,实施班班通工程的问题更为突出,即对农村学校学生的教育期望具有显著的负向影响。

总体来说,本文发现实施班班通工程对学生认知能力、学生成绩及学生学习兴趣并无显著影响,即没有产生实质性成效,这与 Mo 等(2020)的研究结果一致。从机制上看,尽管班班通工程能够提高教师使用多媒体设备及互联网的频率,提高学生对语文和数学的学习接受度,但是这些信息技术工具的使用、学生心理因素方面的改善并没有最终转化为学习成绩的提高。

事实上,多媒体或者互联网的重要功能是获得更有质量的教学资料。在不干预或改变教师能力的前提下,单纯使用多媒体设备等信息技术工具很难提高教育过程的质量。已有文献也指出,政策执行效果不佳的一个重要原因是政策执行者的素质不高(王铭和薛客,2010)。因此,班班通工程没有产生实质性成效的原因很可能是教师本身的素质不高,即便有更好的信息技术工具,也没有借此获得更高质量的教学资料、教学方法来改善教学质量,因此使用多媒体投影设备及互联网授课的教学质量并不高。

而从学生心理因素的角度,由于基础教育的学生年龄较小,心智尚不成熟,他们的学习非常依赖教师的专业讲解和引导。因此,即便实施班班通工程可以提高学生对一些科目的接受度,但是离开教师专业能力的提升,学习接受度的改善很难转化为真正的学习成果。本文在机制研究中发现的班班通工程没有提高学生的学习兴趣和教育期望的现象,也为更高的学习接受度没有转化为学习成绩的进步提供了证据支持。

当然,关于班班通工程没有产生实质性成效还可能存在的原因是,班班通工程对学生的影响是长期的,所以未能在短期内显现出效果。由于缺乏后续调查的数据,班班通工程对学生具有怎样的长期影响还有待探究。

综上,本文认为可以从以下两个方面去提高教师使用信息技术工具进行授课的素质。一是加强配套培训,提高教师素质。在班班通工程实施过程中,不仅要提供资源,还要提供相应的智力支持,建设高素质高水平的教师人才队伍。面对农村教师队伍水平普遍不高的情况,配套培训资源特别要向农村地区倾斜,以提高农村教师的教学应用水平。这对于提高我国农村地区教育水平,缩小城乡教育差距具有重要意义。二是设立班班通工程应用水平评估标准,并对学校和教师政策的执行进行长期持续的监督。设立一套科学合理的应用水平评估标准,使教师有具体的提高方向和反馈,促进其素质提高的同时监督其更好地执行政策。当然,本文的重点在于对班班通工程的实施效果展开严格的政策评估,为已有文献做有益补充。因此仅对可能导致班班通工程实施效果不佳的原因提出可能施之有效的建议。而如何更好地改善班班通工程的实施效果,还需要未来的研究深入挖掘其实施效果不佳的原因,从而真正从政策层面找到切实有效的改善方案。

参考文献

[1] 范子英,高跃光,刘畅. 营养干预、健康与教育:基于国家营养改善计划的研究[J]. 财贸经济,2020,41(7):21-35.

[2] 方超,黄斌. 信息技术促进了学生的学业表现吗?——基于中国教育追踪调查数据的实证研究[J]. 开放教育研究,2018(6):88-99.

[3] 龚伯韬. 教育信息化:促进教育结果公平之路:基于学校信息化对学业成就影响的实证分析[J]. 教育研究与实验,2019,186(1):11-18.

[4] 黄利华,周益发,陈学军. 班班通背景下班级网络学习空间的构建[J]. 中国电化教育,2014,326(3):86-90.

[5] 侯玉娜. 教育阻隔贫富差距代际传递的效果与机制:基于"反事实"分解技术的实证分析[J]. 教育研究,2020(11):22-35.

[6] 胡钦太,林晓凡,张彦. 信息化何以促进基础教育的结果公平:基于中国教育追踪调查数据的分析[J]. 教育研究,2021,42(9):142-153.

[7] 李兆君. 基础教育"班班通"推进策略研究[J]. 中国电化教育,2010(8):60-63.

[8] 刘志波,齐媛. 班班通:从校园信息化建设走向课堂信息化应用[J]. 中国电化教育,2010(8):64-68.

[9] 李晓嘉. 教育能促进脱贫吗:基于CFPS农户数据的实证研究[J]. 北京大学教育评论,2015(4):110-122,187.

[10] 李莉. 中小学"班班通"应用现状调查[J]. 教学与管理,2015(15):80-82.

[11] 李斐. 小学语文教学中如何让"班班通"与传统的教学完美融合[J]. 科技视界,2017(12):152.

[12] 刘大伟. 教育改善贫困的证据:基于微观社会调查的实证分析[J]. 教育研究,2020(4):115-124.

[13] 倪正辉. 信息技术常态化有效应用视角下的融合之路:农村中小学"班班通"常态化有效应用案例解析[J]. 中国教育信息化, 2014(14):18-21.

[14] 苏春景, 高亚男. 信息技术与小学语文课程整合的现状及对策研究:以烟台市芝罘区部分小学为例[J]. 现代教育技术, 2015(3):43-49.

[15] 石兰月. 教师信息技术素养影响因素实证研究:基于河南、安徽、山西3省14县(市)的调查[J]. 河南社会科学, 2017(3):119-122.

[16] 王铭, 薛客. 论公共政策执行不力的问题与对策[J]. 求实, 2010(S2):28-30.

[17] 徐章星. 影子教育提升了学业成绩吗?——来自CEPS的经验证据[J]. 基础教育, 2020(2):9-19.

[18] 杨永双. 农村中小学班班通应用现状的调查与分析:以重庆市武隆县为例[J]. 中国电化教育, 2010(9):64-67.

[19] 赵夫群. 陕西省农村中小学学生应用"班班通"的现状调查与分析[J]. 教育教学论坛, 2015(1):8-9.

[20] 赵颖, 石智雷, 鲁元平. 公共政策如何改变个体累积劣势:基于教育扶贫的视角[J]. 财经研究, 2021(2):79-93.

[21] BANERJEE A, COLE S, DUFLO E, et al. Remedying Education: Evidence from Two Randomised Experiments in India[R]. Working Papers, 2006.

[22] ESCUETA M, QUAN V, NICKOW A, et al. Education Technology: An Evidence-Based Review[R]. NBER Working Paper, 2017.

[23] F LAI, L X ZHANG, Q H QU, et al. Teaching the Language of Wider Communication, Minority Students, and Overall Educational Performance: Evidence from a Randomized Experiment in Qinghai Province, China[J]. Economic Development and Cultural Change, 2015, 63(4).

[24] LAI C, GU M. Self-regulated out-of-class language learning with technology[J]. Computer Assisted Language Learning, 2011, 24(4):317-335.

[25] MO D, BAI Y, SHI Y, et al. Institutions, implementation, and program effectiveness: Evidence from a randomized evaluation of computer-assisted learning in rural China[J]. Journal of Development Economics, 2020, 146(c).

指导教师评语:

这篇论文从基础教育信息技术建设的评估出发,通过面板数据进行实证研究,以学业成绩和认知能力为考量,利用班班通工程在学校中开展情况的差异,考察这一教育扶贫项目的成效。

在获得基准回归结果之后,论文还从信息技术工具的使用和心理因素两个角度进行机制分析。论文的文献工作细致,构思严谨,结构清晰,论证充分深入,写作规范。

新生代竞争意愿的性别差异实验研究

劳动经济学院 柯 畅 指导教师：张杉杉

摘 要：现在的劳动市场中两性的差距普遍存在，而最近的研究将这种现象与性别在竞争意愿上的差异联系起来。之前的实验数据也支持女性"羞于竞争"的观点。新生代女性是否依旧如此呢？本文运用竞争意愿的实验测量方法进行行为实验。对61位（男31人、女30人）于1995—2005年出生的新生代被试通过线上的方式进行三个阶段的色块记忆实验，以此探究新生代女性在竞争情景下的成绩是否与同时代男性相比存在差异以及新生代不同性别的竞争意愿。通过该实验发现，相比国内之前同类测度的实验，本实验的新生代在整体和女性上都体现了更高的竞争意愿。行为上，非竞争情景下两性之间不存成绩差异，竞争情景下女性的表现与同时代男性无差异。因此，面对新生代的女性，企业应建立合理的竞争机制并营造更平等的氛围，政府应通过辅助女性获得更多机会等方式帮助女性在组织中更好地发挥自己的作用。

关键词：竞争意愿，性别差异，新生代，行为实验

1 引言

尽管随着社会的进步性别平等有显著的改善，但在劳动市场中性别差异的现象仍然很普遍。现在的研究逐渐将这种差异与竞争意愿联系起来。竞争意愿不仅是个人的特性，也是一种非认知能力。两性对于竞争的不同态度不仅会导致两性之间产生薪酬、晋升上的差异，也对两性接受教育的机会以及职业方向的选择产生影响。[1] 传统观念认为：女性的竞争意愿低于男性，能力优秀的女性因为竞争情景而未被识别出来。[2]

同时，新生代尤其是"Z世代"开始不断进入劳动市场并会在将来成为劳动市场上的中坚力量。这一世代的中国青年在"独生子女"政策、飞速发展的信息化、

---

① 郑加梅, 卿石松. 非认知技能、心理特征与性别工资差距[J]. 经济学动态, 2016(7)：135-145.
② 李朝阳. 性别、风险偏好与竞争意愿：基于真实劳动的实验研究[J]. 西南大学学报（社会科学版），2016, 42(2)：65-73.

物质生活较为丰富的环境下成长。① 那么在此背景下,我国新生代女性的工作表现是否仍会被竞争情景影响?新生代两性的竞争意愿是否存在差异?为探究以上问题,本文通过实验的研究方法,根据三阶段的色块记忆任务及不同工资形式的方式,来探究新生代的竞争意愿,为未来组织更好地管理新生代提供新视角。同时,更好地促进组织中的性别平等,使组织中的女性可以更好地发挥自己的能力。

2 文献综述与研究假设

2.1 新生代定义及其特点

外国学者对于新生代的研究是将第二次世界大战以后出生的人通过不同称号(婴儿潮世代、X、Y、Z 世代)对不同的年份区间进行区别。国内对于新生代的定义主要通过以整十年为区间进行不同世代的划分,如"80 后""90 后""00"后等(张峰、王旦旦,2019)。

柴一博(2020)在研究"Z 世代"生活特点时发现,这一代人生长在独生子女政策下,伴随他们成长的是社会的飞速发展和不断释放的改革红利。李燕萍、侯烜方(2012)对新生代员工进行了研究,并确立了新生代的工作价值导向:"自我—平等—革新—发展"。"90 后"在就业上更追求个人价值的实现,更具有个性。同时,有研究表明,"00 后"群体更加务实、独立,是较为典型的"现实主义者"(王海建,2018)。这就使得新生代可能有更独立的思想,不容易受传统或他人的影响。

本文所研究的新生代,主要集中于"Z 世代"中出生于 1995 年至 2005 年的群体。他们正处于初步踏入社会或者即将踏入社会的阶段,成长在独生子女政策及物质相对丰富的背景下,具备更独立的特点,同时也有一定的自我决策能力。

2.2 竞争意愿的性别差异

竞争意愿不仅会影响男女两性在竞争机制下的表现,还会影响两性的职业成就。目前已有一定的研究及实验探讨了竞争意愿的性别差异及其影响因素。

2.2.1 竞争意愿对职业成就的影响

一些研究认为,竞争意愿会影响职业的选择。Reuben 等人(2015)发现高竞争意愿的学生毕业后有更高的概率进入竞争程度较大的高收入职业。Samek(2015)发现竞争性的薪酬体系会阻碍女性选择此类工作。

还有一些研究认为,女性的低竞争意愿影响了她们在竞争机制下的劳动效率,使得她们不能被组织识别出来。最早研究竞争意愿对于两性劳动效率影响的实

---

① 柴一博. "Z 世代"大学生生活方式的特征及应对策略[J]. 高校后勤研究,2020(5):80-83.

验,是 Gneezy 等人(2003)对于男女不同的劳动效率的实验。研究中,女性的竞争意愿低于男性,且在竞争性的情景下女性的劳动效率低于男性。Günther(2016)研究发现,与非竞争情景相比,竞争情景下的男性劳动产出水平显著高于女性。李朝阳(2016)通过数字计算的实验和不同的奖励计算制度,得出女性在竞争性的激励制度下不容易被识别,在此情景下男性的任务效率大于女性的结论。

2.2.2 竞争意愿性别差异的理论解释

1) 社会偏好理论

这一理论认为人不仅会关注自己的收益,还会关注他人的收益,这会抑制参与者的竞争意愿。女性可能会因为担心竞争获胜后的社会排斥心理从而不愿意过多地参与竞争。

2) 社会文化理论

许多学者认为影响竞争意愿产生性别差异的一个重要因素是不同的社会文化。这使得男女对社会角色的定位产生差异,并进一步影响到两性的竞争意愿。后续较多的研究将两性的竞争意愿差异与成长环境中的社会文化联系起来。

2.2.3 竞争意愿的测度及环境对其的影响

对于竞争意愿的测度,基本上是以行为实验的范式展开的。行为实验的步骤是:研究者首先在考虑变量及其关联方式的前提下,计划一个特定的研究假设。再在实际限制下检验该假设,设计实验可以操纵的自变量情境(包括组数、处理情境、测量工具等)。然后找到合适的被试,并给予其明确、预先计划好的指示。实验过程中研究者观察被试的行为、记录被试在因变量上的测量结果。

现有很多研究通过实验方法,表明竞争意愿在不同环境下存在不同的性别差异。Gneezy(2009)等人在对两个不同的村落(一个为母系氏族,一个为父系氏族)的数字计算实验中发现,在母系氏族中的女性要比同村落的男性更乐于竞争,而父系氏族正相反。Cameron 等通过相同测度的实验验证了竞争意愿受到中国计划生育政策的影响。相比未实施此政策时出生的被试,实施此政策之后出生的被试竞争意愿更低。Zhang(2018) 在汉族和彝族中实验发现,中华人民共和国成立后中国政府在当地推行的变革具有强烈的性别平等规范,确实起到了作用,使得汉族男女之间的竞争意愿相当;而性别平等规范薄弱的彝族群体中,竞争意愿仍是男性强于女性。Booth 等(2019)通过对北京和台湾1958年出生的两性进行实验对比,实验结果表明北京女性比男性更具竞争意愿,而台湾同一时代的被试两性之间则不存在差异。说明改革开放的政策制度帮助内地促进了性别平等,取代儒家传统观念里的性别观带给女性的"自卑"。这也说明,在关键发展年龄接触不同的制度和社会规范会改变个人的行为。研究结果还进一步证明,经济偏好中的性别差异并非天生决定的。

2.3 研究假设

现有文献对于新生代的特性、竞争意愿的作用以及环境对于竞争意愿性别差异的影响都有一定的研究。但是，对于竞争情景对新生代两性劳动效率影响、新生代的竞争意愿的性别差异的研究较少。因此，本文重点关注以"Z世代"为代表的新生代群体的竞争意愿，并主要探究以下问题：①竞争情景是否会影响新生代两性的劳动效率？竞争情景是否会影响组织识别新生代女性的工作表现？②新生代不同性别对于竞争意愿是否存在差异？新生代的女性是否"羞于竞争"？

同时，结合研究背景并根据所探究的问题提出本文的研究假设：

假设1：新生代的整体不会受到竞争情景的影响。新生代女性在竞争情景下也可以有良好的工作表现。

假设2：新生代两性之间不存在竞争意愿的差异。新生代女性不再"羞于竞争"。

3 研究方法及设计

结合本文所探究的问题及相关文献，本文主要采用实验法进行研究。受新冠疫情防控的影响，实验在线上进行。本实验使用"问卷网"程序完成主要流程，通过微信、QQ辅助进行被试的行为记录。

3.1 实验被试

本文的研究对象主要是以"Z世代"为代表的新生代群体。研究被试均为出生于1995年至2005年的"Z世代"。试测实验中共有31位新生代被试参加，正式实验共有67位新生代被试参加。被试在完成实验后可以获取真实收益，且所有被试均为自愿参与。

3.2 竞争意愿测度

本实验对于竞争意愿的测度主要遵循Niederle和Vesterlund所设计的实验范式进行。运用行为实验的方法通过同一个任务来模拟"职场"的决策情景，尽可能激发被试使其表现出真实的竞争意愿。竞争意愿的测量根据被试对于不同工资制度的选取进行。选择计件的工资制度被认为是低竞争意愿，选择锦标赛的工资制度被认为是高竞争意愿。以往的实验主要利用随机5个数字加和的计算任务进行。

3.3 实验任务设计原则

本文的实验基于李朝阳（2016）的实验进行设计。但由于线上实验计算任务的实施存在一定困难，尤其是在题目的同等难度和数字的随机性上较难以控制。因此，本实验将计算任务部分改为色块记忆任务。

对于色块记忆任务的设计、选取主要基于以下三个方面的原因：

第一,实验任务规则便于理解说明,线上实施存在可行性、可操作性,同时被试在操作时不存在较大的操作难度及理解偏差。

第二,实验任务需要被试付出一定的真实努力完成,以减少被试随机决策的可能性。

第三,此实验任务不会对被试造成心理或者身体上的不适。

3.4 实验内容及过程

在对实验整体流程、内容进行初步设计(包括实验任务的具体规则与实施形式、操作方法等)之后,先对实验内容进行了小范围内的实验,然后根据实验过程中产生的问题对实验任务的细节进行了适量调整,包括记忆形式及秒数、奖励机制的具体金额及实验规则的说明等,以尽可能使任务能够更好地被被试理解,方便被试操作,同时最大限度地激发被试的真实竞争意愿,从而使实验所得数据更有效。调整好实验规则、流程后,再次在一定范围内进行试测,以保证实验整体过程的任务及流程在正式实验中可以完整进行。最终试测实验中获得了 31 份有效数据。

根据试测实验水平,最终色块记忆任务的规则如下:每一阶段的实验中被试需要记忆 12 个色块,并将 12 个色块的颜色按顺序答出。答题时选项顺序不固定。12 个色块以 3 组形式出现,4 个为 1 组,每组被试有 5 秒钟时间记忆,并设置为时间到后会自动跳转下一页。实验总共进行三个阶段的色块记忆任务。

正式实验时,具体实验流程如图 1 所示。

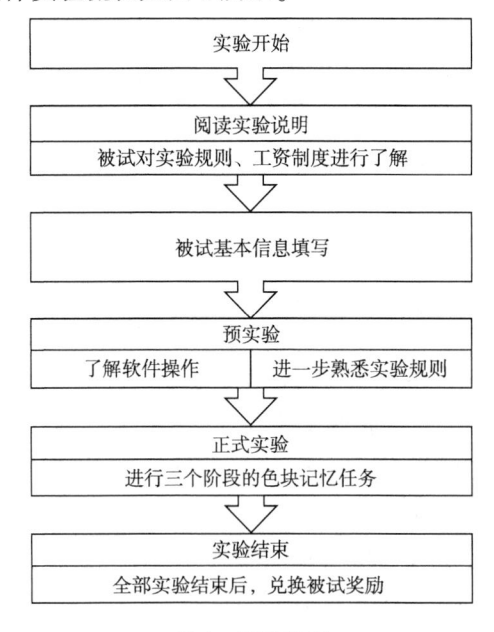

```
┌─────────────────────────┐
│        实验开始          │
└─────────────────────────┘
            ↓
┌─────────────────────────┐
│        阅读实验说明       │
│ 被试对实验规则、工资制度进行了解 │
└─────────────────────────┘
            ↓
┌─────────────────────────┐
│      被试基本信息填写      │
└─────────────────────────┘
            ↓
┌─────────────────────────┐
│          预实验          │
│ 了解软件操作 │ 进一步熟悉实验规则 │
└─────────────────────────┘
            ↓
┌─────────────────────────┐
│          正式实验         │
│   进行三个阶段的色块记忆任务  │
└─────────────────────────┘
            ↓
┌─────────────────────────┐
│         实验结束         │
│ 全部实验结束后,兑换被试奖励  │
└─────────────────────────┘
```

图 1 实验流程

填写基本信息后,被试在参与正式实验之前会先参与预实验以熟悉参与流程、实验内容、规则及相关应用的使用,避免因操作问题导致产生无效数据。在被试进行预实验后,会与实验人员确认是否存在操作上的问题及规则理解上是否存在偏差。在确认无误后进行正式实验,以确保后续正式实验中三个阶段的顺利进行。

正式实验过程中,被试总共将接受三个阶段的实验。每一阶段的实验都会再次描述任务规则。每一阶段完成后都有时间进行休息。被试可以自行调控休息时间,以保证被试以最佳状态参与实验的三阶段的色块记忆任务,尽量避免被试的任务成绩受疲劳因素影响从而影响实验所得数据。

正式实验中被试进行了三个阶段的色块记忆。三个阶段的任务规则相同,但被试的工资制度不同。三个阶段的工资制度分别为:计件工资制度、锦标赛工资制度及自主选择制度。计件工资制度被认为是非竞争情景,锦标赛工资制度被认为是竞争情景。

第一、二阶段为计件工资制度和锦标赛工资制度。随机分配约占50%的被试(15位女性,15位男性)在实验第一阶段推行锦标赛工资制度,第二阶段再推行计件工资制度。其余被试在实验第一阶段推行计件工资制度,第二阶段推行锦标赛工资制度。所有被试的第三阶段均为自主选择制度。

本实验的工资制度是以Booth等(2019)的制度为根据进行设计的。在实验过程中,被试的工资以筹码的形式进行计数。实验具体工资制度的规则如表1所示。

表1 工资制度

工资制度	工资制度规则
计件工资 (非竞争情景)	根据被试自身答对的色块个数进行奖励。 每答对一个为1个筹码。
锦标赛工资 (竞争情景)	根据随机匹配的对手被试的成绩进行奖励。 如果正确的色块个数: 被试>对手,则被试每答对一个为1.5个筹码。 被试=对手,则被试每答对一个为1个筹码。 被试<对手,则被试每答对一个为0.5个筹码
自主选择	将由被试选择采用第一阶段的工资制度还是第二阶段的工资制度

同时,实验中将"计件""锦标赛"等词语替换为"第一阶段""第二阶段"与实验目的无关的词语。对于实验第三阶段的工资制度选择,实验设计中对于工资制度的选项为随机排列,并再次说明关于两种工资制度的规则,以最大限度避免被试的随机性决策。

被试的最终工资,取决于自己的努力及其竞争对手的表现。本实验随机选择被试在实验其中一阶段的成绩作为最终工资,以确保被试付出努力参与每一阶段的实验。在所有被试结束实验并确认被试参与全部实验流程后,本实验将筹码兑换为人民币,被试最终的平均收益为 10 元人民币。

4 实验数据分析

对于实验所得数据主要利用 SPSS 25 进行统计、分析及检验,以此来对本文所提出的假设进行探究。

4.1 变量设置及变量描述

4.1.1 变量设置

对于假设 1 的探究,变量来自前两阶段的实验。以锦标赛工资制度为实验组、计件工资制度为对照组。具体变量设置如表 2 所示。

表 2 变量设置

对应实验阶段	变量设置
对照组:计件工资制度阶段	自变量:竞争情景
实验组:锦标赛工资制度阶段	结果变量:被试在两种不同情景下的任务成绩

对于假设 2 的探究,是通过第三阶段的实验数据进行的。第三阶段为自主选择制度阶段,本文根据被试对于不同工资制度的选择来分析不同性别的被试在竞争意愿上是否存在差异。

4.1.2 变量描述

为进行后续实验分析,将实验中的变量进行设置,变量描述如表 3 所示。

表 3 变量描述

变量名称	取值范围	变量类型
性别	0=女性,1=男性	分类变量
任务情景	0=非竞争情景(计件工资制度),1=竞争情景(锦标赛工资制度)	分类变量
年龄	被试年龄 20~27 岁	连续变量
学历	为被试最高学历(包括在读),0 代表本科以下,1 代表本科,2 代表本科以上	定序变量
生源地	生源地城市级别①1~4 级城市	定序变量
工资选择形式	0 代表选择计件工资制度——低竞争意愿 1 代表选择锦标赛工资制度——高竞争意愿	分类变量

① 2020 城市商业魅力排行榜,https://www.cbnweek.com/#/article_detail/24749,2020 年 6 月 2 日发布。

续表

变量名称	取值范围	变量类型
计件工资制度	被试在该阶段中记忆正确的色块数量:0~12个	连续变量
锦标赛工资制度	被试在该阶段中记忆正确的色块数量:0~12个	连续变量

4.2 两性在色块记忆任务上的能力差异检验

在进行实验之前,对于实验任务——色块记忆任务在性别上是否存在较大的能力差异进行检验,以避免因两性本身较大的能力差异而影响最终的实验结果。

对于两性在记忆色块任务上是否存在较大的能力差异这一问题的探究,本文采用试测实验所得数据进行分析。试测实验中共获得31份有效数据。其中23位女性,8位男性。试测实验数据样本的检验结果如表4所示。

表4 试测实验数据独立样本t检验结果

性别	均值	标准差	t	Sig
男性	7.25	3.50	-0.55	0.584
女性	6.52	3.10		

可以看到,在试测实验中,男性的成绩均值高于女性,差值为0.73个色块。男女之间是否存在差异,还需进一步检验。因此,本文对试测实验所得数据进行了独立样本t检验。t检验Sig值为0.584>0.05,说明在试测实验中男女两性的成绩不存在差异,即在色块记忆这一任务之中,男女之间不存在能力上的显著差异。因此,在这一实验中可以用色块记忆任务来研究本文所探讨的问题。

4.3 被试基本信息统计与描述

对本实验被试的背景进行描述性统计分析,结果如表5所示。年龄上,被试均值为22.85岁。学历上,被试均值为1.07。整体被试学历为在读本科或本科为最高学历的较多。生源地上,被试均值为1.41。整体被试来自一线城市的较多。

表5 被试基本信息统计

	均值	标准差	众数
年龄	22.85	1.80	22.00
学历	1.07	0.31	1.00
生源地	1.41	0.99	1.00

4.4 竞争机制情景下性别成绩的差异检验

被试在两种不同工资制度下的成绩描述性统计如表6所示。

表 6　被试任务分数情况

总体(61 人)	计件工资 （非竞争情景）	锦标赛工资 （竞争情景）
最高分	12	12
最低分	2	4
平均分 （标准差）	8.05 (3.22)	9.26 (2.50)
男性(31 人)		
最高分	12	12
最低分	2	5
平均分 （标准差）	7.68 (3.25)	8.65 (2.35)
女性(30 人)		
最高分	12	12
最低分	2	4
平均分 （标准差）	8.43 (3.19)	9.90 (2.52)

由表 6 可知,在相同情景下,不同性别的平均水平及标准差存在差异,但不同情景下性别之间是否存在成绩上的差异,还需要进行进一步的检验。

针对这一问题本文使用 F 检验对竞争情景及性别进行交互检验,结果如表 7 所示。

表 7　主体间效应检验

	F	显著性
修正模型	3.173	0.027
任务情景	5.542	0.020
性别	3.781	0.054
任务情景×性别	0.233	0.630

在主体间效应检验中,修正模型的显著性为 0.027<0.05,表明主体间效应具有显著性。从任务情景、性别及任务情景×性别的显著性来看,交互作用不明显,两个自变量的主效应均显著,说明竞争情景会显著提高被试群体成绩;两性成绩存在显著差异,女性高于男性。这就从一个侧面回答了本文所提出的第一个假设:新生代两性在竞争情景下都表现出更好的成绩;新生代女性不仅不会因竞争情景而对

自身成绩产生负面影响,而且新生代女性在竞争情景下可以比同时代男性有更为优秀的表现。

4.5 性别的竞争意愿差异检验

对于性别的竞争意愿差异主要以被试在第三阶段实验中的选择进行分析、检验。被试群体对于工资制度的选择情况如表8所示。

表8 工资制度的选择情况

	计件工资制	锦标赛工资制
样本总体(61人)	19	42
男性(31人)	10	21
女性(30人)	9	21

本实验61位被试中42位选择了锦标赛工资制度,约有68.85%的被试具有高竞争意愿。其中31位男性中67.74%的被试选择了竞争性工资制度,30位女性中70.00%的被试选择了竞争性工资制度。相比李朝阳(2015)的实验中整体33.61%、男性54.76%、女性22.50%的竞争意愿以及李朝阳(2016)的实验中总体32.77%、男性53.66%、女性32.76%的竞争意愿,本次实验中新生代的两性都体现了与同测度实验不同的结果。整体、女性被试超过2/3的被试具有高竞争意愿,因此在选择上本实验中的新生代整体及女性都体现了较高的竞争意愿。

进一步对新生代两性的竞争意愿进行检验,探究竞争意愿是否存在性别上的差异。本文采用卡方检验对数据进行分析,结果如表9所示。

表9 竞争意愿的卡方检验

	值	显著性
卡方检验	0.036	0.849

卡方检验显示其显著性为0.849>0.05。因此无法拒绝原假设,在工资制度的选择上,新生代两性之间不存在差异。这回答了本文所探究的第二个假设:在本实验下被试的竞争意愿在性别上不存在显著差异。新生代女性与同时代男性有相同水平的竞争意愿。

5 结论及相关建议

5.1 结论

本文通过行为实验的方法,在被试参与三个阶段色块记忆任务及数据分析检

验后得出以下结论:

第一,新生代整体,包括女性都不会因为竞争情景导致成绩下降。

从被试的成绩及 F 检验对竞争情景及性别进行交互检验的结果来看:假设 1 得到了验证。竞争情景未对两性的劳动效率产生负面影响,相反新生代整体更适应竞争情景。新生代女性在不同情景下劳动效率与同时代男性相比不存在差异,竞争情景并不会影响组织识别新生代女性。

本文中的新生代整体不会因为竞争情景而影响劳动效率,并且女性在竞争情景下也可以有与男性一样甚至更好的工作表现。竞争机制下的工作环境也可以将优秀的新生代女性识别出来。

第二,新生代两性的竞争意愿不存在差异。

从被试对于工资制度的选择及卡方检验结果来看:假设 2 同样得到了验证。新生代整体 68.85% 的被试具有高竞争意愿。男性与女性选择锦标赛工资制度的比例分别为 67.74% 和 70%,且两性之间的竞争意愿不存在差异。

本实验下的新生代整体、女性都体现出了与国内同类型研究相比更高的竞争意愿,且新生代的两性不存在竞争意愿的差异。这也说明,新生代女性不再"羞于竞争"。

以"Z 世代"为代表的新生代不因竞争环境而产生负面影响及自身较高的竞争意愿,体现出这一世代更为适应当前的竞争环境。同时,对于这一世代的女性而言,女性自身的竞争意愿在很大程度上将不再成为影响她们职业成就的因素,也不再成为新生代两性在职业成就上存在差异的原因。

5.2 相关建议

基于新生代女性在本实验中所体现的与同时代男性无差异的竞争意愿以及竞争情景下不受影响的劳动效率及新生代在本实验中体现的特性,加之现阶段企业面对新生代管理时人力资源管理方法陈旧、制度存在缺陷[①],本文提出以下建议:

第一,建立适度的竞争机制及反馈机制。

新生代女性在实验中的表现表明,这一世代的女性进入企业时,在竞争情景下仍可发挥同男性无差异的水平。因此,企业要设置适宜的竞争机制,包括晋升指标、合理的收益差距等。不需要再将男女的评价水平、制度过度分化。

同时,还要关注反馈机制的建设。合理的反馈可以使得组织中的新生代女性在竞争机制下所体现的高劳动效率得到正向评价。让在竞争机制下体现高效率的女性被组织识别出来后可以获得合适的机会,从而更好地激励女性在组织中发挥作用。同时,也要注意对于新生代员工的个性化激励机制的设定,可根据新生代员工特性、

---

① 张佳蕾. 新生代员工人力资源管理的问题及对策[J]. 花炮科技与市场,2020(1):263.

企业的经营状况,完善、调整激励制度,从而更好地激发新生代员工的竞争意愿。

第二,营造更平等的企业氛围。

企业中的人力资源管理要在建设企业文化上逐步改变企业环境中对于女性厌恶竞争、不善于在竞争机制下工作的印象,促进组织中性别平等的意识。尽量避免"女性羞于竞争"的观念成为影响新生代女性晋升的桎梏。

除了企业,政府和公共部门也要共同营造平等的社会氛围,辅助处于不利地位的女性克服发展障碍,为她们提供更多发挥自身能力的机会。

6 不足与展望

6.1 不足

6.1.1 被试的作弊行为

被试可能为更高的收益而产生作弊行为。由于本文采用线上实验的方式,虽然可以在线上观察、记录被试的行为,但难以对被试进行全面的监控,加之由于技术原因等不可控因素,可能存在一些作弊行为影响实验结果。例如,由于部分安卓系统手机在设置"不可切屏"选项、"仅作答一次"选项时无法进入答题,故此实验未设置"不可切屏""仅作答一次"。被试有可能为了获得更高的报酬而进行重复记忆等作弊行为,从而影响实验结果。

6.1.2 被试人数、背景问题

被试背景不够丰富、被试人数有所缺乏。因此,本实验并不能代表所有年龄范围内、所有地域的"Z世代"群体所具有的特性。同时,由于线上行动存在一定的局限性,被试人数及其背景丰富度方面的局限性可能导致实验数据结果存在偏差。

6.1.3 未进一步研究影响因素

实验未深入探究影响新生代竞争意愿与前人研究不同的因素。本文仅仅探究了新生代女性与同时代男性之间的竞争意愿是否存在差异及新生代的两性在竞争情景下的表现是否存在差异。未对实验结果的影响因素及产生原因进行深入分析和进一步的实验、解释。

6.2 展望

随着越来越多的新生代尤其是"Z世代"进入社会,成为未来的"中坚力量",对于新生代的人力资源管理会有更多、更深入的研究。同时,随着社会的发展,也会有越来越多的人关注性别之间的差异及其影响因素,以更好地促进组织中的性别平等,帮助女性在社会中更好地发挥自身作用。

相信新生代女性的高竞争意愿可以帮助她们在竞争情景中被识别。同时,随着探究的深入,企业会建立更完善、合理的人力资源管理制度。在未来,女性会获得更平等的工作环境,在合理的人力资源管理制度下创造自己的职业成就。

参考文献

[1]柴一博."Z世代"大学生生活方式的特征及应对策略[J].高校后勤研究,2020(5):80-83.

[2]董志强,赵俊."留守"与儿童竞争偏好:一项实地实验研究[J].经济学动态,2019(4):33-48.

[3]李朝阳.不平等厌恶与竞争意愿匹配效应的实验研究[J].中央财经大学学报,2015(9):97-105.

[4]李朝阳.性别、风险偏好与竞争意愿:基于真实劳动的实验研究[J].西南大学学报(社会科学版),2016,42(2):65-73.

[5]李朝阳.基于竞争偏好的职业成就性别差异研究述评[J].商业研究,2016(6):129-134.

[6]李建标,付晓改,任广乾,等.偏好结构、过度自信与代理人可变薪酬契约选择行为:基于真实任务的实验研究[J].预测,2018,37(1):15-21.

[7]李燕萍,侯烜方.新生代员工工作价值观结构及其对工作行为的影响机理[J].经济管理,2012,34(5):77-86.

[8]林丽拉,吴苑华.女性主义的性别平等思想[J].青海社会科学,2016(2):86-92.

[9]纽曼.社会研究方法:定性和定量的取向[M].郝大海,译.北京:中国人民大学出版社,2007:300-329.

[10]卿石松.职位晋升中的性别歧视[J].管理世界,2011(11):28-38.

[11]王海建."00后"大学生的群体特点与思想政治教育策略[J].思想理论教育,2018(10):90-94.

[12]王水雄.中国"Z世代"青年群体观察[J].人民论坛,2021(25):24-27.

[13]张峰,王旦旦.从Y世代到零零后:新生代员工的管理对策研究[J].中国商论,2019(22):119-120.

[14]张佳蕾.新生代员工人力资源管理的问题及对策[J].花炮科技与市场,2020(1):263.

[15]朱斌,李路路.独立与权利:中美女性主义运动与性别平等观念比较研究[J].社会,2015,35(5):218-240.

[16]郑加梅,卿石松.非认知技能、心理特征与性别工资差距[J].经济学动态,2016(7):135-145.

[17] 周业安,左聪颖,袁晓燕. 偏好的性别差异研究:基于实验经济学的视角[J]. 世界经济,2013,36(7):3-27.

[18] BOOTH A, FAN E, MENG X, et al. Gender Differences in Willingness to Compete:The Role of Culture and Institutions[J]. Economic Journal,2019,129.

[19] CANERON L, ERKAL N, GANGADHARAN L, MENG X. Little Emperors Behavioral Impacts of China's One-Child Policy[J]. Science,2013,339(6122):953-957.

[20] BABCOCK L, et al. Gender Differences in Accepting and Receiving Requests for Tasks with Low Promotability[J]. The American Economic Review,2017,107(3):741-47.

[21] GNEEZY U, LEONARD K L, LIST J A. Gender differences in competition: Evidence from a matrilineal and a patriarchal society[J]. Econometrica,2009,77(5):1637-1664.

[22] GNEEZY U, NIEDERLE M, RUSTICHINI A. Performance in competitive environments:Gender differences[J]. The Quarterly Journal of Economics,2003,118:1049-1074.

[23] NIEDERLE M, VESTERLUND L. Do Women Shy away from Competition? Do Men Compete too Much?[J]. Quarterly Journal of Economics,2007,122(3):1067-1101.

[24] SHURCHKOV O. Under pressure:gender differences in output quality and quantity under competition and time constraints[J]. Journal of the European Economic Association,2012,10(5):1189-1213.

[25] ZHANG Y J. Culture, institutions and the gender gap in competitive inclination:Evidence from the communist experiment in China[J]. The Economic Journal,2019,129(617):509-552.

指导教师评语：

该学生论文选题符合专业培养目标,作为新生代的一员,关注新生代的竞争意愿;作为女性,关注性别差异,值得肯定。

该学生有很多很好的想法,但在新冠疫情期间实验研究受到一定限制,很多想法无法如愿体现,很是遗憾。

论文对于新生代的文献梳理相对薄弱,但其实验的流程展示是清晰的,逻辑性强,数据分析相对规范,论文结构完整,表格呈现规范。

写作过程中,该学生和老师沟通顺畅,态度认真。

电商直播环境下主播特征对消费者购买意愿的影响研究

文化与传播学院　陈雅萱　　指导教师：刘　念

摘　要：互联网时代下"直播+电商"的销售模式打破了传统电商的信息传播形式，为产品推广带来了巨大流量红利。本文通过梳理相关文献将直播主播特征归纳为娱乐性、互动性、专业性、知名度和公益性，采用 SOR 理论与感知价值理论建立了研究框架，以消费者的感知价值作为中介变量，并将其划分为感知功能价值、感知情感价值和感知社会价值，探讨电商直播主播特征对消费者购买意愿的影响。为验证上述假设和理论模型，本文采用 SPSS 和 AMOS 软件进行数据分析和假设检验，最后根据检验结果得出以下结论：①电商直播主播的互动性、专业性、知名度特征显著正向影响消费者感知功能价值；②娱乐性、公益性显著正向影响消费者感知情感价值；③知名度、公益性显著正向影响消费者感知社会价值；④消费者感知功能价值、感知情感价值、感知社会价值显著正向影响消费者购买意愿。在此基础上，本文对直播主播提出如下建议：①增强直播娱乐性，提升用户观看体验；②丰富直播互动性玩法，提高消费者参与度；③加强专业性学习，严格把控选品质量；④明确自己的优势特点，打造专属个人 IP；⑤注重参与公益事业，提升社会责任感。

关键词：电商直播，主播特征，消费者购买意愿，感知价值理论，SOR 理论

1　引言

1.1　研究背景

互联网时代下智能手机的基本普及和信息技术的飞速发展，使得人们的消费场景从 PC 端向智能移动端转移，网络购物已逐渐成为人们生活中主流的购物方式。相较于传统的线下购物，线上购物打破了消费者与商品在空间上的距离限制，为消费者提供更多选购的可能，也使市场的供给关系发生了变化。由于商品信息过量造成的供给相对过剩，销售者想方设法地对商品进行促销，从而助推了网络直播带货这种新兴营销模式的诞生。2016 年，阿里巴巴"淘宝直播"板块的上线，引发了各行各业对于电商直播产业的关注。2019 年，淘宝双十一直播的总交易额达

到了千亿元级别,这一数据标志着网络营销迎来了新的局面,直播带货成为流量风口,众多企业开始从"网络直播+电商"的营销模式中找寻新的机遇①。2020年,由于新冠疫情的冲击,人们的生活方式和消费习惯加速改变,网络视频应用用户规模、使用时长大幅提升②。根据艾瑞咨询《2021年中国直播电商行业研究报告》的统计,到2020年末中国已经有6.17亿的在线直播用户,其中直播电商是目前最大的直播类别,用户规模达3.88亿人,占整体网民近四成③;行业内主播从业人数和直播电商的相关企业累计注册数量也在飞速增长,直播行业规模逐渐庞大。同年,国家多地纷纷出台了与直播电商相关的多项政策,在政府的引领与支持下,直播行业逐渐趋于健康且规范化的发展。"网络直播+电商"的营销模式紧跟时代浪潮,成功地利用互联网大数据时代下的技术优势,进一步刺激消费欲望,推动并释放社会消费潜力,为我国经济发展带来新的驱动力。

1.2 研究意义

在这一背景下,本研究聚焦电商直播相关领域,探索电商直播主播特征对消费者购买意愿的影响:①从理论层面上,目前学界往往是从电商直播平台属性、未来发展等角度进行探究,而以电商直播主播作为主体的研究分析较少,通常将其简单地归类为网红或者意见领袖等;但在实际的直播过程中,直播主播对消费者的购买行为意向具有非常重要的影响作用,因此对电商直播主播特征进行深入挖掘,并探究其对消费者购买意愿的影响作用是十分有必要的。②从现实层面上,通过了解电商直播主播特征因素对消费者购买意愿的影响,能够为直播主播提出更多指导性的建议,有助于提高其服务水平和销售能力,为商家带来更高的利润。因此,针对电商直播主播特征对消费者购买意愿影响的研究具有一定的理论意义及实践意义。

2 国内外研究现状

2.1 电商直播

电商直播属于网络直播的垂直细分领域④,以往研究中暂无对"电商直播"的标准定义。谭羽利认为"电商直播是一种基于传统电商平台并通过网络直播的方式,将消费者和产品进行连接的新的销售模式"⑤。马一凡等学者对我国直播电商

---

① 杨劼,王璐."直播+电商"模式下消费者重购意愿的影响因素[J].中国流通经济,2021(11):56-66.
② 郭全中.中国直播电商的发展动因、现状与趋势[J].新闻与写作,2020(8):84-91.
③ 2021年中国直播电商行业研究报告[EB/OL].艾瑞咨询,https://www.iresearch.com.cn/Detail/report?id=3841&isfree=0,2021.
④ 王彤.电商直播情境下消费者购买意愿研究[D].北京:中央民族大学,2020.
⑤ 谭羽利.电商直播中意见领袖对消费者购买意愿的影响研究[D].北京:北京印刷学院,2017.

行业自 2016 年以来的发展历程及发展现状进行了梳理,认为"直播电商行业目前正处于爆发式增长阶段,国家支持、鼓励并引导其健康发展,该产业链正在走向生态化"[1];李贤等基于经济学和心理学的相关理论研究讨论了电商直播火爆背后的刺激因素,表明电商直播在中央提出的"国内大循环"新经济模式下起到了刺激消费的关键性作用,满足了新时期的消费需求[2],因此国内电商直播的迅猛发展并非偶然。在此基础上,学界对电商直播的讨论产生了浓厚兴趣,并尝试通过理论分析解释其中的现象与行为。

2.2 电商直播主播

电商直播主播作为直播营销模式的核心,对消费者在线购买意愿具有重要的影响作用[3]。谢莹等学者认为"电商直播主播是指(可能是商家或其雇用者)在直播平台上现场进行产品展示、体验和分享,从而促使消费者点击购买的一类群体"[4]。王彤将电商直播主播分为网红主播、店铺主播和明星主播三类[5]。黎红艳提出"从顾客让渡价值理论的观点来看,电商直播中的意见领袖可以影响消费者的购物欲望,这也证明了主播在电商直播中的重要性"[6]。本文以"电商直播主播特征"为关键词,检索整理了近年来有关电商直播主播特征的相关文献,如表 1 所示。

表 1 电商直播主播特征文献梳理

学者	年份	电商直播主播特征
方超	2018	知名度、专业性、产品涉入度
刘凤军,孟陆等	2020	可信性、专业性、互动性、吸引力
杨荣,黄颖等	2020	专业性、知名度
高云慧	2020	专业性、交互性、知名度
许霞	2021	专业性、交互性、知名度
赵大伟,冯家欣	2021	互动性、专业性、魅力性
赵保国,王耘丰	2021	互动性、真实性、专业性、知名度
尹苑,王宇龙	2022	专业性、吸引力、互动性

---

[1] 马一凡,何文.直播电商发展历程及现状分析[J].经济研究导刊,2021(16):140-142.
[2] 李贤,崔博俊.国内经济大循环视角下的"电商直播"[J].思想战线,2020(6):56-63.
[3] 韩箫亦,许正良.电商主播属性对消费者在线购买意愿的影响:基于扎根理论方法的研究[J].外国经济与管理,2020(10):62-75.
[4] 谢莹,李纯青,高鹏,等.直播营销中社会临场感对线上从众消费的影响及作用机理研究:行为与神经生理视角[J].心理科学进展,2019(6):990-1004.
[5] 王彤.电商直播情境下消费者购买意愿研究[D].北京:中央民族大学,2020.
[6] 黎红艳.网购直播的意见领袖在营销中的作用[J].商业文化,2021(27):51-53.

陈密通过研究证实了"直播主播在直播带货的过程中具有娱乐性,将会为消费者提供更为愉悦的娱乐体验,从而提高消费者对商品的感知价值,并影响其购买意愿"[1];刘洋等研究者表明,"在消费者观看直播时与主播互动,可增强消费者的体验感和临场感"[2];王澜等学者提出,"如果直播主播赋有更专业性的形象,有利于提高消费者满意度;且直播主播利用自身的知名度来获得流量与关注,可有效提升产品吸引力"[3];余文琪通过调查显示,"当直播主播提到极具公益性和正能量的内容时能引发用户极大的兴趣,并为直播积累大量的关注度,促进流量变现"[4]。结合文献梳理及上述观点,本文认为可以将直播主播特征简要分为娱乐性、互动性、专业性、知名度、公益性五个维度,再分别证明其对消费者购买意愿是否产生实质影响。

2.3 消费者购买意愿

Fishbein等学者最先于1975年提出了"意愿"的概念,将消费者购买意愿定义为"消费者做出购买行为的主观判断,是消费者态度、评价和其他因素综合作用的结果,是预测消费者行为最关键的因素"[5]。王彤通过以往文献的表述总结出"消费者购买意愿是由消费者主观态度和外部环境两方面决定的"[6]。

目前,关于电商直播对消费者购买意愿影响的研究,主要是从产品、主播、直播平台等三方面进行讨论。在直播平台方面,肖静根据电商平台的特点,将社会临场感分成了多个层面进行研究,分析消费者购买意愿的影响因素[7];在产品方面,陈咏绮通过实证分析发现,产品的内容质量、价格优惠力度、娱乐性、吸引力和流行性都能提高消费者的感知价值,从而对购买意愿产生正面的影响[8];在直播主播方面,现有文献大多基于SOR理论、感知价值理论或意见领袖等来研究电商直播主播对消费者购买意愿的影响,也有学者从不同类型主播信息源特性[9]、不同产品下

---

[1] 陈密. 网红直播带货对消费者购买意愿的影响研究[D]. 广州:华南理工大学,2020.
[2] 刘洋,李琪,殷猛. 网络直播购物特征对消费者购买行为影响研究[J]. 软科学,2020,(6):108-114.
[3] 王澜,柳凌鎔. 网红直播带货情境中消费者满意度影响因素研究[J]. 商场现代化,2021(7):5-7.
[4] 余文琪. "直播+公益"的用户互动研究[J]. 新闻论坛,2021(1):71-75.
[5] FISHBEIN M,AJZEN I. Belief, Attitude, Intention, and Behavior: An Introduction to Theory and Research[J]. Contemporary Sociology,1977(6):244.
[6] 王彤. 电商直播情境下消费者购买意愿研究[D]. 北京:中央民族大学,2020.
[7] 肖静. 基于社会临场感视角的电商直播平台消费者购买意愿研究[D]. 桂林:桂林理工大学,2020.
[8] 陈咏绮. 电商直播对消费者购买意愿的影响因素研究[D]. 厦门:暨南大学,2020.
[9] 孟陆,刘凤军,陈斯允,等. 我可以唤起你吗——不同类型直播网红信息源特性对消费者购买意愿的影响机制研究[J]. 南开管理评论,2020(1):131-143.

不同直播主播类型①、主播的沟通风格相似性②等因素对消费者购买意愿的影响进行研究。

2.4 研究评述及创新点

本文通过对国内外相关文献的梳理,发现一些学者已经对电商直播与消费者的购买意愿进行了较为深入的讨论,但大多是基于直播平台视角所做的研究,而将直播主播特征和消费者购买意愿相结合的研究较少。

因此,在现有文献的基础上,本文的创新点在于对理论模型的创新,即在电商直播主播特征和感知价值这两大部分加入自己的理解与补充:首先,本文对于直播主播特征的探究更加全面。在总结归纳出已有文献中对直播主播提出的"娱乐性"、"互动性"、"专业性"和"知名度"这四大特征之外,还结合近几年的公益直播热潮,如新冠疫情期间针对武汉地区发起的"谢谢你为湖北拼单"公益直播、山区助农扶贫类的"贵州乡村振兴小专场"等直播,做出了自己的思考,补充指出直播主播的"公益性"特征。其次,本文在赵保国等学者研究的基础上,进一步完善了研究所用的中介变量。以往的研究中将中介变量——感知价值主要分为"感知功能价值"和"感知情感价值"两大部分③;而本文结合上述关于直播主播"公益性"特征的思考,对感知价值也对应地补充了"感知社会价值"。本文认为消费者的感知价值可以划分为"感知功能价值"、"感知情感价值"和"感知社会价值",并作为机体(中介)对消费者的购买意愿产生影响。

3 研究内容与研究假设

3.1 理论基础

3.1.1 SOR 理论

SOR(Stimulus - Organism - Response)理论,即刺激-有机体-反应理论。Mehrabian 等认为,"当一个人接收到某个刺激信息时,会影响其对外界环境和自我的认知,然后激发其产生某种态度或者行为"④。Jacob 提出,"消费者行为的产生是由于个体受外界因素刺激而引发某种情绪或认知反应,进而产生趋向或规避的

---

① 黄敏学,叶钰芊,王薇. 不同类型产品下直播主播类型对消费者购买意愿和行为的影响[J/OL]. 南开管理评论,2021(19):1-21[2022-01-06]. http://kns.cnki.net/kcms/detail/12.1288.F.20210915.0954.002.html.
② 吴娜,宁昌会,龚潇潇. 直播营销中沟通风格相似性对购买意愿的作用机制研究[J]. 外国经济与管理,2020(8):81-95.
③ 赵保国,王耘丰. 电商主播特征对消费者购买意愿的影响[J]. 商业研究,2021(1):1-6.
④ MEHRABIAN A,RUSSELL J A. The Basic Emotional Impact of environments[J]. Perceptual and Motor Skills,1974,38(1):283-301.

消费行为"①。目前,国内外不少学者基于不同的购物场景或环境,将 SOR 理论运用到对消费者购买意愿的研究中。本文采用这一理论,聚焦近些年飞速发展的电商直播环境,将直播主播特征看作外界刺激因素,消费者的感知价值看作有机体中介,个体产生的反应即对消费者购买意愿的影响结果。

3.1.2 感知价值理论

感知价值理论最早由国外学者 Zeithaml 定义为"感知价值就是消费者将产品或服务付出的成本和获得的收益进行衡量之后,对产品或服务所感知到的效用做出的总体评价"②。Sweeney 等将感知价值界定为基于产品质量的功能价值、基于价格的功能价值、情感价值和社会价值,并且证明了感知价值会影响消费者对产品的评价③。本文将上述基于产品的功能价值和基于价格的功能价值统一归为感知功能价值,将感知价值划分为感知功能价值、感知情感价值、感知社会价值,并探讨了消费者购买意愿的影响因素。

3.2 研究模型构建

本文在 SOR 理论的基础上,构建了直播主播特征对消费者购买意愿影响的研究模型。并将直播主播特征分为娱乐性、互动性、专业性、知名度和公益性,认为直播主播特征会对消费者的感知功能价值、感知情感价值和感知社会价值产生刺激,进而影响消费者的购买意愿。研究模型如图 1 示。

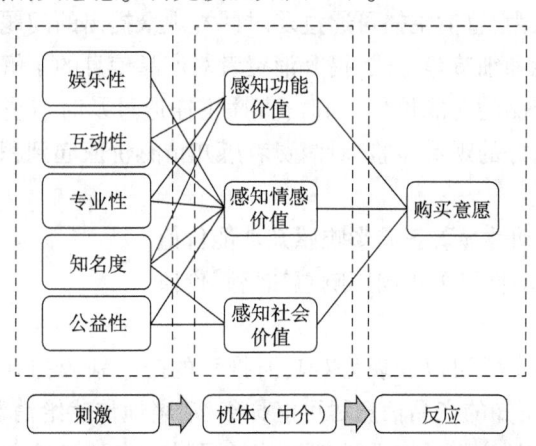

图 1 直播主播特征对消费者购买意愿影响研究模型

---

① JACOB. Stimulus – Organism – Response Reconsidered: An Evolutionary Step in Modeling Consumer Behavior[J]. Journal of Consumer Psychology,2002,12(1):51-57.

② ZEITHAML V A. Consumer Perceptions of Price, Quality, and Value: A Means-End Model and Synthesis of Evidence[J]. Journal of Marketing,1988,52(3):2-22.

③ J C SWEENEY,GEOFFREY N S. Consumer per ceived value:The development of a multiple item scale[J]. Journal of Retailing,2001,77(2).

3.3 研究假设
3.3.1 直播主播特征与感知价值
1) 娱乐性

娱乐性可以理解为"消费者在观看直播的过程中所感受到的愉悦程度,以刺激消费者达到愉悦且满足的心理为目的"①。Chen 等学者研究发现,"在电商直播情境下娱乐性会对消费者的感知价值和态度体验产生促进作用"②。张宝生等通过研究证明了"娱乐性会促进消费者的感知信任和感知有用性,并提高消费者的购买意愿"③。因此本文认为,在电商直播中,主播娱乐性体现在主播可以通过幽默的语言或动作让直播间的氛围更欢乐,或者以有趣的话题与观众展开交流等,让消费者感到更加快乐和轻松,从而提高消费者的感知情感价值。据此,本文提出如下假设:

H1:主播的娱乐性显著正向影响感知情感价值。

2) 互动性

与传统电商销售相比,电商直播的不同之处在于直播主播和消费者可以通过直播平台消除时间与空间上的障碍,对商品信息进行实时、双向的沟通互动④,让消费者获得更多的商品信息,帮助其进行购买决策。因此,互动性可以说是电商直播中最突出的特点之一。而直播主播作为传播中的重要角色,在互动性上起到了关键作用。本文认为,直播主播可通过及时回答观众提出的问题和意见、按照观众要求展示产品功能和细节等方式,提升消费者对产品信息的了解程度,从而使消费者更多地感知到产品的功能价值;同时,直播主播通过及时与消费者进行互动,也能让消费者获得良好的观看体验,对消费者感知情感价值起到积极的作用。据此,本文提出如下假设:

H2:主播的互动性显著正向影响感知功能价值。

H3:主播的互动性显著正向影响感知情感价值。

3) 专业性

直播主播的专业性可以表现为对其所推荐的产品领域拥有丰富的知识、技能或实践经验,并将所知的产品信息尽可能详细、清晰地传达给消费者。孟陆等通过实证发现,"带货直播主播的专业性特征能够通过自身的经验和专业的分析,为消

---

① 张宝生,张庆普,赵辰光. 电商直播模式下网络直播特征对消费者购买意愿的影响:消费者感知的中介作用[J]. 中国流通经济,2021(6):52-61.

② CHEN C C, LIN Y C. What Drives Live-Stream Usage Intention The Perspectives of Flow, Entertainment, Social Interaction, and Endorsement[J]. Telematics and Informatics. 2018,35(1):293-303.

③ 张宝生,张庆普,赵辰光. 电商直播模式下网络直播特征对消费者购买意愿的影响:消费者感知的中介作用[J]. 中国流通经济,2021(6):52-61.

④ 刘洋,李琪,殷猛. 网络直播购物特征对消费者购买行为影响研究[J]. 软科学,2020(6):108-114.

费者讲解商品的价值与功能,从而吸引消费者对产品的关注、并降低对产品的感知风险,激发其购买意愿"[1]。可见,主播专业性越强,消费者对产品功能的了解就越全面,对产品的不确定和怀疑情绪也会越低,从而对消费者的感知功能价值和感知情感价值都起到积极影响。据此,本文提出如下假设:

H4:主播的专业性显著正向影响感知功能价值。

H5:主播的专业性显著正向影响感知情感价值。

4) 知名度

主播在电商直播中担任意见领袖的角色,知名人士具有一定的影响力和号召力,在传播的过程中会因为更强的公信力获得公众较高的信任度。Agrawal 和 Kamakura 研究证明了"名人的知名度会对消费者信任产生正向影响"[2]。肖开红等学者提出,"在社交电商场景下,直播主播作为网红、明星等具有一定知名度的意见领袖,他们对产品及品牌做出的认可或推荐会影响消费者的行为"[3]。常亚平等通过研究发现,"意见领袖的推荐会降低消费者对购买产品的不确定性"[4]。本文认为,当直播主播具有较高的知名度时,其在消费者心中也会拥有一定的公信力,消费者就更容易接受并信任该主播所推荐的产品,从而提高消费者的感知功能价值和感知情感价值。此外,如果直播主播自身具有一定的影响力和号召力,其推荐的产品会受到更多人的关注,当消费者观看或购买该主播推荐的产品时将更容易与身边的朋友引发共鸣,获得更多的认可和周围人的赞美,也会提高消费者的感知社会价值。据此,本文提出如下假设:

H6:主播的知名度显著正向影响感知功能价值。

H7:主播的知名度显著正向影响感知情感价值。

H8:主播的知名度显著正向影响感知社会价值。

5) 公益性

近几年电商直播行业发展迅猛,但在急速发展的同时该行业也存在着许多亟待解决的问题,如近期爆出的直播主播偷税漏税、虚假宣传、售卖假货等,原因既包括我国在电商直播领域的法律体系和监管制度不够完善,也由于平台管理不够规范、对于直播的规范性不足等[5]。而主播作为电商直播中的重要主体,应该努力提

---

① 孟陆,刘凤军,陈斯允,等.我可以唤起你吗——不同类型直播网红信息源特性对消费者购买意愿的影响机制研究[J].南开管理评论,2020(1):131-143.

② A GRAWAL J,KAMAKURA W A.The Economic Worth of Celebrity Endorsers:anEvent Study Analysis[J].Journal of Marketing,1995,59(3):56-62.

③ 肖开红,雷兵.意见领袖特质、促销刺激与社交电商消费者购买意愿:基于微信群购物者的调查研究[J].管理学刊,2021(1):99-110.

④ 常亚平,邱媛媛,阎俊.虚拟社区知识共享主体对首购意愿的作用机理研究[J].管理科学,2011,1(2):74-84.

⑤ 周剑平.电商直播监管的难点与对策创新[J].中国流通经济,2021(8):72-80.

升自己的业务能力、优化直播内容,同时也应该拥有良好的道德感和社会责任感。如果主播能够注重自我提升并热心参与公益事业,通过自身的公益性特征不仅能为自己树立一个良好的口碑,还能为社会传递正能量、更好地履行自己的社会责任。从消费者的角度来看,刘思思认为,"消费者在公益直播互动的过程中可以体会到电商助农直播的公益性,从而收获积极的情感共鸣并获得社会价值"①。据此,本文提出如下假设:

H9:主播的公益性显著正向影响感知情感价值。

H10:主播的公益性显著正向影响感知社会价值。

3.3.2 感知价值与消费者购买意愿

陈密通过研究证明了"消费者的感知价值越强,购买意愿就越高"②。感知功能价值主要是指消费者通过观看直播对于产品质量、价格以及功能等相关信息的感知;感知情感价值是指消费者在观看电商直播或购买主播推荐商品的过程中对于满足、愉悦、兴奋等情感的感知;感知社会价值是指消费者可以通过观看直播或购买主播推荐的商品感受到自我价值的实现,比如感受到自己的品味获得提升、因为观看直播收获了更多认可和周围人的赞美、购买公益产品后感受到自身对他人起到的帮助作用,等等③。Ma 等证实了"感知社会价值、认知有用性和认知趣味性都会对消费者的购买行为起到积极的作用"④。赵保国等学者将消费者感知价值界定为感知情感价值和感知功能价值,并认为感知情感价值和感知功能价值可以通过提高消费者信任对消费者购买意愿起到促进作用⑤。此外,国外学者 Satyabhusan Dash 以印度网购群体为研究对象,证明社会价值对购买意愿有显著影响⑥。据此,本文提出如下假设:

H11:感知功能价值显著正向影响消费者购买意愿。

H12:感知情感价值显著正向影响消费者购买意愿。

H13:感知社会价值显著正向影响消费者购买意愿。

---

① 刘思思. 电商助农直播中消费者感知价值对传播意向的影响[D]. 重庆:西南大学,2021.

② 陈密. 网红直播带货对消费者购买意愿的影响研究[D]. 广州:华南理工大学,2020.

③ 高云慧. 电商主播特征对消费者购买意愿影响研究[D]. 哈尔滨:哈尔滨工业大学,2020.

④ MA H,MEI H. Empirical Research on the Decision – Making Influence Factors in Consumer Purchase Behavior of Webcasting Platform [J]. International Conference on Management Science and Engineering Management, 2018(6):1017 – 1028.

⑤ 赵保国,王耘丰. 电商主播特征对消费者购买意愿的影响[J]. 商业研究,2021(1):1-6.

⑥ SATYABHUSAN,D. The Role of Consumer Self-Efficacy and WebsiteSocial-Presence in Customers' Adoption of B2C Online Shopping[J]. Journal of International Consumer Marketing,2008,34(2).

4 研究方法

本文主要采用了文献研究法和问卷调查法对消费者购买意愿进行研究。

文献研究是进行研究工作的基础前提。通过查阅国内外关于电商直播、直播主播特性、消费者购买意愿等方面的相关文献,从而丰富本研究的理论基础,并全面、正确地了解和掌握研究方法。

问卷调查是开展实证研究的常用手段。本文根据研究问题和已有相关研究设计问卷,通过问卷星发放问卷、回收问卷并获得所需数据。

最后对问卷数据使用 SPSS 软件进行信度检验、效度分析等;使用 AMOS 软件构建结构方程模型,并深入分析验证各变量之间的假设关系是否成立。

4.1 问卷设计与变量测度

问卷内容主要分为三个部分。第一部分是参与调查者的基本个人信息,包括性别、年龄、最高学历、每月可支配金额、电商直播观看次数和网络购物经验等;第二部分是参与调查者对直播主播特征的评价,让参与调查者回忆自己最近一次观看直播的经历,通过李克特 5 级量表对直播主播的娱乐性、互动性、专业性、知名度和公益性特征进行评价;第三部分是对于直播的主观感受评价,还是先让参与调查者回忆自己最近一次观看直播的经历,以李克特 5 级量表的形式对观看此次直播为自己带来的感知功能价值、感知情感价值、感知社会价值以及购买意愿进行相应的打分。

为确保问卷的严谨性与科学性,本文借鉴了以往相关研究中的成熟量表,并结合本文观点对其中的部分测度指标进行了调整,最终设计出了此次调查问卷。具体来源如表 2、表 3、表 4 所示。

表 2 直播主播特征变量指标来源

变量	指标数	题项	参考来源
主播娱乐性	3	该主播的直播让我觉得很有趣	陈密(2020)
		观看该主播的直播时,我是放松且愉悦的	
		该主播会使用幽默搞笑的语言或动作让直播间气氛更欢乐	
主播互动性	3	该主播会经常和观众进行互动交流	赵静(2021)、高云慧(2020)、Catherine(2002)等
		该主播能够耐心回答观众提出的问题和意见	
		该主播愿意按照观众要求展示产品功能和细节	
主播专业性	3	该主播在其推荐产品领域曾受过专门的训练	高云慧(2020)、Netemeyer(1992)等、Bansal(2000)等
		该主播对其推荐产品领域具有相关的知识储备	
		该主播对此产品有过使用或实践经验	

续表

变量	指标数	题项	参考来源
主播知名度	3	该主播具有一定的影响力和号召力	方超(2018)、梦非(2012)、高云慧(2020)
		该主播在直播平台拥有庞大的粉丝且被大家熟知	
		该主播在网络传媒(如微博、抖音等)中出现频率较高	
主播公益性	3	该主播能在直播中传达正确的价值观,倡导观众参与公益行动	陈密(2020)、本研究
		该主播注重自我提升且热心参与公益慈善事业	
		该主播会在直播间带货公益产品(如推荐乡村助农产品等)	

表3 感知价值变量指标来源

变量	指标数	题项	参考来源
感知功能价值	3	我认为该主播推荐的产品质量很好	高云慧(2020)、刘思思(2021)、本研究
		我认为该主播推荐的产品价格优惠	
		我认为该主播推荐的产品购买起来方便快捷	
感知情感价值	3	在观看该主播的直播间时,我感觉很愉悦	高云慧(2020)、本研究
		在和该主播互动的过程中,我感觉观看/购物体验很好	
		在购买了该主播推荐的产品后,我感觉很满足	
感知社会价值	3	购买该主播推荐的产品,会让我获得更多认可和周围人的赞美	宋冠群(2016)、刘思思(2021)、本研究
		购买该主播推荐的产品,我觉得自己的品味提升了	
		购买该主播推荐的产品,能让我实现价值	

表4 购买意愿变量指标来源

变量	指标数	题项	参考来源
购买意愿	3	我有可能会购买该主播推荐的产品	高云慧(2020)、Zeithaml(1988)等、本研究
		购买同类产品时,我会优先考虑购买该主播推荐的产品	
		我愿意将这个直播间推荐给其他人	

4.2 问卷数据收集与样本描述

本次研究通过问卷星平台发放问卷共212份,其中剔除未观看过直播、问卷填写时间过短、选项答案完全一致或前后矛盾的问卷63份,最终收集有效问卷149份。问卷有效率为70.28%。

据淘宝内容生态官方数据平台淘榜单发布的《2020年商家直播白皮书》统计,

"90后"为淘宝直播中占比最大的人群,女性用户占比达到3/4①;翻阅以往我们的文献发现,学者曾丽红等②、吴娜等③、陈咏绮④关于电商直播领域的调查研究当中,回收的问卷样本也都为年轻女性偏多。而本研究参与调查者中,女性占79.19%,男性占20.81%;年龄主要集中在18~25岁,占总样本量的46.98%,与电商直播行业现状及前人研究中的样本分布情况较为相似,因此本研究的样本数据较为合理,具有一定的代表性。此外,参与调查者受教育程度主要为本科学历,占比高达72.48%,分析认为这是由于这类人群的受教育程度较高,比较乐于接受并尝试新鲜事物;同时,参与调查者每月的可支配金额主要集中在4 000元及以上,占比达到34.90%,可见电商直播受众都具有一定的消费购买能力。其中,有82.55%的受访者表示曾经有过在电商直播中的购物经验,说明本次调查数据具有一定的可靠性。样本分布情况详见表5。

表5 样本描述性统计

特征	类别	数量	占比
性别	男	31	20.81%
	女	118	79.19%
年龄	18岁以下	1	0.67%
	18~25岁	70	46.98%
	26~35岁	35	23.49%
	36~45岁	11	7.38%
	46岁及以上	32	21.48%
学历	高中及以下	10	6.71%
	大专	17	11.41%
	本科	108	72.48%
	硕士	9	6.04%
	博士及以上	5	3.36%

---

① 淘榜单 & 天下网商.2020年商家直播白皮书.https://www.cbndata.com/report/2173/detail? isReading=report& page=2,2020.
② 曾丽红,黄蝶.是什么在主导网络直播购物意愿:说服理论视域下对直播购物受众购买意愿的影响因素研究[J].新闻与写作,2021(7):50-57.
③ 吴娜,宁昌会,龚潇潇.直播营销中沟通风格相似性对购买意愿的作用机制研究[J].外国经济与管理,2020(8):81-95.
④ 陈咏绮.电商直播对消费者购买意愿的影响因素研究[D].厦门:暨南大学,2020.DOI:10.27167/d.cnki.gjinu.2020.001319.

续表

特征	类别	数量	占比
月消费金额	1 000 元以下	9	6.04%
	1 000~2 000 元	37	24.83%
	2 000~3 000 元	33	22.15%
	3 000~4 000 元	18	12.08%
	4 000 元以上	52	34.90%

5 数据分析

5.1 信度与效度分析

5.1.1 信度检验

信度是指问卷的可信程度,通过进行信度检验能够保证问卷的可靠性。首先,本文通过 SPSS 24 对收回的数据采用 Cronbach's α 信度系数进行分析,若 Cronbach's α 值在 0.9 及以上则表示信度甚佳,0.8~0.9 则表示信度不错,0.7~0.8 则可以接受,0.6~0.7 表示信度一般,0.6 及以下则不太理想。通过计算,本研究问卷总体的 Cronbach's α 系数值为 0.935,说明问卷总体的信度非常好;刺激变量即主播娱乐性、互动性、专业性、知名度和公益性的 Cronbach's α 值均超过 0.6,中介变量即感知功能价值、感知情感价值、感知社会价值的 Cronbach's α 值均超过 0.6,结果变量消费者购买意愿的 Cronbach's α 值超过 0.7,可见问卷具有一定的可信度。详细数据见表 6、表 7。

表 6 问卷总体信度分析

样本量	项数	Cronbach's α 系数
149	27	0.935

表 7 问卷各变量信度分析

变量名称	题项数	Cronbach's α 系数
娱乐性	3	0.742
互动性	3	0.682
专业性	3	0.721
知名度	3	0.812
公益性	3	0.802

续表

变量名称	题项数	Cronbach's α 系数
感知功能价值	3	0.693
感知情感价值	3	0.782
感知社会价值	3	0.786
消费者购买意愿	3	0.751

其次,本研究使用了 SPSSPRO 数据分析平台来检验问卷的结构信度 CR。一般认为,当 CR 指标大于 0.6 时,表示该问卷各变量的建构信度较为合理[①]。在本研究中,所有变量的 CR 指标均大于 0.6,可见本研究问卷具有较好的建构信度,详细数据见表 8。

表 8 各变量 AVE 和 CR 指标值

变量名称	AVE 值	CR 值
娱乐性	0.487	0.740
互动性	0.416	0.681
专业性	0.460	0.718
知名度	0.594	0.814
公益性	0.585	0.808
感知功能价值	0.429	0.693
感知情感价值	0.549	0.785
感知社会价值	0.587	0.805
消费者购买意愿	0.504	0.752

5.1.2 效度检验

效度检验是为了检验调查结果的有效性,主要由内容效度和结构效度组成。

在内容效度方面,本文通过查找翻阅国内外已有的相关研究,参考了前人研究中使用过的成熟量表,在此基础上形成了本文所使用的量表,因此本文的问卷内容效度较好。

在结构效度方面,本文首先通过 SPSSPRO 数据分析平台检验了问卷的平均提取方差值 AVE。一般认为当 AVE 指标大于 0.4 时,该问卷的结构变量内部一致性

---

① FORNELL,D F LARCKER. Evaluating structural equation models with unobservable variables and measurement error[J]. Journal of marketing research,1981,24(4):337-346.

水平是可以被接受的①。在本研究中,所有变量的 AVE 值均大于 0.4,可见本研究问卷的结构变量内部一致性较好,详细数据见表 8。然后,本文通过 SPSS 24 对问卷的 KMO 值和 Bartlett 值进行了前测检验,并做了探索性因子分析。一般认为当 KMO 值大于 0.7 且 p 值小于 0.05 或 0.01 时适合做因子分析。检测显示,本研究问卷总体的 KMO 值为 0.879,p 值为 0.000,因此可以进行因子分析。详细数据如表 9 所示。

表 9　问卷总体 KMO 和 Bartlett 检验值

KMO 值		0.879
Bartlett 球形度检验	近似卡方	2 056.354
	df	351.000
	p	0.000***

继而本文对问卷进行了探索性因子分析。使用主成分分析法对刺激变量提取出 5 个因子,累计解释方差为 70.341%;中介变量提取出 3 个因子,累计解释方差为 68.560%;结果变量提取出 1 个因子,累计解释方差为 67.309%。一般认为当累计解释方差达到 60% 时符合研究要求,因此本文中各变量指标均达到要求。各变量方差解释如表 10、表 11、表 12 所示。

表 10　刺激变量总方差解释

成分	初始特征值			提取载荷平方和			旋转载荷平方和		
	总计	方差(%)	累计(%)	总计	方差(%)	累计(%)	总计	方差(%)	累计(%)
1	5.718	38.117	38.117	5.718	38.117	38.117	2.240	14.934	14.934
2	1.447	9.649	47.766	1.447	9.649	47.766	2.221	14.807	29.741
3	1.296	8.637	56.403	1.296	8.637	56.403	2.091	13.941	43.683
4	1.083	7.219	63.622	1.083	7.219	63.622	2.018	13.455	57.137
5	1.008	6.719	70.341	1.008	6.719	70.341	1.981	13.204	70.341
6	0.733	4.885	75.226						
7	0.659	4.396	79.622						
8	0.616	4.105	83.727						
9	0.564	3.760	87.487						

---

① FORNELL and D F LARCKER. Evaluating structural equation models with unobservable variables and measurement error[J]. Journal of marketing research,1981,24(4):337-346.

续表

成分	初始特征值			提取载荷平方和			旋转载荷平方和		
	总计	方差(%)	累计(%)	总计	方差(%)	累计(%)	总计	方差(%)	累计(%)
10	0.468	3.121	90.608						
11	0.344	2.295	92.903						
12	0.313	2.084	94.986						
13	0.285	1.899	96.886						
14	0.273	1.817	98.702						
15	0.195	1.298	100.00						

提取方法:主成分分析法

表11　中介变量总方差解释

成分	初始特征值			提取载荷平方和			旋转载荷平方和		
	总计	方差(%)	累计(%)	总计	方差(%)	累计(%)	总计	方差(%)	累计(%)
1	4.205	46.722	46.722	4.205	46.722	46.722	2.181	24.237	24.237
2	1.114	12.377	59.099	1.114	12.377	59.099	2.172	24.138	48.375
3	0.851	9.461	68.560	0.851	9.461	68.560	1.817	20.185	68.560
4	0.713	7.926	76.486						
5	0.552	6.133	82.619						
6	0.502	5.573	88.192						
7	0.451	5.015	93.207						
8	0.352	3.917	97.124						
9	0.259	2.876	100.00						

提取方法:主成分分析法

表12　结果变量总方差解释

成分	初始特征值			提取载荷平方和		
	总计	方差(%)	累计(%)	总计	方差(%)	累计(%)
1	2.019	67.309	67.309	2.019	67.309	67.309
2	0.573	19.083	86.393			
3	0.408	13.607	100.000			

提取方法:主成分分析法

此外,观察旋转后的成分矩阵发现,通过主成分分析法,刺激变量提取出5个因子。因子1对应的是知名度、因子2对应的是公益性、因子3对应的是专业性、因子4对应的是互动性、因子5对应的是娱乐性;而中介变量提取出3个因子,因子1对应的是感知社会价值、因子2对应的是感知情感价值、因子3对应的是感知功能价值。其中,每个题项所对应的因子荷载均大于0.5,非对应的因子载荷均小于0.5,可见各个变量的因子聚合程度较好,且所得维度与设想相符合,因此该问卷结构效度良好。详细数据如表13、表14所示。

表13 刺激变量旋转后的成分矩阵

	成分				
	1	2	3	4	5
该主播在网络传媒中出现频率较高	**0.809**	0.097	0.132	0.042	0.338
该主播具有一定的影响力和号召力	**0.775**	0.091	0.193	0.187	0.262
该主播在直播平台拥有庞大的粉丝量且被大家熟知	**0.744**	0.395	-0.008	0.29	-0.054
该主播能在直播中传达正确的价值观	0.05	**0.825**	0.137	0.148	0.273
该主播会在直播间带货公益产品	0.247	**0.814**	0.144	0.019	0.128
该主播注重自我提升且热心参与公益慈善事业	0.179	**0.582**	0.354	0.17	0.247
该主播对其推荐产品领域具有相关的知识储备	0.097	0.121	**0.831**	0.043	0.06
该主播对此产品有过使用或实践经验	0.288	0.07	**0.712**	0.104	0.273
该主播在其推荐产品领域曾受过专门的训练	-0.055	0.251	**0.711**	0.264	-0.01
该主播能够耐心回答观众提出的问题和意见	0.276	0.274	0.092	**0.764**	-0.135
该主播愿意按照观众要求展示产品功能和细节	0.01	0.113	0.199	**0.701**	0.269
该主播会经常和观众进行互动交流	0.216	-0.144	0.18	**0.637**	0.379
该主播会使用幽默搞笑的语言或动作让直播间气氛更欢乐	0.201	0.256	0.073	0.039	**0.781**
该主播的直播让我觉得有趣	0.197	0.226	0.005	0.488	**0.615**
在观看该主播的直播时,我是放松且愉悦的	0.198	0.243	0.287	0.21	**0.585**
提取方法:主成分分析法					

表14 中介变量旋转后的成分矩阵

	成分		
	1	2	3
购买该主播推荐的产品,会让我获得更多认可和周围人的赞美	**0.809**	0.324	0.138
购买该主播推荐的产品,我觉得自己的品味提升了	**0.775**	0.324	0.148

续表

	成分		
	1	2	3
购买该主播推荐的产品,能让我实现价值	**0.709**	0.183	0.143
在和该主播互动的过程中,我感觉观看/购物体验很好	0.264	**0.763**	0.213
在购买了该主播推荐的产品后,我感觉很满足	0.278	**0.751**	0.15
在观看该主播的直播间时,我感觉很愉悦	0.318	**0.731**	0.203
我认为该主播推荐的产品价格优惠	0.368	-0.064	**0.809**
我认为该主播推荐的产品购买起来方便快捷	-0.06	0.362	**0.73**
我认为该主播推荐的产品质量很好	0.193	0.337	**0.677**
提取方法:主成分分析法			

5.2 相关性分析

相关性分析是用于检验各个变量之间是否存在关联并测量其关联程度的一种统计方法,变量之间具有回归关系是以具有相关关系为前提的。本文通过Pearson相关系数验证发现,各个变量之间的相关性系数均大于0.3(小于0.3为弱相关或不相关),且 p 值均小于0.01,说明各变量间的相关性都较高,且都为正相关。具体数值见表15。

表15 各变量相关性分析

	娱乐性	互动性	专业性	知名度	公益性	感知功能价值	感知情感价值	感知社会价值	购买意愿
娱乐性	1								
互动性	0.516**	1							
专业性	0.406**	0.401**	1						
知名度	0.541**	0.458**	0.344**	1					
公益性	0.536**	0.381**	0.453**	0.474**	1				
感知功能价值	0.521**	0.500**	0.465**	0.494**	0.358**	1			
感知情感价值	0.569**	0.442**	0.408**	0.475**	0.585**	0.516**	1		
感知社会价值	0.460**	0.326**	0.334**	0.493**	0.595**	0.446**	0.629**	1	
购买意愿	0.590**	0.411**	0.473**	0.546**	0.609**	0.604**	0.719**	0.681**	1

注:** 表示在0.01级别(双尾)相关性显著。

综上,本研究问卷的信度效度检验结果较好,且变量间具有一定的相关关系,可以进行后续的数据分析及假设检验。

5.3 模型拟合效果及检验

5.3.1 结构方程模型构建

本文通过 AMOS 24 构建结构方程模型分析各个变量之间的关系,对直播主播特征和消费者购买意愿提出的相关假设进行验证。在结构方程模型当中,一共设置了 9 个潜变量,其中"娱乐性"、"互动性"、"专业性"、"知名度"和"公益性"为外生潜在变量,"感知功能价值"、"感知情感价值"、"感知社会价值"和"购买意愿"为内生潜在变量,并且"感知功能价值"、"感知情感价值"和"感知社会价值"同时也作为中介变量。根据前文假设构建的初始结构方程模型如图 2 所示。

5.3.2 模型拟合度

在构建完结构方程模型后,导入问卷数据并对模型进行拟合度检验。本研究中,模型适配度的评价指标选取了绝对适配指标的卡方自由度比(CMIN/DF)、近似误差均方根(RMSEA)、拟合优度(GFI)、调整拟合优度指标(AGFI),以及相对适配指标的常规拟合优度(NFI)、相对拟合优度(RFI)、增量拟合优度(IFI)和比较拟合指数(CFI)作为参考。本研究的模型拟合度指标数值如表 16 所示,由表中数据可见各项指标均符合适配标准,因此本模型拟合程度较好。

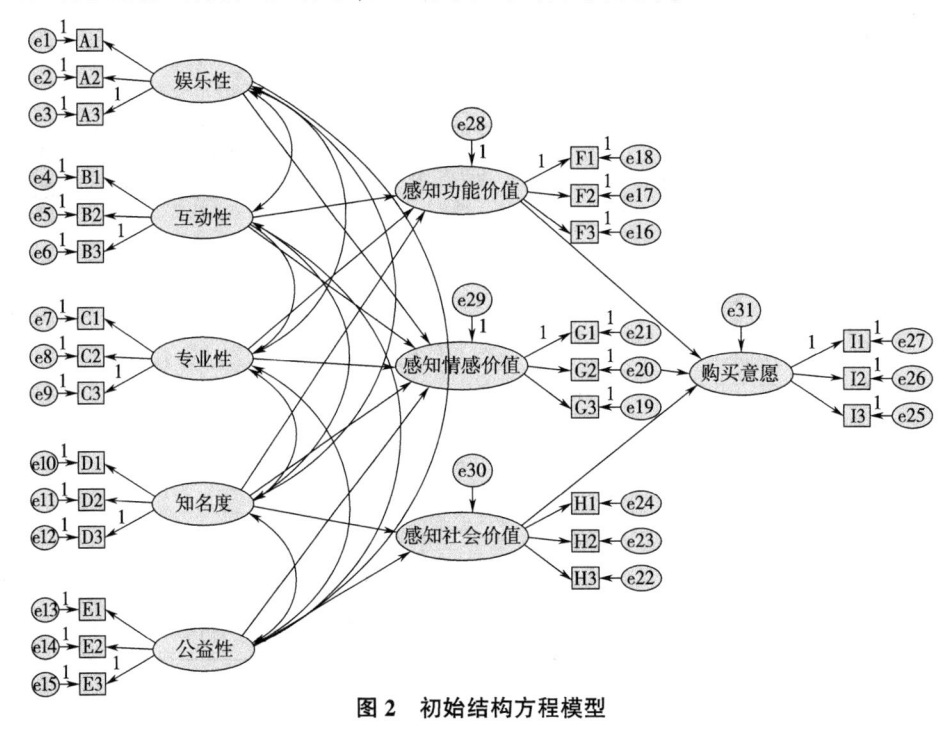

图 2 初始结构方程模型

表 16 模型拟合度指标数值

模型拟合指标	适配标准	实际测量值
卡方自由度比(CMIN/DF)	<3.0	1.813
近似误差均方根(RMSEA)	<0.1	0.074
拟合优度(GFI)	0.7~0.9	0.796
调整拟合优度指标(AGFI)	0.7~0.9	0.744
常规拟合优度(NFI)	0.7~0.9	0.752
相对拟合优度(RFI)	0.7~0.9	0.711
增量拟合优度(IFI)	0.7~0.9	0.871
比较拟合指数(CFI)	0.7~0.9	0.868

模型拟合适配标准合格后,将问卷数据导入,得到的模型拟合结果如图 3 所示。

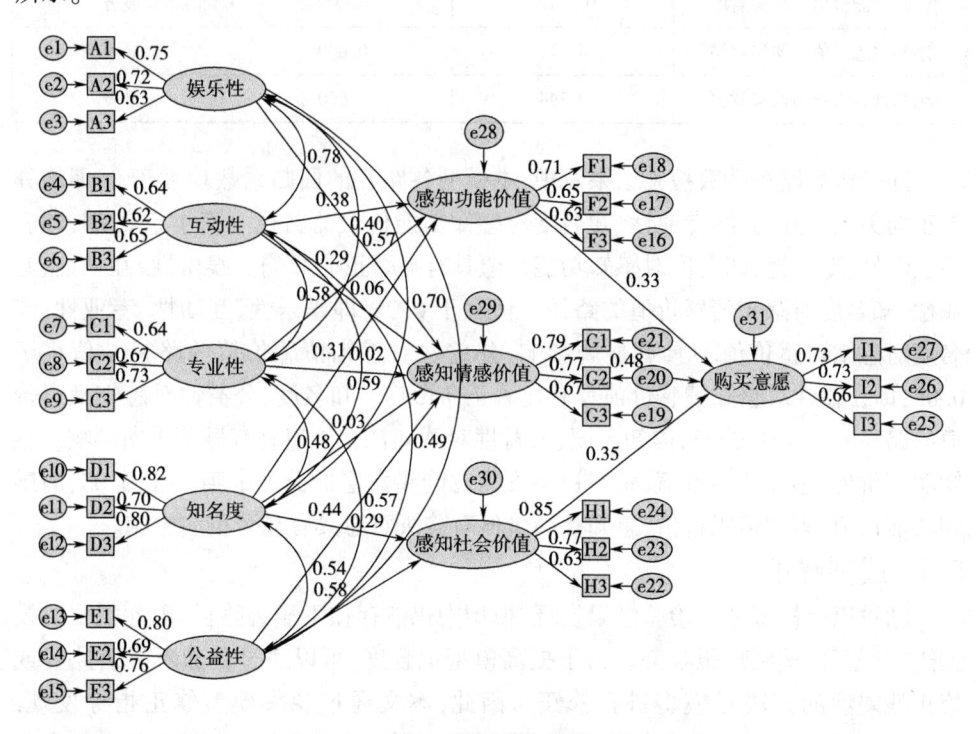

图 3 模型拟合结果

由各变量间的标准化路径系数可以看出,路径系数均大于 0,即为正相关关系。然后通过观测各路径的 p 值检验假设是否成立,具体结果如表 17 所示。

表 17 模型路径系数结果

路径	标准化回归系数	p	显著性结果
互动性→感知功能价值	0.446	0.013	显著
专业性→感知功能价值	0.275	0.025	显著
知名度→感知功能价值	0.244	0.012	显著
娱乐性→感知情感价值	0.506	0.092	不显著
互动性→感知情感价值	0.085	0.751	不显著
专业性→感知情感价值	0.020	0.886	不显著
知名度→感知情感价值	0.027	0.810	不显著
公益性→感知情感价值	0.412	0.001	显著
知名度→感知社会价值	0.345	0.003	显著
公益性→感知社会价值	0.672	0.000	显著
感知功能价值→购买意愿	0.347	0.000	显著
感知情感价值→购买意愿	0.411	0.000	显著
感知社会价值→购买意愿	0.244	0.000	显著

通过模型路径系数检验结果发现,本模型各路径的回归系数均大于0,即均具有正向关系。互动性、专业性、知名度对感知功能价值的路径 p 值小于 0.05,即表明互动性、专业性、知名度对感知功能价值具有显著正向影响。娱乐性、互动性、专业性、知名度对感知情感价值的路径 p 值大于 0.05,即娱乐性、互动性、专业性、知名度对感知情感价值不具有显著影响;公益性对感知情感价值的路径 p 值小于 0.05,即公益性对感知情感价值具有显著正向影响。知名度、公益性对感知社会价值的路径 p 值小于 0.05,即知名度、公益性对感知社会价值具有显著正向影响。感知功能价值、感知情感价值、感知社会价值对购买意愿的路径 p 值小于 0.05,即感知功能价值、感知情感价值、感知社会价值对购买意愿具有显著正向影响。

5.4 模型修正

通过以上模型拟合检验结果发现,模型中仍然存在不显著路径,因此需要对模型进行修正以达到理想状态。为了提高模型拟合度,可以通过删除不显著路径或修正残差项的方法对模型进行修正。因此,本文通过观察模型修正指标发现,e5 和 e11 这两个残差项的修正指数较高。考虑到直播主播的互动性和知名度之间存在相关关系,即如果直播主播积极与消费者进行互动,可能会因此获得较好的口碑从而提高其知名度,故本文认为可以对 e5 和 e11 建立相关关系。此外,剔除了"互动性→感知情感价值""专业性→感知情感价值""知名度→感知情感价值"这三条回归路径系数较小且 p 值较大的不显著路径,以提高模型适配度。修正后的结构方程模型如图 4 所示。

经过修正,模型适配度的各项评价指标也得到了改善,具体数值见表 18。其中 CMIN/DF 从 1.813 下降为 1.712,RMSEA 从 0.074 下降为 0.069,GFI 由 0.796 提高到了 0.806,AGFI 从 0.744 提高到了 0.757,NFI 从 0.752 提高到了 0.765,RFI 从 0.711 提高到了 0.727,IFI 从 0.871 提高到了 0.886,CFI 从 0.868 提高到了 0.883。可见,修正后的适配度评价指标更接近理想数值,模型拟合程度更好。

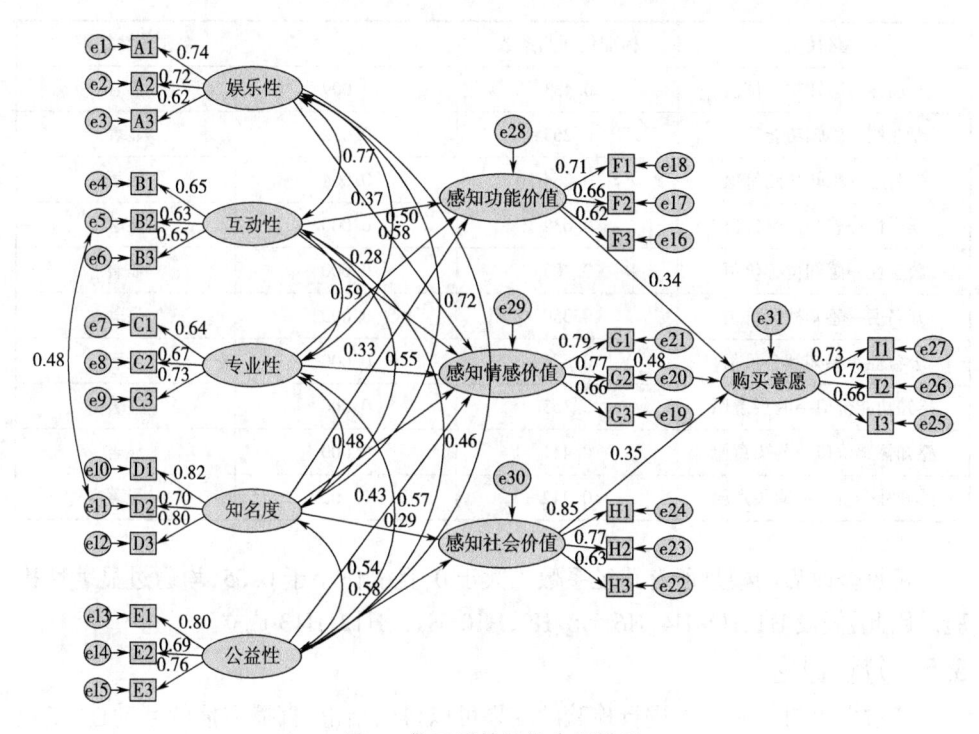

图 4　修正后的结构方程模型

表 18　修正后的模型拟合度指标数值

模型拟合指标	适配标准	实际测量值
卡方自由度比(CMIN/DF)	<3.0	1.712
近似误差均方根(RMSEA)	<0.1	0.069
拟合优度(GFI)	0.7~0.9	0.806
调整拟合优度指标(AGFI)	0.7~0.9	0.757
常规拟合优度(NFI)	0.7~0.9	0.765
相对拟合优度(RFI)	0.7~0.9	0.727

模型拟合指标	适配标准	实际测量值
增量拟合优度（IFI）	0.7~0.9	0.886
比较拟合指数（CFI）	0.7~0.9	0.883

此外，对修正后的模型路径系数及 p 值再次进行了检验，具体结果见表19。

表19　修正后的模型路径系数结果

路径	标准化回归系数	p	显著性结果
互动性→感知功能价值	0.433	0.009	显著
专业性→感知功能价值	0.265	0.032	显著
知名度→感知功能价值	0.264	0.004	显著
娱乐性→感知情感价值	0.632	0.000	显著
公益性→感知情感价值	0.403	0.000	显著
知名度→感知社会价值	0.350	0.003	显著
公益性→感知社会价值	0.671	0.000	显著
感知功能价值→购买意愿	0.353	0.000	显著
感知情感价值→购买意愿	0.411	0.000	显著
感知社会价值→购买意愿	0.242	0.000	显著

可见修改后的模型所有路径系数均大于 0，且 p 值小于 0.05，均通过显著性检验。因此，假设 H1、H2、H4、H6、H8、H9、H10、H11、H12、H13 成立。

5.5　分析讨论

通过以上对所有假设进行检验的结果可以得出结论，直播主播的互动性、专业性和知名度特征对消费者感知功能价值的路径标准化回归系数分别为 0.37、0.28 和 0.33，标准化回归系数均大于 0 且 p 值小于 0.05，因此直播主播互动性、专业性和知名度特征对消费者感知功能价值产生显著正向影响，即假设 H2、H4、H6 成立；直播主播的娱乐性和公益性特征对消费者感知情感价值的路径标准化回归系数分别为 0.50 和 0.43，标准化回归系数均大于 0 且 p 值小于 0.05，因此直播主播的娱乐性和公益性特征对消费者感知情感价值产生显著正向影响，即假设 H1、H9 成立；直播主播的知名度和公益性特征对消费者感知社会价值的路径标准化回归系数分别为 0.29 和 0.58，标准化回归系数均大于 0 且 p 值小于 0.05，因此直播主播的知名度和公益性特征对消费者感知社会价值产生显著正向影响，即假设 H8、H10 成立。消费者感知功能价值、感知情感价值、感知社会价值对消费者购买意愿的路径标准化回归系数分别为 0.34、0.48 和 0.35,标准化回归系数均大于 0 且 p 值小于 0.05,因此消费者感知功能价值、感知情感价值、感知社会价值对消费者购买意愿产生显著正向影响,即假设 H11、H12、H13 成立。图 5 为本文最终的研究模型。

综上所述,在电商直播环境下,主播特征显著正向影响消费者的感知价值、感知价值又能显著正向影响消费者购买意愿这一设想显然是成立的。表 20 为所有假设检验情况汇总。

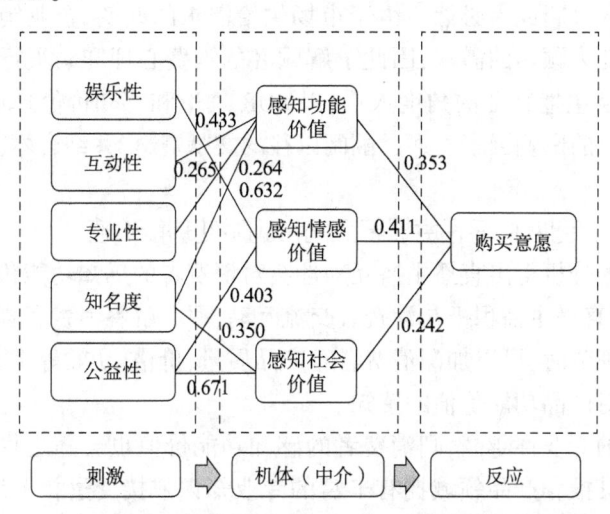

图 5 直播主播特征对消费者购买意愿影响研究模型

表 20 假设检验情况汇总

研究假设	检验结果
H1:主播的娱乐性显著正向影响感知情感价值	成立
H2:主播的互动性显著正向影响感知功能价值	成立
H3:主播的互动性显著正向影响感知情感价值	不成立
H4:主播的专业性显著正向影响感知功能价值	成立
H5:主播的专业性显著正向影响感知情感价值	不成立
H6:主播的知名度显著正向影响感知功能价值	成立
H7:主播的知名度显著正向影响感知情感价值	不成立
H8:主播的知名度显著正向影响感知社会价值	成立
H9:主播的公益性显著正向影响感知情感价值	成立
H10:主播的公益性显著正向影响感知社会价值	成立
H11:感知功能价值显著正向影响消费者购买意愿	成立
H12:感知情感价值显著正向影响消费者购买意愿	成立
H13:感知社会价值显著正向影响消费者购买意愿	成立

6 结果与建议

6.1 研究结果

近年来,随着我国国民经济的蓬勃发展,人们的消费水平和消费欲望都有所提升,网络科技的飞速进步让直播技术日渐成熟,线上购物更加频繁,在这一背景下电商直播行业的兴起成为必然。由于市场供给需求的改变,企业销售关注的重心由产品本身转变为顾客的需求,因此了解顾客的消费心理和购买行为变得十分重要。本文从直播主播特征的角度入手,以 SOR 理论和感知价值理论为基础,探究消费者购买意愿的影响因素。通过翻阅以往的文献资料,并结合本文的实证研究,可得如下结论。

6.1.1 互动性、专业性、知名度显著正向影响感知功能价值

通过前文的分析得出直播主播互动性会对消费者的感知功能价值产生显著正向影响,可见当直播主播积极与消费者交流互动,耐心解答消费者提出的问题并展示产品功能和细节时,可以加深消费者对产品质量、价格、功效等多方面的了解,从而提高消费者对产品功能价值的感知。

直播主播的专业性越高,则消费者的感知功能价值也会随之提高。这表明如果直播主播在其推荐产品领域拥有丰富的专业知识或接受过相关培训,并且对产品有过使用体验或实践经历,其对产品做出的描述就会更加专业,容易使消费者对产品具有更清晰的认知,进而对消费者的感知功能价值起到促进作用。

直播主播的知名度对消费者的感知功能价值产生显著正向影响,证明当主播具有一定的名气和声望时,消费者会认为其所说的话具有一定的权威性,并对产品产生信任,愿意相信其推荐的产品拥有更好的质量和更高的价值,因此对产品功能价值的感知性就更高。

6.1.2 娱乐性、公益性显著正向影响感知情感价值

本研究证明了直播主播的娱乐性对消费者的感知情感价值产生显著正向影响,直播主播使用幽默搞笑的语言或动作让直播间的气氛变得更加欢乐,会让消费者在观看直播时感到轻松有趣,并产生愉悦的心情,从而提高直播间对消费者的吸引力,让消费者感受到观看直播给他们带来的情感价值。

公益性对消费者的感知情感价值产生显著正向影响,对此本文认为当直播主播注重自我提升、热心参与公益慈善事业时,能让消费者对其个人形象产生好感,更愿意观看该主播的直播;并且当该主播在直播间发起公益活动(如推荐乡村助农产品、直播疫区产品帮助复兴当地经济等)时,由于直播间的平台性质使消费者和主播之间可以跨越时间和空间上的障碍进行交流互动,会让消费者具有强参与感,并感觉自己作为直播间的一员,在这场公益行动中也做出了一份贡献,由此产生更

加积极的心理情感。

6.1.3 知名度、公益性显著正向影响感知社会价值

研究得出知名度对消费者的感知社会价值产生显著正向影响,这是因为当直播主播具有一定的影响力和号召力时,观看并购买该主播推荐的产品,可能会让消费者获得更多的认可和周围人的赞美,由此提升消费者的感知社会价值。

而公益性对消费者的感知社会价值产生显著正向影响,可以体现为当消费者在直播间内观看或购买了乡村助农等公益性产品后,感受到自身对贫困地区的帮扶作用,从而感觉实现了自己的个人社会价值。

6.1.4 感知功能价值、感知情感价值、感知社会价值显著正向影响购买意愿

通过前文检验得出消费者的感知功能价值能对消费者购买意愿产生显著正向影响,如果直播主播对于产品的介绍专业且详细,消费者的感知功能价值更高,那么消费者对于商品的功能、价格、质量等方面的了解就会更加充分,从而降低由网购的不确定性带来的风险,帮助消费者做出更加正确的购买行为,因此消费者的购买意愿也会随之提高。

感知情感价值对消费者的购买意愿具有促进作用,这是因为在观看直播的过程中,消费者并非只有购物需求,同时也希望能满足娱乐需求。因此,当消费者能够通过观看直播而感到轻松愉悦、获得额外的情感价值时,随着心情的放松,也会提高对直播主播和产品的信任,购买意愿也会提升。

此外,研究证明消费者的感知社会价值对购买意愿也会产生显著正向影响,当消费者因为观看或购买了直播间内的产品而获得更多赞美和认可,并感到自己的个人价值得以实现时,其购买意愿也会有所提升。

6.2 相关建议

通过对电商直播环境下消费者购买意愿的影响研究分析,本文从电商直播主播角度提出以下几点建议。

6.2.1 增强直播娱乐性,提升用户观看体验

消费者在观看直播时的情绪体验十分重要。直播主播应该尽量让自己的直播保持趣味性,可以使用幽默诙谐的语气或动作让直播间的气氛保持欢乐,使消费者能够处于一种愉悦轻松的状态,这样可以让消费者对产品产生更深的信任感,从而提升感知情感价值,并对消费者购买意愿产生正向影响。

6.2.2 丰富直播互动性玩法,提高消费者参与度

直播带货和传统电视带货最大的区别就在于互动性。电商直播主播在直播销售商品的同时,也要留意与受众的互动情况,必要时可以通过设置红包雨、转发抽奖、点赞抢红包等互动活动,来提高消费者的参与热情,保证粉丝黏性。只有提高了粉丝黏性,才会更容易实现直播"种草"。

6.2.3 加强专业性学习,严格把控选品质量

直播主播在推荐产品之前应认真学习该产品领域的相关专业知识,至少要做到在消费者对产品提出问题时可以正确讲解,避免在直播的过程中由于个人对产品的误解而对消费者造成误导或错误宣传。在选品时也应该严格把控好产品的质量,避免因为选品的疏忽让一些假冒伪劣、虚假宣传、三无产品等劣质产品乘虚而入,从而消耗消费者对自己的信任。因此,电商直播主播在直播之前,应该提前对直播产品和合作店铺进行全方面的了解与检查,以确保产品的质量过关。对于电商直播主播来说,只有一直保持专业的状态和良好的口碑,主播的直播带货职业生涯才能长久而稳定地发展下去。

6.2.4 明确自己的优势特点,打造专属个人 IP

在每天信息过量、各类网红层出不穷的互联网环境下,受众的注意力都是有限的,因此想要实现直播带货,第一步就是先吸引受众的注意力。因此,直播主播在专心提升自己销售能力的同时,也应该明确自己在一众主播中能够脱颖而出的优势是什么,并通过对微博、抖音、小红书等媒介平台的内容运营,来树立自己的形象与人设,凭借自己独特的人格魅力或优势特点,打造专属自己的个人 IP,将一时的流量热度转化成真正的粉丝,从而获得消费者长期的关注、喜爱与信任。

6.2.5 注重参与公益事业,提升社会责任感

此外,电商直播带货主播同样也是公众人物,应该明确自己的社会责任,注重自我提升并热心参与公益慈善事业,为社会做出贡献;同时,在直播的过程中,应该向观众传达正确的价值观,也可以将公益活动引入自己的直播间。例如,李佳琦和朱广权合作直播的"小朱佩琦"助力湖北公益带货直播,就是通过公益性活动刺激消费者购买意愿,这样在消费者能够买到心仪商品的同时,湖北疫区滞留的商品也成功销售出去,而直播主播也收获了好感,真正实现了多方共赢。

6.3 研究不足与展望

本文在研究过程中也存在着些许问题与不足,以下对此做出了总结,并对今后的可改进之处提出了展望:

(1)样本选取的局限性。问卷样本主要来源于北京,而其他二、三线及以下城市可能会因为消费水平、地理环境、文化差异等因素存在一定的差异。在样本数量方面,由于回收数量有限,可能会对最终的结果检验造成一定的影响。今后可以在样本回收时尽量扩大样本的覆盖范围广度,增加样本数量,使样本数据更加具备多样性,从而得出更有说服力的结论。

(2)研究视角的局限性。在电商直播环境下,消费者购买意愿的影响因素多种多样。例如,从直播平台角度可以考虑直播平台特征对消费者购买意愿的影响研究,从直播产品角度可以思考消费者在面对不同的产品类别时购买意愿是否会

有所不同,从消费者的角度还可以探究在移动社交媒体上的用户推荐对消费者购买意愿的影响,等等。由于影响因素较多,因此本文只能从一个角度入手,主要分析直播主播特征对消费者购买意愿的影响。今后可以结合其他方面的影响因素进行更全面且深入的探究。

(3)参考文献的局限性。由于国外流量的聚合能力没有国内强、线上支付技术还未完全成熟等原因,国外的电商直播还处于萌芽阶段,所以在阅读前人文献时大多还是参考的国内研究,但是国内外经济环境、文化背景、政策法规等方面的差异可能会使研究结果产生偏差。国内对于电商直播的研究主要集中在直播平台角度,对于直播主播特征与消费者购买意愿的影响研究也较为有限,可供参考的文献相对较少。希望今后会有更多学者对此进行探究,以弥补本研究的不足。

参考文献

[1]常亚平,邱媛媛,阎俊.虚拟社区知识共享主体对首购意愿的作用机理研究[J].管理科学,2011,1(2):74-84.

[2]陈静.网红口碑传播对消费者购买意愿的影响研究[D].青岛:青岛理工大学,2018.

[3]陈密.网红直播带货对消费者购买意愿的影响研究[D].广州:华南理工大学,2020.

[4]陈笑春,唐瑞蔓.乡村振兴语境中公益直播带货的叙事意义考察[J].西南民族大学学报(人文社会科学版),2021(11):156-161.

[5]陈咏绮.电商直播对消费者购买意愿的影响因素研究[D].厦门:暨南大学,2020.

[6]高云慧.电商主播特征对消费者购买意愿影响研究[D].哈尔滨:哈尔滨工业大学,2020.

[7]郭全中.中国直播电商的发展动因、现状与趋势[J].新闻与写作,2020(8):84-91.

[8]韩箫亦,许正良.电商主播属性对消费者在线购买意愿的影响:基于扎根理论方法的研究[J].外国经济与管理,2020(10):62-75.

[9]韩箫亦.电商主播属性对消费者在线行为意向的作用机理研究[D].长春:吉林大学,2020.

[10]贺梦凡,董坚峰,伍峻弘,等."互联网+5G"新基建背景下的直播电商模式创新研究[J].电脑知识与技术,2021,17(10):278-280.

[11]纪曼,卓翔芝.基于SOR模型的电商网络直播环境下消费者购买意愿的

影响因素[J]. 淮北师范大学学报(哲学社会科学版),2020(4):49-57.

[12]黎红艳. 网购直播的意见领袖在营销中的作用[J]. 商业文化,2021(27):51-53.

[13]李坤. 坚持公益为先,主流媒体直播带货大有可为:以湖北日报首次直播带货为例[J]. 新闻战线,2020(10):27-29.

[14]李贤,崔博俊. 国内经济大循环视角下的"电商直播"[J]. 思想战线,2020(6):56-63.

[15]林婷婷. 基于信任和感知价值的电商直播消费者购买意愿研究[D]. 昆明:云南财经大学,2021.

[16]刘思思. 电商助农直播中消费者感知价值对传播意向的影响[D]. 重庆:西南大学,2021.

[17]刘洋,李琪,殷猛. 网络直播购物特征对消费者购买行为影响研究[J]. 软科学,2020(6):108-114.

[18]马一凡,何文. 直播电商发展历程及现状分析[J]. 经济研究导刊,2021(16):140-142.

[19]孟陆,刘凤军,陈斯允,等. 我可以唤起你吗——不同类型直播网红信息源特性对消费者购买意愿的影响机制研究[J]. 南开管理评论,2020(1):131-143.

[20]冉亚敏. "小朱佩琦"跨界公益直播营销的特点和意义[J]. 传媒,2021(15):79-81.

[21]宋冠群. 参照群体影响、感知价值与大学生网络购买意愿的关系研究[D]. 太原:山西财经大学,2016.

[22]谭羽利. 电商直播中意见领袖对消费者购买意愿的影响研究[D]. 北京:北京印刷学院,2017.

[23]王澜,柳凌镕. 网红直播带货情境中消费者满意度影响因素研究[J]. 商场现代化,2021(7):5-7.

[24]王丽. 公益网络直播的社会动员效果分析[D]. 武汉:武汉纺织大学,2018.

[25]王彤. 电商直播情境下消费者购买意愿研究[D]. 北京:中央民族大学,2020.

[26]吴娜,宁昌会,龚潇潇. 直播营销中沟通风格相似性对购买意愿的作用机制研究[J]. 外国经济与管理,2020(8):81-95.

[27]肖静. 基于社会临场感视角的电商直播平台消费者购买意愿研究[D]. 桂林:桂林理工大学,2020.

[28]肖开红,雷兵. 意见领袖特质、促销刺激与社交电商消费者购买意愿:基

于微信群购物者的调查研究[J].管理学刊,2021(1):99-110.

[29]谢莹,李纯青,高鹏,等.直播营销中社会临场感对线上从众消费的影响及作用机理研究:行为与神经生理视角[J].心理科学进展,2019(6):990-1004.

[30]徐莹,肖玲玲.电商直播情境下大学生消费参与行为与驱动因素分析[J].商业经济研究,2021(3):55-58.

[31]杨劼,王璐."直播+电商"模式下消费者重购意愿的影响因素[J].中国流通经济,2021(11):56-66.

[32]尹杰.电子商务直播模式下意见领袖对消费者消费意愿的影响:以淘宝直播为例[J].电子商务,2020(5):15-16.

[33]余文琪."直播+公益"的用户互动研究[J].新闻论坛,2021(1):71-75.

[34]岳小玲.电商直播"带货"的内容生产和优化路径[J].出版广角,2020(19):64-66.

[35]曾丽红,黄蝶.是什么在主导网络直播购物意愿:说服理论视域下对直播购物受众购买意愿的影响因素研究[J].新闻与写作,2021(7):50-57.

[36]张宝生,张庆普,赵辰光.电商直播模式下网络直播特征对消费者购买意愿的影响:消费者感知的中介作用[J].中国流通经济,2021(6):52-61.

[37]张书雅.直播热潮下的网络主播研究[D].长春:吉林大学,2018.

[38]张雅欣.浅析电商直播视域下的助农公益直播[J].西部学刊,2021(17):152-154.

[39]赵保国,王耘丰.电商主播特征对消费者购买意愿的影响[J].商业研究,2021(1):1-6.

[40]赵宏霞,才智慧,何珊.基于虚拟触觉视角的在线商品展示、在线互动与冲动性购买研究[J].管理学报,2014(1):133-141.

[41]赵宏霞,王新海,周宝刚.B2C网络购物中在线互动及临场感与消费者信任研究[J].管理评论,2015,27(02):43-54.

[42]赵静.在线互动对消费者购买意愿的影响研究[D].上海:上海外国语大学,2021.

[43]郑文生,吴洁,谢慧敏.电商直播发展现状与对策分析[J].吉林工程技术师范学院学报,2017(8):72-74.

[44]钟涛.直播电商的发展要素、动力及成长持续性分析[J].商业经济研究,2020(18):85-88.

[45]周剑平.电商直播监管的难点与对策创新[J].中国流通经济,2021(8):72-80.

[46]CHEN C C,LIN Y C.What Drives Live-Stream Usage Intention The

Perspectives of Flow, Entertainment, Social Interaction, and Endorsement[J]. Telematics and Informatics. 2018,35(1):293-303.

[47] FISHBEIN M, AJZEN I. Belief, Attitude, Intention, and Behavior: An Introduction to Theory and Research[J]. Contemporary Sociology,1977,6:244.

[48] FORNELL and D F LARCKER. Evaluating structural equation models with unobservable variables and measurement error[J]. Journal of marketing research,1981,24(4):337-346.

[49] A GRAWAL J, KAMAKURA W A. The Economic Worth of Celebrity Endorsers: anEvent Study Analysis[J]. Journal of Marketing,1995,59(3):56-62.

[50] JACOB. Stimulus - Organism - Response Reconsidered: An Evolutionary Step in Modeling Consumer Behavior[J]. Journal of Consumer Psychology,2002,12(1):51-57.

[51] J C SWEENEY, GEOFFREY N S. Consumer perceived value: The development of a multiple item scale[J]. Journal of Retailing,2001,77(2).

[52] MA H, MEI H. Empirical Research on the Decision-Making Influence Factors in Consumer Purchase Behavior of Webcasting Platform [J]. International Conference on Management Science and Engineering Management,2018(6):1017-1028.

[53] MEHRABIAN A, RUSSELL J A. The Basic Emotional Impact of environments [J]. Perceptual and Motor Skills,1974,38(1):283-301.

[54] SATYABHUSAN, D. The Role of Consumer Self-Efficacy and WebsiteSocial-Presence in Customers' Adoption of B2C Online Shopping[J]. Journal of International Consumer Marketing,2008,34(2).

[55] ZEITHAML V A. Consumer Perceptions of Price, Quality, and Value: A Means-End Model and Synthesis of Evidence[J]. Journal of Marketing,1988,52(3):2-22.

指导教师评语：

论文以电商直播为背景，采用 SOR 理论与感知价值理论构建研究框架，探讨电商直播主播特征对消费者购买意愿的影响，契合当下电子商务发展趋势。了解和把握电商直播环境下消费者购买意愿的影响因素，对提升电商直播营销传播效果具有重要作用，该选题具有较强的现实指导意义。

论文较好地理解和运用了 SOR 理论及感知价值理论，比较全面地梳理和吸收了已有相关研究文献，并在此基础上提出了理论模型。研究方法使用得当,采用问卷调查法获取一手数据,问卷设计合理、信效度较高。采用数据统计软件构建结构方程模型,对理论模型进行验证和修正,模型拟合度良好,具有较强的解释力。文章整体结构清晰、逻辑严谨、数据翔实可靠、论证较为充分,体现出该生良好的学术素养。

若能在结论和讨论部分补充更多与已有相关研究的对比,结合文献分析该实证研究结论的价值,展开更多理论对话,将使本文更加精彩。

整体上,该论文可评定为优秀。

北京市财政科技支出绩效评价研究

财政税务学院　康沁怡　　指导教师：刘　辉

摘　要：本文选取北京市财政科技支出的绩效评价作为研究对象。首先通过查找文献，梳理国内外学者研究财政科技支出绩效评价的体系及其选取的分析方法，对财政支出相关概念进行界定，并对财政科技支出绩效评价相关理论进行概述。从实际出发，分析北京市财政科技支出的规模与结构现状，发现其亟待解决的问题。之后参考财政部发布的有关管理办法及相关学者在实证分析时构建的指标体系，设计出北京市财政科技支出绩效的评价指标体系。最后选择数据包络分析法（DEA）作为评价方法，对北京市财政科技支出绩效进行实证定量分析。

通过分析得出，2010—2019年北京市财政科技支出绩效整体水平、资金管理水平有待提高，且支出增长机制有待加强的结论。最后提出四个方面的政策建议：优化北京市财政科技支出的结构；完善财政科技支出的规模；加大对于北京市财政科技支出的监管；提高北京市本级财政科技支出的预算精准度。

关键词：财政科技支出，绩效评价，数据包络分析法

1　绪论

1.1　研究背景和研究意义

1.1.1　研究背景

在现今经济全球化背景下，科技创新能力作为国家的软实力，同时也是提升一国综合实力的关键因素，逐渐成为推动经济增长和社会发展的重要动力，具有重要的战略地位。我国作为世界上最大的发展中国家，更是要将科技创新能力作为新的发展机遇。在"科技是第一生产力"这一重要论断与创新理念的推动下，各级地方政府逐年加大财政科技支出规模，但财政科技支出的效率问题却不容忽视。

北京市作为我国的国际科技创新中心，无论从科技资金投入还是科技发展质量来看，都位居全国先列。近年来，北京市对科技的投入更是不断提高，其财政科技支出总额从2010年的178.92亿元上升到2020年的410.96亿元，增幅达229.69%。然而在财政科技支出总额增长的同时，也应关注财政支出结构、机制和

管理监督等问题,助力北京市"提质增效",推动科技创新更高质量发展。因此,本研究对北京市财政科技支出绩效进行评价,分析其现状及存在的问题,并进一步提出相关政策建议以供参考。

1.1.2 研究意义

财政科技支出是科学技术发展的重要资金来源,对于社会科技投入具有引导作用。在过去的十年中,北京市的财政科技资金支出规模总体呈现持续增长趋势,与此同时其效率问题不容忽视。因此,财政科技支出绩效评价研究是一项重大课题,具有重要的理论意义和现实意义。

1) 理论意义

研究北京市财政科技支出的绩效评价,能够理解政府具体的职能表现是否与公众对其的期望一致。一方面,可以在一定程度上验证现有学者的相关理论对于财政科技支出绩效评价理论体系的影响;另一方面,将研究视角从相对更为宏观的国家层面转移至更微观的省市级政府层面,通过北京市绩效评价的探索,看到其在财政科技资金管理上存在的问题,对相关政策的制定提供有效的参考,实现我国公共财政制度的持续完善。

2) 现实意义

一方面,将国家颁布的财政科技支出绩效评价办法与北京市实际情况相结合,对北京市财政科技支出的绩效水平进行科学的判断,能够对财政部门预算政策调整提供更具针对性的参考建议;另一方面,对北京市财政科技支出绩效进行较为客观的评价,对财政科技支出使用效率的提高具有积极的促进作用,并能够为相关学者开展其他地市的相关研究提供一定素材参考与借鉴。

1.2 国内外关于财政科技研究的综述

1.2.1 关于财政科技支出现状分析的研究

在对我国财政科技支出现状进行分析时,王静远(2015)主要考虑了总量和结构两方面,从财政科技支出总量以及 R&D 经费支出、投入强度、构成角度分析,并与部分发达国家进行了对比[1]。白杨(2014)在对重庆市财政科技支出现状进行分析时,从规模和结构两个角度切入,探究了财政科技支出分别占财政支出和 GDP 的比重,以及代表财政科技支出相应投入方向的 R&D 经费内部支出的投入方向[2]。刘静、张宏岩(2016)在分析青海省科技投入现状时,从科技投入与 R&D 经费两方面进行分析,选取了财政科技支出增长率、R&D 经费强度、支出规模,并相应分析了全国的有关数据[3]。

1.2.2 关于财政科技支出绩效评价的研究

1) 财政科技支出绩效评价体系的研究

财政科技支出绩效评价研究起源于西方。国内大多数学者主要是通过衡量投入与产出的匹配程度得出财政科技支出的绩效评价。丛树海、周炜、于宁(2005)基于绩效评价的内涵及其独特性,构建了适用性较强的公共财政支出绩效评价指标体系[4]。卞元超等(2020)在区域创新绩效的变量选取上,投入方面从人员投入和资本两个层面出发选取了R&D人员和R&D人员经费,产出方面考虑专利申请授权数[5]。除此以外,陈芳等(2021)运用层次分析法(AHP)和专家调查加权法,结合样本点实地调研情况,对财政支出绩效评价指标体系中4个一级指标、11个二级指标和17个三级指标进行了权重划分,为财政支出绩效评价的推进提供支撑[6]。

2)财政科技支出绩效评价方法的研究

Brown和Svension(1988)首先提出用于衡量财政科技支出绩效评估的方法,为之后的研究提供了参考,并成为财政科技支出绩效评价研究的开端[7]。除描述性统计分析外,目前国内外学者运用最广泛,且能较为准确描述数据的方法是数据包络分析法(DEA)。

国内学者黄科舫等(2014)基于DEA分析法对湖北省财政科技投入产出效率进行研究[8],胥朝阳等(2016)分析武汉财政科技产出效率时选取了DEA分析法中的CCR和BCC模型[9]。在评价英国高校科技投入的绩效时,Sarrico Dyson(1998)和Lee H.(2005)运用DEA方法,通过评价结果来分析英国高校的具体效率情况和R&D投入产出效率。Hakyeon Lee,Yongtae Park,Hoogon Choi(2008)等也采用了DEA方法对国家的科技活动和项目进行了绩效评价[10]。除了DEA法外,层次分析法(AHP)也是学者们在进行财政科技支出绩效分析时常用的方法。谢虹(2007)就依据层次分析法原理,选择了适于反映科技支出效益的指标群,并运用层次分析法对科技财政支出绩效进行了示范性评价计算[11]。

此外,徐合帆等(2020)运用超效率SBM模型和ML指数从静态与动态两个角度,分析了长江经济带9省2市的财政科技支出绩效,并在此基础上采用Tobit面板回归模型进一步对长江经济带财政科技投入绩效的外部影响因素进行分析[12]。李振、王秀芝(2022)在研究财政科技支出效率对地方产业结构的影响时,运用三阶段DEA方法,规避了环境因素、随机因素对各个决策单元的影响,而且在一定程度上避免了内生性问题[13]。

1.3 研究思路、研究内容及研究方法

1.3.1 研究思路

首先梳理了国内外研究财政科技支出绩效评价的体系与方法,然后界定了财政支出相关概念并梳理出绩效评价相关理论,再从实际出发,通过分析北京市财政科技支出的规模及现状,发现北京市财政科技支出存在的问题。之后通过收集到的相关数据,运用模型对北京市财政科技支出绩效进行分析,最终提出具有针对性的相关政策建议(如图1所示)。

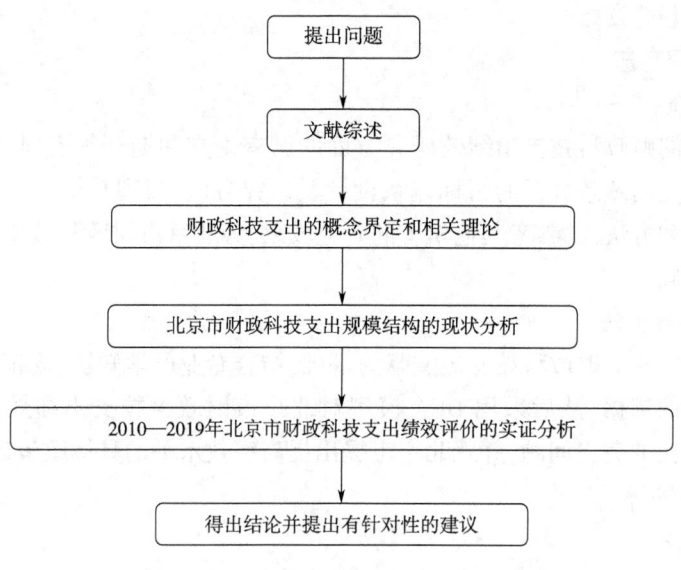

```
        ┌──────────┐
        │  提出问题  │
        └────┬─────┘
             ↓
        ┌──────────┐
        │  文献综述  │
        └────┬─────┘
             ↓
   ┌──────────────────────┐
   │ 财政科技支出的概念界定和相关理论 │
   └──────────┬───────────┘
              ↓
   ┌──────────────────────┐
   │ 北京市财政科技支出规模结构的现状分析 │
   └──────────┬───────────┘
              ↓
┌────────────────────────────────┐
│2010—2019年北京市财政科技支出绩效评价的实证分析│
└──────────────┬─────────────────┘
               ↓
     ┌────────────────────┐
     │ 得出结论并提出有针对性的建议 │
     └────────────────────┘
```

图 1　研究思路

1.3.2　研究内容

以北京市财政科技支出绩效评价为研究对象,通过以下五部分内容对其进行分析论述。

第一部分,绪论。首先,介绍了本文的研究背景与意义,阐述了财政科技支出效率的重要性,并提出研究问题。其次,对国内外学者关于财政科技支出绩效评价指标、评价方法等的研究成果进行综述,初步认识研究北京市财政科技支出所需指标选取和评价的方法;最后,阐明了本文的研究方法以及创新与不足之处。

第二部分,财政科技支出相关概念界定与理论阐述。对文章研究所涉及的财政科技支出、财政科技支出绩效以及财政科技支出绩效评价的概念进行解释与界定;并阐述了财政科技支出绩效评价所依据的三方面理论:公共财政理论、公共受托责任理论、新公共管理理论。

第三部分,北京市财政科技支出的现状分析。选取北京市财政科技支出与R&D经费两个方向,直接与间接指标相结合,分析了北京市的现状,反映其财政科技支出绩效评价的现实水平,并归纳其反映出的问题,为后续探究其原因做铺垫。

第四部分,北京市财政科技支出绩效评价的实证分析。在遵循具体评价指标构建的原则基础上,构建相对较为科学有效的绩效评价体系,选取较为合理的详细指标,运用 DEA 模型对北京市 2010—2019 年的数据进行产出绩效评价。

第五部分,结论与建议。综合分析北京市财政科技支出的现状与实证分析所反映出的问题,总结出阻碍财政科技支出绩效达到最优的几个主要原因,并提出可供参考的改善建议。

1.3.3 研究方法

1) 文献研究法

通过查阅财政科技支出绩效研究方面的已有论文和期刊等资料,初步认识有关财政科技支出绩效分析的指标体系设计及研究方法,梳理总结出可供本文学习借鉴的理论和方法,并参考其他学者的研究成果,为北京市财政科技支出绩效评价研究奠定基础。

2) 实证分析法

以梳理的相关财政科技支出文献为基础,结合专业所学知识,规范财政科技支出绩效评价的依据,然后采用 DEA 模型对北京市财政科技支出绩效进行实证分析。总结存在的突出问题,并就北京市提出提高绩效水平的具体政策建议。

1.4 创新与不足

1.4.1 创新

虽然国内已经有大量文献研究全国以及长江经济带、山东、福建、上海等地区的财政科技支出绩效,但尚未有较为完整的数据对北京市 2010—2019 年的财政科技支出绩效评价进行实证研究。此外,本文在实证分析北京市财政科技支出的绩效评价时,除选取合适的指标分析北京市投入产出效率外,还单独分析了资金管理中的资金偏离度,可以更加客观全面地评价其财政科技支出绩效,并在此基础上提出了提高北京市财政科技支出绩效的建议。

1.4.2 不足

一是在绩效评价体系的设计上,虽然参考了诸多学者的研究结论和我国财政部的相关体系构建,能够在一定程度上说明财政科技支出绩效的问题,但本文仍因部分数据的不可得性导致指标体系构建上存在缺陷。

二是参考大量文献后,在进行 DEA 法实证检验时,统一假设滞后期为 1 年,但实际情况中滞后期可能会超过 1 年,导致数据运算结果的准确性存在一定的偏差。

三是部分科技活动如研发项目等存在较强的外部性,但现有的研究方法很少能够完全消除其带来的影响,所以本研究将不考虑科技活动的外部性影响。

2 财政科技支出相关概念界定与理论阐述

2.1 财政科技支出与绩效的相关概念界定

2.1.1 财政科技支出

科技活动一般可以根据研究阶段分为四部分,即科学研究与试验发展(R&D)、研究开发成果应用、科学技术教育与培训、科学技术服务,其最为重要的资金来源就是财政科技支出。因此,财政科技支出一般被定义为政府及其有关部门支持科技相关活动而产生的经费支出。财政科技支出是科技发展进步不可或缺的推动力,其数值能够反映一个地区政府对科技发展的重视程度。基于实际的研究意义及数据的可得性,本文中的财政科技支出仅指中央和地方政府对于科技的直接财政拨款,即北京市财政预算支出中对于科技方面的直接投入。这一指标能够直接传达出政府对于科学技术投入量的多少,是分析政府对科技投入最直接有效的评价依据。

2.1.2 绩效与财政科技支出绩效

"绩效"一词最早出现在西方的管理学中。管理学将其分成两个层面,一是人为绩效,二是组织绩效。在该领域中,大多数人认为绩效是指员工的工作结果,是对企业的目标达成具有效益、具有贡献的部分。该概念常被用于研究评估人力资源[14]。

由于财政科技支出的公共服务性与非营利性,因此相较于管理学中的绩效,二者在内涵上有着本质区别。财政支出绩效主要是通过一定的衡量标准,对政府财政投入所产生的结果进行衡量。基于此,财政科技支出作为财政支出的一部分,其讨论的绩效在内涵上即与财政支出绩效高度相关,是对于政府等公共部门在科技方面财政投入所产生的结果进行衡量。常见的科技结果包括专利的授权数和对高技术产业的引导程度等。

2.1.3 财政科技支出绩效评价

经过长期实践,西方发达国家最终总结出财政支出绩效的"3E模型",即经济性、效率性和有效性。财政科技支出绩效评价是指财政部门和预算部门(单位)根据设定的绩效目标,运用科学、合理的评价方法、指标体系和评价标准,对财政支出产出和效果进行客观、公正的评价[15]。从结果上看,除注重经济效益外,财政支出绩效评价还注重社会效益,如居民生活水平和社会劳动生产率等。

2.2 财政科技支出绩效评价相关理论

2.2.1 公共财政理论

从公共财政学的公共物品角度出发,由于科技活动本身具有外部性,以营利为目的的企业并不会对回报期长且资金投入成本高的基础研究等科技活动有过多的投入,从而会损害地区的科技创新能力,延缓科技发展速度,即本身存在市场失灵的情况。政府的加入在一定程度上能够弥补市场失灵带来的负面影响,增加科技公共产品的供给量,满足市场的需求。本文的探讨对象北京市属地方政府,因此其理论支撑主要来源于地方财政职能理论。地方财政职能理论作为公共财政理论的一个分支,其财政职能主要包括资源配置职能、经济稳定职能、收入分配职能以及服务职能。

2.2.2 公共受托责任理论

财政支出绩效评价产生的理论根源是公共受托责任理论,理论的本质其实就是委托代理关系。委托代理关系是生活中常见的一种经济关系,委托人将具有资本性质的财产或管理效力的权利授予给受托人,受托人对其经营权产生责任,这就成为一组委托代理关系。而将其具体化到财政科技支出领域,即为公民作为委托人将使用权和分配权交给政府,政府作为公民的受托人,通过向公民征税等手段收集财政资金。然而由于信息不对称性,政府有责任定期公布资金的使用情况,确保公民的利益得到保障,切实履行政府的各项职能,提高公共资源在科技领域的配置效率。财政支出绩效评价正是衡量政府是否高效履行公共受托责任的重要方式。

2.2.3 新公共管理理论

20世纪80年代,由于传统的公共管理理论不能解决当时一些西方国家政府的管理问题,因此诞生了更适应社会发展的新公共管理理论。该理论主要借鉴了社会上与企业相关的较为成功的管理办法和竞争机制,将其作用于具体的政府部门。特点是以公众满意为目标导向,重视公共服务的效率,强调政府低成本运作、组织结构更加合理化,以绩效考核为标准,考察公共服务最终效果和质量,以此实现政府职能。

目前我国正通过各种方式调动地方政府的工作积极性,提升各地方政府部门的工作效率,增强竞争优势。由于科技活动具有公共物品的特性,因此需要由政府提供以弥补市场需求的不足,在此期间学习私人部门管理理论的经验,能够更加有效地对财政科技投入成本和产出进行更加严格的把控,从而提高财政资金的使用效率。

3 北京市财政科技支出的现状分析

一般而言,财政科技支出现状能够间接反映政府财政科技支出绩效水平。因此,本部分参考相关学者分析现状时的研究角度,选取财政科技资金支出的规模情况和R&D经费情况,分析北京市财政科技支出的现状,探究北京市近年的财政科技支出变动发展趋势,并通过与全国水平下的相应指标进行对比,更加客观、有效地了解其财政科技支出绩效。

3.1 北京市财政科技资金支出的规模情况

3.1.1 绝对规模现状

科技事业长期稳定发展离不开财政科技资金的持续平稳注入。如表1所示,在2010—2020年间,北京市财政科技支出资金绝对规模整体呈上升态势,从2010年的178.92亿元增长至2020年的410.96亿元,增长了近1.3倍,均值达到

298.63 亿元,平均同比增长率达到 9.14%。此外,通过观察北京市各年的财政科技支出同比增长率可以发现,北京市的财政科技支出同比增长呈现较为剧烈的波动状态,同比增长率最高值出现在 2017 年,达到了 26.59% 的增长,历史性低水平则出现在 2020 年,出现 5.18% 的负增长。

表1 2010—2020 年北京市财政科技资金支出绝对规模

年份	财政科技支出(亿元)	同比增长率(%)
2010	178.92	—
2011	183.07	2.32
2012	199.94	9.22
2013	234.67	17.37
2014	282.71	20.47
2015	287.80	1.80
2016	285.78	-0.70
2017	361.76	26.59
2018	425.87	17.72
2019	433.42	1.77
2020	410.96	-5.18
均值	298.63	9.14

数据来源:2011—2021 年《北京统计年鉴》。

为了更好地说明北京市财政科技支出的绝对规模,图 2 对比分析了全国 2010—2020 年财政科技支出的均值①与北京市财政科技支出的规模。由图 2 可知,北京市财政科技支出规模整体水平高于全国平均水平,二者在 2012 年差值最小,为 56.31 亿元,2018 年差额达到最大值 157.27 亿元。从整体趋势来看,全国财政科技支出均值增长更为稳定,北京市波动更为明显。

3.1.2 相对规模现状

从图 3 可以看出,全国财政科技支出占财政支出的比重从 2010 年的 3.62% 增长至 2020 年的 3.67%,虽然 11 年间占比有所起伏,但波动幅度不大。而北京市财政科技支出占财政支出的比重整体虽一直保持较高的水平,但相对而言波动剧烈。自 2010 年至 2014 年,北京市财政科技支出占总财政支出的比重先降后增,由

---

① 该项数值由 2011—2021 年《中国统计年鉴》中全国财政科技支出总值除以统计的 31 个省份得到。

6.58%逐步下降至 6.25%;从 2014 年起,该占比陡然下降,2016 年降至谷底 4.46%,其后虽上涨至 2020 年的 5.78%,但相对规模整体减小。与此同时,在 2010—2020 年间,北京市财政支出占 GDP 的比重一直在 1%以上微弱波动,相较于全国平均 0.87%的占比以及 2019 年出现的最高值 0.96%,有着一定的优势。

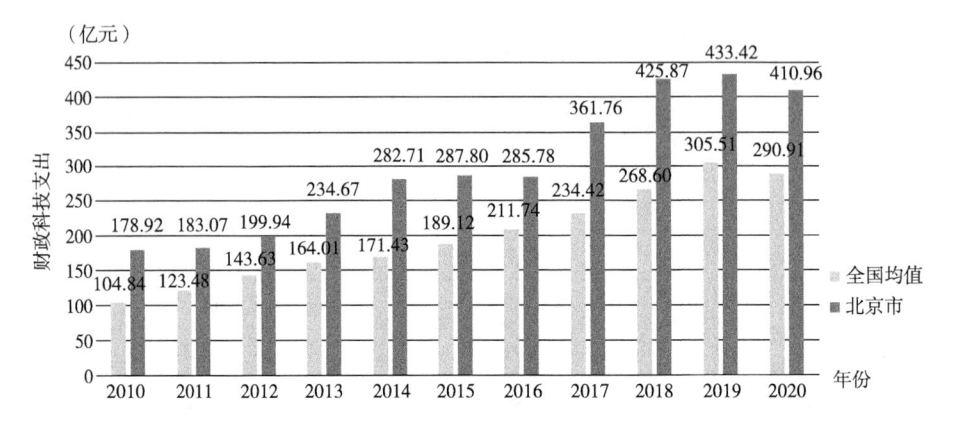

图 2 2010—2020 年北京市财政科技支出绝对规模与全国均值对比

通过上述数据分析可知,北京市有较强的潜在科技竞争力,但政府的财政科技支出比例水平存在长期不稳定性,一定程度上影响着北京市的科技创新能力。

图 3 2010—2020 年北京市财政科技支出相对规模与全国对比

3.2 北京市科学研究与试验发展(R&D)经费情况

3.2.1 科学研究与试验发展经费投入强度的现状

根据联合国教科文组织的规定,R&D 经费的规模与强度是评价一个国家科技自主创新能力的一项重要指标,能够体现财政科技支出对于社会资金的引导作用。且通过曹燕萍等(2008)对于我国财政科技支出与大中型工业企业的 R&D 支出相关度的实证分析可知,财政科技支出对于 R&D 投入具有较为显著的中长期激励效应[16],能够体现财政科技资金的杠杆作用。与此同时,财政科技支出资金作为 R&D 内部经费的来源之一,间接反映了财政科技支出的使用效率。

分析表 2 可知,2010—2018 年直接来源于北京市财政资金的 R&D 经费整体呈现上升趋势,增幅最大出现在 2015 年,同比增长 30.15%,达到 58.56 亿元,2017 年出现最大逆增长,同比增长率为-14.77%。北京市的 R&D 经费内部支出逐年上升,从 2010 年的 821.82 亿元上升到 2020 年的 2 326.58 亿元,增加值达到 1 504.76 亿元。2019 年实现最大增长率 19.39%,并在 2020 年迅速降低至 4.16%。此外,通过 R&D 经费内部支出占 GDP 的百分比,可以发现北京市科技自主创新能力在逐年提升。

表 2 2010—2020 年北京市科学研究与试验发展(R&D)经费投入强度

年份	来源于地方政府直接财政资金的 R&D 经费内部支出(亿元)	同比增长率(%)	R&D 经费内部支出(亿元)	同比增长率(%)	R&D 经费内部支出占地区生产总值的比重(%)
2010	28.73	—	821.82	—	5.69
2011	32.58	13.41	936.64	13.97	5.63
2012	36.21	11.14	1 063.36	13.53	5.59
2013	35.24	-2.67	1 185.05	11.44	5.61
2014	45.00	27.68	1 268.80	7.07	5.53
2015	58.56	30.15	1 384.02	9.08	5.59
2016	55.03	-6.04	1 484.58	7.27	5.49
2017	46.90	-14.77	1 579.65	6.40	5.29
2018	55.48	18.29	1 870.77	18.43	5.65
2019	—	—	2 233.59	19.39	6.30
2020	—	—	2 326.58	4.16	6.44

注:受北京市统计局数据分组限制,2019—2020 年来源于地方政府资金的 R&D 经费数据空缺。
资料来源:2011—2021 年《北京统计年鉴》。

3.2.2 科学研究与试验发展经费的结构现状

财政科技资金支出的结构主要由基础研究经费、应用研究经费和试验发展经费三项构成,用占 R&D 经费的比重表示。如表3所示,2010—2020 年北京市的财政科技支出结构相对稳定,其中试验发展经费的占比最大,基本维持在 60% 左右,于 2013 年达到了 66.64% 的历史性高水平。北京市基础研究和应用研究的经费占比在近十年中较为稳定。基础研究经费所占比例大致逐年增加,在 2020 年达到 16.04%;应用研究经费占比大体稳定,始终围绕 23% 上下浮动。

表 3 2010—2020 年北京市财政科技资金支出结构

年份	基础研究经费(%)	应用研究经费(%)	试验发展经费(%)
2010	11.63	26.39	61.98
2011	11.59	24.34	64.07
2012	11.83	22.74	65.43
2013	11.58	21.77	66.64
2014	12.57	21.67	65.76
2015	13.80	23.00	63.20
2016	14.22	23.45	62.33
2017	14.71	22.90	62.39
2018	14.85	22.07	63.08
2019	15.91	25.25	58.84
2020	16.04	24.55	59.42

数据来源:2011—2021 年《北京统计年鉴》。

3.3 北京市财政科技支出存在的问题

一是仍未形成稳定的增长机制。从北京市财政科技资金支出的规模情况看,随着对于科技的重视程度越来越高,北京市财政科技支出的绝对规模总体呈现出增长趋势,但同比增长率并不稳定,甚至在 2016 年、2020 年出现负值。且从相对规模看,财政科技支出占总财政支出的比重起伏较大。这均表明,北京市财政科技支出的增长机制仍存在一定问题,与经济发展不协调。

二是仍未形成稳定的结构格局。在科技活动中,基础研究因其投入大、风险高、收益慢,是最具公共产品特性和外部性的一类;试验发展活动则因具有强营利性而主要以市场调节为主,而不是以政府为主导;应用研究则介于二者之间,也具有公共产品的特性。2010—2020 年间,北京市三项科技活动经费占比差距逐年减小,基础研究经费在 2019 年首次上升到 15% 以上,然而可以发现 2011 年至 2013

年基础研究经费与试验发展经费占比出现反弹,应用研究经费占比在2020年出现下降。总体而言,北京市财政科技支出的结构正在逐步改进,但与此同时,应进一步提高基础研究经费的占比,并提防结构格局反弹。

4 北京市财政科技支出绩效评价的实证分析

4.1 财政科技支出绩效评价指标的选取原则

4.1.1 可操作性原则

可操作性是指标选取的基本原则。虽然有些指标可以用来分析研究对象,但数据本身是不可得的或具有不可操作性,那么即使选择了有效的绩效评价方法也无法据此得出相对科学的结论。因此,在设计北京市财政科技支出绩效评价指标的时候,应充分考虑指标是否具有可操作的客观条件。

4.1.2 经济性原则

经济性原则是保证财政科技支出绩效评价的可持续性的重要前提。具体的要求就是研究的成本不能过高,数据搜集过程应该尽可能简单化,不能过于复杂。要时刻围绕评价研究目的并通过替代等方法降低研究成本。

4.1.3 系统性原则

系统性原则主要是指所选取的指标能够从多方面反映所研究对象的研究目标。不能仅从单一方面选取,就盲目地概括表达整体指标的情况,而是应该各个角度都要考虑到,并确保指标之间存在较高程度的独立性。只有遵循系统性原则才能使得整体上指标更具权威性和准确性。

4.2 财政科技支出绩效评价指标体系的构建

构建财政科技支出绩效评价体系是评价绩效的重要环节。财政部颁布的《财政支出绩效评价管理暂行办法》中,评价财政支出绩效时,从项目决策、项目管理以及项目绩效三方面构建一级指标,并细分为二级指标与三级指标,且对每项指标进行赋值评判,总分为100分[17](见表4)。

表4 财政支出绩效评价指标体系

一级指标	分值	二级指标	分值	三级指标	分值
项目决策	20	项目目标	4	目标内容	4
		决策过程	8	决策依据	3
				决策程序	5
		资金分配	8	分配办法	2
				分配结果	6

续表

一级指标	分值	二级指标	分值	三级指标	分值
项目管理	25	资金到位	5	到位率	3
				到位时效	2
		资金管理	10	资金使用	7
				财务管理	3
		组织实施	10	组织机构	1
				管理制度	9
项目绩效	55	项目产出	15	产出数量	5
				产出质量	4
				产出时效	3
				产出成本	3
		项目效果	40	经济效益	8
				社会效益	8
				环境效益	8
				可持续影响	8
				服务对象满意度	8
总分	100		100		100

此外，逄颖（2011）认为财政科技支出隶属财政支出，可参照财政支出的内涵来界定财政科技支出绩效的内涵，且财政科技支出侧重于科技研发，因此资金使用效率不是重要因素，主要注重其经济效果和社会效益[18]。聂亚利（2017）在研究中国财政科技投入绩效指标体系时，以财政科技投入和科技产出绩效为维度，在财政科技投入上选取了财政科技总金额、财政科技投入占财政支出比重等指标，在科技产出绩效上选取发表科技论文数量、专利授权量、重大科技成果及国家级奖励等直接指标，以及技术市场成交额、全社会劳动生产率、高新技术产业主营业务收入等间接指标，衡量科技产出成果及其经济收益水平[19]。

综上，秉持着可操作性、经济性及系统性的原则，并参考《财政支出绩效评价管理暂行办法》以及众多学者对于指标体系建立的不同看法，本文构建了北京市财政科技支出绩效指标体系（见表5）。

表 5　北京市财政科技支出绩效评价指标体系

一级指标	二级指标	三级指标	指标说明
管理	资金管理	资金偏离度	｜财政科技资金决算数-预算数｜/预算数
绩效	投入	资金直接投入	财政科技支出
	产出	科技直接产出数量	专利授权数量
	效果	经济效益	高技术产业新产品销售额
			技术合同成交金额
		社会效益	R&D 经费投入强度

具体指标选取说明：

（1）｜财政科技资金决算数-预算数｜/预算数：能够反映北京市市级财政科技支出是否存在超标准开支的情况。

（2）财政科技支出：北京市财政预算支出中对于科技方面的直接投入。

（3）专利授权数量：财政科技支出对于科技产出的直接体现，能够较为直接地反映北京市财政科技支出变动作用于科技创新活动的变动性。

（4）高技术产业新产品销售额：指高新技术企业在某特定时间内用货币衡量的售出新产品实现的收入，可以用来衡量政府对科学技术领域财政拨款的产出回报经济效益水平。

（5）技术合同成交额：是衡量科技成果转化的重要指标，包含技术开发、转让、咨询和服务类合同的成交额。

（6）R&D 经费投入强度：能够对社会资本起到较为显著的引导作用，折射出财政科技资金的使用效率。

4.3　北京市财政科技支出管理指标的实证分析

数据均来源于北京市财政局公开的 2010—2019 年市级决算，以及我国财政部公开的相应年份预决算。选取依据主要是财政部《财政支出绩效评价管理暂行办法》对于项目管理中资金管理的要求。具体数据如表 6 所示。

表 6　北京市财政科技支出资金偏离度与全国对比

年份	北京市财政科技支出资金偏离度（%）	全国财政科技支出资金偏离度（%）
2010	42.30	5.85
2011	13.84	4.63
2012	5.26	0.26
2013	11.69	2.92
2014	11.24	8.18

续表

年份	北京市财政科技支出资金偏离度(%)	全国财政科技支出资金偏离度(%)
2015	2.24	4.09
2016	3.96	0.75
2017	2.97	0.43
2018	1.47	0.32
2019	1.21	0.76
均值	9.618	2.819

数据来源:2011—2020 年《北京市市级决算》。

由表 6 可以清晰地看出,全国财政科技支出资金偏离度最大值出现在 2014 年(8.18%),最小值出现在 2012 年(0.26%),二者相差 7.92 个百分点,均值为 2.819%。比较而言,北京市财政科技支出资金偏离度极值差距较大,虽均值为 9.618%,但 2010 年偏离度达到最大值 42.3%,与 2019 年 1.21%的偏离度相去甚远。与此同时,自 2016 年起北京市财政科技支出资金偏离度逐渐降低,这表明北京市的资金管理在趋于合理化。

4.4 北京市财政科技支出绩效指标的实证分析

4.4.1 投入产出数据来源与指标选取的说明

数据主要选取自《北京统计年鉴》和《中国统计年鉴》的相关章节,测算方式则为运用 Max DEA 软件进行分析的 DEA 法。此外,参考已有的相关文献发现,科技活动所产生的效益存在滞后性,即投入后需要至少 1 年的时间才能实现产出效益。根据科技活动的这一特点,本文假定滞后期为 1 年,即第 j 年的产出是由第 $(j-1)$ 年投入所产生。值得注意的是,DEA 法要求决策单元数应至少为投入与产出指标总数的 2 倍。因此,本文运用数据包络法进行北京市财政科技支出绩效评价的实证研究时,选取 2010—2019 年共 10 年的观察期。财政科技的投入指标选取 2010—2019 年间的相关数据,产出指标则选取滞后一年的相关数据。具体的指标数据详见表 7。

表 7　2010—2020 年北京市财政科技投入产出指标及数据

年份	财政科技支出(亿元)	专利授权数量(项)	高技术产业新产品销售额(亿元)	技术合同成交金额(亿元)
2010	178.92	—	—	—
2011	183.07	40 888	1 489.58	1 890.30
2012	199.94	50 511	1 315.27	2 458.50

续表

年份	财政科技支出（亿元）	专利授权数量（项）	高技术产业新产品销售额（亿元）	技术合同成交金额（亿元）
2013	234.67	62 671	1 584.46	2 851.20
2014	282.71	74 661	1 865.11	3 136.00
2015	287.80	94 031	1 597.81	3 452.60
2016	285.78	102 323	1 768.43	3 940.80
2017	361.76	106 948	1 898.26	4 485.30
2018	425.87	123 496	2 028.08	4 957.80
2019	433.42	1 31716	2 189.31	5 695.30
2020	—	162 824	2 487.54	6 316.20

注：由于《高技术产业统计年鉴2018》未出版，所以2017年"高技术产业新产品销售额"数据取相邻年份均值近似替代。

资料来源：2011—2021年《北京统计年鉴》、《中国科技统计年鉴》和《中国高技术产业统计年鉴》。

4.4.2 DEA模型介绍

数据包络分析（DEA）是一种非参数统计方法。1978年，美国得克萨斯大学三名教授提出了数据包络分析法（DEA），解决了当时由于单位不统一或是由多项投入和多项产出引起的无法计算问题。随着研究的深入，DEA现今已应用于多个领域，并逐渐可以用来进行政策评价。

本文主要运用DEA法中的CCR模型和BCC模型。两者最主要的区别在于，CCR模型假设规模报酬不变（CRS），而BCC模型则以规模报酬可变（VRS）为前提。二者本质上都基于DEA的原理：以微观经济学、生产经济学、运筹学（线性规划）等知识为基础，以决策单位（DMU）在平面中的位置，确立相对有效的生产前沿面，后投影各个决策单元，通过原始点与投影点之间的距离比，来判断其是否相对有效。若决策单元与生产前沿面之间的距离为0，则判定为DMU综合效率DEA有效；反之，若存在一定距离，也就是说综合效率小于1，表明此时的绩效水平不是最优，需要优化从而达到相对有效。其中，决策单元与生产前沿面的距离就叫作"综合效率"，由管理和技术等因素引起的效率改变"纯技术效率"，与规模因素影响而导致改变的"规模效率"相乘得到。当综合效率为"1"时，纯技术效率和规模效率必为"1"，财政科技支出的投入产出配置达到最优。

本文选取DEA模型的原因在于：一是不受计量单位的影响，即无须标准化处理即可更加简便地进行数据评价。二是无须事先对指标体系中的各指标赋予权重，避免主观上赋权造成的各种不良影响，使得评价结果更加公正。

4.4.3 北京市财政科技支出绩效的 DEA 检验与分析

1) DEA 检验结果

根据本文上述选取的指标,运用 Max DEA 8 软件中的径向模型(CCR、BCC)进行实证检验,对北京市财政科技支出的绩效进行评价,软件运行结果如表 8 所示。

表 8 北京市财政科技支出绩效检验结果与全国对比

年份	北京市				全国			
	综合效率	纯技术效率	规模效率	规模效益	综合效率	纯技术效率	规模效率	规模效益
2010	0.746 2	0.798 9	0.934 0	递减	0.977 1	1	0.977 1	递减
2011	0.904 4	0.957 3	0.944 8	递减	0.984 9	1	0.984 9	递减
2012	0.945 9	0.996 8	0.949 0	递减	0.942 1	1	0.942 1	递减
2013	0.905 3	0.917 2	0.987 1	递减	0.884 1	0.949 5	0.931 1	递减
2014	0.911 1	0.920 1	0.990 2	递减	1	1	1	不变
2015	0.960 0	0.965 1	0.994 0	递减	1	1	1	不变
2016	1	1	1	不变	0.987 4	1	0.987 4	递减
2017	0.910 9	0.911 6	0.999 2	递减	1	1	1	不变
2018	0.852 1	0.919 9	0.926 3	递减	0.961 2	0.961 8	0.999 4	递减
2019	1	1	1	不变	1	1	1	不变
均值	0.914 5	0.944 3	0.968 0	—	0.978 9	0.992 4	0.986 2	—

表 8 体现了北京市和全国财政科技支出绩效的整体效率、分效率以及规模效益。综合效率即是对财政科技支出的产出绩效的整体表达,其大小可以用来综合判断财政科技投入的资源配置能力、使用效率等是否合理。该数值取值范围在(0,1)区间内,越大越综合有效,为"0"时表示综合无效。最有效的时候数值为"1",表明最优的财政科技支出的产出和投入量组合。BCC 模型求得纯技术效率,其数值主要体现了 VRS 下财政科技支出的管理方式等因素对产出绩效的影响作用;通过对规模效率具体数值的价值分析,可以看出财政科技支出规模与要素调整配置之间的关系,反映 CRS 下最优支出方式与 VRS 下最优支出方式之间的距离。

2) 综合效率分析

首先分析表 8 所示的北京市综合效率。2010—2019 年北京市财政科技支出的综合效率平均值为 0.914 5,是在规模效率(平均值为 0.968 0)和纯技术效率(平均值为 0.944 3)共同作用下得到的。此外,通过比较分解项平均值可以发现,对于综合效率的贡献上,规模效率发挥了主要的促进作用。从各个年份表现出来的综合效率看,北京市财政科技支出有 2 年(2016 年、2019 年)都达到了 DEA 有效,即无论是从财政支出管理方式还是科技资源要素配置上看,北京市这两年的财政科技支出的产出和投入都实现了最优配置,应以此作为其他未实现最优配置年份借鉴和反思的标杆。在综合效率未达到"1"的各年中,最低值出现在 2010 年(0.746 2),较为严重地拖累了研究期内综合效率的均值。根据该年分解项效率值可以发现,主要是由于 0.798 9 的纯技术效率拖累,类似的情况也发生在 2013 年、2017 年和 2018 年,而 2011 年综合效率为 0.904 4,其主要原因是规模效率(0.944 8)较低。

对比分析北京市与全国的综合效率可以发现,在同样的指标体系下,北京市的综合效率仅在 2012 年(0.945 9)、2013 年(0.905 3)、2016 年(1)三年里高于全国对应三年效率(0.942 1、0.884 1、0.987 4),对全国财政科技支出绩效总体产生积极影响。与此同时,对比全国 0.978 9 的综合效率均值可以发现,北京市整体效率还有待提高。

3) 纯技术效率分析

2010—2019 年北京市财政科技支出的纯技术效率平均值为 0.944 3,观察期内达到 DEA 有效的年份只有 2016 年和 2019 年,与全国仅在 2013 年和 2018 年未达到效率最优形成鲜明对比。此外,总体而言,北京市纯技术效率 0.944 3 与全国 0.992 4 还存在一定的差距。北京市各年纯技术效率与十年间的均值相差最大的值 0.798 9 出现在 2010 年,第二低的效率 0.911 6 出现在 2017 年,分别与对应年份全国纯技术效率相差 0.201 1 和 0.088 4,表明这两年北京市财政支出的投入要素生产效率相对偏低,管理和技术问题相对更需改进。

4) 规模效率和规模效益分析

2010—2019 年北京市财政科技支出的规模效率平均值为 0.968 0,离最优支出方式之间的差距仅为 0.032 0。然而观察各个年份的规模效率发现,实现 DEA 有效的年份仅为 2016 年和 2019 年,仅占观察期年数的 20%,整体波动态势相较于全国仍不够平稳。

此外,需同时考虑规模收益水平与规模效率,才能实现最优的资源配置。规模效益阶段包括递增、递减与不变。2010—2015 年北京市规模效益处于递减的阶段,经历 2016 年短暂的规模效益不变的阶段后,从 2017 年继续递减,在 2019 年重新达到规模效益不变。根据这几年北京市对于科技的财政投入可知,在此期间北京市持续增加财政资金的投入,但由于 2013 年、2014 年科技资金投入的增长幅度过大,同比增长了 17.37% 和 20.47%,规模效益出现递减。同理,2017 年和 2018 年规模效益出现递减的情况,也是由于财政科技资金投入绝对规模分别同比增长了 26.59% 和 17.72%。

5) 投入指标分析

为进一步探究投入指标的变化如何影响整体财政科技支出效率,本文利用 Max DEA 软件,对于所涉及的投入指标——财政科技支出进行分析,通过规模不变情况下的 CCR 模型得到具体"实际值""投入冗余""目标值"数据并进行分析。"实际值"即为北京市政府对于科技的实际财政资金投入。"投入冗余"则是投入指标对于财政科技支出绩效起负向作用的具体数值。若实际值小于目标值,则投入冗余为正数,反之为负数,而对于综合效率为"1"即 DEA 有效的年份,投入冗余值为"0"。"目标值"是使财政科技支出产出效率达到生产前沿面的最佳投入值。这三个数据的关系是:目标值=实际值+投入冗余。

由表 9 可以看出,财政科技支出对于 2018 年的绩效产生的影响最为严重,冗余值达到 63 亿元,是当年实际投入值的 14.79%,说明该年财政科技支出投入量显著过剩,这与该年综合效率与规模效率偏低相一致。

表 9　北京市财政科技支出投入指标分析

年份	财政科技支出(亿元)		
	实际值	投入冗余	目标值
2010	178.92	−45.41	133.51
2011	183.07	−17.50	165.57
2012	199.94	−10.82	189.12
2013	234.67	−22.22	212.45
2014	282.71	−25.14	257.57
2015	287.80	−11.50	276.30
2016	285.78	0	285.78
2017	361.76	−32.24	329.52
2018	425.87	−63.00	362.87
2019	433.42	0	433.42

5　结论与建议

5.1　研究结论

本文通过使用 Max DEA 软件,运用数据包络分析法(DEA)中的 CCR 模型和 BCC 模型,对 2010—2019 年北京市财政科技支出的绩效进行实证分析,主要得到以下研究结论:

第一,北京市财政科技支出总体绩效水平有待提高。在 2010—2019 年十年研究期内,80%的年份都是 DEA 相对无效的,且综合效率均值仍有提高的空间。在没有达到 DEA 有效的年份中,2010 年的综合效率值低于 0.8,相对而言较为严重地影响了整体均值。整体而言,北京市财政科技支出的投入与产出匹配度仍有待提高。

第二,北京市财政科技支出的增长机制有待加强。通过现状分析看,研究期内北京市财政科技支出的绝对规模增长并不稳定,且相对规模即财政科技支出占总财政支出的比重起伏较大。此外,通过实证分析进一步研究投入效率时发现,财政科技投入虽一直在增长,但存在资金过剩的情况,出现与经济发展不协调的增长机制。

第三,北京市财政科技支出的资金管理水平有待提高。研究期内,北京市本级财政科技支出的预算和决算数偏离程度起伏较为明显,表明北京市财政科技支出管理存在一定的问题,需要通过优化资金管理形成更稳定的财政科技支出绩效。

5.2 提高北京市财政科技支出绩效的政策建议

基于上述现状分析与实证分析,本文提出以下几点建议。

一是优化北京市财政科技支出的结构。虽然北京市财政科技支出资金的结构趋于合理,但仍需严防结构反弹,要重视基础研究并完善科研机制建设,促进经济效益的进一步提高。

二是完善财政科技支出的规模。从本文的分析中可以发现,财政科技支出的规模对于整体绩效有着至关重要的影响。因此,为保障财政科技支出规模能够同经济发展相协调,不过度干预经济,需要创新财政投入的手段。除直接的资金投入外,可通过政策引导等手段促进更多的企业和社会资本进入科技领域进行投资,充分发挥财政科技支出的引导与杠杆作用,积极推动以基础研究为代表、具有公共产品性质的科技活动。

三是加大对于北京市财政科技支出的监督管理。政府财政支出规划不合理或盲目投入往往会造成财政资金投入过剩的浪费现象,所以应加大对于相关投入的监管,如引入第三方的监管。

四是提高北京市本级财政科技支出的预算精准度。在提高相关人员专业预算水平的同时,及时分析市场情况并预测未来北京市乃至全国的科技创新发展趋势,列出更加详细的财政科技支出预算项目,力求更高质量地达到绩效既定目标。

参考文献

[1] 王静远. 我国财政科技支出绩效评价研究[D]. 苏州:苏州大学,2015.
[2] 白杨. 地方财政科技投入绩效评价指标体系构建与应用研究[D]. 重庆:

重庆大学,2014.

[3]刘静,张宏岩.青海省科技投入的现状及效率分析:基于DEA的超效率模型[J].中国商论,2016(7):135-138.

[4]丛树海,周炜,于宁.公共支出绩效评价指标体系的构建[J].财贸经济,2005(3).

[5]卞元超,吴利华,白俊红.财政科技支出竞争是否促进了区域创新绩效提升:基于研发要素流动的视角[J].财政研究,2020(1):45-58.

[6]陈芳,李伟婷.基于层次分析法的财政支出绩效评价指标权重研究:以2019年湖北省就业补助资金绩效评价为例[J].行政事业资产与财务,2021(1):29-32.

[7]M G BTOWN, R A SVENSION. Measuring R&D productivity[J]. Research-Technology Management,1988(4).

[8]黄科舫,向秦,何施.基于DEA模型的湖北省财政科技投入产出效率研究[J].科技进步与对策,2014,31(6).

[9]胥朝阳,涂斯.基于DEA的地方政府科技投入绩效评价:以武汉市为例[J].财会通讯,2016(19).

[10] LEE H, LEE S, PARK Y. Selection of Technology Acquisition Mode Using the Analytic Network Process[J]. Mathematical and Computer Modelling,2008,49(5):42-50.

[11]谢虹.基于层次分析法的科技财政支出绩效评价研究[J].中央财经大学学报,2007(4):12-16.

[12]徐合帆,郑军,余家凤,等.长江经济带财政科技投入绩效及影响因素分析[J].科技管理研究,2020,40(11):15-22.

[13]李振,王秀芝.财政科技支出效率对地方产业结构升级的影响:基于我国省级面板数据的实证分析[J].经济体制改革,2022(1):143-149.

[14]曹燕萍,胡宁,马腾飞.财政科技支出和大中型工业企业R&D支出相关度的实证分析[J].湖南大学学报(社会科学版),2008(5):51-54.

[15]逄颖.浅谈财政科技支出绩效内涵[J].科技风,2011(23):253.

[16]聂亚利.中国财政科技投入现状与绩效评价指标体系研究[J].当代经济,2017(35):156-157.

指导教师评语:

由于财政科技支出是科学技术发展的重要资金来源,对于社会科技投入具有引导作用,财政科技支出绩效评价的研究是一项重大议题,因此,该生选择北京市财政科技支出绩效评价研究作为研究课题具有较为重要的理论意义和现实意义。

  本文首先通过查找文献，梳理了国内外学者研究财政科技支出绩效评价的体系与其选取的分析方法，后对财政支出相关概念进行界定，并对财政科技支出绩效评价相关理论进行概述。从实际出发，分析北京市财政科技支出的规模与结构现状，发现其亟待解决的问题。根据财政部发布的有关管理办法及相关学者在实证分析时构建的指标体系，设计出北京市财政科技支出绩效的评价指标体系。通过分析得出2010—2019年北京市财政科技支出绩效整体水平较高，但在技术、管理水平及规模上仍存在一定的问题的结论。最后提出四个方面的政策建议：优化北京市财政科技支出的结构；完善财政科技支出的规模；加大对于北京市财政科技支出的监管；提高北京市本级财政科技支出的精准度。

  论文能熟练运用国内外相关文献资料，论证过程有较强的逻辑能力，论证方法先进，结构合理，写作规范。总之，这是一篇优秀的本科毕业论文。

论二次创作短视频的合理使用

法学院　刘俣彤　　指导教师：张　娜

摘　要：当前，二次创作短视频侵权问题的频发，引发了各方的关注。其中，关于二次创作短视频的合理使用认定问题一直是争议的焦点。我国著作权合理使用制度无法对实务中的二次创作短视频合理使用认定提供指导，也缺乏明确的合理使用判定标准，并且社会层面和司法层面都对二次创作短视频有不同程度的负面反馈，导致原作品著作权人与二次创作者、社会公众之间的利益失衡。

为了推动著作权人、短视频二次创作主体和社会公众利益的平衡保护，我们必须充分理解和认可二次创作短视频本质上是一种用户二次创作内容，其蕴含了创作者的新思想或者用于与在先作品不同的目的，且多数二次创作短视频属于粉丝作品。通过引入"转换性使用"这一关键概念，结合研究我国与美国合理使用判定要素的异同，以此调整我国合理使用的认定方式，达到完善我国著作权合理使用制度的最终目的。

关键词：二次创作，短视频，合理使用，转换性使用

1　引言

随着科技的不断发展，碎片化信息时代已悄然到来。短视频作为碎片化时代的典型代表，在逐渐影响并改变人们的生活。为了响应庞大的用户需求，大量通过对原作品的加工、剪辑、提取等方式所形成的二次创作短视频被生产并上传到各大平台上，侵权现象也不断显现。

截至目前，关于二次创作短视频究竟是否属于合理使用仍未形成一致的观点，并且关于二次创作短视频合理使用认定方面的正面案例几乎无从查证。在实务中，即使二次创作者依据《中华人民共和国著作权法》（以下简称《著作权法》）第二十四条第二款的规定，主张其作品应当被判定为合理使用，成功机会也十分渺茫。再加上诸多企业对于二次创作短视频表现出极大偏见，忽略了二次创作短视频在短视频行业中的重要地位，这不仅将限制二次创作短视频的发展，也将打击二次创作者的创作热情。

以上种种不禁让人反思:人们对于二次创作短视频是否存在误解和偏见?著作权保护中是否过度倾向于对原作品著作权的保护而忽略了对于二次创作短视频的著作权保护?在裁判过程中对于二次创作短视频的侵权判定是否过于严苛?是否存在"一刀切"的情况?

对以上问题进行反思和探讨,能够帮助人们厘清对二次创作短视频的误解,实现对著作权人、短视频二次创作主体和社会公众利益的平衡保护。

本文将关注二次创作短视频的内在特性,分析当前二次创作短视频合理使用认定过程中存在的问题。通过引入美国在合理使用制度方面的经验,并结合我国的现实情况,努力为我国二次创作短视频合理使用认定困难的解决提供思路。

2 二次创作短视频合理使用认定之现状

2.1 二次创作短视频合理使用认定标准模糊

随着新媒体技术的不断发展,网络短视频已然成为近几年的热点。而二次创作作品的版权争议由来已久,甚至远远早于短视频的兴起。涉及二次创作短视频合理使用认定问题的案件越来越多地出现在人们的视野中,引发社会各界群体的激烈讨论。例如,2005年自由职业者胡戈基于电影《无极》创作的恶搞短视频《一个馒头引发的血案》致使导演不满引起广泛争论;2017年网络创作者谷阿莫因创作"×分钟带你看完××作品"被多家公司控诉。这些案件均受到社会和学界的广泛关注和探讨。

上述案件是否会被认定为侵权的关键之处在于,二次创作短视频作品对于在先作品的引用能否构成合理使用,具体涉及我国合理使用制度中规定的"三步检验法"以及"适当引用"的判定问题,因此需要对该情形的适用标准进行分析。

针对本文所关注的二次创作短视频合理使用的研究,我们需要重点关注对于二次创作短视频,在其创作者进行二次创作的过程中,是否符合《著作权法》的要求,其对在先作品的引用是否属于"适当引用"。对于这两方面的具体判断尺度,目前我国尚未形成统一的观点,实务中也没有非常合适的案例可供参考。

以探讨最为广泛的谷阿莫案为例,从创作手段看,有学者认为他制作的"几分钟带你看完某电影"系列短视频应当属于戏仿,应受到合理使用制度的保护①。但截至目前该案仍然没有定论,至今仍然搜索不到任何带有正式结论的新闻,因此对于该学者的分析和思考,并没有实践中的反馈。也正因如此,笔者将以此为起点,在前人的基础之上,对于二次创作短视频合理使用问题进行再研究,致力于为我国

---

① 董天策,邵铄岚. 关于平衡保护二次创作和著作权的思考:从电影解说短视频博主谷阿莫被告侵权案谈起[J]. 出版发行研究,2018(10):75-78.

合理使用制度在二次创作短视频认定标准方面的发展提供绵薄之力。

2.2 二次创作短视频是否属于合理使用的争辩

关于二次创作短视频究竟是否能够构成合理使用,有观点认为其侵犯了著作权人的权利,另一种观点则认为二次创作短视频应当被《著作权法》保护。

尽管学界对此颇有争议,且多数观点认为应当分类讨论该问题。在实践中,对于二次创作短视频的态度一直是严苛,甚至抵制的。从政府层面来讲,2018年国家版权局开展"剑网行动",集中对短视频领域侵权盗版现象进行整治,致力于维护营造良好的网络版权环境[1]。而市场层面对于未经授权产出的二次创作短视频已经表现出极强的反感,认为二次创作短视频不属于合理使用,构成著作权侵权,更是发起联合倡议,强烈呼吁对二次创作短视频的整治[2]。这些抵制的情绪从一定程度上能够反映出市场对于二次创作短视频存在一定偏见。但这些平台强烈抵制二次创作短视频的表现也并非毫无依据,除官方组织的短视频二次创作行为外,市场上更多的是用户个人发起的短视频二次创作行为,出于版权意识不足、授权沟通渠道欠缺、沟通成本过高以及用户的非营利心理等众多原因,绝大部分二次创作短视频所使用的素材均未获取版权许可便被使用并发布在平台上,且这些视频多为在先作品的精华版本,可能削弱用户对在先作品的观看需求。视频中还可能带有的用户个人理解、评价也会对在先作品造成不良影响,使得企业无法从中获取足够利益。

综上所述,一般来讲,主张二次创作短视频构成著作权侵权,主要会从以下两个观点进行论述。

第一种观点,二次创作短视频侵犯了相关权利人的著作财产权,能够取代在先作品。在观看过经二次创作的短视频后,观看者对在先作品的需求会减小,这会影响对在先作品的"消费",最终影响到权利人的经济收益。

第二种观点,二次创作短视频对权利人的保护作品完整权进行了侵害,并且对在先作品产生了负面影响,不利于在先作品的声誉保护。二次创作的短视频作品不受在先作品权利人的控制,二次创作者自由发表对于在先作品的认识和见解,这些观点会通过二次创作的作品表达出来,可能导致观看者对于在先作品的好感降低。

尽管对于二次创作短视频的侵权指控层出不穷,许多学者却表现出相反的态度,部分学者支持在一定限度内将二次创作短视频纳入合理使用的范畴。例

---

[1] 国家版权局. 国家版权局等四部委启动"剑网2018"专项行动. https://www.ncac.gov.cn/chinacopyright/contents/12386/350274.shtml. 2018年7月16日发布.

[2] 刘晓春,陈汶俊. 短视频二次创作的授权难题与机制构建. https://mp.weixin.qq.com/s/YBEuAhS7QZwnQHPoBTvYUw. 2021年10月1日发布.

如，王迁认为，"只要对原作品的'模仿'没有超出对原作品进行批评和讽刺的需要，这种使用就可以构成合理使用"①；熊琦认为，"戏仿等以说明问题为目的的使用因不存在相关市场，所以可以视为合理使用"②。这些支持的声音，为二次创作短视频的合理使用认定奠定了一定的基础，笔者将在下文中更为深入地探讨二次创作短视频能够认定为合理使用的具体原因，以及我国应当如何解决该问题的具体建议。

2.3 《著作权法》解决二次创作短视频合理使用认定问题的困难

我国合理使用制度的具体情形中，与二次创作短视频有最密切关联的是第二种情形③，这一条款也被称"适当引用"的合理使用情形。从这一情形中可以分析出两种使用行为：一种是二次创作的使用目的针对被引用作品的本身；另一种是二次创作利用被引用的作品来说明其他与此无关的问题。

2020 年修正后的《著作权法》对第二十四条第一款进行了完善，结合了《中华人民共和国著作权法实施条例》(以下简称《著作权法实施条例》)中的规定，进一步明确了"三步检验法"的适用，明确认定合理使用的构成要件为：指明作者姓名或名称及作品名称、不得影响作品的正常使用、不得不合理地损害著作权人的合法权益④。在明确列举 12 种常见的合理使用方式后，增加第 13 种情形——"法律、行政法规规定的其他情形"作为兜底条款，实现"列举"与"兜底"相结合的立法形式，以此为解决新技术发展与公共利益平衡可能需要考虑到的其他合理使用情形预留足够的空间⑤。

此前，"三步检验法"仅属于《著作权法实施条例》中的规定，在判定二次创作短视频时需要先确定其是否落入当时的 12 种合理使用法定情形后，再考虑使用"三步检验法"。修正后，由于"三步检验法"被正式纳入《著作权法》中，此后判定二次创作短视频是否属于合理使用时，不仅需要考虑其是否属于"适当引用"，也需要使用修正后第一款列明的要求来进行综合评判，以保证著作权人的合法权益。

本次修正后的《著作权法》为原本封闭的合理使用情形打开了一个缺口，给我国合理使用制度进一步发展提供了法律层面的支撑，为今后研究和解决二次创作短视频合理使用的认定问题提供了可以入手的空间。

---

① 王迁. 知识产权法教程[M]. 北京：中国人民大学出版社, 2021: 283-292.
② 熊琦. 著作权转换性使用的本土法释义[J]. 法学家, 2019(2): 124-134, 195.
③ 《著作权法》中的表述为："为介绍、评论某一作品或者说明某一问题，在作品中适当引用他人已经发表的作品。"
④ 《著作权法》中的表述为："在下列情况下使用作品，可以不经著作权人许可，不向其支付报酬，但应当指明作者姓名或者名称、作品名称，并且不得影响该作品的正常使用，也不得不合理地损害著作权人的合法权益。"
⑤ 张晓霞, 杨振. 从裁判者角度审视《著作权法》的修改. https://mp.weixin.qq.com/s/JNgkMr2vY7DyqoWAdDbtUw. 2020 年 10 月 19 日发布.

然而，以上需要考虑的评判标准在实践中的具体判定依旧没有明确的指引，针对本文研究的二次创作短视频的合理使用问题仍然没有给出明确的解决方案。本次修订并没有从实质上改变合理使用边界模糊不清的问题①。由于标准模糊，在实务中极易出现裁判结果不一的情况，这无疑会使二次创作者无法预见自己行为的合理性，不利于规制在合理限度内的二次创作行为。

另外，从时代发展层面来看，在科学技术飞速进步、互联网发展日益成熟的当下，法条中规定的合理使用具体情形显著落后于当前环境，导致许多新的作品使用行为实际上符合合理使用的立法本意，但因为其不属于法定情形而被排除在合理使用范围之外。而与此同时，其他同我国一样采取"列举式"模式的国家在合理使用适用的具体情形方面显著多于我国，如日本、德国的著作权法，包含了三四十种合理使用的具体情形。

如果想要解决二次创作短视频的合理使用认定问题，必须明确如何运用每个判定标准，并适当放开我国合理使用制度的限制，以应对未来可能产生的如二次创作短视频一样的新兴作品形式。

3　二次创作短视频的合理使用判断

"著作权并不是一项绝对的无限权利，对于著作权的最佳保护模式应该要使著作权人的效益和社会公众的效益总量达到最大化。"②《著作权法》的立法宗旨不仅限于对著作权持有人的权益进行保护，也应当考虑到公众对作品的使用，以及公众发表观点、观看二次创作作品的权利，最终才能达到利益之间的平衡。

笔者认为，如果深究"创作"之本质，也很容易发现，百分之百的原创是不会存在的。西班牙画家巴勃罗·毕加索（Pablo Picasso）曾说："杰出的艺术家借鉴，伟大的艺术家盗窃。"美国苹果公司创始人史蒂夫·乔布斯（Steve Jobs）也曾在访谈中引用过这句话。由此可见，所谓的"二次创作"其实是无处不在的，用中立的心态对待二次创作短视频的合理使用认定问题，对短视频的未来发展至关重要。

当前，二次创作短视频进行合理使用判定时，关于"三步检验法"的具体适用手段并没有明确的指导。关于"适当引用"的判定，《北京市高级人民法院侵害著作权案件审理指南》（以下简称《北高审理指南》）中规定了判断是否属于"适当引用"的合理使用可以采用的考量因素③。但是，《北高审理指南》出台于2018年，远

---

① 米新磊. 著作权法新修，可否厘清文娱作品"合理使用"边界[J]. 中国律师，2021（1）：56-57.
② 冯晓青. 知识产权法利益平衡理论[M]. 北京：中国政法大学出版社，2006：597.
③ 7.11【适当引用】的规定 判断被诉侵权行为是否属于适当引用的合理使用，一般考虑如下因素：①被引用的作品是否已经发表；②引用目的是否为介绍、评论作品或者说明问题；③被引用的内容在被诉侵权作品中所占的比例是否适当；④引用行为是否影响被引用作品的正常使用或者损害其权利人的合法利益。

早于《著作权法》的修订,主要针对当时《著作权法》中存在的问题进行处理,在原有的法律框架下进行考虑。《北高审理指南》能够在判定"适当引用"时提供一定的帮助,但我们依然需要进一步明确究竟该如何清晰、明确地进行判定。

对此,笔者认为可以从"转换性使用"和"四要素检测法",以及该制度在二次创作短视频合理使用认定中的运用入手,探究其运用的逻辑和判定标准。将其与我国《著作权法》中规定的合理使用判定标准进行结合,以期为我国实务领域提供指导及帮助。

3.1 二次创作短视频的概念解析

在深入探讨二次创作短视频的合理使用认定问题之前,我们需要对二次创作短视频的概念和范围进行研究,只有明确这些内涵,才能够更具有针对性地将研究进行下去。

3.1.1 二次创作短视频的内涵

从短视频作品的创作方式来看,短视频作品基本可以分为用户生成内容(User Generated Content,UGC)、专业生成内容(Professional Generated Content,PGC)、专业水准的用户生成内容(Professional User Generated Content,PUGC)三种作品创作方式①。其中 UGC 被丹尼尔·热尔韦(Daniel Gervais)分成了三种具体的类型,分别是:用户复制内容、用户原创内容、用户二次创作内容②。用户复制内容,即复制他人全部或部分的作品,是一种简单的复制行为。用户原创内容,不会涉及对他人作品的使用,是用户自己创作的内容。用户二次创作内容是其中最为复杂且广受争议的,它将其他作品作为素材来进行创作,因此需要思考该类行为是否涉及侵权、能否符合合理使用制度的要求。

文字、音乐、视频等诸多形式均能够被用户二次创作内容所涉及,其中本文所关注的二次创作短视频受众广泛且形式多样,频繁出现在公众视野中,其所带来的侵权问题自然也成为学界致力研究和解决的重点。

在提到二次创作短视频时,首先要关注的就是上文中涉及的"二次创作"的概念。然而,对于其具体概念,尚未形成统一观点,部分学者认为,"二次创作是指在原作品(包含影片、音乐、文字、图像等)的基础之上,经过剪辑、改编、仿作等加以发挥的一种创作模式"③。其他人则认为,"二次创作是在原始作品基础上的再创作行为"④。

---

① 丛立先. 论短视频作品的权属与利用[J]. 出版发行研究,2019(4):9-12,8.
② DANIEL G. The Tangled Web of UGC: Making Copyright Sense of User – Generated Content [J]. VAND. J. ENT. & TECH. L. ,2009(11).
③ 魏宁. 二次创作的著作权合理使用研究[J]. 广西政法管理干部学院学报,2018(2):90-95.
④ 唐艳. 论二次创作的著作权法规制与保障[J]. 知识产权,2016(11):46-52.

从上述观点中总结而言,二次创作必须含有"创作"这一要素,如果内容是由各类在先作品简单裁剪粘贴形成的,则不能称之为"二次创作"。

关于二次创作短视频的内涵,武汉市中级人民法院知识产权庭庭长尹为认为:"短视频二次创作是指短视频的制作者未经权利人许可,采取剪辑、切条、搬运等手段,截取他人影视作品中的画面或伴音片段,混搭后形成自己的作品并在相关的平台上传播的行为。"①笔者认为,这样的定义方式对二次创作短视频有在先侵权评判之嫌,应当采取中立的态度,不加批判地对其内涵进行解释。

结合上述诸多观点,笔者认为"二次创作短视频"的明确概念应该是:以在先作品为基础创作的、蕴含新的思想、表达新的内涵,或者用于与在先作品目的不同的、时长较短的视频类型。在这样的概念界定下,二次创作短视频具有不同于在先作品的独创性和转换性,应当被认定为属于合理使用的范畴,受到著作权法的保护。

3.1.2 "二次创作短视频"涵盖的具体范围

对此,学界尚未形成一致的观点,不过可以从各学者的观点之中探究一二,总结出一套可以满足二次创作短视频合理使用认定的分类体系。2021年,在中国新闻出版传媒集团与中国传媒大学共同主办的短视频版权治理研讨会上,学者们认为二次创作短视频的表现形式可以大致分为"剪刀手"视频、低原创度的故事改编、电影解说、电影解读、电影盘点、电影横评、影视混剪MV、改编故事短片、主题混剪、视频人物志、视频影评等多种类型。② 其他学者认为,二次创作短视频主要包含盘点、混剪类,影评、解说类,同人类。③ 也有学者认为,二次创作根据其创作目的,可以分为同人作品和戏仿作品,通常前者是出于对原作的喜爱,而后者则主要是为了批评和恶搞原作。④

笔者综合上述观点,根据二次创作短视频的内容及创作目的进行考虑,认为可以大致分为介绍、说明类,戏仿、讽刺类,重混、混剪类。

1)介绍、说明类

该类短视频通常会选取电影、电视剧等影视作品作为素材,通过对片段的剪辑,加入制作者本身的解说、配音、字幕、特效,对于引用的在先作品进行介绍、解说。也可以是借用在先作品来介绍相关的演员、拍摄手法等。

---

① 尹为. 浅析短视频中的二次创作及平台责任问题. https://baijiahao.baidu.com/s? id=1716009521355337048&wfr=spider& for=pc. 2021年11月10日发布.

② 传媒内参. 如何定义"短视频侵权"与"二次创作"?. https://mp.weixin.qq.com/s/lyBLQlRY7oXsTnxiGu9_fw. 2021年5月16日发布.

③ 谢执胜,严国锐. 泰和泰析:二次创作短视频领域著作权侵权与合理使用的边界. https://mp.weixin.qq.com/s/FqWhbS afRCfGZKnW7G5WRg. 2021年9月22日发布.

④ 魏宁. 二次创作的著作权合理使用研究[J]. 广西政法管理干部学院学报,2018(2):90-95.

2) 戏仿、讽刺类

戏仿、讽刺类短视频主要表现为对被引用作品的评价,或者借用被引用的作品表达对于某一对象的讽刺、批评,也就是说戏仿类作品所嘲讽、批评的对象,可以是被引用材料中的内容,也可以是其他的社会现象。

3) 重混、混剪类

该类短视频以制作者想表达的特定思想主题为核心,选取多部作品中与前述主题相似的部分进行剪辑汇编,常见为人物盘点与混剪、场景盘点与混剪等。

需要注意的是,本文中所涉及的相关概念、分类针对的是在合理使用认定方面具有讨论意义的二次创作短视频范畴,必须符合二次创作的要求才能构成,简单对在先作品进行合成的短视频不在此列。

3.2 二次创作短视频合理使用抗辩的四种角度

当前,许多学者认为可以适当引用美国在合理使用制度方面的成果,并且已经对此进行了研究,支持二次创作短视频合理使用认定的几种角度也逐渐形成。

3.2.1 第一种角度:从使用目的分析

二次创作短视频的创作初衷并非要代替在先作品,没有想要抢占在先作品市场的主观意图。二次创作并非对于在先作品的简单复制,其创作具有不同于在先作品的目的。例如,属于戏仿类别的二次创作短视频的创作目的是表达创作者对其所引用作品或者对某种社会现象的嘲讽、批评。

3.2.2 第二种角度:从表达内容分析

二次创作短视频要表达对于在先作品的嘲讽、批评等,必然会涉及在先作品的部分内容,使人们对于被引用作品形成初步的认知,再对其进行评价。换言之,其必须先唤起人们对于原作的记忆[1]。在二次创作短视频的创作过程中适当引用一部分在先作品的内容无可厚非,如果完全不涉及对于在先作品的提及,仅单调地表述主观观点,无法达到创作者的创作目的,也不符合正常的创作逻辑。

3.2.3 第三种角度:从使用结果分析

二次创作短视频不会对被引用作品构成替代作用,也不会造成超出限度的伤害。正如笔者在上文中提到的,我国《著作权法》致力于平衡地保护各方利益,因此社会公众也享有对作品进行评价的权利,有权在特定情况下对作品进行合理限度内的使用。

3.2.4 第四种角度:从主要创作群体分析

当前市场中多数二次创作短视频为非商业性的粉丝作品(Fanworks),该类作品不以获取商业利益为目的,完全出于粉丝个人对在先作品的喜爱。这种情况下

---

[1] MATTHEW D B. Eroding Fair Use: The Transformative: Use Doctrine after Campbell[J]. COMM. L. & POL'y 1,2002(7):206.

创作出的二次创作短视频作品不仅不会对在先作品的市场造成侵害,还有可能引发观看者对在先作品的兴趣。

这四种角度为二次创作短视频的合理使用认定提供了一定的理论基础,能够在一定程度上驳斥一味将二次创作短视频认定为侵权的观点。然而,要真正让这些观点落地,还需要司法层面的支持。虽然我国《著作权法》的修订体现了以上思想,能够在一定程度上帮助二次创作短视频认定为合理使用,但是以上观点仍然不够详尽,仍处于雏形阶段,需要更进一步的研究。以便今后在实践当中得到真正的运用。

因此,在下文中笔者将对美国的"四要素检测法"和"转换性使用"在二次创作短视频合理使用认定中的运用进行研究,并与我国《著作权法》中涉及的判定因素进行结合,明确每种要素具体运用的逻辑,以期对未来是否正式引入美国合理使用制度的成果提供一定参考。

3.3 "四要素检测法"及其具体运用

3.3.1 "四要素检测法"的介绍

美国《版权法》中的第 107 条设计了"合理使用四要素检验法","四要素"分别代表:使用目的和特点、被使用作品的性质、被使用部分的数量和重要性、使用对作品潜在市场或价值的影响①。其中,"转换性使用"作为"四要素检测法"中的重要部分,对于合理使用的判定至关重要,其扩充了要素一所涵盖的范围,并不一味地否定具有营利性的二次创作作品认定合理使用的可能,是帮助实现著作权人、短视频二次创作主体和社会公众利益平衡的关键。笔者将在下一部分对转换性使用进行充分的介绍,现在让我们首先对其发展的土壤——"四要素检测法"进行研究。

上文中已经提到,我国已经从一定程度上引入了"四要素检测法",但对每一个要素的具体判定并没有给出明确的指导。因此,笔者将在下一部分对"四要素检测法"与我国《著作权法》中规定的合理使用判定标准进行综合研究,对比其异同,分析在二次创作短视频认定过程中每种要素具体运用的逻辑,明确转换性使用在其中的关键作用,以期为我国实务领域提供指导。

3.3.2 "四要素检测法"与我国合理使用制度的异同

"四要素检测法"中的判定方法较为抽象,涵盖范围广,而我国《著作权法》中列明的合理使用认定条款更为具体和单一。

我国《著作权法》中合理使用判定的第一点为"指明作者姓名或名称、作品名称",笔者认为该点也可以理解为是对作品发表的一种要求,即合理使用所引用的作品必须已经发表,这点与美国《版权法》第 107 条提到的"即使作品未发表也不

---

① Title 17, United Stated Code, § 107.

影响其合理使用判定"①的表述是截然相反的。

至于其他两点,"不得影响作品的正常使用"与"不得不合理地损害著作权人的合法权益",笔者认为这两点与"四要素检测法"中的要素四内涵相似,主要关注经过二次创作的短视频是否会对其所引用作品的潜在市场产生不良影响或者代替被引用作品。

除了以上三个在《著作权法》当中明确写明的判断要点,针对第二十四条第二款中"适当引用"判定因素提供指导的《北高审理指南》中还涉及"引用目的是否为介绍、评论作品或说明问题","引用比例是否适当"两个可以在判定"适当引用"过程中适用的要素。笔者认为其分别能够对应"四要素检测法"中的要素一和要素三,不过我国的判定标准中将引用目的的范围限制在"介绍、评论或说明",忽略了其他引用目的,并且只关注引用比例而忽略对引用部分重要性的判定。

除了以上涉及的各个不同之处,笔者认为"转换性使用"的适用是众多不同中最为显著和根本的区别,而这恰恰是助力二次创作短视频合理使用判定的一个关键点。目前我国合理使用制度中虽然提到可以运用转换性使用来判断,但没有明确判定的具体标准,也没有在关键要素上表明态度。例如,针对具有营利性的作品是否存在被认定为合理使用的可能,被引用作品的未来市场是否算作潜在市场的一部分等问题,并没有明确的指导。如果想要推动我国合理使用认定的进一步发展,必须要重视这些不同之处反映出的问题,适当调整我国的法律政策。

下文中,笔者将对"四要素检测法"中的各个判定要素进行详细的研究,分析各要素在二次创作短视频合理使用认定过程中的具体运用,明确转换性使用在其中的关键作用,希望能够为我国合理使用制度发展提供帮助。

3.3.3 "四要素检测法"在二次创作短视频合理使用认定中的运用

上文中大致涉及了"转换性使用"与"四要素检测法"的内涵以及两者之间存在的关联,接下来笔者会将二次创作短视频引入,结合我国《著作权法》中的合理使用判定标准、美国"四要素检测法"以及二次创作短视频的具体特性来分析两个判定体系之间的异同,并阐述"四要素检测法"如何得以具体的应用。需要说明的是,以下四个检测要素不是完全分隔开的,在判定时,需要综合进行考量。四个要素之间相辅相成、共同配合才能够对二次创作短视频进行更为科学的认定。

1) 要素一:使用目的和特点②

这一要素的判断主要包含两方面,分别是转换性和商业性。转换性就是上文

---

① 原文表述为:"The fact that a work is unpublished shall not itself bar a finding of fair use if such finding is made upon consideration of all the above factors."

② 原文表述为:"The purpose and character of the use, including whether such use is of a commercial nature or is for nonprofit educational purposes."

中介绍的"转换性使用",从内容和目的的转换程度来具体判断。因为转换性地位的提升,商业性的重要程度显著降低,在 Campbell 案中,美国联邦最高法院就认为,"商业使用并不一定被排除在合理使用外,商业使用不一定会造成对在先作品市场的损害"①。也就是说,在结合要素四统一考虑后,即使作品具有商业性,只要不对在先作品的市场造成损害,就可以被判定为合理使用。其实对于二次创作短视频而言,除了官方授权的二次创作行为,更多的是创作者出于兴趣、爱好等私人因素而进行的二次创作行为,这类行为并不以商业使用为目的。当然也有部分创作者确实是出于商业目的的考虑,希望通过二次创作的行为获取更高的关注度。无论是否具有营利性,只要符合转换性使用的要求,都有可能被认定为合理使用。

2) 要素二:被使用作品的性质②

该要素的核心在于,针对不同的作品性质,给予不同程度的保护。法律对于原创性高的作品给予更高的保护,也就是说,作品的原创性越高,得到的保护就越多。二次创作短视频如果使用的是原创性较低的作品,其被认定为合理使用的可能性就更高。其实从这一要素中也能够窥探到上文中所提及的创作的本质,即"百分之百的原创是不会存在的"。

3) 要素三:被使用部分的数量和重要性③

此要素判定并没有明确、固定的数值及比例或者重要程度标准予以参考,但可以确定的是,如果二次创作短视频对于在先作品进行大量的引用,其被认定为合理使用的可能性就微乎其微。另外,一段视频作品中必然包含重要内容和次要内容,如果引用的内容均为在先作品中的重要内容,自然也会不利于合理使用的判定。因此,在使用这一要素对二次创作短视频是否属于合理使用进行认定时,需要特别关注二次创作者所使用的被引用作品的数量,以及相关内容在被引用作品中所处地位如何,可以理解为对其是否能够直接表达被引用作品的核心内容的判断。

4) 要素四:使用对作品潜在市场或价值的影响④

此要素主要关注二次创作短视频对于在先作品的使用是否会对在先作品的潜在市场和价值产生影响,这一影响一般被总结为是否对在先作品存在替代性。

在判断市场替代性时,应当关注两个方面:现有市场和未来市场。现有市场,顾名思义,就是当前在先作品所占有的市场份额。未来市场可以理解为传统许可市场,即"传统、合理或很可能发展起来的市场",未来市场是随着社会而发展的,

---

① 周贺微. 美国转换性使用转型及对我国的借鉴[J]. 新闻界,2019(4):74-84.
② 原文表述为:"The nature of the copyrighted work."
③ 原文表述为:"The amount and substantiality of the portion used in relation to the copyrighted work as a whole."
④ 原文表述为:"The effect of the use upon the potential market for or value of the copyrighted work."

例如科学技术发展而产生的新市场①。直观来讲,未来市场是在可预期范围内,在先作品今后有可能占有的市场份额。如果二次创作短视频被观看后能够使观看者全面了解到原作品的关键内容,以至于观看者无须再对原作品进行"消费",那么该短视频就构成了对于在先作品的替代。

除了以上四个检测要素外,美国《版权法》第107条还有一个表述:"即使作品尚未发表,在考虑上述所有因素的情况下仍然可能构成合理使用的认定。"②这表明作品的发表情况不对合理使用的认定产生根本的影响。上述四要素能够全方位判断二次创作短视频是否能够受到合理使用制度的保护,并且对于进一步完善我国的合理使用制度有至关重要的参考作用。

3.4 "转换性使用"及其判断标准

转换性使用作为"四要素检测法"中的重要部分,我国与美国合理使用制度的关键区别,对于合理使用的判定至关重要。通过对转换性使用的研究,我们能够进一步探究美国合理使用制度的底层逻辑,明确合理使用的判定标准,为我国二次创作短视频的合理使用认定提供指导。

3.4.1 "转换性使用"的内涵

"转换性使用"最初起源于美国,是合理使用"四要素检测法"中辅助要素—判定的判断方式,经过发展,其地位逐渐提升。这一概念最初在1990年由皮埃尔·N. 勒瓦尔(Pierre N. Leval)法官提出,他指出:"要构成合理使用,二次创作必须要在原作基础上增加新的内容,具有其他目的或不同的性质,创作出新的信息、新的美学、新的认识和理解。"③也就是说,如果要构成转换性使用,新作品对原作品的引用并不是为了展示原作品本身,而是在此基础上进行新的创作,使原作品在新作品中具有了不同的功能和价值。

这一概念在1994年的Campbell案中首次得以运用,此案中,最高法院描述转换性使用的判断方法为:"新作品是否基于更深远的目的或不同的性质而加入了新的东西,以新的表达、意义或信息改变了原作品。"④在Campbell案后,转换性使用开始成为美国"四要素检测法"判定过程中的关键,其内涵也不断扩张,比较有名的是Cariou诉Prince案和美国作家协会诉谷歌图书案。

在Cariou诉Prince案中,第二巡回上诉法院认为,"对转换性使用的理解不应仅局限于对原作进行批评、评论,转换性使用的实质是形成了新的信息、意义和表

---

① 起琳娜. 转换性使用标准研究[D]. 济南:山东大学,2019.
② 原文表述为:"The fact that a work is unpublished shall not itself bar a finding of fair use if such finding is made upon consideration of all the above factors."
③ Campbell v. Acuff-Rose Music, Inc. 510 U.S. 569. (1994).
④ 罗娇,严之. 著作权合理使用的转换性使用理论研究[J]. 人民法治,2018(9):14-19.

达,认为被告二次使用后形成的新作品从展示方式、色彩等方面看,与原作存在不同,构成转换性使用"①。

在美国作家协会诉谷歌案中,法院认为,"谷歌图书搜索结果和图书本身在目的、性质、表达等方面均不相同,具有与在先作品不同的目的和功能,不会损害图书本身的市场,而且还能带来公共利益,具有新价值和新意义,构成合理使用"②。

经历以上两个案件,转换性使用的内涵在发展过程中不断扩大,也对"四要素检测法"的判定造成了影响,将其中要素一的判定中心从使用性质转移到使用目的上,逐渐弱化了对二次使用行为的商业性考察,也导致要素四中作品潜在市场的范围被压缩。

3.4.2 转换性使用的判断标准

转换性使用对于合理使用的判断具有关键意义,但美国各法院尚未就转换性使用的判断标准达成共识。虽然如此,从上文提到的案件当中,我们可以总结出转换性使用的判断主要从两个方面入手:内容性转换和目的性转换。

内容性转换是对在先作品的表达形式、内涵和价值的改变。转换性使用概念创立者勒瓦尔法官认为,"如果二次使用与在先作品相比,增加了新的价值,或者蕴含了新的信息、意义和表达,那么这就是合理使用原则旨在为丰富社会而需要保护的活动类型"③。

目的性转换是对被引用作品的使用目的的转换。有学者认为,这是转换性使用的实质,即二次使用形成的作品与原作品有不同的目的,其不强调与在先作品的功能、价值是否不同,对在先作品是否做出了修改和新的创作。

对于以上两点在判断二次创作短视频是否属于转换性使用时的地位,有学者认为,因为转换性使用作品与演绎作品都是以原作品为基础进行转化,内容性转换可能与演绎权发生重合,因此应当重点关注是否存在目的性转换,"如果目的相同,即使二次创作的作品修改了原作品的表达或增加了新的表达,也不应被视为具有转换性"④。

但正如笔者在介绍目的性转换时所提到的,目的性转换并不强调是否对在先作品进行了修改和新的创作,如果以目的性转换作为转换性使用的判断重心,将背离我国《著作权法》激励创作的内涵。因此,笔者认为,我国在适用转换性使用进行判断时,应该综合内容性转换和目的性转换进行考虑。

---

① Cariou v. Prince,714 F 3d 694(2d Cir. 2013).
② Authors Guild v. Google,Inc.,No. 13-4829(2d Cir. 2015).
③ MATTHEW D B. Eroding Fair Use:The Transformative:Use Doctrine after Campbell[J]. COMM. L. & POL'y 1,2002(7).
④ NEIL W N. Making Sense of Fair Use[J]. Lewis & Clark L. Rev,2011(15).

4 以转换性使用解决二次创作短视频的合理使用认定问题

关于转换性使用以及"四要素检测法"是否应当正式引入我国合理使用制度中,学者们有不同的观点与理由。笔者认为,结合上文对于转换性使用以及"四要素检测法"在二次创作短视频合理使用认定方面的研究来看,引入转换性使用的判定方式及"四要素检测法"中涵盖面充分的判定标准能够为我国合理使用制度未能涉及的部分提供补充,将转换性使用、"四要素检测法"与我国《著作权法》中的合理使用制度相结合来判断二次创作短视频是否构成合理使用的规则设想是我国合理使用制度发展的可行路径。

下文笔者将分别从司法实践基础、制度衔接以及运用具体规则层面入手,将重点关注以转换性使用为核心、"四要素检测法"为辅助来解决二次创作短视频合理使用问题的具体操作方式。

4.1 我国关于"转换性使用"的司法实践基础

虽然我国对转换性使用没有明确的立法,但在司法实践中该概念在一些案例中被采用,而且相关合理使用范围也已经突破我国《著作权法》中规定的合理使用有限情形。[①]

2015 年,上海美术电影制片厂与浙江新影年代文化传播有限公司、华谊兄弟上海影院管理有限公司著作权权属、侵权纠纷案中,对"四要素检测法"和转换性使用有所体现。本案中,上海知识产权法院适用转换性使用概念来说明本案中对"黑猫警长""葫芦娃"形象的使用行为属于合理使用情形中的"为说明某一问题"。法院认为,"从使用目的看,海报中使用的动漫形象不是单纯为了对作品进行再现,或是为了向公众提供涉案作品的艺术价值,而是为了表达该部电影主人公的成长背景,因此具有较高程度的转换性,符合'为了说明某一问题'的合理使用特殊情形,构成合理使用"[②]。

2017 年,李向晖、广州华多网络科技有限公司著作权权属、侵权纠纷案中,广州知识产权法院认为,"被告将原告享有著作权的图片以缩略图形式用在游戏介绍文章中,具有新的指向意义和功能,其原有摄影作品的艺术美感和功能发生了转换,不会不合理地损害李向晖的合法权益,因此符合转换性使用的要求进而构成合理使用"[③]。

2019 年,杭州菲助科技有限公司与培生(北京)管理咨询有限公司侵害作品信

[①] 芮松艳. 网站全文复制他人作品构成侵权[J]. 人民司法,2014(20):4-8.
[②] 上海知识产权法院,(2015)沪知民终 730 号.
[③] 广州知识产权法院,(2017)粤 73 民终 85 号.

息网络传播权纠纷一案中,法院认为:"由于涉案短视频并未改变涉案图书表达的信息和内容,亦未对其教育功能进行实质性的转换和改变,且使用数量较大,缺乏必要性和适当性……故不构成合理使用。"[1]

2021年,深圳市腾讯计算机系统有限公司、腾讯科技(成都)有限公司等与重庆天极畅娱网络有限公司、北京字节跳动科技有限公司等不正当竞争纠纷一案中,字节跳动公司主张应从转换性使用的角度判断涉案视频是否构成对游戏连续动态画面的合理使用。对此,法院认为:"本案中涉及到的游戏玩家制作的视频,确实存在一定程度上对游戏连续动态画面的剪辑、拼接或添加配音、对话等内容,这种既传播了游戏画面,也展示主播个性的视频具有一定的转换性,但'转换性使用'并非我国法律对著作权利限制的情形,不宜直接适用所谓的'转换性使用'的单一标准来判断是否构成合理使用。"[2]

除了以上提到的案例之外,"四要素检测法"作为转换性使用的根基和土壤,在我国进行适用也存在司法方面的支持。最高人民法院在2011年印发的《关于充分发挥知识产权审判职能作用推动社会主义文化大发展大繁荣和促进经济自主协调发展若干问题的意见》(以下简称《意见》)[3]和广东省高级人民法院在2020年颁布的《关于网络游戏知识产权民事纠纷案件的审判指引(试行)》(以下简称《指引》)[4]当中都明确表示,在特别情形下可以使用"四要素检测法"判断是否符合合理使用。

不难看出,转换性使用在我国虽然没有立法层面的支撑,但实践当中部分法院会以此为裁判理由进行分析和判决,这不利于司法裁判的统一,也显然不能为创作者的行为提供指导。但上述案例中的实际应用,已经为今后引入转换性使用打下了一定基础。接下来需要考虑的便是该如何将转换性使用纳入我国法律体系当中,取其精华,去其糟粕,使其更好地为我国服务。

---

[1] 北京知识产权法院,(2019)京73民终2547号.
[2] 重庆市第一中级人民法院,(2021)渝01民终3805号.
[3] 《意见》中指出:"在促进技术创新和商业发展确有必要的特殊情形下,考虑作品使用行为的性质和目的、被使用作品的性质、被使用部分的数量和质量、使用对作品潜在市场或价值的影响等因素,如果该使用行为既不与作品的正常使用相冲突,也不至于不合理地损害作者的正当利益,可以认定为合理使用。"
[4] 《指引》中指出:"对于不属于著作权法明文规定的行为是否属于合理使用的问题,应在促进技术创新和商业发展确有必要的特殊情形下进行个案判断。可参考以下因素,综合判断该行为是否影响该作品的正常使用以及是否不合理地损害著作权人的合法利益:①使用作品的目的和性质;②被使用作品的性质;③被使用部分的数量和质量;④对作品潜在市场或价值的影响。"

4.2 转换性使用与我国合理使用制度的衔接

如上文所述,转换性使用与"四要素检测法"在我国的司法实践中已经有使用的先例,并且转换性使用可以作为帮助我国合理使用制度发展的一个工具。为了使转换性使用能真正起到作用,必须要适当引入"四要素检测法"中涉及的内涵予以辅助。此外,因为转换性使用属于舶来概念,在适用过程中,我们不仅要关注转换性使用带来的好处,也必须考虑转换性使用与我国制度衔接过程中可能遇到的问题。

4.2.1 转变对于二次创作短视频的态度

当前,我国各界对二次使用行为的营利性有着天然的反感,阻碍了转换性使用的介入。正如上文曾提到的,各大企业的强大实力,足以使得整个社会对二次创作短视频都产生反感情绪,这不仅不利于我国引入转换性使用,借鉴美国合理使用制度的成功经验,也不利于二次创作短视频的发展,更不利于激励我国短视频行业发展的积极性,达到著作权人、短视频二次创作主体和社会公众利益的平衡保护。

4.2.2 增设适用转换性使用的法定情形

转换性使用是在美国司法的特定环境下成长起来的,其规则实际上有较大的随意性,在一定程度上要依赖于法官对相关问题的创造性解释,美国法官的造法功能为其提供了土壤,而我国在这方面相对欠缺。因此,为了避免司法层面对转换性使用理解的偏差,应当明确转换性使用的法定情形。可以列举说明适用转换性使用进行判定的具体情形。在我国合理使用的列举式模式下,实现对"转换性合理使用情形"的具体规定,既能够回应当下司法实践的现实需求,也是优化合理使用立法模式的创新表现。

4.2.3 规范转换性使用的具体适用

转换性使用标准的提出,意在纠正法院在合理使用分析上过度偏重于营利性与否的二元固有偏见,而非对整个合理使用分析的另起炉灶。[①]

因此,除了要摆脱偏见外,在司法实践中运用转换性使用时,法院需要把控转换性使用的内在价值,不能仅仅关注转换性使用的外在表现,要时刻明确"即使二次利用作品具有转换性使用的外在特征,也并不意味着其就属于著作权的合理使用"这一认知。同时也需要认识到,"转换性使用"与"市场因素"并不是两个绝对对立的因素,在具体的司法判定过程中,不能刻意弱化对"市场因素"的具体考量,否则将会严重侵蚀我国《著作权法》激励创作的内涵。

4.2.4 综合考量合理使用的四要素

当前,我国的合理使用制度倾向于将各个判定要素和标准视为构成要件,并没

---

① 孙松.著作权转换性使用的本土路径重塑[J].电子知识产权,2020(2):21-29.

有进行综合、全面的考量,只要不满足其中任何一个要件就不能认定为合理使用。并且,转换性使用本身注重的转换性及其对要素一、要素四的重要性,在一定程度上忽略了要素二、要素三的不可或缺性①,在实际判定中可能会出现不平衡的现象。

以上提到的两种情况都不利于对二次创作短视频合理使用的公平认证。转换性使用虽然经历多年发展和完善,却不是万能的,其需要与各个要素充分配合。只有综合考虑各要素,才能最大限度地发挥转换性使用的功效。因此,我国在应用转换性使用时,需要将转换性使用与我国的合理使用制度进行充分结合,同时在细节判定方面借鉴"四要素检测法"中的判定标准,致力于将转换性使用真正融入我国司法制度。而且,需要综合各个要素进行判断,使各个要素互相配合,并在权衡每个具体判定因素的比重上尽力保持平衡,不能过分夸张和扩大转换性使用的地位。

4.3 二次创作短视频转换性使用的具体规则

4.3.1 二次创作短视频的转换性使用考察标准

学界存在三种关于从何角度判断转换程度的观点。第一种观点认为应当从法官的视角对此进行法律专业判断,但法官之间往往会因为个人喜好、偏见等因素对同一案件给出不同的观点,这不利于司法公信力的构建。第二种观点认为应当从二次创作短视频创作者的视角进行判断,创作者虽然对其创作目的有最为清楚的认知,但在判断过程中仍然避免不了主观判断。第三种观点认为应从普通理性受众的视角来判断。在思考从何种视角对二次创作短视频的转换性进行评价时,我们需要意识到二次创作短视频的受众问题,将这点纳入考虑范围后,其实不难得出究竟该采用何种角度的结论。

笔者认为,第三种视角能够最为客观地进行判断。二次创作短视频主要以普通大众作为受众群体,并非限定于任何行业的专业群体,因此必须要考虑普通大众的认知及判断能力。并且,因为不涉及任何利益,普通理性受众也能更为中立地判断二次创作短视频是否符合转换性使用要求。

4.3.2 转换性使用在二次创作短视频合理使用判定中的运用方式

首先需要明确的是,转换性使用应当结合其他判定要素,一并对二次创作短视频的合理使用进行认定,这样才能使判定结果符合要求。

对二次创作短视频是否构成转换性使用的认定,需要先判断其是否对在先作品的表达形式、内涵和价值进行了改变,即内容性转换。如果不符合内容性转换,则需要进一步判断其是否对在先作品的使用目的进行了转换,即目的性转换。

对于内容性转换来讲,二次创作短视频与其使用的在先作品相比,必须增加了新的价值或者蕴含了新的信息、意义和表达。对于目的性转换来讲,二次创作短视

---

① 周贺微. 美国转换性使用转型及对我国的借鉴[J]. 新闻界,2019(4):74-84.

频的使用目的与所使用的在先作品的目的之间越不相同,被认定为转换性使用的可能性就越高。如果二次利用作品与原作品有着相同的创作目的,则该作品不具有转换性[1]。

明确了转换性使用的判断标准,接下来,笔者将针对三类不同的二次创作短视频类型,探讨转换性使用在其中的具体运用方法。因为戏仿、讽刺类与重混、混剪类作品的合理使用认定已经有十分深厚的学术支持,笔者将着重针对介绍、说明类二次创作短视频的合理使用认定进行细致探讨。

1) 介绍、说明类

此类二次创作短视频的目的在于介绍、评论作品或说明某一问题,与大多数被引用作品的创作目的并不相同。"介绍"之意在于"引入"而非"替代"。例如,对于影视作品来讲,其与二次创作短视频虽然都出于娱乐的目的,但介绍、说明类的二次创作短视频是为了让观看者基本了解影视作品的大致内容,并不能替代影视作品所包含的大量信息(场景美感、剧情表达、人物魅力等),无法起到替代影视作品的作用。而"说明",意在"解释说明"。例如,对于部分影视作品中耐人寻味的情节进行解读,给予观看者一种全新的思维和观点,激发观看者的思考。以上两方面都符合内容性转换和目的性转换的要求,因此以转换性使用作为判断要素对此进行合理使用抗辩是十分恰当的。并且,此类二次创作短视频会不可避免地对被引用作品的关键、精华部分进行介绍,这就更加需要使用转换性使用规则进行判断,转换性越强,引用在先作品的数量越少,就越不会构成引用过当。

其实该类二次创作短视频作品被认定为合理使用也有一定的理论支撑,我国有学者指出,"对电影作品进行介绍或评论与著作权法的目的不谋而合,除了能表达使用人关于作品的看法外,还能够引起公众对作品的兴趣"[2]。

2) 戏仿、讽刺类与重混、混剪类

无论是国内还是国外,关于戏仿、讽刺类二次创作短视频的合理使用保护已经达成共识。Campbell 案中的法院认为,被告对原告歌曲的改编表达了"与原作品不同的、滑稽的意义,构成戏仿,属于合理使用"[3]。我国的诸多学者也认为:"由于戏仿作品蕴含了娱乐和批评的价值,其搞笑、戏谑的对象具有合理性,应当给予合理使用制度的保护。"[4]无论从转换性使用的内容性转换还是目的性转换来看,戏仿、讽刺类二次创作短视频作品都能够完美契合,戏仿作品往往是借用在先作品而表达新的观点,在原作品的基础之上添加了新的内容,有其新的意义。

---

[1] Ty, Inc. v. Publ'ns Int'l, Ltd., 333 F. Supp. 2d 705, 712 (N. D. Ill. 2004).
[2] 王迁. 电影介绍节目著作权侵权问题研究[J]. 中国版权, 2014(2):18-21.
[3] Campbell v. Acuff-Rose Music, Inc. 510 U. S. 569. (1994).
[4] 孙昊亮. 网络反版权社会规范之反思[J]. 知识产权, 2014(11):3-8,108.

对于重混、混剪类二次创作短视频,其不仅包含对在先作品的引用,更包括了创作者自己的思想,表达了新的意义,增添了新的内容。但其并不必然构成转换性使用,不能一概认定符合合理使用,需要针对具体的使用情况来判断。如果仅是对在先作品简单的粘贴,没有表现出创作者独特的思考和创作,这样的重混、混剪类二次创作短视频不能视为转换性使用。

5　结论

"著作权法的永恒困境是决定著作权人专有权的止境和公众获取作品自由的起点"[①],合理使用制度的确立是立法者解决该问题的创新性策略。二次创作短视频合理使用认定问题作为当前急需解决的课题,仅仅是未来可能显现的诸多主题的一个显著代表,未来将有越来越多的新媒体产物出现,给我国合理使用认定制度带来更大的挑战。

因此,我们需要充分意识到数字时代的特殊性,从二次创作短视频入手,将转换性使用及"四要素检测法"与我国自身情况充分结合,进一步完善合理使用制度,明确我国在合理使用认定方面的判定标准,丰富判定方式,解决我国在合理使用认定方面存在的概念模糊、标准不清等问题。

当然,二次创作短视频的合理使用认定还有很长的路要走,社会各界群体都应当在力所能及的范围内贡献自己的力量。只有准确把握考量二次创作短视频著作权侵权行为的维度,才能保障短视频市场的正常运行并推动文化事业的创新和发展,使二次创作者和公众的利益与著作权人的利益始终维持在相对平衡的状态。

参考文献

[1]12426 版权监测中心.2021 年中国短视频版权保护白皮书[N].中国新闻出版广电报,2021-05-20(008).

[2]曾露.二次创作短视频对在先作品的合理使用问题研究[D].上海:华东政法大学,2021.

[3]丛立先.论短视频作品的权属与利用[J].出版发行研究,2019(4):9-12,8.

[4]董天策,邵铄岚.关于平衡保护二次创作和著作权的思考:从电影解说短视频博主谷阿莫被告侵权案谈起[J].出版发行研究,2018(10):75-78.

[5]冯晓青.知识产权法利益平衡理论[M].北京:中国政法大学出版社,

---

① NEIL W N. Copyright and a Democratic Civil Society[J]. Yale Law Review,1996(106):286.

2006:597.

[6]冯晓青.著作权合理使用制度之正当性研究[J].现代法学,2009,31(4):29-41.

[7]付光辉.互联网UGC短视频的可版权性探析:以"抖音短视频"诉"伙拍小视频"案为视角[J].法制与经济,2019(2):22-25.

[8]李佳妮.论著作权合理使用中的"适当引用":以谷阿莫二次创作短视频为例[J].东南大学学报(哲学社会科学版),2019,21(S1):53-57.

[9]李燕.《著作权法》修改背景下合理使用制度的完善路径[J].出版发行研究,2019(4):56-58,67.

[10]刘宽.短视频创作中的著作权合理使用问题研究[D].开封:河南大学,2020.

[11]卢海君.短视频的《著作权法》地位[J].中国出版,2019(5):9-12.

[12]罗娇,严之.著作权合理使用的转换性使用理论研究[J].人民法治,2018(9):14-19.

[13]马治国,徐济宽,刘桢.用户原创短视频的独创性[J].大连理工大学学报(社会科学版),2020(5):69-76.

[14]倪朱亮."用户生成内容"之版权保护考[J].知识产权,2019(1):14-23.

[15]彭兰.短视频:视频生产力的"转基因"与再培育[J].新闻界,2019(1):34-43.

[16]亓蕾.《北京市高级人民法院关于涉及网络知识产权案件的审理指南》著作权部分的解读[J].中国版权,2016(3):10-14.

[17]饶世权.网络短视频产业的法治治理:理念、规则和机制:以著作权分享为视角[J].中国编辑,2021(1):14-20.

[18]苏力.戏仿的法律保护和限制:从《一个馒头引发的血案》切入[J].中国法学,2006(3):3-16.

[19]孙山.短视频的独创性与著作权法保护的路径[J].知识产权,2019(4):44-49.

[20]孙山.合理使用"一般条款"驳[J].知识产权,2016(10):56-63.

[21]孙松.著作权转换性使用的本土路径重塑[J].电子知识产权,2020(2):21-29.

[22]唐艳.论二次创作的著作权法规制与保障[J].知识产权,2016(11):46-52.

[23]魏宁.二次创作的著作权合理使用研究[J].广西政法管理干部学院学报,2018(2):90-95.

[24]相靖.Campbell案以来美国著作权合理使用制度的演变[J].知识产权,

2016(12):82-90.

[25] 熊琦. 著作权合理使用司法认定标准释疑[J]. 法学,2018(1):182-192.

[26] 熊琦. 著作权转换性使用的本土法释义[J]. 法学家,2019(2):124-134,195.

[27] 袁锋. 元宇宙空间著作权合理使用制度的困境与出路:以转换性使用的界定与适用为视角[J]. 东方法学,2022(2).

[28] 张陈果. 解读"三步检验法"与"合理使用":《著作权法(修订送审稿)》第43条研究[J]. 环球法律评论,2016,38(5):5-24.

[29] 中国网络视听节目服务协会. 2021中国网络视听发展研究报告[EB/OL]. [2021-06-20]. http://www.cnsa.cn/uploads/20210708/9040a5f9bc56e6fd690005818e087551.pdf.

[30] 周贺微. 美国转换性使用转型及对我国的借鉴[J]. 新闻界,2019(4):74-84.

[31] DANIEL G. The Tangled Web of UGC:Making Copyright Sense of User-Generated Content[J]. VAND. J. ENT. & TECH,2009(11).

[32] MATTHEW D B. Eroding Fair Use:The Transformative:Use Doctrine after Campbell[J]. COMM. L. & POL'y 1,2002(7).

[33] NEIL W N. Making Sense of Fair Use[J]. Lewis & Clark L. Rev,2011(15).

指导教师评语：

  论文以社会热点问题"二次创作短视频的合理使用"作为研究主题,研究视角新颖,有一定研究难度,符合专业培养目标,具有一定的理论意义及实践价值。

  论文整体结构完整,提出二次创作短视频合理使用认定中存在的问题,结合我国新修订的著作权法,借鉴国外研究的权威案例和学者观点进行分析,最后得出以转换性使用解决二次创作短视频合理使用的认定。论文写作思路清晰,扣题深入,有逻辑性,研究结论中规中矩。论文参考文献充实、权威,引用较为准确。论文研究方法得当,语言准确,书写规范,篇幅适中。

  学生写作态度认真,能及时与导师沟通解决遇到的问题,并针对导师提出的建议,及时修改论文。

  论文符合本科毕业论文的要求,综合评定成绩为优秀。

金融科技对商业银行盈利性的影响
——以中国上市商业银行为例

金融学院　赵　宇　　指导教师：王　苹

摘　要：本文首先分析了近年来我国上市商业银行自身的盈利现状以及受到金融科技影响所采取的像创建金融科技子公司、与金融科技公司展开合作的情况，接着通过杜邦分析拆解试图从理论上找到金融科技影响商业银行盈利性的具体路径，之后选取2011—2020年我国35家上市商业银行的固定面板数据进行分析，得出如下结论：一是金融科技的发展对商业银行盈利水平的影响总体上呈现出先降低后升高的正U形趋势，即在短期金融科技的发展会抑制商业银行的盈利性，但从长期来看则会助力商业银行更好地实现利润最大化。二是金融科技对不同类型的商业银行盈利性的影响也是各不相同。对国有大行和股份制银行来说，金融科技会促进银行的盈利；而对城商行和农商行来说，则会削弱银行的盈利。三是通过引入中介变量的方法对金融科技影响商业银行的具体路径进行探究，发现金融科技主要通过提升商业银行的非利息收入、降低净息差和增加信用风险成本进而对商业银行的盈利性造成影响。最后，在结合理论和实证结果的基础上，对商业银行如何更好地进行金融科技转型提出了相关的政策建议。

关键词：金融科技，商业银行，盈利性，固定效应面板数据

1　绪论

1.1　选题背景及意义

随着区块链、云原生、机器人流程自动化等新兴技术的不断进步，金融科技近年在我国得到了蓬勃发展，5G技术的加速推广、大数据实现规模化应用、央行数字人民币试点运行等无不展现着科技带给金融的强大驱动力。在全国两会上，多位代表委员围绕"数字经济"积极建言献策，提出金融业作为现代经济的核心，应为数字经济新产业新模式注入更多金融活力，更好助力做优做强我国数字经济[33]。同时，人民银行为贯彻"十四五"规划纲要，更是继续发布了第二份金融科技指引《金融科技发展规划（2022—2025年）》，明确指出我国金融科技正经历从"立柱架

梁"全面迈向到"积厚成势"的新阶段[36],强调数据作为新的生产要素,数字技术成为新的发展引擎,数字经济浪潮已经势不可当。因此我们可以看到,在当今百年未有之大变局下,国家越来越重视金融科技发展,金融科技也逐渐成为支撑我国银行业高质量发展、构建双循环新发展格局、深化金融供给侧改革的关键变量。

在新时代新目标下,金融科技促使一系列金融制度、金融产品、金融服务和金融资源发生改变。商业银行作为我国金融体系的重要组成部分,与我国金融行业的稳定和可持续发展息息相关。但金融科技的日新月异无疑打破了商业银行的日常经营模式。一方面,金融科技使得互联网科技巨头(如腾讯、京东和阿里巴巴等)可以依靠它们自身领域的优势,开始和银行分羹,凭借服务载体和流量的优势,逐渐形成自己稳定的客源,并不断壮大,严重影响了商业银行的支付结算和存贷款业务;另一方面,由于金融科技本身可以与商业银行自身业务进行融合,通过对多种信息技术的应用,商业银行可以实现对交易环节的精简,降低人工成本和信息不对称水平,开辟与客户沟通的新途径,从而更好地实现利润最大化。

由于金融科技对商业银行影响的深刻性与复杂性,我们有必要深入了解它的发展对银行盈利能力的影响途径究竟是什么,对于银行盈利能力的影响程度如何,对不同类型的商业银行的影响是否相同,以及银行应该怎样更好地进行数字化转型,以便与金融科技公司竞争,从而适应经济放缓、监管趋严、利差缩紧的复杂大环境。解答这一系列有关金融科技影响商业银行盈利能力的问题,可以让商业银行更清晰地了解金融科技的本质,有针对性地运用好金融科技,进而更好地抵御外界冲击、促进银行业的升级。

1.2 文献综述

1.2.1 国内外文献综述

目前针对金融科技对商业银行盈利性的影响到底如何,国内外学者们是各抒己见,并没有一个统一的答案。

一部分学者认为金融科技的发展会对银行的盈利造成负面影响。国外方面,Robard Williams(2016)认为,金融科技公司通过利用智能手机、App、计算机编程等方式,重点发展移动支付领域,从而会对商业银行的支付业务产生不利的影响[48]。Navaretti G. B. (2018)通过对欧洲金融科技公司的投资金额、收入结构和银行产品组合拆分的可持续性进行研究,发现金融科技公司可以有效匹配市场,更低成本、安全地传输信息,导致银行的利润被压缩[47]。Lagarde C. (2018)发现金融科技的创新给银行业务带来了冲击,银行业应与金融科技公司合作,保证支付和基础设施的安全性,稳定金融市场,避免发生监管套利[46]。国内方面,杨望和王姝妤(2019)认为,金融科技企业具有优越的获客模式、强大的数据分析能力、针对细分客户提供独特价值等优势,会与商业银行产生竞争,蚕食利润[24]。李怡颖(2021)

认为,金融科技发展对银行非利息性收入的影响远大于对利息性收入的影响,且这种作用对于大型商业银行尤为明显,这也使得原本在商业银行中占比较少的中间业务进一步被压缩[8]。李永田等(2021)认为,金融科技会对我国商业银行的资产业务、负债业务和中间业务造成较大冲击,加速金融脱媒和去中介化的趋势[9]。

另一部分学者认为金融科技会促进银行业的发展。国外方面,Berger(2003)探究了互联网技术对商业银行的影响,提出银行依靠技术可以降低经营成本,简化贷款流程,提高贷款能力,加快银行内部资源的有效利用[44]。Dapp T. 和 Slomka L.(2015)认为,金融科技为银行提供了学习机会,将银行转变为一个基于数字平台的生态系统,以此来提升经营效率和盈利水平[45]。Agarwal S. 等(2020)研究发现,金融科技对商业银行支付结算业务和贷款业务造成较大冲击,这让银行更加积极主动地运用先进技术,将数字化引入银行传统业务,升级原有金融服务,促进盈利水平的提升[41]。国内方面,李易懋(2020)通过面板数据分析得到互联网支付、移动支付、云计算等市场规模与银行净资产收益率呈现出显著的正相关关系[7]。张亚静(2021)根据功能金融理论,认为金融科技可以帮助商业银行实现资源的有效配置并提升数据处理能力,提高服务效率,利于银行进行转型升级[30]。张广鑫(2021)通过研究金融科技对商业银行资产业务、负债业务、中间业务和风险管理四方面的影响,认为在商业银行的模式改革中,合理应用金融科技将会使得商业银行的改革取得事半功倍的效果[28]。沈励(2022)根据技术溢出效应,认为商业银行能够运用金融科技降低运营成本、提高经营效率、拓宽客户渠道,从而提高获利能力[21]。

同时,还有少数学者认为金融科技发展与商业银行盈利能力之间是先降后升的关系。于凤芹和于千惠(2021)通过研究发现,金融科技发展前期会冲击商业银行传统的支付和信用中介职能,而后期又会助力商业银行降成本、提风控、提供服务"长尾"客群的创新解决方案,推动商业银行向着数字化转型升级[27]。刘孟飞和王琦(2021)使用我国商业银行的动态面板数据进行实证分析,得出金融科技与中国商业银行绩效之间呈现出显著的倒"U"形关系[13]。

1.2.2 文献述评

通过查阅国内外现有文献,我们可以发现金融科技对于商业银行盈利性的影响是具有两面性的:一方面,金融科技发展会对银行的传统业务产生竞争效应,加速金融脱媒和去中介化;另一方面,金融科技又为银行提供了学习和改善业务流程的机会,提高银行经营效率。这对于本文的后续研究具有较大的参考作用。与之相对应,现有文献仍存在一些不足:一是目前的文献通常仅仅将两个研究对象直接做回归,至于其中的影响路径的检验几乎没有文章涉及,而这恰恰是帮助商业银行找出金融科技发展路线的关键;二是现有文献大多仅分析金融科技对整个银行业的影响,较少有从定量角度分析对不同类型的商业银行盈利状况的影响。综上,本文希望从现有文献的不足出发,更全面、深入地剖析金融科技对商业银行盈利能力的影响。

1.3 主要研究内容和研究方法

1.3.1 研究内容

本文的主要内容和结构安排如下:

第一部分,绪论。本部分概述了本文的研究背景及意义、国内外文献综述、主要研究内容、研究方法和存在的不足。

第二部分,商业银行金融科技的发展状况。本部分概述了在应对金融科技冲击之时,部分商业银行采取的增加金融科技投资、设立金融科技子公司、与外部金融科技公司展开合作等情况,并分析了目前银行数字化转型发展中的不足。

第三部分,商业银行的盈利现状分析。本部分从杜邦分析的视角分别介绍了近年来我国部分商业银行在利息收入、非利息收入、营运成本、信用成本等方面的具体情况。

第四部分,金融科技对商业银行盈利性的影响路径分析。本部分根据前面的分析具体讨论了金融科技如何影响商业银行的利息收入能力、非利息收入能力、营运成本和信用成本,进而对商业银行的盈利能力造成影响。

第五部分,金融科技发展指标的构建。本文使用"文本挖掘+因子分析"的方法构建了金融科技社会认知指数,并结合我国金融科技企业注册数量、金融科技投资金额和普惠金融发展指数进行加权求和,合成了最后的金融科技发展总指数。

第六部分,金融科技对商业银行盈利性影响的实证分析。本部分首先基于理论分析结果提出假设;之后,对样本和数据的选取和来源进行了解释;然后根据提出的假设,分别设计了不同的面板数据固定效应模型;最后通过实证回归对总效应、异质性和多重中介效应分别进行估计并对结果作出简要分析。

第七部分。研究结论与政策建议。对本文的研究结果进行总结,同时基于理论分析与实证结果为商业银行应对金融科技的影响以及科技赋能转型提供建议。

1.3.2 研究方法

本文选取的研究方法包括文献研究法、文本挖掘法和实证研究法。

1) 文献研究法

梳理现有金融科技对商业银行盈利性和金融科技指标构建的相关研究文献并进行总结,为本文后续的理论分析和实证研究奠定基础。

2) 文本挖掘法

在查阅大量金融科技发展指数构建的文献基础上,本文决定使用于凤芹(2021)[27]等人类似的文本挖掘法,先创建金融科技原始词库,然后在百度资讯数据库中利用"某某银行+关键词"的形式统计出相关词的年度新闻数目,最后除以年度新闻总数,得到金融科技新闻关键词的年度词频,用以合成社会认知指数。

3) 实证研究法

本文选取了我国35家上市商业银行2011—2020年十年的面板数据作为对象,选取商业银行盈利能力指标ROA作为被解释变量,选用固定效应面板数据模型进行回归分析,从而量化金融科技对商业银行盈利能力的影响。

1.4 存在的不足

第一,本文在数据选取上选择的是我国2011—2020年35家上市商业银行的面板数据。一方面,为了保证各项数据的完整性,本文仅选择了部分上市商业银行为研究对象,银行样本量较少,研究结果是否适用于所有银行还有待考察。另一方面,由于大多数银行2021年的年报还未正式公布,所以本文数据只能取到2020年,有一年多的时间空当,数据的及时性不够。

第二,目前由于金融科技相关发展情况未被强制要求写入银行年报进行披露,因此很难找到准确的统计数据,只能构造一个大致反映金融科技整体发展情况的指标,无法量化每家商业银行的具体发展程度,从而会给本研究带来一定的偏误。这可以作为后续研究的重点,继续完善。

2 商业银行金融科技的发展状况

2.1 金融科技的含义

根据央行的定义,金融科技是指以技术驱动的金融创新,旨在运用现代科技的成果来改造或创新金融产品、经营模式和业务流程,推动金融发展提质增效[40]。因此,金融科技的本质就是用科技的力量连接金融,将大数据、人工智能、区块链等新兴技术应用到金融业务中去,改善金融服务,从而更好地支持实体经济。

在技术层面,像大数据、人工智能(AI)、互联网络、区块链等底层技术在近几年得到了蓬勃发展,相关金融科技企业利用其得天独厚的优势迅速抢占了市场,从而与金融机构形成竞争。大数据方面,数据挖掘、数据可视化、数据分析等核心技术的规模化应用,帮助企业节约了大量的人工和时间成本;人工智能方面,智能客服、智能风控、智能投顾、智能定价等智能产品频出,大大提升了企业的工作效率;互联网络方面,5G、物联网、虚拟现实等技术应用已经渗入人们的生活,使得不论个人还是企业都产生了深度的依赖;区块链方面,因其分布式、去中心化、不可逆等独特优势,大大降低了信用风险和操作风险,提高了金融交易的效率和安全性。

在政策层面,自2021年以来,金融管理部门先后约谈了蚂蚁集团和13家从事金融业务的网络平台,提出相应的整改要求,控制网络平台业务的无序扩张,减少监管套利,以创造公平合理的竞争环境。同时,《数据安全法》《金融科技发展规划(2022—2025年)》《"十四五"数字经济发展规划》《个人信息保护法》等政策和法规的出台,也为金融科技行业行稳致远奠定了制度基础。随着这些制度的不断完善和整改工作的持续推进,监管机构和市场将对金融科技行业看得更加清楚,对于哪些是"金融"、哪些是"科技"有了更加全面的认知,这对于未来整个金融科技行业的快速、健康、公平、合规发展都起到了极大的推动作用。

2.2 商业银行金融科技的发展状况

在数字经济转型的大背景下,我国商业银行也都纷纷按照央行《金融科技(FinTech)发展规划(2019—2021年)》的指引,开始制定金融科技发展战略,寻求金融科技合作,搭建电子银行、开放银行平台,加速探索数字化应用场景,以增强银行业金融机构的核心竞争力,抵御金融科技企业的外部冲击。

2.2.1 商业银行的金融科技投入和科技人员情况

图1和图2显示了2020年我国部分商业银行的金融科技投入占比和科技人员的现有规模情况,我们可以看到对于不同类型的银行科技实力分化明显。对于国有大行来说,无论是金融科技的投入还是科技人员的配置均处于前列,尤其是科技人员的数目遥遥领先于其他各类银行;股份制银行紧随其后,虽然目前的人才储备还是较少,但最近几年股份制银行一直积极参与信息化投入与各种科技战略化布局安排,并且也取得了不错的成绩;而中小型的城市商业银行和农商行在金融科技发展的各方面都显得有点跟不上节奏。此外,因为近年银行积极发展线上业务,像ATM设施、银行营业网点和人员等都出现一定比例的减少。

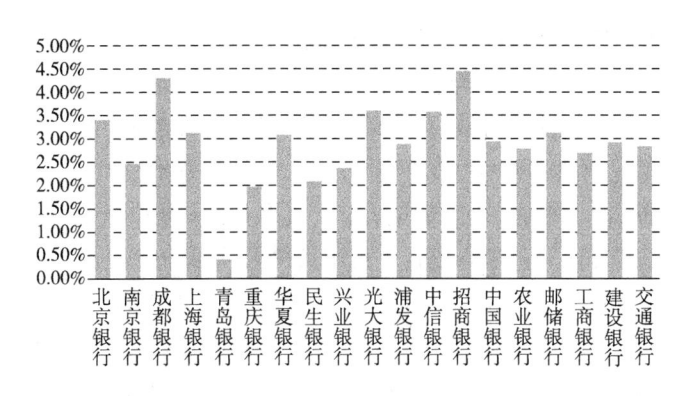

图1 2020年部分商业银行金融科技投入占比情况

资料来源:中国电子银行网。

2.2.2 商业银行建立金融科技子公司情况

除了加大科技投入外,多家头部银行还争先成立了金融科技子公司,希望通过市场化的方法,找到发展金融科技的高效之路。根据新闻统计,截至2021年底我国共有16家商业银行成立了金融科技子公司,包括五大行、多家股份制银行、城商行和农商行,具体如表1所示。在业务布局方面,每家金融科技子公司的落脚点也各有差异。例如,工银科技基于所立足的雄安新区,加大对智慧城市、智慧政务的布局,积极探索人工智能新算法,带动城市服务提档升级;金融壹账通把过去50多款单模块产品进行整合,力求为目标客户提供全量业务的综合产品,助力金融服务生态实现数字化转型。这与工商银行建设科技强行和数字工行以及平安银行提出推进"数字银行、生态银行、平台银行"转型的总体战略也是相互协同的。

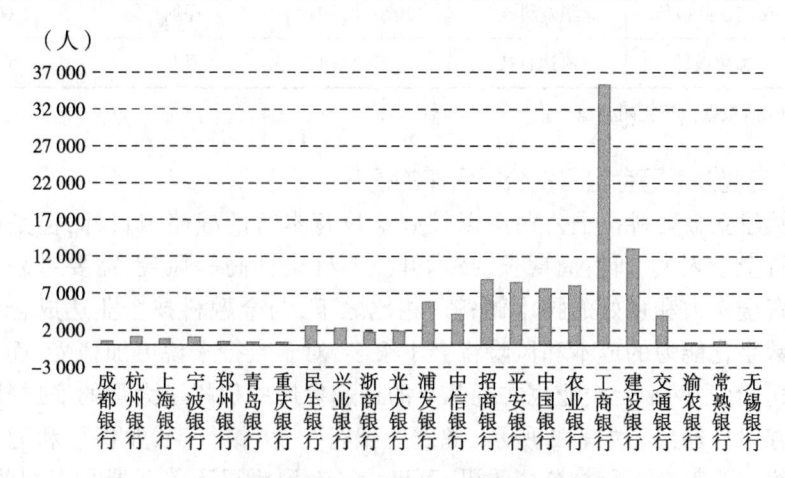

图2 2020年部分商业银行科技人员规模情况

资料来源:中国电子银行网。

表1 我国商业银行金融科技子公司建立情况

排序	银行机构	金融科技子公司	成立时间	注册地	注册资本(万元)
1	兴业银行	兴业数金	2015-11-10	上海	35 000
2	平安银行	金融壹账通	2015-12-29	上海	120 000
3	招商银行	招商云创	2016-02-23	深圳	15 000
4	深圳农商行	前海金信	2016-05-04	深圳	1 050
5	光大银行	光大科技	2016-12-20	北京	20 000
6	建设银行	建信金科	2018-04-12	上海	160 000
7	民生银行	民生科技	2018-04-26	北京	20 000
8	华夏银行	龙盈智达	2018-05-23	深圳	2 100
9	工商银行	工银科技	2019-03-25	雄安新区	60 000
10	北京银行	北银金科	2019-05-18	北京	5 000

续表

排序	银行机构	金融科技子公司	成立时间	注册地	注册资本(万元)
11	中国银行	中银金科	2019-06-11	上海	60 000
12	浙商银行	易企银	2020-02-27	杭州	2 000
13	农业银行	农银金科	2020-07-28	北京	60 000
14	交通银行	交银金科	2020-08-25	上海	60 000
15	厦门国际银行	集友科技	2020-09-21	深圳	1 000
16	廊坊银行	易达科技	2020-11-18	河北	200

资料来源：根据公开新闻整理。

2.2.3 商业银行与金融科技公司合作的情况

虽然建立金融科技子公司可以较好地执行本行的战略与目标，但是此种方法存在资金投入大、研发周期长、技术开发不确定性高等风险，需要母公司具有雄厚的资金实力和良好的技术储备。相比之下，与金融科技企业达成合作来加强自身数字化能力的成本和风险将会小很多，对于银行来说更加稳妥，而且金融科技公司、互联网平台企业也在近几年的迅速发展中积累了大量的底层技术，也希望能够对外输出。如表2所示，像农业银行、光大银行、兴业银行和浦发银行等都纷纷与头部金融科技公司腾讯、百度、京东、科大讯飞等开展了密切的合作，希望通过生态场景布局、签署合作协议、成立创新实验室等方式，在获客渠道、金融产品、经营业务模式等方面针对当前痛点、难点不断创新，实现流量分成、利润同享。

表2 我国部分商业银行金融科技合作情况

银行	金融科技公司	合作成果
工商银行	京东	"工银小白"数字银行上线
农业银行	百度	推出农行"金融大脑"，已成功投产
	腾讯	签署全面合作协议
	科大讯飞	签约成立智能语音联合创新实验室
	南大通用	共建联合创新实验室
中国银行	百度	与百度知识签署合作协议
	腾讯	签署《微校项目合作协议》，携手打造校园服务新生态
邮储银行	腾讯	与腾讯公司、微众银行签署全面深化战略合作协议
	创新奇智	签署战略合作协议

续表

银行	金融科技公司	合作成果
兴业银行	京东金融、科大讯飞	三方联手成立"AI家庭智慧银行联合实验室",共同布局物联网
	京东	品牌战略合作签约,共同深耕体育消费市场
	微软	共建数字化智能银行
光大银行	蚂蚁金服	与光大银行、光大科技公司签署战略合作协议,共建数据共创实验室
	腾讯	信用卡与微信支付跨界融合项目正式上线,成立"光大–腾讯金融科技创新实验室"
浦发银行	华为	共建"浦发银行创新实验室"
	蚂蚁金融	签署战略合作协议
	腾讯	签署全面战略合作协议
	360	共同成立"浦发360网络安全联合实验室"
中信银行	腾讯	推出手机银行智能语音产品
民生银行	华为	签署战略合作协议,携手构建"科技+金融"的数字化智能银行新生态

资料来源:根据公开新闻整理。

2.3 商业银行发展金融科技的不足

尽管目前我国大部分商业银行已经开始积极转型,重视科技投入,但金融科技的发展应用仍旧停留在初级阶段,对于存、贷、汇等业务只是简单地从线下搬到线上,与当代金融科技的核心——场景化、数据化、开放化等还有一定的差距。一方面,很多商业银行仅仅是盲目地投入资金,对金融科技知而不解,没有顶层设计,缺乏清晰的布局方向和战略目标,导致研发实践只能止步于"跑马圈地"的状态,产品服务过于同质化,难以满足客户需求;另一方面,部分银行的金融科技投入幅度过小,投入占比不到营业收入的1%,同时由于没有建立起有效的金融科技人才培育体系以及合理的金融科技组织结构,因此很难推动金融科技技术或产品的开发和建设。

3 商业银行的盈利现状分析

为了更好地了解我国上市商业银行近几年的盈利现状,本部分首先讨论了影响商业银行盈利性的主要因素,然后从杜邦分析拆解的角度针对目前收集到的商业银行盈利性数据进行了简要分析,为之后选取控制变量、中介变量等提供理论基础。

3.1 影响商业银行盈利性的主要因素

参考过往文献,可以发现影响商业银行盈利性的主要因素大致可以分为银行内部特征以及外部宏观经济环境两大类。

银行内部层面的因素主要有资产规模、非利息收入占比、资本充足率、成本收入比、流动性、不良贷款率等。Athanasoglou P. 等(2018)通过实证研究得出银行的盈利能力与银行规模、资本比率和营业收入相关,规模越大、资本比率越高、营业收入越高,银行盈利能力就越强[43]。陆静等(2013)认为,不良贷款率容易使银行产生信贷风险,进而降低银行利润[18]。于波等(2020)认为,资本充足率可以帮助银行抵御风险,提高经营安全性,但也可能因为占用较多资本而对银行盈利产生不好的影响[26]。陈绎润等(2018)发现,我国银行的盈利状况与银行的利息收入息息相关,非利息收入有助于提高银行的经营效率[2]。裔澜(2020)认为,过高的存贷款比率可能会使商业银行的流动性能力减弱,贷款风险加大,从而不利于银行盈利[25]。李德珍(2021)认为,在获得的收入规模相同时,成本收入比越低,花费的成本越小,银行盈利能力就越高[6]。

外部经济环境层面的因素主要有宏观经济增长率、利率、通货膨胀率等。Apergis(2017)通过研究发现,相比于萧条时期,经济景气时对银行盈利能力的促进作用更大,而且通货膨胀率与获利能力呈负相关[42]。刘小瑜和彭瑛琪(2019)认为,利率市场化进程加快导致商业银行息差收紧,进而导致国内银行盈利增速放缓[14]。沈励(2022)认为,当外部宏观经济向好时,消费者的金融需求会增多,商业银行各种业务量也会持续增加,从而促进银行收益提升[21]。

3.2 商业银行盈利性的衡量

在衡量传统工商企业是如何盈利时,我们一般可以应用杜邦分析的方法,选取企业盈利能力代表性指标 ROE(净资产收益率)作为观察变量,将其逐步拆分为销售利润率、资产周转率以及权益的杠杆比率等指标,接着再一层一层拆开来进行剖析。但是对银行来说,由于商业银行不是以销售产品而是以吸收存款、发放贷款为主要业务的企业,因此按传统工商企业的拆分方法略有不妥。所以,在综合考虑银行的特殊性后,本文决定按照商业银行利润表自上而下的方法进行拆解,具体如图3所示。

经过以上的拆分,我们可以比较清楚地看到,在刨除营业外收入和所得税等因素后,商业银行的利润主要可以拆分为底层四大板块,即利息净收入、非利息收入、营运成本和信用成本。其中,利息净收入主要拆分成商业银行的生息资产规模和净息差,生息资产规模从侧面反映了银行吸收存款、发放贷款的能力,而净息差则能够体现特定时间内商业银行获得利息收入的能力。非利息收入主要指一般我们所提到的表外业务、中间业务等的总收入,涵盖了手续费及佣金收入、投资收益、公允价值变化等,而手续费及佣金服务又包括了像银行卡服务、结算类服务、代销类服务、托管类服务以及咨询类服务等。营运成本反映了银行的日常营运效率,包括一些人工费用、管理费用等支出。信用成本是对银行资产损失的抵补情况,从侧面反映了银行资产质量的变化或贷款风险。

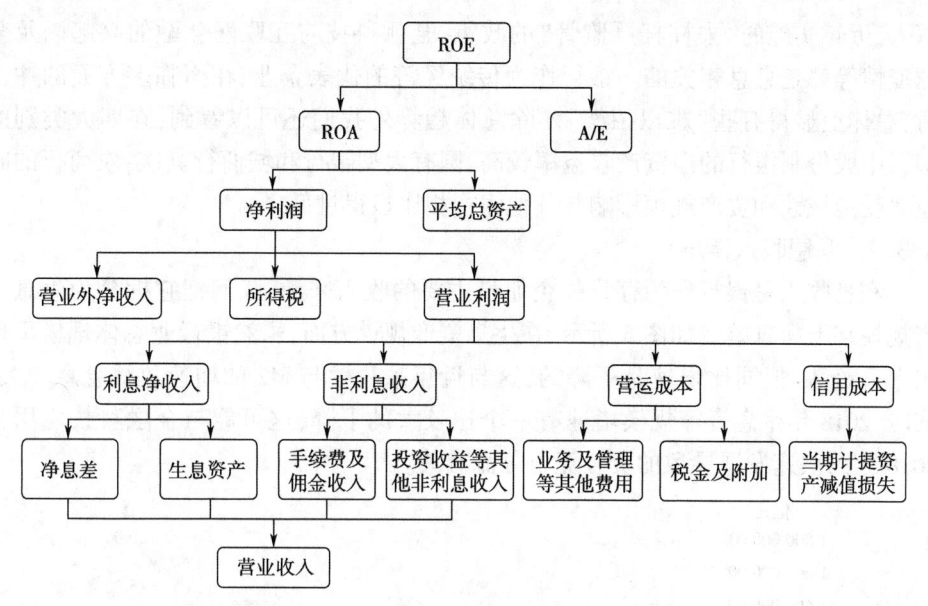

```
                    ROE
                   /    \
                ROA      A/E
               /    \
           净利润    平均总资产
          /   |   \
   营业外净收入 所得税 营业利润
              /    |      |       \
       利息净收入 非利息收入 营运成本 信用成本
         /  \      /    \        /    \           |
      净息差 生息资产 手续费及 投资收益等其 业务及管理 税金及附加 当期计提资
                    佣金收入 他非利息收入 等其他费用              产减值损失
                        ↓
                     营业收入
```

图 3　杜邦分析拆解

下面将根据以上的拆解和本文选取的 35 家上市商业银行的公开财务数据,并把银行按类型分为国有大型银行、股份制银行、农商行、城商行四大类来进行讨论。

3.3　商业银行的盈利现状分析

3.3.1　净资产收益率情况

净资产收益率是反映银行盈利性的重要指标,图 4 反映了近几年我国不同类型上市商业银行的净资产平均收益率情况。由图 4 可直观地看出,我国银行业机构的净资产收益率在 2015—2020 年这六年中平均从 15% 下降到了 10% 左右,呈现出一个明显的下行趋势。结合近几年的大环境,不难得出这与我国利率市场化的

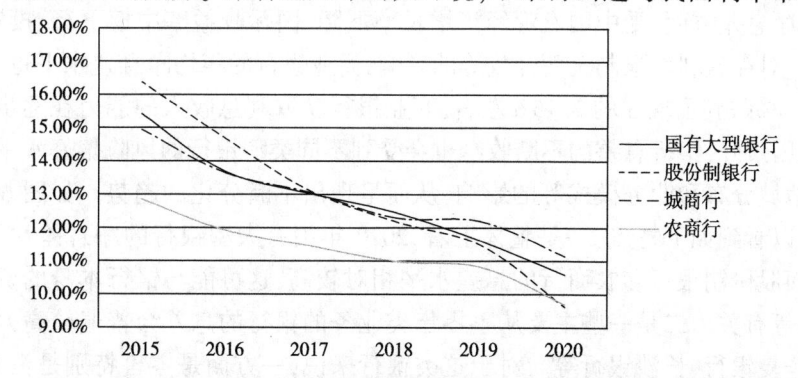

图 4　2015—2020 年不同类型商业银行净资产平均收益率

资料来源:WIND 金融终端。

深入、近年实施的"去杠杆严监管"的政策、金融科技与互联网金融的兴起以及全球疫情等都是息息相关的。银行作为传统经济的代表企业,在面临多方面的冲击时,总体上显得有些"难以招架"。除总体趋势外我们还可以看到,在四大类别的银行中股份制银行的净资产收益率较高,国有大型银行和城商行其次,农商行的收益率受地域性和资产规模影响与其他银行相比显得过低。

3.3.2 利息收入情况

利息收入是银行作为存贷款企业最主要的收入来源,我们把它拆分为生息资产规模乘上净息差。如图5所示,在生息资产规模方面,虽然银行业总体规模呈现出上升趋势,但同比增速是下降的,这与近年来社融与M2的增速放缓息息相关。同时,2018年生息资产规模增速有一个比较大的下降,这可能与金融科技应用在2018年的快速发展导致的资金竞争分流有关。

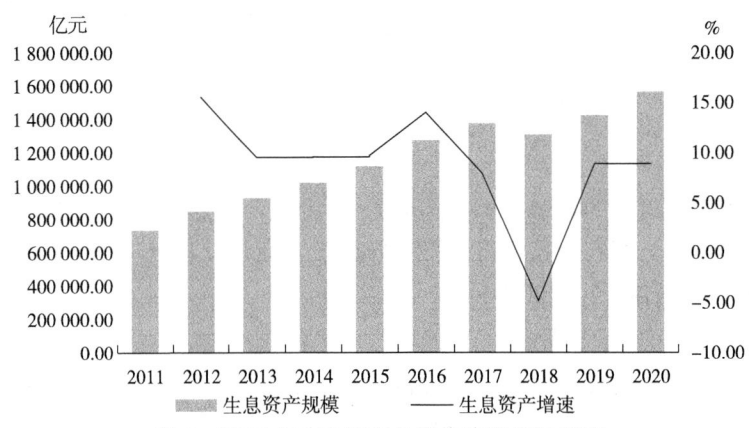

图5 近10年商业银行生息资产规模和增速

资料来源:WIND金融终端。

在净息差方面,受中国宏观经济增长率下降、国际收益率中枢下行、投资回报率下降、对存款利率限制全面开放等的影响,商业银行的年均净息差水平也从几年前的2.8%跌到了现在的2.15%左右,商业银行获取利息收入的能力在逐步降低。除宏观因素外,银行息差的不断收窄也会受到不同类型银行的风险偏好水平、客户黏性、地域分布和业务模式等的影响,从而呈现出不断分化的趋势。如图6所示,我们可以看到如下特点:一是整体上看,2020年国有大型银行的净息差水平相对较低,而股份制银行和农商行的息差水平相对较高,这可能与银行本身的资质、定价策略等有关。二是一些主要从事零售类业务的银行的息差会普遍较高,如平安银行、华夏银行、长沙银行等。对于这类银行来说,一方面是零售特别是消费类的贷款定价普遍较高,另一方面就是在负债端零售会派生出许多低成本的活期存款,从而节约负债成本。

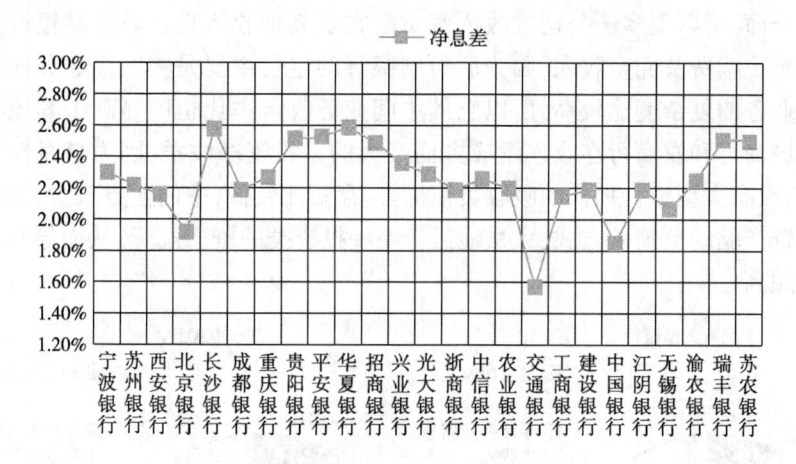

图 6　2020 年部分商业银行的净息差水平

资料来源：WIND 金融终端。

3.3.3　非利息收入情况

商业银行的收入组成除净利息收入外最主要的还有非利息收入。非利息收入通常用非利息收入占比来衡量，用以体现银行的综合化业务盈利能力。非利息收入的来源主要包括前面提到的银行卡、代理、结算、理财等的手续费及佣金收入、投资收益和汇兑收益等。目前，我国银行业正处于一个转型发展时期，非息业务具有的受监管鼓励、资本占用低、风险小、稳定性好、可以改善利润结构等优势，都是银行提升市场竞争力和创新能力的重要支撑，尤其是在利差不断收窄的背景下，非息业务应当承担更重要的角色。

从总体情况来看，由于国家政策的原因，目前我国商业银行多数还是依靠利息收入维持盈利，非息业务板块相对薄弱。从发达国家银行发展经验来看，发展较好的银行非息收入占比高达 40%，部分欧美国家商业银行非息收入占比甚至高达 50% 以上。与之相比，我国上市商业银行非息业务最好的股份制银行和国有大型银行仅仅 30% 多，亟待提高。同时，就算是股份制银行和国有大型银行，非息业务中也以传统的低附加值业务，如支付结算、银行卡和代理类业务为主，创新能力不强。

从不同银行类型的角度来看，在非利息收入占比及非利息收入组成方面也有着明显的差异，这与各家银行的经营策略有较大关系。如图 7 所示，我们可以发现：在非利息收入占比方面，国有大型银行和股份制银行的平均占比均能达到 27%～30%，而城商行和农商行则主要依靠利息收入，非利息收入占比仅占 21% 和 18% 左右，分化较为明显。在非息来源方面，国有大型银行主要是手续费及佣金收入以及其他业务收入，其中其他业务收入主要是因为国有大型银行的牌照、综合化布局方面比较全面,所以很多子公司的收入都贡献在了其他收入里。股份制银行主要组成部分是手续费及佣金收入,因为股份制银行的定位主要是在城市业务而且本身的金融业务的复杂度比较高,所以它的中间业务收入占比也明显高于其他类型的银行。城商行和农商行在收入组成方面最大的是投资净收益,因为自身性质的原因,它们没有大型银行那样的吸收负债优势,存贷比较低,中间业务较少,因此它们多采取资产驱动负债的方式,大量地进行一些投资类的资产配置,从而导致投资收益占比颇高。

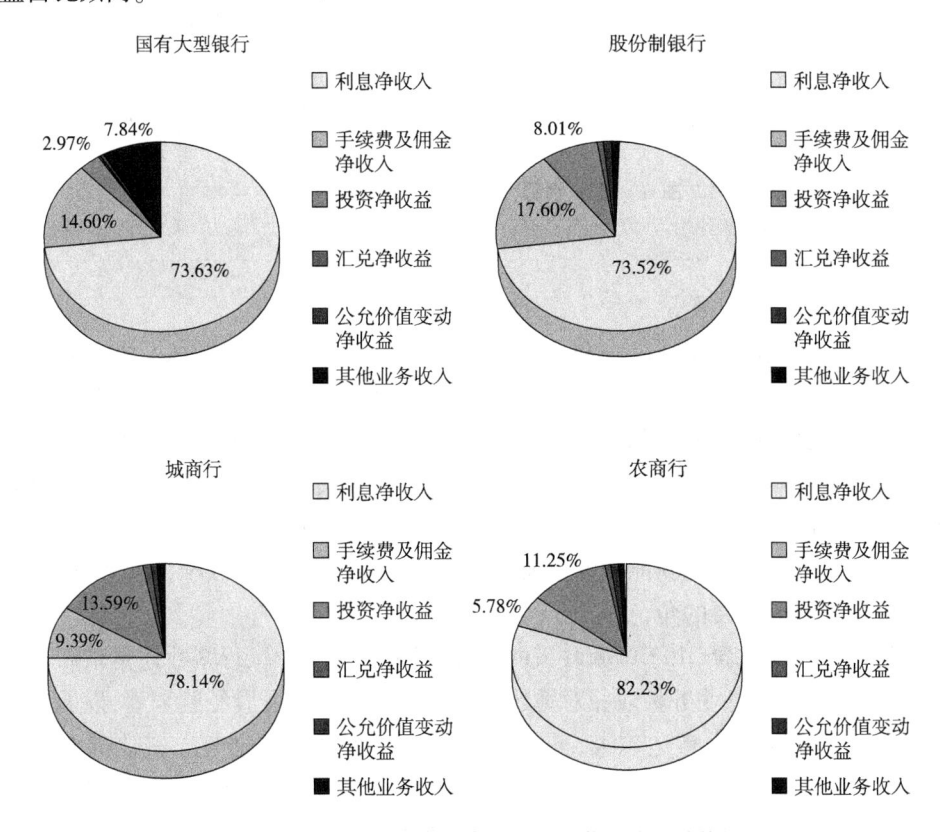

图7　2020年不同类型商业银行的营业收入结构

资料来源:WIND金融终端。

3.3.4　营运成本情况

营运成本一般用成本收入比(等于商业银行的营业费用除以营业收入)来衡量,代表商业银行每单位营业收入所需要承担的营业费用的多少。此比例越小,表明商业银行的成本控制越好,经营效率越高,从而利于银行盈利。如图8所示,首先从总量上,我们可以看到农商行的成本收入占比平均为30%左右,明显高于国有大型银行、股份制银行和城商行。这是因为国有大型银行和股份制银行的资金实力强大,内控机制相对健全,同时客户众多,业务全面,可以充分发挥规模效益,相应的成本收入比就较低。而农商行本身成本管控机制相对薄弱,要想与大型银行或金融科技公司抢夺市场,就要不断提升业务管理水平、加大人力物力投入等,自然成本收入比就会较高。再从趋势上来说,近几年我国上市银行的成本控制波动较大,在2015—2017年明显提高,从2018年开始又略有下降,其原因在于,随着近几年人力成本的提高以及信息化的不断深入,越来越多的银行选择战略转型与科技赋能,加大信息系统建设以及科技人员的投入,优化银行业务结构,加速推进网点智能化发展。尽管智能化数字化转型之初要投入大量的机器设备和研发成本,但后期平台系统一旦投入运营将会大大降低各项成本,因此出现银行成本收入比先提高后降低的现象。

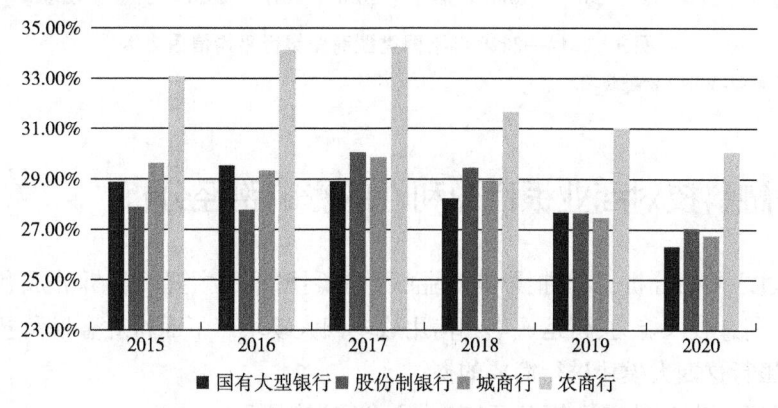

图8 2015—2020年不同类型商业银行的平均成本收入比

资料来源:WIND 金融终端。

3.3.5 信用成本情况

信用风险是以发放贷款为主的商业银行的第一大风险,因此信用成本对盈利的影响也是不可忽视的。受制于信用周期,若计提资产减值损失过多,即使营业收入再高也会对银行的收益造成巨大的冲击。在2017年财政部发布的国家《企业会计准则第22号——金融工具确认和计量》中,特别把信用资产减值损失作为一个单独的损益科目提取了出来,由此也可以看到国家对于信用成本的重视。图9展示了不同类型商业银行的平均信用成本(计算方式为计提资产减值损失/贷款总额)的变化情况。由于风险的顺周期性,当经济出现衰退时,金融资产价值下跌,企业或个人出现财务困境的可能性增加,再加上近年严监管政策以及资管新规的出台,很多风险提前暴露,从而导致商业银行的平均信用成本整体上有了较明显的上升趋势,约从0.9%涨到1.5%,比美国等发达国家要高出许多。从不同类型银行的角度来看,国有大型银行的信用成本率显著低于其他三种类型的银行且增长幅度最小,较为稳健,而股份制银行的信用成本普遍较高,这与银行贷款集中度、资产规模、主要贷款对象行业的景气度以及自身的风险控制识别能力息息相关。

图9　2012—2020年不同类型商业银行平均信用成本

资料来源：WIND金融终端。

4 金融科技对商业银行盈利性的影响路径分析

通过之前的分析，我们把影响商业银行盈利水平的主要因素拆分成利息收入能力、非利息收入能力、营运成本和信用成本四大模块。下面将对金融科技如何影响商业银行这四大模块进行简要的探讨。

4.1 金融科技对商业银行利息收入能力的影响

银行的利息收入主要是通过存款业务吸收闲散资金，然后通过贷款业务贷放给资金短缺的企业或个人，在完成资金融通和资源配置功能的同时赚取中间的利息差。一方面，金融科技的兴起催生了许多像余额宝、京东金融、零钱通这样的货币市场产品或资产管理类平台，由于其存取的灵活性和准入的低门槛，再加上几乎不要管理费，吸引了大量的中长尾客户，从而对银行的存款增量造成冲击，其低成本高收益的特性也迫使银行为了与其竞争不得不提高负债成本；另一方面，像近两年大火的消费金融以及拍拍贷、美团小贷、趣分期等网络小贷平台，凭借申请条件低、放款快、借还灵活、不用等待复杂的审批流程等优势，直击长期以来中小微企业融资难、融资贵的痛点，因此迅速抢占了中小微企业和个人消费类贷款的市场，造成银行贷款客户的分流。综上，金融科技产品通过影响商业银行存贷款两方面，进而会对银行的利息收入产生负向影响。

4.2 金融科技对商业银行非利息收入能力的影响

商业银行的非利息收入由于业务来源众多，受到金融科技的影响也是多方面的，大致可分为积极和消极两方面。

4.2.1 消极方面

在支付结算类业务领域,由于互联网络、移动手机的快速普及,像支付宝、微信支付、拉卡拉等第三方支付平台的用户规模迅速增长,人们现在直接用手机扫二维码进行微信转账或支付宝转账即可实现资金的支付转移,其方便快捷的特性致使越来越少的人会去银行柜台办理现金收付业务。在银行卡业务领域,同样因为我们在日常消费时用得更多的是手机支付,微信或是支付宝背后虽然可能关联的是银行卡,但是对于客户来讲,无论关联的是建行的卡还是招行的卡,甚至是农村信用社的卡,几乎没有什么区别,从而导致银行和客户之间的黏性逐渐变低。在理财业务领域,目前市场上有众多像余额宝、京东小金库、易方达E钱包之类的互联网理财产品,它们的收益率普遍高于银行的活期理财,能够为客户提供更加多元化的投资组合,从而深受客户欢迎。

4.2.2 积极方面

在支付结算的服务领域,商业银行通过引进现代金融科技,能够打造基于各种生活场景的个性化线上结算应用平台,帮助银行快速完成支付结算方式由线下向线上的转变。在理财服务领域,商业银行能够利用大数据、AI等技术建立财富投研平台,针对不同客户提供专有化、定制化的产品,给予客户贴心的财富陪伴服务。在托管业务领域,商业银行可以利用区块链、隐私计算等技术,进行受托资产的实时核算,通过建立智能化的受托管理服务平台,实时提醒客户相关预警信息,优化客户体验,吸引更多的客户合作。

4.3 金融科技对商业银行营运成本的影响

营运成本是商业银行日常运营管理过程中的费用支出。近年,受金融科技浪潮的影响,商业银行也通过与外部公司合作或自主研发的渠道引进了大量的金融科技,这些技术的运用可以帮助银行进行渠道和业务的创新,进而从各个方面帮助银行节约成本。首先,像网上银行、开放银行、生物识别远程开户、智能投顾、智能客服、机器人流程自动化等技术或平台的使用,可以精简传统银行业务的流程,减少线下网点的人员配置,大大节约人力成本;其次,通过大数据挖掘、爬虫抓取等方法,银行可以更加轻松地收集各种市场或客户信息,节约信息收集成本;最后,通过应用各种数据处理方法对搜集的信息进行整合归纳,比起人工处理也可以大大降低时间成本。

4.4 金融科技对商业银行信用成本的影响

信用成本与银行资产的安全性紧密相关,而安全性是盈利性的基础和保障。借助于新兴的金融科技,商业银行可以重塑风险控制基础,优化征信业务,更加有效地识别信用风险,降低信息的不对称性,进而降低信用成本。首先,在选定信贷客户之前,商业银行可通过对公司的资产、销售、历史违约情况等有关数据信息进行挖掘并利用模型计算分析,从而量化公司的信贷额度,更合理地进行信贷选择。其次,在整个放贷流程中,商业银行可实时跟踪持卡人的基础信息变化情况、有无可疑成交记录、有无道德风险相关行为等,并根据智能算法进行交易反欺诈动态分析,及时预警。最后,在放贷过程完成后,利用机械学习计算和大数据分析对客户信贷数据进行评分,从而选择优质客户进行复贷。

5 金融科技发展指标的构建

5.1 方法介绍

研究金融科技,不可避免的就是需要有数据来衡量金融科技的发展水平,但由于金融科技的新兴性以及不断快速发展的特征,目前全球并没有一个统一的度量标准。参考之前的文献,可以发现对于金融科技指标的选取大概可以分为四大类。第一类以郭品和沈悦(2015)[5]、汪可等(2017)[23]、刘添权(2021)[15]等人为代表,他们采用Python网络爬虫的文本挖掘法从百度新闻数据库中提取与金融科技相关的关键词,从而构建金融科技指数。第二类以李怡颖(2021)[8]和刘悦(2021)[17]为代表,他们选取类似北京大学中国数字金融普惠指数和中国金融科技发展指数等现成的指数进行研究。第三类以于波等(2020)[26]、罗中兰(2019)[20]、罗金良(2020)[19]等人为代表,他们采取双维度的加权综合指标,即文本挖掘法得出的社会认知指数与企业科技指数的加权综合指标。第四类以曹颢等(2011)[1]、李志强等(2020)[11]为代表,他们将金融科技发展指数按照"科技资源—经费投入—产出效率"的思路进行设置分为科技金融资源指数、科技金融经费指数、科技金融产出指数和科技金融贷款指数四个方面,用指数合成法得出一个综合指标来衡量金融科技。

在上述四类方法中,第一类是从社会认知的角度构建,新闻数量越多越能够反映人们对相关信息的需求和关注度,但这种单维度的方法可能会过于片面。第二类是找现有研究已构建好的指标,这类指数普遍存在统计时间过早或者仅依靠单一数据库的信息等问题。第四类方法虽然指标维度比较全面,但在数据的查找方面缺失的数据过多,不便于大众研究。

综上,综合考虑数据的可得性、全面性和代表性,本文选择类似第三类方法的双维度指标合成法,以金融科技发展指数作为一级指标,下分为企业发展指数和社会发展指数两个二级指标,其中企业发展指数又包括现有每年累计的金融科技相关企业数量和每年我国金融科技领域的投融资资金额两个三级指标,社会发展指数又包括数字普惠金融指数和社会认知指数两个三级指标,最后采用主观赋权的方法分别对各级指标进行赋权。具体指标设置和权重如表3所示。

表 3　金融科技发展指数编制方法

一级指标	二级指标	权重	三级指标	权重
金融科技发展指数	企业发展指数	40%	金融科技相关企业数量	60%
			金融科技投融资金额	40%
	社会发展指数	60%	数字普惠金融指数	60%
			社会认知指数	40%

5.2　各分级指标数据的选取

对于金融科技相关企业数量,由于没有一个具体的官方数据,因此参考新华社[37]做相关统计分析时所用的方法,本文选择在天眼查专业版中统计找出所有每年经营范围和企业名称同时包含"金融"和"科技"且企业状态为全部的企业数量,以此来反映每年金融科技企业的市场规模。

对于金融科技投融资金额,选择从毕马威每年的《金融科技脉动》年度报告中查找中国的金融科技投资额(包括风险投资、私募与并购)进行汇总,以此来反映企业金融科技每年的投入程度。

对于数字普惠金融指数,考虑权威性,选择北京大学数字研究中心的数字普惠金融指数,以此来反映社会的金融科技覆盖使用程度。

对于社会认知指数,参考前文提到的郭品和沈悦(2015)[5]、汪可等(2017)[23]、于凤芹等(2021)[27]的文献,采用 Python 网络爬虫爬取百度资讯新闻+因子分析的方法来构建,以此反映社会对金融科技的认知关注度。

5.3　社会认知指数的构建

由于其他三个三级指标的数据都可以直接通过上述网站或报告轻松找到,不再过多叙述。而社会认知指数的构建过程较为复杂,所以在此单独介绍,具体步骤如下:

第一步,建立金融科技原始词库。本文参考以往文献和《中国金融科技发展报告(2021)》,并综合考虑金融科技在底层技术、支付结算、存贷款、理财、渠道平台等方面对商业银行造成的影响,构建出了如表 4 所示的原始词库。

表 4　金融科技原始词库

维度	关键词				
支付清算	第三方支付	在线支付	移动支付	手机支付	数字货币
借贷融资	网上融资	网贷	网络融资	网络贷款	众筹
资产管理	互联网理财	网络理财	在线理财	理财平台	智能投顾
信息渠道	网银	网上银行	手机银行	电子银行	直销银行
创新技术	大数据	区块链	云计算	人工智能	物联网

第二步，对原始的金融科技词库进行量化。为了更好地反映金融科技对商业银行的影响，本文应用 Python 3 软件编写相关程序，按照"××银行+关键词"的方法进行模糊搜索，统计出百度资讯各银行相关关键词的年度新闻条数。时间方面，因为我国金融科技行业发展的时间较晚，有关金融科技的新闻资讯普遍在 2011 年之后才出现，所以时间上选取 2011—2020 年。之后再将通过上述方法得到的各银行年度关键词新闻条数分别除以年度新闻总量，转化为词频。其中，年度新闻总量参考罗金良（2020）[19]选取《中国重要报纸全文数据库》中每年的总资讯量来衡量。

第三步，因子分析合成指数。将上面得到的词频数据导入 SPSS 软件中进行因子分析，首先进行 KMO 和 Bartlett 球体检验，输出结果 KMO 值为 0.959，大于 0.5，球体检验 p 值为 0，拒绝原假设，适合做因子分析。其次用主成分分析法提取特征值大于 1 的公因子，结果显示共提取了 3 个公因子，累计贡献率为 73.69%，能够反映原有变量的大部分信息，接着利用成分矩阵显示的各个关键词计算每个因子的得分。最后将 3 个因子以方差贡献率为权重来加权求和，从而得到需要的社会认知指数。

5.4 金融科技发展总指数的合成

在得到所有三级指标的数据后，本文将其分别进行标准化处理，接着按照表中的权重合成企业发展指数和社会发展指数，然后再加权求和得到一级指标金融科技发展总指数，最后再对其进行归一化处理得到最终的金融科技发展指数（如图 10 所示）。

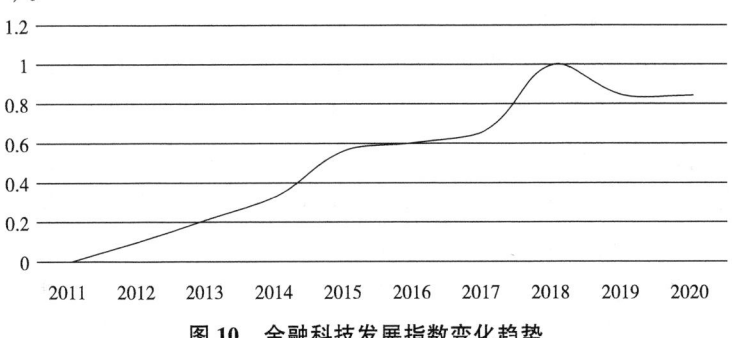

图 10 金融科技发展指数变化趋势

从图 10 中我们可以看到，整体上金融科技是呈现上升趋势的，2011—2015 年迅速增长，2016 年增速放缓，2017—2018 年又爆发式增长，2019 年小幅下降后开始趋于平稳发展。这与我国的实际情况基本吻合，在 2011—2015 年间余额宝等平台的横空出世给传统金融行业带来了极大的震撼，短时间大量的从业者蜂拥而至加速了金融科技的发展。但这也带来了弊端，导致该行业鱼龙混杂，大量的"伪金融科技"事件频发，因此在 2016 年有关部门加大了对互联网金融的监管，使得金融科技暂时放缓脚步；之后随着市场的出清，加之金融科技底层技术的飞速发展助力，金融科技行业赢得了大量的融资投资，又开始了新一轮爆发式增长；但好景不长，很快 2018 年末迎来了大规模的 P2P 爆雷潮,加之后来疫情的影响,行业发展再度受挫;2019 年末央行出台《金融科技发展规划(2019—2021 年)》,人们开始重新审视这个行业,寻求更加稳健、合规、健康的发展。

6 金融科技对商业银行盈利性影响的实证分析

6.1 提出假设

首先,本文认为金融科技对商业银行的影响在长短期是各不相同的。从短期来看,凭借卓越的客户服务模式、强大的数据挖掘分析能力以及助力企业降低成本提升效率等优势,金融科技行业在"异军突起"后迅速开拓市场吸引客户,与商业银行形成了激烈竞争;同时,随着资产管理、网络小贷、第三方支付等网络平台的出现,传统的存贷汇业务从银行机构中分离了出来,造成了银行业"离柜率一路升高""存款搬家""金融脱媒"等现象,对商业银行的盈利能力产生负面影响。但从长期来说,因为商业银行及时调整战略和布局,积极加大科技的投入,与金融科技企业合作并建立金融科技子公司加快研究,再加上银行在我国金融机构和百姓心中的特殊地位,一旦商业银行将金融科技很好地融入日常的经营和服务之中,将会大大提升银行的效率,精细化银行业务管理,降低不必要的成本,改善客户体验,强化风险控制,同时促进银行的业务、渠道和生态创新,利于发掘更多新的增收途径,从而推动银行业的盈利增长。基于此,本文提出如下假设:

假设 1:金融科技对商业银行盈利性的总体影响是先降低后升高的。

其次,本文认为对于不同类型的商业银行,金融科技所带来的冲击力也是各不相同的。在前面分析商业银行金融科技发展现状时我们看到,无论是金融科技投入、科技人员规模还是与金融科技公司合作、建立金融科技子公司,城商行和农商行等中小银行都是远远落后于国有大型银行和股份制银行的,因此随着金融科技的发展,中小银行受到的冲击必然会远大于国有大型银行和股份制银行。基于此,本文提出如下假设:

假设 2:金融科技对不同类型银行的影响程度是不同的。

最后,通过前面第三部分和第四部分的分析,本文认为金融科技影响商业银行盈利能力是通过影响利息收入能力、非利息收入能力、营运成本和信用成本来实现的。基于此,本文提出如下假设:

假设 3:金融科技影响商业银行盈利能力是通过影响中介变量来实现的。

6.2 样市选择与变量选取

6.2.1 样本选择与数据来源

综合考虑数据的可得性和代表性,本文初步选取我国 41 家上市银行 2011—2020 年的面板数据,在剔除异常值和缺失数据后,剩下 35 家商业银行作为本文的最终样本,其中包括 5 家国有大型银行、9 家股份制银行、14 家城商行和 7 家农商行,具体如表 5 所示。本文所有商业银行数据和宏观数据均来源于各银行年报、WIND 金融终端和锐思金融数据库。

表 5　商业银行类型

类型	所选银行
国有大型银行	农业银行、交通银行、工商银行、建设银行、中国银行
股份制银行	平安银行、浦发银行、华夏银行、民生银行、招商银行、兴业银行、光大银行、浙商银行、中信银行
城商行	宁波银行、青岛银行、苏州银行、江苏银行、杭州银行、西安银行、南京银行、北京银行、上海银行、长沙银行、齐鲁银行、成都银行、重庆银行、贵阳银行
农商行	江阴银行、无锡银行、渝农商行、瑞丰银行、沪农商行、紫金银行、苏农银行

6.2.2　变量选取

1) 被解释变量

通常衡量一家商业银行盈利能力的指标包括总资产收益率(ROA)和净资产收益率(ROE)两种,其中 ROA 反映的是每单位总资产所能创造的净利润,而 ROE 反映的是银行运用自有资本的效率。参考胡文涛等(2019)[4]提到的商业银行主要是以负债带动资产进而获取收益的企业,ROE 受到杠杆作用的影响往往较大,因此 ROA 更能全面地反映银行的真实盈利能力,所以本文选择 ROA 作为核心被解释变量,ROE 用于稳健性检验。

2) 解释变量

本文选取第五部分构建的金融科技发展指数作为核心解释变量。

3) 中介变量

按照第三部分的杜邦分析拆解的方法,分别选取反映利息收入能力的指标净息差(nim)、反映非利息收入能力的指标非利息收入占比($niir$)、反映营运成本的指标成本收入比(cir)和反映信用风险成本的指标信用成本(ail)4 个变量作为中介变量。

4) 控制变量

根据前文的分析,我们了解到商业银行盈利性的影响因素大致可以分为银行内部特征和外部宏观经济环境,因此本文从这两个层面入手选取了如下指标作为控制变量:

银行层面指标:①总资产对数($lnsize$)。银行的资产规模直接影响着商业银行可以运用的资金数量以及市场的占有率,进而影响商业银行的盈利,但直接采用可能会导致实证模型的误差,故本文将其进行对数化处理。②存贷比(dlr)。银行的存贷比侧面反映了银行资产的流动性水平,高流动性水平一般意味着低利润率,但同时又会增强银行的风险抵抗能力,防止银行发生流动性危机。③不良贷款率(npl)。不良贷款率一般被用于量化银行的资产质量,不良贷款率越高,贷款越难收回,对银行收益的打击越大。④杠杆率(lr)。杠杆率反映了银行的资本结构,根据 MM 定理,在有税情况下增加债务资本的比例可以提高银行的盈利水平,但这也会使银行面临较高的债务风险。⑤资本充足率(car)。资本充足率有助于银行经营的安全性,当银行拥有充足的资本金时可以保有较低的破产成本,但同时也会限制资金的使用从而降低银行的盈利。

宏观层面指标:①经济增长率(gdp)。GDP 增长率可以折射出我国经济每年的发展状况,一般来说,GDP 增速越快,经济越繁荣,人们对于资金的需求越大,越利于银行的盈利增长。②利率(i)。利率可以影响商业银行的资金借入成本和贷款定价水平,进而影响商业银行的利息收入与利息支出。本文选用 Shibor 利率作为利率衡量指标。

6.3 模型设定

针对本文所提出的假设以及所选的样本数据,进一步设计出如下模型来估计金融科技对商业银行盈利性的影响。

对于假设 1,建立如下方程:

$$roa_{it} = \alpha_0 + \alpha_1 fin_t + \alpha_2 fin2_t + \sum \alpha_i control_{it} + \mu_i + \varepsilon_{it} \qquad (1)$$

其中,i 表示不同银行个体;t 表示年份时间;roa_{it} 为核心被解释变量;fin_t 和 $fin2_t$ 为核心解释变量,其中 fin_t 代表前面构建的金融科技发展指数,而 $fin2_t$ 表示金融科技发展指数的平方;$control_{it}$ 为前面选取的若干宏观和微观的控制变量;μ_i 和 ε_{it} 分别为商业银行固定效应和随机扰动项。

对于假设 2,建立如下方程:

$$roa_{it} = \alpha_0 + \alpha_1 fin_t + \sum \alpha_i control_{it} + \mu_i + \varepsilon_{it} \qquad (2)$$

其中,核心解释变量、被解释变量、控制变量等含义均与式(1)相同,仅把 i 按国有大型银行、股份制银行、城商行和农商行进行划分,用于分别对不同类型的银行进行检验。

对于假设 3,在式(2)的基础上借鉴于凤芹等(2021)[27]、杨望等(2019)[24]、赵勇(2021)[33]等人的方法建立如下多重中介效应模型:

$$roa_{it} = \alpha_0 + \alpha_1 fin_t + \sum \alpha_i control_{it} + \mu_i + \varepsilon_{it} \qquad (3)$$

$$cir_{it} = \beta_0 + \beta_1 fin_t + \sum \beta_i control_{it} + \mu_i + \varepsilon_{it} \qquad (4)$$

$$cir_{it} = \delta_0 + \delta_1 fin_t + \sum \delta_i control_{it} + \mu_i + \varepsilon_{it} \qquad (5)$$

$$nir_{it} = \phi_0 + \phi_1 fin_t + \sum \phi_i control_{it} + \mu_i + \varepsilon_{it} \qquad (6)$$

$$air_{it} = \varphi_0 + \varphi_1 fin_t + \sum \varphi_i control_{it} + \mu_i + \varepsilon_{it} \quad (7)$$

$$roa_{it} = \theta_0 + \theta_1 fin_t + \theta_2 nim_t + \theta_3 cir_t + \theta_4 niir_t + \theta_5 ail_t + \sum \theta_i control_{it} + \mu_i + \varepsilon_{it} \quad (8)$$

其中，式(3)到式(8)中的控制变量等均相同。式(3)为不考虑中介变量时 fin_t 对 roa_{it} 的影响；式(4)到式(7)为分别选取 nim_{it}、cir_{it}、$niir_{it}$ 和 ail_{it} 作为被解释变量时 fin_t 对它们产生的影响；式(8)为在考虑4个中介变量之后，中介变量以及 fin_t 对 roa_{it} 的整体影响。

6.4 实证分析

6.4.1 描述性统计

为了了解数据的分布特征，对所选的我国35家商业银行样本2011—2020年的数据、核心解释变量及宏观控制变量运用Stata 16软件进行描述性统计分析。如表6所示，roa 的标准差为0.234 4，波动性较小，说明选定的时间段内 roa 较为平稳。金融科技发展指数的平均值为0.517 0，标准差为0.323 0，两个极值之间的距离较近，说明近几年金融科技的发展速度较快。

表6 变量定义与描述性统计

变量名称	符号	变量定义	均值	标准差	最小值	最大值
总资产收益率	roat	净利润/总资产	1.028 1	0.234 4	0.515 0	1.780 0
金融科技指数	fin	第五部分自行构建	0.517 0	0.323 0	0.000 0	1.000 0
经济增长率	gdp	（当期GDP-上期GDP）/上期GDP	9.481 3	3.799 1	2.742 1	18.397 8
利率市场化水平	i	上海同业拆借利率（Shibor）	3.890 4	0.893 7	2.404 8	5.216 3
总资产规模	lnsize	银行总资产取对数	27.650 0	1.745 0	24.656 3	31.137 9
存贷比	dlr	贷款总额/存款总额	71.235 9	12.521 3	38.970 0	115.985 2
不良贷款率	npl	不良贷款/总贷款	1.279 9	0.619 2	0.240 0	9.560 0
杠杆率	lr	总负债/总资产	92.972 9	1.256 0	83.471 2	95.366 8
资本充足率	car	加权风险资产/总资产	13.353 3	1.690 0	9.880 0	24.860 0
净息差	nim	（利息收入-利息支出）/生息资产总额	2.473 9	0.507 0	1.250 0	4.050 0
非利息收入占比	niir	非利息收入/营业收入	19.409 1	10.333 6	-5.344 0	51.090 0
成本收入比	cir	营业费用/营业收入	30.544 1	4.510 0	18.930 0	43.850 0
信用成本	ail	计提资产减值损失/贷款总额	1.180 7	0.587 8	0.094 7	3.152 0

6.4.2 相关性分析

由于本文实证部分涉及的变量较多，为了避免出现多重共线性的问题，回归之前先对解释变量进行相关性分析，结果如表7所示。

表 7 相关性分析结果

	fin	gdp	i	lnsize	dlr	npl	lr	car	nim	cir	nür	ail
fin	1											
gdp	-0.600***	1										
i	-0.745***	0.774***	1									
lnsize	0.224***	-0.162***	-0.188***	1								
dlr	0.411***	-0.262***	-0.356***	0.451***	1							
apl	0.320***	-0.158***	-0.231***	0.034	0.212***	1						
lr	-0.341***	0.205***	0.281***	0.057	-0.313***	-0.165***	1					
car	0.280***	-0.121***	-0.266***	-0.068	0.034	0.036	-0.698***	1				
nim	0.646***	0.318***	0.485***	-0.473***	-0.410***	-0.188***	0.013	-0.014	1			
cir	-0.379***	0.341***	0.366***	-0.339***	-0.320***	0.063	0.087	-0.076	0.337***	1		
nür	0.489***	-0.259***	-0.372***	0.677***	0.545***	0.126***	-0.147***	-0.013	-0.646***	-0.329***	1	
ail	0.657***	-0.455***	-0.553***	0.057	0.216***	0.286***	-0.118***	-0.023	-0.308***	-0.355***	0.342***	1

注：* 表示 p<0.1，** 表示 p<0.5，*** 表示 p<0.01。下同。

由表7可知,变量间的相关性基本都小于0.8,说明各变量之间不存在明显的相关关系。为了进一步排除多重共线性问题,本文采用VIF检验,结果如表8所示。可见各变量之间的方差膨胀系数均小于5,且Mean VIF值为2.36,表明各解释变量之间不存在严重的多重共线性问题,可以进行下一步的回归分析。

表8 多重共线性检验结果

变量	VIF	1/VIF
i	3.86	0.259 2
$niir$	3.16	0.316 1
lr	2.79	0.358 1
gdp	2.68	0.372 8
car	2.51	0.397 6
$lnsize$	2.34	0.428 1
nim	2.15	0.464 2
dlr	1.89	0.529 9
ail	1.88	0.530 5
cir	1.48	0.677 7
npl	1.23	0.812 1
Mean VIF	2.36	

6.4.3 平稳性检验

在进行模型检验时,必须保证所选取的样本数据是平稳的,否则经常会出现"伪回归"的问题,导致变量间的高度相关只是因为它们拥有相同的变动趋势,并没有真正的内在联系,从而得到错误的实证结果。为了避免这种情况的发生并保证估计结果的准确性,在进行回归分析前通常要对相关变量进行平稳性检验。因此,本文采用LLC方法进行检验,结果如表9所示。根据结果可知,金融科技发展指数和银行层面所有变量的p值均小于0.05,不存在单位根,排除了可能会存在的"伪回归"情况,可以继续进行后续的回归。

表9 单位根检验结果

变量	LLC 检验值	p 值	结论
fin	−8.232 7	0.000 0	平稳
$lnsize$	−6.207 2	0.000 0	平稳
dlr	−2.665 0	0.003 8	平稳

续表

变量	LLC 检验值	p 值	结论
npl	−11.088 1	0.000 0	平稳
lr	−2.341 5	0.009 6	平稳
car	−1.085 2	0.032 0	平稳
nim	−7.434 2	0.000 0	平稳
cir	−3.569 7	0.000 0	平稳
niir	−5.904 7	0.000 0	平稳
ail	−5.698 2	0.000 0	平稳

6.4.4 总效应检验

按照前面建立的模型,下面我们将一一进行验证。首先是总效应的回归验证,我们看到在 F 检验的结果中 p 值为 0,拒绝了原假设,表明在混合效应模型与固定效应模型中应当选择固定效应模型;接着进行 Hausman 检验,结果中 p 值为 0.015 4,小于 0.05,拒绝原假设,表明在固定效应模型与随机效应模型中应当选择固定效应模型。综上,本文初步建立面板数据固定效应模型进行分析,将遗漏的个体特征变量看作随个体而不随时间改变的解释变量加入模型中。

表 10 总效应回归结果

	混合	固定	随机
	roat	*roat*	*roat*
fin	−0.829***	−0.644***	−0.818***
	(0.138)	(0.119)	(0.104)
fin2	0.375***	0.284***	0.353***
	(0.128)	(0.096)	(0.095)
lnsize	0.026***	−0.094**	0.009
	(0.006)	(0.040)	(0.012)
dlr	−0.004***	−0.001	−0.001
	(0.001)	(0.001)	(0.001)
npl	−0.054***	−0.057***	−0.052***
	(0.015)	(0.012)	(0.012)
lr	−0.042***	−0.048***	−0.051***
	(0.011)	(0.011)	(0.011)

续表

	混合	固定	随机
	roat	*roat*	*roat*
car	0.007	-0.019***	-0.013*
	(0.008)	(0.007)	(0.007)
gdp	-0.012***	-0.010***	-0.010***
	(0.004)	(0.003)	(0.003)
i	0.053***	0.038***	0.047***
	(0.018)	(0.013)	(0.013)
_*cons*	4.657***	8.605***	6.054***
	(1.085)	(1.441)	(1.083)
N	350	350	350
R^2	0.572	0.726	0.719
F 检验		0.0000	
Hausman 检验			0.0154

注：括号内数值为标准误。

检验结果如表10中的固定效应列所示，我们可以看到模型的 R^2 为0.726，大于0.7，说明模型的拟合效果较好。在核心解释变量方面，*fin* 的系数为-0.644（在1%的水平下显著），*fin*2 的系数为0.284（在1%的水平下显著），这说明金融科技的发展与商业银行的盈利性之间在总体上存在着一个正 U 形的关系，即在短期内金融科技的发展会对商业银行的盈利性产生负面影响，但长期则会助力商业银行更好地盈利，这也很好地证实了假设1。结合前面的分析我们知道，金融科技方兴未艾，打破了传统金融行业的服务模式，从资产和负债等多方面对银行业造成了负面冲击，商业银行虽然积极地改变战略，加大科技投入，建立金融科技子公司，但在短期内难见成效，难以改变现状。而从长期来看，随着商业银行不断地尝试数字化转型，一旦很好地把握了金融与科技之间的关系，金融科技定将帮助商业银行降低成本，了解客户的偏好与需求，挖掘自身的核心竞争力与比较优势，从而更有效地制定发展战略，提高盈利能力。

在控制变量方面，微观上，资产规模的系数为-0.094（在5%的水平下显著），表明在金融科技的背景下，银行的规模效应变弱，同时规模的过大可能会导致更大的管理成本，降低银行的盈利能力；不良贷款率的系数为-0.057（在1%的水平下显著），表明不良贷款的增加会显著增加银行的风险，降低银行的盈利能力；资本充足率的系数为-0.019（在1%的水平下显著），表明过高的资本充足率可能限制银行的可运营资产的规模,进而抑制银行的盈利水平;杠杆率的系数为-0.048(在1%的水平下显著),表明在去杠杆的监管大环境下,杠杆率越高,债务成本和经营风险就越高,不利于银行的盈利。宏观上,经济增长率和利率水平的系数分别为-0.010(在1%的水平下显著)和0.038(在1%的水平下显著),这似乎与理论相违背,但参考赵海华等(2015)[32]并结合我国实际情况来看又具有一定的合理性。对于同业拆借利率来说,由于我国的直接融资市场不发达,企业融资等多以银行贷款的间接融资为主,同业拆借利率高反映了银行的资金紧缺,侧面反映了银行贷款需求的增多,而同业拆借利率低则侧面反映了银行贷款业务需求的下降;对于经济增长率来说,在经济增长不景气时,企业难以从其他渠道获得资金,从而银行的优势地位上升,而当经济向好时,企业财务状况改善,更易从其他渠道获得资金,银行优势地位减弱。

6.4.5 异质性检验

为了更好地探究目前金融科技对不同类型商业银行盈利性的影响,我们分别对不同类型的商业银行按式(2)进行回归分析,结果表11所示。我们可以看到,国有大型银行和股份制银行 fin 的系数均为正,分别为0.106(在10%的水平下显著)和0.052(不显著),而城商行和农商行 fin 的系数则均为负,分别为-0.076(不显著)和-0.337(在10%的水平下显著),这也与假设2相符合。面对金融科技的迅速发展,国有大型银行和股份制银行因为自身资金优势和战略行动实施迅速,能够较好地应对缓解负面冲击,而中小型银行因规模较小和变革意识不足而受到更大的打击。

表11 异质性检验回归结果

	(1)	(2)	(3)	(4)	(5)
	全样本	国有大型银行	股份制银行	城商行	农商行
fin	-0.327***	0.106*	0.052	-0.076	-0.337*
	(0.053)	(0.060)	(0.107)	(0.078)	(0.199)
$\ln size$	-0.122***	-0.658***	-0.164**	-0.279***	-0.219
	(0.040)	(0.098)	(0.074)	(0.051)	(0.183)
dlr	0.001	0.001	-0.006***	-0.001	0.014**
	(0.001)	(0.002)	(0.002)	(0.001)	(0.006)
npl	-0.065***	-0.093***	-0.136***	-0.035***	-0.188***
	(0.012)	(0.027)	(0.047)	(0.011)	(0.069)
lr	-0.043***	-0.030	-0.066**	-0.024*	-0.009
	(0.011)	(0.022)	(0.027)	(0.013)	(0.045)

续表

	(1)	(2)	(3)	(4)	(5)
	全样本	国有大型银行	股份制银行	城商行	农商行
car	-0.014**	-0.029**	-0.026	0.008	-0.032*
	(0.007)	(0.011)	(0.016)	(0.009)	(0.017)
gdp	-0.005*	-0.014***	-0.003	-0.011***	0.005
	(0.003)	(0.002)	(0.004)	(0.003)	(0.008)
i	0.030**	0.028**	0.016	0.025	0.003
	(0.013)	(0.011)	(0.021)	(0.017)	(0.039)
$\_cons$	8.651***	24.347***	12.830***	10.755***	7.374
	(1.460)	(3.740)	(2.998)	(1.790)	(5.438)
N	350	50	90	140	70
R^2	0.718	0.963	0.779	0.802	0.771

注：括号内数值为标准误。

6.4.6 中介效应检验

最后根据式(3)至式(8)对中介效应进行检验,结果如表12所示。我们看到,列(1)中 fin 的系数为-0.327(在1%的水平下显著),表明在不考虑中介变量时整体上金融科技对商业银行有负面的影响,与总体效应早期金融科技对商业银行盈利性的影响结果一致。

列(2)到列(5)为金融科技对4个中介变量的影响,列(2) fin 的系数为-0.476(在1%的水平下显著),表明金融科技显著降低了银行的净息差,与前面第四部分的分析相符合;列(3) fin 的系数为5.522(在5%的水平下显著),说明金融科技发展对于非利息收入的积极影响远大于消极影响;列(4) fin 的系数为1.728(不显著),说明金融科技发展会增加银行的成本收入比但影响不显著,这与本文第四部分的分析相反,可能是因为目前商业银行的金融科技还处于起步阶段,不管是成立金融科技子公司还是与外部金融科技公司展开合作,抑或是吸引培养金融科技人才,都需要大量的人力、资金投入支出,同时科技研发项目的不确定性也极易导致投入产出不成正比,从而增加新的经营成本压力;列(5) fin 的系数为0.343(在5%的水平下显著),表明目前金融科技的发展会显著增加银行的信用成本,这也与我们前面的分析相反,可能是因为商业银行受到金融科技企业的竞争影响,加快了客户分流,导致银行净息差、利润空间萎缩,为了弥补利润的损失,银行不得不主动降低贷款人的准入门槛,增加高风险项目投资,提升冒险动机,从而导致银行的信用风险水平变高。

列(6)为加入 cir、nim、niir 和 ail 等中介因素后金融科技对商业银行盈利性的影响,结果显示 fin 的系数为-0.123(在1%的水平下显著),说明 fin 对商业银行盈利性的影响被中介变量进行了分流,其中显著的变量的多重中介效应和为-0.166 7 (0.007×5.522-0.281×0.476-0.209×0.343),对整体传导途径的贡献占比约为51%(0.166 7/0.327),部分证实了假设3。综上,我们可以得出结论,金融科技主要通过影响银行净息差、信用风险成本和非利息收入占比等方面进而导致商业银行的盈利性遭到削弱。

表12 中介效应回归结果

	(1) roat	(2) nim	(3) niir	(4) cir	(5) ail	(6) roat
nim						0.281*** (0.020)
$niir$						0.007*** (0.001)
cir						-0.021*** (0.002)
ail						-0.209*** (0.014)
fin	-0.327*** (0.053)	-0.476*** (0.105)	5.522** (2.536)	1.728 (1.187)	0.343** (0.157)	-0.123*** (0.036)
$lnsize$	-0.122*** (0.040)	-0.627*** (0.079)	7.885*** (1.901)	-4.169*** (0.889)	0.626*** (0.118)	0.042 (0.031)
dlr	0.001 (0.001)	0.005** (0.002)	0.043 (0.048)	-0.022 (0.023)	-0.008*** (0.003)	-0.003*** (0.001)
npl	-0.065*** (0.012)	-0.062** (0.024)	0.441 (0.580)	0.637** (0.271)	0.128*** (0.036)	-0.011 (0.008)
lr	-0.043*** (0.011)	-0.059*** (0.022)	-1.991*** (0.527)	0.866*** (0.246)	-0.078** (0.033)	-0.010 (0.007)
car	-0.014** (0.007)	-0.002 (0.014)	-1.183*** (0.335)	0.099 (0.157)	-0.044** (0.021)	-0.012*** (0.005)
gdp	-0.005* (0.003)	-0.034*** (0.005)	0.452*** (0.124)	0.098* (0.058)	0.006 (0.008)	0.005*** (0.002)

续表

	(1)	(2)	(3)	(4)	(5)	(6)
	roat	nim	niir	cir	ail	roat
i	0.030**	0.063**	-0.923	0.158	-0.072*	0.007
	(0.013)	(0.026)	(0.640)	(0.299)	(0.040)	(0.009)
_cons	8.651***	25.390***	-4.861	62.244*	-7.841*	1.241
	(1.460)	(2.902)	(70.165)	(32.823)	(4.355)	(1.083)
N	350	350	350	350	350	350
R^2	0.718	0.751	0.538	0.434	0.639	0.889

注：括号内数值为标准误。

6.4.7 稳健性检验

为了确保模型估计结果的可靠性，一般需要对建立的方程模型进行稳健性检验。本文分别选取了替换核心被解释变量和加入遗漏解释变量的方法来对总效应模型结果进行检验。首先，选取商业银行盈利能力的代理变量净资产收益率（roet）对被解释变量总资产收益率（roat）进行替换，结果如表13的列（2）所示，可以看到 fin 的系数为负，fin2 的系数为正，与前面基本相符。其次，考虑商业银行的盈利一般具有连续性，所以加入银行前一期的收益率水平（roat1）作为解释变量再次进行估计，结果如表13的列（3）所示，系数分别为-0.638和0.401，也与原模型结果相差无几，表明模型结果具有稳健性。

表13　稳健性检验回归结果

	(1)	(2)	(3)
	roat	roet	roat
fin	-0.644***	-11.525***	-0.638***
	(0.119)	(1.772)	(0.094)
fin2	0.285***	6.446***	0.401***
	(0.096)	(1.429)	(0.077)
lnsize	-0.094**	-1.738***	-0.034
	(0.040)	(0.597)	(0.032)
dlr	-0.000	-0.030*	-0.000
	(0.001)	(0.016)	(0.001)
npl	-0.057***	-0.626***	-0.019*
	(0.012)	(0.182)	(0.010)

续表

	(1)	(2)	(3)
	roat	roet	roat
lr	-0.048***	1.240***	-0.035***
	(0.011)	(0.163)	(0.009)
car	-0.019***	-0.118	-0.012**
	(0.007)	(0.105)	(0.006)
gdp	-0.010***	-0.152***	0.001
	(0.003)	(0.045)	(0.003)
i	0.038***	0.678***	0.011
	(0.013)	(0.200)	(0.011)
roat1			0.481***
			(0.036)
_cons	8.605***	-44.992**	5.042***
	(1.441)	(21.462)	(1.173)
N	350	350	350
R^2	0.726	0.847	0.828

注：括号内数值为标准误。

7 研究结论与政策建议

7.1 研究结论

我国目前已经进入数字化转型的新发展阶段，在国家发布的《国民经济和社会发展第十四个五年规划和 2035 年远景目标纲要》中明确指出，要稳妥发展金融科技，加快金融机构的数字化转型，深化金融供给侧结构性改革[35]。商业银行作为我国最重要的金融机构，应当与时俱进，切实提升自身的金融科技水平，提高服务实体经济的效率。为了助力商业银行更好地应用金融科技，本文通过三维指标加权求和构建了金融科技发展指数，并选取 2011—2020 年 35 家上市商业银行的财务数据，构建了动态面板固定效应模型进行实证回归，较为系统地分析了金融科技对上市商业银行盈利能力的影响，得出了如下结论：

一是金融科技的发展对商业银行盈利水平的影响总体上呈现出先降低后升高的正 U 形趋势。就短期来说，金融科技行业的如火如荼，迅速吸引客户并开拓了市场，与商业银行的存款、贷款、中间业务等形成竞争，降低了银行的盈利能力；但从长期来看，商业银行一旦利用好金融科技，能够带来亿级客户的经营能力，大幅降低银行成本和信息不对称水平,帮助银行更好地了解客户需求,创新业务模式,实现利润最大化。

二是金融科技对不同类型的商业银行盈利性的影响各不相同。对国有大型银行和股份制银行来说,因为其积极的科技投入与战略转型,能够较好地抵御冲击;对城商行和农商行来说,由于其在金融科技方面的储备不足,因而会遭受较大的冲击。

三是通过引入中介变量的方法对金融科技影响商业银行的具体途径进行分析,发现金融科技主要通过提升商业银行的非利息收入、降低净息差和增加信用风险成本,进而对商业银行的盈利能力造成影响。

7.2 政策建议

基于上述研究结论,我们可以知道金融科技的应用对于商业银行的经营管理有着重大意义。随着金融科技的不断进步,我们不仅要看到商业银行盈利能力所受到的冲击,也要看到短期冲击背后所带来的长远发展机遇。因此,为了更好地帮助商业银行应对金融科技带来的影响,运用金融科技助力传统金融业务突破"卡脖子"环节,并促进银行业整体的高质量发展,本文提出如下政策建议。

7.2.1 重视金融科技投入,健全金融科技人才培育体系

从长远来看,金融科技对提高商业银行的盈利性是非常有帮助的,商业银行发展金融科技已是大势所趋,但要想做大做强金融科技,底层的人力物力是极为重要的。一是商业银行要加大自身的金融科技资金投入,明确金融科技发展方向,积极与金融科技头部公司合作,重视核心领域技术的研发,有能力者还应主动成立金融科技子公司,针对市场业务和客户痛点进行原创性研发。二是商业银行要想方设法解决自身引才贵、育才慢、留才难的问题。一方面,要深化校企合作,通过开放式、体验式的招聘形式来吸引既懂金融又懂科技的复合型人才,把不同文化与专业背景的精英汇集到一起;另一方面,要建立与金融市场发展、时代发展相适应,利于调动员工积极性的薪酬激励机制,积极营造适合金融科技人才成长的环境,大力推进数据分析师、财富管理师、研发工程师等人员队伍的建设,不断培养全行员工的数字化创新意识和创新能力。三是中央银行也应当继续针对金融科技发展出台更多细分领域的政策,完善考核制度,鼓励商业银行加强顶层设计,提高科技投入和科技人员占比,积极向招商银行、平安银行等行业标杆靠拢。

7.2.2 大力实施科技赋能银行,拓展中间业务收入

面对激烈的市场竞争和恶劣的外部环境冲击,商业银行的息差水平一再收窄,传统的盈利模式已经不再奏效。在实证部分,我们得出结论,金融科技可以显著提升商业银行的非利息收入能力,所以商业银行应当抓住技术发展的新趋势,大力增加中间业务收入,并以客户为中心,积极提高自身服务质量。在支付结算业务方

面,利用云计算技术、分布式支付体系,推动支付业务和商业服务场景加速融合,不断适应如今网络渠道交易频次多、流量大、高并发的新特征,有效地满足长尾客户的需求,最大限度地提高支付业务的服务效率和客户的体验感受。在银行卡业务方面,主攻年轻人市场,发展年轻人银行卡客群获客和经营体系,通过与抖音、哔哩哔哩等品牌或企业跨界合作,开拓粉丝客户,打造专属信用卡,并紧跟时代热点,利用年轻人对新鲜事物的热忱进行推广。在财富管理业务方面,不断丰富财富管理线和客户的连接。一是降低用户准入门槛,推出一分钱起购可消费可支付的理财产品,兼顾流动性和收益性,丰富零售客户可以选择的期限品种。二是打造"专业但不失温度,智能且有态度"的财富陪伴服务,推出像支小宝这样的智能财富助理,利用数据分析了解客户需要,为客户分享每日财经新闻、持有资产分析和优质产品推荐等。三是打造财富投研平台,从多角度生成客户的资产画像,为客户提供与其资产画像匹配的专业化定制化资产配置方案。

7.2.3 积极发挥金融科技作用,精细化银行管理

近年来商业银行已经开始注意到成本支出的重要性,有意在减小成本对盈利的影响,但仍有较大进步空间。在此数字化转型的关键时刻,商业银行应当充分利用金融科技核心技术,进一步控制好银行的营运成本。首先,运用 AI、5G、VR 等技术,大力发展新型智慧网点,提升客户体验和银行管理效率。例如,积极推动智能审核替代人工审核;在信息填写环节通过系统自动赋值减少员工手动输入操作;增加网点多媒体互动系统,使客户对银行金融产品的理解更加趣味化等。其次,推动互联网络技术与传统银行业务相结合,积极扩大手机银行、电子银行等渠道用户规模,拓展线上交易业务,降低线下人工成本,同时针对不同年龄、不同条件的用户推出不同的产品模式,提升智能金融服务的普惠性。最后,通过自身研发或者与外部合作的方式构建用户信息数据库,加大对来自网点、信贷渠道或者来自物联网、互联网等各类平台的数据的挖掘能力,提升实时数据动态分析能力以及银行数据服务使用人员占比,降低信息搜集和用户信用评估成本。

7.2.4 合理利用金融科技,建立科学风险防范机制

金融科技的发展可以帮助商业银行降低不良贷款率和信用成本,但由于现阶段技术发展的不成熟,也会带来个人信息泄露、技术安全等新型风险,因此商业银行发展金融科技的同时应当建立科学有效的风险防范机制。一是积极通过大数据、人工智能等新兴技术对全渠道数据进行深度挖掘和分布式分析,建立动态、高效的金融业务风险控制和用户信用动态评估模型,以数字信用弥补抵押信用不足的问题,解决中小微企业的信息不对称问题,帮助银行进一步提升数字化风控效率。二是商业银行应当设立专门的金融科技风险防范部门,研发风险监测预警系统,并提前制定好技术问题突发情况的应对措施,防止用户信息泄露以及网络基础

设施故障所引发的系统性风险。三是人民银行要加强金融科技立法,正确引导商业银行处理好科技创新与风险防范的关系,构建统一的金融科技考核标准,准确衡量商业银行的金融科技发展水平,从而便于政府部门更好地实施监管。

7.2.5 量体裁衣,制定差异化的金融科技发展战略

根据实证结果我们可以看到,由于不同类型商业银行之间金融科技发展水平的不平衡不充分,金融科技对于它们盈利性的影响也各不相同,因此不同类型商业银行应在前几点的基础上根据自身实际情况采取不同的发展战略。

对于国有大型银行和股份制银行来说,大多早早意识到了金融科技的影响,与金融科技公司开展合作,成立科技实验室加紧研发。国有大型银行和股份制银行应当继续加深与头部企业的合作,同时深入挖掘自身的比较优势,寻找出最适合自身数字化转型的发力点,创新拓展更多原创性业务模式。一方面,国有大型银行和股份制银行可以积极探索如何更好地将自身业务融入交通出行、医疗健康、文娱教育、旅游消费等各个高频的非金融服务场景中,打造生态服务一体化。另一方面,要利用好自身客户多、数据分析能力强等优势,为客户提供个性化定制化的服务,给予客户更好的体验,巩固市场地位。

对于中小型的城商行和农商行来说,由于自身体量小、资金实力和科技基础薄弱,所以走自主研发或构建大生态圈的道路相对来说比较困难。这两类中小型的商业银行应当充分发挥自身区域优势、本地信息优势、本地认可度优势、经营结构灵活优势等,结合当地的产业资源特色,大胆创新,打造轻型业务模式和数字化产品,实行错位发展。针对难以获得外部公司合作机会的问题,城商行和农商行可以通过联盟的形式,共同研发,集中同区域甚至更广范围内中小银行的优势,增强团体合作潜力,吸引优质金融科技公司的关注,提供大数据分析、人工智能技术处理、分布式云计算网络等服务,这样既可以降低每个银行的研发成本,又可以提高日常营运效率。

8 结论

为了积极响应国家金融科技发展规划,更好地帮助商业银行进行数字化转型,本文对金融科技如何影响商业银行的盈利性展开了研究。首先简要概述了金融科技的基本含义、我国商业银行金融科技发展的现状以及近年来我国部分上市商业银行自身的盈利情况,接着通过杜邦分析拆解从理论上寻找金融科技影响商业银行盈利性的具体途径,之后选取 2011—2020 年我国 35 家上市商业银行的数据,利用多维度指标构建金融科技发展指数进行实证分析,得出以下结论:一是金融科技的发展对商业银行盈利性的影响是动态变化的,总体上呈现出正 U 形趋势,即发展

初期会降低但长期会促进商业银行盈利。二是对于不同类型的商业银行而言,金融科技对它们盈利性的影响也各有差异:对国有大行和股份制银行来说,金融科技会促进银行的盈利;而对城商行和农商行来说,则会削弱它们的盈利。三是通过引入中介变量的方法对金融科技影响商业银行的中介途径进行分析,发现金融科技主要是通过提升商业银行的非利息收入、降低净息差和增加信用风险成本,进而对商业银行的盈利能力造成影响。最后在结合理论和实证结果的基础上,本文提出商业银行应当"重视金融科技投入,健全金融科技人才培育体系""大力实施科技赋能银行,拓展中间业务收入""量体裁衣,制定差异化的金融科技发展战略"等政策建议。虽然本文较好地探究了金融科技对商业银行的盈利性的机制和影响,但在具体分析过程中亦存在像样本量太少、数据滞后性与内生性考虑不够、没有量化到每家商业银行具体的金融科技发展情况等不足,希望在今后的研究中能进一步改进。

参考文献

[1]曹颢,尤建新,卢锐,等.我国科技金融发展指数实证研究[J].中国管理科学,2011,19(3):134-140.

[2]陈绎润,宁阳.利率市场化条件下我国商业银行盈利能力影响因素探究:以21家不同规模商业银行为例[J].上海金融,2018(7):68-74.

[3]戴国强,方鹏飞.监管创新、利率市场化与互联网金融[J].现代经济探讨,2014(7):64-67,82.

[4]胡文涛,张理,李宵宵,等.商业银行金融创新、风险承受能力与盈利能力[J].金融论坛,2019,24(3):31-47.

[5]郭品,沈悦.互联网金融对商业银行风险承担的影响:理论解读与实证检验[J].财贸经济,2015(10):102-116.

[6]李德珍.金融科技发展背景下互联网金融对商业银行盈利能力的影响研究[D].成都:四川大学,2021.

[7]李易懋.金融科技对我国上市商业银行盈利能力影响的实证研究[J].湖南师范大学自然科学学报,2020,43(5):83-89.

[8]李怡颖.金融科技对商业银行盈利性的影响研究[D].济南:山东大学,2021.

[9]李永田,赵靖轩,郭少鹏,等.金融科技的应用对商业银行盈利能力的影响研究:基于15家上市银行的数据分析[J].现代商业,2021(15):138-141.

[10]李珍珍.互联网金融、存款竞争与商业银行信用风险[D].兰州:兰州大

学,2021.

[11] 李志强,徐宇明. 空间外溢视角下的科技金融与区域经济增长质量[J]. 当代财经,2020(10):62-74.

[12] 刘孟飞,蒋维. 金融科技加重还是减轻了商业银行风险承担:来自中国银行业的经验证据[J]. 商业研究,2021(5):63-74.

[13] 刘孟飞,王琦. 金融科技对商业银行绩效的影响:理论与实证研究[J]. 金融论坛,2021,26(3):60-70.

[14] 刘小瑜,彭瑛琪. 利率市场化条件下我国商业银行盈利能力影响因素测度[J]. 江西社会科学,2019,39(1):58-65.

[15] 刘添权. 商业银行金融科技发展对风险承担的影响研究[D]. 广州:华南理工大学,2019.

[16] 刘页,李恩付. 科技赋能银行支持实体经济高质量发展[J]. 财富时代,2021(11):21-23.

[17] 刘悦. 金融科技对我国上市商业银行盈利能力的影响研究[J]. 商展经济,2021(22):60-62.

[18] 陆静,阿拉腾苏道,尹宇明. 中国商业银行盈利能力的影响因素:基于1997—2010年数据的实证分析[J]. 金融论坛,2013(1):3-14.

[19] 罗金良. 金融科技对我国商业银行盈利能力的影响研究[D]. 蚌埠:安徽财经大学,2020.

[20] 罗中兰. 金融科技对我国上市商业银行盈利能力的影响研究[D]. 成都:西南石油大学,2019.

[21] 沈励. 金融科技对我国商业银行盈利能力的影响[D]. 石家庄:河北地质大学,2022.

[22] 唐也然. 商业银行发展金融科技如何影响信贷业务?——基于上市银行年报文本挖掘的证据[J]. 金融与经济,2021(2):38-44.

[23] 汪可,吴青,李计. 金融科技与商业银行风险承担:基于中国银行业的实证分析[J]. 管理现代化,2017,37(6):100-104.

[24] 杨望,王姝妤. 金融科技与商业银行风险承担:基于135家商业银行的实证研究[J]. 甘肃金融,2019(4):16-22.

[25] 裔澜. 科技金融对商业银行盈利能力的影响研究[D]. 上海:华东政法大学,2020.

[26] 于波,周宁,霍永强. 金融科技对商业银行盈利能力的影响:基于动态面板GMM模型的实证检验[J]. 南方金融,2020(3):30-39.

[27] 于凤芹,于千惠. 金融科技影响商业银行盈利能力的机制分析[J]. 金融

与经济,2021(2):45-52,62.

[28]张广鑫.金融科技对商业银行盈利能力的影响研究[J].长春金融高等专科学校学报,2021(6):66-70.

[29]张敏敏.金融科技对商业银行盈利模式影响的研究[D].济南:山东财经大学,2021.

[30]张亚静.金融科技对上市商业银行盈利的影响研究[D].太原:山西财经大学,2021.

[31]张智慧.银行金融科技项目全生命周期管理难点问题探讨:基于成本的视角[J].开发性金融研究,2020(2):87-96.

[32]赵海华,崔会群.货币市场利率对我国银行盈利影响的实证分析[J].江汉论坛,2015(9):17-21.

[33]赵勇.金融科技对商业银行盈利能力的影响研究[D].长春:吉林财经大学,2021.

[34]界面新闻."数实融合"这道题,他们如是说![EB/OL].(2022-03-11). http://news.sohu.com/a/529030755_313745.

[35]经济日报.《金融科技发展规划(2022—2025年)》印发:金融与科技加快深度融合[EB/OL].(2022-01-07).http://www.gov.cn/xinwen/ 2022-01/07/content_5666817.htm.

[36]零壹财经.2018年银行金融科技复盘系列(一)[EB/OL].(2019-02-01). https://baijiahao.baidu.com/s?id=1624267448544371037&wfr= spider&for=pc.

[37]新华社.经参时评|推动金融科技"积厚成势"[EB/OL].(2022-01-29). https://baijiahao.baidu.com/s?id=1722342395289955125&wfr= spider&for=pc.

[38]新浪科技.天眼查:我国金融科技相关企业注册总量是十年前的近40倍[EB/OL].(2020-10-26).https://baijiahao.baidu.com/s?id=1681578692 632462976&wfr=spider&for=pc.

[39]中国电子银行网.年报解读:"3.0模式"下的招商银行是怎么变"轻"的?[EB/OL].(2022-03-21).https://www.cebnet.com.cn/20220321/ 102798922.html.

[40]中国人民银行网站.中国人民银行印发《金融科技(FinTech)发展规划(2019—2021年)》[EB/OL].(2019-08-22).http://www.pbc.gov.cn/ goutongjiaoliu/113456/113469/3878634/inde x.html.

[41]AGARWAL S,ZHANG J.FinTech.Lending and Payment Innovation:A Review[J].Asia-Pacific Journal of Financial Studies,2020(12):45-60.

[42]APERGIS N.Bank Profitability Over Different Business Cycles Regimes:

Evidence from PanelThreshold Models[J]. Social Science Electronic Publishing,2017(3):45-57.

[43]ATHANASOGLOU P P,BRISSIMIS S N,DELIS M D,Bank-specific,industry-specificand macroeconomic determinants of bank profitability[J]. Journal of international financial Markets,Institutions and Money,2018,18(2):121-136.

[44]BERGER A N. The Economic Effects of Technological Progress:Evidence from the Banking Industry[J]. Journal of Money,Credit and Banking,2003(2):141-176.

[45] DAPP T, SLOMKA L. Fintech reloaded—Traditional banks as digital ecosystems[J]. Publication of the German original,2015:261-274.

[46]LAGARDE C. Central banking and fintech:A brave new world[J]. Innovations:Technology,Governance,Globalization,2018,12(1/2):4-8.

[47]NAVARETTI G B,CALZOLARI G,MANSILLA-FERNANDEZ J M. Fintech and Banking:Friends or Foes? [J]. Electronic Journal,2018(12):45-56.

[48]ROBARD W. Fintech 将改变竞争格局[J]. 首席财务官,2016(15):41-45.

指导教师评语：

金融科技的快速发展与运用正深刻地影响着商业银行的经营与发展，其不仅促进了商业银行创新，也给商业银行的盈利带来了一定的影响。因此，研究金融科技的发展与商业银行盈利之间的关系，对于促进商业银行创新与发展、提升商业银行的盈利能力意义重大，故该论文选题具有很强的理论意义与实际价值。

作者在论文中采用定性分析与定量分析相结合的方法，从理论和实证两方面深入研究了金融科技对商业银行盈利性的影响。作者首先梳理了近年来我国上市商业银行的盈利状况以及金融科技在商业银行中的应用情况，并从理论上对金融科技影响商业银行盈利性的具体路径进行了深入的分析；然后采用双维度指标合成法构建了金融科技发展指数以衡量金融科技的发展水平，这也是论文的一大亮点；接着作者选取了2011—2020年35家上市商业银行的财务数据，构建了动态面板固定效应模型进行实证回归；最后根据研究结果提出了针对性较强的对策建议。

从论文中可以看出，作者理论基础扎实，具有较强的研究能力和写作能力。作者写作态度认真，论文结构严谨，论证的逻辑性强，观点正确，结论合理，资料丰富，写作规范。

ESG 表现对债券信用利差影响的研究

金融学院　朱浩天　　指导教师：王婉婷

摘　要：近年来，随着 ESG 这一概念的兴起，越来越多的投资者把 ESG 当作财务表现之外评估企业经营情况的又一新维度。在 ESG 表现与上市公司债券信用利差之间的关系这一领域，国外已经有较多研究分析，而国内有关研究则相对较少。因此，本文以 2010—2020 年沪深两市发债上市公司作为研究对象，实证检验了发债上市公司的 ESG 表现与其债券信用利差之间的关系。本文的主要研究结论如下：第一，ESG 评分较高的企业能够显著降低其债券信用利差；第二，与国有企业相比，ESG 表现降低企业债券信用利差的作用在民营企业中更加显著。本文的研究目的有二：一是为企业降低债券融资成本提供理论依据；二是希望引起监管机构、发行人、投资者等金融市场参与方对 ESG 作用的重视，推动债券 ESG 体系的形成。

关键词：ESG 表现，债券信用利差，企业产权性质

1　引言

1.1　研究背景

党的十八大以来，生态文明建设作为重大民生问题被纳入中国特色社会主义事业"五位一体"总体布局和"四个全面"战略布局，生态文明建设的战略地位和作用得以更加凸显。在新时代下，发展绿色金融是促进我国经济发展方式转变、优化经济结构进程、实现高质量经济发展的重要着力点。对于企业来说，由于债券本身具有融资规模大、融资成本低、融资期限长等特点，债券融资是企业最重要的直接融资方式之一。根据中国人民银行的数据，2021 年新增社会融资规模中，企业债券的占比为 10.48%，股票融资仅为 3.94%。债券信用利差体现着企业的融资成本，企业财务管理的主要目标之一就是降低融资成本。因此，在加强生态文明建设和发展绿色金融的背景下，如何帮助企业降低融资成本已经成为学术研究的重要课题。

ESG 是环境（Environment）、社会责任（Social）和公司治理（Governance）三个英文字母的首字母缩写，是国际社会衡量经济主体可持续发展能力最为主要的三个

维度。ESG投资意味着在基础的投资分析中融入环境、社会和公司治理因素。随着ESG投资理念的兴起并受到日益广泛的认可,越来越多的投资者意识到,除了对企业进行传统财务指标的考量外,还应将环境、社会责任、公司治理等非财务指标纳入投资和评估决策,以有效弥补传统财务信息的不足,多维度、全方位评估企业,进而更加准确和客观地了解企业的可持续发展能力。ESG这一概念最早起源于责任投资理念(Responsible Investment,RI),这个概念产生的背景是,20世纪60年代以来经济高速增长的同时带来了一些负面影响,导致世界范围内的环境污染与生态破坏日益严重,环境问题和环境保护逐渐为国际社会所关注。1972年6月5日,联合国在瑞典首都斯德哥尔摩举行第一次人类环境会议,通过了著名的《人类环境宣言》及保护全球环境的"行动计划",提出"为了这一代和将来世世代代保护和改善环境"的口号。这是人类历史上第一次在全世界范围内研究保护人类环境的会议。受此影响,早在20世纪投资者就已经开始基于自身的信仰或为社会产生积极影响的目的,有选择地对社会责任表现良好的企业进行投资,而那些"不道德"的投资对象,如损害健康的烟草企业、影响和平的军工企业、破坏环境的石油企业,则会被投资者过滤掉,这就是责任投资理念的起源。现代的ESG概念2006年由高盛集团在一份研究报告中最早提出,随后国际组织和投资机构对ESG概念不断进行深化和发展,针对ESG的三个方面提出了全面、系统的信息披露标准和完善、客观的评价体系,此后ESG评价理念得到迅速发展。特别是2008年金融危机之后,越来越多的投资者意识到,传统的财务信息在衡量企业经营状况时会略显不足,原因在于会计信息是对企业过去已经完成的经济活动的反映,无法代表企业未来的经营能力。同时,企业可以通过各种各样的手段来美化财务报表,隐瞒其真实财务情况。ESG恰好能弥补传统财务信息在这点上的不足。因此,为了全面评价企业的整体风险水平,除了对企业进行传统财务因素的考量外,还应将环境、社会责任、公司治理等非财务因素纳入投资和评估决策,从而更加准确、客观地衡量企业可持续发展能力。全球可持续投资联盟(Global Sustainable Investment Alliance,GSIA)的数据显示,全球ESG投资规模在2018年底就已超过30万亿美元。放眼国内,随着投资者需求不断增加和监管要求日趋严格,中国市场的ESG意识和相关信息披露水平不断提升,越来越多的企业开始主动进行ESG相关方面的信息披露,监管机构也开始完善相应的政策和制度,中国的ESG绿色浪潮正在来袭。

从监管机构角度来看,2018年9月证监会新修订的《上市公司治理准则》中特别增加了社会责任与环境保护的内容;同年11月,基金业协会发布了《中国上市公司ESG评价体系研究报告》,提出了衡量上市公司ESG绩效的核心指标体系,进一步推动了ESG在中国的发展。

从市场角度来看,2013年,只有54%的沪深300指数成分公司发布了正式的

ESG 披露报告,而到了 2019 年,这一数字已经高达 85%;2018 年 12 月 10 日,中证指数有限公司正式发布国内首个 ESG 指数——中证 180ESG 指数,该指数从沪深上市公司中选取 ESG 表现较好的公司作为最终样本;2019 年,国内规模最大的公募基金易方达发布了第一只 ESG 基金"易方达 ESG 责任投资股票";同年底,中证指数公司联合嘉实基金编制了中证嘉实沪深 300ESG 领先指数。

以上种种现象表明,ESG 评价理念在中国已经日趋主流,而对于企业来说,提高自身 ESG 表现究竟能否带来融资成本的降低?本文将对这一问题进行研究。

1.2 研究内容、框架及创新之处

本文系统梳理了国内外关于 ESG 表现与企业融资成本之间的研究,并以 2010—2020 年沪深两市发债上市公司为研究对象,探讨企业 ESG 表现与债券信用利差之间的关系,这是本文的目的之一;本文目的之二是探究在不同产权性质的企业中 ESG 降低债券信用利差的效果。本文研究发现:首先,ESG 表现与公司债券信用利差之间呈显著的负相关性,即良好的 ESG 表现会降低公司债券的信用利差;其次,同国有企业相比,ESG 表现良好的民营企业债券信用利差会降低得更显著。

本文的贡献主要有以下两个方面:第一,从研究对象方面,以往的文献主要侧重于考察 ESG 三个方面中的某一方面对企业债券信用利差的影响,如周宏等(2018)从公司治理角度探讨与信用利差之间的关系,对于 ESG 作为一个整体如何影响信用利差的研究较少,本文填补了这一研究空白。第二,本文研究了 ESG 对国有企业、民营企业两种不同产权性质企业的信用利差的影响,从而为不同产权性质的企业如何提高自身 ESG 表现、降低融资成本提供了实证依据。

本文的创新之处主要体现在:第一,研究对象方面。国内学者的既有研究大多侧重于分别研究 ESG 三个方面中的某一个方面对债券信用利差的影响,将三个方面整合起来综合考察 ESG 的研究较少。本文则将 ESG 作为一个整体概念去探究其与债券信用利差的关系,为 ESG 整体具有降低债券信用利差的效应提供了来自中国市场的最新证据,拓展和丰富了 ESG 方面的文献。第二,研究样本方面。国内学者的研究数据样本量小,结论缺乏代表性。本文基于更全面的上市公司样本研究 ESG 表现对企业债券信用利差的影响,同时选择使用国内 ESG 评价体系中更新频率最高、覆盖范围最广的华证 ESG 评级数据,使得结论更具有说服力。第三,研究内容方面。本文在得出 ESG 表现良好能够降低企业债券信用利差的结论后,又进一步考察了不同产权性质下 ESG 降低信用利差的效果,从而为不同产权的企业提高 ESG 表现提供更具针对性的建议。

本文剩余部分安排如下:第二部分通过回顾文献,提出理论分析和研究假设;第三部分介绍本文的数据和计量模型;第四部分为本文的实证结果和稳健性检验;第五部分是本文的结论和建议。

2 理论分析和研究假设

2.1 ESG 表现降低企业债券信用利差的理论分析

第一,良好的 ESG 表现可以通过降低信息不对称水平来降低企业债券融资成本。首先,Duffie(2001),周宏等(2014)与林晚发(2013)等认为,信息不对称水平越高,债券的融资成本就越高。当存在信息不对称时,企业有可能会阻止与违约风险相关的负面信息进入市场,这将会导致投资者索取更高的风险溢价(Sengupta,1998),从而提高企业融资成本。良好的 ESG 表现能够加强企业的信息披露程度,增强企业的透明度,而且能够吸引更多的分析师关注,从而降低企业与投资者之间的信息不对称水平,使得企业债券信用利差降低。同时,ESG 评级本身也是一种重要的信息来源,可以有效缓解信贷市场的信息不对称,因此也有助于降低企业债券融资成本。其次,根据委托代理理论,代理方为了追求自身利益的最大化,总是会在某些时候采取有利于自身而不利于委托人的行为,由此产生代理问题和代理成本。从代理成本的角度,由于债权人和股东之间存在代理问题,ESG 可以通过提高利益相关者的参与程度来缓解双方之间的代理冲突,从而减小代理成本,降低企业经营风险。最后,根据 Greenwald、Stigliz 和 Weiss(1984),Myers 和 Majluf(1984)以及 Myers(1984)的不完美市场下的融资优序理论,企业内外部融资成本的差异,即企业面临的融资约束的程度,与信息不对称的程度正相关。企业通过提高 ESG 水平增加信息披露可以提高市场的有效性,使得价格可以更加全面地反映市场的信息,降低企业所面临的融资约束,从而促进融资成本的降低。

第二,良好的 ESG 表现可以降低企业经营风险,进而降低企业债券融资成本。首先,Merton(1974)指出,企业的资产回报率(ROA)与债券的信用利差呈负相关。ROA 越高,债券的信用利差就越低,企业融资成本也就越小。ESG 水平高的企业意味着高盈利能力、高资源利用率以及稳定的财务收入,有助于降低企业陷入财务困境的可能性,从而对企业财务业绩有正向的影响。通过改善企业的财务业绩、提高企业的 ROA,可以降低企业的经营风险,进而降低企业融资成本。其次,根据利益相关者理论,良好的 ESG 表现意味着企业重视各方利益,可有效降低企业经营风险。一方面,通过满足利益相关者的期望,可以更好地改善企业与利益相关者群体的关系,进而提高客户的忠诚度(Turban,1997)、企业的竞争力(Waddock,1997)以及留住高素质员工的能力等(Greening,2000),有利于促进公司的长期可持续发展,而公司的可持续性能够降低企业的违约风险,因此达到降低债券融资成本的目的。另一方面,ESG 表现好的企业将会更加符合政府监管标准,可以有效降低企业的隐性法律风险。最后,根据声誉保险效应,企业积极从事对社会负责、环境负责的活动时将会向利益相关者发送一个企业非完全自利的信号,从而有利于树立一个良好、正面的企业公民形象。当这样的信号持续释放且被外部投资者有效接收时,企业就会逐渐形成声誉资本。在企业面临负面事件冲击或者外部经济恶化时,这些声誉资本将会发挥类似于保险的作用,即 ESG 的"保险效应"。即使企业自身爆发负面信息,投资者也可能更倾向于将其归因于管理者的笨拙所导致的偶然事件而并非恶意举措,从而减轻对负面事件的反应(Godfrey,2005),因此不会对企业施加严厉的处罚,可以减少企业受负面事件冲击所带来的损失,进而降低企业的经营风险。

综合以上分析,本文认为 ESG 通过两条途径对企业债券融资成本造成影响:第一,ESG 表现良好的企业增加了企业与外部投资者之间的信息透明度,降低了投资者面临的不确定性和投资者要求的最低风险溢价,进而降低了企业面临的融资成本;第二,企业通过提高 ESG 水平,降低了本身企业经营风险,提升了投资者的信心,进而降低了企业面临的融资成本。

基于上述文献与理论分析,本文提出第一个研究假设:

H1:企业 ESG 表现良好能够显著降低其债券信用利差。

2.2 不同产权性质下 ESG 表现降低债券信用利差的理论分析

1979 年,我国人均 GDP 在 200 美元左右,经过改革开放 40 多年的发展,现在人均 GDP 已经突破了 10 000 美元大关。作为世界上最大的新兴市场国家,我国经济的高速增长可以归功于经济转轨过程中政府对经济活动干预力度的减少,这为私营经济迅速发展打下了良好基础,私营经济得以比国有经济更快地发展。然而,即使私营经济对整体经济贡献最大,由于目前我国仍处于经济转轨的过程中,充分竞争的市场经济体制尚未健全,大多数资源与价格的控制权仍掌握在政府手中,政府依然是我国经济发展的主导力量,经济活动中政治干预力量依然强大,这使得国有企业在国民经济中举足轻重,这就是我国转轨经济中特殊的制度特征——政治干预和二元所有权结构。有研究表明,我国的企业社会责任报告与信息披露,一定程度上是政府政治干预的结果,而并非出于企业自主意愿。黎文靖(2012)认为,我国企业社会责任报告并非单纯地追求经济利益最大化,而是政府官员为了其自身的政治利益对企业进行一定的政治干预;在企业社会责任方面,企业的所有权结构会产生一定作用,政府意志对于国有企业和民营企业社会责任信息披露可能具有不同的影响。

国有企业的经营目的并非单纯追逐企业利润最大化,而是想办法如何给整个社会带来最大化的效益,如承担维持经济与社会稳定的责任。与民营企业不同的是,政府是国有企业的大股东,国有企业高管由政府任命。当企业社会责任为中央政府关注的重点时,企业社会责任信息披露就成为官员晋升的标准。在中国现行的政治生态下,官员的提拔与晋升是一种个人行为,在个人晋升的激励下,为了更多地满足上级领导的利益诉求,国企高管将主动进行企业社会、环境方面的信息披露,以换取自己未来的晋升机会,是一种个人行为而不是企业行为。因此,我国国有企业主动进行社会责任方面信息的披露可以看作企业高管为了自身利益而采取的一种手段。

民营企业的目标就是追求自身经济利益的最大化,民营企业高管为了自己的高薪酬有动力去以各种方式追逐利润。由于产权性质不同,与国有企业相比,民营企业得到的政府支持较少,在市场竞争中往往会处于劣势地位。现有的一些研究也表明,民营企业也会通过贿赂政府官员、建立企业与官员之间的政治关系等,来换取地方政府的政策支持与税收优惠。考虑到民营企业的逐利动机,民营企业进行社会责任方面信息的披露也是出于降低融资成本获取经济利益的目的。

基于以上分析,本文提出第二个研究假设:

H2:ESG 表现良好的发债企业降低债券信用利差在民营企业中更显著。

3 研究设计

3.1 研究模型与变量设计

3.1.1 研究模型

为了检验本文的研究假设,本文构建了实证模型(1):

$$CS_{i,t} = \alpha + \beta_1 ESG_{i,t} + \beta_2 SIZE_{i,t} + \beta_3 LEV_{i,t} + \beta_4 CREDIT_{i,t} + \beta_5 AGE_{i,t} + \beta_6 RM_{i,t} + \beta_7 SOE_{i,t} + \beta_8 ROE_{i,t} + YEAR + INDUSTRY + \varepsilon_{i,t} \quad (1)$$

3.1.2 变量设计

本实证研究所使用的变量主要有三类,分别是被解释变量、解释变量和控制变量。

1)被解释变量

模型(1)中的 CS 为本文的被解释变量,即企业债券信用利差。CS 定义为企业债券的到期收益率与相同剩余期限国债的收益率之差,即用与企业债券发行时间、到期期限均相同的国债的 t 年的到期收益率减去 t 年该企业债券的到期收益率之差。本文所选用的国债数据包括 5 年、7 年、10 年、15 年、20 年的国债到期收益率。缺失的某年国债的到期收益率通过插值法计算得出。

2)解释变量

模型(1)中的 ESG 为本文的核心解释变量,用来衡量企业环境、社会、公司治理三个方面的表现。在众多本土 ESG 评价体系中,如华证 ESG 评价体系、商道融绿 ESG 评价体系、嘉实 ESG 评价体系、中财绿金院 ESG 评价体系等,华证 ESG 评价体系以其更新频率高、覆盖范围广而成为本文的首选。华证 ESG 评价体系根据国内市场的实际情况,涵盖了 3 大支柱下的 14 个主题、26 个关键指标以及超过 130 个底层数据指标,总共有超过 2 000 万 ESG 数据,相较境外市场,融入了更多符合我国国情的指标,如信息披露质量、精准扶贫等。为了方便实证,本文对 ESG 评级进行赋值:ESG 评级为最低级 C 级时赋值为 1,在此基础上每上升一个评级赋值加 1,例如 CCC 级赋值为 3,BBB 级赋值为 6,AAA 级赋值为 9。

3) 控制变量

借鉴周宏等(2016),本文选取的控制变量包括:企业规模($SIZE$)、企业资产负债率(LEV)、企业债券的信用评级($CREDIT$)、企业债券已存续年限(AGE)、企业债券的剩余期限(RM)、企业所有权性质(SOE)、企业净资产收益率(ROE)。此外,本文还控制了年度固定效应($YEAR$)和行业固定效应($INDUSTRY$)。表 1 列出了各控制变量的计算方法。

表 1 模型控制变量说明

变量名称	变量	变量定义(计算方法)
企业规模	$SIZE$	定义为企业年末总资产的自然对数
企业资产负债率	LEV	定义为企业年末总负债除以年末总资产
企业债券的信用评级	$CREDIT$	本文对评级机构的债项评级进行如下赋值:AAA=8,AA+=7,AA=6,AA-=5,A+=4,A=3,BBB=2,BB=1
企业债券已存续年限	AGE	定义为债券发行年份减去观测年份
企业债券的剩余期限	RM	定义为债券到期年份减去观测年份
企业所有权性质	SOE	当企业是国有企业时,定义 $SOE=1$;当企业是民营企业时,定义 $SOE=0$
企业净资产收益率	ROE	定义为企业净利润除以净资产

企业规模($SIZE$),定义为年末总资产的自然对数。一般情况下,企业的规模越大,总资产越多,企业面临融资约束的程度就会越小,其债券违约风险也就越小,债券信用利差也就越低,因此预期企业规模与债券信用利差负相关。企业资产负债率(LEV),定义为企业年末总负债除以年末总资产。一般情况下,企业杠杆率越高,经营风险就越大,债券信用利差也就越大。因此,本文预期企业的杠杆率会增加企业债券信用利差,即杠杆率与债券信用利差正相关。企业债券的信用评级($CREDIT$),本文对评级机构的债项评级进行如下赋值:AAA=8,AA+=7,AA=6,AA-=5,A+=4,A=3,BBB=2,BB=1。一般情况下,企业债券评级越高,其违约风

险就越低,债券信用利差也就越小,因此本文预期债券的债项评级与债券利差负相关。企业债券的剩余期限(RM),定义为债券到期年份减去观测年份。一般情况下,由于市场上不确定因素的存在,债券剩余期限越长,债券受不确定性因素影响的概率就会越大,债券发生违约风险的可能性就会越大。因此本文预期企业债券的剩余期限与债券信用利差正相关。企业债券已存续年限(AGE),定义为债券发行年份减去观测年份。根据 Yu(2005) 的研究,随着债券存续年限增长,债券的交易会越不频繁,债券的市场流动性就会越差,此时债券信用利差就会越大,因此本文预期企业债券已存续年限与信用利差呈正相关关系。企业净资产收益率(ROE),定义为企业净利润除以净资产。企业的 ROE 越高,意味着企业的经营状况越好,现金流越充足,发生财务危机的可能性越小,因此本文预期企业净资产收益率与债券信用利差负相关。最后,本文对企业的所有权性质进行了控制,我们设企业所有权性质变量为 SOE,当企业是国有企业时,定义 $SOE=1$;当企业是民营企业时,定义 $SOE=0$。此外,本文还控制了年度固定效应($YEAR$)和行业固定效应($INDUSTRY$)。本文主要关注模型(1)中 ESG_{it} 的系数 β_1,如果 β_1 显著为负,则表明在其他因素相同的情况下,企业 ESG 表现良好可以显著降低企业债券信用利差,即本文的研究假设 H1 得以验证。

3.2 研究样本与数据来源

本文以 2010—2020 年沪深两市发债上市公司为研究对象。在获得初始样本后,本文剔除金融机构发行的债券、数据缺失和重复债券。最终的研究样本包括 486 家上市公司发行的 3 048 只债券。

本文所使用的 ESG 数据来源于华证 ESG 数据;债券市场数据来源于 WIND 数据库;其他数据来自 CSMAR 数据库。

为了避免极端值的影响,本文对所有连续变量都进行了上下 1% 的缩尾处理。

4 实证结果与分析

4.1 描述性统计和相关系数检验

表 2 提供了本文变量的描述性统计结果。根据统计结果,CS 的均值为 2.301,表明我国上市公司发行的债券存在违约风险。ESG 的均值为 7.097,表明样本所选的上市公司 ESG 表现较好。$CREDIT$ 的均值为 7.104,说明我国发债企业的信用等级平均处于 AA+水平。AGE 的均值为 1.764,说明我国发债企业发行债券年份较短。$SIZE$、LEV 和 ROE 的描述性统计结果与现实中企业的情况一致。最后,所有权性质 SOE 的均值为 0.577,说明我国发债公司主要为国有企业。表 3 列出了变量之间的相关系数。

表 2 变量的描述性统计

变量	观测值	平均值	标准差	中位数	最小值	最大值
CS	3 048	2.301	2.128	1.894	-1.347	14.39
ESG	3 048	7.097	1.408	7	0	9
SIZE	3 048	23.88	1.467	23.77	21.13	28.16
LEV	3 048	0.569	0.162	0.569	0.190	0.917
CREDIT	3 048	7.104	0.860	7	6	8
RM	3 048	3.352	1.727	3	0	10
AGE	3 048	1.764	1.628	1	0	9
SOE	3 048	0.577	0.494	1	0	1
ROE	3 048	0.0557	0.136	0.068 2	-0.905	0.273

表 3 变量相关系数

	CS	ESG	SIZE	LEV	CREDIT	AGE	RM	SOE	ROE
CS	1	-0.34***	-0.37***	0.10***	-0.43***	-0.07***	0.01	-0.34***	-0.23***
ESG	-0.26***	1	0.44***	0.15***	0.32***	0.02	0.07***	0.23***	0.15***
SIZE	-0.27***	0.37***	1	0.47***	0.62***	0.01	0.01	0.23***	0.16***
LEV	0.11***	0.12***	0.43***	1	0.18***	-0.04**	0.07***	0.15***	-0.09***
CREDIT	-0.32***	0.26***	0.60***	0.18***	1	-0.08***	0.06***	0.30***	0.13***
AGE	0.02	0.04**	0.03*	-0.03	-0.06***	1	-0.60***	0.05***	-0.07***
RM	-0.08***	0.07***	0.07***	0.09***	0.09***	-0.53***	1	0.09***	0.00
SOE	-0.26***	0.22***	0.21***	0.15***	0.30***	0.07***	0.12***	1	-0.11***
ROE	-0.27***	0.12***	0.16***	-0.19***	0.12***	-0.06***	0.04**	-0.05***	1

注:***、**和*分别表示在1%、5%和10%的水平下显著。

4.2 ESG 表现对债券信用利差的影响

模型(1)的多元回归结果列示在表4中。对于表4的各列结果,被解释变量都是企业债券信用利差 CS,解释变量为 ESG。第(1)列仅控制了年度固定效应和行业固定效应,第(2)列进一步控制了公司的规模和资产负债率,第(3)列加入了企业债券的信用评级以及企业债券的已存续年限和剩余期限,第(4)列加入了企业所有权性质变量。可以发现,在所有回归结果中核心解释变量 ESG 的系数在1%的置信水平下均显著为负,由此可知本文的研究假设 H1 得到了验证,即企业 ESG 表现良好能够显著降低其债券信用利差。从经济显著性来看,如果一家公司 ESG 评级从 CCC 提升到 AAA,则这家企业债券的信用利差会降低 1.032%(0.172×6),

这相当于样本均值的 44.8%(1.032%/2.301%),这些结果都支持了假设 H1。

控制变量中,企业规模($SIZE$)、企业债券的信用评级($CREDIT$)、企业净资产收益率(ROE)的系数均在 1% 的置信水平下显著为负,企业资产负债率(LEV)的系数在 1% 的置信水平下显著为正,这与本文前述的理论分析是一致的。

表4 ESG 和债券信用利差的回归结果

	(1)	(2)	(3)	(4)
	CS	CS	CS	CS
ESG	−0.352***	−0.229***	−0.222***	−0.172***
	(0.026)	(0.027)	(0.026)	(0.026)
SIZE		−0.446***	−0.277***	−0.253***
		(0.031)	(0.035)	(0.035)
LEV		3.267***	3.006***	2.514***
		(0.255)	(0.253)	(0.261)
CREDIT			−0.487***	−0.392***
			(0.052)	(0.051)
RM			−0.043*	−0.024
			(0.025)	(0.025)
AGE			0.021	0.034
			(0.025)	(0.025)
SOE				−0.810***
				(0.078)
ROE				−2.488***
				(0.265)
YEAR	YES	YES	YES	YES
INDUSTRY	YES	YES	YES	YES
CONSTANT	3.374***	11.306***	11.132***	10.661***
	(0.766)	(0.978)	(0.963)	(0.941)
N	3 048.000	3 048.000	3 048.000	3 048.000
Adj-R^2	0.171	0.240	0.264	0.306

注:***、** 和 * 分别表示回归系数在 1%、5% 和 10% 水平下显著;括号内为 t 值。

4.3 不同产权性质下 ESG 对债券信用利差的影响

表5显示了对假设 H2 的实证检验结果。第(1)列和第(2)列分别列示了民营企业和国有企业的 ESG 表现对其债券信用利差影响的回归结果。可以看到,无论

是民营企业还是国有企业,回归结果中核心解释变量 ESG 的系数在1%的置信水平下均显著为负。然而,对于民营企业来说,ESG 表现每提高一个级别将会带来0.172%利差水平的下降,对于国有企业则仅带来0.113%利差水平的下降,这一点可以由前述的理论解释。根据表5的回归结果可知,民营企业组 ESG 回归系数的绝对值(0.172)要大于国有企业组(0.113),说明民营发债企业提高 ESG 表现更能降低其债券信用利差,即本文的假设 H2 得到了验证。

表5 不同产权性质下 ESG 对债券信用利差的影响

	(1) 民营企业 CS	(2) 国有企业 CS
ESG	−0.172 *** (0.042)	−0.113 *** (0.034)
SIZE	−0.466 *** (0.074)	−0.211 *** (0.039)
LEV	3.155 *** (0.491)	2.276 *** (0.300)
CREDIT	−0.423 *** (0.083)	−0.467 *** (0.065)
RM	−0.142 ** (0.057)	0.023 (0.025)
AGE	0.001 (0.054)	0.032 (0.026)
ROE	−2.968 *** (0.444)	−1.557 *** (0.320)
YEAR	YES	YES
INDUSTRY	YES	YES
CONSTAN	16.897 *** (1.853)	8.770 *** (1.059)
N	1 289.000	1 759.000
Adj-R^2	0.290	0.282

注:***、** 和 * 分别表示回归系数在1%、5%和10%水平下显著;括号内为 t 值。

4.4 稳健性检验
4.4.1 工具变量法

表 5 对假设 H1 的实证检验结果可能会因为内生性问题而不可靠。本文采用工具变量来进行内生性处理。本文使用行业平均 ESG 得分 *MESG* 作为解释变量 *ESG* 的工具变量对模型(1)进行回归,结果如表 6 所示。可以发现,*ESG* 的系数仍然在 1% 的置信水平下显著为负,这说明本文对假设 H1 的实证结果是稳健的。

表 6 企业 ESG 表现对债券信用利差影响的稳健性检验

因变量→	ESG	CS
自变量↓	(1)	(2)
ESG		−0.483 ***
		(0.137)
MESG	0.640 ***	
	(0.059)	
SIZE	0.291 ***	−0.142 ***
	(0.022)	(0.055)
LEV	−0.826 ***	2.707 ***
	(0.170)	(0.253)
CREDIT	−0.005	−0.333 ***
	(0.035)	(0.052)
RM	0.057 ***	−0.030
	(0.016)	(0.025)
AGE	0.059 ***	0.028
	(0.017)	(0.026)
SOE	0.316 ***	−0.741 ***
	(0.050)	(0.092)
ROE	0.396 **	−2.644 ***
	(0.181)	(0.284)
CONSTANT	−4.395 ***	10.582 ***
	(0.500)	(0.616)
YEAR	YES	YES
INDUSTRY	YES	YES
N	3 048	3 048
R^2	0.202	0.215

注:***、** 和 * 分别表示回归系数在 1%、5% 和 10% 水平下显著;括号内为 t 值。

4.4.2 子样本回归

从样本公司所属行业的角度来看,按照上市公司所属行业门类可以将样本划分为制造业与非制造业两类,对其进行回归,相关回归结果如表 7 所示。可以看到,制造业上市公司和非制造业上市公司两个子样本中,ESG 对债券信用风险均具有显著降低效用,表明假设 H1 在不同子样本中依然成立。

表 7　子样本回归

ESG	(1) 制造业	(2) 非制造业
ESG	-0.190*** (0.038)	-0.141*** (0.035)
SIZE	-0.385*** (0.050)	-0.128*** (0.049)
LEV	2.005*** (0.377)	2.808*** (0.358)
CREDIT	-0.254*** (0.072)	-0.585*** (0.071)
RM	0.031 (0.038)	-0.077** (0.031)
AGE	0.143*** (0.036)	-0.083** (0.033)
SOE	-0.527*** (0.109)	-1.105*** (0.114)
ROE	-2.218*** (0.354)	-3.482*** (0.401)
CONSTANT	13.799*** (1.245)	9.388*** (1.815)
N	1 644.000	1 404.000
R^2	0.246	0.419
$Adj-R^2$	0.233	0.408

注:***、**和*分别表示回归系数在1%、5%和10%水平下显著;括号内为 t 值。

5　结论与政策建议

生态环境是关系民生的重大社会问题,生态兴,则文明兴,生态环境与人民生活紧密地联系在一起,良好的生态环境是最普惠的民生福祉。大力推进生态环境建设,提供更多优质生态产品,不断满足人民群众日益增长的优美生态环境需要,是新时代经济发展的一个重要目标。本文以我国 2010—2020 年沪深两市发债上市公司为研究对象,实证分析了我国发债企业 ESG 表现与其债券信用利差之间的关系,得到了以下主要结论:第一,发债企业 ESG 表现良好能够显著降低其债券信用利差。第二,在其他因素相同的情况下,ESG 降低债券信用利差的作用在民营企业中更显著。本文的研究结果从债券信用利差的角度为企业提高自身 ESG 表现以降低融资成本提供了实证依据。

根据实证的结论,本文提出以下几点政策建议:第一,在我国目前加强生态文明建设和大力发展绿色金融的新背景下,监管部门要加快制定我国 ESG 信息披露制度,推动 ESG 评价体系标准的完善,进一步加强宣传,明确 ESG 的价值和作用,向市场释放能形成正向引导的政策信号。同时,监管部门应对 ESG 表现优良的企业和项目进行一定政策形式的鼓励支持,如减免企业投资税收、给予财政补贴、引导商业银行将贷款更多地发放至 ESG 表现良好的企业等。第二,企业要转变自己以往的片面看法,即传统地认为在环境、社会责任和公司治理三个方面的投入是单纯增加成本。特别是在 2008 年金融危机之后监管和政策日趋严格的大背景下,社会责任风险、环境风险早已成为影响投资者和金融机构决策的重要因素,企业应该意识到提升自身的 ESG 表现既能够降低融资成本,又符合社会可持续发展的要求。第三,投资者在进行投资判断时,应将一家企业的 ESG 表现纳入评价标准之内。随着国内生态文明建设、可持续发展、碳中和等概念不断深入人心,一家企业的发展前景不仅体现在这家企业的财务指标,更体现在这家企业在环境、社会责任和公司治理三个方面的投入。投资者在进行投资时应将更多的资金投向 ESG 表现好的企业,而对于 ESG 表现较差的企业,则应减少投资。

参考文献

[1]周宏,建蕾,李国平. 企业社会责任与债券信用利差关系及其影响机制:基于沪深上市公司的实证研究[J]. 会计研究,2016(5):18-25,95.

[2]周宏,周畅,林晚发,等. 公司治理与企业债券信用利差:基于中国公司债券 2008—2016 年的经验证据[J]. 会计研究,2018(5):59-66.

[3]周宏,林晚发,李国平.信息不确定、信息不对称与债券信用利差[J].统计研究,2014(5):66-72.

[4]邱牧远,殷红.生态文明建设背景下企业ESG表现与融资成本[J].数量经济技术经济研究,2019,36(3):108-123.

[5]黎文靖.所有权类型、政治寻租与公司社会责任报告:一个分析性框架[J].会计研究,2012(1):81-88,97.

[6]魏斌.ESG表现对国内企业债券融资的影响[J].金融市场研究,2021(7):26-35.

[7]张琳,赵海涛.企业环境、社会和公司治理(ESG)表现影响企业价值吗?——基于A股上市公司的实证研究[J].武汉金融,2019(10):36-43.

[8]徐莉萍,刘雅洁,张淑霞.企业社会责任及其缺失对债券融资成本的影响[J].华东经济管理,2020(1):101-112.

[9]蒋非凡,范龙振.绿色溢价还是绿色折价?——基于中国绿色债券信用利差的研究[J].管理现代化,2020,40(4):11-15.

[10]肖虹,肖明芳.企业社会责任的公司债券市场定价[J].现代管理科学,2014(2):30-32.

[11]王叙果,沈红波,钟霖佳.政府隐性担保、债券违约与国企信用债利差[J].财贸经济,2019,40(12):65-78.

[12]寇宗来,盘宇章,刘学悦.中国的信用评级真的影响发债成本吗?[J].金融研究,2015(10):81-98.

[13]韩鹏飞,胡奕明.政府隐性担保一定能降低债券的融资成本吗?——关于国有企业和地方融资平台债券的实证研究[J].金融研究,2015(3):116-130.

[14]DUFFIE D L.Term structure of credit spreads with incomplete accounting information[J].Econometrica,2001,69:633-664.

[15]MERTON R C.On The Pricing of Corporate Debt:The Risk Structure of Interest Rates[J].The Journal of Finance,1974,29.

[16]BHOJRAJ S,SENGUPTA P.Effect of Corporate Governance on Bond Ratings and Yields:The Role of Institutional Investors and Outside Directors[J].Journal of Business,2003,76(3):455-476.

[17]SAMET M,JARBOUI A.How does corporate social responsibility contribute to investment efficiency?[J].Journal of Multinational Financial Management,2017,40:33-46.

[18]BARTH F,B HUBEL,SCHOLZ H.ESG and corporate credit spreads.Social Science Electronic Publishing.

[19] TAO B, MENG L. Does CSR Signal the Firm Value? Evidence from China [J]. Sustainability, 2019, 11.

[20] JANG G Y, KANG H G, LEE J Y, et al. ESG Scores and the Credit Market [J]. Sustainability, 2020, 12.

指导教师评语：

论文以ESG表现对债券信用利差影响的研究为选题，具有较强的理论意义和现实意义。论文以2010—2020年沪深两市发债上市公司作为研究对象，实证检验了发债上市公司的ESG表现与其债券信用利差之间的关系，并得出"ESG评分较高的企业能够显著降低其债券信用利差"的实证结论，对现实问题的解决具有一定的参考价值。

论文结构完整、语言流畅、行文规范，体现了该同学积极端正的写作态度、认真严谨的写作过程。该文结合文献研究和实证检验、多维数据对比和历史数据挖掘等方法进行研究分析，反映出该同学已经具备一定的科研素养，掌握了初步的研究方法。

股权结构对企业创新的影响研究

金融学院　徐巧楚　　指导教师：刘剑蕾

摘　要：党的十八大提出"科技创新是提高社会生产力和综合国力的战略支撑，必须摆在国家发展全局的核心位置"，我国仍应坚持中国特色自主创新道路、实施创新驱动发展战略。作为国家创新创造的微观主体与中坚力量，企业的创新状况关系着自身核心竞争优势的构建、经济体系转变的推进。因此，研究企业创新活动相关问题对于企业自身生存发展以及国民经济发展都具有较大的现实意义。

本文以2007—2020年中国A股上市公司为样本，从股权结构的视角出发，研究了国有企业与民营企业公司内部治理对企业创新活动的差异性影响。为了全面衡量企业创新活动，本文采用创新投入与创新产出两个创新活动代理变量。通过丰富的变量，更全面地分析企业股权结构对创新活动的影响。研究结果表明：股权集中度对企业创新活动存在显著的抑制作用，且在国有企业中表现得更加明显；股权制衡度对企业创新活动的促进作用在国有企业中更为显著；高管持股能够显著促进企业进行创新投入，且对国有企业创新活动的促进效果更加明显；机构投资者持股抑制了企业创新投入及产出，这在国有企业中更加显著。

关键词：股权集中度，股权制衡度，企业创新，高管持股，机构投资者持股

1　引言

党的十九大以来，习近平总书记多次强调"世界正经历百年未有之大变局"。当今世界正在经历大发展、大变革、大调整，新一轮科技革命和产业革命蓄势待发，大国间的战略博弈全面加剧，国际体系和国际秩序深度调整，而新冠疫情致使世界经济低迷，国家保护主义上升，全球产业链面临巨大调整。作为世界第一大发展中国家的中国，想要在复杂多变的国际局势中构建竞争优势、稳固市场地位、谋求自身发展，就应坚持创新驱动发展战略，使国家经济体系和发展模式尽快实现以创新带动、由创新赋能。创新是提高国家经济实力和国际竞争力的基础（汤湘希，2010），而企业作为创新的主体，其重要地位不言而喻。表1统计了截至2022年1月，按专利权所属人类型区分的国内有效专利统计量，企业专利申请数量占比达

到60%以上,可见企业的创新活动是推动我国向创新型国家迈进的坚实力量。坚持企业在创新中的主体地位,提高企业的创新活力,是推进国家经济持续健康发展的关键。

表1 国内有效专利统计

按专利类型分组		职务				非职务
		高等院校	科研机构	企业	事业单位	个人
发明	有效量	546 969	194 597	1 925 735	25 640	101 744
	构成	19.6%	7.0%	68.9%	0.9%	3.6%
实用新型	有效量	473 317	119 287	7 825 224	159 461	864 321
	构成	5.0%	1.3%	82.9%	1.7%	9.2%
外观设计	有效量	45 823	5 768	1 564 214	6 190	862 484
	构成	1.8%	0.2%	63.0%	0.2%	34.7%

资料来源:CnOpenData。

在影响企业创新能力的多种因素里,公司治理受到的关注颇多。股权结构居于公司治理核心地位,它对于企业内部治理的基础影响和决定作用使其对企业创新活动产生重要影响。创新活动作为一个多投入、高风险、长期性的活动,其收益与回报往往与投入决策之间存在较长时滞,而现代公司所有权与控制权的分离(Berle and Means,1932)带来的委托代理问题,使得经营者在进行公司战略抉择之时未必以公司的长期利益为目标,在信息不对称的强化下,道德风险与逆向选择时常发生,这将对与公司长远利益相关的创新决策产生明显影响。

改革开放以来,我国逐步建立起中国特色社会主义市场经济体制,几十年来,中国各类市场主体均得以快速发展,全国及各类市场主体的经营性资产更是快速增长。党的十八届三中全会指出:"公有制经济和非公有制经济都是社会主义市场经济重要组成部分,是我国经济社会发展的重要基础。"一直以来,我国也通过多种政策促进国有企业和民营企业良性竞争、相互协作、共同发展。第四次经济普查年鉴数据显示,截至2018年底,我国国有控股企业资产总额为2 198 139亿元,占全国的40.9%,实力不断壮大;民营企业资产总额为2 672 907亿元,占比49.7%,在其他各种所有制企业中排名第一。高额的占比体现出国有企业和民营企业发展状况将对整个国民经济产生重要影响,其创新能力直接关系国家经济健康发展(张玉娟,2018)。国有企业和民营企业不同的产权性质造就其不同的内部特征,这是否使得股权结构对企业创新活动的影响存在差异?

然而,我国现有文献对于股权结构相关因素与企业创新活动关系的研究并不充分,结论也莫衷一是,并且鲜有文献探究不同产权性质下股权结构对企业创新的影响是否存在区别。对于我国 A 股上市企业而言,企业的股权集中度与股权制衡度等股权结构相关因素会对企业的创新投入与创新产出产生什么样的影响呢？这些影响在不同产权结构的企业中是否存在区别呢？鉴于此,本文在梳理总结已有研究的基础上进行理论分析,从股权结构的视角出发,研究不同产权性质公司内部治理对企业创新活动的差异性影响,以期能根据企业的不同产权性质来提供完善公司治理机制的对策与建议。

与已有文献相比,本文的主要贡献在于:第一,本文丰富了我国企业创新活动影响因素的研究,为进一步认识公司治理结构对企业创新的影响提供了新的证据,完善了委托代理理论以及公司治理理论。第二,本文通过较丰富的变量综合考察股权结构与企业创新的关系,以期探索股权结构对企业创新的作用机制和影响,为促进企业创新、激发市场活力提供理论上的指导。第三,本文从对比的视角分析股权结构对国有企业和民营企业在创新投入和创新产出方面的影响差异,探讨差异产生的原因,并据此提出有针对性的建议,以更好地促进企业创新。第四,本文的实证结果表明,不同产权性质下股权结构对企业创新影响存在差异性,有关部门应更深入地了解公司治理机制差异产生的影响,进一步综合考量政策推出具有的重要现实意义,这为处在国民经济转型升级节点的中国提供了新的发展视角。

本文其余部分的结构如下:第二部分为文献综述,主要对国内外学界针对股权结构以及企业创新之间关系的相关文献进行梳理总结;第三部分为理论分析,并以此为基础提出本文的研究假设;第四部分介绍实证研究设计,主要报告了本文的样本变量选择、研究方法并进行理论建模;第五部分按企业产权性质分组研究股权结构对企业创新的影响,对实证结果进行分析并进行稳健性检验;第六部分为本文结论以及政策建议。

2 文献综述

股权结构作为公司治理的基础,引起了国内外学者的广泛研究。以往研究主要从定性和定量两个方面入手。定性方面指股权的属性,即企业内外部持股情况,主要包括高管持股、机构投资者持股、员工持股、社会公众持股等。定量方面则指股权分布情况,主要从股权集中度与股权制衡度两个方面进行考察。

2.1 股权结构与企业创新文献回顾

2.1.1 股权集中度与企业创新文献回顾

国外学者关于股权集中度与企业创新之间关系的研究,主要包括利益协同和利益侵占两方面观点。Francis(1995)认为分散持股公司的创新能力低于管理层持股高度集中的公司,这是因为所有权集中能够有效缓解与创新相关的高代理成本。

Battagion和Tajoli(2000)利用意大利工业企业数据研究发现股权集中度会抑制企业技术创新。Yafeh Y(2003)以化学工业中的日本公司为样本,发现集中持股与公司创新存在显著的正相关关系;O Yosha(2003)研究表明高度的所有权集中和债务融资的使用不利于企业研发支出。

国内相关研究虽然起步较晚,但在结合已有经验和我国实际情况的基础上,仍产出了许多有价值的学术成果。杨建君等(2007)认为企业股权越集中,技术创新投入越少。赵洪江等(2008)采用WLS方法证实公司股权集中度对公司创新投入具有正向影响,且国有公司创新投入少于民营公司。任海云(2010)基于A股制造业上市公司研究发现,股权集中有利于公司R&D投入,但一股独大具有负面影响。郑毅、王琳琳等(2016)以2011—2014年创业板上市的281家企业为研究样本,结果发现股权集中度与企业R&D投入呈显著的负相关,这是因为大股东攫取控制权获得私有收益的倾向会导致大股东的堑壕效应。张玉娟和汤湘希(2018)发现股权集中度对企业创新的抑制作用在民营企业中更显著。部分学者研究发现股权集中度与企业创新之间存在非线性关系,如U形(毕克斯等,2007)、倒U形(冯根福等,2008)、N形(文芳,2008)、Z形(顾露露等,2015)。

可见,国内外学者们对于股权结构与企业创新之间的关系无法形成统一的意见,这可能是由于不同的市场环境、样本区间、企业类型导致二者之间存在不同的作用机制,因此有必要结合具体背景进行具体分析。

2.1.2 股权制衡度与企业创新文献回顾

通过对大量文献的梳理总结后发现,大部分学者对于股权制衡度与企业创新之间的正相关关系观点一致。Marco等(1998)得出结论,从公司控股股东的角度来看,最优的股权结构一般都包含一定程度的分散,适度分散形成的权力制衡为维护中小股东免受大股东侵害提供了可能,有利于管理层制定符合企业未来可持续发展的投资决策(Gomes等,2005)。Porta等(1999)发现,理想的公司股权结构应同时包括几个大股东,他们之间形成的有效的制约监督机制可以使企业拥有较强的创新能力,推动企业的长远发展,避免股权过度集中带来的"一言堂"现象。李琳等(2009)的研究表明,通过提高股权制衡度来分散股东权力,有助于做出更有利于企业长远发展的创新投入决策,进而增强企业创新活力。杨建君等(2015)通过研究发现,股权制衡度高的企业在做出相关决策时更倾向于关注企业长远发展,提高研发投入的积极性更高,进而有利于提升企业的创新能力。杨风等(2016)基于中国创业板上市公司数据研究发现,企业的股权制衡度越高,其研发投资水平越高。郑毅等(2016)研究发现,其他大股东能对第一大股东产生制衡作用,股权制衡度与R&D投入呈显著的正相关。张玉娟等(2018)的实证结果表明,股权制衡会显著地促进企业参与更多的创新活动。杨柳青等(2018)采用2005—2016年中国主板和中小板上市公司数据,实证证明了股权制衡度越高,企业 R&D 投入也越高,从而有效提升企业的创新能力。

2.2 高管持股与企业创新文献回顾

创新活动风险大、成本高、周期长。根据委托代理理论,高管与股东的目标存在不一致性,导致其倾向于选择投资回报期短、风险低的项目。因此,合理的激励机制显得尤为重要。增加高管持股比例能够有效缓解高管和股东目标的差异性,在一定程度上缓解委托代理矛盾,进而促进企业创新。

Jensen 等(1976)在研究中发现,高管持股比例的提升会有效促进企业创新活动的开展。Mcconnell 等(1990)在研究中发现,高管持股与企业创新投入关系呈非线性。Lin 等(2009)研究发现,对经理人的激励机制能够显著促进民营企业创新活动,但对于国有企业的影响尚未阐明。

国内研究表明,高管长期股权激励以及短期报酬激励对企业研发投入均有着正向影响(王燕妮,2011),持股比例越高,短期报酬越高,企业的研发投入便越多。夏芸和唐清泉(2008)以我国高科技上市公司为样本,研究发现高管股权激励对研发支出具有显著促进作用,高管持股比例越高,研发支出越多;并且这种促进作用在公司资源富余水平高、公司业绩好、成长性强的企业中更加明显。蒲文燕(2013)研究发现,高管股权激励在我国民营上市公司中更加有效。张玉娟等(2018)研究发现,高管激励可以显著地促进企业更多地投入创新活动,其中,股权激励对国有企业创新活动的促进作用更强。

2.3 机构投资者持股与企业创新文献回顾

机构投资者对上市公司持股的动机分为投机动机和投资动机。机构投资者可能出于不同动机而对企业创新持不同态度,从而对企业创新活动产生产不同的影响。

Grave(1988)的研究表明,机构投资者持股与公司 R&D 支出呈现出一种负相关关系。Samuel 和 Cherian(1996)在对美国上市的制造业公司进行研究时发现,机构投资者持股对企业研发投入存在负向影响。Falkenstein(1996)则发现机构投资者的存在会对长周期、高风险的研发投资项目产生不利影响。部分学者研究发现,机构投资者持股比例的提升对企业技术创新活动具有显著的促进作用(Hill,1988;Baysinger,1991;Hanse,1991)。Wahal(2000)通过对美国 2 500 家公司 1988—1994 年的数据研究发现,机构投资者持股对企业的研发以及资本性支出均存在着显著的积极影响。

我国在机构投资者持股与企业创新的关系方面也有着诸多研究:赵洪江等(2008)通过 WLS 方法证实机构投资者股权与 R&D 支出存在着一种显著的正相关关系。冯素晶(2015)则在研究中发现,机构投资者的整体持股比例与公司研发投资强度负相关,并且内部治理水平差的公司(如国有控股公司、股权集中度较高的公司、股权制衡度较低的公司),机构投资者持股对于研发投资的负向作用更加显著。蒲文燕(2013)的研究发现,机构投资者持股对企业研发投资的促进作用仅存在于民营企业,而在国有上市公司中,它与该企业的研发强度无关。朱琳(2017)选取2012—2015年在我国创业板上市的高技术产业研究发现,由于机构投资者很少关注企业长远发展利益,机构投资者持股对企业的研发创新投入会产生直接的负向影响。

3 理论分析与研究假设

3.1 股权集中与企业创新

"一股独大"现象普遍存在于我国上市公司。一方面,股权集中度高会导致风险过度集中于一个或几个控股股东而无法分散,这使得大股东在风险规避心理的作用下倾向于拒绝高风险的投资创新性项目。另一方面,股权集中度过高会导致第二类委托代理问题,控股股东的行为缺少监督,他们往往会侵害中小股东权益,利用公司控制权谋取私人收益,影响企业创新活动的积极性。随着股权集中程度的升高,大股东倾向于通过控制权攫取私人收益,而无意于开展研发创新等有利于公司长远价值的活动,从而影响企业创新活动的积极性。通过以上理论分析,本文提出如下假设:

H1a:股权集中会抑制企业创新活动。

国有企业作为政府的代理人,受到的政府干预主要表现为政治引领,因此国有企业在某种程度上被赋予了一定的社会职能和政治职能。其大股东由于身份的特殊性质,利益目标与一般股东不一致,其进行创新决策时必须考虑其公职人员的身份定位。而创新研发活动具有风险高、周期长、投入高的特点,为了维护自身政绩的稳定,其对于创新研发可能持保守态度。并且,对于股权集中度高的企业来说,需要控股股东具有专业且丰富的金融知识、专业知识。对于国有企业大股东来说,身兼数职的他们缺少时间与精力去学习研究,所以国有企业的高集中度会使股东减少创新投入。而对于民营企业股东来说,维持企业的长期可持续发展、巩固市场地位才是其目标,因此控股股东对于创新活动的积极性较强。基于以上理论分析,本文提出如下假设:

H1b:股权集中对于企业创新的抑制作用在国有企业中更加明显。

3.2 股权制衡与企业创新

股权制衡一方面能够有效缓解公司治理中存在的第二类委托代理问题,即限制大股东利用控制权获取私人收益的非效率行为(Kahn and Winton,1998),减轻对中小股东利益的损害。对"一股独大"局面的遏制,能够使几个大股东内部相互牵制,使企业创新决策更加科学化、合理化、专业化。另一方面,股权制衡能够加强对大股东以及高管的监督,一定程度上阻止大股东与公司高管之间的合谋行为,激励公司高管选择有利于企业长期发展的创新决策,对公司的创新活动产生积极影响。综上,股权制衡度的提高能够有效缓解企业内部股权导致的矛盾,从而促进企业创新。基于以上理论分析,本文提出如下假设:

H2a:股权制衡会促进企业创新活动。

已有研究表明,不同的产权性质会影响股权制衡对创新的促进作用。第一,相比于承担了更大社会责任的国有企业,民营企业的私有产权属性使其控股股东对公司的控制力更强。民营企业中的多个大股东在进行投资决策出现分歧时,企业价值的最大化可能会是最后的选择。第二,民营企业面临着比国有企业更加激烈的市场竞争,这就使其股东会倾向于做出更有利于企业长远发展的决策,更有利于其为了树立核心竞争优势而积极参与创新活动。第三,我国民营企业股权制衡度通常较高,边际效应递减规律表明(高鸿业,2014),股权制衡度上升带来的促进作用会随着股权制衡程度的提高而降低。基于以上理论分析,本文提出如下假设:

H2b:股权制衡对于企业创新的促进作用在国有企业中更加明显。

3.3 高管持股与企业创新

公司股东以及高级管理人员协商后做出的投资决策关系着企业的长远发展,然而创新活动的高风险、回报期长特征与公司高管获取短期低风险收益的倾向相反,这使得他们不会更多地考虑股东们的长远利益,由此引发委托代理问题。因此,制定合理的高管激励机制来激发经理人等高级管理人员的创新动力对企业的发展尤为重要。通过增加高管持股比例对高管进行股权激励,可以保证高管与企业的利益目标趋于一致,促使其更关注公司的长期利益,做出对公司长远发展更有益的创新决策。基于以上理论分析,本文提出如下假设:

H3a:高管持股会促进企业创新活动。

国有企业的实际控制人性质决定了其在进行运营决策时不单单以利益最大化为目标导向,而是会更多涵盖政治任务、社会任务。栾斌与杨俊(2016)的研究表明,若放弃相应投资项目取得的收益无法企及开展该创新活动带来的企业利益增加量,国有企业中的高级管理人员决定开展创新项目的概率会大大提高。国有企业长期激励机制的缺乏要求为提高高管创新动力提供新的对策,如提高国有企业高管持股比例,强化其决策权(李春涛、宋敏,2010),将国有企业高管利益与企业长远发展进行捆绑,从而更有效地提高公司高管在创新活动中的积极性。相较于国有企业,民营企业在进行决策时不存在政治、社会等目标的约束。基于以上理论分析,本文提出如下假设:

H3b:高管持股对于企业创新的促进作用在国有企业中更加明显。

3.4 机构投资者持股与企业创新

虽然近年来我国机构投资者规模迅速扩大,已经进入快速成长期,但相比于国外金融市场,我国机构投资者,无论从规模还是专业性上都有所欠缺,资本市场的法律法规、监管制度也不完善,多种因素削弱了机构投资者的投资动机以及治理能力,使其缺乏能力与动力促进企业创新活动的开展。机构投资者与公司内部之间的信息不对称,限制了机构投资者对企业长期发展价值的评估,转而更加注重短期绩效。"短视投资者"作用的强化致使其为了达成短期业绩考核的指标而削减风险高、投入大、回报缓慢的研发创新项目,对企业创新产生负面影响。依据上述分析,本文提出如下假设:

H4a:机构投资者持股会抑制企业创新活动。

已有研究经验表明,机构投资者持股对于企业创新活动的影响作用具有产权性质差异。国有企业的实际控制权由不参与剩余收益分配的政府官员掌握,且受到政府政治干预较多,公司内部委托代理问题较为严峻,内部治理结果相比于民营企业较差,这进一步抑制了机构投资者秉持投资目标对于企业改善公司治理的作用(薄仙慧、吴联生,2009)。此外,国有企业的发展决策常常要兼顾一定的政治、社会效应,而不是完全的企业价值最大化,这就加剧了机构投资者与企业内部的信息不对称,影响其评估企业创新活动的质量和效果,使其忽视长期价值,进而抑制企业创新活动。基于以上理论分析,本文提出如下假设:

H4b:机构投资者持股对于企业创新的抑制作用在国有企业中更加明显。

4 实证研究设计

4.1 样本选择及数据来源

本文选取2007年至2020年在上海和深圳证券交易所上市的中国A股公司作为研究样本。数据主要来自国泰安(CSMAR)数据库、WIND数据库以及瑞思(RESSET)金融研究数据库,表2详细说明了企业产权性质分组依据,部分数据通过手工整理计算获得。

表2 上市公司产权性质划分方法

产权性质	国有企业	民营企业
上市公司实际控制人类型	国营或国有控股	民营或民营控股
	行政机关、事业单位	自然人
	中央机构	国内自然人
	地方机构	

借鉴已有研究,本文对原始数据进行了如下筛选:

(1) 剔除金融、保险行业样本;

(2) 剔除主要变量缺失或存在异常的样本;

(3) 剔除 ST、PT、*ST、T 类的样本。

最终获得 25 039 个年度-企业观测变量。为排除异常值影响,本文对连续变量进行了 1% 和 99% 水平上的 Winsorize 处理。

4.2 变量定义

4.2.1 被解释变量

本文选取创新投入、创新产出两个代理变量,以全面衡量企业创新情况:用研发支出占营业收入的比例衡量创新投入($InDens$),企业创新产出($Patent$)则使用专利申请量总和除以 1 000 来衡量。

4.2.2 解释变量

1) 股权集中度

根据已有研究成果,参考杨风等(2016)的定义方法,用第一大股东持股比例($Share$)度量股权集中度。

2) 股权制衡度

本文参考张玉娟(2018)的研究,用公司第二至第十大股东持股比例之和与第一大股东持股比例的比值表示股权制衡度($Balance$)。

3) 高管持股

本文用董事、监事、高管(简称"董监高")的持股比例之和加 1 取自然对数测度高管持股($Shainc$)比例。

4) 机构投资者持股

本文采用机构投资者持股数与公司股本总额之比($Investor$)来衡量机构投资者持股对企业施加控制的能力。

4.2.3 控制变量

以已有文献为基础,选择其他可能影响企业创新的变量:产权性质(SOE)、董事会规模($Board$)、董事会持股比例($Boadshare$)、两职合一状态($Dual$)、现金持有率($Cash$)、公司规模($Size$)、公司年龄(Age)、资本结构(Lev)、盈利能力(Roa)、托宾 Q 值(Tq)、市场化进程($Market$)。此外,本文还在模型中设置了年度虚拟变量($Year$),以控制不同年份宏观经济环境对公司创新的影响,各变量详细定义见表 3。

表 3　各变量定义

变量类型	变量名称	变量符号	变量描述
被解释变量	创新投入	InDens	研发支出/营业收入
	创新产出	Patent	专利申请量总和除以 1 000，包括发明、实用新型和外观设计
解释变量	股权集中度	Share	第一大股东持股比例
	股权制衡度	Balance	第二至第十大股东持股比例之和/第一大股东持股比例
	高管持股	Shainc	董监高的持股比例之和加 1，取自然对数
	机构投资者持股	Investor	机构投资者持股数/公司股本总额
控制变量	产权性质	SOE	国有企业取 1，民营企业取 0
	董事会规模	Board	董事会总人数
	董事会持股比例	Boadshare	董事会持股数/公司股本总数
	两职合一状态	Dual	董事长和总经理为同一人取值为 1，否则为 0
	现金持有率	Cash	（期末货币资金+期末交易性金融资产）/期末总资产
	公司规模	Size	公司年末总资产自然对数
	公司年龄	Age	当年年份−上市年份加 1 的自然对数
	资本结构	Lev	总负债/总资产
	盈利能力	Roa	净利润/总资产
	托宾 Q 值	Tq	（股权市值+净债务市值）/（总资产−无形资产净额−商誉净额）
	市场化进程	Market	樊纲、王小鲁编制的市场化指数
	年度变量	Year	当年样本取值为 1，否则为 0
	行业变量	Industry	按证监会分类标准共 19 个行业虚拟变量

4.3　模型建立

根据前文的分析，对各解释变量和被解释变量的影响关系进行梳理，模型设定如下：

$$Innov_{it} = \beta_0 + \beta_1 Var_{it} + \beta_2 Controls_{it} + \varepsilon_{it} \qquad (1)$$

其中，$Innov$ 为企业创新的代理变量，如前所述，包括企业创新投入（$InDens$）与创新产出（$Patent$）。Var 为本文主要解释变量，包括股权集中度（$Share$）、股权制衡度（$Balance$）、高管持股（$Shainc$）、机构投资者持股（$Investor$）。$Controls$ 则表示前文所述控制变量。按企业产权性质不同采用 OLS 模型进行分组回归。下标 i 和 t 表示 t 年 i 企业的数据情况，β 分别表示各变量的弹性。

5 实证分析

5.1 描述性统计

本文首先分别报告了全样本、民营企业、国有企业各个被解释变量、解释变量以及控制变量的描述性统计结果,详细数据见表4。

表4 各变量描述性统计

VarName	Obs	Mean	SD	Min	Median	Max	P25	P75
\multicolumn{9}{c}{PanelA:全样本描述性统计}
InDens	24 570	0.044	0.045	0.000	0.035	0.258	0.015	0.053
Patent	6 374	92.413	482.089	1.000	22.000	13 683.000	9.000	58.000
Share	25 038	0.347	0.143	0.094	0.328	0.729	0.234	0.443
Balance	25 038	0.960	0.793	0.047	0.758	4.010	0.375	1.311
Shainc	25 025	0.142	0.173	0.000	0.033	0.532	0.000	0.293
Investor	25 039	0.418	0.255	0.001	0.433	0.919	0.189	0.626
Board	25 039	9.974	2.515	5.000	9.000	18.000	9.000	11.000
Boadshare	25 025	0.162	0.207	0.000	0.027	0.682	0.000	0.320
Dual	24 755	0.308	0.462	0.000	0.000	1.000	0.000	1.000
Cash	25 038	0.212	0.153	0.021	0.167	0.732	0.102	0.277
Size	25 038	22.026	1.285	19.802	21.828	26.094	21.087	22.739
Lev	25 038	0.405	0.202	0.049	0.396	0.885	0.242	0.554
Age	25 039	2.811	0.377	1.534	2.868	3.495	2.602	3.078
Roa	25 039	0.041	0.065	-0.278	0.041	0.205	0.016	0.072
Tq	24 068	2.929	2.095	0.888	2.261	12.280	1.539	3.556
Market	24 965	9.948	2.094	4.657	10.005	14.232	8.510	11.381
\multicolumn{9}{c}{PanelB:民营企业描述性统计}
VarName	Obs	Mean	SD	Min	Median	Max	P25	P75
InDens	16 621	0.051	0.047	0.000	0.039	0.258	0.026	0.060
Patent	4 188	59.463	330.332	1.000	19.000	13 546.000	8.000	46.000
Share	16 797	0.324	0.133	0.094	0.305	0.729	0.221	0.408
Balance	16 797	1.118	0.824	0.047	0.908	4.010	0.516	1.480

续表

PanelB:民营企业描述性统计								
Shainc	16 785	0.208	0.176	0.000	0.202	0.532	0.015	0.364
Investor	16 797	0.338	0.249	0.001	0.297	0.919	0.115	0.541
Board	16 797	9.471	2.274	5.000	9.000	18.000	8.000	11.000
Boadshare	16 785	0.237	0.214	0.000	0.211	0.682	0.011	0.416
Dual	16 675	0.410	0.492	0.000	0.000	1.000	0.000	1.000
Cash	16 796	0.228	0.163	0.021	0.179	0.732	0.108	0.304
Size	16 796	21.670	1.043	19.802	21.549	26.094	20.902	22.290
Lev	16 796	0.358	0.187	0.049	0.341	0.885	0.206	0.491
Age	16 797	2.765	0.384	1.534	2.819	3.495	2.551	3.037
Roa	16 797	0.046	0.067	−0.278	0.048	0.205	0.021	0.079
Tq	16 001	3.298	2.236	0.888	2.574	12.280	1.802	3.998
Market	16 737	10.212	1.984	4.657	10.327	14.232	8.800	11.501
PanelC:国有企业描述性统计								
VarName	Obs	Mean	SD	Min	Median	Max	P25	P75
InDens	7 949	0.029	0.035	0.000	0.021	0.258	0.005	0.040
Patent	2 186	155.538	680.223	1.000	33.000	13 683.000	11.000	92.000
Share	8 241	0.393	0.152	0.094	0.384	0.729	0.273	0.505
Balance	8 241	0.639	0.609	0.047	0.444	4.010	0.194	0.893
Shainc	8 240	0.009	0.033	0.000	0.000	0.455	0.000	0.000
Investor	8 242	0.582	0.175	0.001	0.584	0.919	0.452	0.712
Board	8 242	10.999	2.667	5.000	11.000	18.000	9.000	12.000
Boadshare	8 240	0.007	0.033	0.000	0.000	0.474	0.000	0.000
Dual	8 080	0.098	0.297	0.000	0.000	1.000	0.000	0.000
Cash	8 242	0.178	0.124	0.021	0.146	0.732	0.091	0.229
Size	8 242	22.751	1.420	19.802	22.601	26.094	21.733	23.655
Lev	8 242	0.502	0.198	0.049	0.510	0.885	0.349	0.656
Age	8 242	2.904	0.345	1.534	2.959	3.495	2.725	3.141
Roa	8 242	0.029	0.057	−0.278	0.028	0.205	0.009	0.054
Tq	8 067	2.199	1.542	0.888	1.683	12.280	1.217	2.580
Market	8 228	9.411	2.207	4.657	9.403	14.232	7.832	10.998

由表 4 PanelA 结果可知,衡量企业创新投入的变量 *InDens*,在全样本中均值为 0.044,标准差为 0.045,最大值为 0.258,最小值为 0,这说明在我国上市公司中,研发支出占营业收入的比例普遍较低(4.1%),并且差异较大。PanelB 显示,在民营企业样本中,均值提升至了 0.051,标准差则提升至了 0.047;而在国有企业样本中,*InDens* 均值仅为 0.029,标准差降至 0.035,均远低于全样本均值。以企业专利申请量总和衡量的企业创新产出变量 *Patent*,其全样本均值为 92.413,民营企业样本均值为 59.463,而在国有企业样本中,这一均值达到了 155.538,远高于民营企业,且企业间专利申请量分布差异较大。综上,初步判断民营企业的创新投入强度以及创新投入积极性高于国有企业,然而国有企业的创新产出(*Patent*)均值高于民营企业,具体强弱差异程度有待进一步验证。

股权结构方面,股权集中度(*Share*)全样本均值为 0.347,最大值更是达到了 0.729,由此可见,股权集中的现象在我国上市公司中仍普遍存在且集中程度较高。民营企业的股权集中度均值以及中位数均低于国有企业,并且民营企业的股权制衡度均值以及中位数远高于国有企业,这说明我国国有企业仍存在较为严重的"一股独大"现象,股权制衡水平较低,这与张玉娟等(2018)的研究结果相一致。

国有企业高管持股均值、中位数、标准差均低于民营企业,可见民营上市企业更加注重对高管进行股权激励,标准差偏大,说明样本区间取值具有多样性。由表 4 可知,机构投资者持股比例在全样本中为 41.8%,在民营企业样本中为 33.8%,在国有企业中更是高达 58.2%,均高于高管持股比例均值,这与我国自 2016 年以来 A 股市场投资者总量中非自然人账户(主要为投资机构)从逾 28 万迅猛增至近 50 万的发展状况是一致的。

表 5 报告了单变量均值 T 检验结果,结果显示国有企业与民营企业的所有主要变量均值差异均在 1% 的水平下显著,这说明民营企业与国有企业在创新、股权结构、公司特征等方面存在显著性差异。

表 5　样本均值 T 检验结果

Variables	Mean			国有企业与民营企业的差异	T 统计量
	全样本	民营企业	国有企业		
InDens	0.049 187 2	0.051 0	0.029 5	0.021 5	0.021 6***
Patent	89.241 31	59.463 2	155.538 4	-96.075 2	-96.075 2***
Share	0.343 138 8	0.324 0	0.392 5	-0.068 5	-0.068 5***
Balance	0.973 634 6	1.117 7	0.639 2	0.478 5	0.478 5***
Shainc	0.149 073 6	0.208 0	0.008 6	0.199 4	0.199 4***
Investor	0.411 517 1	0.338 2	0.581 6	-0.243 4	-0.243 4***

续表

Variables	Mean			国有企业与民营企业的差异	T 统计量
	全样本	民营企业	国有企业		
Board	9.905 522	9.470 7	10.999 2	-1.528 5	-1.528 5***
Boadshare	0.168 118 5	0.237 4	0.007 5	0.229 9	0.229 9***
Dual	0.314 270 3	0.409 8	0.097 5	0.312 3	0.312 3***
Cash	0.226 728 9	0.228 4	0.178 0	0.050 4	0.050 4***
Size	21.912 33	21.670 3	22.751 4	-1.081 1	-1.081 1***
Lev	0.377 331 8	0.357 9	0.501 6	-0.143 7	-0.143 7***
Age	2.752 094	2.765 3	2.904 3	-0.139	-0.139 0***
Roa	0.045 280 7	0.046 0	0.029 5	0.016 5	0.016 5***
Tq	3.086 266	3.297 5	2.198 6	1.098 9	1.099 0***
Market	10.037 84	10.212 4	9.410 6	0.801 8	0.801 9***

注：*** $p<0.01$，** $p<0.05$，* $p<0.1$。

5.2　相关系数检验

进行多元回归之前,为了保证回归的准确性,本文对主要变量进行了相关系数检验,详细结果见表6。表6第二、三列显示,创新投入、创新产出与股权集中度、股权制衡度、高管持股、机构投资者持股之间均具有显著相关性,说明各个解释变量之间不存在共线性问题。相关性分析报告了初步研究结果,更准确可靠的结论仍需进行进一步的分析研究。

5.3　多元回归分析

5.3.1　股权集中度与企业创新关系回归分析

表7检验了股权集中度对企业创新的影响,其中第(1)、(2)、(3)列为股权集中度对企业创新投入的影响,第(4)、(5)、(6)列为股权集中度对企业创新产出的影响。为了分析公司产权性质不同的情况下股权集中度对企业创新可能存在的影响差异,本文对全样本、国有企业样本、民营企业样本分别进行了分组回归检验。结果显示:股权集中度对企业创新投入的回归系数在1%的水平下显著为负,表明随着股权集中度的提高,企业的创新投入减少。以企业专利申请量为被解释变量时,回归系数在全样本以及国有企业样本中显著为负,民营企业样本中不显著,说明股权集中度对创新产出的影响存在产权性质差异,对国企创新产出的抑制作用更强,部分验证假设H1b。综上,股权集中对企业创新存在显著抑制作用,验证假设H1a。不难看出,"一股独大"的治理问题在我国上市公司中普遍存在,随着股权集中度的提高,大股东对于企业决策的控制能力更强,更容易为了谋取私有收益减少创新活动投入。

股权结构对企业创新的影响研究

表6 相关系数表

	InDens	Patent	Share	Balance	Shainc	Investor	Board	Boadshare	Dual	Cash	Size	Lev	Age	Roa	Tq	Market
InDens	1															
Patent	0.00500	1														
Share	-0.169***	0.052***	1													
Balance	0.174***	-0.006***	-0.706***	1												
Shainc	0.241***	-0.077***	-0.130***	0.282***	1											
Investor	-0.218***	0.111***	0.476***	-0.253***	-0.717***	1										
Board	-0.111***	0.081***	0.00700	-0.016***	-0.243***	0.208***	1									
Boadshare	0.228***	-0.075***	-0.094***	0.243***	0.992***	-0.704***	-0.238***	1								
Dual	0.150***	0.00200	-0.040***	0.073***	0.267***	-0.204***	-0.168***	0.265***	1							
Cash	0.258***	-0.033***	0.016***	0.105***	0.234***	-0.066***	-0.121***	0.232***	0.129***	1						
Size	-0.256***	0.310***	0.185***	-0.147***	-0.399***	0.424***	0.277***	-0.387***	-0.197***	-0.262***	1					
Lev	-0.311***	0.112***	0.063***	-0.173***	-0.355***	0.228***	0.192***	-0.343***	-0.167***	-0.445***	0.521***	1				
Age	-0.070***	0.027**	-0.101***	-0.036***	-0.231***	0.042***	0.111***	-0.220***	-0.093***	-0.187***	0.236***	0.171***	1			
Roa	-0.00300	0.0130	0.126***	0.036***	0.183***	0.069***	-0.113***	0.179***	0.071***	0.269***	-0.067***	-0.381***	-0.129***	1		
Tq	0.312***	-0.069***	-0.060***	0.146***	0.248***	-0.115***	-0.123***	0.241***	0.138***	0.235***	-0.411***	-0.377***	-0.130***	0.257***	1	
Market	0.125***	0.025**	0	0.050***	0.168***	-0.086***	-0.088***	0.164***	0.123***	0.129***	-0.079***	-0.089***	-0.066***	0.078***	-0.013*	1

注：*** p<0.01，** p<0.05，* p<0.1。

表7 股权集中度与企业创新的回归结果

VARIABLES	(1) InDens 全样本	(2) InDens 国有企业	(3) InDens 民营企业	(4) Patent 全样本	(5) Patent 国有企业	(6) Patent 民营企业
Share	-0.017*** (-10.30)	-0.014*** (-6.00)	-0.017*** (-7.44)	-0.074* (-1.67)	-0.355*** (-3.20)	0.014 (0.33)
Board	-0.000 (-1.35)	0.000 (1.44)	-0.000** (-1.96)	0.001 (0.31)	-0.001 (-0.14)	0.002 (0.64)
Boadshare	0.004*** (3.03)	0.046*** (4.66)	0.004** (2.52)	0.033 (0.97)	-0.936 (-1.45)	0.033 (1.16)
Dual	0.002*** (4.68)	0.002 (1.58)	0.003*** (4.58)	0.050*** (3.74)	0.225*** (4.78)	0.026** (2.39)
Cash	0.022*** (12.31)	0.007** (2.24)	0.025*** (11.18)	0.097** (2.06)	0.216* (1.66)	0.005 (0.11)
Size	0.002*** (6.95)	0.000 (1.24)	0.003*** (7.25)	0.160*** (22.41)	0.212*** (14.35)	0.103*** (13.54)
Lev	-0.041*** (-25.59)	-0.028*** (-12.84)	-0.047*** (-21.51)	-0.103** (-2.35)	-0.223** (-2.34)	-0.004 (-0.09)
Age	-0.007*** (-10.06)	-0.014*** (-11.42)	-0.006*** (-6.68)	-0.015 (-0.82)	-0.069 (-1.32)	-0.009 (-0.55)
Roa	-0.104*** (-25.34)	-0.053*** (-8.02)	-0.120*** (-23.44)	0.054 (0.43)	-0.190 (-0.60)	0.242** (2.19)
Tq	0.004*** (28.35)	0.004*** (13.63)	0.004*** (23.80)	0.009** (2.44)	0.021* (1.89)	0.005* (1.69)
Market	0.001*** (5.76)	0.001*** (3.29)	0.001*** (6.26)	0.006* (1.84)	0.012* (1.68)	-0.001 (-0.36)
Constant	-0.005 (-0.76)	0.025*** (2.82)	-0.017* (-1.66)	-3.573*** (-18.69)	-4.755*** (-11.32)	-2.238*** (-11.48)
行业	控制	控制	控制	控制	控制	控制
年度	控制	控制	控制	控制	控制	控制
Observations	23 273	7 607	15 666	6 028	2 083	3 945
R-squared	0.443	0.434	0.426	0.207	0.304	0.092

注:括号内为 z 统计量;*** $p<0.01$, ** $p<0.05$, * $p<0.1$。

5.3.2 股权制衡度与企业创新关系回归分析

表8结果显示,股权制衡度对企业创新投入的回归系数在各个样本中均在1%的水平下显著为正,表明股权制衡度越大,企业创新投入越多。Balance在第(2)列和第(3)列中的回归系数分别为0.002和0.001,国有企业样本中的回归系数略大于民营企业样本,且当以企业创新产出为被解释变量时,国有企业样本在1%的水平下显著为正,民营企业样本却不显著,说明股权制衡度对企业创新的促进作用普遍存在,但在国有企业中这种积极影响表现得更加明显,假设H2a、H2b得到验证。制衡股东能避免大股东"一言堂"局面,几个大股东之间相互制衡,既能够防止小股东"搭便车"使管理者缺乏监督,又限制控股股东利用控制权获取私人收益的非效率投资行为(Kahn and Winton,1998),保护中小股东利益。

表8 股权制衡度与企业创新的回归结果

VARIABLES	(1) InDens 全样本	(2) InDens 国有企业	(3) InDens 民营企业	(4) Patent 全样本	(5) Patent 国有企业	(6) Patent 民营企业
Balance	0.002*** (6.06)	0.002*** (4.21)	0.001*** (3.67)	0.019** (2.45)	0.136*** (5.36)	-0.007 (-1.12)
Board	-0.000 (-1.18)	0.000 (1.35)	-0.000 (-1.60)	0.001 (0.22)	-0.003 (-0.56)	0.002 (0.70)
Boadshare	0.003** (2.51)	0.048*** (4.81)	0.003** (2.02)	0.023 (0.66)	-1.425** (-2.20)	0.035 (1.24)
Dual	0.002*** (4.68)	0.002* (1.76)	0.003*** (4.33)	0.050*** (3.75)	0.229*** (4.91)	0.026** (2.34)
Cash	0.021*** (11.70)	0.006** (2.12)	0.024*** (10.66)	0.090* (1.93)	0.165 (1.27)	0.006 (0.16)
Size	0.002*** (5.85)	0.000 (0.12)	0.003*** (6.98)	0.158*** (22.35)	0.200*** (13.55)	0.103*** (13.56)
Lev	-0.040*** (-25.23)	-0.027*** (-12.44)	-0.047*** (-21.41)	-0.096** (-2.20)	-0.193** (-2.03)	-0.007 (-0.15)
Age	-0.007*** (-9.04)	-0.013*** (-10.50)	-0.006*** (-6.24)	-0.011 (-0.59)	-0.030 (-0.61)	-0.010 (-0.59)
Roa	-0.107*** (-26.13)	-0.054*** (-8.17)	-0.124*** (-24.24)	0.047 (0.38)	-0.202 (-0.64)	0.240** (2.19)

续表

VARIABLES	(1) InDens 全样本	(2) InDens 国有企业	(3) InDens 民营企业	(4) Patent 全样本	(5) Patent 国有企业	(6) Patent 民营企业
Tq	0.004*** (27.69)	0.003*** (13.24)	0.004*** (23.32)	0.008** (2.27)	0.017 (1.60)	0.005* (1.76)
$Market$	0.001*** (5.46)	0.000*** (3.06)	0.001*** (6.05)	0.006* (1.78)	0.012* (1.67)	−0.001 (−0.38)
$Constant$	−0.008 (−1.20)	0.023** (2.55)	−0.023** (−2.23)	−3.597*** (−18.82)	−4.856*** (−11.68)	−2.228*** (−11.45)
行业	控制	控制	控制	控制	控制	控制
年度	控制	控制	控制	控制	控制	控制
$Observations$	23 273	7 607	15 666	6 028	2 083	3 945
$R-squared$	0.441	0.433	0.425	0.207	0.310	0.093

注：括号内为 z 统计量；*** $p<0.01$，** $p<0.05$，* $p<0.1$。

5.3.3 高管持股与企业创新关系回归分析

表 9 结果显示，高管持股比例对企业创新投入存在显著的正向影响，假设 H3a 得到验证。由表 9 可知，高管持股对企业创新的积极影响更多地体现在增加企业创新投入方面，对企业创新产出不存在显著影响。第(2)列结果表明，国有企业高管持股每增加 1 个百分点，创新投入会增加 0.327 个百分点，远高于民营企业样本，这说明相同的高管持股比例更能促进国有企业增加创新投入，验证了假设 H3b。

表 9　高管持股与企业创新的回归结果

VARIABLES	(1) InDens 全样本	(2) InDens 国有企业	(3) InDens 民营企业	(4) Patent 全样本	(5) Patent 国有企业	(6) Patent 民营企业
$Shainc$	0.068*** (6.43)	0.327*** (7.55)	0.054*** (4.59)	0.224 (0.78)	0.457 (0.22)	0.213 (0.99)
$Board$	−0.000 (−0.69)	0.000* (1.74)	−0.000 (−1.30)	0.002 (0.79)	0.002 (0.36)	0.000 (0.13)
$Boadshare$	−0.051*** (−5.84)	−0.260*** (−6.01)	−0.040*** (−4.17)	−0.133 (−0.56)	−0.855 (−0.39)	−0.136 (−0.78)

续表

VARIABLES	(1) *InDens* 全样本	(2) *InDens* 国有企业	(3) *InDens* 民营企业	(4) *Patent* 全样本	(5) *Patent* 国有企业	(6) *Patent* 民营企业
Dual	0.002***	0.002*	0.003***	0.055***	0.213***	0.032***
	(4.58)	(1.70)	(4.27)	(3.97)	(4.35)	(3.00)
Cash	0.021***	0.005*	0.024***	0.102**	0.347***	0.032
	(11.92)	(1.67)	(10.82)	(2.29)	(2.64)	(0.86)
Size	0.002***	0.000	0.003***	0.157***	0.208***	0.092***
	(6.35)	(0.74)	(7.25)	(24.35)	(16.40)	(13.50)
Lev	−0.041***	−0.027***	−0.047***	−0.095**	−0.219**	0.029
	(−25.37)	(−12.30)	(−21.48)	(−2.22)	(−2.34)	(0.73)
Age	−0.006***	−0.011***	−0.005***	−0.044***	−0.076*	−0.017
	(−8.38)	(−9.39)	(−5.90)	(−2.74)	(−1.91)	(−1.28)
Roa	−0.109***	−0.056***	−0.125***	−0.048	−0.365	0.173
	(−26.58)	(−8.42)	(−24.52)	(−0.38)	(−1.11)	(1.64)
Tq	0.004***	0.004***	0.004***	0.010***	0.020*	0.007***
	(28.15)	(13.34)	(23.65)	(3.20)	(1.95)	(2.77)
Market	0.001***	0.000***	0.001***	0.009***	0.018***	0.002
	(5.28)	(3.04)	(5.94)	(2.98)	(2.76)	(0.68)
Constant	−0.012*	0.016*	−0.026**	−3.382***	−4.529***	−1.983***
	(−1.73)	(1.82)	(−2.56)	(−23.52)	(−15.22)	(−13.25)
行业	控制	控制	控制	控制	控制	控制
年度	控制	控制	控制	控制	控制	控制
Observations	23 273	7 607	15 666	6 028	2 083	3 945
R-squared	0.441	0.436	0.425	0.206	0.300	0.092

注:括号内为 z 统计量; *** $p<0.01$, ** $p<0.05$, * $p<0.1$。

5.3.4 机构投资者持股与企业创新关系回归分析

表 10 回归结果表明:机构投资者持股与企业创新投入以及产出呈现负相关关系,且在 1% 的水平下显著,假设 H4a 得到了有效验证,这表明了机构投资者持股比例的增加会对企业创新投入及创新产出的提高产生负面影响。由于第(2)列中国有企业样本回归系数大于第(3)列民营企业,且机构投资者持股对创新产出的

回归仅在国有企业样本中显著,因此机构投资者对企业创新的负向影响在国有企业中更加明显,验证了假设 H4b。

表 10 机构投资者持股与企业创新的回归结果

VARIABLES	(1) $lnDens$ 全样本	(2) $lnDens$ 国有企业	(3) $lnDens$ 民营企业	(4) $Patent$ 全样本	(5) $Patent$ 国有企业	(6) $Patent$ 民营企业
$Investor$	-0.007***	-0.007***	-0.005***	-0.035	-0.281***	0.027
	(-4.76)	(-2.87)	(-2.77)	(-0.92)	(-2.63)	(0.79)
$Board$	-0.000	0.000*	-0.000	0.001	0.001	0.002
	(-0.65)	(1.87)	(-1.31)	(0.47)	(0.19)	(0.61)
$Boadshare$	-0.001	0.050***	-0.000	0.005	-0.870	0.056
	(-0.68)	(4.91)	(-0.22)	(0.11)	(-1.35)	(1.38)
$Dual$	0.002***	0.002*	0.003***	0.049***	0.228***	0.026**
	(4.52)	(1.76)	(4.15)	(3.71)	(4.85)	(2.39)
$Cash$	0.022***	0.007**	0.025***	0.099**	0.260**	0.001
	(12.16)	(2.48)	(10.89)	(2.10)	(2.00)	(0.02)
$Size$	0.002***	0.001	0.003***	0.160***	0.222***	0.102***
	(6.97)	(1.51)	(7.45)	(21.97)	(14.25)	(13.31)
Lev	-0.041***	-0.028***	-0.047***	-0.105**	-0.241**	-0.004
	(-25.81)	(-12.86)	(-21.67)	(-2.42)	(-2.52)	(-0.10)
Age	-0.007***	-0.013***	-0.006***	-0.015	-0.071	-0.008
	(-9.70)	(-10.60)	(-6.52)	(-0.82)	(-1.34)	(-0.50)
Roa	-0.105***	-0.054***	-0.122***	0.052	-0.154	0.232**
	(-25.36)	(-8.04)	(-23.56)	(0.41)	(-0.48)	(2.09)
Tq	0.004***	0.004***	0.004***	0.009**	0.026**	0.005
	(28.55)	(13.89)	(23.69)	(2.53)	(2.36)	(1.55)
$Market$	0.001***	0.001***	0.001***	0.006*	0.011	-0.001
	(5.68)	(3.09)	(6.11)	(1.84)	(1.49)	(-0.39)
$Constant$	-0.011	0.017*	-0.024**	-3.591***	-4.948***	-2.230***
	(-1.57)	(1.95)	(-2.34)	(-18.75)	(-11.82)	(-11.45)
行业	控制	控制	控制	控制	控制	控制
年度	控制	控制	控制	控制	控制	控制

续表

VARIABLES	(1) *InDens*	(2) *InDens*	(3) *InDens*	(4) *Patent*	(5) *Patent*	(6) *Patent*
	全样本	国有企业	民营企业	全样本	国有企业	民营企业
Observations	23 273	7 607	15 666	6 028	2 083	3 945
R-squared	0.441	0.432	0.425	0.206	0.302	0.092

注:括号内为 z 统计量;*** $p<0.01$,** $p<0.05$,* $p<0.1$。

5.4 稳健性检验

5.4.1 改变股权制衡度的度量指标

在稳健性分析中,本文改变股权制衡度量指标,用第二至第五大股东持股比例之和与第一大股东持股比例比值($Balance25$)来衡量,并重新按照前文的步骤进行分析,结果见表11,报告的结果与本文的主要结论仍然保持一致。

表 11 股权制衡度与企业创新的稳健性回归分析

VARIABLES	(1) *InDens*	(2) *InDens*	(3) *InDens*	(4) *Patent*	(5) *Patent*	(6) *Patent*
	全样本	国有企业	民营企业	全样本	国有企业	民营企业
Balance25	0.002***	0.002***	0.001***	0.028***	0.150***	-0.009
	(5.05)	(3.42)	(3.01)	(2.73)	(4.89)	(-1.00)
Board	-0.000	0.000	-0.000	0.001	-0.003	0.002
	(-1.10)	(1.44)	(-1.52)	(0.20)	(-0.49)	(0.69)
Boadshare	0.003***	0.050***	0.003**	0.020	-1.260*	0.035
	(2.59)	(5.04)	(2.01)	(0.57)	(-1.96)	(1.25)
Dual	0.002***	0.002*	0.003***	0.050***	0.231***	0.026**
	(4.70)	(1.83)	(4.31)	(3.77)	(4.95)	(2.34)
Cash	0.021***	0.006**	0.024***	0.089*	0.176	0.006
	(11.66)	(2.14)	(10.65)	(1.91)	(1.35)	(0.16)
Size	0.002***	0.000	0.003***	0.158***	0.201***	0.103***
	(5.89)	(0.20)	(7.03)	(22.35)	(13.56)	(13.56)
Lev	-0.041***	-0.028***	-0.047***	-0.095**	-0.192**	-0.006
	(-25.34)	(-12.52)	(-21.47)	(-2.17)	(-2.02)	(-0.14)
Age	-0.007***	-0.012***	-0.006***	-0.011	-0.029	-0.009
	(-9.06)	(-10.41)	(-6.25)	(-0.60)	(-0.58)	(-0.58)

续表

VARIABLES	(1) InDens 全样本	(2) InDens 国有企业	(3) InDens 民营企业	(4) Patent 全样本	(5) Patent 国有企业	(6) Patent 民营企业
Roa	-0.107*** (-26.14)	-0.054*** (-8.18)	-0.124*** (-24.25)	0.051 (0.41)	-0.172 (-0.54)	0.241** (2.20)
Tq	0.004*** (27.78)	0.004*** (13.28)	0.004*** (23.38)	0.008** (2.29)	0.018 (1.62)	0.005* (1.74)
$Market$	0.001*** (5.42)	0.000*** (2.97)	0.001*** (6.02)	0.006* (1.75)	0.011 (1.54)	-0.001 (-0.37)
$Constant$	-0.008 (-1.20)	0.022** (2.50)	-0.023** (-2.25)	-3.597*** (-18.82)	-4.830*** (-11.60)	-2.228*** (-11.44)
行业	控制	控制	控制	控制	控制	控制
年度	控制	控制	控制	控制	控制	控制
Observations	23 273	7 607	15 666	6 028	2 083	3 945
R-squared	0.441	0.432	0.425	0.207	0.308	0.093

注：括号内为 z 统计量；*** $p<0.01$，** $p<0.05$，* $p<0.1$。

5.4.2 将创新产出变量滞后一期

前文所使用的创新产出变量与创新投入为同一期，考虑到从做出创新决策、创新投入到获得创新产出成果时间跨度较长，本文将创新产出变量相对于创新投入滞后一期（$LPatent$），按照前文的步骤进行回归分析，结果见表12至表13，报告的结果与本文的主要结论仍然保持一致，保证了本文实证结果的稳健性。

表12 股权集中度、股权制衡度与 $LPatent$ 的回归分析

VARIABLES	(1) LPatent 全样本	(2) LPatent 国有企业	(3) LPatent 民营企业	(4) LPatent 全样本	(5) LPatent 国有企业	(6) LPatent 民营企业
$Share$	-0.089* (-1.78)	-0.483*** (-3.84)	0.008 (0.17)			
$Balance$				0.020** (2.25)	0.148*** (5.30)	-0.007 (-0.94)
$Board$	0.001 (0.45)	0.003 (0.54)	0.001 (0.23)	0.001 (0.41)	0.001 (0.11)	0.001 (0.27)

续表

VARIABLES	(1) LPatent 全样本	(2) LPatent 国有企业	(3) LPatent 民营企业	(4) LPatent 全样本	(5) LPatent 国有企业	(6) LPatent 民营企业
$Boadshare$	0.031 (0.79)	-1.418** (-2.04)	0.033 (1.01)	0.020 (0.51)	-1.789** (-2.56)	0.036 (1.09)
$Dual$	0.052*** (3.43)	0.192*** (3.66)	0.032** (2.55)	0.052*** (3.43)	0.194*** (3.72)	0.032** (2.49)
$Cash$	0.126** (2.19)	0.162 (1.08)	0.041 (0.78)	0.121** (2.11)	0.134 (0.90)	0.041 (0.79)
$Size$	0.165*** (20.59)	0.222*** (13.38)	0.109*** (12.67)	0.163*** (20.44)	0.207*** (12.46)	0.109*** (12.70)
Lev	-0.140*** (-2.85)	-0.295*** (-2.71)	-0.027 (-0.57)	-0.132*** (-2.69)	-0.257** (-2.36)	-0.031 (-0.65)
Age	-0.017 (-0.80)	-0.089 (-1.48)	-0.009 (-0.44)	-0.014 (-0.63)	-0.038 (-0.66)	-0.009 (-0.45)
Roa	-0.105 (-0.77)	-0.434 (-1.23)	0.102 (0.83)	-0.112 (-0.82)	-0.472 (-1.35)	0.099 (0.81)
Tq	0.011** (2.54)	0.028** (2.12)	0.007* (1.88)	0.010** (2.37)	0.026* (1.95)	0.007* (1.93)
$Market$	0.006* (1.73)	0.013* (1.69)	-0.000 (-0.07)	0.006** (1.68)	0.013 (1.64)	-0.000 (-0.10)
$Constant$	-3.608*** (-16.70)	-4.765*** (-10.11)	-2.350*** (-10.61)	-3.630*** (-16.81)	-4.900*** (-10.47)	-2.345*** (-10.63)
行业	控制	控制	控制	控制	控制	控制
年度	控制	控制	控制	控制	控制	控制
$Observations$	5 164	1 771	3 393	5 164	1 771	3 393
R-squared	0.194	0.300	0.087	0.194	0.305	0.087

注:括号内为z统计量; *** $p<0.01$, ** $p<0.05$, * $p<0.1$。

表 13 高管持股、机构投资者持股与 LPatent 的回归分析

VARIABLES	(1) LPatent 全样本	(2) LPatent 国有企业	(3) LPatent 民营企业	(4) LPatent 全样本	(5) LPatent 国有企业	(6) LPatent 民营企业
Shainc	0.068 (0.22)	1.007 (0.43)	0.179 (0.72)			
Investor				-0.068 (-1.56)	-0.425*** (-3.47)	0.005 (0.13)
Board	0.002 (0.56)	0.004 (0.60)	0.001 (0.22)	0.002 (0.61)	0.006 (0.91)	0.001 (0.21)
Boadshare	-0.020 (-0.08)	-1.743 (-0.71)	-0.111 (-0.55)	-0.025 (-0.46)	-1.418** (-2.02)	0.038 (0.81)
Dual	0.051*** (3.37)	0.201*** (3.81)	0.033*** (2.61)	0.051*** (3.39)	0.199*** (3.79)	0.033** (2.58)
Cash	0.122** (2.11)	0.184 (1.21)	0.044 (0.84)	0.131** (2.26)	0.211 (1.40)	0.040 (0.77)
Size	0.164*** (20.47)	0.218*** (13.11)	0.109*** (12.70)	0.167*** (20.27)	0.238*** (13.55)	0.109*** (12.50)
Lev	-0.142*** (-2.90)	-0.287*** (-2.62)	-0.026 (-0.53)	-0.143*** (-2.92)	-0.319*** (-2.91)	-0.027 (-0.57)
Age	-0.014 (-0.65)	-0.027 (-0.46)	-0.008 (-0.40)	-0.019 (-0.86)	-0.101 (-1.63)	-0.009 (-0.44)
Roa	-0.126 (-0.92)	-0.542 (-1.54)	0.101 (0.83)	-0.092 (-0.67)	-0.391 (-1.11)	0.101 (0.82)
Tq	0.011** (2.52)	0.029** (2.19)	0.007* (1.91)	0.012*** (2.73)	0.037*** (2.74)	0.007* (1.84)
Market	0.006* (1.67)	0.009 (1.19)	-0.000 (-0.04)	0.006* (1.75)	0.012 (1.46)	-0.000 (-0.07)
Constant	-3.626*** (-16.69)	-4.941*** (-10.43)	-2.361*** (-10.66)	-3.646*** (-16.84)	-5.011*** (-10.65)	-2.346*** (-10.63)
行业	控制	控制	控制	控制	控制	控制
年度	控制	控制	控制	控制	控制	控制

续表

VARIABLES	(1) LPatent 全样本	(2) LPatent 国有企业	(3) LPatent 民营企业	(4) LPatent 全样本	(5) LPatent 国有企业	(6) LPatent 民营企业
Observations	5 164	1 771	3 393	5 164	1 771	3 393
R-squared	0.194	0.294	0.087	0.194	0.299	0.087

注：括号内为 z 统计量；*** p<0.01，** p<0.05，* p<0.1。

5.4.3 对因变量的去中心化

为了消除行业以及年度因素对回归分析的影响，参照张玉娟等（2018）的方法，对企业创新投入以及创新产出变量做去中心化处理，生成变量 *InDensY* 以及 *PatentY*，计算方法为用 *InDens* 以及 *Patent* 分别减去其对应的行业年度均值，以此为被解释变量按模型（1）进行回归分析，结果见表 14 至表 17，报告的结果与本文的主要结论保持一致。

表 14　股权集中与企业创新的去中心化回归

VARIABLES	(1) InDensY 全样本	(2) InDensY 国有企业	(3) InDensY 民营企业	(4) PatentY 全样本	(5) PatentY 国有企业	(6) PatentY 民营企业
Share	-0.016***	-0.014***	-0.017***	-0.102**	-0.401***	0.011
	(-10.07)	(-5.96)	(-7.48)	(-2.40)	(-3.84)	(0.26)
Board	-0.000	0.000	-0.000*	-0.000	-0.004	0.002
	(-0.91)	(1.28)	(-1.73)	(-0.14)	(-0.80)	(0.79)
Boadshare	0.004***	0.045***	0.004**	0.033	-0.926	0.028
	(2.80)	(4.61)	(2.46)	(1.02)	(-1.53)	(1.00)
Dual	0.002***	0.001	0.003***	0.047***	0.205***	0.023**
	(4.30)	(1.37)	(4.30)	(3.68)	(4.65)	(2.12)
Cash	0.020***	0.007**	0.023***	0.106**	0.220*	0.007
	(11.53)	(2.36)	(10.33)	(2.36)	(1.80)	(0.17)
Size	0.002***	0.000	0.003***	0.152***	0.206***	0.099***
	(7.16)	(0.77)	(7.38)	(22.32)	(14.86)	(12.92)
Lev	-0.041***	-0.027***	-0.047***	-0.085**	-0.183***	-0.012
	(-25.87)	(-12.53)	(-21.74)	(-2.03)	(-2.04)	(-0.28)

续表

VARIABLES	(1) *lnDensY* 全样本	(2) *lnDensY* 国有企业	(3) *lnDensY* 民营企业	(4) *PatentY* 全样本	(5) *PatentY* 国有企业	(6) *PatentY* 民营企业
Age	-0.007***	-0.014***	-0.006***	-0.019	-0.075	-0.008
	(-9.89)	(-11.08)	(-6.51)	(-1.08)	(-1.53)	(-0.52)
Roa	-0.101***	-0.049***	-0.117***	0.063	-0.190	0.241**
	(-24.90)	(-7.52)	(-23.18)	(0.53)	(-0.64)	(2.17)
Tq	0.004***	0.003***	0.004***	0.008**	0.021**	0.003
	(27.29)	(12.27)	(23.51)	(2.19)	(2.01)	(1.13)
Market	0.001***	0.000***	0.001***	0.004	0.011	-0.002
	(5.74)	(3.01)	(6.05)	(1.33)	(1.61)	(-0.69)
Constant	-0.014**	0.020**	-0.024**	-3.275***	-4.413***	-2.087***
	(-1.99)	(2.30)	(-2.35)	(-17.89)	(-11.20)	(-10.63)
行业	控制	控制	控制	控制	控制	控制
年度	控制	控制	控制	控制	控制	控制
Observations	23 273	7 607	15 666	6 028	2 083	3 945
R-squared	0.120	0.149	0.123	0.101	0.152	0.089

注:括号内为 z 统计量; *** $p<0.01$, ** $p<0.05$, * $p<0.1$。

表 15 股权制衡与企业创新的去中心化回归

VARIABLES	(1) *lnDensY* 全样本	(2) *lnDensY* 国有企业	(3) *lnDensY* 民营企业	(4) *PatentY* 全样本	(5) *PatentY* 国有企业	(6) *PatentY* 民营企业
Balance	0.002***	0.002***	0.001***	0.021***	0.138***	-0.007
	(5.98)	(4.27)	(3.89)	(2.79)	(5.82)	(-0.98)
Board	-0.000	0.000	-0.000	-0.001	-0.007	0.002
	(-0.75)	(1.19)	(-1.39)	(-0.20)	(-1.24)	(0.85)
Boadshare	0.003**	0.047***	0.003*	0.023	-1.368**	0.031
	(2.28)	(4.73)	(1.94)	(0.69)	(-2.25)	(1.07)
Dual	0.002***	0.002	0.002***	0.047***	0.211***	0.023**
	(4.30)	(1.54)	(4.07)	(3.67)	(4.81)	(2.08)

续表

VARIABLES	(1) InDensY 全样本	(2) InDensY 国有企业	(3) InDensY 民营企业	(4) PatentY 全样本	(5) PatentY 国有企业	(6) PatentY 民营企业
Cash	0.019*** (10.93)	0.007** (2.24)	0.022*** (9.81)	0.098** (2.19)	0.172 (1.40)	0.009 (0.21)
Size	0.002*** (6.08)	-0.000 (-0.35)	0.003*** (7.10)	0.151*** (22.19)	0.194*** (13.97)	0.099*** (12.94)
Lev	-0.040*** (-25.51)	-0.026*** (-12.12)	-0.046*** (-21.62)	-0.079* (-1.88)	-0.152* (-1.70)	-0.015 (-0.34)
Age	-0.006*** (-8.88)	-0.012*** (-10.16)	-0.006*** (-6.06)	-0.014 (-0.79)	-0.031 (-0.66)	-0.009 (-0.56)
Roa	-0.104*** (-25.66)	-0.050*** (-7.66)	-0.121*** (-23.97)	0.051 (0.43)	-0.209 (-0.70)	0.239** (2.16)
Tq	0.004*** (26.65)	0.003*** (11.89)	0.004*** (23.03)	0.007** (1.99)	0.017* (1.70)	0.004 (1.19)
Market	0.001*** (5.46)	0.000*** (2.78)	0.001*** (5.84)	0.004 (1.25)	0.010 (1.56)	-0.002 (-0.71)
Constant	-0.016** (-2.42)	0.018** (2.03)	-0.030*** (-2.92)	-3.304*** (-18.04)	-4.532*** (-11.61)	-2.079*** (-10.60)
行业	控制	控制	控制	控制	控制	控制
年度	控制	控制	控制	控制	控制	控制
Observations	23 273	7 607	15 666	6 028	2 083	3 945
R-squared	0.118	0.147	0.120	0.101	0.159	0.090

注：括号内为 z 统计量；*** $p<0.01$，** $p<0.05$，* $p<0.1$。

表16　高管持股与企业创新的去中心化回归

VARIABLES	(1) InDensY 全样本	(2) InDensY 国有企业	(3) InDensY 民营企业	(4) PatentY 全样本	(5) PatentY 国有企业	(6) PatentY 民营企业
Shainc	0.062*** (6.00)	0.340*** (7.94)	0.050*** (4.29)	0.050 (0.19)	0.302 (0.17)	0.019 (0.09)

续表

VARIABLES	(1) InDensY 全样本	(2) InDensY 国有企业	(3) InDensY 民营企业	(4) PatentY 全样本	(5) PatentY 国有企业	(6) PatentY 民营企业
Board	−0.000 (−0.27)	0.000 (1.58)	−0.000 (−1.07)	−0.001 (−0.23)	−0.005 (−0.98)	0.002 (0.68)
Boadshare	−0.047*** (−5.45)	−0.274*** (−6.40)	−0.037*** (−3.88)	−0.026 (−0.12)	−0.614 (−0.32)	−0.000 (−0.00)
Dual	0.002*** (4.21)	0.002 (1.48)	0.002*** (3.98)	0.047*** (3.74)	0.212*** (4.97)	0.023** (2.09)
Cash	0.020*** (11.13)	0.005* (1.76)	0.022*** (9.95)	0.126*** (3.09)	0.405*** (3.54)	0.049 (1.32)
Size	0.002*** (6.55)	0.000 (0.28)	0.003*** (7.37)	0.113*** (19.07)	0.142*** (12.84)	0.077*** (11.13)
Lev	−0.041*** (−25.67)	−0.026*** (−11.97)	−0.047*** (−21.72)	−0.022 (−0.56)	−0.044 (−0.54)	0.015 (0.36)
Age	−0.006*** (−8.27)	−0.011*** (−9.01)	−0.005*** (−5.74)	−0.047*** (−3.22)	−0.065* (−1.87)	−0.035** (−2.50)
Roa	−0.106*** (−26.10)	−0.052*** (−7.91)	−0.122*** (−24.25)	0.127 (1.10)	−0.159 (−0.55)	0.271** (2.53)
Tq	0.004*** (27.10)	0.003*** (11.97)	0.004*** (23.36)	0.005* (1.70)	0.009 (0.95)	0.003 (1.28)
Market	0.001*** (5.28)	0.000 (2.77)	0.001*** (5.73)	0.006** (2.37)	0.013** (2.31)	0.001 (0.53)
Constant	−0.020*** (−2.91)	0.011 (1.27)	−0.033*** (−3.22)	−2.464*** (−18.66)	−3.131*** (−12.08)	−1.685*** (−11.10)
行业	控制	控制	控制	控制	控制	控制
年度	控制	控制	控制	控制	控制	控制
Observations	23 273	7 607	15 666	6 028	2 083	3 945
R-squared	0.118	0.152	0.121	0.078	0.109	0.045

注:括号内为 z 统计量;*** $p<0.01$, ** $p<0.05$, * $p<0.1$。

表17 机构投资者持股与企业创新的去中心化回归

VARIABLES	(1) InDensY 全样本	(2) InDensY 国有企业	(3) InDensY 民营企业	(4) PatentY 全样本	(5) PatentY 国有企业	(6) PatentY 民营企业
Investor	-0.006*** (-4.28)	-0.006*** (-2.67)	-0.005*** (-2.65)	-0.049 (-1.34)	-0.317*** (-3.16)	0.032 (0.93)
Board	-0.000 (-0.24)	0.000* (1.71)	-0.000 (-1.08)	0.000 (0.09)	-0.002 (-0.41)	0.002 (0.78)
Boardshare	-0.001 (-0.53)	0.050*** (4.91)	-0.000 (-0.19)	-0.006 (-0.13)	-0.852 (-1.40)	0.055 (1.37)
Dual	0.002*** (4.15)	0.002 (1.56)	0.002*** (3.87)	0.046*** (3.64)	0.209*** (4.74)	0.023** (2.11)
Cash	0.020*** (11.34)	0.008*** (2.59)	0.022*** (10.02)	0.110** (2.43)	0.270** (2.20)	0.003 (0.06)
Size	0.002*** (7.07)	0.000 (1.00)	0.003*** (7.55)	0.153*** (21.90)	0.218*** (14.86)	0.098*** (12.68)
Lev	-0.041*** (-26.08)	-0.027*** (-12.53)	-0.047*** (-21.89)	-0.089** (-2.13)	-0.203** (-2.25)	-0.013 (-0.30)
Age	-0.007*** (-9.48)	-0.013*** (-10.21)	-0.006*** (-6.33)	-0.019 (-1.09)	-0.078 (-1.56)	-0.007 (-0.46)
Roa	-0.102*** (-24.98)	-0.050*** (-7.55)	-0.119*** (-23.33)	0.061 (0.51)	-0.149 (-0.50)	0.227** (2.03)
Tq	0.004*** (27.44)	0.003*** (12.52)	0.004*** (23.39)	0.008** (2.34)	0.027*** (2.58)	0.003 (0.97)
Market	0.001*** (5.65)	0.000*** (2.80)	0.001*** (5.90)	0.004 (1.33)	0.009 (1.38)	-0.002 (-0.73)
Constant	-0.019*** (-2.74)	0.013 (1.45)	-0.031*** (-3.03)	-3.301*** (-17.99)	-4.632*** (-11.78)	-2.079*** (-10.61)
行业	控制	控制	控制	控制	控制	控制
年度	控制	控制	控制	控制	控制	控制
Observations	23 273	7 607	15 666	6 028	2 083	3 945
R-squared	0.117	0.146	0.120	0.100	0.150	0.090

注:括号内为 z 统计量;*** p<0.01, ** p<0.05, * p<0.1。

6 结论与政策建议

本文以 2007—2020 年中国 A 股上市公司为样本,从股权结构的视角出发,研究了国有企业与民营企业公司内部治理对企业创新活动的差异性影响。本文主要包括股权分布情况与股权属性类型两部分,囊括股权集中度、股权制衡度、高管持股、机构投资者持股四个具体指标。为了全面衡量企业创新活动,本文采用了创新投入与创新产出两个创新活动代理变量。通过丰富的变量,全面地分析企业股权结构对创新活动的影响。实证结果表明:股权集中对企业创新活动存在显著的抑制作用,且在国有企业中表现得更加明显;股权制衡度对企业创新活动的促进作用在国有企业中更为显著;高管持股比例的提升更能促进国有企业进行创新投入;而机构投资者持股抑制了企业创新投入及创新产出,这种负向影响在国有企业中更加显著。

理论上,本文的研究丰富了我国企业创新活动影响因素的研究,进一步探索了股权结构对企业创新的影响,完善了委托代理理论以及公司治理理论。同时,本文的研究也具有一定的实践意义。基于上述研究结论,本文提出如下政策建议:①应根据不同产权性质企业的内部治理特征,有针对性地进行治理结构的调整,以提高企业创新活动的积极性。②合理规划上市公司股权分布,避免股权过度集中导致大股东对创新活动的风险规避心理,通过提高股权制衡比例,缓解企业内部委托代理问题,促进企业更多地参与创新活动。③对公司高管制定合理的股权激励机制,保持其个人利益与公司长远发展价值的一致性,保证高管以企业价值最大化为目标进行创新决策。④上市公司在引进机构投资者时应更多关注其专业素质,通过各种机制降低双方信息不对称程度,强化其投资动机,避免机构投资者短视倾向对企业创新带来的不利影响。⑤国家及政府相关部门应提供有助于企业创新的外部条件,健全监管制度,完善股权投资市场,提高信息透明度,发挥政策的支持和导向作用,促进企业积极参与创新活动,贯彻实施创新驱动发展战略。

参考文献

[1]薄仙慧,吴联生. 国有控股与机构投资者的治理效应:盈余管理视角[J]. 经济研究,2009,44(2):81-91,160.

[2]毕克新,高岩. 我国制造业企业治理结构对技术创新影响的实证研究[J]. 中国科技论坛,2007(12):4.

[3]冯根福,温军. 中国上市公司治理与企业技市创新关系的实证分析[J].

中国工业经济,2008(7):11.

[4]冯素晶. 公司治理、机构投资者与研发投资[D]. 广州:华南理工大学,2015.

[5]顾露露,岑怡,郭三,等. 股权结构、价值链属性与技术创新:基于中国信息技术企业的实证分析[J]. 证券市场导报,2015(10):9.

[6]李春涛,宋敏. 中国制造业企业的创新活动:所有制和CEO激励的作用[J]. 经济研究,2010(5):55-67.

[7]李琳,刘凤委,卢文彬. 基于公司业绩波动性的股权制衡治理效应研究[J]. 管理世界,2009(5):7.

[8]栾斌,杨俊. 上市公司技术创新的就业效应:基于高管持股的门槛效应研究[J]. 科学学与科学技术管理,2016,37(7):148-158.

[9]蒲文燕. 上市公司高管薪酬、机构投资者、债务结构与研发投资的关系研究[D]. 武汉:华中科技大学,2013.

[10]任海云. 股权结构与企业R&D投入关系的实证研究:基于A股制造业上市公司的数据分析[J]. 中国软科学,2010(5):126-135.

[11]汤湘希. 我国无形资产会计研究的回眸与展望[J]. 会计之友(下旬刊),2010(6):4-13.

[12]王燕妮. 高管激励对研发投入的影响研究:基于我国制造业上市公司的实证检验[J]. 科学学研究,2011,29(7):8.

[13]文芳. 股权集中度、股权制衡与公司R&D投资:来自中国上市公司的经验证据[J]. 南方经济,2008(4):41-52.

[14]夏芸,唐清泉. 我国高科技企业的股权激励与研发支出分析[J]. 证券市场导报,2008(10):6.

[15]杨风,李卿云. 股权结构与研发投资:基于创业板上市公司的经验证据[J]. 科学学与科学技术管理,2016,37(2):13.

[16]杨建君,盛锁. 股权结构对企业技术创新投入影响的实证研究[J]. 科学学研究,2007,25(4):6.

[17]杨建君,王婷,刘林波. 股权集中度与企业自主创新行为:基于行为动机视角[J]. 管理科学,2015,28(2):11.

[18]杨柳青,梁巧转,康华. 国家创新体系、股权结构与我国上市公司研发投入[J]. 企业经济,2018,37(7):7.

[19]张玉娟,汤湘希. 股权结构、高管激励与企业创新:基于不同产权性质A股上市公司的数据[J]. 山西财经大学学报,2018,40(9):18.

[20]赵洪江,陈学华,夏晖. 公司自主创新投入与治理结构特征实证研究

[J]. 中国软科学,2008(7):5.

[21]郑毅,王琳琳,王明华,等. 股权结构与 R&D 投入的相关性检验:来自创业板市场的经验证据[J]. 科技管理研究,2016,36(24):8.

[22]朱琳. 股票流动性,机构持股与企业研发创新的实证分析[D]. 杭州:浙江大学,2017.

[23]BATTAGION M R,TAJOLI L. Ownership Structure,Innovation Process and Competitive Performance:the Case of Italy,2000.

[24]BERLE and MEANS. The Morden Corporate and Property[M]. 北京:商务印书馆,2005.

[25]ERIC,G,FALKENSTEIN. Preferences for Stock Characteristics As Revealed by Mutual Fund Portfolio Holdings[J]. The Journal of Finance,1996,51(1):111-135.

[26]FONG E A. Relative CEO underpayment and CEO behaviour towards R&D spending[J]. Journal of Management Studies,2010,47(6):1095-1122.

[27]FRANCIS J,SMITH A. Agency costs and innovation some empirical evidence[J]. Journal of Accounting and Economics,1995,19(2-3):383-409.

[28]JENSEN M C,MECKLING W H. Theory of the firm:managerial behavior,agency costs,and ownership structure[J]. Journal of Financial Economics,1976,3(4):305-360.

[29]KAHN C,WINTON A. Ownership structure,speculation,and shareholder intervention[J]. The Journal of Finance,1998,53(1)1:99-129.

[30]MARCO P,AILSA R. The Choice of Stock Ownership Structure:Agency Costs,Monitoring,and the Decision to Go Public[J]. Quarterly Journal of Economics,1998(1):187-225.

[31]MCCONNELL J J,SERVAES H. Additional evidence on equity ownership and corporate value[J]. Journal of Financial Economics,1990,27(2):595-612.

[32]PORTA R L,LOPEZ-DE-SILANES F,SHLEIFER A. Corporate Ownership Around The World[J]. The Journal of Finance,1999,54(2):471-517.

[33]R ORTEGA-ARGILES,MORENO R,CARALT J S. Ownership structure and innovation:is there a real link? [J]. Annals of Regional Science,2005,39(4):637-662.

[34]SAMUEL,CHERIAN. Stock market and investment:the governance role of the market[J]. Policy Research Working Paper,1996,33(10):1243-1252.

[35]YAFEH Y,YOSHA O. Large Shareholders and Banks:Who Monitors and How? [J]. Economic Journal,2003,113(484):128-146.

指导教师评语：

　　论文行文流畅，格式规范，论证过程合理清晰，内容丰富充实，观点明晰，结构完整，层次分明，逻辑清晰，数据、资料较为翔实。这表明作者在本学科的学习中具备了扎实的专业理论基础，综合能力较强，能够应用所学知识和文献解决本专业领域的问题。

EM 与 VBEM 算法在聚类与分类中的对比研究

统计学院　张广莹　　指导教师:林　鹏

摘　要:近年来,EM 算法发展迅速,随着 EM 算法研究的深入,其在统计分析领域得到了广泛应用,尤其是含有隐变量的统计模型。但 EM 算法尽管包含了概率,但没有包含贝叶斯的先验分布与后验分布的迭代的信息。变分贝叶斯 EM(VBEM)算法作为对 EM 算法的扩展,引入了贝叶斯统计。VBEM 算法以模型参数和隐变量因式分解为基础,采用了相似于 EM 算法的迭代方法,以逼近真实的贝叶斯后验分布。与 EM 算法的适用场景不同,当存在先验分布或先验分布权重较大时,VBEM 算法可以使用一种更为简单的方法去模拟分解复杂的后验分布,此时 VBEM 算法的性能优于 EM 算法。

本文讨论了 EM 算法与 VBEM 算法的参数估计理论推导过程,分别将 EM 算法和 VBEM 算法与概率图模型结合,在不完全数据场景下完成概率推理的关键参数学习步骤,从而简化运算流程,并在一定程度上优化最大概率的解析。在训练得到的模型上分别进行聚类和分类两种应用。通过比较应用场景与结果,对比得出 EM 算法与 VBEM 算法的差异,并给出在不同情况下优先选用何种算法的建议。

关键词:EM 算法,VBEM 算法,参数估计

1　绪论

1.1　研究背景及意义

期望最大(Expectation Maximization,EM)、最大似然估计(Maximum Likelihood,ML)等[11]是有效的用于参数估计的算法。当观测数据为不完全数据时,EM 作为求解最大似然函数的迭代算法,有效降低了多参数 ML 求解的复杂度,但容易对数据进行过拟合。并且 EM 不能利用现有的先验信息,而贝叶斯推断理论的基础和出发点就是先验信息[7]。

EM 算法可以认为只用了传统的统计,尽管它包含了概率,但它没有包含贝叶斯的先验分布与后验分布的迭代的信息。变分贝叶斯 EM(VBEM)算法作为对 EM

算法的扩展,引入了贝叶斯统计。VBEM 算法以模型参数和隐变量因式分解为基础,采用了相似于 EM 算法来迭代,以逼近真实的贝叶斯后验分布。与 EM 算法的适用场景不同,当存在先验分布且权重较大时,VBEM 算法可以使用一种更为简单的方法去模拟分解复杂的后验分布,此时 VBEM 算法的性能优于 EM 算法。

基于此,可明确本文的有意义的、可行的研究方向——根据贝叶斯统计思想,结合实际应用场景对比 EM 与 VBEM 算法的差异,并给出在不同情况下优先选用何种算法的建议。

1.2 国内外研究文献综述

EM 算法是一种引入"潜在数据"的统计方法。近年来,EM 算法发展迅速,随着 EM 算法研究的深入,其在统计分析领域得到了广泛应用。

EM 算法的思想起源于 20 世纪初期,1926 年,M' kendrick[17]在一篇关于医学应用的文章中首次探讨了该算法的应用。Hartley[12]将此方法从医学应用领域发展到了数据计数领域,扩大了这一思想的应用范围。1974 年,Sundberg[20]给出了指数族中针对不完全数据的未知参数值的求解过程,证明了迭代估计中似然函数的单调性和算法的收敛性,为 EM 算法的形式化提出奠定了基础。与 Sundberg 类似,Beale 和 Little[8]将该理论应用到正态分布,并将 Sundberg 的理论具体化。随着研究的深入,Dempster、Laird 和 Rubin[10]首次完整地提出 EM 算法。Wu[22]在 1983 年发表的一篇文章中专门研究了 EM 算法的收敛性。付淑群等[3]讨论了 EM 算法在高斯混合模型中的正确收敛性,并给出了收敛条件。房祥忠和陈家鼎[4]应用 EM 算法来解决假设检验中涉及的更复杂的优化问题。

在传统的变分法 EM[1]中,该算法收敛于对数似然函数中的局部最大值。近年来,改进的 EM 算法在实践中得到了广泛应用[15]。

变分贝叶斯 EM(VBEM)算法[14]已普遍应用于具有隐变量的统计模型中。基于模型参数和隐变量的分解,VBEM 算法通过与 EM 算法类似的方式迭代逼近真实的贝叶斯后验分布,在许多应用中,VBEM 算法的性能优于最大似然估计。近年来,王红军等[6]尝试使用 VBEM 算法解决半监督聚类问题。陈亚瑞和廖士中[2]基于高斯马尔可夫模型的平均场变分进行了分析和研究。

1.3 研究内容与结构

本文研究内容主要包括两个方面:

(1)讨论 EM 算法与 VBEM 算法的参数估计理论推导。

(2)将 EM 算法与 VBEM 算法同概率图模型结合,分别应用于聚类问题及分类问题,对比 EM 算法与 VBEM 算法的区别。

本文主体框架如下:

第一部分为绪论。说明研究背景与意义,总结 EM 算法与 VBEM 算法在国内外的研究综述,并基于此,明确本文的有意义的、可行的研究方向。

第二部分为理论分析。本部分分别对本文的基础算法即 EM 算法与 VBEM 算法的理论推导进行讨论。

第三部分为 EM 算法与 VBEM 算法的聚类应用。

第四部分为 EM 算法与 VBEM 算法的分类应用。

第五部分为总结与展望,对本文的内容进行总结,并对未来的工作进行展望。

1.4 创新性工作与贡献

本文分别将 EM 算法和 VBEM 算法与概率图模型结合,在不完全数据上完成概率推理的关键参数学习步骤,从而简化运算流程,并在一定程度上优化最大概率的解析,分别得到基于 EM 算法和 VBEM 算法的概率图模型。由于目前将 EM 算法与 VBEM 算法在具体应用场景中开展对比研究的较少,因此本文在训练得到的模型上分别进行聚类和分类两种应用。在具体的实证研究中,根据实验结果分析比较 EM 算法与 VBEM 算法的差异,并给出在不同情况下优先选用何种算法的建议。

此模型适用于不完全数据场景下的应用。即对于含隐变量的模型,如果隐变量不易于积分处理,或者即使完成积分后优化仍十分困难,因此通过最大似然估计直接进行求解往往得不到解析解。对于这类问题,如果可以求解隐变量分布,那么似然函数关于隐变量的分布可以进行优化,此时应用 EM 算法与 VBEM 算法采用循环迭代的方法不断增大似然函数的值,进而不断地逼近真实解,从而可以有效地至少找到一个最优解。

此方法的优势在于不必在使用填补等手段形成完整的数据集后,再运用常规方法进行建模分析,大大减少数据预处理阶段对于数据缺失值的处理工作。其主要思想为:首先假设缺失和隐含数据的初始值,再对模型参数进行估计,利用该模型参数值来估计缺失和隐含数据值,根据估计出的缺失和隐含数据值再对参数值进行更新,如此反复迭代,从而可以对含有缺失的数据集进行各种研究。

2 变分贝叶斯理论

2.1 理论基础

本章涵盖了将在本文其余部分使用的变分贝叶斯学习的大部分理论。旨在说明使用变分推断方法的背景,并深入了解它们的一般适用性和有用性。

在模型选择任务中,贝叶斯方法的作用是在给定一些先验知识和一些新的观察数据的情况下,计算一组模型的后验分布。知识以先验模型结构 $p(m)$ 及其参数 $p(\theta|m)$ 的形式表示,这些参数定义了模型中变量之间的概率依赖关系。根据贝叶斯规则,模型 m 在数据 y 的观测下的后验概率可由下式给出:

$$p(m\mid y) = \frac{p(m)\,p(y\mid m)}{p(y)} \tag{1}$$

分子中的第二项是模型 m 的边际似然,是贝叶斯模型选择的关键量:

$$p(y\mid m) = \int p(\theta\mid m)p(y\mid\theta,m)\,\mathrm{d}\theta \tag{2}$$

对于每个模型结构,可以计算参数的后验分布:

$$p(\theta\mid y,m) = \frac{p(\theta\mid m)\,p(y\mid\theta,m)}{p(y\mid m)} \tag{3}$$

也可以计算其他相关量,例如给定数据 $y = \{y_1,\cdots,y_n\}$:

$$p(y'\mid y,m) = \int p(\theta\mid y,m)p(y'\mid\theta,y,m)\,\mathrm{d}\theta \tag{4}$$

可以简化为:

$$p(y'\mid y,m) = \int p(\theta\mid y,m)p(y'\mid\theta,m)\,\mathrm{d}\theta \tag{5}$$

如果 y 有条件地独立于给定的 $y\mid\theta$,也可以计算与新观测值 y' 相关的隐藏变量 x' 的后验分布:

$$p(x'\mid y',y,m) \propto \int p(\theta\mid y,m)p(x',y'\mid\theta,m)\,\mathrm{d}\theta \tag{6}$$

近似上述积分的最简单的方法是在 θ 的点估计处估计被积函数值。例如最大似然估计(ML)和最大后验估计(MAP)。其目的分别是最大化式(2)中被积函数的第二项和被积函数中的两项之积:

$$\theta_{ML} = \mathrm{argmax}_\theta p(y\mid\theta,m) \tag{7}$$

$$\theta_{MAP} = \mathrm{argmax}_\theta p(\theta\mid m)p(y\mid\theta,m) \tag{8}$$

ML 和 MAP 只考虑概率密度。一种更有优势的方法是通过蒙特卡罗方法在许多不同的 θ 处估计被积函数,以数值方式进行积分。在没有数量限制的 θ 的样本的情况下,可以产生准确的结果,尽管使用诸如马尔可夫链和蒙特卡罗之类的方法来抑制 θ 中的维数灾难,但这些方法在特定模型中的密集计算量仍然巨大。本部分的大部分内容集中于使用变分法逼近积分。变分法的关键是用更简单的易于处理的形式来近似积分,形成下限或上限。然后,集成转化为在实现上更简单的边界优化问题:使边界尽可能接近真实值。

本文从 2.2 节开始,描述如何使用变分方法推导出众所周知的期望最大化(EM)算法来学习模型的最大似然(ML)参数。在 2.3 节中,专注于贝叶斯方法,其中将先验作为模型的参数,并且整合它们的不确定性以给出边际似然[式(1)]。然后推广变分过程以产生变分贝叶斯 EM(VBEM)算法,它迭代地优化该边际似然的下界。与 EM 算法类似,迭代由变分贝叶斯 E(VBE)步骤和变分贝叶斯 M(VBM)步骤组成,其中隐藏变量根据其后验概率使用模型集合来推断模型参数的分布。在 2.4 节中,讨论贝叶斯概率图模型及 EM 算法与 VBEM 算法在该模型中的作用。

2.2 最大似然学习的变分方法

在本节中,首先回顾具有隐藏变量的概率模型的 EM 算法的推导。该算法是使用变分方法推导出来的,具有精确和近似两种版本。通过研究关于凸性、计算易处理性和 Kullback-Leibler 散度等方面,更深入地了解 EM 算法。本节的大部分内容集中在参数的最大似然学习上。

2.2.1 参数学习场景

考虑一个具有隐藏变量 x 和观察变量 y 的模型,描述变量之间(潜在)随机依赖关系的参数由 θ 给出。特别考虑生成数据集 $y=\{y_1,\cdots,y_n\}$ 由 n 个独立同分布的项组成,使用一组隐藏变量 $x=\{x_1,\cdots,x_n\}$ 使得似然性可以用以下方式写成 θ 的函数:

$$p(y\mid\theta)=\prod_{i=1}^{n}p(y_i\mid\theta)=\prod_{i=1}^{n}\int p(x_i,y_i\mid\theta)\,\mathrm{d}x_i \qquad(9)$$

需要对隐藏变量 x_i 进行积分以形成参数的似然性,它仅作为观察数据 y_i 的函数。假设隐藏变量是连续的而不是离散的(因此是积分而不是求和),这样做并没有失去一般性。作为一个命名方式,使用 x_i 和 y_i 表示已隐藏的变量 $|x_i|$ 和已观察的变量 $|y_i|$ 的集合: $x_i=\{x_{i1},\cdots,x_{i|x_i|}\}$ 和 $y_i=\{y_{i1},\cdots,y_{i|y_i|}\}$。使用 $|\cdot|$ 表示变量集合的大小。最大似然学习试图找到最大化似然性的参数,并设置为 θ_{ML},或者学习似然性的对数也是等效的。

$$L(\theta)\equiv\ln p(y\mid\theta)=\sum_{i=1}^{n}\ln p(y_i\mid\theta)=\sum_{i=1}^{n}\ln\int p(x_i,y_i\mid\theta)\,\mathrm{d}x_i \qquad(10)$$

所以定义

$$\theta_{ML}=\mathrm{argmax}\,_\theta L(\theta) \qquad(11)$$

为了使推导清晰,将 L 记为仅关于 θ 的函数,对 y 的依赖是隐含的。在没有隐藏变量和独立参数的贝叶斯网络中,对数似然分解为每个 y_{ij} 上的局部项,因此找到最大化似然的模型的每个参数设置是很简单的。但是,如果某些变量被隐藏,这通常会导致模型全部参数之间具有依赖关系,因此难以最大化式(10)。此外,对于具有许多隐藏变量的模型,关于 x 的积分可能难以处理。

通过在隐藏变量上引入辅助分布来简化最大化 $L(\theta)$ 的问题。隐藏变量的任何概率分布 $q_x(x)$ 都与 L 的下限相关。事实上,对于每个数据点 y_i,使用隐藏变量的不同分布 $q_{x_i}(x_i)$ 来获得下限:

$$L(\theta)=\sum_i \ln\int p(x_i,y_i\mid\theta)\,\mathrm{d}x_i \qquad(12)$$

$$=\sum_i \ln\int q_{x_i}(x_i)\frac{p(x_i,y_i\mid\theta)}{q_{x_i}(x_i)}\mathrm{d}x_i$$

$$\geq \sum_i \int q_{x_i}(x_i)\ln\frac{p(x_i,y_i\mid\theta)}{q_{x_i}(x_i)}\mathrm{d}x_i \qquad(13)$$

$$= \sum_i \int q_{x_i}(x_i) \ln p(x_i, y_i \mid \theta) \, dx_i - \int q_{x_i}(x_i) \ln q_{x_i}(x_i) \, dx_i$$
$$\equiv F(q_{x_1}(x_1), \cdots, q_{x_n}(x_n), \theta) \tag{14}$$

因为 log 函数是上凸的,利用 Jensen 不等式,$F(q_x(x), \theta)$ 是 $L(\theta)$ 的下界,是自由分布 $q_{x_i}(x_i)$ 和的函数(对 y 的依赖是隐含的)。使用 $q_x(x)$ 来表示集合 $\{q_{x_i}(x_i)\}_{i=1}^n$。

2.2.2 无约束(精确)优化的 EM 算法

期望最大化(EM)算法中的 E 步骤在给定当前参数设置的情况下推断隐藏变量的后验分布,M 步骤最大化 $L(\theta)$ 关于给定从 E 步骤收集的统计信息。这样的一组更新可以使用下限推导出来:在每次迭代中,E 步骤针对每个 $q_{x_i}(x_i)$ 最大化 $F(q_x(x), \theta)$,M 步骤针对 θ 最大化 $F(q_x(x), \theta)$。从数学上讲,使用上标(t)表示迭代次数,从一些初始参数 $\theta^{(0)}$ 开始,更新方程为:

E 步骤:$q_{x_i}^{(t+1)} \leftarrow \mathrm{argmax}_{q_{x_i}} F(q_x(x), \theta^{(t)}), \forall i \in \{1, \cdots, n\}$ \hfill (15)

M 步骤:$\theta^{(t+1)} \leftarrow \mathrm{argmax}_\theta F(q_x^{(t+1)}(x), \theta)$ \hfill (16)

对于 E 步骤,事实证明,边界(式 13)的 $q_{x_i}(x_i)$ 上的最大值是通过以下设置获得的:

$$q_{x_i}^{(t+1)}(x_i) = p(x_i \mid y_i, \theta^{(t)}), \forall i \tag{17}$$

此时边界变为等式。这可以通过将式(17)直接代入式(13)来证明:

$$F(q_x^{(t+1)}(x), \theta^{(t)}) = \sum_i \int q_{x_i}^{(t+1)}(x_i) \ln \frac{p(x_i, y_i \mid \theta^{(t)})}{q_{x_i}^{(t+1)}(x_i)} dx_i$$

$$= \sum_i \int p(x_i \mid y_i, \theta^{(t)}) \ln \frac{p(x_i, y_i \mid \theta^{(t)})}{p(x_i \mid y_i, \theta^{(t)})} dx_i$$

$$= \sum_i \int p(x_i \mid y_i, \theta^{(t)}) \ln \frac{p(y_i \mid \theta^{(t)}) p(x_i \mid y_i, \theta^{(t)})}{p(x_i \mid y_i, \theta^{(t)})} dx_i$$

$$= \sum_i \int p(x_i \mid y_i, \theta^{(t)}) \ln p(y_i \mid \theta^{(t)}) dx_i$$

$$= \sum_i \ln p(y_i \mid \theta^{(t)}) = L(\theta^{(t)}) \tag{18}$$

上式的 $\ln p(y_i \mid \theta^{(t)})$ 不是 x_i 的函数。在进行 E 步骤之后,边界是紧密的。相同的结果可以通过对 $F(q_x(x), \theta)$ 相对于 $q_{x_i}(x_i)$ 进行函数微分获得,并设置为零,且受归一化约束:

$$\int dx_i q_{x_i}(x_i) = 1, \forall i \tag{19}$$

每个 $q_{x_i}(x_i)$ 的约束可以使用拉格朗日乘数 $\{\lambda_i\}_{i=1}^n$ 来实现,形成新的泛函:

$$\widetilde{F}(q_x(x),\theta) = F(q_x(x),\theta) + \sum_i \lambda_i \left[\int q_{x_i}(x_i)\,\mathrm{d}x_i - 1 \right] \quad (20)$$

然后对每个 $q_{x_i}(x_i)$ 取这个表达式的函数导数并令其为零,得到以下每个

$$\frac{\partial}{\partial q_{x_i}(x_i)} \widetilde{F}(q_x(x),\theta^{(t)}) = \ln p(x_i, y_i \mid \theta^{(t)}) - \ln q_{x_i}(x_i) - 1 + \lambda_i = 0$$

$$\Rightarrow q_{x_i}^{(t+1)}(x_i) = \exp(-1+\lambda_i) p(x_i, y_i \mid \theta^{(t)})$$
$$= p(x_i, y_i \mid \theta^{(t)}), \forall i \quad (21)$$

其中每个 λ_i 都与归一化常数有关:$\lambda_i = 1 - \ln \int p(x_i, y_i \mid \theta^{(t)})\,\mathrm{d}x_i, \forall i$。在本文的其余推导中,总是使用拉格朗日乘数项来强制规范化约束。M 步骤是通过简单地将式(13)对 θ 的导数设置为零来实现的。

M 步骤:$\theta^{(t+1)} \leftarrow \mathrm{argmax}_\theta \sum_i \int [p(x_i \mid y_i, \theta^{(t)}) \ln p(x_i, y_i \mid \theta)]\,\mathrm{d}x_i \quad (22)$

优化的参数是被积函数第二项中的 θ,同时保持 $p(x_i \mid y_i, \theta^{(t)})$ 固定。由于在每个 M 步骤开始时 $F(q_x^{(t+1)}(x),\theta^{(t)}) = L(\theta^{(t)})$,并且由于 E 步骤不改变参数,所以似然度是有保证的,它在每个组合的 EM 步骤完成后不会减少。众所周知的 EM 下界解释为:$F(q_x(x),\theta)$ 是一个辅助函数,对任何 $q_x(x)$,它的下界 $L(\theta)$ 在每个 E 步骤后达到相等。步骤如图 1 所示。在这里,将 E 步骤表示为获得每个数据点的隐藏变量的完整分布。但是一般来说,M 步骤可能只需要隐藏变量的少量统计信息,因此在 E 步骤中只需要计算这些少量信息。

如图 1 所示,在 E 步骤中,隐藏变量的变分后验被设置为精确的后验 $p(x \mid y, \theta^{(t)})$,使边界更紧密。在 M 步骤中,参数设置为最大化下界 $F(q_x^{(t+1)},\theta)$,同时保持隐藏变量的分布 $q_x^{(t+1)}(x)$ 固定。

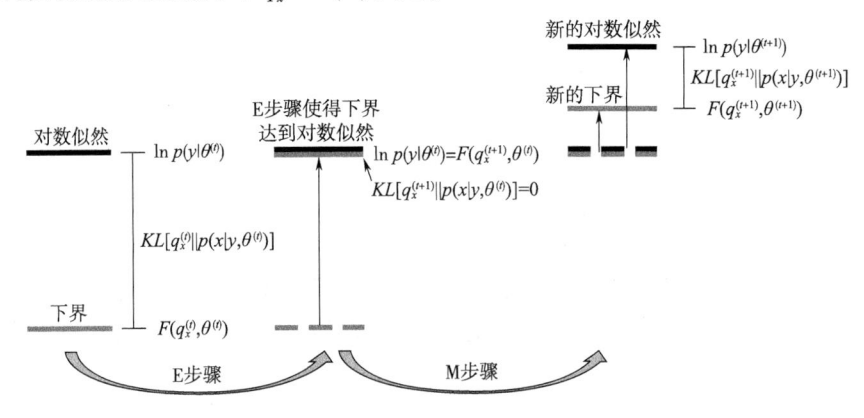

图 1 最大似然学习中 EM 的变分解释

2.2.3 有约束(近似)优化的 EM 算法

但是,在许多模型中,数据是由多个相互作用的隐藏变量解释的,这可能导致难以处理的后验分布。在变分方法中,通过将后验分布约束为特定的易处理形式,例如对变量 $x_i = \{x_{ij}\}_{j=1}^{|x_i|}$ 进行因式分解。使用变分方法,仍然可以优化 $F(q_x(x),\theta)$ 作为约束分布 $q_{x_i}(x_i)$ 的函数。优化的 M 步骤在概念上与前一小节中描述的相同,只是它针对受约束后验 $q_{x_i}(x_i)$ 而不是由精确后验计算的充分统计量。可以把下界 $F(q_x(x),\theta)$ 写作如下形式:

$$\begin{aligned}F(q_x(x),\theta) &= \sum_i \int q_{x_i}(x_i) \ln \frac{p(x_i,y_i\mid\theta)}{q_{x_i}(x_i)} dx_i \\ &= \sum_i \int q_{x_i}(x_i) \ln p(y_i\mid\theta) dx_i + \sum_i \int q_{x_i}(x_i) \ln \frac{p(x_i\mid y_i,\theta)}{q_{x_i}(x_i)} dx_i \\ &= \sum_i \ln p(y_i\mid\theta) - \sum_i \int q_{x_i}(x_i) \ln \frac{q_{x_i}(x_i)}{p(x_i\mid y_i,\theta)} dx_i \end{aligned} \quad (23)$$

因此在 E 步骤中,相对于 $q_{x_i}(x_i)$ 最大化 $F(q_x(x),\theta)$,等价于最小化以下量:

$$\int q_{x_i}(x_i) \ln \frac{q_{x_i}(x_i)}{p(x_i\mid y_i,\theta)} dx_i \equiv KL[q_{x_i}(x_i) \| p(x_i\mid y_i,\theta)] \geq 0 \quad (24)$$

这是变分分布 $q_{x_i}(x_i)$ 和精确的隐变量后验 $p(x_i\mid y_i,\theta)$ 之间的 KL 散度。如图 2 所示,E 步骤通常不会导致边界变为等式,除非确切的后验位于后验 $q_x(x)$ 族中。基于隐藏变量的当前变分后验:

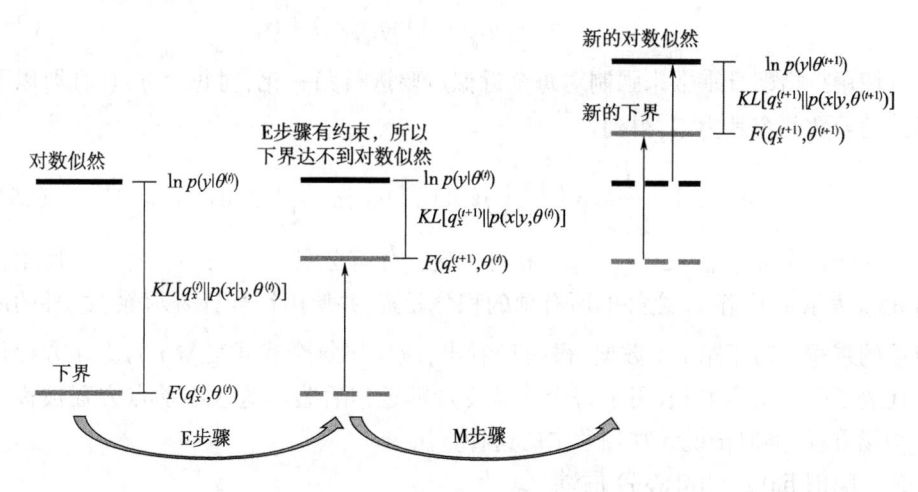

图 2 最大似然学习中约束 EM 的变分解释

M 步骤：$\theta^{(t+1)} \leftarrow \mathrm{argmax}_\theta \sum_i \int q_{x_i}^{(t+1)}(x_i) \ln p(x_i, y_i \mid \theta) \mathrm{d} x_i$ （25）

可以选择 $q_{x_i}(x_i)$ 属于特定的参数化族：

$$q_{x_i}(x_i) = q_{x_i}(x_i \mid \lambda_i) \tag{26}$$

其中 $i = \{i_1, \cdots, i_r\}$ 是每个数据的 r 个变分参数。如果将每个 $q_{x_i}(x_i \mid \lambda_i)$ 约束为具有易于计算的矩（例如高斯），特别是如果 $\ln p(x_i \mid y_i, \theta)$ 是关于 x_i 的多项式，那么可以计算 KL 散度直到为一个常数。更重要的是，可以对每个 $q_{x_i}(x_i)$ 分布的变分参数集 λ_i 取导数，以执行受约束的 E 步骤。因此，变分 EM 算法的 E 步骤由一个子循环组成，其中每个 $q_{x_i}(x_i \mid \lambda_i)$ 通过对每个 λ_{is} 求导来优化，其中 $s = 1, \cdots, r$。

如图 2 所示，在 E 步骤中，隐藏变量变分后验设置为最小化 $KL[q_{x_i}(x_i) \mid\mid p(x_i \mid y_i, \theta)]$ 的值，前提是 $q_x(x)$ 位于约束分布族中。在 M 步骤中，给定当前隐藏变量的分布，参数被设置为最大化下界 $F(q_x^{(t+1)}, \theta)$。

2.2.4 平均场近似

平均场近似是每个 $q_{x_i}(x_i)$ 在隐藏变量上完全分解的情况：

$$q_{x_i}(x_i) = \prod_{j=1}^{|x_i|} q_{x_{ij}}(x_{ij}) \tag{27}$$

在这种情况下，$F(q_x(x), \theta)$ 的表达式改写为：

$$\begin{aligned}F(q_x(x), \theta) = & \sum_i \int \big[\prod_{j=1}^{|x_i|} q_{x_{ij}}(x_{ij}) \ln p(x_i, y_i \mid \theta) \\ & - \sum_{j=1}^{|x_i|} q_{x_{ij}}(x_{ij}) \ln q_{x_{ij}}(x_{ij}) \big] \mathrm{d} x_i\end{aligned} \tag{28}$$

使用拉格朗日乘数来强制对每个近似后验进行归一化，对每个 $q_{x_{ij}}(x_{ij})$ 取以下形式的导数并令其为零，得到：

$$q_{xij}(x_{ij}) = \frac{1}{z_{ij}} \exp \big[\int \prod_{j'/j}^{|x_i|} q x_{ij'}(x_{ij'}) \ln p(x_i, y_i \mid \theta) \mathrm{d} x_{i/j} \big] \tag{29}$$

对于每个数据点 $i \in \{1, \cdots, n\}$ 和每个变分分解分量 $j \in \{1, \cdots, |x_i|\}$。使用符号 $\mathrm{d} x_{i/j}$ 表示 x_i 中除 x_{ij} 之外的所有项的积分元素，并使用符号 $\prod_{j'/j}$ 表示除 j 之外的所有项的乘积。对于第 i 个数据，很明显看出，应用于每个隐藏变量 j 的更新方程依次代表了一组耦合方程，用于每个隐藏变量的近似后验。这些不动点方程被称为平均场方程，类似于统计物理学中的这种方法。

2.3 贝叶斯学习的变分方法

本节将展示如何拓展上述处理以使用变分方法来逼近贝叶斯学习所需的积分。通过将参数视为未知量以及隐藏变量，在后验中，参数和隐藏变量之间存在相关性。VB 框架的基本思想是使用更简单的分布来近似隐藏变量和参数的分布，通

常假设隐藏状态和参数在给定数据的情况下是独立的。贝叶斯学习有两个主要目标:第一个是逼近边际似然 $p(y|m)$ 以进行模型比较;第二个是对模型参数的后验分布 $p(\theta|y,m)$ 进行近似,然后可以将其用于预测。

2.3.1 学习规则的导出

如前文所述,y 表示观察变量,x 表示隐藏变量,θ 表示参数。假设以模型 m 为条件的参数的先验分布为 $p(\theta|m)$。模型的边际似然 $p(y|m)$ 可以通过在隐藏变量和参数上引入任何支撑的分布 $p(x,\theta|y,m)$ 来降低下界,通过应用 Jensen 不等式:

$$\ln p(y\mid m) = \ln \int p(x,y,\theta\mid m)\,\mathrm{d}\theta\mathrm{d}x$$

$$= \ln \int q(x,\theta) \frac{p(x,y,\theta\mid m)}{q(x,\theta)}\mathrm{d}\theta\mathrm{d}x$$

$$\geq \int q(x,\theta) \ln \frac{p(x,y,\theta\mid m)}{q(x,\theta)}\mathrm{d}\theta\mathrm{d}x \tag{30}$$

最大化自由分布 $q(x,\theta)$ 的这个下界,在进行如上的替换时,将不等式变为等式,会导致自由分布 $q(x,\theta)=p(x,\theta|y,m)$。但这并没有简化问题,因为评估精确的后验分布 $p(x,\theta|y,m)$ 需要知道其归一化常数,即边际似然。相反,将后验限制为对 $q(x,\theta) \approx q_x(x)q_\theta(\theta)$ 的更简单的因式分解(可分离)近似为:

$$\ln p(y\mid m) \geq \int q_x(x)q_\theta(\theta) \ln \frac{p(x,y,\theta\mid m)}{q_x(x)q_\theta(\theta)}\mathrm{d}\theta\mathrm{d}x$$

$$= \int q_\theta(\theta) \left[\int (q_x(x)\ln \frac{p(x,y\mid \theta,m)}{q_x(x)} + \ln \frac{p(\theta\mid m)}{q_\theta(\theta)})\mathrm{d}x \right]\mathrm{d}\theta$$

$$= F_m(q_x(x), q_\theta(\theta))$$

$$= F_m(q_{x_1}(x_1),\cdots,q_{x_n}(x_n), q_\theta(\theta)) \tag{31}$$

其中最后一个等式是数据 y 达到独立同分布的结果。F_m 是自由分布 $q_x(x)$ 和 $q_\theta(\theta)$ 的函数。

变分贝叶斯算法相对于自由分布 $q_x(x)$ 和 $q_\theta(\theta)$ 迭代的最大化下界 F_m,这本质上是变分分布函数空间中的坐标上升。以下一般的定理提供了变分贝叶斯学习的更新方程。

2.3.2 变分贝叶斯 EM(VBEM)

令 m 作为一个模型,其参数 θ 会产生独立同分布的数据集 $y=\{y_1,\cdots,y_n\}$ 与相应的隐藏变量 $x=\{x_1,\cdots,x_n\}$。模型的对数边际似然的下界是:

$$F_m(q_x(x), q_\theta(\theta)) = \int q_x(x)q_\theta(\theta) \ln \frac{p(x,y,\theta\mid m)}{q_x(x)q_\theta(\theta)}\mathrm{d}\theta\mathrm{d}x \tag{32}$$

这可以通过执行以下更新来迭代优化,使用上标 (t) 表示迭代次数:

$$\text{VBE 步骤}: q_{x_i}^{(t+1)}(x_i) = \frac{1}{z_{ij}}\exp\left[\int q_\theta^{(t)}(\theta) \ln p(x_i,y_i\mid \theta,m)\mathrm{d}\theta\right] \forall i \tag{33}$$

其中，$q_x^{(t+1)}(x) = \prod_{i=1}^{n} q_{x_i}^{(t+1)}(x_i)$。

VBM 步骤：$q_\theta^{(t+1)}(\theta) = \dfrac{1}{z_\theta} p(\theta \mid m) \exp\left[\int q_x^{(t+1)}(x) \ln p(x,y \mid \theta,m) \, \mathrm{d}x\right]$

(34)

此外，更新规则收敛于 $F_m(q_x(x), q_\theta(\theta))$ 的局部最大值[9]。

如图 3 所示，在 VBEM 步骤中，保证每一步都会增加（至少保持不变）边际似然的下限。精确的对数边际似然是一个固定量，不会随着 VBE 或 VBM 步骤而改变，只增加下限。

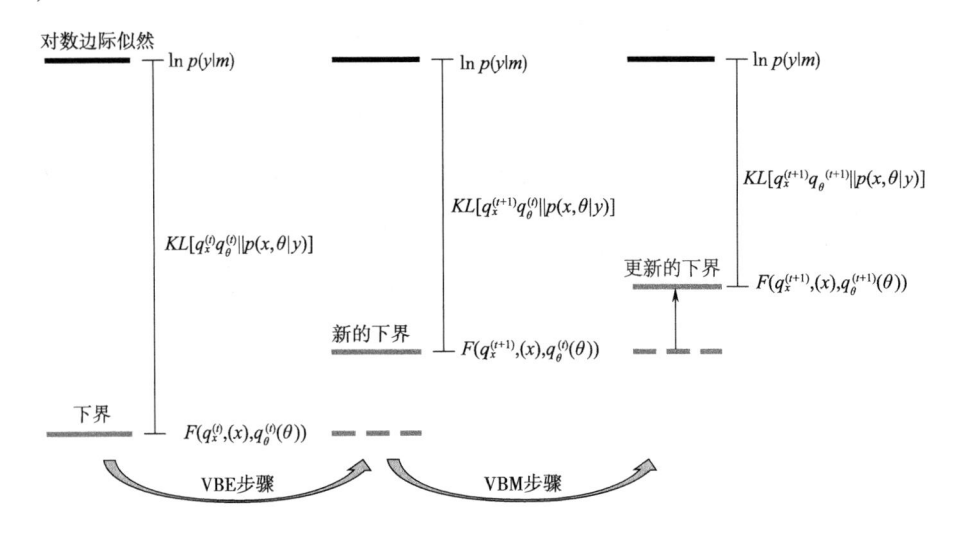

图 3　变分贝叶斯 EM(VBEM)算法

2.4　贝叶斯概率图模型

2.4.1　贝叶斯概率图模型简介

概率图模型是一种通过做出条件依赖假设来表示联合分布的方法。特别地，图中的节点代表随机变量，边代表条件依赖。根据图形是有向的、无向的，还是有向和无向的某种组合，可以有几种概率图模型。在本实验设计中，只涉及有向图。

有向图模型，其网络拓扑结构为有向无环图（DAG），这种网络通常被称为贝叶斯概率图模型。通常用于模拟人类推理过程中因果关系的不确定性。然而，贝叶斯概率图模型并没有本质上的"贝叶斯"，而只是定义概率分布的一种方式。这些模型也被称为信念网络（Belief Network），这里的"信念"指的是主观概率，但其所代表的概率分布类型本身并不主观。这些模型有时被称为因果网络，因为有方向的箭头有时被解释为因果关系。将有因果关系（非条件独立）的变量或命题用有向箭头来连接,即连接两个节点的箭头代表这两个随机变量是非条件独立的。若两个节点间以一个单箭头连接在一起,表示其中一个节点是"因"(Parents),另一个是"果"(Children),那么两个节点就会产生一个条件概率值。

在朴素贝叶斯分类器中,假设特征在给定类标签时是条件独立的,如图 4(a)所示。这使得联合分布可被改写为如下形式:$p(y,x) = p(y) \prod_{j=1}^{D} p(x_j | y)$。

朴素贝叶斯假设特征是条件独立的,则获取特征之间相关性的一种方法是使用概率图模型。特别地,如果模型是树,该方法被称为树增广朴素贝叶斯分类器(Tree Augumented Naive Bayes),如图 4(b)所示。使用树形图而不是一般图的原因有两个:一是容易找到最优树结构;二是容易处理属性结构模型中缺失的特征。

2.4.2 EM 算法与 VBEM 算法在贝叶斯概率图模型中的作用

构建贝叶斯概率图模型,实际上是为了解决概率推理中至关重要的三个问题,分别为结构学习、参数学习与概率推理。解决结构学习问题的关键在于已知的参数样本信息中,估计或者预测应尽量符合依赖关系的数据类型。解决参数学习问题的关键在于已知的概率图模型中,根据样本数据预测多个变量之间的依赖关系,如条件概率的分布趋势等。解决概率推理问题的关键在于求得所有变量或部分变量的边际概率,逐步解析概率近似值。

EM 算法与 VBEM 算法作为参数学习算法,可以作为概率推理的中间步骤,从而在求解最大概率状态时逐步优化解析路径,并在边际化概率的统筹范围内明确计算部分的变量关系。在应用 EM 算法与 VBEM 算法时,计算最大概率的过程中相当于不完全数据类型,计算步骤倾向于边际概率的解析内容。一般情况下求解问题的精确度不能充分保障,需要借助近似值来描述。因此,从变分推断角度考察边际概率,是一种简化运算流程的方式,能够在一定程度上优化最大概率的解析。

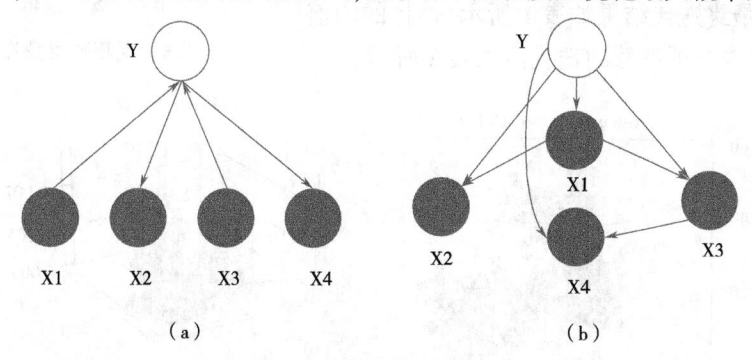

(a)

(b)

图 4 贝叶斯概率图模型

注: (a)表示有向无环图的朴素贝叶斯分类器。假设有 4 个特征,阴影节点被观察,无阴影节点被隐藏。(b)表示有 4 个特征的树增广朴素贝叶斯分类器。一般来说,树的拓扑结构可以根据观测数据 y 的值而改变。

3 高斯混合模型聚类问题及其 EM 算法与 VBEM 算法的应用

3.1 高斯混合模型聚类问题及其 EM 算法的应用

期望最大化(EM)算法用于寻找最大似然统计模型参数,其中模型依赖于未观测到的隐藏变量最大后验(MAP)估计的迭代方法。

在应用和评估基于最大化期望的聚类时,首先需要混合高斯模型的数据,通过生成 4 个二维高斯模型,生成并保存可观测样本数目 500 个,并手动构造部分缺失数据,以用于此后的实验。实验环境为 Python 3.7。

(1)设置最大迭代次数为 1 000 次。

(2)设第 i 个样本属于第 j 个模型的概率的期望为隐藏变量。

(3)初始化 4 个高斯模型的均值分别为:$u1 = (5 \quad 35)$、$u2 = (30 \quad 40)$、$u3 = (20 \quad 20)$、$u4 = (45 \quad 15)$。协方差矩阵为 $\begin{pmatrix} 30 & 0 \\ 0 & 30 \end{pmatrix}$。混合项系数(概率)$\alpha = (0.1, 0.2, 0.3, 0.4)$。即高斯混合模型中的观测值来源于均值为 $u1 = (5 \quad 35)$ 的分布的概率为 0.1,来源于均值为 $u2 = (30 \quad 40)$ 的分布的概率为 0.2,来源于均值为 $u3 = (20 \quad 20)$ 的分布的概率为 0.3,来源于均值为 $u4 = (45 \quad 15)$ 的高斯分布的概率为 0.4。数据分布图如图 5 所示。

可以看出,数据分布明显,具有良好的可分性。接下来,需要估计对应高斯分布的均值和混合项系数(概率)。假设协方差矩阵恒定,对混合高斯分布实现 EM 聚类,聚类图如图 6 所示。

隐藏变量(第 i 个样本属于第 j 个模型的概率的期望)最终迭代结果如表 1 所示,估计的均值以及估计的混合项系数的迭代值如表 2 所示。

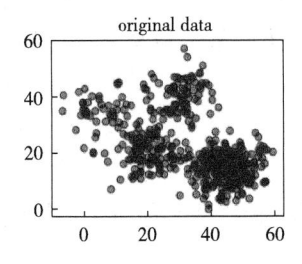

图 5 观测数据分布图

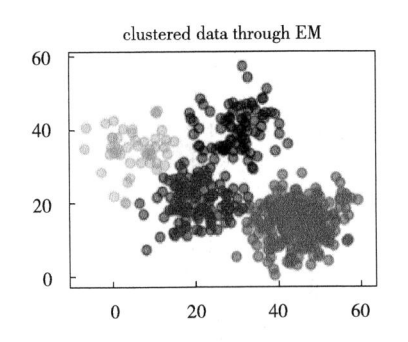

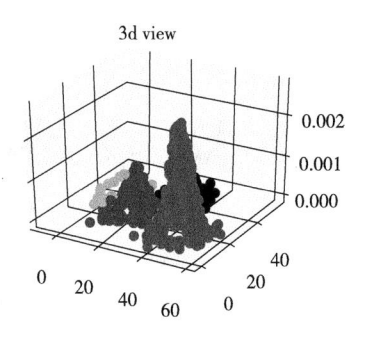

图 6 混合高斯分布的 EM 聚类图

表1 隐藏变量(期望值)最终迭代结果

迭代次数	期望值
14	[[1.557e-08 1.050e-33 5.507e-13 9.999e-01] [8.307e-01 1.610e-19 3.242e-12 1.693e-01] [8.472e-04 4.595e-10 9.992e-01 1.340e-07] ... [9.999e-01 1.081e-07 2.064e-06 3.939e-08] [1.018e-06 1.699e-28 2.954e-09 9.999e-01] [1.454e-12 7.282e-41 7.898e-14 1.000e+00]]

表2 估计均值与混合项系数迭代数值

迭代次数	估计的均值	估计的混合项系数
1	[[30.300 21.229] [34.587 21.458] [33.447 22.728] [28.481 22.550]]	[0.103, 0.377, 0.415, 0.105]
2	[[23.531 20.498] [44.294 15.255] [36.409 27.286] [15.141 28.535]]	[0.067, 0.424, 0.234, 0.276]
3	[[22.016 17.827] [45.253 13.979] [33.247 36.462] [13.042 31.059]]	[0.128, 0.480, 0.167, 0.225]
5	[[21.251 19.510] [45.046 14.370] [30.596 40.143] [7.987 33.101]]	[0.206, 0.501, 0.165, 0.128]
10	[[20.421 20.361] [44.948 14.366] [30.246 40.084] [5.389 34.557]]	[0.227, 0.505, 0.171, 0.097]
14	[[20.413 20.366] [44.946 14.366] [30.246 40.085] [5.382 34.568]]	[0.227, 0.505, 0.171, 0.097]

经过14次迭代,估计均值与混合项系数已经很接近精确值,设定二者的误差精度均为0.001,实验过程中估计均值与混合项系数的估计误差分别为:

表3 估计均值与混合项系数的估计误差

均值误差	混合项系数误差
0.000 854	0.000 006

由此,达到精度退出迭代,得到最优参数估计。

3.2 高斯混合模型聚类问题及其VBEM算法的应用

3.2.1 聚类结果

本节应用VBEM算法在高斯混合模型上推断参数后验以及进行模型选择。使用高斯混合模型进行聚类的本质在于,数据分布由若干高斯分布组成,需要通过输入的无标记数据来求解各个高斯模型的参数和各个模型的先验概率。与一般情况下使用最大似然法估计参数不同,由于输入的数据是无标记,即缺少观测数据的类别的隐藏信息,故隐藏信息的概率分布也成为估计内容之一,因此无法通过梯度下降的方法求解,于是通过最大化对数似然函数的下界来迭代求解。与直接对每个数据点进行分类的K-Means聚类算法不同,高斯混合模型求解分布密度,然后一般将其归类于最大后验概率的类别。

拟合模型所用数据为上一章所用数据,分别对混合高斯分布实现普通聚类与VB聚类,聚类图如图7所示。

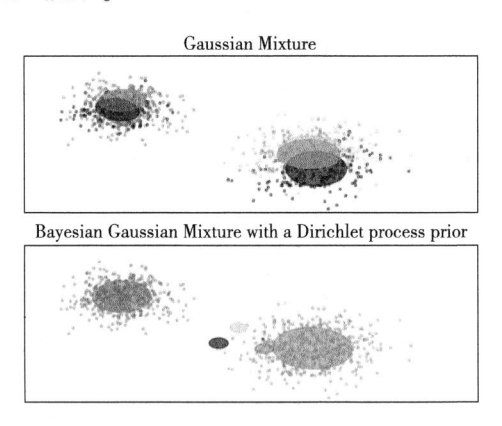

图7 混合高斯分布的VBEM聚类图

由聚类图可知,聚类过程中使用贝叶斯思想的聚类结果可分性更强,它将相近的数据点划分到同一类,从视觉上也符合人的直观感受,不易出现类别混淆的情况。但有一部分类别中包含的数据点非常少,这一现象将在后文进行解释。

3.2.2 使用 VBEM 进行模型选择

使用 VB 时,选择 K 的最简单方法是拟合多个模型,然后使用对数边际似然的变分下界 $L(K) \leq \log p(D|K)$ 来逼近 $p(K|D)$:

$$p(K\mid D) = \frac{e^{L(K)}}{\sum_{K'} e^{L(K')}} \tag{35}$$

有 K 个分量,就有 $K!$ 个等效模式,因此应该进行模型选择。在实际应用中,贝叶斯信息准则(BIC)被用来选择最优模型,BIC 中模型参数数量的惩罚项考虑了样本数量,当样本量过大时,可以避免模型的过高精度造成的过高复杂度。聚类过程中,对于包含不同数量的高斯成员(数据类别)的模型,BIC 如图 8 所示,模型选择结果如图 9 所示。

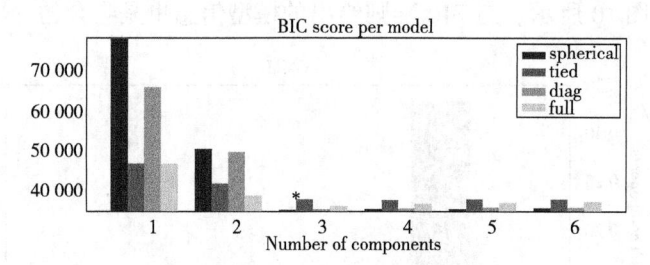

图 8 不同 K 值模型的 BIC 信息

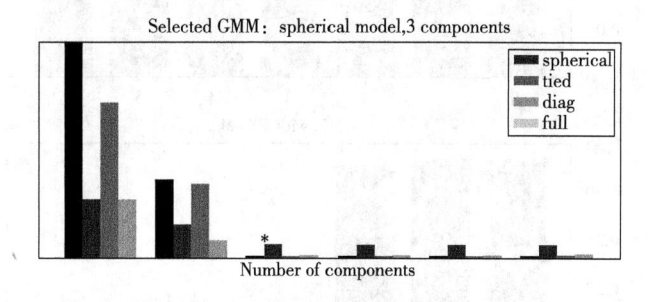

图 9 模型选择

由图 9 可知,对于包含 3 个高斯成员个数的模型的 BIC 最低,可视为实际选择中的最优模型。

3.2.3 VBEM 的自动稀疏诱导效应

尽管 VB 提供了对边际似然的合理近似,但这种方法仍然需要拟合多个模型,每个模型对应一个被考虑的 K 值。更快的替代方法是拟合单个模型,其中 K 被设置得很大,但 α_0 被设置得非常小,$\alpha_0 \ll 1$。在常规 EM 中,混合权重的 MAP 估计将

具有形式 $\widetilde{\pi}_k \propto (\alpha_k - 1)$,其中 $\alpha_k = \alpha_0 + N_k$。不幸的是,如果 $\alpha_0 = 0$ 且 $N_{k=0}$,可能会得到负数。

然而,在 VBEM 中,使用:

$$\widetilde{\pi}_k = \frac{\exp[\psi(\alpha_k)]}{\exp[\psi(\sum_{k'} \alpha_{k'})]} \tag{36}$$

现在 $\exp(\psi(x)) \approx x - 0.5(x > 1)$。所以如果 $\alpha_k = 0$,当计算 $\widetilde{\pi}_k$ 时,就相当于从后验计数中减去 0.5。这对小集群的伤害要大于对大集群的伤害。结果是,具有极少(权重)成员的集群在连续迭代中变得越来越空,而大的集群则获得越来越多的成员,这也是所谓的富人越富现象。这种自动剪枝方法如图 10 所示。将初始化假设的 7 个类别拟合到已有数据集,但数据只真正"需要"3 个聚类,所以其余的被"杀死",如图 10 所示。与 BIC 准则给出的模型信息也是吻合的。

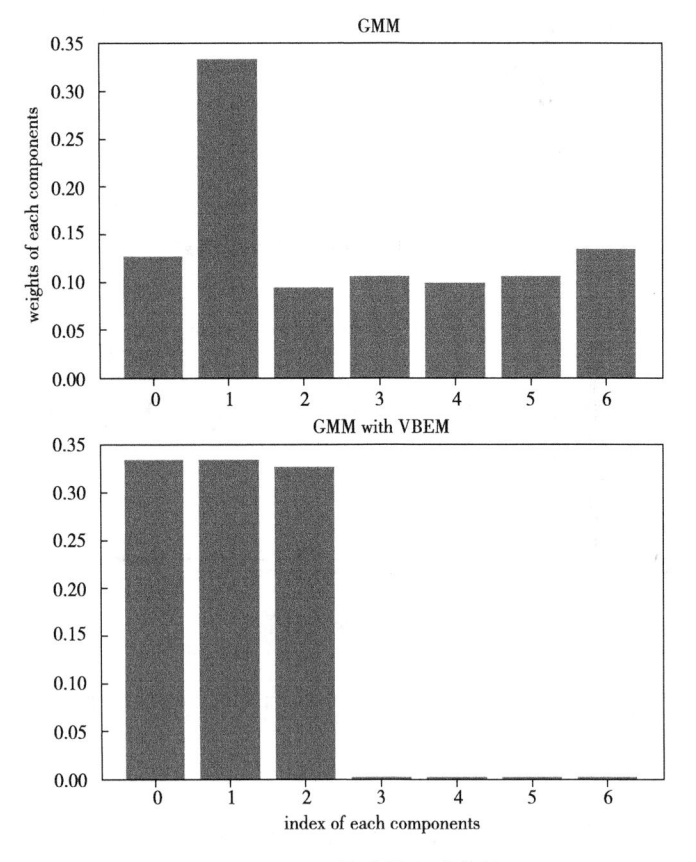

图 10 VBEM 算法的自动剪枝

4 分类问题及其 EM 算法与 VBEM 算法的应用

4.1 数据集介绍

(1)数据集名称:Online Shoppers Purchasing Intention Dataset。

(2)数据集来源:

http://archive.ics.uci.edu/ml/datasets/Online+Shoppers+Purchasing+Intention+Dataset;

C. Okan Sakar, Department of Computer Engineering, Faculty of Engineering and Natural Sciences, Bahcesehir University, 34349 Besiktas, Istanbul, Turkey;

Yomi Kastro Inveon Information Technologies Consultancy and Trade, 34335 Istanbul, Turkey。

(3)变量信息:本设计根据所构建网络模型的需要,选取此数据集中的部分重要变量,如表 4 所示。

表 4 变量信息及含义

变量名称	模型中名称	变量含义	取值范围
Informational	$x0$	访问者所访问的不同类型页面数量	{0.0,1.0,2.0,3.0,4.0}
Month	$x1$	月份	{Feb,Mar,May}
Operating	$x2$	操作系统	{1.0,2.0,3.0,4.0,5.0}
Browser	$x3$	浏览器	{1.0,2.0,3.0,4.0,5.0,6.0,8.0,9.0,10.0}
Region	$x4$	所在地区	{1.0,2.0,3.0,4.0,5.0,6.0,7.0,8.0,9.0,10.0,13.0,15.0}
TrafficType	$x5$	流量类型	{1.0,2.0,3.0,4.0,5.0,6.0,8.0,9.0,13.0}
VistorType	$x6$	访问者类型(返回或新访问者)	{Returning_Visitor,New_Visitor}
Weekend	$x7$	访问日期是否为周末	{FALSE,TRUE}
Revenue	$x8$	访问者是否购买	{FALSE,TRUE}

4.2 实验环境

实验环境:i5-8250U CPU,JAVA1.8。

基于贝叶斯概率图模型可视化软件 GeNIe 建立模型。

基于机器学习可扩展概率的 Java 工具箱 Amidst 编写代码。

4.3 实验设计过程

选取原始数据集中的 1 200 条数据,基于 GeNIe 与 Apache Netbeans 平台完成本次实验设计。首先在 GeNIe 中读取初始数据(完全数据),展示部分数据如表 5 所示。

表 5 部分初始数据(完全数据)

$x0$	$x1$	$x2$	$x3$	$x4$	$x5$	$x6$	$x7$	$x8$
0	Feb	1	1	1	1	Returning_Visitor	FALSE	FALSE
0	Feb	4	1	9	3	Returning_Visitor	FALSE	FALSE
0	Mar	4	2	1	2	New_Visitor	FALSE	FALSE
2	May	1	1	1	2	Returning_Visitor	TRUE	FALSE
0	May	2	2	8	2	New_Visitor	TRUE	TRUE

然后在此数据集上学习新的网络,以 Tree Augmented Naive Bayes 为学习算法,以 $x8$ 为类别变量,得到的模型网络结构如图 11 所示。

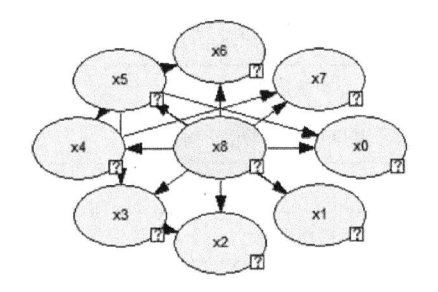

图 11 模型网络结构

此时基于 EM 算法构建的模型的对数似然值为 -805.844。模型各变量的初始参数值(边际概率分布)如图 12 所示,其中,State 表示变量的可能取值。

根据日常经验,访问者如果已经购买过某个页面的商品,那么该访问者选择回购的可能性会发生变化,其与新访问者选择购买的可能性往往不同。因此,为了研究访问者类型(返回或新访问者)对于类别变量(是否购买)的影响,在模型中设置变量 $x6$ 为回访者(Returning_Vistor),更新模型参数以进行挖掘信息,如图 13 所示。

(a) 变量x0的边际概率分布

	State0	0.80855879
	State1	0.064214597
	State2	0.058504838
	State3	0.04118469
	State4	0.027537081

(b) 变量x1的边际概率分布

	Feb	0.33580247
	Mar	0.33487654
	May	0.32932099

(c) 变量x2的边际概率分布

	State1	0.23024432
	State2	0.51682192
	State3	0.20234815
	State4	0.050585617

(d) 变量x3的边际概率分布

	State1	0.20823387
	State2	0.58512991
	State3	0.028693238
	State4	0.060238212
	State5	0.05948479
	State6	0.037182344
	State10	0.021037628

(e) 变量x4的边际概率分布

	State1	0.52255502
	State2	0.057996658
	State3	0.1103394
	State4	0.098938749
	State5	0.018834988
	State6	0.067357904
	State7	0.018834988
	State8	0.062680418
	State9	0.042461878

(f) 变量x5的边际概率分布

	State1	0.30065175
	State2	0.14557542
	State3	0.27147299
	State4	0.12797411
	State5	0.027852111
	State6	0.019763876
	State8	0.011628713
	State9	0.027878713
	State11	0.011628713
	State13	0.043981655
	State15	0.011591949

(g) 变量x6的边际概率分布

	New_Visitor	0.086847571
	Returning_Visitor	0.91315243

(h) 变量x7的边际概率分布

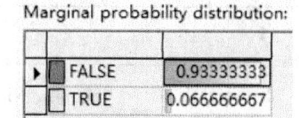

	FALSE	0.80662385
	TRUE	0.19337615

(i) 变量x8的边际概率分布

	FALSE	0.93333333
	TRUE	0.066666667

图 12　EM 模型中各变量的边际概率分布

此时,变量 $x6$ 的边际概率分布发生变化,确定访问者类型为回访者(以概率 1 的可能性),更新模型参数,关注于类别变量 $x8$,并与未更新前得到的边际概率分布做对比,结果如图 14 所示。

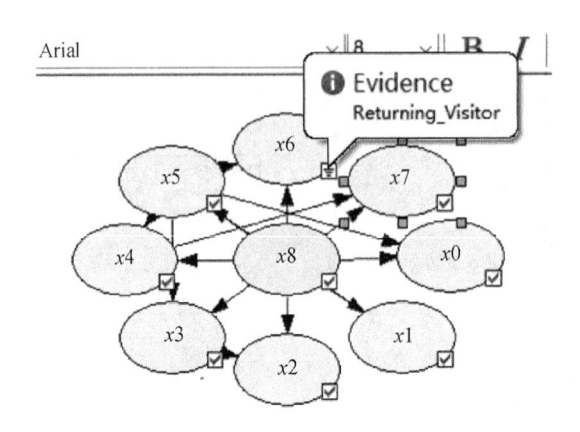

图 13 设置变量 x6 为回访者后的模型结构

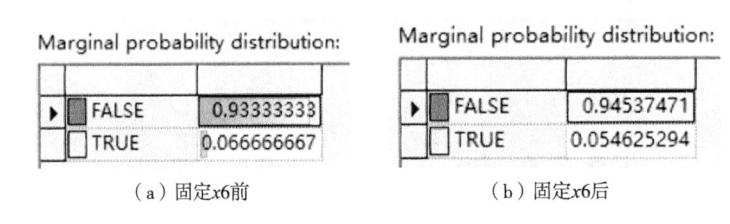

（a）固定x6前　　　　　　　　　（b）固定x6后

图 14 设置变量 x6 前后的 x8 的边际概率分布

由图 14 可知,若不确定访问者类型,那么该访问者不购买任意商品的概率为 0.933,购买任意商品的概率为 0.067;若确定访问者类型为回访者,那么该访问者不购买任意商品的概率为 0.945,购买任意商品的概率为 0.055。由此可见,回访者选择再次购买任意商品的意愿稍有降低。

在实际应用中,数据往往不是完全数据,因此在完全数据的基础上随机挖掉一部分数据,结果如表 6 所示。

表 6 部分初始数据(缺失数据)

$x0$	$x1$	$x2$	$x3$	$x4$	$x5$	$x6$	$x7$	$x8$
	Feb	1		1		Returning_Visitor	FALSE	FALSE
0			1		3		FALSE	
	Mar	4	2	1	2	New_Visitor		FALSE
2	May		1	1		Returning_Visitor	TRUE	FALSE
0		2	2		2		TRUE	

对于带缺失的数据集,重新应用 EM 算法拟合该网络模型结构,得到新的证据下界,其数值为 -720.704。

选取一条新的数据进行测试,该条数据已知事实结果为 FALSE(未购买),去除掉类别信息后进行测试。该测试数据如表 7 所示,测试结果如图 15 所示。

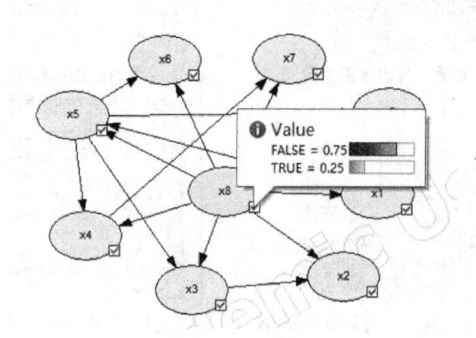

图 15 测试结果

表 7 测试数据展示

$x0$	$x1$	$x2$	$x3$	$x4$	$x5$	$x6$	$x7$	$x8$
0	Feb	3	3	1	3	Returning_Visitor	FALSE	FALSE

根据测试结果,该条数据的类别为 FALSE(未购买)的可能性为 0.75,为 TRUE(购买)的可能性为 0.25,根据算法思想,该条数据将被分类到概率最高的类别中,也即被分类为 FALSE,这与事实结果相一致。

现将应用 VBEM 算法实现此数据集的分类,根据模型网络节点结构创建 .bn 文件,将数据转换为 .arff 格式,建立变分贝叶斯网络,学习得到新的模型参数,再拷贝回原来的模型,以基于 EM 算法得到的模型参数作为先验,从而得到 VBEM 算法的网络模型结构。VBEM 的模型参数如图 16 所示。

此时得到基于 VBEM 算法的模型网络结构,仍使用上述实验的该条测试数据进行测试,得到新的证据下界,其数值为 -4.079。与基于 EM 算法的模型网络结构相比,证据下界得到显著提高,拟合效果更好。数据测试结果如图 17 所示。

根据测试结果,该条数据的类别为 FALSE(未购买)的可能性为 0.913,为 TRUE(购买)的可能性为 0.087,根据算法思想,该条数据将被分类到概率最高的类别中,也即被分类为 FALSE,这与事实结果相一致,且与基于 EM 算法的模型进行测试分类的结果一致。但基于 VBEM 算法的测试结果以 0.913 的概率被分类为 FALSE,相较于基于 EM 算法的测试结果以 0.75 的概率被分类为 FALSE,显然具有更强的可信度。

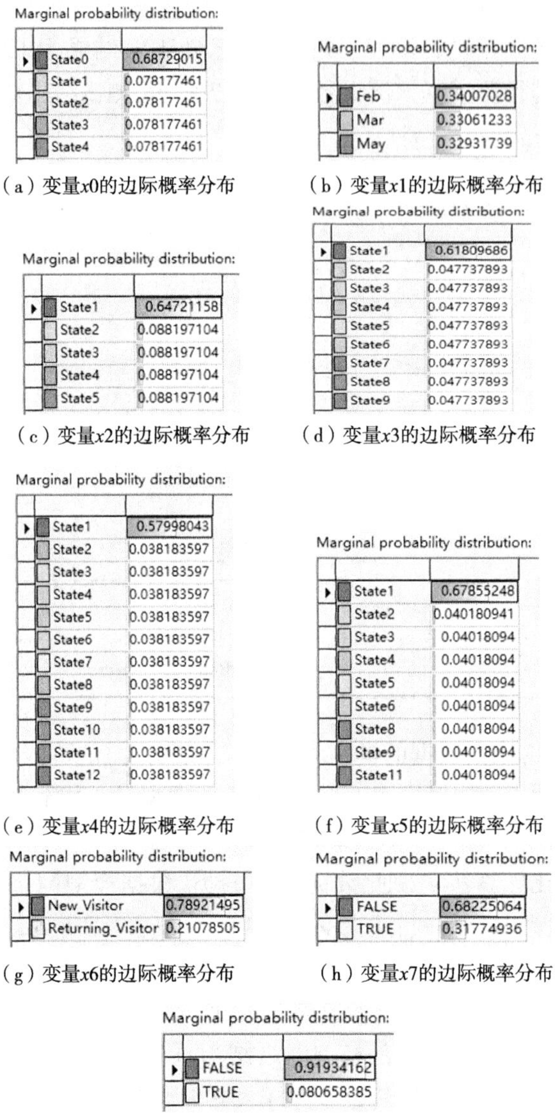

（a）变量x0的边际概率分布　　（b）变量x1的边际概率分布

（c）变量x2的边际概率分布　　（d）变量x3的边际概率分布

（e）变量x4的边际概率分布　　（f）变量x5的边际概率分布

（g）变量x6的边际概率分布　　（h）变量x7的边际概率分布

（i）变量x8的边际概率分布

图16　VBEM中各变量的边际概率分布

4.4　实验结论

分别将基于EM算法与基于VBEM算法的模型拟合结果做对比,如表8、图18所示。

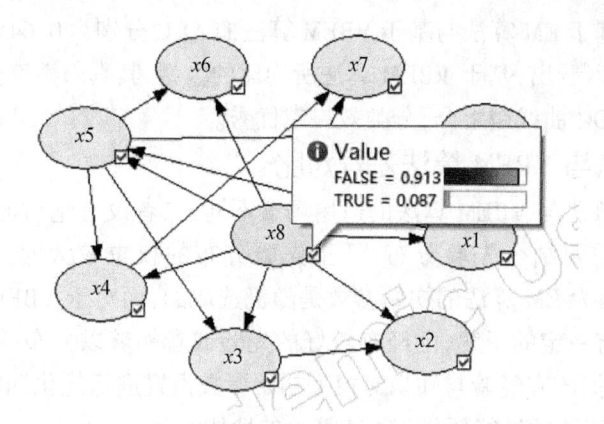

图 17　测试结果

表 8　基于 EM 算法与基于 VBEM 算法的模型拟合结果对比

对比物	基于 EM 算法			基于 VBEM 算法		
总正确率	0.833 3			0.981 5		
混淆矩阵		FALSE	TRUE		FALSE	TRUE
	FALSE	90	10	FALSE	100	0
	TRUE	8	0	TRUE	2	6

（a）基于 EM 算法的 AUC/ROC　　　　（b）基于 VBEM 算法的 AUC/ROC

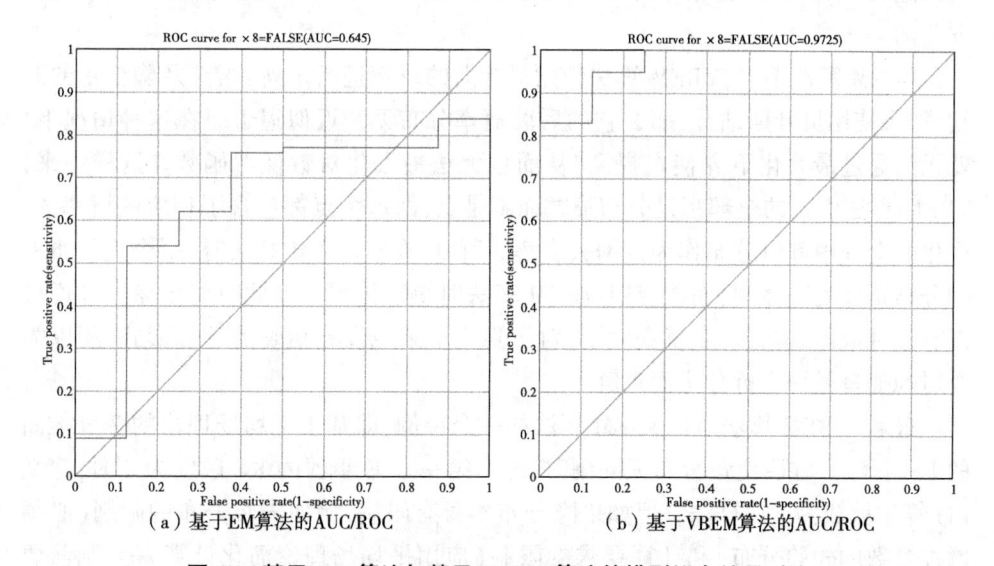

图 18　基于 EM 算法与基于 VBEM 算法的模型拟合结果对比

由混淆矩阵可以看出,分别基于 EM 算法与 VBEM 算法所构建的模型的总准确性约为 83% 与 98%,基于 VBEM 算法的两个类别的准确性也均比基于 EM 算法的准确性高。基于 EM 算法与基于 VBEM 算法的 AUC 分别为 0.645 和 0.972 5,通过 ROC 曲线可以看出,基于 VBEM 算法所构建的模型,其真阳性率更大,假阳性率更小,表现为 ROC 曲线越上凸,分类效果越优秀。

4.5　EM 算法与 VBEM 算法差异对比

首先,EM 算法与 VBEM 算法的适用场景不同,二者没有绝对的好坏之分。如果建立模型时需要结合先验分布,乃至先验分布的权重较大时,可以优先选用 VBEM 算法。因为 EM 算法的初始参数是随机选取的,而对于 VBEM 算法来说,如果对数据本身有一定的了解,已经有较好的先验或者能够以分布的形式对参数进行描述,并且根据已有经验与知识对模型初始参数设置进行优化调整,那么在此种情况下,VBEM 算法的性能要优于 EM 算法的性能。

其次,EM 算法与 VBEM 算法的原理不同。EM 算法应用点估计求解,而不是贝叶斯估计。EM 算法求解后验概率分布的点估计的过程中,它首先估计一个点,例如均值,该均值可以通过模型参数得到。再对方差进行估计,但此方差是不确定的值,并且不是作为分布的形式整合到模型当中,而是直接将方差"加"上均值,形成均值各加减一倍方差的区间,从而将偏离均值的波动性考虑为区间估计。然后将此区间与充分统计量结合,使用充分统计量去观察待学习的参数的分布,即收敛和收缩区间长度。通过不断的迭代使该区间越来越窄。在每次迭代过程中,如果后验概率分布不是直接被观测到的,那么得到的区间都是包含方差的。

与 EM 算法不同,VBEM 算法使用贝叶斯的思想进行求解,当涉及隐变量的时候,如果使用贝叶斯估计,那么它的后验概率分布无法近似逼近。在这种情况下,就无法通过最大化下界使之提高,从而也无法最大化对数似然函数。这样一来,VBEM 算法引入的全部都是分布形式而不是点,即每个点都包含了相应的概率,在优化的全程中都以分布作为依据去求解。所以,在应用 EM 算法时,每个点的概率和分布整体无法体现,而在应用 VBEM 算法时得以体现。但此时对于参数来说可以有多种取值,拟合难度就变大了,对于隐变量来说没有精确的近似形式,所以需要对隐变量做一个拆分进而求解。

最后,VBEM 算法是广义 EM 算法的一个特例,即基于平均场理论的变分推断的 EM 算法。在隐变量分布无限制时,即当第一个 E 步骤的 KL 散度为 0 时,广义 EM 算法就成为 EM 算法。但如果隐分布本身有限制,例如先验分布的限制(必须增加参数的先验分布)和计算要求的限制(应用平均场理论简化计算)等,则需要引入变分的思想,令对应的参数和隐变量都有相应的分布,并且满足分布独立性简化计算的假设。在目标后验概率不易推断时,通过引入参数化的变分分布族,将推断问题转化为优化问题,就得到变分思想下的 VBEM 算法。

5　总结与展望

本文分别将 EM 算法和 VBEM 算法与概率图模型结合,在不完全数据场景下完成概率推理的关键参数学习步骤,从而简化运算流程,并在一定程度上优化了最大概率的解析,分别得到基于 EM 算法和 VBEM 算法的概率图模型,在训练得到的模型上分别进行聚类和分类两种应用。通过具体的实证研究,发现 EM 算法与 VBEM 算法的适用场景不同、原理不同。基于此,给出算法的使用建议:如果建立模型时需要结合先验分布,乃至先验分布的权重较大时,可以优先选用 VBEM 算法,在此种情况下,VBEM 算法的性能要优于 EM 算法的性能。

尽管 VBEM 算法的计算量更高,但在许多场景下有着非常优异的性能,因此有较好的应用价值。今后的研究工作将着眼于:将算法中的计算方面的限制(即使用平均场理论进行简化计算)转变为有效计算边际似然,从而找到一种更精确的计算方法开展模型参数的学习。

参考文献

[1] 程玉虎,冯焕婷,王雪松.基于参数探索的期望最大化策略搜索[J].自动化学报,2012,38(1):38-45.

[2] 陈亚瑞,廖士中.基于耦合度的高斯均值场归一化结构选择算法[J].计算机研究与发展,2010,47(9):1479-1503.

[3] 付淑群,曹炳元,马尽文.EM 算法正确收敛性的探讨[J].汕头大学学报,2002,17(4):1-12.

[4] 房祥忠,陈家鼎.EM 算法在假设检验中的应用[J].中国科学,2003,33(2):180-184.

[5] 廖士中,陈亚瑞.高斯均值场变分推理的收敛性和精确性[J].计算机研究与发展,2008,45(z1):259-263.

[6] 王红军,李志蜀,戚建淮,等.基于贝叶斯网络的半监督聚类集成模型[J].软件学报,2010,21(11):2814-2825.

[7] 朱慧明,韩玉启.贝叶斯多元统计推断理论[M].北京:科学出版社,2006:2-5.

[8] BEALE E M L, LITTLE R J A. Missing values in multivariate analysis[J]. Journal of the Royal Statistical Society, Series B,1975,37:129-145.

[9] BEAL M J. Variational Algorithms for Approximate Bayesian Inference,2003.

[10] DEMPSTER A P, LAIRD N M, RUBIN D B. Maximum Likelihood from Incomplete Data via the EM Algorithm[J]. Journal of the Royal Statistical Society, 1977,39(1):1-38.

[11] EMTIYAZ K M. An expectation-maximization algorithm for learning the latent Gaussian model with Gaussian lilelihood,2011.

[12] HARTLEY H O. Maximum Likelihood Estimation from Incomplete Data[J]. Biometrics,1958,14:174-194.

[13] HOFFMAN M, FREITAS N, DOUCET A, et al. An Expectation Maximization Algorithm for Continuous Markov Decision Processes with Arbitrary Rewards[C].2009: 232-239.

[14] JORDAN M I, GHAHRAMANI Z, JAAKKOLA T S, et al. An Introduction to Variational Methods for Graphical Models[J]. Machine Learning,1999,37(2): 183-233.

[15] KUMAR N P, SATOOR S, BUCK I. Fast Parallel Expectation Maximization for Gaussian Mixture Models on GPUs using CUDA[C]. Seoul, Korea,2009:103-109.

[16] KIMURA T, TOKUDA T, NAKADA Y, et al. Expectation - Maximization Algorithms for Inference in Dirichlet Processes Mixture[J]. Pattern Analysis and Application,2011,16(1):55-67.

[17] M' KENDRICK A G. Applications of Mathematics to Medical Problems[J]. Proceedings of the Edinburgh Mathematical Society,1926,44:98-130.

[18] PALMER J, WIPF D, KREUTZ-DELGADO K, et al. Variational EM Algorithms for Non-Gaussian Latent Variable Models[J]. Advances in Neural Information Processing Systems,2006,18:1059-1066.

[19] RAO P S, KRISHNA K S, VADAPARRTHI N, et al. Efficient Clustering Approach using Statistical Method of Expectation-Maximization[J]. International Journal of Computer Applications,2012,46(12):1-7.

[20] SUNDBERG R. Maximum likelihood theory for incomplete data from an exponential family[J]. Scandinavian Journal of Statistics,1974,1(2):49-58.

[21] UEDA N, NAKANO R. Deterministic Annealing EM Algorithm[J]. Neural Networks,1998,11(2):271-282.

[22] WU C F J. On the convergence properties of the EM algorithm[J]. The Annals of statistics,1983,11(1):95-103.

指导教师评语：

　　论文对比研究了 EM 算法与 VBEM 算法在聚类与分类中的应用，得出了二者的差异，并给出了算法的使用建议。论文选题符合要求，有一定难度，资料运用合理，研究方法得当，结构严谨，论证仔细，写作规范。

上市中小企业信用风险预测研究
——基于 Logistic 回归和随机森林算法

华侨学院　彭丽红　指导教师：朱小丽

RESEARCH ON CREDIT RISK PREDICTION OF LISTED SMALL AND MEDIUM-SIZED ENTERPRISES
—— BASED ON LOGISTIC REGRESSION AND RANDOM FOREST ALGORITHM

摘　要：改革开放以来，中小企业对我国经济增长发挥了十分重要的作用，但却一直饱受融资难问题的困扰。而中小企业融资难的重要原因之一便是其信用风险难以识别。为了解决这一问题，本文建立了中小企业信用风险预测模型。

本文首先介绍了信用风险相关概念与经典的信用风险预测方法，然后通过比较多种信用风险预测方法的优缺点，最终选择 logistic 回归算法和随机森林算法来构建上市中小企业信用风险预测模型。选定模型后，基于文献研究，本文以上市中小企业是否存在被特殊处理经历（ST 和 *ST）作为是否发生过信用风险的依据，并作为预测模型的因变量。同时，全面考虑影响企业信用风险的因素后，本文从盈利能力、成长能力、营运能力、偿债能力、公司治理、公司基本面和宏观经济这七个方面选取了 29 个指标作为预测模型的自变量。随后，本文从我国中小企业板选取了 2008—2021 年间 119 家 ST（*ST）公司以及 357 家非 ST（*ST）公司作为研究样本。通过相关性分析，从 29 个自变量中筛选出了 23 个有效自变量并对它们进行了简单描述分析。为构建并检验模型的预测准确率，本文将全样本划分成训练集和测试集。基于 400 条训练集样本，逻辑回归预测模型显示董事会人数、员工总数、长短期偿债能力、盈利能力和成长能力与企业信用风险成反比，而企业营运能力和第一大股东持股比例的变化不会显著地影响企业信用风险。随机森林预测模型显示每股收益、销售净利率、总资产报酬率、净资产收益率和净资产增长率是识别企业信用风险最重要的五项指标。基于 76 条测试集样本，本文发现随机森林模型的预测准确率高于逻辑回归模型，达到了 96.1%。最后，本文为中小企业及其利益相关方提供了一些建议。

关键词：中小企业，信用风险预测，逻辑回归，随机森林

Abstract: Since the reform and opening up, small and medium-sized enterprises have played a very important role in China's economic growth, but they always be plagued by financing difficulty. One of important reasons for the financing difficulty is that their credit risk is difficult to identify. In order to solve this problem, this paper constructs two credit risk prediction models for small and medium-sized enterprises. The following is the main research content and results of this paper.

Firstly, this paper introduces related concepts of credit risk and classical credit risk prediction methods. Then, by comparing the advantages and disadvantages of these methods, this paper finally selects logistic regression and random forest algorithm for modeling. Based on literature research, taking whether an enterprise has been specially treated (ST & *ST) as the symbol of whether it has credit risk to be the dependent variable of prediction models. Meanwhile, this paper selects 29 indicators as the independent variables of prediction models from seven aspects: profitability, growth ability, operation ability, debt-paying ability, corporate governance, company fundamentals and macro-economy after comprehensively considering the factors affecting enterprise credit risk.

Subsequently, this paper selects 119 ST(*ST) companies and 357 non-ST(*ST) companies from China's Small and Medium Enterprise Board from 2008 to 2021 as research samples. Through correlation analysis, screening out 23 effective independent variables from 29 independent variables and give them a brief description. In order to construct credit risk prediction models and test their prediction accuracy, the whole sample is divided into training set and test set. Based on 400 samples in training set, the logistic regression model shows that number of directors, total number of employees, long-term and short-term debt paying ability, profitability & growth ability are inversely proportional to enterprise's credit risk, while the change of the enterprise's operating ability and shareholding ratio of largest shareholder will not significantly affect their credit risk. The random forest model shows that earnings per share, net profit margin on sales, return on total assets, return on equity and growth rate of net assets are the five most important indicators to identify enterprise credit risk. Based on 76 samples in test set, it shows that the prediction accuracy rate of random forest model is better than that of logistic regression model, reaching 96.1%. Finally, this paper puts forward some suggestions for small and medium-sized enterprises and their stakeholders.

Key words: Small and medium-sized enterprises (SMEs), Credit risk prediction, Logistic regression, Random forest

1 INTRODUCTION

1.1 Research Background

Since China implemented the reform and opening-up policy for more than 40 years, small and medium-sized enterprises (hereinafter referred to as SMEs) have played an important role in promoting China's economic growth, increasing employment and promoting innovation. Although SMEs invest less than large companies and are normally small in scale, they operate in a wider range and are closer to the sinking market. Through targeted marketing in small markets ignored by large enterprises, SMEs can provide a steady stream of vitality for Chinese economic development. According to data released by the People's Bank of China in 2021, China's SMEs account for more than 95% of China's market players. The value of final goods and services created of SMEs accounts for more than 60% of GDP. Technological innovation and employment contribution of SMEs accounted for more than 70% of the total. The tax paid by small and medium-sized enterprises exceeds 50% of the total. It can be seen from Figure 1 that SMEs are an indispensable force in China's national economic and social development.

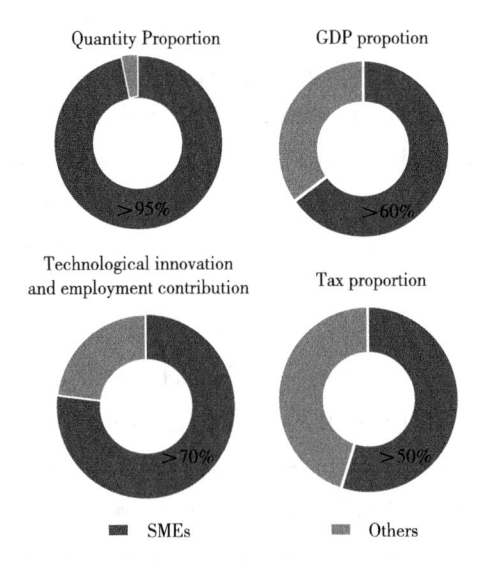

Figure 1　Contribution of SMEs to China's economic development in 2021

In order to promote the development ofSMEs, China has adopted many supporting policies to create a good financing environment for them. China has successively established the Small and Medium Enterprise Board, the Growth Enterprise Market, the Sci-Tech Innovation Board and the New Over-the-Counter Market to provide convenient financing channels for innovative, entrepreneurial and growing small and medium-sized enterprises. In addition, China also established the Beijing Stock Exchange in September 2021 with the main purpose of supporting the development of SMEs. Since the outbreak of COVID-19 in 2020, the development of SMEs has been impacted and their profits have declined. According to Wind data, mid-sized companies' profit margin fell by 8 percentage and small sized companies' profit margin decreased by 9.3 percent in 2020. The reduction of profits leads to the problem of fund turnover, which causes the corresponding increase in the financing demand of SMEs. In this situation, the government has launched many assistance policies for SMEs, such as loan assistance and requiring banks to increase the loan proportion for SMEs, so as to help them resume normal production activities.

However, due to their inherent defects, information asymmetry and moral hazard, small and medium-sized enterprises have always been in trouble with financing (Macmillan Gap). At present, owing to high threshold of direct financing, SMEs prefer to choose loans to meet fund demand. However, because of the small production scale, lacking of collateral and distortion and inadequate disclosure of their accounting information, it is difficult for them to obtain loans from commercial banks. At the same time, for commercial banks, SMEs are more difficult to supervise than large enterprises and state-owned enterprises, so that they are more prone to occur moral hazard after getting loans. In addition, SMEs have weak anti-risk capabilities, so that their probability of default is higher during economic recession. To sum up, it is precisely because it is difficult for banks to accurately identify the credit risk of enterprises before and after providing loans, so they dare not easily lend to SMEs, which adds the difficulty of financing for SMEs(Man, Zhang, Wang & Ma, 2018).

Because the financing difficulty of small and medium-sized enterprises is closely related to their credit risk, it is necessary to establish a scientific and reasonable model that can predict the credit risk of SMEs, so as to helpinvestors make correct investment choices; realize the balance between supply and demand of loans; promote the sustainable development of SMEs.

1.2 Research Objectives

Based on the above background, this paper takes the credit risk prediction of listed SMEs as the main research objectives. In order to do that, I will find mathematical methods and general research ideas that can predictenterprise credit risk by reading literature. Based on previous studies, I will select the most common and scientific dependent variables that can quantify enterprise credit risk and independent variables that affect enterprise credit risk. After that, through the statistical analysis of the collected data, this paper will screen out the effective independent variables which have a significant correlation with enterprise credit risk and give them a brief description.

Based on the effective independent variables, this paper can establish credit risk prediction models of listed SMEs and make empirical analysis. Through the empirical results, this paper will analyze the most important variables that affect the credit risk of SMEs and analyze the direction and magnitude of their effects. After that, I will use a new data set to measure the accuracy of the model prediction, so as to explore whether the constructed model has a good effect on the credit risk prediction of SMEs and get the optimal prediction model. Finally, based on the research results, this paper will provide some suggestions for SMEs and their stakeholders.

1.3 Research Significance

1.3.1 Theoretical significance

Based on previous studies, this paper will select the latest data and more comprehensive indicators to predict the credit risk of SMEs and find its main influencing factors. To a certain extent, this paper can enrich the research content and academic achievements of SMEs credit risk prediction. At the same time, although the research on corporate credit risk is relatively abundant, most scholars only use one model for empirical analysis. This paper will use two credit risk prediction models and select the optimal model, which will help to broaden the research ideas of enterprise credit risk prediction.

1.3.2 Practical significance

First, for individual investors, this research can improve individual investors' ability to assess corporate credit risk and help them reduce investment risks.

Second, for SMEs, they can continuously improve their credit status by paying attention to the most important factors affecting enterprise credit risk obtained in this paper.

Thirdly, for commercial banks, this paper can help them better understand the credit status of SMEs and make correct loan decision, thereby improving the quality of their credit assets. At the same time, if commercial banks can absorb enterprises with lower credit risk, it will also help them to expand their credit business and improve their performance.

Fourth, for relevant regulatory authorities, this research can help them identify enterprises with credit risks and prevent financial risks, thereby promote healthy development of Chinese securities market.

1.4 Framework

The framework of this paper is shown in Figure 2.

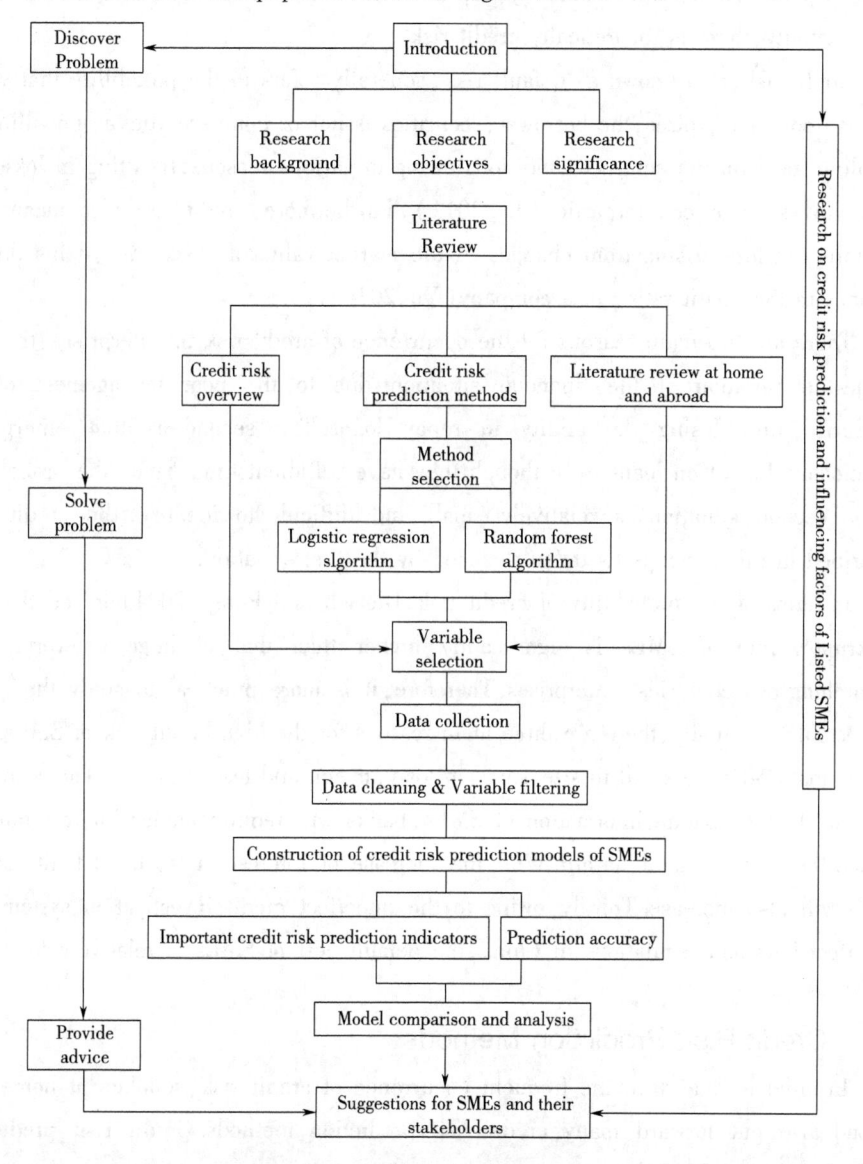

Figure 2　Thesis framework

Notes: SMEs stand for small and medium-sized enterprises.

2 LITERATURE REVIEW

2.1 Credit Risk Overview

Credit refers to a mutual trust production relationship and social relationship formed between people, units and commodity transactions. Zhao(2008) claims that once there is credit activity, there is theoretically credit risk.

Credit risk, also known as default risk, generally refers to the possibility that when the loan contract expires, the borrower, securities issuer or counterparties is unwilling or unable to perform the contract conditions owing to various reasons, resulting in losses to banks, investors or counterparties (Li, 2011). Furthermore, credit risk also means the possibility of loss arising from changes in the market value of stocks and debts due to changes in the credit rating of a company (Yu, 2014).

There are two main reasons for the occurrence of credit risk in enterprises: the first is the deterioration of the financial situation due to the poor management of an enterprise, thus losing the ability to repay loans. The second is that enterprises maliciously default on loans even though they have sufficient fund. Since the probability of the second situation is relatively small and difficult to identify, the credit risk described in this paper is by default caused by the first situation.

In terms of the probability of credit risk, Dietsch and Petey(2004) proved that the bankruptcy rate of SMEs is significantly higher than that of large enterprises by researching two countries' enterprises. Therefore, it is more practical to study the credit risk of SMEs. Actually, there are three main reasons for the high credit risk of SMEs. The first is that SMEs are small in size, small in loan amount and less attractive. The second is that due to the opaque information of SMEs, banks will require higher interest rates to reduce the risk of moral hazard. With the increase of interest rates, the default rate of SMEs will also increase. Thirdly, owing to the imperfect credit investigation system and imperfect laws and regulations in China, the default cost of SMEs is relatively low(Xu, 2019).

2.2 Credit Risk Prediction Methods

In order to deal with the frequent occurrence of credit risk, scholars at home and abroad also put forward many credit risk prediction methods. Credit risk prediction methods can be divided into two categories. The first category is the expert scoring method based on subjective judgment, which was first used. The second category is other methods based on objective data, such as Z – score and logistic regression by using accounting information, as well as KMV and Credit Metrics method by using stock information. The main credit risk prediction methods are shown in the Figure 3.

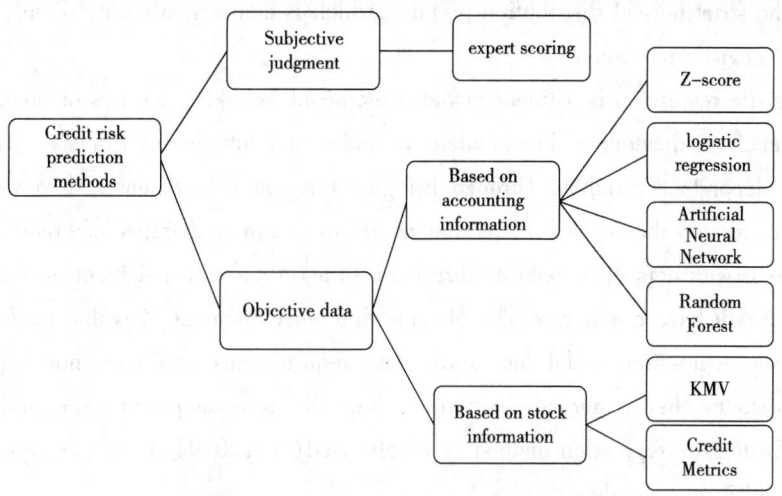

Figure 3 Credit risk prediction methods

2.2.1 Based on subjective judgment

Expert scoring:

The expert scoring method is a qualitative assessment method. This method allows experts who has specialized knowledge to decide whether to lend or not based on their experience and the obtained information. Among them, the most common method is 5C evaluation: experts score the character, capacity, capital, collateral, and condition of an enterprise, then giving a comprehensive score to evaluate its credit risk. Similar to 5C evaluation, there are many other expert scoring methods such as AHP and gray system. This method is simple and easy to understand, but it also has disadvantages such as subjective and unstable results, so it is not commonly used now.

2.2.2 Based on objective data

1) By using accounting information

(1) Z-score:

In 1968, Professor Altlnan of New York University collected loan cases and used the financial report data of default and credit-normal enterprises to filter out 22 financial indicators. Finally, he designed a discriminant function which can get credit risk value. The Z-score model is shown as follows:

$$Z = 1.2X_1 + 1.4X_2 + 3.3X_3 + 0.6X_4 + 0.999X_5 \qquad (1)$$

Among them, the independent variables are the financial indicators of the enterprise. Altlnan calculated the default threshold as $Z = 2.675$. The smaller the Z value is, the more likely a company will default, and the larger the Z value is, the more normal a company is. Although the model is objective, its scope of application is greatly limited due to the strict normal distribution premise, which is contrary to reality(Zhan,2012).

(2) Logistic regression:

Logistic regression is a linear model constructed by taking a series of financial and non-financial indicators as independent variables and introducing dummy variables to quantify dependent variables. Through bringing relevant data of enterprises which has loan demand into the logistic regression model to obtain probability of credit risk and compares it with default probability threshold, so as to makes a judgment on whether an enterprise will have credit risk. The obvious difference from the Z-value model is that the logistic regression model has lower data requirements and does not require the sample data to obey a normal distribution. Because its assumptions more in line with reality. So logistic regression method is widely used(Xu,2019). It will be described in more detail in chapter three.

(3) Artificial neural networks:

Artificial neural network is an algorithm established by imitating the nerve cell structure of the organism and the neural analysis and learning ability of the human brain. It overcomes the problem of statistical methods that require manyassumptions and the limitation of not being able to consider dynamic risks. However, this algorithm requires much more samples than general machine learning algorithms such as random forests. It often requires millions of data sets for calculation. At the same time, it has a very big disadvantage: the *black box* problem, which means that it's hard to know exactly what a neural network will get, and what causes it (Yuan, 2021). Therefore, this algorithm should be carefully considered before using it.

(4) Random forest:

Before explaining random forest, it is important to introduce decision tree because random forest are aclassifier that consists of multiple decision trees. The main principle of decision tree is to select attributes to divide a data set, then classify total samples into different categories. The random forest algorithm is an ensemble learning algorithm based on the decision tree algorithm. The class of its output is determined by the mode of all decision trees results it contains. Compared with other models, random forest does not require any assumptions, and also overcomes the shortcomings of artificial neural networks that require huge data sets. What's more, it is a classification model which has high prediction accuracy(Yuan,2021). It will be described in more detail in chapter three.

2) Based on stock information

(1) KMV:

KMV is an expected default frequency model constructed by Moody's KMV Company based on the Black-Scholes option pricing model and the Merton model. This model mainly calculates the corresponding default distance by using stock price information of listed companies. After determining the corresponding relationship between the default distance and the expected default probability based on historical default database, the empirical default probability of listed company can be calculated. The KMV model can make full use of the information in the current capital market; effectively improve the hysteresis of data; it can also reflect changes of enterprises credit risk in real time. But this model is not widely used. It is only suitable for listed companies, and assumes that the value of corporate assets conforms to a normal distribution, which is contrary to reality(C. Yan,2013). The biggest problem in the application of this model in China is that it is unable to determine the expected default function reflecting the default distance due to the lack of a large number of default data.

(2) Credit Metrics:

The Credit Metrics model is a risk management product launched by J. P. Morgan in 1997 to quantify credit risk. Credit Metrics model calculates the conversion probability of credit level and default recovery rate of the next year by investigating the credit rating data of loan enterprises, so as to measure the value at risk of enterprises and judge the credit risk of enterprises. Value at risk refers to the maximum loss of assets or liabilities at a certain level of liquidity. This method ignores the impact of macroeconomic environment and its assumption is inconsistent with reality. Since most loans cannot be traded directly, the market value and volatility cannot be calculated and observed, resulting in the narrow applicability of this method(Tan,2016).

2.3 Literature Review at Home and Abroad

Foreign scholars' research on enterprise credit risk prediction started earlier. Ohlson (1980) used the bankruptcy of the enterprise as the basis for the occurrence of credit risk, and used 105 bankrupt companies and 2058 non-bankrupt companies to construct a logistic regression credit risk evaluation model. He found that business performance, asset liquidity, asset size and capital structure were 92% accurate in predicting corporate credit risk. Dutta and Shekhar(1988) used a neural network model to predict the credit risk of corporate bonds. Fan and Palaniswami(2000) obtained the conclusion that SVM can predict financial distress more accurately by studying the credit risk of Australian enterprises. Bernardino and Jones (2008) believe that the credit rating standards of large enterprises are not suitable for technology-based SMEs, and predict the credit risk of technology-based SMEs.

Since the reform and opening up, with the continuous improvement and development of Chinese market economy, Chinese research on enterprise credit risk prediction has also been carried out. For example, Chen (1999) used the data of 54 companies as of July 1998 to conduct a univariate judgment analysis with whether the company was specially treated (ST & *ST) as the credit risk standard and four financial ratios as independent variables. Initially, scholars did not discuss large company and SMEs separately. With the increase of credit risk of SMEs, the research on credit risk prediction of SMEs began to increase. It can be mainly divided into two categories: Based on financial indicators and based on financial plus non-financial indicators. The following are the typically former studies:

Literature based on financial indicators: Yan (2013) selected 54 financial indicators as initial independent variables and used logistic regression for modeling. He concluded that the closer to the year the company was ST(*ST), the higher the accuracy of the model prediction. Tang (2016) selects the difference between cash paid for debt repayment and short-term borrowing to construct dummy dependent variables, and selects 17 financial variables to establish SMEs credit risk assessment system. Wei and Zhu (2018) believe that the credit risk of SMEs mainly comes from financial risks. Zhou (2019) calculated the credit risk of enterprises in SME Board by substituting financial indicators into the Z-score model.

Literature based on financial plus non-financial indicators: Yan (X. 2017) took corporate governance into consideration and conducted an empirical study using logistic regression. He obtained an accuracy rate of 90% in corporate credit risk predictions. He and Li (2018) conducted factor analysis and logistic regression on a sample of 49 manufacturing enterprises in the SME Board. By comparing the prediction effect before and after adding the independent variable of customer concentration, she concluded that the higher the customer concentration, the lower the credit risk of supply chain finance business. Yuan (2021) used the risk evaluation database of SMEs of a domestic urban commercial bank to establish a random forest model based on the enterprise type, stamp tax, enterprise income tax and other information of nearly 10 000 small and medium-sized enterprises.

3 RESEARCH METHODOLOGY

3.1 Research Methods

3.1.1 Literature analysis

By checking books and visiting websites such as CNKI and Wanfang database to read relevant research on enterprise credit risk, the theoretical basis of dissertation are determined. By learning from the previous research ideas and research methods, it provides inspiration for the research of this paper.

3.1.2 Empirical analysis

Empirical analysis is the combination of model and data. This study selected variables to quantify enterprise credit risk and its influencing factors. Then, this paper established mathematical models based on logistic regression and random forest algorithm, so as to find the important factors affecting enterprise credit risk and verify the prediction accuracy of models.

3.1.3 Comparative analysis

By comparing the prediction accuracy of two different credit risk models, the optimal model for judging enterprise credit risk is determined.

3.2 Prediction Methods Selection

Based on the previous introduction of credit risk prediction methods, it can be found that Logistic regressionand random forest algorithm are excellent in many aspects and are widely used by scholars. Logistic regression has the advantages of no strict assumptions on sample distribution, easy to understand, strong practicability and so on. The random forest algorithm has the advantages of high prediction accuracy, capability of processing high-dimensional data, relatively simple to implement and so on. Therefore, this paper chooses these two algorithms for modeling. These two algorithms are described in more detail below.

3.2.1 Logistic regression algorithm

Logistic regression is a special case of ordinary linear regression. It is widely used in disease diagnosis and economic forecasting. Actually, the dependent variable of the logistic regression model is qualitative (Xu, 2019). According to the different results obtained by the dependent variable, it can be divided into binomial logistic regression and multinomial logistic regression. This paper uses binomial logistic regression. In this dissertation, the dependent variable is equal to 1 when an enterprise has credit risk, and the dependent variable is equal to 0 when an enterprise operates normally. The mathematical representation of binomial logistic regression algorithm is as follows:

$$Y_1 \sim \text{binomial}(p_i, N_i), \text{on}\left(\frac{p_i}{1-p_i}\right) = \beta_0 + \sum_{j=1}^{k} \beta_j x_{ij} = X_{ij}\beta \qquad (2)$$

where x_{ij} represents the ith row, j^{th} column element in the matrix. Credit risk probability is:

$$p_i = \frac{\exp\left(\beta_0 + \sum_{j=1}^{k} \beta_j x_{ij}\right)}{1 + \exp\left(\beta_0 + \sum_{j=1}^{k} \beta_j x_{ij}\right)} = \frac{1}{1 + \exp\left(-\beta_0 - \sum_{j=1}^{k} \beta_j x_{ij}\right)} \qquad (3)$$

Its logarithmic likelihood function is:

$$\ln L = \ln \prod_{i=1}^{n} p_i^{y_i}(1-p_i)^{(1-y_i)}$$

$$= \sum_{i=1}^{n} [y_i \ln(p_i) + (1-y_i)\ln(1-p_i)]$$

$$= \sum_{i=1}^{n} \left[y_i \ln\left(\frac{p_i}{1-p_i}\right) + \ln(1-p_i) \right]$$

$$= \sum_{i=1}^{n} \left[y_i \left(\beta_0 + \sum_{i=1}^{n} \beta_i x_{ki}\right) - \ln\left(1 + \exp\left(\beta_0 + \sum_{i=1}^{n} \beta_i x_{ki}\right)\right) \right] \qquad (4)$$

By calculating the partial derivative of each parameter of equation 4 and making all obtained equations equals 0, the estimated value of the parameter can be solved. Then, by bringing data into formula 2, we can get the probability of credit risk (between 0 and 1). Generally, P = 0.5 is selected as the classification cut-off point to determine whether an enterprise will have credit risk (Sun, 2013).

After estimating the regression coefficient of the logistic regression model, the average marginal effect value can be obtained by calculating the marginal effect vale of all samples. The meaning of average marginal effect is that in the average sense, if x increases by 1 unit, $P(y = 1)$ will change the value of average marginal effect.

The calculation formula of marginal effect is:

$$\frac{\partial P}{\partial x} = \hat{p} * (1 - \hat{p}) * \hat{\beta} \qquad (5)$$

3.2.2 Random forest algorithm

Before introducing random forests, we need to introduce decision trees, because random forests are composed of many decision trees. Decision tree is one of the classic data mining methods, which was proposed byHarvard Business School in the middle of the last century. A decision tree is divided into three parts: at the top is the root node, which represents the raw data to be classified by attributes. The middle part of the tree is for tests on other attributes. The bottom of the tree is called the leaf node, which represents the final category judgment. The process of decision making using decision tree is to test the attributes of samples from the root node from top to bottom and select output branches according to their values until reaching the leaf nodes which represent different categories(Su, 2018). The basic structure of the decision tree is shown in Figure 4.

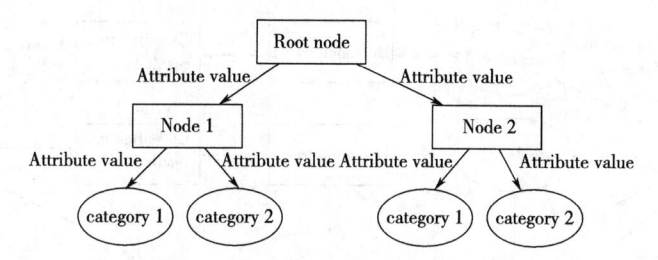

Figure 4　Simple decision tree structure

The three criteria for attribute selection in decision trees are information gain, information gain rate and Gini index. Random forest uses the Gini index. The formula for calculating the Gini index is as follows:

$$\mathrm{Gini}(D) = \sum_{k=1}^{|y|} \sum_{k \neq k} p_k p_k = 1 - \sum_{k=1}^{|y|} p_k^2 \qquad (6)$$

p_k represents the probability that the sample belongs to the kth class

The Gini index of attribute α is defined as:

$$\mathrm{Gini\ index}(D, \alpha) = \sum_{v=1}^{V} \frac{|D^v|}{|D|} \mathrm{Gini}(D^v) \qquad (7)$$

In the candidate attribute set, we select the attribute with the smallest Gini index after classification as the optimal classification attribute. The smaller the Gini index, the greater the proportion of a certain category in the set, and the less uncertainty(Wang, 2017).

The random forest extracts several new sample sets from the original overall data set by bootstrap technique. Then, each new sample set is modeled by decision tree algorithm and combined to form a "forest". There are countless classification results in this "forest". Then, the final model prediction class will be decided through the majority voting method. The schematic diagram is shown in the Figure 5.

3.3 Variable Selection and Data Source

3.3.1 Variable selection

1) Dependent variable

Based on literature research, there are three types of variables to quantify the credit risk of enterprises:

(1) Whether there is ST or *ST in front of the enterprise stock (special treatment logo).

(2) Credit rating of commercial banks.

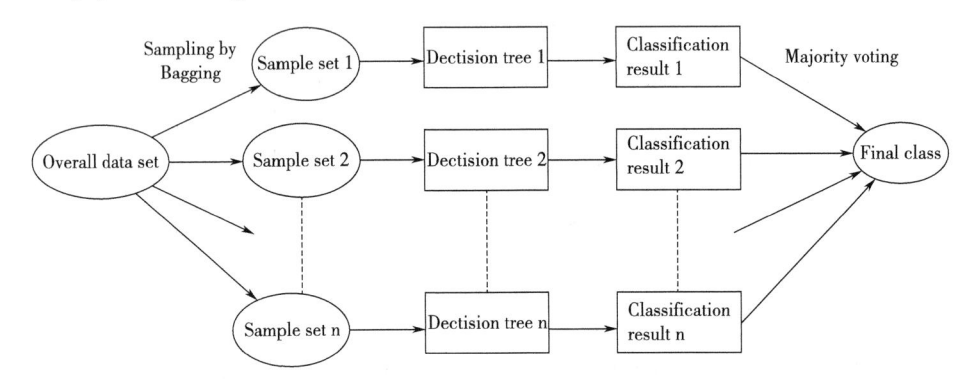

Figure 5　Random forest structure

(3) Scholar custom criteria, such as the difference between cash paid for debt repayment and short-term loans. Among them, the second indicator is difficult to obtain and indicator 3 is based on subjective judgment and unscientific, but indicator 1 is used most frequently. Previous empirical studies also proved that it is feasible to take whether a company is specially treated in securities market as dependent variable of credit risk. Therefore, this paper also selects whether SMEs stock have ST or *ST logo as the dependent variable. Specifically, the enterprise with ST logo is named number 1, and the enterprise without ST logo is named number 0. (Note: the following ST enterprises represent SMEs with ST or *ST logo).

ST stock refer to "special treatment" stock. ST logo is used to mark enterprises with abnormal financial or other conditions. *St logo represent a company has delisting risk. When the stock of an enterprise has ST and *ST logo, it means that the enterprise is in financial difficulties and has credit risk (Song, 2020).

2) Independent variables

Most of previous studies selected financial indicators such as earnings per share as independent variables for credit risk prediction. Xu (2019) proved that the prediction accuracy of the model will be improved after adding non-financial indicators. Therefore, this paper selects the following financial and non-financial indicators as independent variables.

(1) Financial independent variables:

Referring to the financial indicators selected by Yan(2017) and Song(2020), this paper selects the following 21 indicators through four financial aspects as independent variables showing in Table 1.

Table 1 Financial independent variable selection

	Symbol	Name	Property	unit
Profitability	X_1	earnings per share	quantitative	yuan
	X_2	net profit margin on sales	quantitative	%
	X_3	gross profit margin on sales	quantitative	%
	X_4	return on total assets	quantitative	%
	X_5	return on equity	quantitative	%
Growth ability	X_6	growth rate of earnings per share	quantitative	%
	X_7	growth rate of operating income	quantitative	%
	X_8	growth rate of operating profit	quantitative	%
	X_9	growth rate of total assets	quantitative	%
	X_{10}	growth rate of net assets	quantitative	%
Operation ability	X_{11}	operating cycle	quantitative	day
	X_{12}	inventory turnover	quantitative	times
	X_{13}	accounts receivable turnover	quantitative	times
	X_{14}	current asset turnover	quantitative	times
	X_{15}	fixed asset turnover	quantitative	times
	X_{16}	total asset turnover	quantitative	times
Debt-paying ability	X_{17}	current ratio	quantitative	—
	X_{18}	quick ratio	quantitative	—
	X_{19}	conservative quick ratio	quantitative	—
	X_{20}	asset-liability ratio	quantitative	—
	X_{21}	equity ratio	quantitative	—

Variables interpretation:

Profitability: good profitability can not only guarantee the sustainable and healthy development of enterprises, but also guarantee the repayment of debts. The profit indicators selected in this paper include $X_1 \sim X_5$. Among them, earnings per share reflects the operating results of a company. The net profit margin on sales and gross profit margin on sales can reflect the ability of sales to create profits. The return on total assets and return on net assets reflects the efficiency of enterprises in operating assets. The higher these indicators are, the stronger the profitability of an enterprise is.

Growth ability: growth ability reflects the potential of a company's sustainable operation and is the basis for company's expansion and development. The growth indicators selected in this paper include $X_6 \sim X_{10}$. The growth rate of earnings per share, operating income, operating profit, total assets and net assets are the ratio of the incremental value of the current period to the value at the end of the previous period. The larger these indicators are, the more growth potential an enterprise has.

Operation ability: operation ability refers to the ability of an enterprise to use various assets to earn profits. The operational indicators selected in this paper include $X_{11} \sim X_{16}$. Among them, the shorter the operating cycle, the faster the fund turnover; the higher the inventory turnover rate, the stronger the liquidity of company; the higher the accounts receivable turnover rate, the shorter the average collection period and less bad debt losses. The turnover rate of current assets, the turnover rate of fixed assets and the turnover rate of total assets are similar. The higher these three indicators, the better an enterprise makes use of its assets. Except the operating cycle, other indicators are positively related to the operating capacity.

Debt-paying ability: it refers to the ability of an enterprise to repay short-term and long-term debts. A company's ability to repay its debt is the key to its continued survival. The debt service indicators selected in this paper include $X_{17} \sim X_{21}$. Current ratio, quick ratio and conservative quick ratio are similar. The larger these indicators, the stronger the enterprise's short-term debt solvency. Both the asset-liability ratio and the equity ratio are long-term solvency indicators. The asset-liability ratio refers to the proportion of total liabilities in total assets. The equity ratio is the ratio of total liabilities to total equity. Current ratio, quick ratio and conservative quick ratio are positively related to company's debt-paying ability, while asset-liability ratio and equity ratio are negatively related to company's debt-paying ability.

(2) Non-financial independent variables:

Referring to the research of Man et al. (2018) and Qiu & Jin (2020), this paper selects the following eight non-financial independent variables showing in Table 2.

Table 2　Non-financial independent variable selection

	Symbol	Name	Property	Unit
Corporate governance	X_{22}	two jobs in one	qualitative	—
	X_{23}	number of board members	quantitative	people
	X_{24}	shareholding ratio of the largest shareholder	quantitative	%
	X_{25}	the nature of the largest shareholder	qualitative	—
Company fundamentals	X_{26}	total number of employees	quantitative	thousand people
	X_{27}	enterprise establishment year	quantitative	year
	X_{28}	enterprise nature	qualitative	—
macro-economy	X_{29}	regional GDP growth rate	quantitative	%

Variables interpretation:

Corporate governance: two jobs in one means whether chairman and general manager are the same person. If they are the same, this variable will be 1; if they are not the same, this variable will be 2. Fama and Jenson(1983) believed that the separation of powers and responsibilities between chairman and general manager could promote the operation of the company. In terms of the number of board members, scholars believe that it has both the advantages such as improving the scientific decision-making and the disadvantages like reducing the efficiency of decision-making. Xu(2019) believes that the larger the shareholding ratio of the largest shareholder, the more conducive it is to strengthen the supervision of enterprise managers. However, for SMEs, this may have the negative effect of shareholder arbitrariness. Besides. the value of the nature of the largest shareholder is 1 for state-owned and 2 for non-state-owned. Qiu and Jin(2020) claim that the nature of the largest shareholder has no significant impact on a company's delisting.

Company fundamentals: Generally speaking, the larger the total number of employees and enterprise establishment years, the stronger the economic strength. Scholars have not reached an agreement on whether the nature of enterprises (state-owned is 1, non-state is 2) will affect enterprise credit risk.

Macro-economy: Luo et al. (2015) found that there was a significant positive correlation between the total regional GDP and the credit rating of enterprises. Considering the long time span covered by the data of this paper, the regional GDP growth rate is selected as the indicator to measure the macro-economy.

3.3.2　Data source

Because the research object of this paper is SMEs, referring to the research of Tang

(2016), I firstly downloaded the historical records of special treatment (ST & *ST) of all SMEs in the SME Board fromwind database. I found that 119 of the 998 companies on the SME board are experiencing or already get out of credit risk problems (i.e. with ST or *ST logo). The credit risk problems of SME Board covered from 2009 to 2021 (except 2011). According to the standards of the latest time, *ST priority and non-duplicate samples, I identified the year in which credit risk occurred for these 119 enterprises. Since my aim is to build a prediction model, I need to download the independent variable data of the year before the occurrence of credit risk. What's more, in order to match the samples of ST enterprises and non ST enterprises, I finally downloaded the values of the 29 independent variables mentioned above for 998 enterprises from 2008 to 2020 (except 2010) from SME Board of wind database.

4 Data analysis and results

4.1 Data Processing

4.1.1 Sample selection

After obtaining 347 304 (998 × 12 × 29) pieces of data from 998 enterprises, it is necessary to pair 119 SMEs with ST(*ST) records with enterprises that have never had ST(*ST) records. Shi et al. (2005) found that the model constructed by selecting sample sizes of ST company and non-ST company in accordance with the 1:3 pairing ratio was more effective. Therefore, this ratio is also adopted in this paper, so I decided to use the data of 357 non-ST companies. Specifically, the criteria for selecting non-ST companies are the same year, same or similar industries of China Securities Regulatory Commission (CSRC), similar main businesses, similar total assets and fewer missing data values. The annual distribution of sample size is shown in the Table 3.

Table 3 Distribution of total samples in different years

Year	Total sample size	Sample size of ST company	Sample size of non-ST company
2009	8	2	6
2011	8	2	6
2012	8	2	6
2013	16	4	12
2014	40	10	30
2015	12	3	9

续表

Year	Total sample size	Sample size of ST company	Sample size of non-ST company
2016	28	7	21
2017	24	6	18
2018	28	7	21
2019	84	21	63
2020	124	31	93
2021	96	24	72
Total	476	119	357

4.1.2 Missing value processing

Some of the missing values were found when data from 476 firms were collected together. Due to the non-substitutability of 119 ST companies, if part of their data is null, the data of the years before and after the enterprise will be used to fill in. In this paper, A total of 23 missing values have been processed for ST Company. If there are missing values in the data of non-ST companies, they will be replaced with other companies of the same industry, similar size and complete data. If no similar companies are found, the data from the previous and subsequent years are used. In this paper, a total of 11 missing values were processed for non-ST companies. Here are 15 examples of missing value processing (The first ten cases are ST companies, and the last 5 cases are non-ST companies):

(1) Jiangsu Shagang Co., Ltd.'s property right ratio data in 2008 is missing, filling the value in 2011.

(2) The chairman of Xinjiang Zhundong Petroleum Technology Co., Ltd. in 2016 is null. According to the information of 2015 and 2017, it can be judged that the chairman and general manager of the enterprise are not the same person.

(3) The general manager of Weihai Huadong Automation Co., Ltd. in 2016 is missing. According to the data of 2015, 2017 and 2018, it can be judged that the chairman and general manager of the enterprise are not the same person.

(4) The equity ratio data of DEA General Aviation Holding Co., Ltd. in 2017 is filled with the value of 2016.

(5) The data of general manager of Shenzhen Success Electronics Co., Ltd. in 2018 is missing. Checking the data of 2019 and 2020 and judging that the chairman and

general manager of the enterprise are the same person.

(6) The general manager data of Tiansheng Pharmaceutical Group Co., Ltd. in 2018 is missing. Checking the data of 2019 & 2020 and judging that the chairman and general manager of the enterprise are the same person.

(7) The data of general manager of Dinglong Culture Co., Ltd. in 2019 is missing. Checking the data of 2020 and judging that the chairman and general manager of the enterprise are the same person.

(8) The inventory turnover rate of Guangdong Qunxing Toys Joint-Stock Co., Ltd. in 2019 is filled with the value of 2017.

(9) The general manager data of Qinshang Co., Ltd. in 2019 is missing. Compared with the data of recent three years, it is judged that he is the same person as the chairman.

(10) The data of general manager of Jiajia Food Group Co., Ltd. in 2019 is missing. Checking the data of recent years and replacing it with the data of 2017.

(11) The general manager of Ningbo Huaxiang Electronic Co., Ltd. in 2012 has no data, so this company is replaced by Sunward Intelligent Equipment Co., Ltd.

(12) Qingdao Kingking Applied Chemistry Co., Ltd.'s 2016 largest shareholder nature is missing, so this company is replaced by Dehua TB New Decoration Material Co., Ltd.

(13) The accounts receivable turnover ratio of Muyuan Foods Co., Ltd. in 2018 was missing, so this company is replaced by Guilin Sanjin Pharmaceutical Co., Ltd.

(14) The basic earnings per share data of Hunan Nanling Industry Explosive Material Co., Ltd. in 2019 was missing, this company is replaced by China Zhonghua Geotechnical Engineering Co., Ltd.

(15) The property right ratio data of Chenzhou City Jingui Silver Industry Co., Ltd. in 2019 is missing and replaced by the data in 2018.

The final complete data are shown in the Appendix I [①].

4.2 Independent Variable Filtering

4.2.1 Correlation test

Before bringing the cleaned data into the selected credit risk prediction method, we must first test the correlation between each independent variable and dependent variable, and filter the effective independent variables that can clearly distinguish ST

---

① 本书未收录。——编者注

companies and non ST companies. Because if there is no correlation between independent variables and dependent variables, there is no need for further analysis. Forquantitative independent variables, the commonly used correlation test methods require them to obey normal distribution. Therefore, before screening the variables, it is necessary to test the normality of quantitative independent variables. If the quantitative independent variables follow normal distribution, the parameter test method (T-test) need to be used for filtering effective independent variables. If they does not follow normal distribution, the nonparametric correlation test(Mann Whitney U test) need to be used. For qualitative independent variables, Chi-square test can be directly used for correlation test. Because Chi-square test belongs to nonparametric test which does not need to meet the assumptions of normal distribution.

1) Normality test

Shapiro Wilk test is used to test whether the quantitative independent variables obey the normal distribution. The specific steps are:

(1) Hypothesis H0. : The subsample comes from normal population.

(2) Arranging the data from small to large into $X_{(1)}, X_{(2)}, \ldots, X_{(n-1)}, X_{(n)}$.

(3) Checking Shapiro Wilke coefficient a_{in} table, find out the value of each a_{in} corresponding to n.

(4) Calculating the value of statistic W.

$$W = \frac{\left[\sum_i a_{in}(X_{(n+i-1)} - X_{(1)}) \right]^2}{\sum_{i=1}^{n} (X_{(i)} - \overline{X})^2} \tag{8}$$

when n is even, $\sum_i$ is $\sum_{i=1}^{\frac{n}{2}}$. when n is odd, $\sum_i$ is $\sum_{i=1}^{\frac{n+1}{2}}$.

(5) Selecting the significance level a (usually $a = 0.10$ or 0.05) and checking the W distribution table according to n and a, and find out the corresponding value of $W(n,a)$.

(6) Conclusion: When $W \leq W(n,a)$, H0 is denied. The population is not normally distributed. When $W > W(n,a)$, H0 is generally accepted, which means the population is normally distributed(Zhan, 1982). P-values can also be used to make decisions, with $P < 0.05$ indicating a non-normal distribution.

Using SPSS software to conduct normality test on all quantitative independent variables in this paper, the results are as shown in Table 4.

Table 4 Shapiro Wilk test results

Variable	Statistics	P-value	normal distribution	Variable	Statistics	P-value	normal distribution
X_1	0.867	0.000	no	X_{14}	0.662	0.000	no
X_2	0.084	0.000	no	X_{15}	0.051	0.000	no
X_3	0.932	0.000	no	X_{16}	0.612	0.000	no
X_4	0.678	0.000	no	X_{17}	0.491	0.000	no
X_5	0.552	0.000	no	X_{18}	0.444	0.000	no
X_6	0.309	0.000	no	X_{19}	0.380	0.000	no
X_7	0.427	0.000	no	X_{20}	0.841	0.000	no
X_8	0.174	0.000	no	X_{21}	0.194	0.000	no
X_9	0.222	0.000	no	X_{23}	0.885	0.000	no
X_{10}	0.263	0.000	no	X_{24}	0.947	0.000	no
X_{11}	0.294	0.000	no	X_{26}	0.197	0.000	no
X_{12}	0.026	0.000	no	X_{27}	0.948	0.000	no
X_{13}	0.103	0.000	no	X_{29}	0.951	0.000	no

The results show that all quantitative independent variables are not normally distributed. Therefore, the nonparametric correlation test need to be used.

2) Mann-Whitney U test

Due to the complexity of Mann-Whitney U test, this paper only gives a brief introduction of it. In short, Mann Whitney U test is to judge whether there is a significant difference between the mean values of the twopopulations by analyzing the mean values of the samples without knowing the population distribution. Since all quantitative variables in this paper do not obey normal distribution, we use Mann-Whitney U test to test the correlation between dummy dependent variables and quantitative independent variables. The test results are as shown in Table 5.

Table 5 Mann-Whitney U test results

Variable	Statistics	P-value	Correlation	Variable	Statistics	P-value	Correlation
X_1	-14.20	0.000	Yes	X_{14}	-4.00	0.000	Yes
X_2	-13.66	0.000	Yes	X_{15}	-4.77	0.000	Yes
X_3	-7.52	0.000	Yes	X_{16}	-5.76	0.000	Yes
X_4	-13.60	0.000	Yes	X_{17}	-8.81	0.000	Yes
X_5	-13.62	0.000	Yes	X_{18}	-8.01	0.000	Yes

续表

Variable	Statistics	P-value	Correlation	Variable	Statistics	P-value	Correlation
X_6	-6.00	0.000	Yes	X_{19}	-7.41	0.000	Yes
X_7	-6.88	0.000	Yes	X_{20}	-8.69	0.000	Yes
X_8	-5.43	0.000	Yes	X_{21}	-8.14	0.000	Yes
X_9	-12.36	0.000	Yes	X_{23}	-2.82	0.005	Yes
X_{10}	-13.53	0.000	Yes	X_{24}	-2.83	0.005	Yes
X_{11}	-2.21	0.027	Yes	X_{26}	-3.47	0.001	Yes
X_{12}	-0.77	0.440	No	X_{27}	-1.75	0.081	No
X_{13}	-2.76	0.006	Yes	X_{29}	-0.59	0.553	No

From the results, except for X_{12}, X_{27} and X_{29}, the mean values of other quantitative independent variables in ST and non-ST enterprises were significantly different. Therefore, for quantitative independent variables, only three insignificant indicators are excluded, and other indicators are effective independent variables which are related to the credit risk of enterprises.

Specifically, X_{12}, X_{27} and X_{29} respectively represent the inventory turnover rate, enterprise establishment years and regional GDP growth rate. This shows that there is no significant difference in the inventory turnover ratio, enterprise establishment year and regional GDP growth rate in the year before the enterprise is specially treated or no. Actually, because the inventory turnover rate varies greatly in different types of enterprises and different stages of enterprise development, it is not useful for judging the credit risk of enterprises. Although generally speaking, the longer the company has been established, the better the business performance. But there is more uncertainty for SMEs, so older SMEs face similar risks as youngers. In addition, although the development of enterprises will be affected by regional economic development to a certain extent, small and medium-sized enterprises are more flexible, so their success or failure does not directly depend on the economic level of their region.

3) Chi-square test

Chi-square test is a correlation analysis comparing two qualitative variables. The fundamental idea is to compare the coincidence degree or goodness of fit between the theoretical frequency and the actual frequency. For qualitative independent variables, if the frequency of ST enterprises and non ST enterprises in all categories of a variable is very different, it indicates that this variable can be used for identify company's credit risk. SPSS software is used for this test, and the test results are as shown in Table 6.

Table 6 Chi-square test results

Variable	Statistics	P-value	Correlation
X_{22}	0.252	0.616	No
X_{25}	2.474	0.116	No
X_{28}	0.2	0.655	No

From the above results, none of these three qualitative independent variables passed the Chi-square test. It shows that ST company and non-ST company are not very different in terms of two jobs in one (X_{22}), the nature of the largest shareholder (X_{25}), and the nature of the enterprise (X_{28}). Specifically, as discussed in 3.3.1, there is no definite answer as to which category in these qualitative independent variables is better, so it is very reasonable that they fail the correlation test.

4.2.2 Description of effective independent variables

After filtering independent variables, a total of 23 effective independent variables are left for modeling. Before bringing data into credit risk prediction method, let's make a simple descriptive statistical analysis of these indicators to have a general grasp.

1) Overall description analysis

It can be seen from Table 7 that the average total number of employees of these 476 SMEs is 3 660. The average number of board members is 8, and the average shareholding ratio of the largest shareholder is 30.7%. The profitability & growth ability of these SMEs are not optimistic because the average value of most indicators is negative. For example, although their average gross profit margin on sales is positive, the average net profit margin on sales is negative. Average growth rate of earnings per share and average growth rate of operating profit were even lower than −100%. At the same time, the average operating cycle of these SMEs is too long, exceeding 300 days. In addition, the coefficients of variation of different effective independent variables of these SMEs are quite different. For example, the coefficients of variation of number of board members and shareholding ratio of the largest shareholder are less than 50%, indicating that the differences in corporate governance of these SMEs are small. On the contrary, the coefficients of variation of earnings per share, net profit margin on sales, return on total assets, and growth rate of net assets are very large (Absolute value greater than 1 000%), reflecting that the financial and operating conditions of SMEs are quite different.

Table 7 Descriptive statistics of effective independent variables

Variable	Name	Mean	standard deviation	Coefficient of variation(%)	minimum	Maximum	Number of cases
X_1	earnings per share	-0.01	0.90	-6 635.34	-4.82	4.90	476
X_2	net profit margin on sales	-44.03	458.15	-1 040.49	-9 571.91	48.34	476
X_3	gross profit margin on sales	24.41	19.91	81.57	-102.44	87.15	476
X_4	return on total assets	-0.85	18.13	-2 135.28	-163.49	38.85	476
X_5	return on equity	-10.50	51.71	-492.49	-591.18	162.60	476
X_6	growth rate of earnings per share	-285.20	1 308.41	-458.76	-16 829.73	2 500.00	476
X_7	growth rate of operating income	6.44	54.88	851.98	-97.99	997.36	476
X_8	growth rate of operating profit	-152.98	2 118.02	-1 384.47	-14 499.78	37 732.82	476
X_9	growth rate of total assets	9.52	78.31	822.87	-63.08	1 588.79	476
X_{10}	growth rate of net assets	-7.17	126.31	-1 760.94	-2 239.18	371.21	476
X_{11}	operating cycle	309.48	626.40	202.40	8.21	10 354.66	476
X_{13}	accounts receivable turnover	23.32	152.81	655.18	0.08	2 231.29	476
X_{14}	current asset turnover	1.21	1.04	86.14	0.03	13.78	476
X_{15}	fixed asset turnover	16.21	164.53	1 014.68	0.04	3 545.95	476
X_{16}	total asset turnover	0.65	0.60	92.04	0.02	7.87	476
X_{17}	current ratio	2.25	2.70	120.05	0.12	38.44	476
X_{18}	quick ratio	1.83	2.60	142.49	0.04	38.44	476
X_{19}	conservative quick ratio	1.50	2.34	156.22	0.02	38.02	476
X_{20}	asset-liability ratio	0.46	0.28	60.62	0.03	2.93	476
X_{21}	equity ratio	1.79	6.85	382.16	-24.18	101.77	476
X_{23}	number of board members	8.27	1.56	18.81	5.00	15.00	476
X_{24}	shareholding ratio of the largest shareholder	30.71	14.00	45.58	6.87	81.18	476
X_{26}	total number of employees	3.66	11.42	312.02	0.02	229.15	476

2) Descriptive analysis by ST and non-ST company

Based on the above grasp of the overall data, then analyze the difference between the average value of each effective independent variable of the previous year of the enterprise with credit risk (ST company) and the enterprise without credit risk (non ST company).

Profitability: from Figure 6, we can know that the average value of all profitability indicators of company in the year before the special treatment is less than that of a company without special treatment. This difference is most obvious in net profit margin on sales and return on net equity. Among them, the average net profit margin on sales of non-ST enterprises is 37 times that of ST enterprises, while the return on equity is 11 times. This shows that the profitability of enterprises in the year before the occurrence of credit risk is significantly worse than that of normal enterprises.

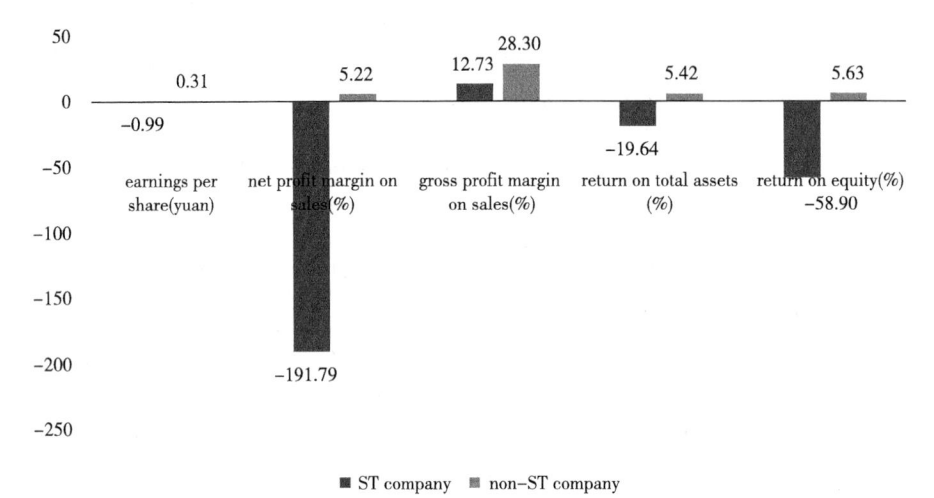

Figure 6 Average value of profitability indicators

Growthability: from Figure 7, we can know that the average value of all growth indicators of the company in the year before the special treatment is less than that of a

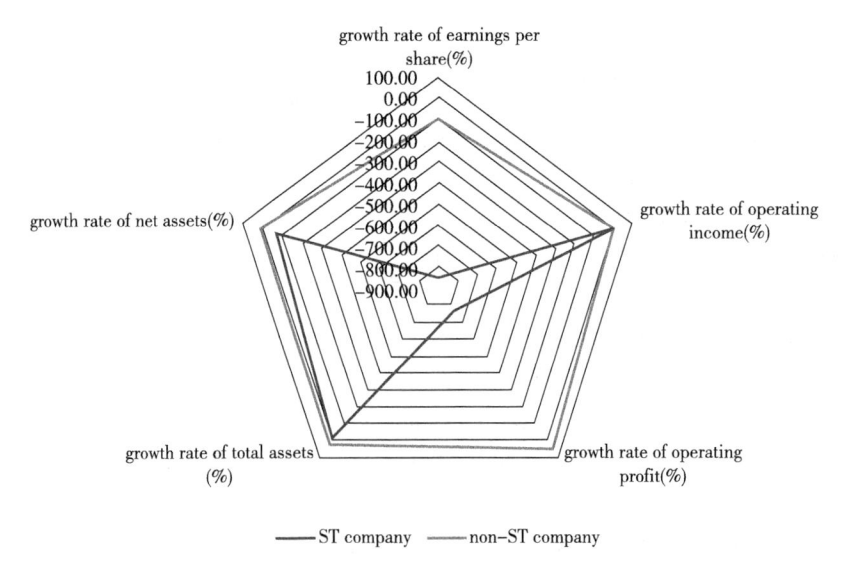

Figure 7 Average value of growth ability indicators

company without special treatment. This difference is most obvious in the growth rate of earnings per share and operating profit. It shows that before the credit risk of an enterprise, its operation status will be reflected in the fluctuation of shareholders' income and operating performance.

Operation ability: from Figure 8, we can know that except for operating cycle, the average value of all other operating indicators of company in the year before the special treatment is less than that of the company without special treatment. This is most obvious in the turnover rate of accounts receivable and fixed assets. It shows that before the credit risk occurs, the asset utilization efficiency of the enterprise becomes lower and the operating cycle is longer.

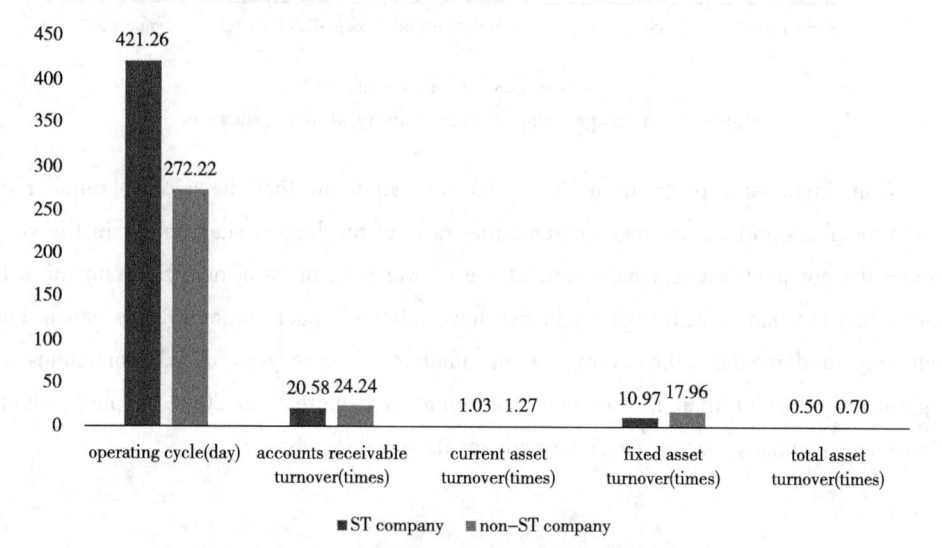

Figure 8　Average value of operation ability indicators

Debt-paying ability: from Figure 9, we can know that except for the asset-liability ratio and equity ratio, the average value of all other debt-paying ability indicators of company in the year before the special treatment is lower than that of company without special treatment. This shows that the short-term and long-term debt levels of ST company are higher than normal company. The difference of long-term debt level is more obvious: the average equity ratio of ST company is nearly 5 times that of non-ST company.

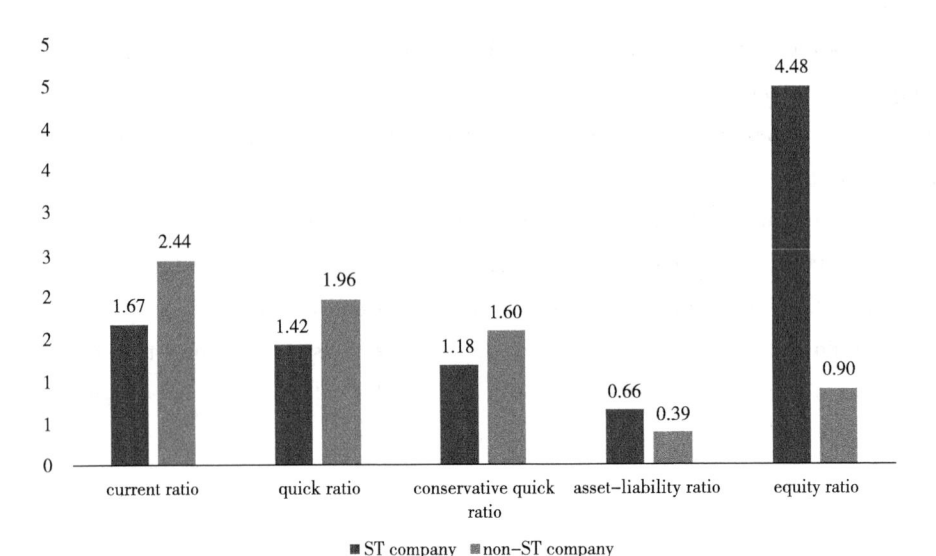

Figure 9　Average value of debt-paying ability indicators

Non-financial aspects: from Figure 10, we can know that the average number of board members and the average shareholding ratio of the largest shareholder in the year before the company was specially treated were lower than those of non-ST companies. It shows that companies with high credit risk have relatively poor corporate governance. For company fundamentals, the average total number of employees of ST companies is significantly smaller than that of non-ST companies (more than 2000 people), which shows that company size is also important for its development.

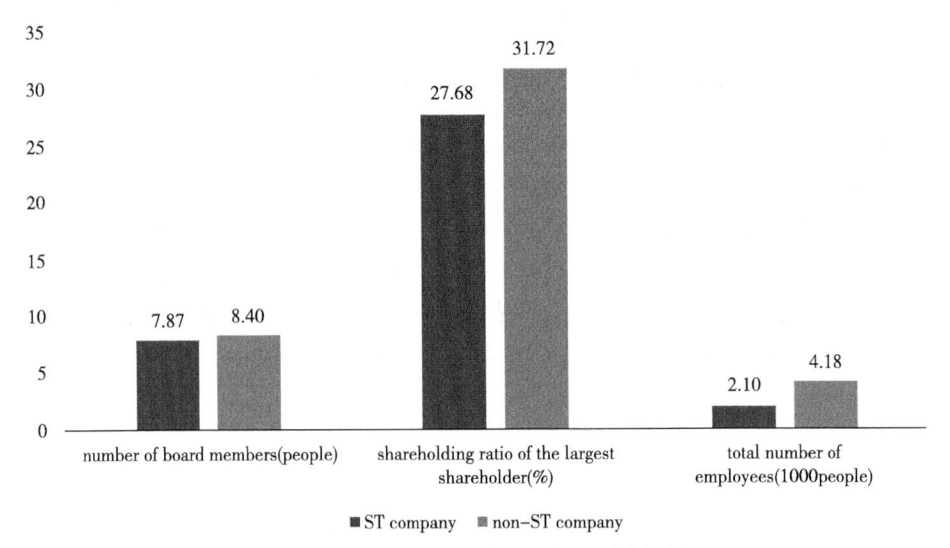

Figure 10　Average value of non-financial indicators

Overall, The performance of the company's profit, growth, operation, debt-repaying and non-financial indicators in the year before the special treatment is worse than that of non-ST companies.

4.3 Model Results

In order to construct credit risk prediction models and test their prediction accuracy, all 476 samples (including 119 ST companies and 357 non-ST companies) need to be divided into training set and test set. This paper uses R language software to randomly select 100 ST companies and 300 non-ST companies as training set samples at a ratio of 1:0.84, and the remaining 76 samples are collected as test sets for prediction.

4.3.1 Logistic regression prediction model

1) Factor analysis

Because logistic regression is a linear model, the high correlation between independent variables (collinearity problem) will affect the stability of result and the reasonable interpretation of regression coefficients. Normally, there is a strong correlation between financial indicators, such as of current ratio and quick ratio because their calculation process are very similar. Therefore, before modeling, it is necessary to reduce the dimensionality of 20 financial independent variables and compress them into several uncorrelated and highly differentiated factors. The most commonly used method is factor analysis. Performing factor analysis on total sample data, the results are as follows:

(1) Correlation analysis:

Both KMO test and Bartlett sphericity test are used to test the correlation between independent variables. If the KMO value is greater than 0.6 and the Bartlett test significance is less than 0.05, it indicates that there is a correlation between variables and factor analysis can be performed. As can be seen from Table 8, 20 effective financial independent variables are suitable for factor analysis.

Table 8　KMO test and Bartlett sphericity test results

KMO Measure of Sampling Adequacy		0.678
Bartlett's Test of Sphericity	Approx. Chi-Square	6 295.187
	df	253
	Sig.	0.00

(2) Extraction factor:

According to the correlation between variables, 20 financial indicators are condensed into four factors. As can be seen from Table 9, X_{17} (current ratio), X_{18} (quick ratio) and X_{19} (conservative quick ratio) have the most information extracted on component 1, which can be named short-term debt paying factor F_1. X_1 (earnings per share), X_2 (net profit margin on sales), X_3 (gross profit margin on sales), X_4 (return on total assets ratio), X_5 (return on equity), X_6 (growth rate of earnings per share), X_7 (growth rate of operating income), X_8 (growth rate of operating profit) and X_9 (growth rate of total assets) are relatively more important in component 2, which can be named profit and growth ability facto F_2. X_{10} (growth rate of net assets), X_{20} (asset-liability ratio) and X_{21} (equity ratio) are relatively more important in component 3 and can be named long-term debt paying factor F_3. X_{11} (operating cycle), X_{13} (accounts receivable turnover), X_{14} (current asset turnover), X_{15} (fixed asset turnover) and X_{16} (total asset turnover) are relatively more important in component 4, which can be named operating ability factor F_4.

Table 9　Rotated component matrix

	Components			
	1	2	3	4
X_{18}	0.985	-0.021	0.050	-0.042
X_{17}	0.980	-0.002	0.077	-0.055
X_{19}	0.964	-0.017	0.036	-0.028
X_4	0.006	0.728	0.430	0.002
X_1	0.109	0.642	0.486	0.008
X_5	0.076	0.641	0.446	-0.032
X_2	-0.058	0.546	-0.026	0.107
X_6	0.103	0.531	0.128	-0.053
X_8	0.042	0.448	-0.002	0.009
X_3	0.342	0.445	0.118	-0.250
X_7	-0.081	0.407	-0.016	0.198
X_9	-0.047	0.377	-0.034	-0.069
X_{21}	-0.047	0.047	-0.861	-0.058
X_{10}	0.027	0.123	0.858	0.059
X_{20}	-0.450	-0.382	-0.534	0.040
X_{16}	-0.068	0.091	0.027	0.929
X_{14}	-0.143	0.110	-0.001	0.905

续表

	Components			
X_{15}	0.068	-0.044	0.000	0.475
X_{11}	-0.002	-0.337	0.073	-0.364
X_{13}	-0.031	-0.048	0.045	0.239

Factor expression:

According to the coefficient matrix in Table 10, the formula of each factor can be expressed as follows:

Short-term debt paying factor F_1:

$$F_1 = 0.315 \times x_{17} + 0.32 \times x_{18} + 0.315 \times x_{19} - 0.01 \times x_1 - 0.019 \times x_2 + 0.081 \times x_3 \\ - 0.042 \times x_4 - 0.02 \times x_5 + 0.013 \times x_6 - 0.019 \times x_7 + 0.008 \times x_8 - 0.023 \times x_9 \\ - 0.054 \times x_{10} - 0.024 \times x_{11} + 0.002 \times x_{12} + 0.002 \times x_{13} + 0.009 \times x_{14} + 0.054 \\ \times x_{15} + 0.034 \times x_{16} - 0.1 \times x_{20} + 0.045 \times x_{21} \tag{9}$$

Profit and growth ability factor F_2:

$$F_2 = 0.173 \times x_1 + 0.241 \times x_2 + 0.175 \times x_3 + 0.224 \times x_4 - 0.183 \times x_5 + 0.205 \times x_6 \\ + 0.174 \times x_7 + 0.196 \times x_8 + 0.176 \times x_9 - 0.137 \times x_{10} - 0.147 \times x_{11} - 0.041 \\ \times x_{13} + 0.01 \times x_{14} - 0.042 \times x_{15} - 0.007 \times x_{16} - 0.03 \times x_{17} - 0.034 \times x_{18} \\ - 0.029 \times x_{19} - 0.045 \times x_{20} + 0.212 \times x_{21} \tag{10}$$

Long-term debt paying factor F_3:

$$F_3 = 0.435 \times x_{10} - 0.171 \times x_{20} - 0.473 \times x_{21} + 0.114 \times x_1 - 0.129 \times x_2 - 0.059 \\ \times x_3 + 0.074 \times x_4 + 0.095 \times x_5 - 0.055 \times x_6 - 0.091 \times x_7 - 0.102 \times x_8 - 0.097 \\ \times x_9 + 0.113 \times x_{11} + 0.037 \times x_{13} - 0.013 \times x_{14} + 0.005 \times x_{15} + 0.001 \times x_{16} \\ - 0.032 \times x_{17} - 0.043 \times x_{18} - 0.05 \times x_{19} \tag{11}$$

Operation ability factor F_4:

$$F_4 = -0.154 \times x_{11} + 0.111 \times x_{13} + 0.406 \times x_{14} + 0.227 \times x_{15} + 0.423 \times x_{16} - 0.018 \\ \times x_1 + 0.021 \times x_2 + 0.114 \times x_3 - 0.031 \times x_4 - 0.038 \times x_5 - 0.042 \times x_6 + 0.068 \\ \times x_7 - 0.013 \times x_8 - 0.052 \times x_9 + 0.024 \times x_{10} + 0.037 \times x_{17} + 0.045 \times x_{18} \\ + 0.05 \times x_{19} + 0.006 \times x_{20} - 0.033 \times x_{21} \tag{12}$$

Where x_i is the data normalized by the z-score method. Using the above formulas, the condensed data of the four financial factors can be obtained. Then, the scores of the 476 samples in these four financial factors and the other three non-financially effective independent variables are resaved as training set and test set according to the original division.

Table 10 Component score coefficient matrix

	Components			
	1	2	3	4
X_1	−0.01	0.173	0.114	−0.018
X_2	−0.019	0.241	−0.129	0.021
X_3	0.081	0.175	−0.059	−0.114
X_4	−0.042	0.224	0.074	−0.031
X_5	−0.02	0.183	0.095	−0.038
X_6	0.013	0.205	−0.055	−0.042
X_7	−0.019	0.174	−0.091	0.068
X_8	0.008	0.196	−0.102	−0.013
X_9	−0.023	0.176	−0.097	−0.052
X_{10}	−0.054	−0.137	0.435	0.024
X_{11}	−0.024	−0.147	0.113	−0.154
X_{13}	0.002	−0.041	0.037	0.111
X_{14}	0.009	0.01	−0.013	0.406
X_{15}	0.054	−0.042	0.005	0.227
X_{16}	0.034	−0.007	0.001	0.423
X_{17}	0.315	−0.03	−0.032	0.037
X_{18}	0.32	−0.034	−0.043	0.045
X_{19}	0.315	−0.029	−0.05	0.05
X_{20}	−0.1	−0.045	−0.171	0.006
X_{21}	0.045	0.212	−0.473	−0.033

2) Logistic regression model

Taking the low-dimensional financial factors F_1, F_2, F_3, F_4 obtained by factor analysis and non-financial indicators X_{23}, X_{24}, X_{26} as independent variables and the 0−1 variable of whether it belongs to ST company as the dependent variable. This paper uses R language software to perform logistic regression modeling on 400 training set samples. The results are as shown in Table 11 (see the appendix for code[①]).

[①] 本书未收录。——编者注

Table 11 Coefficient solution of logistic regression prediction model

	Estimate	Std. Error	z value	P-value
(Intercept)	1.20	1.02	1.18	0.24
X_{23}	-0.23	0.12	-2.03	0.04
X_{24}	-0.01	0.01	-0.76	0.45
X_{26}	-0.12	0.06	-2.12	0.03
F_1	-0.63	0.28	-2.28	0.02
F_2	-1.81	0.25	-7.18	0.00
F_3	-3.26	0.51	-6.35	0.00
F_4	-0.41	0.23	-1.77	0.08

According to the above regression results, the formula of logistic regression prediction model can be obtained as follows:

$$\ln\left(\frac{p}{1-p}\right) = 1.20 - 0.23 \times X_{23} - 0.01 \times X_{24} - 0.12 \times X_{26} - 0.63 \times F_1 - 1.81 \times F_2 - 3.26 \times F_3 - 0.41 \times F_4 \qquad (13)$$

It can be seen from Table 11 that not every independent variable has a significant impact on the dependent variable, which means that not every change in the independent variable will affectthe credit risk of an enterprise. According to the significance level of 0.05, X_{23}(number of board members), X_{26}(total number of employees), F_1(short-term debt paying factor), F_2(profit and growth ability factor), and F_3(long-term debt paying factor) all passed the significance test, while Changes in the X_{24}(shareholding ratio of the largest shareholder) and F_4(operation ability factor) do not significantly affect the probability of a company being specially treatment.

From the positive and negative signs of the model's estimated coefficients, the number of board members, total number of employees, profitability & growth capacity, long-term and short-term debt paying are all negatively correlated with corporate credit risk; the higher their values, the less credit risk a firm has. From the value of estimation coefficient of the model, when other conditions remain unchanged, the ratio between the probability of the enterprise being treated with ST and the probability of the enterprise not being specially treated will decrease by 23%(12%) if the number of directors(total number of employees) increases by one person (1,000 person). Besides, the improvement of long-term debt paying ability plays a greater role in reducing enterprise credit risk than profitability & growth ability and short-term debt paying ability.

4.3.2 Random forest prediction model

Random forest is not a linear model, Therefore, there is no need to consider the collinearity problem between independent variables. In this way, this paper directly uses the 23 effective indicators screened in 4.2.1 as independent variables, and the 0-1 dummy variable of whether a company is special treatment is used as the dependent variable. Similarly, this paper uses R language software and the 400 training set samples to build random forest prediction model (see the appendix for code①). Since the random forest model is composed of an infinite number of decision trees, it cannot be observed or expressed by a formula. But we can get the importance score of independent variables calculated by this model when establishing decision criteria by using statistical software. The result is shown in Figure 11.

variable importance

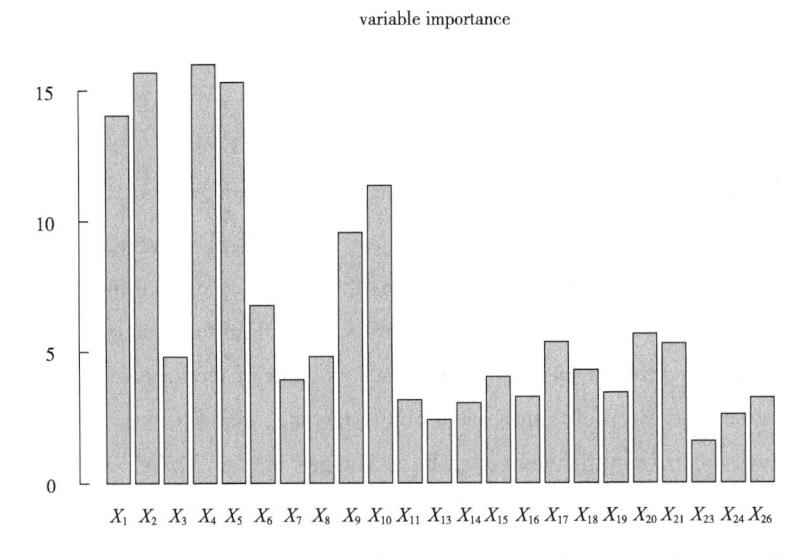

Figure 11 Importance score of independent variables in random forest model

As can be seen from Figure 11, the results of the random forest model show that the top ten independent variables that most affect the value of the dependent variable are X_1 (earnings per share), X_2 (net profit margin on sales), X_4 (return on total assets), X_5 (return on equity), X_6 (growth rate of earnings per share), X_9 (growth rate of total assets), X_{10} (growth rate of net assets), X_{17} (current ratio), X_{20} (asset-liability ratio), and X_{21} (equity ratio). Similar to logistic regression model, the random forest model also believes that profitability, growth ability, long-term and short-term debt paying ability

---

① 本书未收录。——编者注

are more effective than operating ability to identify corporate risks. The difference is that the random forest model believes that the improvement of profitability & growth ability is significantly greater than the long-term and short-term debt paying ability for reducing corporate credit risk. In terms of non-financial indicators, they all believe that the total number of employees is an important indicator affecting corporate credit risk.

4.4 Model Test

In the above, two credit risk prediction models have been established. Next, this paper brings 76 samples in the test set into these two models to test their prediction accuracy.

Prediction results of logistic regression model: after obtaining the probability of credit risk of the enterprise, it is necessary to set a classification cut-off point. That is, the company below this cut-off point will be defined as an ST company, and the company above this cut-off point will be recognized as non-ST company. By continuously adjusting the classification cut-off point(appendix has detailed process[①]), we can know that when it is 0.22, the overall prediction accuracy of this model is not only the highest, but also balances the prediction accuracy of two classes. From the results(See Table 12), the total prediction accuracy rate of model is relatively high, reaching 93.4%. Among them, the prediction accuracy rate for ST companies is 94.7%, and the prediction accuracy rate for non-ST companies is 93%.

Table 12　Prediction results of logistic regression prediction model

		Predicted class		Prediction accuracy
		0(Non-ST)	1(ST)	
Real class	0(Non-ST)	53	4	93%
	1(ST)	1	18	94.7%
Total prediction accuracy				93.4%

Prediction results of random forest model: generally speaking, the random forest model is particularly excellent in predicting enterprise credit risk as we can see from Table 13. The total prediction accuracy rate of this model is 96.1%, of which the prediction accuracy rate of non-ST enterprises is 96.5%, and the prediction accuracy rate of ST enterprises is 94.7%.

---

① 同上。

Table 13 Prediction results of random forest prediction model

		Predicted classam		Prediction accuracy
		0(Non-ST)	1(ST)	
Real class	0(Non-ST)	55	2	96.5%
	1(ST)	1	18	94.7%
Total prediction accuracy				96.1%

Comparing the prediction results of two models, it shows that the total prediction rate of random forest prediction model is higher than that of logical regression prediction model, which is close to 100%. The prediction accuracy of these two models is the same for ST companies, but the random forest model is better for non-ST companies prediction. In addition, it can be found from the appendix① that when the classification cut-off point of the logistic regression model is 0.1, the model can achieve 100% prediction of ST company, but the prediction accuracy of normal enterprises is only 72%. Therefore, the logistic regression model can improve the prediction accuracy of ST enterprises by adjusting classification cut-off point, but it will greatly sacrifice the prediction accuracy of non-ST enterprises. When banks and other investment institutions want to be able to predict all ST companies, they also need to consider the opportunity cost of giving up a normal customer.

In terms of calculation method, the prediction result of the logistic regression model can be calculated manually by bringing data into previous formula, but random forest model is more complicated and can be only solved by computer. Therefore, for individual investors, the logistic regression model is more maneuverable. For large investment institutions such as banks, the random forest model is more convenient for processing large amounts of corporate data.

From the comprehension of these two models, since the logistic regression model can get a visual formula but the random forest model cannot, the random forest model is more difficult to understand intuitively. Although the random forest model is complex and cannot be visualized, it is excellent for solving classification problems.

4.5 Suggestion

Based on the previous research, this paper puts forward some suggestions for small and medium-sized enterprises and their stakeholders.

---

① 本书未收录。——编者注

Firstly, if stakeholders such as investors and banks want to identify the credit risk of listed SMEs, it is suggested that paying attention to the changes of enterprise profitability & growth ability, long-term debt paying ability, short-term debt paying ability, total number of employees and number of board members. Specifically, after enterprise discloses the financial statements and other information, stakeholders can use the factor score formula in logistic regression prediction model to calculate the score of each financial factor and its growth rate, so as to judge the change in the probability of credit risk. By further calculating the average marginal effect of logistic regression, it shows that if the score of profitability & growth ability factor is increased by one unit compared with previous year, the probability of special treatment will reduce by 15.8% on average in the next year. Similarly, if an enterprise's long-term debt paying score and short-term debt paying score increase by one unit over the previous year, the probability of special treatment in the next year will reduce by 28.4% and 5.5% on average. If the number of board members increases by one person compared with last year, the probability of special treatment in the next year will decrease by 2% on average. If the total number of employees increases by 1,000 people compared with last year, the probability of special treatment in the next year will decrease by 1% on average, and vice versa. By paying attention to these indicators, the stakeholders of SMEs can know whether the probability of a company's exposure to credit risk will change in the next year. If they want to directly predict whether small and medium-sized enterprises will be specially treated in the next year, they can directly use the code in appendix of this dissertation and modify some parameters to get result.

Secondly, it is suggested that stakeholders should not only identify the risks of SMEs in advance, but also regularly check their operating and financial conditions afterwards, so as to grasp the changes of their credit risks in time. In this way, investors, banks and other financial institutions can provide financial support for high-quality SMEs, but also timely stop losses.

Finally, for small and medium-sized enterprises, it is suggested that they can refer to the research ideas of this paper to establish a credit risk assessment system. Based on the important factors affecting the credit risk of SMEs obtained in this paper, SMEs should pay attention to these three aspects: first, improve profitability and control debt; second, focus on growth and expand scale; third, improve governance structure and scientific decision-making. In addition, because the establishment of a credit risk assessment system requires real and effective financial data, SMEs should strengthen corporate financial management and improve the quality of corporate information disclosure, so as to timely discover and deal with credit risks and promote the smooth operation of securities market.

5 CONCLUSION AND RECOMMENDATION

5.1 Conclusion

Through the analysis of the development status of China's small and medium-sized enterprises, we know that they always be plagued by financing difficulties. The problem of financing difficulty is closely related to enterprise credit risk. Therefore, in order to accurately identify enterprise credit risk and help enterprises solve the problem of financing difficulty, this paper comprehensively compares several common credit prediction methods and then selects logistic algorithm and random forest algorithm to establish the credit risk prediction models of listed SMEs. The main work and conclusions of this paper are as follows:

(1) Firstly, based on literature research, this paper takes whether an enterprise has been specially treated as a symbol of whether it has credit risk. Then, considering the factors affecting the credit risk of SMEs, 29 indicators are selected as the independent variables of prediction models from seven aspects: profitability, growth ability, operation ability, debt-paying ability, corporate governance, company fundamentals and macro-economy.

(2) By testing the correlation between 29 independent variables and dependent variables, this paper finds that there is no significant difference between ST companies and non ST Companies in the mean values of six independent variables: inventory turnover rate, two jobs in one, the nature of the largest shareholder, enterprise establishment year, enterprise nature and the regional GDP growth rate. Therefore, there is no correlation between these six independent variables and dependent variables. The remaining 23 indicators are effective independent variables significantly related to dependent variables, which can be used for modeling.

(3) Through the descriptive analysis of 23 effective independent variables of 476 SMEs, it can be found that their average total number of employees is 3 660, the average number of board members is 8, and the average shareholding ratio of the largest shareholder is 30.7%. The profitability & growth ability of these small and medium-sized enterprises haven't good performance and their differences is large. In particular,

the average performance of effective independent variables of ST companies is lower than that of non ST-companies.

(4) From the results of models, both the logistic regression prediction model and the random forest prediction model believe that the changes of the total number of employees, profitability, growth ability, long-term and short-term debt paying ability will significantly affect the credit risk of enterprise, while the changes of operating ability and the shareholding ratio of the largest shareholder will not. Specifically, the logistic regression model shows that number of board members, total number of employees, long-term and short-term debt paying, profitability & growth ability are inversely proportional to the enterprise credit risk. Random forest prediction model shows that earnings per share, net profit margin on sales, return on total assets, return on equity and growth rate of net assets are the five most important independent variables to identify enterprise credit risk.

(5) Model test shows that total prediction accuracy of logistic regression model is 93.4%, while that of random forest model is 96.1%. Specifically, the prediction accuracy of logistic regression model for ST enterprises is the same as that of random forest model, but the prediction accuracy of logistic regression model for non-ST companies is 3.5% lower than that of random forest model. Therefore, the random forest credit risk prediction model is better than logistic regression credit risk prediction model.

5.2 Recommendation

In view of the availability and reliability of data, this paper only studies the credit risk prediction of listed SMEs. Due to the opaque information disclosure of unlisted SMEs, models constructed in this paper is difficult to generalize to unlisted SMEs. Future research can refer to the research ideas of this paper, and use other indicators such as the social credit score, debt situation and social network of company main controller to build a credit risk prediction model for unlisted SMEs.

Due to the difficulty in obtaining data from financial institutions, this paper can only judge whether the enterprise has credit risk according to whether the enterprise is specially treated. It is recommended that colleges and universities strengthen cooperation with financial institutions in the future, and use their internal reliable data to predict credit risks. In this way, investors and lenders can better accurately position corporate risk levels and implement risk management closer to reality.

The evaluation of credit risk of small and medium-sized enterprises is affected by the division of national industrial policies, so different models should be established for different industries. However, due to time constraints, I did not conduct research by industry in this paper, which may caused a certain deviation to my analysis results. Future research can establish credit risk prediction models for different industries.

REFERENCES

[1] BERNARDINO, L, JONES, M V. The Internationalization of High Technology SMEs in Portugal: A Resource-Based Perspective [J]. Journal of Small Business Management, 2008.

[2] CHEN J. Empirical Analysis on the prediction of financial deterioration of Listed Companies [J]. Accounting research, 1999(4): 31-38.

[3] DUTTA, S, SHEKHAR, S. Bond Rating: A Non-conservative Application of Neural Networks IEEE [C]. International Conference on Neural Networks, 1988: 443-450.

[4] FAN, A, PALANISWAMI, M. Selecting Bankruptcy Predictors Using a Support Vector Machine Approach [C]. IEEE-INNS-ENNS International Joint Conference Networks, Ijcnn. IEEE, 2000.

[5] HE P J, LI J J. Customer concentration and supply chain financial credit risk—An Empirical Study Based on Listed Companies in manufacturing industry on SME board [J]. Credit investigation, 2018(7): 21-26.

[6] LI R Z. International Financial Law [M]. Wuhan University Press, 2011.

[7] LU Q Y, Liu H X. Analysis on the application of contingency table chi square test in mathematics education research [J]. Statistics and decision making, 2008: 156-158.

[8] LUO X G, SONG Y C, XU H X. Analysis of non-financial Factors influencing corporate credit [J]. Science and Technology, 2015. 17(4): 8.

[9] MARTIN D. Early warning of bank failure: A logit regression approach [J]. North-Holland, 1997, 1(3).

[10] MAN X Y, ZHANG T Y, WANG C, et al. Research on the identification and measurement of credit risk factors of small, medium and micro enterprises [J]. China Journal of Central University of Finance and Economics, 2018(9): 13.

[11] M MALEKIPIRBAZARI, V AKSAKALLI. Risk assessment in social lending

via random forests [J]. Expert Systems With Applications,2005,42(10).

[12]OHLSON,J A. Financial Ratios and the Probabilistic Prediction of Bankruptcy [J]. Journal of Account Research,1980(18):109-131

[13] QIU L L, JIN D Z. Research on the impact of corporate governance on delisting of Listed Companies in China [J]. Journal of Anhui University of Technology (SOCIAL SCIENCE EDITION),2020(05):18-21,28.

[14]SUN R. Empirical research on enterprise credit risk based on logistic model [D]. Fudan University,2013:14-25.

[15] SUN Y W. Statistics: data search, sorting and analysis [M]. Shanghai University of Finance and Economics Press,2006.

[16] SONG W Q. Research on credit risk assessment model of scientific and technological small and medium-sized enterprises [D]. Suzhou University, 2020: 29-41.

[17] SU H X. Research on personal credit risk assessment based on Stochastic Forest model [D]. Hunan University,2018:21-30.

[18] SHI X J, XIAO Y W, REN R E. Study on the optimal sample ratio and dividing point of Logistic Default RateModel [J]. Financial research,2005(9):38-48.

[19] TANG R. Research on credit risk assessment of small and medium-sized enterprises based on logistic model [D]. Tsinghua University,2016:32.

[20]WEI Y,ZHU Q C. Research on credit risk evaluation model and application of small and medium-sized enterprises based on cluster analysis and factor analysis [J]. Credit investigation,2018(4):32-35.

[21]WANG R C. Application of random forest in credit risk evaluation of listed manufacturing companies [D]. Jinan University,2017:15-18.

[22] WANG Y, WEN L, CHEN M. Mathematical dictionary [M]. Science Press,2010.

[23]XU X L. Research on credit risk of small and medium-sized enterprises based on logistic model [D]. Shandong University,2019:21-47.

[24] XIN S H. Research on symptom analysis and prevention of financial crisis [D]. Tianjin University,2014:23-25.

[25] YU S S. Research on credit risk of commercial banks based on Z-value model [J]. Enterprise research,2014(7x):2.

[26] YAN X L. Research on credit risk model of Listed Small and medium-sized enterprises [D]. Beijing Foreign Studies University,2017:36-47.

［27］YUAN Y S. Credit risk assessment of small and medium－sized enterprises based on Stochastic Forest algorithm［D］. Shandong University,2021:24-26.

［28］YAN C H. Credit risk early warning model of ST Listed Companies in China［D］. Southwest University,2013:23-30.

［29］ZHOU Z K. Early warning of financing risk of small and medium-sized board enterprises in China under the introduction of"Z-score method"— An Empirical Study Based on logistic model［J］. Exploration of financial theory,2019(4):30-42.

［30］ZHANG C X. Research on credit risk measurement of commercial banks in China［D］. Suzhou University,2012:23.

［31］ZHAO X J. Credit risk management［M］. Shanghai University of Finance and Economics Press,2008.

［32］ZHANG J Q. Normality test of population distribution — introducing Shapiro Wilke's W test［J］. China Fiber Inspection,1982(5).

指导教师评语：

本文作者态度非常端正，平时积极主动与老师沟通，前期搜集和阅读了大量的文献资料，并把论文需要用到的理论和计算模型进行了充分熟悉和演练，为论文撰写奠定了良好的基础。

该文基于 Logistic 回归和随机森林算法对上市中小企业信用风险预测进行了研究。论文选题符合专业培养目标要求，也具有一定的社会实践意义。中小企业融资难的重要原因之一便是其信用风险难以识别，为了解决这一问题，作者致力于在论文中建立中小企业信用风险预测模型。经过筛选，最后选择了 Logistic 回归算法和随机森林算法来构建上市中小企业信用风险预测模型。

论文格式符合规范，数据翔实，计算精确，层次分明，结构严谨，分析深刻且全面，结论明确，科学性和逻辑性较强，有一定的学术价值和现实意义，是一篇质量不错的优秀论文。

控股股东股权质押对企业社会
责任的影响研究

国际经济管理学院 赵婧伊 指导教师：庞蔡吉

摘 要：本文旨在通过对2010—2019年A股上市公司数据的研究，分析上市公司控股股东进行股权质押这一行为对于企业履行社会责任的影响。研究首先发现控股股东股权质押以及股权质押的比例与企业社会责任履行评分之间均呈显著的负相关关系，接下来对社会责任评分的各分项进行了进一步研究，发现这种负相关性主要体现在企业社会责任中的股东责任和员工责任两个方面，然后通过倾向性得分匹配和两阶段回归消除了内生性对于实验结果的影响，从而建立了变量之间的因果关系。由此得到最终结论：上市公司控股股东股权质押行为将显著降低公司对于社会责任的投入，随着控股股东股权质押比例的增加，企业对于社会责任的投入也会显著降低，并且这种影响主要体现于企业在股东责任和员工责任这部分的社会责任投入。

关键词：控股股东，股权质押，企业社会责任

1 引言

控股股东股权质押，即上市公司持股比例最高（通常持有公司50%以上的股份）的股东，将其持有的股票（股权）当作抵押品，向银行、券商等金融机构申请融资，或者为第三者的贷款提供担保的行为。近年来，股权质押已经成为一种成本更低更受青睐的融资方式，它打破了传统的担保模式，使股东有更多获取融资的渠道，成为很多上市公司大股东重要的融资途径，并且其中许多大股东都会选择高比例质押以获取更多融资。仅2019年，沪深两市3 293家A股上市公司新增了6 705个且未解除股权质押的项目，多达351家上市公司股权质押比例超过50%，106家上市公司的单个大股东质押比例超过90%。

控股股东由于其高持股率，往往担任着公司的最终决策者的职位。而股权质押可能会对他们的企业控制权带来风险。在控股股东股权质押，尤其是大比例的股权质押中，爆仓案例频发。股权质押是用股票换取现金流的抵押行为，如果在质

押过程中股价大幅下跌至平仓线，股票就会被强制平仓。而控股股东如果将手中的股票大比例质押，一旦被强制平仓，公司就要面临非常规易主控制权的风险。例如，荣科科技的实控人付艳杰、崔万涛自2013年开始质押自己手中的股票，截至2018年5月15日，荣科科技的控股股东崔万涛、付艳杰分别质押其手中97.58%和99.69%的股份，2018年5月25日，崔万涛、付艳杰无力挽回股价的颓势，只能以10亿元转手荣科科技控股权。股权质押强制平仓不仅会使质押股东蒙受损失，更会影响公司的稳定经营和长期发展。

控股股东出于对企业控制权丢失风险的担忧，在股权质押期间往往会通过改变公司的各方面决策行为来维持公司股价，以免遭遇股价崩盘带来的强制平仓。此前有不少文献研究了控股股东股权质押后涉及的风险以及股权质押对企业融资行为和企业创新投入的影响（谢德仁等，2016；廖珂等，2018；李常青等，2018；Pang and Wang，2020），但股权质押对于企业投入于社会责任的力度的影响还尚未完全研究清楚。本文旨在通过实证研究，从企业投资社会责任的角度研究控股股东股权质押行为的影响。

企业社会责任是指企业在创造利润的同时，对股东和员工以及消费者、社区和环境承担的法律责任，要求企业超越以利润为唯一目标的传统理念，强调在生产过程中对环境、消费者和社会的价值和贡献。企业积极承担社会责任可以增加公司的声誉，带来好的社会效应，有助于公司社会形象的建立，对于员工权益、消费者安全、自然资源和环境、市场竞争环境等方面都有着重要意义。企业缺失社会责任感很容易出现各种各样的社会问题，如三鹿"毒奶粉"事件、云南玉溪维和制药"生产劣药"事件。因此，公司对于社会责任的投入值得我们去关注。

关于控股股东股权质押会如何改变企业对于社会责任的投入，我们认为可能的方式是：首先，由于处于控股股东股权质押状况下的公司更容易陷入融资约束，而企业社会责任投入是企业投资活动中优先级靠后的项目，因此在融资约束制下，企业会更倾向于减少对于社会责任的投入；其次，由于企业社会责任投资属于企业投资活动的一种，短时间内可能会对企业盈利造成影响，为了避免盈利下降造成股价下跌，控股股东有动机在股权质押期间减少企业社会责任投资。但是很多研究表明，企业社会责任投资可以提高企业声誉和社会形象，从而提高企业在危机时期的应对能力（Du et al.，2010；Sergio et al.，2008；Urša et al.，2008），因此控股股东也有动机在股权质押期间增加企业社会责任投资，以防止出现股价崩盘的情况。

本文对2010—2019年的A股上市公司数据进行了实证研究发现，控股股东的股权质押行为以及股权质押比例均与公司的社会责任承担存在显著的负相关关系，并且这种负相关关系主要体现在企业社会责任中的股东责任和员工责任上。

我们的实证结果有可能会存在一些内生性问题，从而产生对于实验结果的影响,比如说可能会遗漏一些与股权质押和企业社会责任投入相关的变量,从而导致结果的错误,或者可能在对于社会责任投入低的企业中控股股东更有可能质押股份导致的逆向因果关系。

为了避免内生性对于实验的影响,本文采取了一些策略:首先是在回归分析中控制行业和年份的固定效应,以消除随时间和行业而变的遗漏变量对于实验结果的影响。其次是进行倾向性得分匹配,根据倾向得分对控股股东有股权质押的公司(处理组)与控股股东没有质押股票的公司(控制组)进 一对一的匹配,发现前者对于社会责任的投入明显低于后者。此外,使用匹配样本的多变量回归结果与之前的结果一致。最后进行两阶段最小二乘法(2SLS),以减轻反向因果关系和其他潜在遗漏变量造成的影响。本文选择同一年份位于同一省份的同行业公司控股股东质押股份的平均百分比作为工具变量。2SLS 回归结果表明,股权质押与企业社会责任投入之间的负相关关系依然是成立的。总体而言,我们的内生性检验表明,控股股东的股权质押会减少企业对社会责任的投入。

本文其余内容的安排如下:第二部分介绍了我国控股股东质押的背景和规模,并对过往的相关文献进行了讨论;第三部分叙述了理论分析与研究假设;第四部分描述了数据样本并提供了描述性统计;第五部分是实证的结果和相关的分析;第六部分为总体结论。

2 研究背景、相关文献和研究意义

2.1 中国控股股东股权质押的研究背景

从 2010 年到现在,股权质押在我国的市场中发展十分迅速,由于与传统抵押品相比,股权质押不需要实物作为抵押品,可以更低的成本、更快的速度、更容易获得所需的资金,所以受到控股股东的欢迎。本文选取了从 2010 年到 2018 年 A 股市场上市公司的数据,进行了相关统计分析,结果如表 1 所示。面板 A 报告了每年存在控股股东股权质押行为的公司的分布;面板 B 报告了每年大股东持有和质押的股份百分比分布,控股股东是某公司的第一大股东,非控股股东为公司前 10 名股东名单中的其他 9 名股东;面板 C 报告了平均每年上市公司的企业社会责任得分情况,正常情况下,企业社会责任投资越高,得分也会越高。由于我们想考察股权质押对企业社会责任投资的影响,因此我们的股权质押数据选取 2010—2018 年,而企业社会责任中的数据则选取了 2011—2019 年。通过数据发现,控股股东进行股权质押的公司占比越来越高,到 2018 年的时候,进行股权质押的公司已经占了全部公司的 1/2 还要多,并且控股股东的平均质押比例从 2010 年的 17.2%升高至 2018 年的 33.5%。

表 1　样本分布

年份	公司数	控股股东进行股权质押的公司数量
	Panel A:有控股股东股权质押的公司分布	
2010	1 525	444
2011	1 888	582
2012	2 170	709
2013	2 312	874
2014	2 291	971
2015	2 367	1 163
2016	2 581	1 398
2017	2 833	1 606
2018	3 296	1 792

年份	控股股东股权质押比例	非控股股东股权质押比例	第二、三大股东股权质押比例	前三大股东股权质押比例
	Panel B:股东持有和质押的股份比例分布			
2010	0.172	0.053	0.069	0.155
2011	0.181	0.069	0.087	0.166
2012	0.205	0.078	0.102	0.187
2013	0.233	0.092	0.119	0.210
2014	0.255	0.102	0.131	0.232
2015	0.270	0.118	0.155	0.244
2016	0.310	0.146	0.187	0.279
2017	0.334	0.180	0.225	0.308
2018	0.335	0.174	0.218	0.305

Year	TotalRating	ShareholderR	EmployeeR	CustomerR	EnvironmentR	SocialR
	Panel C:企业社会责任指标					
2011	31.516	13.473	4.116	3.932	4.253	5.653
2012	31.992	14.311	4.263	3.842	4.431	5.067
2013	31.014	14.183	3.774	3.822	3.836	5.296
2014	21.584	13.168	2.260	0.879	0.833	4.456
2015	22.992	12.751	2.677	1.538	1.577	4.430
2016	27.331	13.459	3.496	2.886	2.745	4.696

续表

Panel C:企业社会责任指标						
Year	TotalRating	ShareholderR	EmployeeR	CustomerR	EnvironmentR	SocialR
2017	19.813	13.416	1.793	0.049	0.062	4.500
2018	19.193	13.245	1.714	0.000	0.000	4.238
2019	18.804	12.988	1.681	0.000	0.000	4.141

2.2 文献综述

2.2.1 股权质押的研究综述

在过往针对股权质押的研究中,学者们主要聚焦于控股股东的股权质押所引起的更高的风险(Anderson and Puleo,2015;谢德仁等,2016)以及对于公司总体价值的影响(Dou,Masulis and Zein,2019)、对于企业决策的影响(Chan,Chen,Hu and Liu,2018)以及对于企业创新投入的影响(Pang and Wang,2020)。

控股股东的股票质押增加了公司的风险性,因此控股股东在股权质押期间会对很多方面的公司策略进行调整。一是盈余管理。通过对比分析 2004—2013 年的 A 股上市公司数据,谢德仁等(2016)指出控股股东会通过盈余管理和其他信息披露操纵来规避股价崩盘风险。谢德仁和廖珂(2018)则进一步指出控股股东是通过对其所在公司的真实盈余管理来应对股权质押融资财务风险。且随着控股股东股权质押比例的增加,控股股东会进一步加强对真实盈余管理的控制(曹志鹏、朱敏迪,2018)。二是信息披露。在控股股东股权质押期间,控股股东倾向于通过宣告并购行为以拉升企业股价,降低控制权转移风险(朱雅典等,2020)。不仅如此,黎来芳和陈占燎(2018)指出控股股东的股权质押会使公司信息披露的选择性动机增强,从而使信息不对称程度加强。存在控股股东股权质押的上市公司会倾向于披露更多的好消息(李常青和幸伟,2017),隐藏并延迟披露坏消息(张晨宇,2018),甚至不惜违规披露信息(张晨宇和武剑锋,2020)。三是投资选择。研究发现,控股股东股权质押行为,既会加剧企业的过度投资又会恶化企业投资,使企业出现投资不足的情况,抑制其投资支出(柯艳蓉和李玉敏,2019);且随着控股股东股权质押比例的升高,企业过度投资的状况就会越严重(胡旭微和彭晓欢,2019)。不仅如此,控股股东股权质押下的企业研发投入也会削减(张瑞君等,2017),企业创新效率降低(姜军等,2020)。四是股利政策。当控股股东进行股权质押时,上市公司更可能推出"高送转"的利润分配方案(夏同水和郑雅君,2020),减少现金股利的发放(廖珂等,2018),且质押比率越高,现金股利分配水平越低(尹训芹,2020)。

2.2.2 企业社会责任的研究综述

欧盟委员会(European Commission)将企业社会责任定义为企业对可持续发展

的贡献。企业的社会责任应当包含道德层面的要求,满足不同群体之间的需要,不仅要追求利润最大化,也要承担起社会责任,按社会整体的价值和目标决策(Oliver et al.,2007)。而对于企业社会责任的度量也有多种方法,如声誉评价法、内容分析法(Bowman,1975)、多米尼400社会指数。中国目前的研究中采用的多是和讯网披露的上市公司社会责任履行评分。

在过往对于企业社会责任的研究中发现,对于社会责任的投入可能会对企业产生一些负面效应,比如企业社会责任会对上市公司短期财务状况起到负面影响(张兆国等,2013);也有研究表明,企业社会责任实践对盈余管理会产生负面影响(Gras-Gil et al.,2016);如果公司企图通过企业社会责任来掩盖坏消息和逃避股东审查,企业社会责任会导致更高股价崩盘的风险(谢洪文,2016)。而且当企业处于一些特殊情况的时候(比如,存在融资约束现象时),也会减少对于社会责任的投入(Sun and Gunia,2018)。

也有相反的观点表明中国上市公司更好地履行社会责任可能会降低股价的崩盘风险(权小锋等,2015)。有研究发现,当控股股东进行股权质押后,企业的社会责任行为,如慈善捐赠水平会显著增加(胡珺等,2020)。企业社会责任的履行程度越高,股价崩盘风险越小(范琳琳,2015),并且企业社会责任在一定程度上可以促进企业发展质量的提高(Alison et al.,2007)。由于企业社会责任对企业声誉有积极的影响,降低了资金成本,因此可以战略性地用于对抗来自盈余管理的负面感知(Martinez-Ferrero et al.,2016)。

综上,我们可以发现在面对股权质押带来的风险时,企业会选择盈余管理、信息披露、改变投资策略、改变股利政策等方式来平稳股价,避免质押股权被强制平仓。此外,企业社会责任对企业的股价、声誉、短期盈利水平、信息披露效果以及投资策略的选择均会产生影响。因此,控股股东股权质押可能会通过多个路径影响企业社会责任履行。

2.3 研究意义和贡献

第一,本文从企业社会责任投入的角度切入,对股权质押这一行为的经济效应进行分析。过去对于这方面的研究,主要围绕股权质押之后对于盈余管理、内部控制、信息披露、投资策略这些方面策略的变化展开。关于控股股东股权质押对企业社会责任影响的研究较少,二者之间的关系尚不明确。本文旨在使用完善的企业社会责任总评与分项指标评价,分析研究股权质押对企业社会责任履行情况的影响,进一步完善控股股东股权质押对企业社会责任影响这方面的相关研究。

第二,从投资者角度考虑,本文研究了股权质押和企业社会责任之间的关系,使投资者在公司控股股东正处于股权质押的情况下,可以更好地进行投资决策。投资时不仅从企业财报、绩效等方面,也可以从企业社会责任等更多维度去考虑,有助于保护投资者自身利益以及对企业的社会责任行为进行督促。

3 理论分析与研究假设

控股股东由于其控制了公司的大部分股权,不仅是公司的所有者,还是公司的实际掌权者,有能力对于企业的投融资行为进行决策,同时也掌握着管理公司日常经营活动执行人员的任命权。而控股股东的股权如果被质押,当股价跌至平仓线时,就会造成所质股份被平仓,不仅会给控股股东带来巨大的损失,还会使公司控制权发生被动转移。所以,不仅控股股东会尽力避免股价下跌所带来的风险,为了避免大量股权平仓给公司带来的巨大震荡进一步影响公司和管理层的发展,管理层也会配合控股股东控制股价。综上,控股股东对于企业的投资策略、信息披露程度、内部管理等方面都能够做出决策。

首先,基于资金供给假说,企业对于社会责任的履行需要一定的资金作为支撑,并且社会责任投入属于企业投资中优先级比较靠后的项目,只有当公司绩效好的时候才会选择将闲置资金运用于承担社会责任上。过往的研究都对此提供了理论支撑,据 Preston and O'Bannon(1997)的研究,企业履行社会责任的重要前提条件是有足够的可用资金。在国内的研究中,朱永明等(2016)通过分析 2012—2014 年沪深两市披露社会责任报告并经润灵环球评分的上市公司发现,融资约束程度对企业履行社会责任具有重要影响,低融资约束的企业对于社会责任方面的投资高于高融资约束的企业对于社会责任方面的投资,这表明我国上市公司的投资与融资约束程度呈负相关关系。处于股权质押中的公司更有可能面临融资约束的情况,因此公司在对于投资项目的权衡中,可能会选择放弃优先级比较靠后的社会责任投入。其次,企业社会责任投资短期内是一种纯投资行为,可能会损害公司短期内的盈利水平,进而引起股价的动荡。为了稳定盈利从而稳定股价,控股股东有动机在股权质押期间减少企业社会责任投入。

基于以上两点分析,本文提出以下假设:

假设 H1A:控股股东的股权质押会降低企业对于社会责任的投入程度。

但是,从信号传递理论的角度来看,企业为了向市场展示自己的能力及竞争力,会以各种方式向市场传递利好的信号,以增强投资者对于公司股票的信心,从而稳定股价,避免股价崩盘风险。而企业对于社会责任的执行,可以向市场提供新的信息,在一定程度上减少信息不对称和负面信息对公司的影响,增强投资者对企业的信心以及企业的竞争优势和实力。因此,在股权质押过程中,为了维持股价,使股价不会跌至平仓线,企业可能会选择增加对社会责任的投入,通过披露公司在这方面的信息传递出公司发展良好的信号,证明公司即使处于股权质押下仍旧有着较好的业绩表现,以提振投资者的信心。

同时,基于信息隐藏假说,企业管理层通常会选择优先披露好消息并隐瞒或延迟披露负面的消息,使企业看起来有更好的绩效水平表现。从以往的相关研究来看,在股权质押过程中,为了平稳公司的股价,使公司不至于面临股价崩盘的风险,无论是控股股东还是管理层,都会倾向于选择这种"捂盘"的操作。而在这种信息透明度受影响的情况下,公司对于社会责任的投入可以提升企业的声誉并树立良好的企业形象,有利于增强企业在负面消息时的应对能力,起到缓冲作用,降低股价大跌的可能性。这一假说从公司管理层和抵御负面新闻风险的角度解释了企业在控股股东股权质押的情况下对于企业社会责任的处理,管理层出于维护自身利益进行捂盘操作会造成信息的隐藏和不对称,企业社会责任的履行则会削弱这种隐瞒带来的影响,为公司提供保险,降低公司股价大跌的可能性。所以,为了减弱负面信息的大量累积带来的不稳定性风险,公司也有动机增加对社会责任的投入。

基于以上分析,本文提出以下假设:
假设 H1B:控股股东的股权质押会提高企业对于社会责任的投入程度。

4 数据与描述性统计

4.1 样本与数据来源

本文关于股权质押的数据来源于国泰安 CSMAR 数据库。CSMAR 数据库是中国目前规模大、信息精准、数据全面的经济金融研究型数据库。本文从该数据库中获取控股股东信息、控股股东和其他大股东的持股情况、股票收益和财务数据、上市日期、行业分类和地理位置。为了使我们的分析内容更可靠,我们排除了没有控股股东和控股股东不是最大股东的公司。同时,我们在样本里排除了金融类公司以及 ST 公司,这样做的原因是金融类公司的资本结构与其他类型公司资本结构之间差异很大,ST 公司则是因为连续亏损导致其公司基本面可能出现严重变化。

企业社会责任数据来自中国第一个金融信息垂直网站和讯网根据各上市公司沪深交易所官方网站发布的社会责任报告和年度报告制作的企业社会责任报告。这份报告从股东(30%)、员工(15%,消费行业 10%)、环境(20%,制造行业 30%,服务行业 10%)、社会(20%,制造行业 10%,服务行业 30%)与供应商、客户和消费者权益(15%,消费行业 20%)五个方面进行考察。

最终,我们得到了 2010 年到 2019 年 3 296 家公司共 21 263 个观察值。

4.2 变量选取

4.2.1 被解释变量

本文的被解释变量为企业社会责任。根据和讯网的报告,对于社会责任衡量的方法为:从股东责任(ShareholderR),员工责任(EmployeeR),供应商、客户和消费者权益责任(CustomerR),环境责任(EnvironmentR)和社会责任(SocialR)五个方面进行评分。本文选取上司公司社会责任总得分作为主要的指标,同时也针对评分的五个方面的指标进行了分析,评分规则都是分数越高的公司社会责任履行越优秀。

4.2.2 解释变量

本文使用的主要解释变量为控股股东是否有股权质押和控股股东股权质押率,前者通过控股股东是否进行股权质押来衡量,后者为当年控股股东仍在质押股票数量占总持股数的比例,这两个变量可以很好地反映出控股股东股权质押行为的影响。

4.2.3 控制变量

本文将其他可能会影响企业社会责任投入的因素作为控制变量,包括机构投资者持股比例(io)、销售收入增长率($dsales$)、企业性质(soe)、账面市盈率(bm)、资本回报率(roa)、负债率(lev)、总资产($logta$)、资本支出占总资产比例($scapex$)、有形资产占总资产比例(tan)、企业年龄($logage$)等,如表2所示。

表2 变量定义

变量	变量说明
第一组:企业社会责任变量	
TotalRating	和讯网对上市公司社会责任承担质量的总评分,分数越高,企业社会责任履行越优秀
ShareholderR	股东责任方面的评分,分数越高,相关方面企业社会责任履行越优秀
EmployeeR	员工责任方面的评分,分数越高,相关方面企业社会责任履行越优秀
CustomerR	供应商、客户和消费者权益责任方面的评分,分数越高,相关方面企业社会责任履行越优秀
EnvironmentR	环境责任方面的评分,分数越高,相关方面企业社会责任履行越优秀
SocialR	社会责任方面的评分,分数越高,相关方面企业社会责任履行越优秀
第二组:控股股东股权质押变量	
iftop1pledge	控股股东股权质押虚拟变量,控股股东当年存在股权质押取值为1,否则取值为0
top1pledgeper	控股股东股权质押比例,为当年控股股东仍在质押股票数量占总持股数的比例
第三组:控制变量	

续表

变量	变量说明
io	机构投资者持股比例
$dsales$	销售收入增长率
soe	企业性质,国有控股上市公司取值为1,否则为0
bm	账面市盈率,公司所有者权益总额/公司市值
roa	资本回报率,税后净利润/总资产
lev	负债率,上市公司总负债/总资产
$logta$	总资产,上市公司总资产取对数
$scapex$	资本支出占总资产比例
tan	有形资产占总资产比例
$logage$	企业年龄,企业上市时长取对数

4.3 构建模型

为了检验控股股东股权质押对企业社会责任投资的影响,本文构建了以下模型:

$$TotalRating_{i,t+1} = \beta_0 + \beta_1 \times iftoplpledge_{i,t} + \beta_1 \times controls_{i,t} + year_t + industry_i + \varepsilon_{i,t} \quad (1)$$

$$TotalRating_{i,t+1} = \beta_0 + \beta_1 \times toplpledgeper_{i,t} + \beta_1 \times controls_{i,t} + year_t + industry_i + \varepsilon_{i,t} \quad (2)$$

其中,i 表示公司,t 表示年份,因为企业社会责任数据统计需要在后一年进行统计评分,所以我们考察当年的股权质押情况对后一年企业社会责任履行评分的影响。$iftoplpledge_{i,t}$ 表示 i 公司控股股东在 t 年存在质押的虚拟变量,$toplpledgeper_{i,t}$ 表示 i 公司在 t 年控股股东股权的质押比例。$controls_{i,t}$ 是可能影响企业社会责任投入的控制变量集。$year_t$ 和 $industry_i$ 为固定行业和年份的固定效应。

4.4 描述性统计

表3展示了描述性统计结果。表中结果显示,21 263 个观测值的上市公司社会责任评分($TotalRating$)平均值为24.01,说明目前我国上市公司企业社会责任水平仍然较低;企业履行社会责任评分的25分位值为15.66,中位值为21.59,75分位值为27.50,其间存在一定的差距,意味着不同公司间社会责任履行水平存在着一定的差异;标准差数值为16.46,表明样本公司间社会责任履行水平差异比较明显。控股股东股权质押虚拟变量($iftop1pledge$)均值为0.449,控股股东股权质押比例($top1pledgeper$)均值为0.266,说明样本中有44.9%的公司控股股东存在股权质押行为且控股股东股权的质押比例平均占其总持股数的26.6%。

表 3 描述性统计

VARIABLES	N	mean	sd	p25	p50	p75
TotalRating	21 263	24.010	16.460	15.660	21.590	27.500
ShareholderR	21 263	13.390	6.537	9.410	14.070	18.220
EmployeeR	21 263	2.689	3.107	0.810	1.610	3
CustomerR	21 263	1.602	4.569	0	0	0
EnvironmentR	21 263	1.664	4.935	0	0	0
SocialR	21 263	4.633	4.397	2.330	4.300	6.870
iftop1pledge	21 263	0.449	0.497	0	0	1
top1pledgeper	21 263	0.266	0.360	0	0	0.509
nontop1pleper	21 262	0.121	0.200	0	0	0.183
top23pledgper	21 262	0.154	0.275	0	0	0.227
top3pledgeper	21 263	0.242	0.304	0	0.071	0.452
io	21 263	0.392	0.233	0.199	0.399	0.572
dsales	21 263	0.201	0.456	−0.009	0.121	0.290
soe	21 263	0.389	0.488	0	0	1
bm	21 263	0.608	0.243	0.420	0.609	0.794
roa	21 263	0.037	0.056	0.014	0.036	0.065
lev	21 263	0.433	0.211	0.263	0.427	0.593
logta	21 263	22.140	1.279	21.210	21.960	22.870
scapex	21 263	0.051	0.049	0.015	0.036	0.072
tan	21 263	0.218	0.165	0.090	0.183	0.312
logage	21 263	2.130	0.802	1.609	2.303	2.833

5 实证结果与分析

5.1 实证结果与分析

表 4 通过 OLS(普通最小二乘法)报告了控股股东股权质押对企业社会责任的影响。表 4 中的因变量均为企业社会责任评分(*TotalRating*)。表中列(1)和列(3)

的自变量为股权质押虚拟变量,列(2)和列(4)的自变量为股权质押比例,分别反映了控股股东是否股权质押和控股股东股权质押比例对于企业履行社会责任的影响。列(1)中 $iftop1pledge$ 的系数在1%的水平下显著为负,表明控股股东股权质押降低了其对于社会责任的投入,与没有控股股东股权质押行为的公司相比,进行了质押行为的公司企业社会责任履行评分降低2.357分,控股股东股权质押与企业社会责任履行呈负相关关系。假设H1A得到验证。列(2)将自变量转换为控股股东股权质押比例($top1pledgeper$),结果显示,控股股东股权质押比例和企业社会责任履行之间同样显著负相关。每提高1%控股股东股权质押比例,企业社会责任履行评分就会下降3.409分,且结果在1%的水平下显著。假设H1A再次得到验证。列(3)和列(4)是在列(1)和列(2)的基础上添加了行业和年份的固定效应,并对标准误进行了聚类调整。固定效应可以解决随行业和时间而变的遗漏变量问题,消除不同行业和不同年份对于实验结果的干扰。聚类调整标准误可以消除误差项之间的相关性,使结果是无偏的。经固定效应和聚类调整标准误之后,回归分析结果不变,无论是股权质押虚拟变量($iftop1pledge$)还是股权质押比例($top1pledgeper$),都与企业社会责任履行评分显著负相关。

表4 控股股东股权质押和企业社会责任相关性分析

VARIABLES	(1) TotalRating	(2) TotalRating	(3) TotalRating	(4) TotalRating
$iftop1pledge$	-2.357*** (-10.26)		-0.977*** (-3.12)	
$top1pledgeper$		-3.409*** (-10.62)		-2.429*** (-5.44)
$logta$	3.292*** (23.14)	3.243*** (22.86)	5.082*** (23.03)	5.068*** (23.08)
lev	-0.320 (-0.51)	-0.269 (-0.43)	-6.895*** (-7.52)	-6.637*** (-7.22)
$scapex$	10.669*** (4.49)	10.270*** (4.32)	-4.853 (-1.64)	-5.160* (-1.74)
$dsales$	-0.071 (-0.32)	-0.068 (-0.31)	0.086 (0.38)	0.116 (0.51)
tan	-4.058*** (-5.57)	-4.160*** (-5.71)	-0.278 (-0.22)	-0.374 (-0.30)

续表

	(1)	(2)	(3)	(4)
$logage$	-1.252***	-1.052***	-1.426***	-1.248***
	(-8.04)	(-6.62)	(-6.12)	(-5.30)
io	4.262***	4.345***	1.995**	1.971**
	(7.67)	(7.83)	(2.54)	(2.51)
bm	-4.077***	-3.818***	-9.005***	-9.013***
	(-6.97)	(-6.55)	(-9.02)	(-9.04)
roa	83.165***	82.070***	67.294***	66.046***
	(37.67)	(36.92)	(25.21)	(24.65)
soe	2.747***	2.559***	1.582***	1.078**
	(9.14)	(8.36)	(3.34)	(2.23)
$Constant$	-48.010***	-47.566***	-80.161***	-79.843***
	(-17.94)	(-17.78)	(-19.37)	(-19.39)
$Observations$	21 263	21 263	21 259	21 259
$R-squared$	0.186	0.186	0.305	0.306
$Ind\ FE$	NO	NO	YES	YES
$Year\ FE$	NO	NO	YES	YES

注:括号内为 t 统计量;*** p<0.01,** p<0.05,* p<0.1。下同。

表5报告了控股股东股权质押对企业社会责任各分项指标的影响,不仅对股权质押数据和企业社会责任各分项指标进行了回归,还控制了行业和年份的固定效应,并对标准误进行了聚类调整。其中,单数列的自变量为股权质押虚拟变量($iftop1pledge$),双数列的自变量为控股股东股权质押比例($top1pledgeper$)。列(1)和列(2)的因变量为股东责任($ShareholderR$),列(3)和列(4)的因变量为员工责任($EmployeeR$),列(5)和列(6)的因变量为供应商、客户和消费者权益责任($CustomerR$),列(7)和列(8)的因变量为环境责任($EnvironmentR$),列(9)和列(10)的因变量为社会责任($SocialR$)。表中结果显示,控股股东股权质押以及控股股东股权质押比例都和股东责任($ShareholderR$)以及员工责任($EmployeeR$)显著负相关,与不存在股权质押行为的公司相比,存在股权质押行为的公司股东方面的社会责任评分下降0.923分且结果在1%的水平下显著,员工方面的社会责任得分下降0.116分且结果在10%的水平下显著;股权质押比例每提高1%,股东方面的社会责任评分下降2.024分且结果在1%的水平下显著,员工方面的社会责任得分下降0.199分且结果在5%的水平下显著。此外,控股股东股权质押比例与社会责任方面的得

表 5 控股股东股权质押和企业社会责任各分项相关性分析

VARIABLES	(1) ShareholderR	(2) ShareholderR	(3) EmployeeR	(4) EmployeeR	(5) CustomerR	(6) CustomerR	(7) EnvironmentR	(8) EnvironmentR	(9) SocialR	(10) SocialR
iftop1pledge	-0.923*** (-8.92)		-0.116* (-1.78)		-0.003 (-0.03)		0.053 (0.54)		-0.010 (-0.13)	
top1pledgeper		-2.024*** (-12.91)		-0.199** (-2.22)		-0.037 (-0.28)		0.084 (0.61)		-0.287** (-2.33)
logta	1.338*** (18.66)	1.326*** (18.64)	0.988*** (20.05)	0.987*** (20.05)	1.220*** (18.05)	1.220*** (18.04)	1.344*** (18.04)	1.344*** (18.05)	0.195*** (3.55)	0.193*** (3.51)
lev	-4.594*** (-14.46)	-4.421*** (-13.95)	-0.669*** (-3.42)	-0.661*** (-3.38)	-0.843*** (-3.16)	-0.835*** (-3.12)	-1.015*** (-3.55)	-1.016*** (-3.55)	0.168 (0.61)	0.239 (0.86)
scapex	-2.250** (-2.36)	-2.532*** (-2.67)	-1.337** (-2.18)	-1.371** (-2.24)	-0.008 (-0.01)	-0.010 (-0.01)	0.329 (0.32)	0.344 (0.33)	-1.420** (-1.98)	-1.431** (-1.99)
dsales	0.154 (1.63)	0.175* (1.86)	0.040 (0.91)	0.041 (0.94)	-0.072 (-1.19)	-0.071 (-1.17)	-0.086 (-1.37)	-0.087 (-1.38)	0.047 (0.61)	0.055 (0.71)
tan	-0.204 (-0.53)	-0.282 (-0.73)	-0.524** (-2.00)	-0.531** (-2.03)	0.516 (1.37)	0.514 (1.36)	1.104** (2.52)	1.107** (2.52)	-1.129*** (-3.55)	-1.142*** (-3.60)
logage	-1.352*** (-16.97)	-1.209*** (-15.10)	0.012 (0.24)	0.024 (0.49)	-0.040 (-0.56)	-0.037 (-0.51)	-0.118 (-1.55)	-0.123 (-1.60)	0.084 (1.30)	0.111* (1.70)

续表

VARIABLES	(1) ShareholderR	(2) ShareholderR	(3) EmployeeR	(4) EmployeeR	(5) CustomerR	(6) CustomerR	(7) EnvironmentR	(8) EnvironmentR	(9) SocialR	(10) SocialR
io	2.336*** (9.21)	2.321*** (9.23)	-0.233 (-1.40)	-0.233 (-1.40)	-0.321 (-1.34)	-0.322 (-1.34)	-0.566** (-2.23)	-0.566** (-2.23)	0.729*** (3.66)	0.721*** (3.62)
bm	-1.800*** (-5.48)	-1.798*** (-5.50)	-2.323*** (-10.90)	-2.321*** (-10.90)	-2.915*** (-9.88)	-2.916*** (-9.89)	-2.994*** (-9.00)	-2.995*** (-9.01)	0.960*** (3.74)	0.951*** (3.71)
roa	52.025*** (44.07)	51.027*** (43.33)	1.869*** (3.60)	1.781*** (3.41)	2.545*** (3.44)	2.522*** (3.39)	1.533** (1.97)	1.569** (2.01)	9.315*** (12.29)	9.128*** (11.98)
soe	-0.131 (-0.92)	-0.500*** (-3.40)	0.488*** (4.78)	0.464*** (4.48)	0.394*** (2.72)	0.381** (2.55)	0.653*** (4.27)	0.661*** (4.23)	0.170 (1.45)	0.061 (0.51)
Constant	-12.514*** (-9.33)	-12.297*** (-9.24)	-17.449*** (-18.92)	-17.440*** (-18.93)	-23.411*** (-18.31)	-23.401*** (-18.29)	-25.930*** (-18.52)	-25.933*** (-18.50)	-0.898 (-0.86)	-0.813 (-0.78)
Observations	21,259	21,259	21,259	21,259	21,259	21,259	21,259	21,259	21,259	21,259
R-squared	0.413	0.418	0.240	0.240	0.199	0.199	0.208	0.208	0.257	0.258
Ind FE	YES	YES	YES	YES	YES	YES	YES	YES	YES	YES
Year FE	YES	YES	YES	YES	YES	YES	YES	YES	YES	YES

分显著负相关,股权质押比例每提高1%,社会责任方面的得分下降0.287分,且结果在5%的水平下显著。由此可以初步推断,控股股东的股权质押行为主要影响股东方面的社会责任以及员工方面的社会责任,质押比例还会影响社会方面的责任评分。

5.2 内生性检验

本文的检验结果有可能受到内生性的影响,比如:本身企业社会责任评分较低、投入较少的公司可能会更倾向于选择股权质押;存在控股股东股权质押的公司和不存在控股股东股权质押的公司之间可能会存在系统性差别;可能会存在遗漏变量影响控股股东股权质押和企业社会责任履行评分,从而对实证结果产生干扰。为了排除上述因素对实验结果的影响,本文在原有的基础上进一步使用倾向性得分匹配(PSM)和工具变量法中的两阶段最小二乘法(2SLS)来解决可能存在的内生性问题。

5.2.1 倾向性得分匹配(PSM)

在多元回归分析的实证研究中,由于无法真正做到随机分组,所以难免存在一些系统性差别问题。倾向性得分匹配是减少此类系统性差别问题的有效方法。本文基于年份、行业、机构投资者持股比例、销售收入增长率、企业性质、账面市盈率、资本回报率、负债率、总资产、资本支出占总资产比例、有形资产占总资产比例、企业年龄这些因素,对控股股东没有进行股权质押的公司和控股股东进行股权质押的公司进行了邻近的一对一匹配,并且样本间不允许替换,最终取得了5 383个控制组样本。表6前5列为匹配之前的结果,后5列为匹配之后的结果,ATT结果在1%的水平下显著,说明匹配方法是适用的。

表6 倾向性得分匹配法(PSM)匹配结果

	Pre-Match					Post-Match				
	No. of Control (0)	Mean (0)	No. of Treatment (1)	Mean (1)	Difference	No. of Control (0)	Mean (0)	No. of Treatment (1)	Mean (1)	Difference
$TotalRating$	11 678	26.060	9 536	21.452	4.607*** (20.503)	5 383	24.218	5 383	22.762	1.457*** (4.834)
lev	11 678	0.428	9 536	0.439	−0.011*** (−3.870)	5 383	0.411	5 383	0.410	0.001 (0.304)
$logta$	11 678	22.217	9 536	22.029	0.187*** (10.660)	5 383	21.975	5 383	21.938	0.037 (1.571)
$scapex$	11 678	0.051	9 536	0.051	−0.000 (−0.079)	5 383	0.053	5 383	0.053	−0.000 (−0.371)

续表

	Pre-Match					Post-Match				
	No. of Control (0)	Mean (0)	No. of Treatment (1)	Mean (1)	Difference	No. of Control (0)	Mean (0)	No. of Treatment (1)	Mean (1)	Difference
dsales	11 678	0.170	9 536	0.239	-0.069*** (-10.993)	5 383	0.197	5 383	0.203	-0.005 (-0.591)
tan	11 678	0.231	9 536	0.201	0.030*** (13.391)	5 383	0.213	5 383	0.213	0.000 (0.105)
logage	11 678	2.168	9 536	2.083	0.085*** (7.674)	5 383	2.019	5 383	1.996	0.023 (1.468)
io	11 678	0.422	9 536	0.354	0.068*** (21.536)	5 383	0.370	5 383	0.366	0.004 (0.938)
bm	11 678	0.627	9 536	0.583	0.044*** (13.263)	5 383	0.589	5 383	0.590	-0.001 (-0.227)
roa	11 678	0.041	9 536	0.033	0.007*** (9.482)	5 383	0.041	5 383	0.039	0.002* (1.727)
soe	11 678	0.577	9 536	0.157	0.420*** (69.066)	5 383	0.268	5 383	0.277	-0.010 (-1.126)

用倾向性得分匹配之后的样本进行回归,回归结果见表7。表中的因变量均为企业社会责任评分($TotalRating$)。列(1)和列(3)的自变量为股权质押虚拟变量($iftop1pledge$),列(2)和列(4)的自变量为控股股东股权质押比例($top1pledgeper$)。前两列是对匹配后的样本进行OLS回归,后两列是在前两列的基础上增加了对于年份和行业的固定效应。经过匹配后的样本,进行回归之后,股权质押虚拟变量和控股股东股权质押比例与企业社会责任评分在1%的水平下显著负相关。所以,在控制住系统性偏差之后,原假设H1A仍然成立。

表7 倾向性得分匹配法(PSM)回归结果(1)

VARIABLES	(1) TotalRating	(2) TotalRating	(3) TotalRating	(4) TotalRating
$iftop1pledge$	-1.193*** (-4.34)		-1.259*** (-3.74)	
$top1pledgeper$		-1.992*** (-4.86)		-2.440*** (-4.52)

续表

VARIABLES	(1) TotalRating	(2) TotalRating	(3) TotalRating	(4) TotalRating
$logta$	3.076***	3.048***	4.927***	4.905***
	(15.11)	(14.99)	(17.25)	(17.23)
lev	−0.381	−0.245	−6.783***	−6.659***
	(−0.43)	(−0.28)	(−5.90)	(−5.80)
$scapex$	17.185***	17.113***	−0.335	−0.583
	(5.33)	(5.30)	(−0.09)	(−0.16)
$dsales$	−0.583**	−0.573*	−0.530*	−0.513*
	(−1.97)	(−1.94)	(−1.73)	(−1.68)
tan	−4.456***	−4.527***	0.149	0.079
	(−4.24)	(−4.31)	(0.10)	(0.05)
$logage$	−0.470**	−0.336	−1.320***	−1.166***
	(−2.24)	(−1.60)	(−4.82)	(−4.24)
io	4.970***	4.967***	2.505***	2.461***
	(6.65)	(6.65)	(2.72)	(2.68)
bm	−2.418***	−2.274***	−7.470***	−7.386***
	(−2.97)	(−2.79)	(−5.92)	(−5.86)
roa	82.850***	82.395***	68.584***	67.849***
	(26.88)	(26.67)	(19.77)	(19.56)
soe	1.337***	1.030**	1.076*	0.697
	(3.12)	(2.37)	(1.85)	(1.17)
Constant	−46.262***	−45.993***	−78.060***	−77.794***
	(−11.97)	(−11.92)	(−14.53)	(−14.54)
Observations	10 766	10 766	10 766	10 766
R-squared	0.171	0.171	0.282	0.283
Ind FE	NO	NO	YES	YES
Year FE	NO	NO	YES	YES

表8同样是用倾向性得分匹配之后的样本进行回归,区别在于将因变量由总评分变为社会责任评分的各个分项指标。与没有匹配之前对比,虽然供应商、客户和消费者权益责任(CustomerR)与控股股东股权质押比例变成了10%水平下的显著负相关,社会责任(SocialR)与控股股东股权质押比例之间由先前的5%水平下的显著负相关变为不显著,但是绝大部分变量如股东责任(ShareholderR)和员工责

表 8 倾向性得分匹配法(PSM)回归结果(2)

VARIABLES	(1) ShareholderR	(2) ShareholderR	(3) EmployeeR	(4) EmployeeR	(5) CustomerR	(6) CustomerR	(7) EnvironmentR	(8) EnvironmentR	(9) SocialR	(10) SocialR
iftop1pledge	-0.925*** (-7.98)		-0.205*** (-2.92)		-0.137 (-1.34)		-0.086 (-0.82)		0.069 (0.80)	
top1pledgeper		-1.802*** (-9.60)		-0.347*** (-3.23)		-0.259* (-1.65)		-0.171 (-1.01)		0.094 (0.68)
logta	1.383*** (14.10)	1.367*** (13.96)	0.962*** (15.14)	0.959*** (15.14)	1.191*** (13.32)	1.189*** (13.30)	1.254*** (12.92)	1.252*** (12.92)	0.151** (2.18)	0.152** (2.19)
lev	-4.725*** (-11.13)	-4.634*** (-10.97)	-0.784*** (-3.29)	-0.765*** (-3.21)	-0.808** (-2.46)	-0.795** (-2.42)	-0.892** (-2.51)	-0.883** (-2.49)	0.295 (0.89)	0.289 (0.87)
scapex	-1.708 (-1.36)	-1.891 (-1.50)	-0.767 (-1.00)	-0.803 (-1.05)	1.070 (0.96)	1.044 (0.94)	1.668 (1.32)	1.651 (1.31)	-0.651 (-0.72)	-0.640 (-0.71)
dsales	-0.007 (-0.05)	0.006 (0.04)	-0.051 (-0.88)	-0.049 (-0.84)	-0.222*** (-2.83)	-0.220*** (-2.81)	-0.178** (-2.26)	-0.177** (-2.24)	-0.078 (-0.72)	-0.079 (-0.72)
tan	-0.200 (-0.40)	-0.251 (-0.50)	-0.299 (-0.94)	-0.310 (-0.98)	0.916** (2.00)	0.909** (1.98)	1.566*** (3.04)	1.561*** (3.03)	-1.732*** (-4.65)	-1.729*** (-4.64)
logage	-1.363*** (-13.37)	-1.249*** (-12.22)	0.028 (0.48)	0.050 (0.87)	-0.009 (-0.11)	0.007 (0.09)	-0.039 (-0.45)	-0.028 (-0.32)	0.079 (1.02)	0.073 (0.93)

续表

VARIABLES	(1) ShareholderR	(2) ShareholderR	(3) EmployeeR	(4) EmployeeR	(5) CustomerR	(6) CustomerR	(7) EnvironmentR	(8) EnvironmentR	(9) SocialR	(10) SocialR
io	2.675***	2.643***	-0.197	-0.203	-0.264	-0.268	-0.527*	-0.530*	0.783***	0.785***
	(8.13)	(8.11)	(-1.05)	(-1.08)	(-0.93)	(-0.94)	(-1.81)	(-1.82)	(3.22)	(3.23)
bm	-1.395***	-1.332***	-2.079***	-2.067***	-2.743***	-2.734***	-2.517***	-2.512***	1.188***	1.185***
	(-3.18)	(-3.04)	(-7.72)	(-7.69)	(-7.39)	(-7.36)	(-6.08)	(-6.06)	(3.65)	(3.64)
roa	52.822***	52.278***	2.021***	1.923***	2.847***	2.769***	1.909*	1.857*	8.876***	8.900***
	(34.55)	(34.43)	(2.95)	(2.80)	(2.95)	(2.87)	(1.87)	(1.82)	(9.22)	(9.23)
soe	-0.035	-0.315*	0.420***	0.365***	0.228	0.187	0.400**	0.373*	0.070	0.086
	(-0.19)	(-1.69)	(3.38)	(2.88)	(1.31)	(1.05)	(2.11)	(1.93)	(0.49)	(0.58)
Constant	-13.840***	-13.640***	-17.001***	-16.979***	-22.970***	-22.944***	-24.490***	-24.471***	-0.007	-0.005
	(-7.51)	(-7.41)	(-14.29)	(-14.34)	(-13.60)	(-13.60)	(-13.37)	(-13.38)	(-0.01)	(-0.00)
Observations	10,766	10,766	10,766	10,766	10,766	10,766	10,766	10,766	10,766	10,766
R-squared	0.419	0.423	0.219	0.220	0.187	0.187	0.188	0.188	0.264	0.264
Ind FE	YES	YES	YES	YES	YES	YES	YES	YES	YES	YES
Year FE	YES	YES	YES	YES	YES	YES	YES	YES	YES	YES

任($EmployeeR$),无论是关于股权质押虚拟变量还是股权质押比例都仍然维持1%水平下的显著负相关,与先前保持一致,说明我们的结果并未受到样本偏误的影响。股权质押仍然主要通过影响股东责任和员工责任方面的社会责任投入来对社会责任履行评分造成影响。

5.2.2 工具变量法

在通过固定效应和倾向得分匹配解决了一些内生问题后,实证结果仍可能存在一些缺失变量和反向因果关系,从而对最后的结果造成影响。为此,本文进一步采取工具变量法来解决上述问题。本文构建了一个与控股股东股权质押比例相关的工具变量,进一步使用两阶段最小二乘法(2SLS)来解决自变量与因变量双向影响的问题。工具变量的选取应当满足两个条件:一是和自变量控股股东股权质押比例具有相关性;二是和因变量企业社会责任评分之间不存在相关性。因此,本文构建"控股股东股权质押比例的平均值"($mtop1pledgeper$)作为工具变量,$mtop1pledgeper$取的是同省同年同行业的股权质押比例的平均值。不同省份的公司经济发展情况不同,有关股权质押的政策也不同,所以处于不同省份的公司可能本身对于股权质押的倾向就会存在不同,采取同一省份的公司取平均值可以排除省份变量造成的影响;不同行业的公司对于外部融资的需求不同,可能会影响到控股股东对于股权质押的选择,因此选择同一行业可以排除行业变量造成的影响;处于不同年份的时候,受当时的股权质押政策和经济发展环境的影响,各公司控股股东对于股权质押的选择可能本身就具有倾向性,因此将年份变量控制住可以排除其对于实验的影响。以上三点都在一定程度上说明了$mtop1pledgeper$与自变量之间的相关性。此外,同一省份同年同行业所有上市公司同时改变股权质押情况或者同时面临控制权转移风险与股价崩盘风险的可能性都比较小,这就意味着,这些上市公司同时改变社会责任履行的可能性比较低。所以该工具变量和企业社会责任履行评分之间不存在相关性。

使用2SLS方法获得的结果如表9所示。列(1)显示了第一阶段内生变量控股股东股权质押比例($top1pledgeper$)与工具变量($mtop1pledgeper$)以及其他外生变量的回归结果,得到可以将内生变量替换的预测值(Prediction),回归结果显示工具变量与内生变量在1%水平下显著正相关,因此工具变量是有效的,且本文在后续实证过程中通过对于工具变量的弱识别检验,发现F-Statistics为7 631.812,显著性为1%,表明工具变量并不是一个弱工具。列(2)对第二阶段预测值和企业社会责任履行评分($TotalRating$)以及其他外生变量进行回归,回归结果显示企业社会责任履行评分和控股股东股权质押比例之间仍然显著负相关。因此,在通过工具变量法控制了遗漏变量和反向因果关系问题之后,研究假设H1A仍然是成立的。

表 9　2SLS 回归结果

VARIABLES	(1) First-stage $top1pledgeper$	(2) Second-stage $TotalRating$
$top1pledgeper$		-1.246 4**
		(-2.03)
$mtop1pledgeper$	0.809 4***	
	(110.15)	
lev	0.173 3***	-6.944 6***
	(13.69)	(-10.83)
$logta$	-0.004 9**	5.075 2***
	(-2.04)	(33.84)
$scapex$	-0.043 9	-5.124 9**
	(-1.06)	(-2.26)
$dsales$	0.026 0***	0.082 6
	(5.70)	(0.38)
tan	-0.035 9**	-0.317 9
	(-2.46)	(-0.39)
$logage$	0.059 4***	-1.359 0***
	(19.71)	(-8.34)
io	0.000 4	2.007 8***
	(0.04)	(3.80)
bm	-0.018 2	-8.975 1***
	(-1.47)	(-12.81)
roa	-0.597 3***	66.836 4***
	(-13.66)	(30.57)
soe	-0.263 6***	1.546 3***
	(-51.24)	(4.34)
$Constant$	0.078 1	-82.257 8***
	(1.62)	(-27.84)
$Observations$	21 263	21 263
$R-squared$		0.306

6 结论

本文以 2010—2019 年 A 股上市公司为研究样本,通过实证研究,分析了控股股东股权质押对企业社会责任的影响。研究结果显示:控股股东股权质押以及控股股东股权质押比例与企业社会责任履行评分之间均呈显著负相关关系,并且对于社会责任评分各分项进行的进一步研究发现,控股股东股权质押行为以及控股股东股权质押比例均与其中的股东责任和员工责任呈显著负相关关系。对于回归结果,本文还进行了一些内生性检验,如固定效应、倾向性得分匹配(PSM)、工具变量法检验,发现假设的结论仍然是成立的。因此本文得出结论:上市公司的控股股东股权质押行为会显著降低企业对于社会责任的履行水平,控股股东股权质押比例的上升也会使企业对于社会责任的履行水平显著降低,并且主要是通过降低企业在股东责任和员工责任方面的社会责任投入影响社会责任履行。

参考文献

[1] 曹志鹏,朱敏迪.控股股东股权质押、股权结构与真实盈余管理[J].南方金融,2018(10):49-58.

[2] 陈贤哲.企业社会责任与股价崩盘风险[D].厦门:暨南大学,2020.

[3] 范琳琳.企业社会责任与股价崩盘风险的研究[D].北京:北京理工大学,2015.

[4] 胡珺,彭远怀,宋献中,等.控股股东股权质押与策略性慈善捐赠:控制权转移风险的视角[J].中国工业经济,2020(2):174-198.

[5] 胡旭微,彭晓欢.控股股东股权质押与上市公司过度投资的关系:基于公司治理的调节作用[J].浙江理工大学学报(社会科学版),2019(1):1-9.

[6] 姜军,江轩宇,伊志宏.企业创新效率研究:来自股权质押的影响[J].金融研究,2020(2):128-146.

[7] 柯艳蓉,李玉敏.控股股东股权质押、投资效率与公司期权价值[J].经济管理,2019(12):123-139.

[8] 李常青,李宇坤,李茂良.控股股东股权质押与企业创新投入[J].金融研究,2018(7):143-157.

[9] 李常青,幸伟.控股股东股权质押与上市公司信息披露[J].统计研究,2017,34(12):75-86.

[10] 黎来芳,陈占燎.控股股东股权质押降低信息披露质量吗? [J].科学决

策,2018(8):1-20.

[11]廖珂,崔宸瑜,谢德仁.控股股东股权质押与上市公司股利政策选择[J].金融研究,2018(4):172-189.

[12]权小锋,吴世农,尹洪英.企业社会责任与股价崩盘风险:"价值利器"或"自利工具"?[J].经济研究,2015,50(11):49-64.

[13]夏同水,郑雅君.控股股东股权质押、高送转与股价崩盘风险[J].武汉金融,2020(3):51-59.

[14]谢德仁,廖珂.控股股东股权质押与上市公司真实盈余管理[J].会计研究,2018(8):21-27.

[15]谢德仁,郑登津,崔宸瑜.控股股东股权质押是潜在的"地雷"吗?——基于股价崩盘风险视角的研究[J].管理世界,2016(5):128-140,188.

[16]谢洪文.企业社会责任与股价崩盘风险关系研究[D].北京:北京交通大学,2016.

[17]尹训芹.控股股东股权质押与现金股利政策[D].杭州:浙江大学,2020.

[18]张晨宇.股权质押、信息披露及其经济后果[D].北京:对外经济贸易大学,2018.

[19]张晨宇,武剑锋.大股东股权质押加剧了公司信息披露违规吗?[J].外国经济与管理,2020(5):29-41.

[20]张瑞君,徐鑫,王超恩.大股东股权质押与企业创新[J].审计与经济研究,2017(4):63-73.

[21]张兆国,靳小翠,李庚秦.企业社会责任与财务绩效之间交互跨期影响实证研究[J].会计研究,2013(8):32-39,96.

[22]朱雅典,才国伟.股权质押、大股东行为与企业并购[J].金融学季刊,2020(4):1-22.

[23]朱永明,薛文杰,安姿旋.融资约束、企业社会责任表现与企业绩效[J].财会月刊,2016(29):27-31.

[24]ALISON M,TYSON B M,JAY B B. Corporate social responsibility and firm performance:Investor preferences and corporate strategies[J]. Academy of Management Review,2007,32(3).

[25]ANDERSON R,PULEO,M,and UNAL,H. Insider share-pledging and equity risk[J]. Journal of Financial Services Research,2020,58:1-25.

[26]CHAN K,CHEN H,HU S,LIU Y. Stock pledges and margin call pressure[J]. Journal of Corporate Finance,2018,52:96-117.

[27] DU S, BHATTACHARYA C B, SEN S. Maximizing business returns to

corporate social responsibility(CSR):The role of CSR communication[J]. International journal of management reviews,2010,12(1):8-19.

[28] E GRAS-GIL, M P MANZANO, J H FERNáNDEZ. Investigating the relationship between corporate social responsibility and earnings management:Evidence from Spain[J]. BRQ Business Research Quarterly,2016,19(4):289-299.

[29] MARTINEZ-FERRERO J, BANERJEE S, GARCIA-SANCHEZ I M. Corporate Social Responsibility as a Strategic Shield Against Costs of Earnings Management Practices[J]. Journal of business ethics,2016,133(2):305-324.

[30] OLIVER F,STEPHAN H. Corporate social responsibility:Doing well by doing good[J]. Business Horizons,2007,50(3):247-254.

[31] PANG C J, WANG, Y. Stock pledge, risk of losing control and corporate innovation[J]. Journal of Corporate Finance,2020,60:101534.

[32] PRESTON, LEE E, O'BANNON, DOUGLAS P. The Corporate Social-Financial Performance Relationship:A Typology and Analysis[J]. Business & Society,1997,36(4):419-429.

[33] SERGIO P, NICOLA M, ANTONIO T. The impact of corporate social responsibility on consumer trust:the case of organic food[J]. Business Ethics:A European Review,2008,17(1):3-12.

[34] TIAN Z, WANG R, YANG W. Consumer Responses to Corporate Social Responsibility(CSR) in China[J]. Journal of Business Ethics,2011,101:197-212.

[35] URŠA G, MARKO L, ZLATKO J. Value orientations and consumer expectations of Corporate Social Responsibility,2008,14(2):83-96.

[36] SUN X, GUNIA C B. Economic resources and corporate social responsibility[J]. Journal of Corporate Finance,2018,51:332-351.

[37] YING D, RONALD W M, JASON Z. Shareholder Wealth Consequences of Insider Pledging of Company Stock as Collateral for Personal Loans[J]. The Review of Financial Studies,2019,32(12):4810-4854.

指导教师评语：

近年来,随着政府、媒体和投资者对上市公司控股股东股权质押行为关注度的提高,股权质押行为的经济学后果,尤其是对企业决策的影响也成为学术界关心的话题。而企业社会责任投资作为一种重要的企业决策,其影响力和社会效应正在日益扩大,关于企业社会责任投资影响因素的研究也日益增多。然而目前关于控股股东股权质押是否会影响企业社会责任投资还缺乏足够的实证证据。因此,本研究具有重要的理论价值和应用价值。

本研究首先发现了控股股东的股权质押行为以及股权质押的比例都与企业社会责任投资显著负相关,而这种负相关性主要体现在股东责任和员工责任两个方面。为了建立控股股东股权质押与企业社会责任投资之间的因果关联,本研究采用了倾向得分匹配法以消除有质押样本与无质押样本之间的系统性差别,并且采用了两阶段最小二乘法检验潜在的遗漏变量和逆向因果可能。基准回归的结果顺利通过了内生性检验,因此大致可以得出控股股东股权质押行为一定程度上会抑制企业社会责任投资的结论。

在论文撰写过程中,作者态度积极认真,具有很强的学习能力和主观能动性,可以自主思考和解决问题,并且能够与导师进行有效的沟通交流。论文结构合理,思路清晰,撰写规范,论证过程严谨,是一篇优秀的毕业论文。

基于机器学习的碳价格预测研究

管理工程学院　唐雪涵　　指导教师：胡晓倩

摘　要：全球气候变暖问题深刻地影响着人类生存与发展，减少温室气体排放是缓解这一问题的关键。面对艰巨的碳减排任务，各国积极建设碳排放交易制度。对碳价格进行有效的分析与预测，不仅可以促进碳交易市场的发展，更有助于碳资源的合理配置，对企业和国家均有重要的指导意义。然而，碳价格的非线性等特征使其难以被预测，本文为此对碳价格的预测方法展开研究。

为了对碳价格进行准确预测，本文提出了一个框架流程为分解、重构和预测的碳价格组合预测模型。本文的主要研究内容如下：首先，采用改进的自适应噪声完全集成经验模态分解（CEEMDAN）方法对碳价格数据进行分解，获得若干本征模态函数（IMF）和残差项。其次，计算所有分量的样本熵（SE）作为复杂度，并根据样本熵值对分量进行合并，以减小计算规模。最后，分别采用支持向量回归（SVR）、长短期记忆神经网络（LSTM）和极限学习机（ELM）对上述重构序列建立预测模型。

为了验证组合预测模型的稳健性，本文对欧盟碳期货市场和中国三个碳市场（北京、重庆、湖北）展开实证分析。研究结果表明，CEEMDAN-SE-SVR这一组合预测模型的预测精度最高，且分解重构这一步骤对提高碳价格预测精度是合理有效的。

关键词：碳交易市场，碳价格预测，支持向量回归，长短期记忆神经网络，极限学习机

1 引言

1.1 选题背景和意义

1.1.1 选题背景

全球气候变暖问题深刻地影响着人类生存与发展，是国际社会共同面临的重大挑战。减少温室气体排放是缓解这一问题的关键，为此国际社会采取了诸多措施：制订《联合国气候变化框架公约》（1992年）、《京都议定书》（1997年）、"巴厘

路线图"(2007年)、《哥本哈根协议》(2009年)和《巴黎协定》(2015年)等国际性公约和文件,以推动全球各国建立政策和机制来控制气候变化。二氧化碳在所有温室气体排放中占据主导地位,因此温室气体排放被简称为碳排放。具有法律形式的《京都议定书》不仅确定了六种温室气体,还明确了碳排放的总量和分解目标,规定了国际排放机制(IET)、联合履行机制(JI)和清洁发展机制(CDM),最终使得碳排放权可以像商品一样,在市场上流通与交易,为碳排放权交易体系(ETS)的确立、鼓励减少温室气体排放奠定了重要基础。目前,全球主要的碳排放权交易制度有:欧盟排放权交易制(EU ETS)、中国碳排放权交易制度(CN ETS)和美国的加利福尼亚州排放权交易制度(California CAT)等。

随着碳排放权交易市场的不断成熟,碳期货、碳期权和碳保险等相关金融衍生产品也相继推出,其中碳期货为主要代表。碳期货是以碳排放权为标的的期货合约,为应对碳市场风险而衍生出的一种金融产品。在国际或者国内碳价格波动背景下,碳期货为用户提供套期保值的风险对冲作用,并且其综合反映了买卖双方对于碳市场的价格走势预期判断,有助于发现碳交易的合理价格。目前全球最大的碳期货交易产品为EU ETS体系下的欧洲气候交易所(ECX)推出的EUA期货合约。ECX与洲际气候期货交易所(ICE)合作,允许ECX的碳金融合约在ICE的电子平台进行交易。

中国的碳排放总量和增量均位居世界第一[①],环境污染和能源消耗问题仍然十分严峻。为有效控制碳排放,中国积极建设碳交易市场。2011年10月,中国发布《关于开展碳排放权交易试点的工作通知》,为中国碳交易市场拉开帷幕。2013年到2014年,北京、天津、上海、重庆、湖北、广东及深圳陆续启动碳市场交易。目前中国7家碳排放权交易所中碳远期交易已上线,为碳期货提前"探路"。为了更好地融入全球治理、实现可持续发展,2020年9月,中国提出"双碳"目标,即2030年碳达峰和2060年碳中和,这是中国在《巴黎协定》下具有里程碑意义的减排目标。2021年7月,作为"双碳"的核心政策工具,全国碳排放交易开市。

碳价格会受到宏观和长期的行业发展总体情况与微观和短期的碳资产供求关系的影响,而碳价格的预测对建立合理稳定的碳市场起到关键作用。对决策者而言,准确的预测结果,一方面可以帮助他们明确碳交易市场的动态变化,确定碳排放总量上限,合理分配碳排放量;另一方面也有助于他们及时地动态调整政策[②],从而促进碳市场的平稳健康发展。为此,本文对碳价格的预测展开研究。

---

① 周守为,朱军龙.助力"碳达峰,碳中和"战略的路径探索[J]. Natural Gas Industry,2021,41(12).
② LU H, MA X, HUANG K, et al. Carbon trading volume and price forecasting in China using multiple machine learning models [J]. Journal of Cleaner Production,2020,249.

1.1.2 选题意义

1) 理论意义

本文采用组合预测模型对碳价进行预测,通过选取数据分解、重组和预测方法,提高了模型的预测能力。已有研究表明,碳价格序列存在非平稳、非线性、多尺度和混沌等特征①,相较于混合模型,单一模型难以对碳价进行准确预测。为了解决上述问题,本研究采用基于分解-重构-预测-集成的组合模型,分解原始碳价数据为多个分量,使得预测模型更好地捕获碳价数据的特征信息,重构分量数据,从而减小计算规模,使用不同机器学习方法预测重构序列,克服了单一模型预测准确率低的问题,提高了预测的准确性。

2) 实践意义

在企业层面,研究碳价格有助于企业应对碳价波动。碳期货价格能够反映买卖双方对于碳市场的价格走势预期判断,对企业把握碳价运行规律、灵活应对碳价变化和提前做好风险管理有重要作用。对于期货价格的预测研究是理解碳价波动的重要方式之一。

在国家层面,研究碳价格有助于中国开拓和发展碳市场。目前,我国碳市场仍处于初级发展阶段,存在交易量低、市场活跃度低和试点地区价格差异大等问题,碳期货产品更是尚未出现。因此,中国有必要研究和借鉴欧盟等碳市场的运行规律,扩大碳收益,为未来碳期货领域的开辟与发展奠定基础,提高国际碳交易地位。

在国际层面,研究碳价格有助于国际社会更好地发展减排战略。在《京都议定书》和《巴黎协定》生效后,大多国家对于碳排放都给予了积极关注,碳交易所的先后建立也为碳减排提供了有力支持。碳排放交易市场的发展能够倒逼各国及其企业实施节能减排战略。因此,对于碳期货的研究对各国实现减排目标、推动经济低碳转型有重要意义。

1.2 国内外研究状况

由于碳价有非平稳性和非线性等特点,其预测问题已吸引了诸多学者的研究。根据建模流程,研究主要由以下两部分组成:①序列分解重构部分;②序列预测部分。序列预测部分的方法又可以细分为基于传统统计模型的预测②和基于机器学

---

① ZHU B, WEI Y. Carbon price forecasting with a novel hybrid ARIMA and least squares support vector machines methodology [J]. Omega, 2013, 41(3):517-524. FENG Z-H, ZOU L-L, WEI Y-M. Carbon price volatility:Evidence from EU ETS [J]. Applied Energy,2011,88(3):590-598. HUANG Y,HE Z. Carbon price forecasting with optimization prediction method based on unstructured combination [J]. Sci Total Environ,2020,725: 138350.

② 吕靖烨,杜靖南,沙巴,等. 基于 ARIMA 模型的欧盟碳金融市场期货价格预测及启示 [J]. 煤炭经济研究,2019,39(10):23-29. 刘亚贞. 碳排放权交易市场价格机制研究 [D]. 杭州:浙江大学,2012.

习(包括深度学习)方法的预测①。本文聚焦于基于历史数据的预测方法,针对不同的研究方法,下面梳理国内外研究状况。

1.2.1 序列分解重构研究现状

对于原始碳价格序列,特征提取至关重要,比较常见的做法是对原始序列进行分解。Huang 等(1998)②提出了一种名为 EMD(Empirical Mode Decomposition,经验模态分解)的信号分解方法,可以自适应进行数据处理,能够较好地处理非线性和非平稳序列。Zhu(2012)③将这种方法运用到了原始欧盟碳价格序列分解中,Sun 和 Wang(2020)④也用 EMD 方法分解了湖北、北京和深圳的碳价格数据,实验证明,EMD 方法能够充分捕捉数据的局部波动,作为数据预处理方法能够提高预测精度。然而,EMD 容易出现模态混叠问题,即一个 IMF 中包含不同的特征时间尺度,或者是相近的特征时间尺度在相邻的 IMF 中出现,导致相邻的 IMF 出现波形混叠现象,IMF 的波动特征表现能力下降,失去物理意义。此外,EMD 还有端点效应、筛分迭代停止标准等问题,因此有很大的改进空间。

为解决 EMD 方法的模态混叠问题,Wu 和 Huang(2009)⑤提出 EEMD(Ensemble Empirical Mode Decomposition,集成经验模态分解)方法,通过向原始信号数据中添加高斯白噪声抑制模态混叠现象。Wu 和 Liu(2020)⑥将 EEMD 算法应用于湖北碳价序列预测,即利用 EEMD 得到的多个 IMF 序列,并通过 Fine-to-coarse 方法将分解后的子序列重构为高频分量、低频分量和趋势分量,降低了数据的不规则性,提高了预测精度。但是,EEMD 方法需要人为确定集总平均次数 M 和添加的白噪声的幅值,当数值选择不当时,无法克服模态混叠问题。增加集总平均次数可以降低误差,一般在几百次以上,计算成本较大,且结果仍存在残留的白

---

① TSAI M T, KUO Y T. Application of Radial Basis Function Neural Network for Carbon Price Forecasting [J]. Applied Mechanics and Materials,2014,590:683-687.
ZHOU J, CHEN D. Carbon Price Forecasting Based on Improved CEEMDAN and Extreme Learning Machine Optimized by Sparrow Search Algorithm [J]. Sustainability,2021,13(9).

② HUANG N E, SHEN Z, LONG S R, et al. The empirical mode decomposition and the Hilbert spectrum for nonlinear and non-stationary time series analysis [J]. Proceedings of the Royal Society of London Series A: mathematical, physical and engineering sciences,1998,454(1971):903-995.

③ ZHU B. A Novel Multiscale Ensemble Carbon Price Prediction Model Integrating Empirical Mode Decomposition, Genetic Algorithm and Artificial Neural Network [J]. Energies,2012,5(2):355-370.

④ SUN W, WANG Y. Factor analysis and carbon price prediction based on empirical mode decomposition and least squares support vector machine optimized by improved particle swarm optimization [J]. Carbon Management,2020,11(3):315-329.

⑤ WU Z, HUANG N E. Ensemble empirical mode decomposition: a noise-assisted data analysis method [J]. Advances in adaptive data analysis,2009,1(1):1-41.

⑥ WU Q, LIU Z. Forecasting the carbon price sequence in the Hubei emissions exchange using a hybrid model based on ensemble empirical mode decomposition [J]. Energy Science & Engineering,2020,8(8):2708-2721.

噪声。

为了进一步解决上述问题,Torres 等(2011)[1]提出了 CEEMDAN(Complete Ensemble Empirical Mode Eecomposition with Adaptive Noise,自适应噪声完全集成经验模态分解)方法,该方法能够在降低计算成本的同时降低分解的误差,具体表现为 CEEMDAN 在分解次数较小时具有完备性,即分解后的各个分量相加能够获得原信号的性质,这样可以有效降低成本,而 EEMD 在较小的平均次数下完备性较差。

Cao 等(2019)[2]将这种方法运用到预测金融时间序列中,并用 LSTM 方法对得到的所有 IMF 序列进行直接预测,结果证明,相较于其他模型,CEEMDAN-LSTM 方法的表现是最好的。但是 CEEMDAN 方法会将原始序列分解为多个 IMF 分量,大大增加了计算规模,因此寻找适合的方法从而减少建模个数很有必要。

为了避免主观合并的错误,有学者引入了样本熵(Sample Entropy,SE)的概念。样本熵可用于计算时间序列复杂度,从而帮助判断合并情况。Chai 等(2021)[3]利用样本熵对中国试点碳市场序列用 VMD(Variational Mode Decomposition,变分模态分解)方法分解后的序列进行合并,在对比实验中取得了较为满意的预测结果。

1.2.2 预测方法研究现状

1) 基于传统统计方法

这类方法以时间序列分析方法和回归方法为主。其中,时间序列分析方法用于捕捉金融序列的时变波动,且对波动性的研究较多,常用的模型有 ARIMA 和 GARCH 等。Lin 等(2020)[4]使用复杂的长记忆 GARCH-M 模型来预测 WTI 的油价分解出的 IMF 和残差。Byun 等(2013)[5]证明了相较于碳期权价格的隐含波动率模型和 KNN 模型,GARCH 模型对于碳期货的波动性有较好的预测。而回归预测是在分析市场的基础上,建立变量之间的回归方程,并将其用作预测模型。Li 等(2018)[6]结合 GWR 模型、分位数回归和情景分析量化了能源价格对碳排放和碳强

---

[1] TORRES M E, COLOMINAS M A, SCHLOTTHAUER G, et al. A complete ensemble empirical mode decomposition with adaptive noise. proceedings of the 2011 IEEE international conference on acoustics, speech and signal processing(ICASSP),F,2011.

[2] CAO J, LI Z, LI J. Financial time series forecasting model based on CEEMDAN and LSTM [J]. Physica A: Statistical Mechanics and its Applications,2019,519:127-139.

[3] CHAI S, ZHANG Z, ZHANG Z. Carbon price prediction for China's ETS pilots using variational mode decomposition and optimized extreme learning machine. Annals of Operations Research,2021:1-22.

[4] LIN L, JIANG Y, XIAO H, et al. Crude oil price forecasting based on a novel hybrid long memory GARCH-M and wavelet analysis model [J]. Physica A:Statistical Mechanics and its Applications,2020,543.

[5] BYUN S J, CHO H. Forecasting carbon futures volatility using GARCH models with energy volatilities [J]. Energy Economics,2013,40:207-221.

[6] LI W, SUN W, LI G, et al. Transmission mechanism between energy prices and carbon emissions using geographically weighted regression [J]. Energy Policy,2018,115:434-442.

度的传导机制。Qin 等（2018）①用 EEMD 将能源价格时间序列分解，并使用 LLP（Local Linear Prediction）对每个分量进行预测，通过原油、电力和天然气能源价格时序的实证分析证明这种预测方式的有效性。尽管传统统计方法可以捕捉到碳价格随时间变化的波动，建立变量间的关系，但不能准确描述数据的非线性特征②。

2）基于机器学习方法

与传统统计模型相比，对于非线性和不平稳的金融时间序列，机器学习算法的泛化能力更强③。郭蜀航（2020）④对比了多元回归与 BP 神经网络对碳排放交易价格预测误差，发现 BP 神经网络的结果更加准确，仿真和泛化能力更强。作为主流算法，SVM（支持向量机）和 RNN（循环神经网络）被广泛应用于时序预测中。王子辰（2015）⑤设计 ARIMA-LSSVM 模型，克服只能预测碳期货价格线性和非线性其中一方面特征的局限性。结合分解合并序列的思路，Sun 等（2021）⑥用 EEMD 方法将原始碳价格分解，用 LDWPSO 优化的 wLSSVM 分别预测每个序列，最终的预测结果证实了方法的有效性。在 RNN 结构的基础上，LSTM 引入了门控机制，能够对各种输入信息进行有效筛选。Wang 等（2020）⑦通过 CEEMDAN 分解和 SE 重构碳价序列，接着利用 LSTM 方法，通过提取长期和短期的记忆特征，建立预测模型，对比出 LSTM 比 RNN 更有效。Yang 等（2020）⑧则利用 MEEMD 方法分解碳价序列，然后通过 IWOA（鲸鱼优化算法）优化的 LSTM 模型预测碳价格，结果表明改进 LSTM 模型适用于时间序列预测。此外，还有不少学者使用 ELM（极限学习机）方法预测碳价。Zhao 等（2021）⑨则不仅对欧盟期货结算价进行分解，还考虑了能源、金融、商品市场因素、碳价格替代产品和滞后碳价格对碳期货结算的影响，通过两阶段特征选择过程选择最终输入，使用 HP 过滤器用于将输入分解为长期趋势和

---

① QIN Q, XIE K, HE H, et al. An effective and robust decomposition-ensemble energy price forecasting paradigm with local linear prediction [J]. Energy Economics, 2019, 83: 402-414.

② XU H, WANG M, JIANG S, et al. Carbon price forecasting with complex network and extreme learning machine [J]. Physica A: Statistical Mechanics and its Applications, 2020, 545.

③ 冯凯杰. 多重分形原理下基于改进支持向量机的碳期货价格预测研究 [D]. 广州: 华南农业大学, 2018.

④ 郭蜀航. 基于 BP 神经网络的碳排放权交易价格预测 [D]. 武汉: 中南财经政法大学, 2020.

⑤ 王子辰. 基于 ARIMA-LSSVM 模型的碳期货价格的预测研究 [D]. 哈尔滨: 哈尔滨工业大学, 2015.

⑥ SUN W, XU C. Carbon price prediction based on modified wavelet least square support vector machine [J]. Sci Total Environ, 2021, 754: 142052.

⑦ WANG J, SUN X, CHENG Q, et al. An innovative random forest-based nonlinear ensemble paradigm of improved feature extraction and deep learning for carbon price forecasting [J]. Sci Total Environ, 2021, 762: 143099.

⑧ YANG S, CHEN D, LI S, et al. Carbon price forecasting based on modified ensemble empirical mode decomposition and long short-term memory optimized by improved whale optimization algorithm [J]. Sci Total Environ, 2020, 716: 137117.

⑨ ZHAO L T, MIAO J, QU S, et al. A multi-factor integrated model for carbon price forecasting: Market interaction promoting carbon emission reduction [J]. Sci Total Environ, 2021, 796: 149110.

短期波动,用改进的 GM 和 ELM 算法预测。

综上,由于碳价格序列存在非平稳、非线性的特征,不同因素对其产生的作用相互叠加,难以分离。而且序列中可能存在噪声,这与信号数据相似。而在信号的领域中,处理数据的方式之一就是将其分解,以更好地捕获其特征。已有研究证明了分解重构的思想和机器学习的方法在碳价序列预测问题上具有优势。针对 EMD 的模态混叠现象的不足,本文采用减轻模态混叠问题的 CEEMDAN 方法,将原始碳价格数据分解为多个本征模态函数(IMF)分量和残差分量。若直接对所有 IMF 分量和残差分量进行建模,会导致计算规模增大。为了更有效地对碳价进行预测,本文计算各阶 IMF 分量和残差分量样本熵作为序列的复杂度,并根据复杂度对各分量进行重组。但上述研究仅在有限的市场中分别使用了不同的方法,且并未对比 SVM、LSTM 和 ELM 预测情况。本文结合较为成熟的 CEEMDAN 和 SE 方法及多种机器学习模型,并对比不同算法的预测结果。

1.3 研究内容和方法

1.3.1 研究内容

本文以碳价格为研究对象,分解原碳价序列,充分提取序列的信息,并根据子序列的复杂度将分解序列合并,以便预测的输入序列更为规律、冗余更小;然后采用不同预测方法对得到的新序列进行预测,比较不同预测算法的优劣,找到综合情况下最好的碳价序列预测方法。

1.3.2 研究方法

本文将使用分解-重组-预测组合模型对碳价序列进行预测。本文基于在 WIND 数据库网站获得的欧盟碳期货和现货价格数据(每日)及国内碳市场 3 个试点交易市场的碳价格数据(每日)展开研究。

首先,本文采用 CEEMDAN 方法,将原始碳价格数据分解为多个本征模态函数(IMF)分量和残差。为了更有效地对碳价进行预测,本文计算各阶 IMF 分量和残差分量样本熵作为序列的复杂度,并根据复杂度对各分量进行重组。

然后,将重组后的不同序列作为预测模型的输入,本研究使用 SVR、LSTM 和 ELM 算法对重构序列进行预测,比较预测结果的各种评价指标,选取最优预测模型。

2 模型方法概述

2.1 碳价序列分解方法

2.1.1 EMD 方法简介

EMD(Empirical Mode Decomposition,经验模态分解)是由 Huang 等(1998)提出

的一种新的时频分析方法。EMD 方法的基本思想是,假设数据同时具有多种不同的振荡模式,可以根据数据本身的局部特征尺度从数据中提取模式,将其视为 IMF (Intrinsic Mode Function,本征模态函数)。EMD 将原始信号 $x(t)$ 分解为若干 IMFs 和残差,分别记为 $c_i(t)$ 和 $r_n(t)$,即:

$$x(t) = \sum_{i=1}^{n} c_i(t) + r_n(t) \tag{1}$$

其中,IMF 需要满足下述两个条件:

(1)极值点和零点的数目相差不超过 1;

(2)使用插值法得到局部极大值点的包络函数和局部极小值点的包络函数的均值为 0。

为解决 EMD 方法的模态混叠问题,Wu 和 Huang(2009)提出 EEMD(Ensemble Empirical Mode Decomposition,集成经验模态分解)方法,改进思路为:向原始信号数据中添加高斯白噪声,改变信号的极值点特性,然后对得到的新信号分别使用 EMD 得到相应的 IMF,上述步骤重复多次,最后对 IMF 进行总体平均以抵消加入的白噪声,从而达到抑制模态混叠产生的效果。

2.1.2 CEEMDAN 方法

Torres 等(2011)提出了 CEEMDAN(Complete Ensemble Empirical Mode Decomposition with Adaptive Noise,自适应噪声完全集成经验模态分解)方法,不同于 EEMD 方法将分解后得到的模态分量进行总体平均,CEEMDAN 方法每次分解时向上一步的残差中添加 EMD 分解得到的白噪声,而不是将白噪声仅直接添加在原始信号中,从而在减少计算成本的同时降低重构的误差。

CEEMDAN 的具体实现步骤为:

(1)设定每次分解加入 M 次的白噪声,则第 i 次实验的信号数据序列为:

$$x_i(t) = x(t) + \varepsilon_0 \omega_i(t), i = 1, 2, \cdots, M \tag{2}$$

其中,$x(t)$ 为原始信号数据,ε_0 为信噪比,$\omega_i(t)$ 为第 i 次向 $x(t)$ 添加的服从 $N(0, 1)$ 的白噪声。

(2)通过 EMD 方法将 $x_i(t)(i=1,2,\cdots,M)$ 分解,将 M 组结果其第一个分量平均得到 CEEMDAN 方法的第 1 个 IMF 分量,记作 $\overline{IMF}_1$:

$$\overline{IMF}_1 = \frac{1}{M} \sum_{i=1}^{M} IMF_1^i, i = 1, 2, \cdots, M \tag{3}$$

则残余序列为:

$$r_1(t) = x(t) - \overline{IMF}_1 \tag{4}$$

(3)设 $E_k(\cdot)$ 表示通过 EMD 分解得到的第 k 个分量,分解重构序列 $r_1(t) + \varepsilon_1 E_1(\omega_i(t))$ 并集总平均得到第 2 个 IMF 分量,记作 $\overline{IMF}_2$:

$$\overline{IMF}_2 = \frac{1}{M}\sum_{i=1}^{M} E_1[r_1(t)+\varepsilon_1 E_1(\omega_i(t))], i=1,2,\cdots,M \qquad (5)$$

残余序列为：

$$r_2(t) = x(t) - \overline{IMF}_2 \qquad (6)$$

(4) 第 k 个残余序列为：

$$r_k(t) = r_{k-1}(t) - \overline{IMF}_k, k=2,\cdots,K \qquad (7)$$

则通过 CEEMDAN 方法得到的第 $k+1$ 个 IMF 分量 $\overline{IMF}_{k+1}$ 为：

$$\overline{IMF}_{k+1} = \frac{1}{M}\sum_{i=1}^{M} E_1[r_k(t)+\varepsilon_k E_k(\omega_i(t))], i=1,2,\cdots,M \qquad (8)$$

(5) 重复步骤(4)，直到残余序列满足 EMD 方法的停止条件。

此时，CEEMDAN 将原始信号 $x(t)$ 分解为若干 IMFs 和残差，记作：

$$x(t) = \sum_{k=1}^{K}\overline{IMF}_k + r_K(t) \qquad (9)$$

其中，K 为分解得到的 IMF 的个数。

2.2 样本熵及相关理论

2.2.1 熵的发展与近似熵

Clausius 最初使用熵(Entropy)来定量地描述热力学第二定律，即热现象中不可逆过程进行的限度与方向。Boltzmann 在研究气体分子的运动过程中，对熵的物理实质作出微观解释，将熵看成系统分子热运动无序性和混乱程度的量度[①]。后来 Shannon 又提出了无量纲的信息熵，用于衡量随机事件的不确定程度。熵被用来测量序列的随机性，不是特定序列 $\{x_1,x_2,\cdots,x_n\}$ 的函数，而是概率分布 $\{p_1,p_2,\cdots,p_n\}$ 的函数[②]。信息熵越小，意味着系统中某事件发生的可能性越大，即系统越稳定；反之，信息熵越大，意味着系统不确定性越大。随后，信息熵得到不断拓展和发展，衍生出 K-S 熵、奇艺谱熵和小波能量熵等；熵的应用也不断拓展，从热力学到物理学、信息论，在时间序列分析上也有应用，如用近似熵、样本熵和模糊熵来量化时间序列的复杂性。

近似熵(Approximate Entropy，简记为 ApEn)[③]是由 Pincus 在 1991 年从复杂性的角度提出的一种反映时间序列中产生新模式概率的度量方式，产生新模式概率越大，说明序列复杂度越大，ApEn 也就越大。相较于 K-S 熵，ApEn 可以从较短的

---

① 薛凤家. 熵概念的建立和发展[J]. 廊坊师范学院学报,2003(4):98-102.

② DELGADO-BONAL A, MARSHAK A. Approximate Entropy and Sample Entropy: A Comprehensive Tutorial [J]. Entropy,2019,21(6):541.

③ PINCUS S M. Approximate entropy as a measure of system complexity [J]. Proceedings of the National Academy of Sciences,1991,88(6):2297-2301.

数据中得到比较稳健的估计值,抗噪能力更强,对确定性过程和随机过程都有效。设长度为 N 的时间序列为 $u(1),u(2),\cdots,u(N)$,预先给定相似度阈值 r 和嵌入维数 m,近似熵的值可以表示为 $ApEn(m,r,N) \approx ApEn(m,r)$。

2.2.2 样本熵理论

作为近似熵的改进,样本熵(Sample Entropy,简记为 SampEn)①是 Richman 等于 2000 年提出的新的时间序列复杂度衡量方法。SampEn 与 ApEn 计算方法类似,但是不包含与自身数据段的比较,精度更高。

SampEn 的具体算法如下:

(1)设长度为 N 的时间序列为 $u(1),u(2),\cdots,u(N)$,预先规定相似度阈值 r($r>0$)和嵌入维数 m($m \leqslant N-2$)。

(2)将原时间序列按顺序重构为 m 维矢量,可以得到 $N-m+1$ 个子序列:

$$x(i) = [u(i),u(i+1),\cdots,u(i+m-1)], i=1,2,\cdots,N-m+1 \quad (10)$$

(3)定义 $x(i)$ 与 $x(j)$ 之间的距离 $d_m[x(i),x(j)]$ 为两者元素间直接差值最大的距离,即:

$$d_m[x(i),x(j)] = \max_{k=1,2,\cdots,m} |x(i+k-1)-x(j+k-1)| \quad (11)$$

对于每一个 i 都计算对应的 $d_m[x(i),x(j)]$,$j=1,2,\cdots,N-m+1$,且 $j \neq i$。

(4)根据相似度阈值 r,统计每一个 i 值对应 $d_m[x(i),x(j)]<r$ 的数目,并计算对应的 $B_i^m(r)$:

$$B_i^m(r) = \frac{1}{N-m} \text{num}\{d_m[x(i),x(j)]<r\}, i=1,2,\cdots,N-m+1 \quad (12)$$

(5)计算 $B_i^m(r)$ 的平均值,记作 $B^m(r)$:

$$B^m(r) = \frac{1}{N-m+1} \sum_{i=1}^{N-m+1} B_i^m(r) \quad (13)$$

(6)重复步骤(2)至(5),计算 $B_i^{m+1}(r)$ 和 $B^{m+1}(r)$。

(7)理论上此序列的 $SampEn$ 为:

$$SampEn(m,r) = \lim_{N \to \infty} \{-\ln \frac{B^{m+1}(r)}{B^m(r)}\} \quad (14)$$

但实际中 N 不可能趋近于 ∞,因此可以近似为:

$$SampEn(m,r,N) = -\ln \frac{B^{m+1}(r)}{B^m(r)} \quad (15)$$

$SampEn(m,r,N)$ 的结果与 m,r 的选取有关,m 和 r 太小将导致许多实际上相似情况无法匹配,太大又会使其失去辨别能力,标准做法是将 r 设置为数据标准差

---

① RICHMAN J S, MOORMAN J R. Physiological time-series analysis using approximate entropy and sample entropy [J]. American Journal of Physiology-Heart and Circulatory Physiology, 2000.

的倍数①,一般情况下 $m=1$ 或 $2,r=0.1\sim0.25\mathrm{Std}$,其中 Std 为原始时间序列的标准差。

2.3 支持向量回归

2.3.1 支持向量简介

支持向量机(Support Vector Machine,SVM)的最初提出是为了找到线性可分空间中的最优分类面,解决分类问题。其理论基础是统计学习理论的 VC 维和结构风险最小理论。经过不断发展,正则项和核技巧的引入,使 SVM 在近似线性可分和线性可分情况下也能够适用,泛化能力增强。后来 SVM 被推广到回归和密度估计领域,出现了支持向量回归算法(Support Vector Regression,SVR)。Cortes 与 Vapnik(1995)正式提出线性支持向量机②。Boser,Guyon 与 Vapnik(1992)引入核技巧,提出非线性支持向量机③。Drucker 等(1996)将其扩展到支持向量回归④。本文将首先介绍线性支持向量回归,然后引入核函数介绍本文使用的非线性支持向量回归。

2.3.2 支持向量回归

支持向量回归算法有效解决了时间序列回归和函数拟合等问题。常用的支持向量回归有 ε-支持向量回归、v-支持向量回归和最小二乘支持向量回归等。线性支持向量回归与线性支持向量分类的思路类似。本文下述先介绍线性 ε-支持向量回归模型理论,在此基础上介绍对应非线性的理论。

Vapnik 提出了 ε-不敏感损失函数:

$$L_\varepsilon(f(x),y) = \begin{cases} 0, |f(x)-y|<\varepsilon, \\ |f(x)-y|-\varepsilon, 其他 \end{cases} \tag{16}$$

其中,ε 为不敏感系数,用于控制拟合精度。

引入松弛变量 ξ_i 和 ξ_i^*,则优化问题变为:

$$\begin{aligned} &\min_{\omega,b,\xi_i,\xi_i^*} \frac{1}{2}\|\omega\|^2 + C\sum_{i=1}^m(\xi_i+\xi_i^*) \\ &\text{s.t. } f(x_i)-y_i \leq \varepsilon+\xi_i, y_i-f(x_i) \leq \varepsilon+\xi_i^* \\ &\xi_i \geq 0, \xi_i^* \geq 0, i=1,2,\cdots,m \end{aligned} \tag{17}$$

引入拉格朗日乘子 $\mu_i \geq 0, \mu_i^* \geq 0, \alpha_i \geq 0, \alpha_i^* \geq 0$,有:

---

① RICHMAN J S, LAKE D E, MOORMAN J R. Sample entropy [M]. Methods in enzymology. Elsevier. 2004: 172-184.

② CORTES C, VAPNIK V. Support-vector networks [J]. Machine learning, 1995, 20(3): 273-297.

③ BOSER B E, GUYON I M, VAPNIK V N. A training algorithm for optimal margin classifiers. proceedings of the Proceedings of the fifth annual workshop on Computational learning theory, F, 1992.

④ DRUCKER H, BURGES C J, KAUFMAN L, et al. Support vector regression machines [J]. Advances in neural information processing systems, 1996, 9.

$$L(\omega,b,\alpha,\alpha^*,\xi,\xi^*,\mu,\mu^*) = \frac{1}{2}\|\omega\|^2 + C\sum_{i=1}^{m}(\xi_i+\xi_i^*) - \sum_{i=1}^{m}\mu_i\xi_i$$
$$- \sum_{i=1}^{m}\mu_i^*\xi_i^* + \sum_{i=1}^{m}\alpha_i(f(x_i)-y_i-\varepsilon-\xi_i)$$
$$+ \sum_{i=1}^{m}\alpha_i^*(y_i-f(x_i)-\varepsilon-\xi_i^*) \tag{18}$$

令 L 对 ω,b,ξ 和 ξ^* 的偏导为 0,即:

$$\begin{cases} \frac{\partial L}{\partial \alpha} = w - \sum_{i=1}^{m}(\alpha_i^*-\alpha_i)x_i = 0 & \Rightarrow w = \sum_{i=1}^{m}(\alpha_i^*-\alpha_i)x_i \\ \frac{\partial L}{\partial b} = \sum_{i=1}^{m}(\alpha_i-\alpha_i^*) = 0 & \Rightarrow \sum_{i=1}^{m}(\alpha_i-\alpha_i^*) = 0 \\ \frac{\partial L}{\partial \xi_i} = C-\alpha_i-\mu_i = 0 & \Rightarrow C = \alpha_i+\mu_i \\ \frac{\partial L}{\partial \xi_i^*} = C-\alpha_i^*-\mu_i^* = 0 & \Rightarrow C = \alpha_i^*+\mu_i^* \end{cases} \tag{19}$$

将式(19)代入式(18),得到对偶优化问题:

$$\min \frac{1}{2}\sum_{i,j}^{m}(\alpha_i-\alpha_i^*)(\alpha_j-\alpha_j^*)x_i,x_j + \sum_{i=1}^{m}\varepsilon(\alpha_i+\alpha_i^*) - y_i\sum_{i=1}^{m}(\alpha_i^*-\alpha_i)$$

$$\text{s.t.} \begin{cases} \sum_{i=1}^{m}(\alpha_i-\alpha_i^*) = 0 \\ \alpha_i,\alpha_i^* \in [0,C] \end{cases} \tag{20}$$

根据 KKT 条件,有:

$$\begin{cases} \alpha_i(f(x_i)-y_i-\varepsilon-\xi_i) = 0, \\ \alpha_i^*(y_i-f(x_i)-\varepsilon-\xi_i^*) = 0, \\ \alpha_i\alpha_i^* = 0, \quad \xi_i\xi_i^* = 0, \\ (C-\alpha_i)\xi_i = 0, \quad (C-\alpha_i^*)\xi_i^* = 0 \end{cases} \tag{21}$$

因此可以得到:

$$f(x) = \sum_{i=1}^{m}(\alpha_i-\alpha_i^*)(x_i,x) + b \tag{22}$$

线性支持向量机是通过核函数拓展到非线性支持向量机的。核函数的基本思想为,通过某个非线性函数 $\varphi(x)$ 的映射,将输入数据映射到高维空间中。选择不同核函数通常结果会有一定的差别。目前最常用的核函数有以下三种:

(1)多项式核:

$$K(x,y) = (x^T y+1)^d \tag{23}$$

(2)高斯径向基函数(Rbf)核：

$$K(x,y) = e^{-\frac{\|x-y\|^2}{\sigma^2}} \tag{24}$$

(3)Tanh 核：

$$K(x,y) = \tanh(\beta x^T y + b), \text{其中 } \tanh(x) = \frac{e^x - e^{-x}}{e^x + e^{-x}} \tag{25}$$

假设非线性支持向量机模型为：

$$f(x,\omega) = \omega \cdot \varphi(x) + b \tag{26}$$

则上述最优化问题变为：

$$\min \frac{1}{2}\sum_{i,j}^{m}(\alpha_i - \alpha_i^*)(\alpha_j - \alpha_j^*)\{\varphi(x_i),\varphi(x_j)\} + \sum_{i=1}^{m}\varepsilon(\alpha_i + \alpha_i^*) - y_i\sum_{i=1}^{m}(\alpha_i^* - \alpha_i)$$

$$\text{s.t.} \begin{cases} \sum_{i=1}^{m}(\alpha_i - \alpha_i^*) = 0 \\ \alpha_i, \alpha_i^* \in [0, C] \end{cases} \tag{27}$$

最终得到：

$$\omega = \sum_{i=1}^{m}(\alpha_i^* - \alpha_i)\varphi(x_i) \tag{28}$$

此时，$\varphi(x_i)$仍未知，根据核函数技巧，避免非线性映射，设核函数$k(x,x')$为：

$$k(x,x') = \{\varphi(x),\varphi(x')\} \tag{29}$$

因此：

$$f(x) = \sum_{i=1}^{m}(\alpha_i - \alpha_i^*)k(x_i,x) + b \tag{30}$$

2.4 深度学习理论

传统 BP(Back Propagation)神经网络具有多层网格结构，由输入层、若干隐藏层和输出层组成，每层的节点相互独立，各层以全连接的方式连接。BP 神经网络的学习包括正向传播和反向传播两个过程：在正向传播中，数据从输入层进入隐藏层，经过加权求和及激活函数的变换后进入下一层，直到作用到输出层得到运算结果。在反向传播中，误差从后向前传播，并利用梯度下降法对各层节点的权重和偏置项进行更新。上述过程不断重复，直至神经网络的输出与预期效果接近为止。

2.4.1 循环神经网络

循环神经网络(Recurrent Neural Network, RNN)[1]是具有短期记忆的神经网络。与传统 BP 神经网络相比，RNN 可以同时接受输入和上一步的输出，返回结果并传给下一步，这种考虑先前状态的特性，使其能够很好地处理序列型数据，如自然语言和时间序列等。RNN 有多种结构，如图所示。

---

[1] ELMAN J L. Finding structure in time [J]. Cognitive science, 1990, 14(2):179-211.

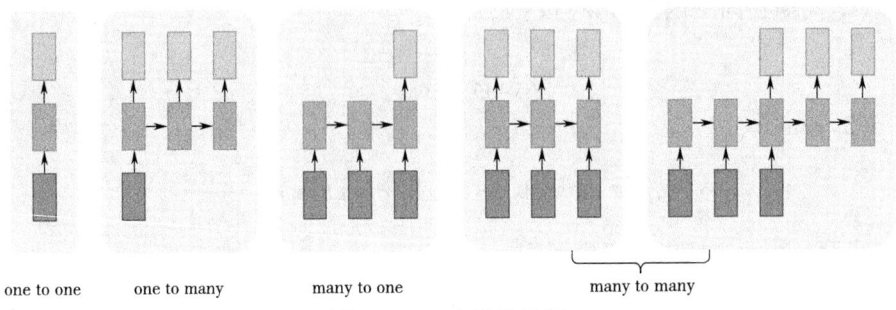

图 1 RNN 多种结构图

下面以输入和输出为多对多为例,简述 RNN 的拓扑结构和原理。

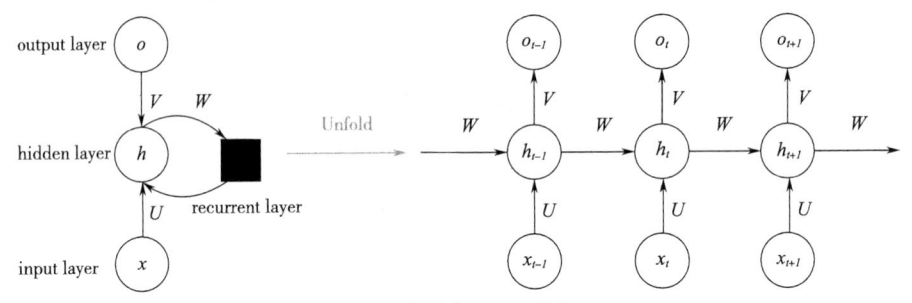

图 2 多对多 RNN 结构

如图 2 所示,x_{t-1}, x_t, x_{t+1} 表示输入数据,o_{t-1}, o_t, o_{t+1} 表示输出数据,h_{t-1}, h_t, h_{t+1} 表示隐藏层状态,RNN 的特点之一是每一层的参数(U, V, W)都是共享的。RNN 前向传播计算公式如下:

$$h_t = f(Ux_t + Wh_{t-1} + b)$$
$$o_t = g(Vh_t + c) \tag{31}$$

其中,f 和 g 为激活函数,b 和 c 为偏置项。通过上述公式可知,当前隐藏层 h_t 除了受到当前输入 x_t 影响,还与前一隐藏层 h_{t-1} 有关。

然而 RNN 存在着一定的局限性,在反向传播更新权重时,随着 t 增加,累乘会导致梯度消失或梯度爆炸问题。如果梯度消失,网络会遗忘长时间的信息,只能学习到短期的依赖关系;而如果梯度爆炸,会导致网络无法从训练数据中学习。这也被称作长期依赖问题。

2.4.2 长短期记忆神经网络

为了解决 RNN 因长期依赖而产生的梯度消失和梯度爆炸的问题,引入门控单元机制控制信息的积累速度,包括有选择地加入新信息和遗忘之前累积的信息。基于门控的循环神经网络之一是长短期记忆神经网络(Long Short-Term

Memory)①。LSTM 的门控机制包括三个门,分别是输入门 i、遗忘门 f 和输出门 o,还引入了记忆单元 c。LSTM 的循环单元结构如图 3 所示。

LSTM 单元的计算方式为:首先根据当前时刻输入 x_t 和上一时刻的 h_{t-1} 计算出三个门 i_t、f_t 和 o_t,和候选状态 $\tilde{c}_t$,然后根据当前时刻的遗忘门 f_t、输入门 i_t 和上一时刻的内部状态更新这一时刻的内部状态 c_t,最后结合输出门 o_t 和内部状态 c_t 计算外部状态 h_t。其中,$\sigma(\cdot)$ 为 sigmoid 函数。三个门的计算方法为:

$$i_t = \sigma(W_i x_t + U_i h_{t-1} + b_i)$$
$$f_t = \sigma(W_f x_t + U_f h_{t-1} + b_f)$$
$$o_t = \sigma(W_o x_t + U_o h_{t-1} + b_o) \tag{32}$$

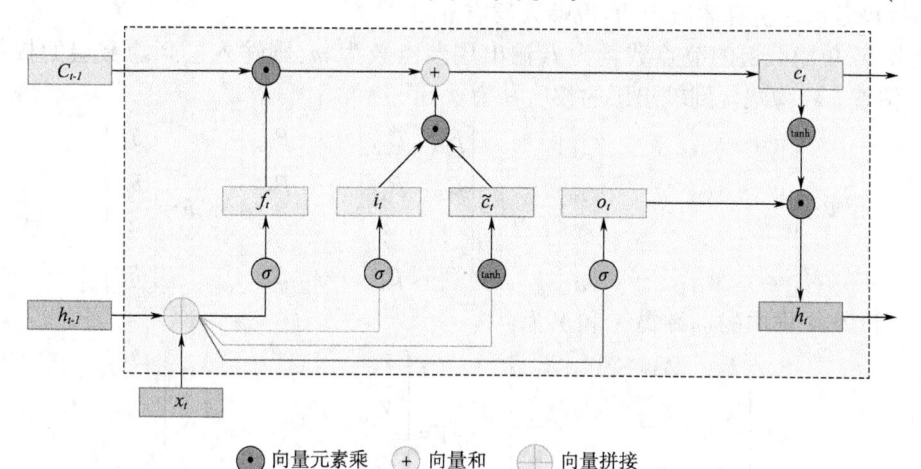

图 3 LSTM 循环单元结构

候选状态 $\tilde{c}_t$、内部状态 c_t 和外部状态 h_t 通过下面的公式计算:

$$\tilde{c}_t = \tanh(W_c x_t + U_c h_{t-1} + b_c)$$
$$c_t = f_t \odot c_{t-1} + i_t \odot \tilde{c}_t$$
$$h_t = o_t \odot \tanh(c_t) \tag{33}$$

在 RNN 中,隐状态 h 在每个时刻都会被重写,因此是短期记忆;但在 LSTM 中,记忆单元 c 的出现可以使得历史信息不容易被清除。而且加法更新策略使得梯度传递得更加恰当,门控机制可以决定遗忘梯度的多少,这两点共同使得 LSTM 可以减缓梯度消失的现象。

---

① HOCHREITER S,SCHMIDHUBER J. Long short-term memory [J]. Neural computation,1997,9(8):1735-1780.

2.5 极限学习机

极限学习机(Extreme Learning Machine,ELM)是 Huang 等于 2006 年提出的单隐藏层前馈神经网络[①]。该算法不再通过梯度下降方法多次迭代求权值,而是根据在输入层和隐含层随机生成的权值矩阵和输出矩阵,求出隐藏层和输出层的权值,随机设置输入权重和阈值会大大加快学习速度。其网络拓扑结构如图 4 所示。

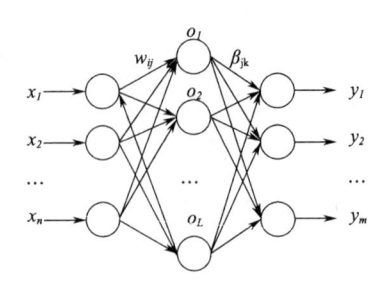

图 4 ELM 网络结构

极限学习机具体原理为:设输入层有 n 个节点,单隐藏层的节点数量为 l,输出层节点数为 m,则输入层到隐藏层的权值 W、偏置 b 和隐藏层到输出层的权值 β 为:

$$W = \begin{bmatrix} w_{11} & w_{12} & \cdots & w_{1n} \\ w_{21} & w_{22} & \cdots & w_{2n} \\ \vdots & \vdots & & \vdots \\ w_{l1} & w_{l2} & \cdots & w_{ln} \end{bmatrix}_{l \times n}, \beta = \begin{bmatrix} \beta_{11} & \beta_{12} & \cdots & \beta_{1m} \\ \beta_{21} & \beta_{22} & \cdots & \beta_{2m} \\ \vdots & \vdots & & \vdots \\ \beta_{l1} & \beta_{l2} & \cdots & \beta_{lm} \end{bmatrix}_{l \times m}, b = \begin{bmatrix} b_1 \\ b_2 \\ \vdots \\ b_l \end{bmatrix}_{l \times 1}$$

设 Q 个样本的训练集 X 和 Y 为:

$$X = \begin{bmatrix} X_{11} & X_{12} & \cdots & X_{1Q} \\ X_{21} & X_{22} & \cdots & X_{2Q} \\ \vdots & \vdots & & \vdots \\ X_{n1} & X_{n2} & \cdots & X_{nQ} \end{bmatrix}_{n \times Q}, Y = \begin{bmatrix} Y_{11} & Y_{12} & \cdots & Y_{1Q} \\ Y_{21} & Y_{22} & \cdots & Y_{2Q} \\ \vdots & \vdots & & \vdots \\ Y_{m1} & Y_{m2} & \cdots & Y_{mQ} \end{bmatrix}_{m \times Q}$$

设隐藏层的激活函数为 $g(\cdot)$ 网络的网络输出 T 可以表示为:

$$T = [t_1, t_2, \cdots, t_Q]_{m \times Q}$$

$$t_j = \begin{bmatrix} t_{1j} \\ t_{2j} \\ \vdots \\ t_{mj} \end{bmatrix}_{m \times 1} = \begin{bmatrix} \sum_{i=1}^{l} \beta_{i1} g(w_i x_j + b_i) \\ \sum_{i=1}^{l} \beta_{i2} g(w_i x_j + b_i) \\ \vdots \\ \sum_{i=1}^{l} \beta_{im} g(w_i x_j + b_i) \end{bmatrix}_{m \times 1}, (j = 1, 2, \cdots, Q) \quad (34)$$

其中,$w_i = [w_{i1}, w_{i2}, \cdots, w_{in}]$,$x_j = [x_{1j}, x_{2j}, \cdots, x_{nj}]^T$。此时输出 T 可以简记为:

$$H\beta = T' \quad (35)$$

[①] HUANG G-B, ZHU Q-Y, SIEW C-K. Extreme learning machine: theory and applications [J]. Neurocomputing, 2006, 70(1-3): 489-501.

Huang 曾在前人理论上提出了两个重要定理：

(1)对于有 N 个隐藏层神经元的单隐层前馈神经网络，和一组训练样本集 $\{x_j,t_j\}_{j=1}^{N}, x_j \in R^n, t_j \in R^m$，若给定一个任意区间无限可微的激活函数 $g(\cdot):R \to R$，对于任意连续概率分布中随机生成的 $w_i \in R^n$ 和 $b_i \in R$，则隐藏层输出矩阵 H 以概率一可逆，且 $\|H\beta-T'\|=0$ 以概率一成立。

(2)对于有 $L(L \leq N)$ 个隐藏层神经元的单隐层前馈神经网络，和一组训练样本集 $\{x_j,t_j\}_{j=1}^{N}, x_j \in R^n, t_j \in R^m$，给定任意 $\varepsilon>0$ 和一个任意区间无限可微的激活函数 $g(\cdot):R \to R$，任意连续概率分布中随机生成的 $w_i \in R^n$ 和 $b_i \in R$，则隐藏层输出矩阵 H 可逆且 $\|H_{N \times L}\beta_{L \times m}-T'\|<\varepsilon$。

由定理(1)可知，若隐藏层节点数量 L 与样本个数 Q 相等，则有：

$$\sum_{j=1}^{Q} \|t_j - y_j\| = 0 \tag{36}$$

即零误差逼近训练样本，而通常情况时 Q 较大，且 L 远小于 Q，此时由定理(2)有：

$$\sum_{j=1}^{Q} \|t_j - y_j\| < \varepsilon \tag{37}$$

所以，当激活函数 $g(\cdot)$ 无限可微时，可以在任意连续概率分布中随机生成的 $w_i \in R^n$ 和 $b_i \in R$，通过最小二乘求解隐藏层到输出层的权值 β：

$$\min_{\beta} \|H\beta - T'\| \tag{38}$$

解得：

$$\hat{\beta} = H^+ T' \tag{39}$$

其中，H^+ 为 H 的 Moore-Penrose 增广逆。

因此，给定训练样本集 $\{x_j,t_j\}$（$1 \leq j \leq n$）、隐藏层节点数 L 和激活函数 $g(x)$，极限学习机的学习算法可以概括如下：

(1)初始化，随机生成输入层到隐藏层的权值 W 和阈值 b；
(2)计算隐藏层的输出矩阵 H；
(3)计算输出层的权值向量 β。

3 数据预处理及模型构建

3.1 实验数据收集

本文选取的数据主要来源于 WIND 数据库。欧盟市场中，EUETS 交易体系将碳排放权的交易划分为四个阶段，分别是 2005 年至 2007 年试运行的第一阶段、2008 年至 2012 年配额排放上限降低的第二阶段、2013 年至 2020 年总量控制的第三阶段和 2021 年至 2030 年目前的第四阶段。本文选取 2013 年至 2020 年较稳定的第三阶段的每日期货结算价(连续)数据作为研究对象,直接去除所有缺失值,样本量共计2 064。中国市场中,本文选用自开市以来,北京、湖北和重庆碳排放权的每日成交均价,直接去除所有缺失值,样本量分别为1 189、1 769和690个。选取这三个市场的原因是,北京碳市场的年平均成交价最高[①],价格波动性最大。根据湖北碳排放权交易中心的数据,湖北市场的碳交易量和碳交易额均处于全国市场的领先地位。此外多增加重庆碳市场数据测试组合算法的鲁棒性。

3.2 标准化处理

为了加快模型的梯度下降求解的收敛速度,提高建模效率,在数据的预处理中需要对其进行标准化处理。本文介绍两种常见的标准化方法:Min-Max 标准化和 Z-score 标准化。

3.2.1 Min-Max 标准化

Min-Max 标准化也称为离差标准化,可以将数据缩放至指定区间,其公式为:

$$X_{std}=\frac{X-X_{min}}{X_{max}-X_{min}} \tag{40}$$

其中,X_{max} 为数据最大值,X_{min} 为数据最小值,经过 Min-Max 标准化后,原数据被映射到区间 [0,1] 中。

3.2.2 Z-score 标准化

最常见的标准化方法是 Z-score 标准化,该方法将数据缩放为均值为 0、方差为 1 的分布形式,其公式为:

$$X_{std}=\frac{X-\overline{X}}{S} \tag{41}$$

其中,S 为数据的标准差。变量经标准化处理后,每个新值体现了原值在序列中的相对位置,其标准为标准差的倍数。

经实验,本文选取 Z-score 标准化作为标准化处理数据的方式。具体做法为,先计算训练集中的均值和标准差,然后根据上述公式计算得到训练集和测试集的标准化后数据。训练模型和预测时都使用标准化后的数据,预测数据根据公式进行反标准化得到预测结果。

3.3 预测模型构建

图 5 展示了组合模型的预测流程,主要由以下四部分组成:

(1)在数据处理部分,首先使用 CEEMDAN 方法对欧盟碳期货价格和国内三个市场的碳价格进行分解,分别得到若干 IMF 序列和残差序列;

---

① 王科,李思阳. 中国碳市场回顾与展望(2022)[J]. 北京理工大学学报(社会科学版),2022,24(2):33-42.

(2) 然后对于不同市场，分别计算 IMF 序列和残差序列的样本熵的值，根据复杂度相似情况进行合并重组；

(3) 对于各个重组序列使用 SVR、LSTM 和 ELM 算法进行预测，将重组序列的预测值相加得到最终的预测值；

(4) 使用三种模型评价指标对模型效果进行评估。

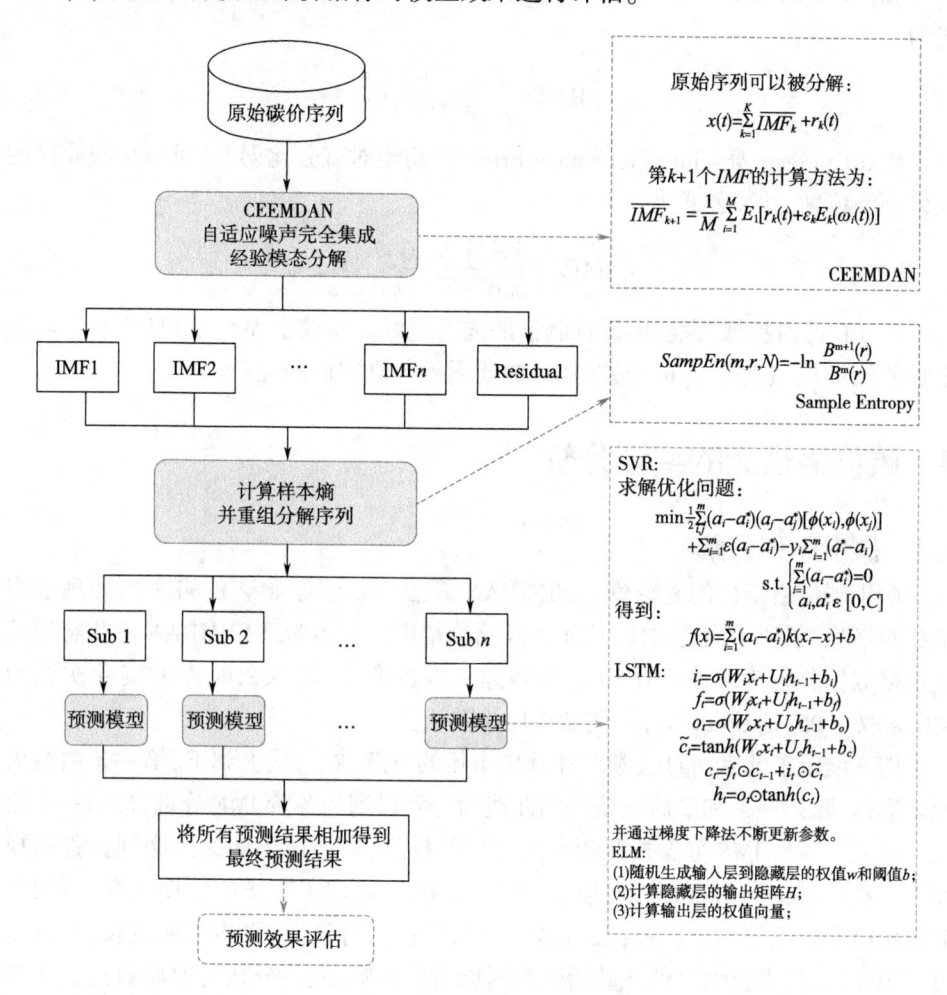

图 5　分解重组预测流程

3.4　模型评价指标

为了评价不同模型对数据集的效果，需要一些指标评测模型预测结果与实际观测数据在结果上的一致性。本文采用 RMSE、MAE 和 MAPE 作为模型的调参依据和最终的评价指标，设 y_i 为时间序列数据的真实值，$\hat{y}_i$ 为预测值，$i=1,2,\cdots,N$，详细评价指标说明如下：

RMSE（Root Mean Squared Error，均方根误差）可以反映模型预测的整体稳定性，计算公式为：

$$RMSE = \sqrt{\frac{1}{N}\sum_{i=1}^{N}(y_i - \hat{y_i})^2} \qquad (42)$$

MAE（Mean Absolute Error，平均绝对误差）可以反映模型的预测精度，计算公式为：

$$MAE = \frac{1}{N}\sum_{i=1}^{N}|y_i - \hat{y_i}| \qquad (43)$$

MAPE（Mean Absolute Percentage Error，平均绝对百分比误差）可以反映模型的整体预测精度，计算公式为：

$$MAPE = \frac{100\%}{N}\sum_{i=1}^{N}|\frac{\hat{y_i} - y_i}{y_i}| \qquad (44)$$

MAPE 的值越低，说明模型预测值的能力越好。相较于 MAE，MAPE 不但取决于预测值 $\hat{y_i}$ 与真实值 y_i 的误差，还取决于误差与真实值的比例。

4 碳价格预测的实证分析

4.1 碳价序列分解

由于碳价格特征的复杂性，CEEMDAN 算法可以将原始碳价格序列处理成多个相对平稳、频率不同的 IMF，从而提高预测精度。具体为，CEEMDAN 算法将原始碳价格数据分解为多个 IMF 分量和残差。根据实验，加入白噪声的实验次数为 300，ε 取 0.05，则 $\beta = \varepsilon \cdot \sigma$，其他参数均为默认值。

图 6 展示了北京、重庆、湖北和欧盟市场的分解结果，从上到下，第一条曲线为原始数据，除第一条和最后一条外的曲线为分解得到的各阶 IMF 分量，最后一条曲线为残差。各阶 IMF 分量按照频率由高到低排列，均展现出比原始序列更强的规律性。高频 IMF 分量振幅相对较小，平均周期短，体现了市场的短期失衡，可能与能源价格和天气等因素有关；低频 IMF 分量振幅相对较大，平均周期更长，甚至超过了 100 天，代表重大事件或政治因素对碳价的影响；残差分量与原始数据大体趋势一致，反映了市场的长期趋势信息。

4.2 分解序列重组

若直接对所有 IMF 分量和残差分量进行建模，会导致计算规模增大。为了更有效地对碳价进行预测，本文计算各阶 IMF 分量和残差分量样本熵作为序列的复杂度；以北京数据为例，确定 $r = 0.2\text{Std}$，取 m 为 1 至 4，可以绘制出不同的 IMF 样本熵值曲线，如图 7 所示。

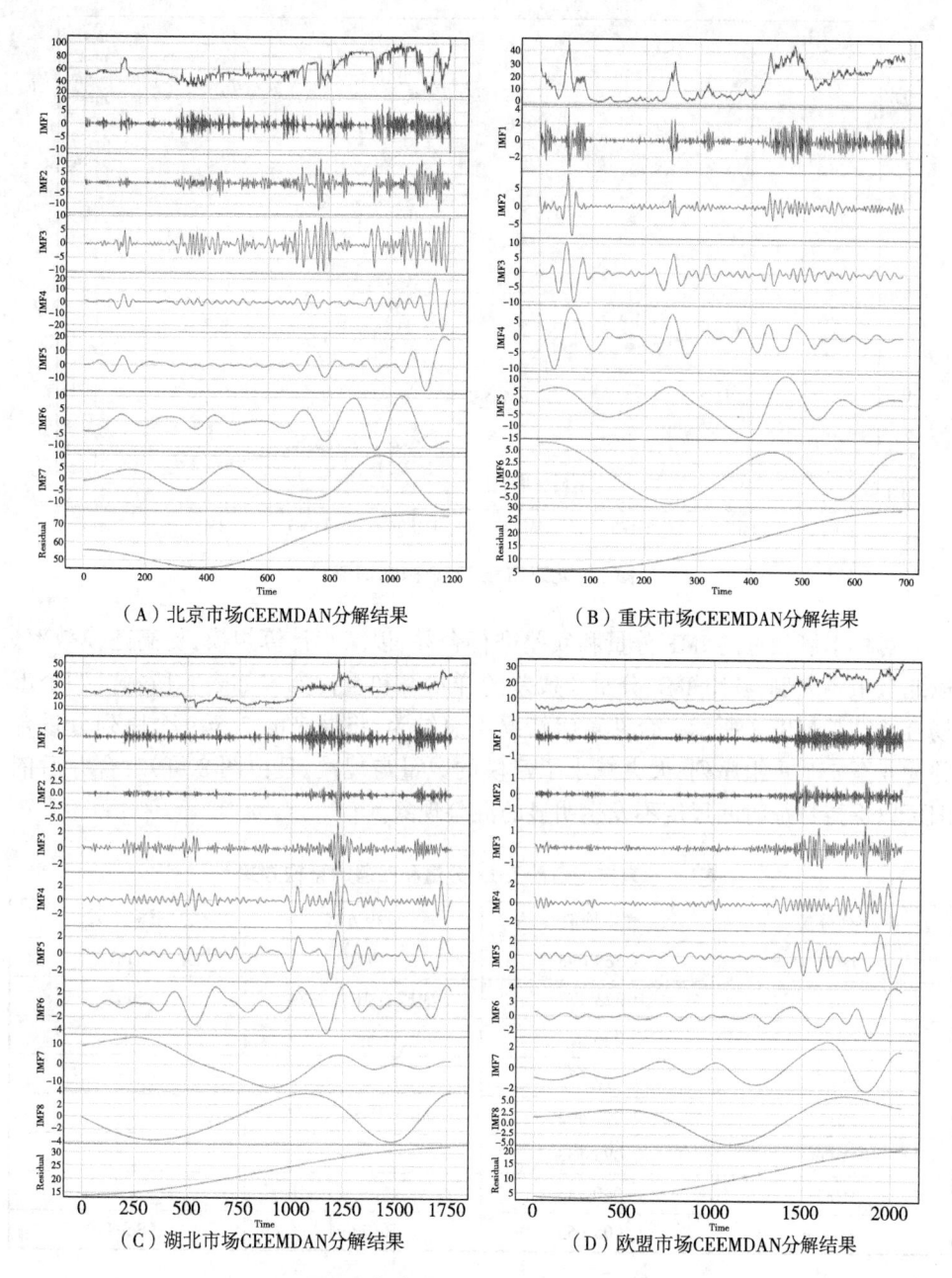

(A) 北京市场CEEMDAN分解结果　　　(B) 重庆市场CEEMDAN分解结果

(C) 湖北市场CEEMDAN分解结果　　　(D) 欧盟市场CEEMDAN分解结果

图 6　各市场 CEEMDAN 分解结果

由图 7 可知, 不同 m 值不会影响高阶 IMF 样本熵值下降的趋势, 即从高频 IMF 分量到低频 IMF 分量序列复杂度变小。当 $m=2, r=0.2\text{Std}$ 时, 能够较好地区分和合并数据分量, 因此本文按照上述参数对分解序列进行重构。

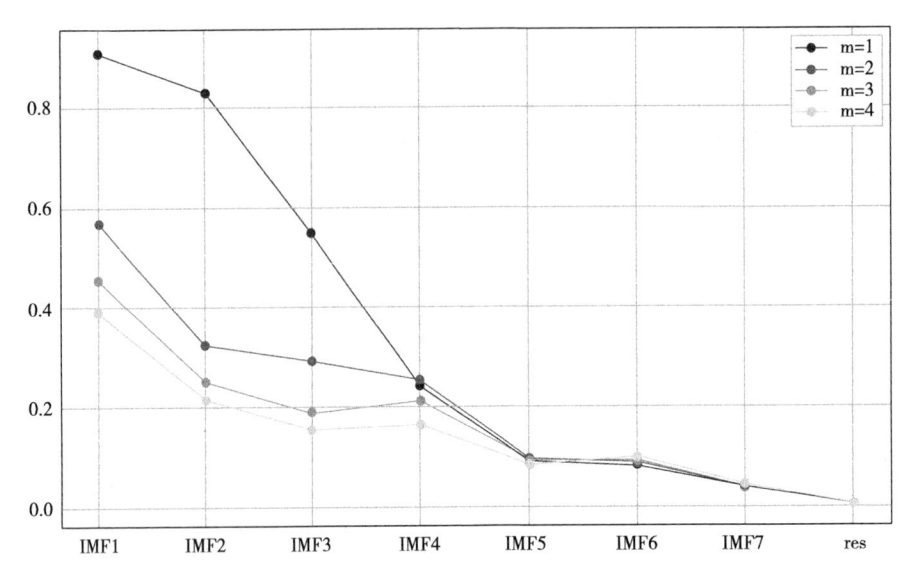

图 7 北京市场 IMF 样本熵值

对样本熵相近的 IMF 分量和残差进行合并,以减小计算规模,提高建模效率。以北京市场为例,各阶 IMF 分量和残差的样本熵和重构方式如表 1 所示。四个市场合并结果如图 8 所示。合并重组情况可总结为,将原来的 7 至 9 个序列分量合并为 4 至 5 个重组序列,大大减小了建模的数量与规模,且由图 8 可知,合并后依旧可以保持特征时间尺度不发生明显的混叠现象。

表 1 北京市场各阶 IMF 分量和残差的重构方式

序列分量	样本熵值	重构方式	重构结果
IMF1	0.569 695	IMF1	Sub1
IMF2	0.325 177	IMF2,IMF3,IMF4	Sub2
IMF3	0.294 024	—	—
IMF4	0.255 151	—	—
IMF5	0.098 402	IMF5,IMF6,IMF7	Sub3
IMF6	0.090 133	—	—
IMF7	0.040 745	—	—
Residual	0.005 655	Residual	Sub4

4.3 基于 CEEMDAN-SE-SVR 模型的预测

实验数据均按照 7∶3 的比例划分为训练集和测试集。经过实验,确定输入特征的维度为 9,输出维度为 1,即利用索引为 $t+1,t+2,\cdots,t+9$ 预测 $t+10$,其中 $t=0,\cdots,N$。核函数选择高斯径向基函数(Rbf),因为该核函数具有良好的特点:表

(A) 北京市场重构结果

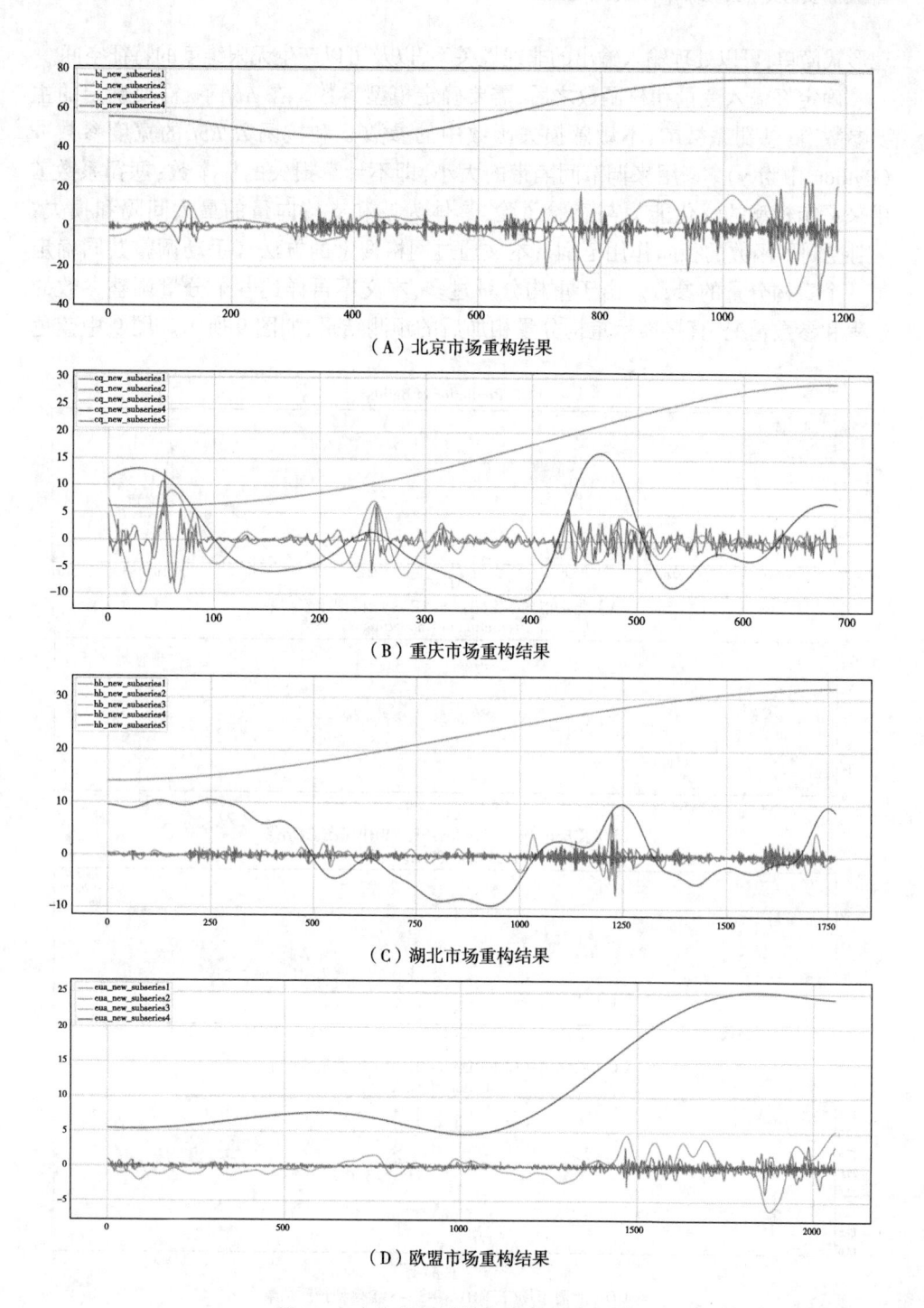

(B) 重庆市场重构结果

(C) 湖北市场重构结果

(D) 欧盟市场重构结果

图 8 各个市场通过样本熵方法重组结果

现形式简单,可以处理输入输出的非线性关系,以及可以产生无限维度的特征空间。

确定好输入变量和核函数之后,需要确定模型参数。在 Rbf 下,需要确定的主要参数有:惩罚系数 C、不敏感损失函数中的参数 ε 和核函数 Rbf 的宽度参数 σ(Python 中为 γ)。ε 用来调节间隔带的大小,即不计算损失的样本数;惩罚系数 C 用来平衡模型的泛化能力与经验风险,具体为调和支持向量的最大间隔和损失;γ 则控制了函数的径向作用范围。本文通过网格搜索的方法和手动调整共同确定每一个重构分量的参数。由于重构分量过多,本文不再详述各个分量调整参数的过程和参数情况,直接展示重构分量相加后的预测结果,如图 9 所示。图 9 中蓝色

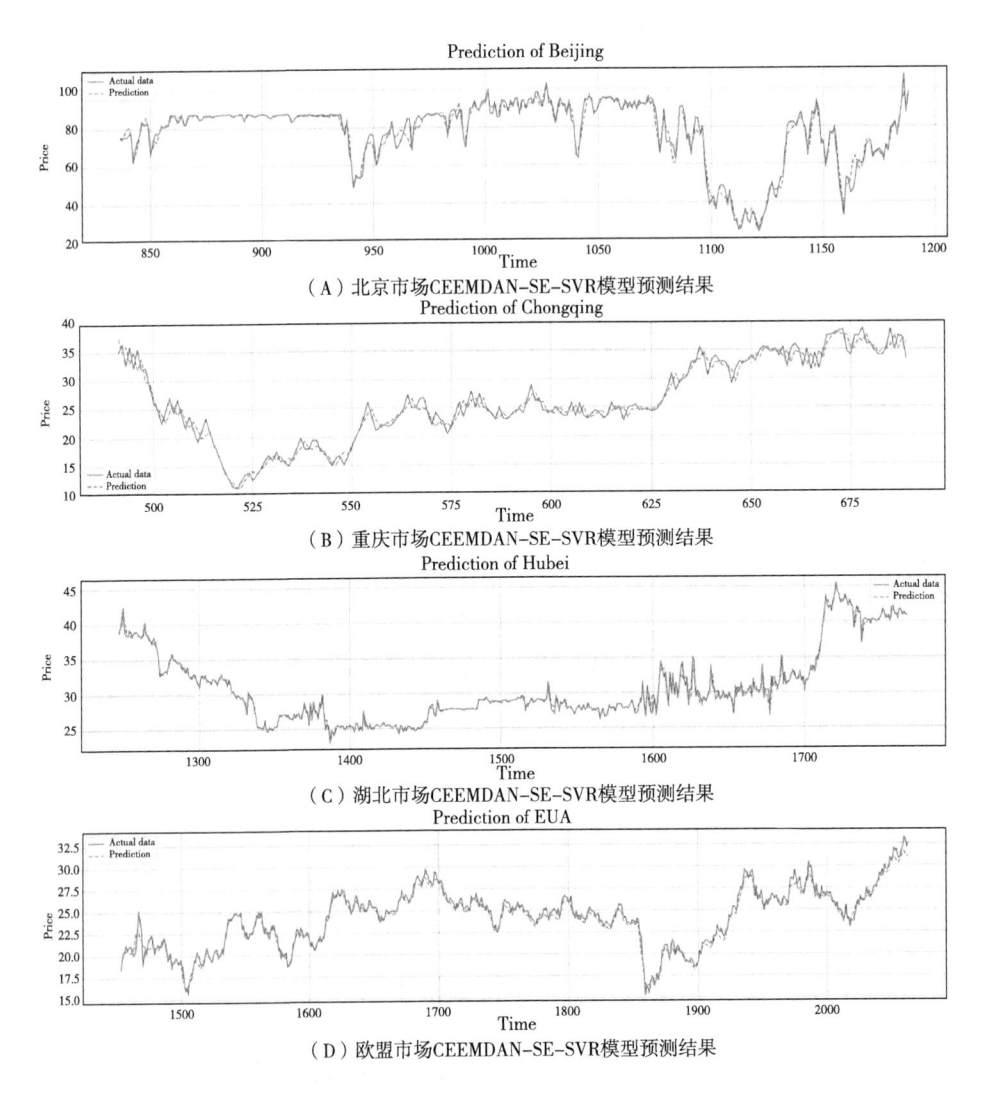

（A）北京市场CEEMDAN-SE-SVR模型预测结果

（B）重庆市场CEEMDAN-SE-SVR模型预测结果

（C）湖北市场CEEMDAN-SE-SVR模型预测结果

（D）欧盟市场CEEMDAN-SE-SVR模型预测结果

图 9　不同碳市场 CEEMDAN-SE-SVR 模型预测结果

实线为原始数据的真实值,黄色虚线为 CEEMDAN-SE-SVR 模型的预测值。模型评价指标数据见下文 4.7 部分。

4.4 基于 CEEMDAN-SE-LSTM 模型的预测

由于重构分量的复杂度不同,针对不同的重构分量,本文的策略是使用不同的神经网络进行预测。实验发现,高频重构分量使用 LSTM 网络预测、次高频分量使用 RNN 网络预测及其他分量使用普通的全连接神经网络时预测效果较好,因此本文在不同市场中均使用这一策略。

接下来,构建神经网络模型。由于数据集数量不大,因此为了防止过拟合,本文使用层数较少的神经网络;根据重构数据的复杂程度确定输入层大小;对于 LSTM 网络选择 Adam 优化器对梯度下降进行优化,因为该优化器结合了 Momentum 和 RMSprop 方法的优点。本文根据 loss 下降的情况、模型在训练集和测试集上的效果可视化和评估指标,检查模型是否存在过拟合或欠拟合问题,对 epoch、batch_size 和隐藏层神经元个数等参数进行调整。通过 LearningRateScheduler 方法确定学习率的大致范围。由于序列较多,篇幅有限,仅以北京地区重构数据为例,表 2 展示了网络构建和部分参数情况。

表 2 北京地区重构分量网络参数

重构序列	窗口大小	Epoch	Batch size	网络结构	优化器	损失函数
Sub1	20	500	32	Input -BiLSTM(20) -Dense (10,activation:relu) -Output	Adam (learning rate = 0.01)	Huber
Sub2	24	300	32	Input -RNN (10,activation:tanh) -RNN (10,activation:tanh) -Output	SGD (learning rate = 0.01)	MSE
Sub3	20	300	32	Input -Dense (10,activation:relu) -Dense (10,activation:relu) -Output	SGD (learning rate = 0.01)	MSE

续表

重构序列	窗口大小	Epoch	Batch size	网络结构	优化器	损失函数
Sub4	20	300	32	Input —Dense (10, activation: relu) —Dense (10, activation: relu) —Output	SGD (learning rate = 0.01)	MSE

由于模型的结果存在随机性,为了使预测结果更加准确、对比模型结果时更加合理,每个地区的数据都重复建模5次,取5次模型评价指标的均值作为模型结果,最后对比平均误差。模型评价指标数据见下文4.7部分。其中一次实验重构分量相加后的预测结果如图10所示。

4.5 基于 CEEMDAN-SE-ELM 模型的预测

ELM 的输入层数设定为10。与 LSTM 不同的是,ELM 需要确定的参数很少,只有隐藏层的数量。为了更好地确定隐藏层的数量,本文采用的策略为:在训练集上训练不同层数的模型,将训练好的模型在训练集上做预测,找到损失最小的模型对应层数(多次重复选取众数),作为模型隐藏层的数量,这里的损失用 MSE 来衡量。此外,层数不宜过多,否则容易出现过拟合的情况。此外,由于模型每次初始化的权值矩阵不同,因此结果也不同。对此,本文依旧采用多次训练和预测求平均的方式得到模型评价指标,模型预测结果如图11所示。由于 ELM 的结果相较于 LSTM 更不稳定,此处每个地区模型训练次数设定为10。模型评价指标数据见下文4.7部分。

4.6 其他对比模型说明

为了进一步确定 CEEMDAN 和样本熵方法对于预测数据的有效性,本文使用历史碳价格序列数据直接作为输入,分别用 SVR 和 LSTM 方法对四个市场的碳价格时间序列进行直接预测。调参方法与4.5和4.6相同。其中,北京市场使用 LSTM 的效果不如 RNN,因此北京市场的结果用 RNN 的结果替代。因篇幅所限,仅展示模型评价指标数据,具体见下文4.7部分。

4.7 模型结果

经过多次试验,表3展示了实验结果,即各模型在测试集上的评价指标的详细数值。为方便对比,图12对实验结果进行了可视化。从预测精度上看,结果显示,对于不同模型,CEEMDAN-SE-SVR 模型在各个市场的表现都是最好的,CEEMDAN-SE-ELM 在组合模型中的表现不如其他模型;而对于不同市场,湖北市场在所有方法中的预测误差最小。组合模型的预测精度优于单一模型。

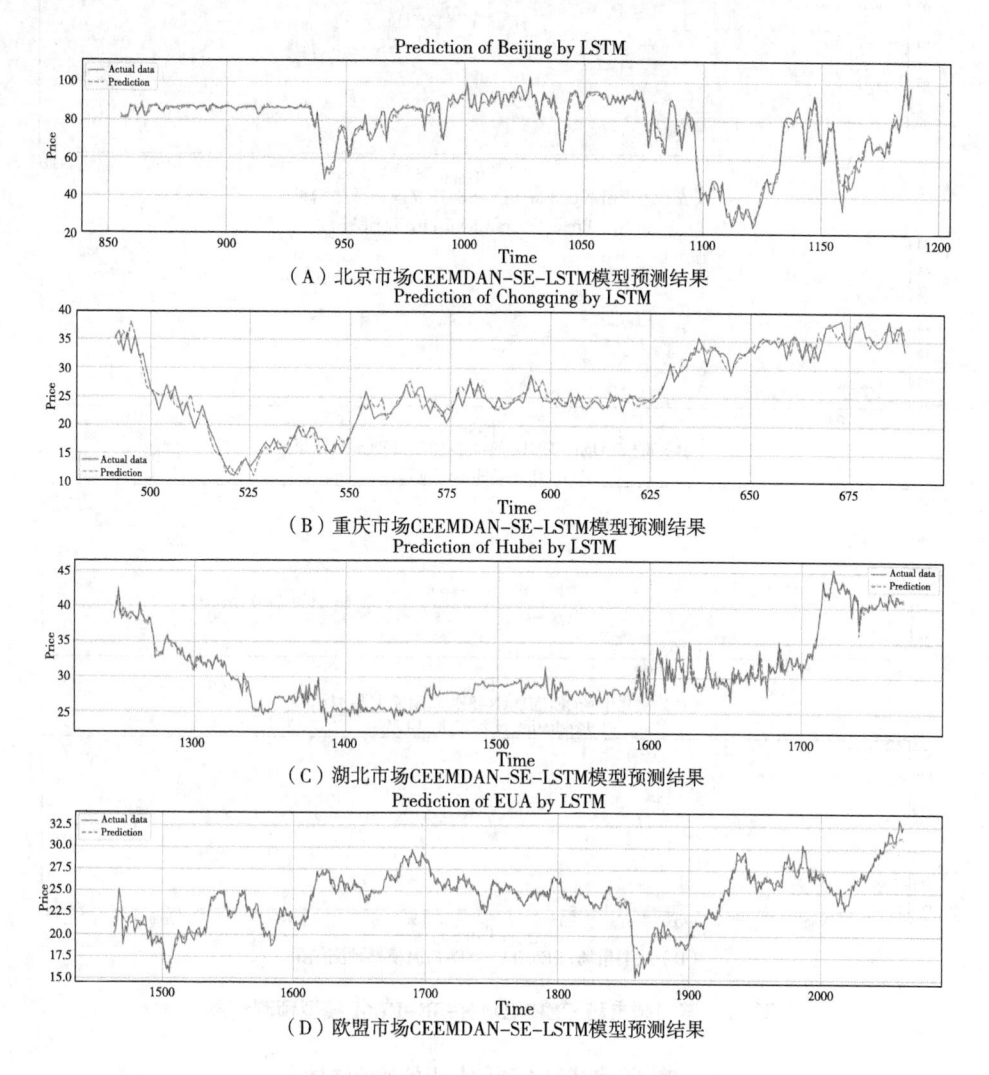

（A）北京市场CEEMDAN-SE-LSTM模型预测结果

（B）重庆市场CEEMDAN-SE-LSTM模型预测结果

（C）湖北市场CEEMDAN-SE-LSTM模型预测结果

（D）欧盟市场CEEMDAN-SE-LSTM模型预测结果

图 10　不同碳市场 CEEMDAN-SE-LSTM 模型预测结果

从模型调参难度和稳定性来看，ELM 调参难度最小，因为该模型需要设定的参数最少，但是模型稳定性较差，每次实验结果有一些差距（本文取 10 次实验的平均结果）；LSTM 的调参难度最大，模型需要设定的参数以及可采用的优化方法最多，模型的稳定性一般（本文取 5 次实验的平均结果）；而 SVR 的调参难度中等，可以通过网格搜索和手动调参共同设定参数，因为不存在模型参数初始化的问题，每次实验结果都是固定的。

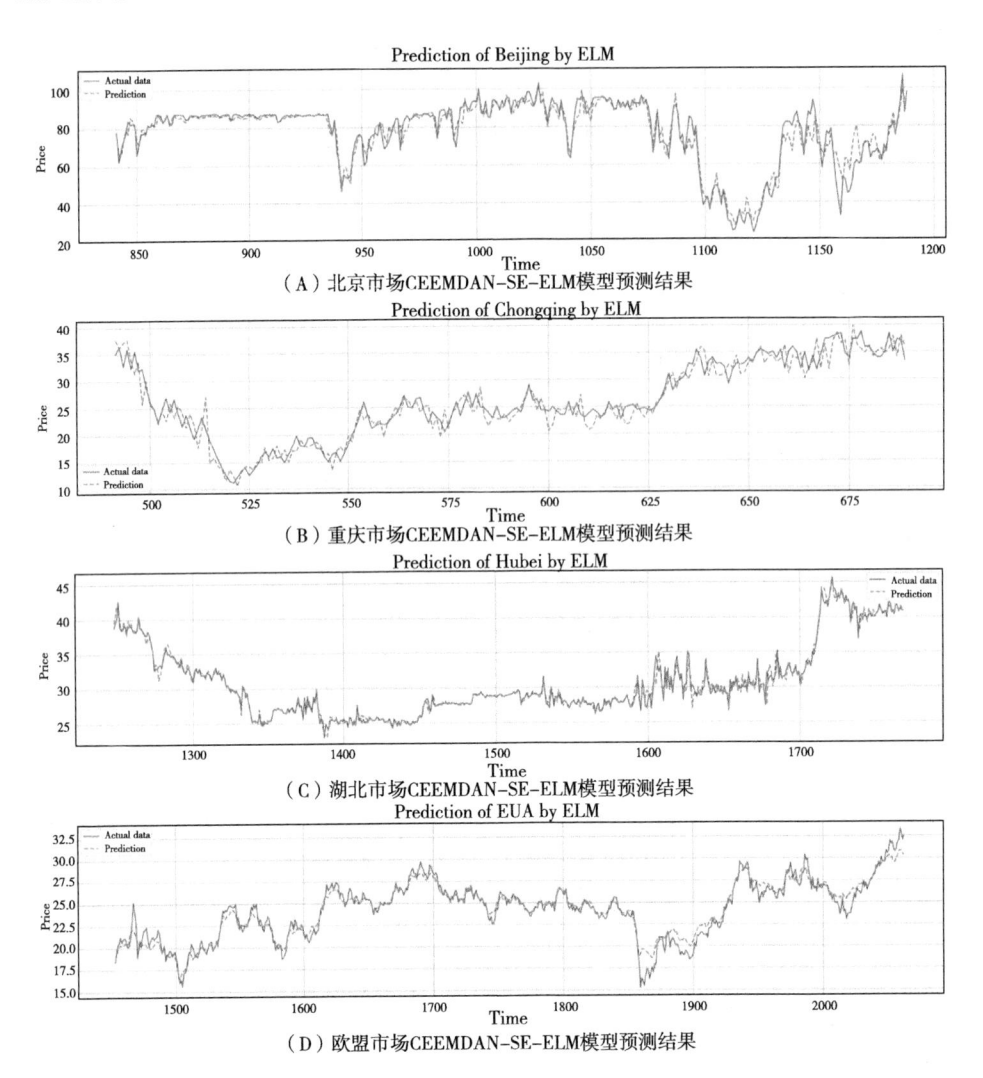

(A) 北京市场CEEMDAN-SE-ELM模型预测结果

(B) 重庆市场CEEMDAN-SE-ELM模型预测结果

(C) 湖北市场CEEMDAN-SE-ELM模型预测结果

(D) 欧盟市场CEEMDAN-SE-ELM模型预测结果

图11　不同碳市场 CEEMDAN-SE-ELM 模型预测结果

表3　各模型在测试集上的评价结果

地区	评价指标	CEEMDAN-SE-SVR	CEEMDAN-SE-LSTM	CEEMDAN-SE-ELM	SVR	LSTM/RNN
北京	RMSE	3.145 1	3.208 3	5.656 8	6.182 0	8.046 7
北京	MAE	2.183 9	2.245 7	3.733 5	4.220 8	5.769 9
北京	MAPE	0.032 6	0.034 1	0.059 9	0.062 5	0.082 9
重庆	RMSE	1.424 5	1.595 0	2.052 3	1.916 7	2.618 2
重庆	MAE	1.139 8	1.255 1	1.617 8	1.601 9	2.047 9
重庆	MAPE	0.044 0	0.050 2	0.063 0	0.062 4	0.082 1

续表

地区	评价指标	CEEMDAN-SE-SVR	CEEMDAN-SE-LSTM	CEEMDAN-SE-ELM	SVR	LSTM/RNN
湖北	RMSE	0.5092	0.6356	0.7037	1.1488	1.5531
	MAE	0.3322	0.3863	0.4690	0.7529	1.1015
	MAPE	0.0108	0.0126	0.0152	0.0243	0.0343
欧盟	RMSE	0.5636	0.6391	0.8852	0.7481	2.1214
	MAE	0.4450	0.4636	0.6498	0.5442	1.7076
	MAPE	0.0185	0.0201	0.0276	0.0234	0.0670

(A) 北京市场模型预测结果对比

(B) 重庆市场模型预测结果对比

(C) 湖北市场模型预测结果对比

(D) 欧盟市场模型预测结果对比

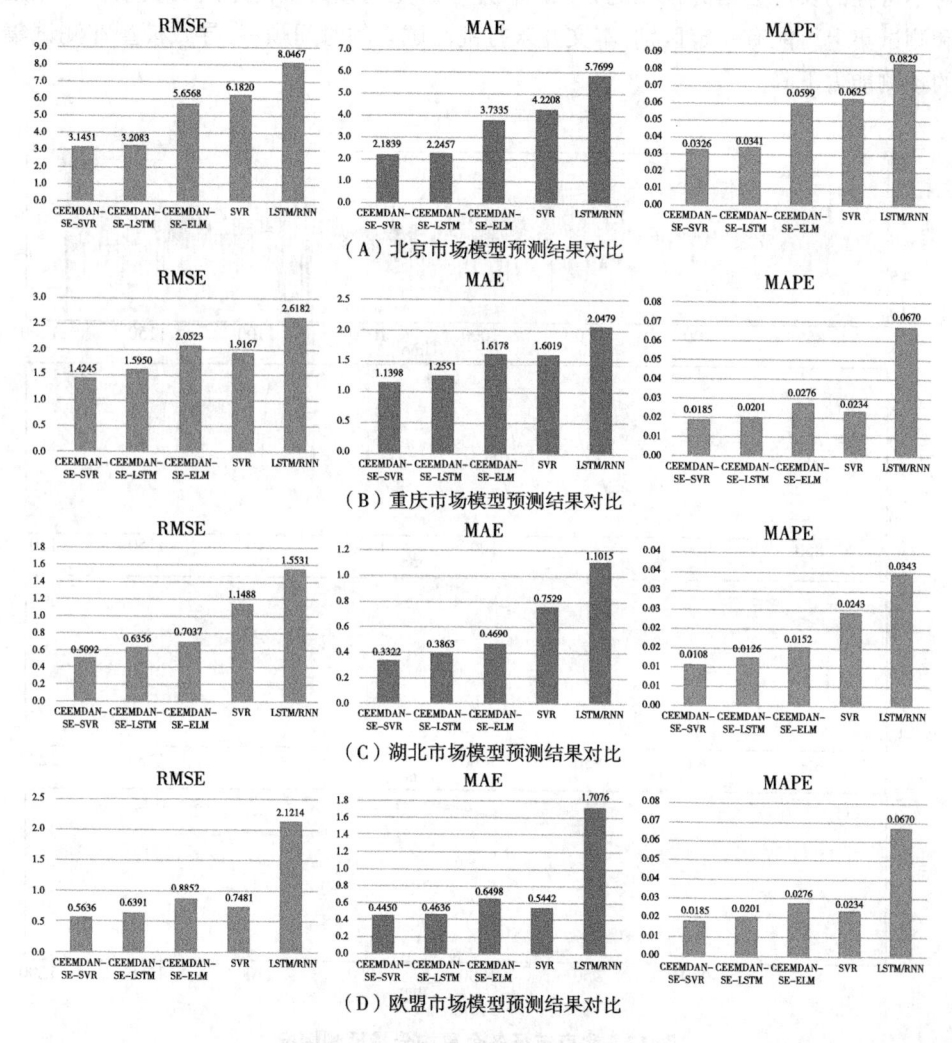

图 12 各个市场预测结果对比

从运行效率上看(运行时间不包括网格搜索等调参时间,只统计模型训练和预测总时间),ELM 和 SVR 的训练模型的速度和预测相差无几,都在几秒内较快完成任务;但由于 LSTM 受网络复杂度、模型规模和迭代次数的影响,处理效率较低,单个序列训练时间在 2 至 6 分钟不等,预测时间在 1 至 2 分钟不等。

对比不同市场重构序列各个模型的预测情况能够发现,无论在哪个市场,所有模型都有一个共同特点:对高频的重构序列预测效果较差,对低频的重构序列预测效果较好。图 13 展示了北京市场重构分量预测值与真实值的情况。经分析有两个原因:一是高频的重构序列含有大量噪声数据,即使在非过拟合的情况下,模型对不可控的噪声数据的预测能力依然较差。二是高频的重构序列的振幅在训练集和测试集上可能有一定区别,本文并未打乱测试集的时间顺序,导致模型在测试集的预测能力下降。

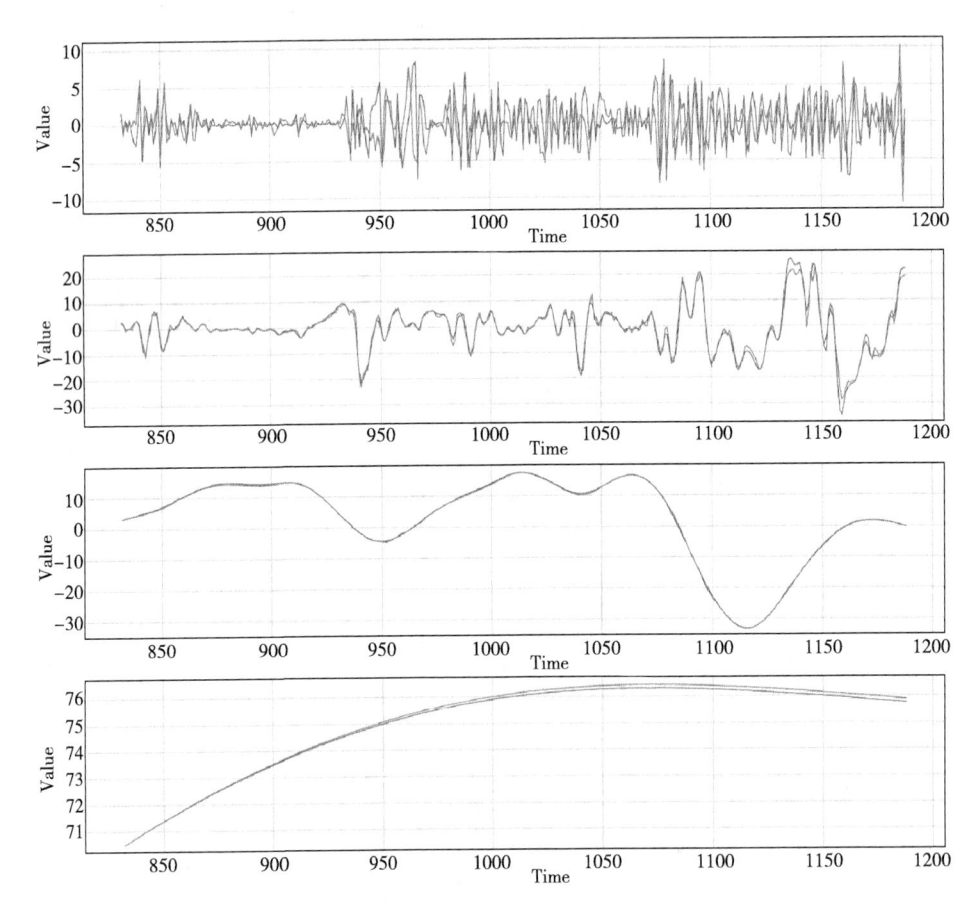

图 13 北京市场各个重构分量预测情况

5 结论

5.1 研究结论

本文针对三个中国碳市场数据集和欧盟碳期货市场数据,采用了一种融合 CEEMDAN、SE 和不同机器学习模型的时间序列预测方法,验证了不同模型的预测能力。同时,在四个数据集上建立 SVR 模型,将实验结果与本文提出的模型实验结果进行对比,验证分解重构模型的有效性,为碳价格预测提供了技术支撑。本文的主要研究结论如下:

(1)对比其他模型,CEEMDAN-SE-SVR 模型在预测碳价结算价和成交均价上具有一定的有效性。本文在北京、重庆、湖北和欧盟碳价数据上,以历史数据为输入、下一日碳价为输出,建立了 CEEMDAN-SE-SVR、CEEMDAN-SE-LSTM 和 CEEMDAN-SE-ELM 模型,以测试集上 RMSE、MAE 和 MAPE 为判断模型精度好坏的指标,综合模型精度、模型调参难度、稳定性和运行效率,结果显示 CEEMDAN-SE-SVM 模型表现优异。这不仅说明这种新的混合模型在此数据集上适用,也为其他单变量时间序列的预测方法提供了新思路。

(2)相较于单一机器学习预测模型,组合模型优点的预测效果明显更好。这说明分解和重构算法在机器学习预测模型中有重要作用,能够提高预测精度。实验表明,CEEMDAN 方法可以作为数据预处理的方法之一,充分捕捉数据的不同频率的波动,将复杂的原始数据分解为有限个本征模态函数和一个残差,这些子序列具有更简单的频率成分和更高的相关性。而通过样本熵对子序列进行合并,可以有效减少建模次数,得到较好的预测效果。

5.2 展望

金融时间序列预测问题的研究是学术界一直以来不断探索且与时俱进的课题,目前国内碳价数据存在样本量少、非线性等特点,受政策等诸多因素变动幅度大。本文提出的多种分解-重构-预测模型虽然具有一定的优势,但仅为一种初步尝试,仍存在如下一些待解决的技术问题:

(1)样本指标选择问题。实际问题中,碳价不仅受历史数据影响,可能还与政策、环境和其他能源等因素有关。因此,需要尽可能全面地考虑各种因素对碳价的影响,选取影响程度大的因素作为模型输入,而非仅考虑历史数据。

(2)历史数据预处理问题。本文对分解和重构后的历史碳价进行了归一化处理,但是高频部分数据仍存在噪声或者一定偏差,这是影响预测模型精度的主要因素,所以有必要进一步地探讨降噪方法,增加高频数据预测准确性。此外,在进行数据重构时,本文将样本熵相似的序列进行直接合并,但未给出相似的详细定义,存在一定的主观性。

（3）算法准确度问题。在运用各种机器学习算法进行时间序列预测时，本文通过网格搜索和手动等方式对模型参数进行调整，这很大程度上依赖于调参经验，因此精度可能未必最佳。如果想提高模型精度，还有两个方向可以考虑：一是使用优化方法进行调参，例如使用粒子群优化和蝙蝠算法等确定模型的最佳参数；二是使用改进后的模型，例如用代替 KELM 替代 ELM 等。

参考文献

[1]冯凯杰．多重分形原理下基于改进支持向量机的碳期货价格预测研究[D]．广州：华南农业大学，2018．

[2]郭蜀航．基于 BP 神经网络的碳排放权交易价格预测[D]．武汉：中南财经政法大学，2020．

[3]刘亚贞．碳排放权交易市场价格机制研究[D]．杭州：浙江大学，2012．

[4]吕靖烨，杜靖南，沙巴，等．基于 ARIMA 模型的欧盟碳金融市场期货价格预测及启示[J]．煤炭经济研究，2019，39(10)：23-29．

[5]王子辰．基于 ARIMA-LSSVM 模型的碳期货价格的预测研究[D]．哈尔滨：哈尔滨工业大学，2015．

[6]王科，李思阳．中国碳市场回顾与展望(2022)[J]．北京理工大学学报(社会科学版)，2022，24(2)：33-42．

[7]薛凤家．熵概念的建立和发展[J]．廊坊师范学院学报，2003(4)：98-102．

[8]周守为，朱军龙．助力"碳达峰，碳中和"战略的路径探索[J]．Natural Gas Industry，2021，41(12)．

[9]BOSER B E, GUYON I M, VAPNIK V N. A training algorithm for optimal margin classifiers [C]. Proceedings of the fifth annual workshop on Computational learning theory, 1992:144-152.

[10]BYUN S J, CHO H. Forecasting carbon futures volatility using GARCH models with energy volatilities[J]. Energy Economics, 2013, 40:207-221.

[11] CAO J, LI Z, LI J. Financial time series forecasting model based on CEEMDAN and LSTM[J]. Physica A: Statistical Mechanics and its Applications, 2019, 519:127-139.

[12]CHAI S, ZHANG Z, ZHANG Z. Carbon price prediction for China's ETS pilots using variational mode decomposition and optimized extreme learning machine. Annals of Operations Research, 2021.

[13] CORTES C, VAPNIK V. Support-vector networks[J]. Machine learning, 1995,20(3):273-297.

[14] DELGADO-BONAL A, MARSHAK A. Approximate Entropy and Sample Entropy:A Comprehensive Tutorial[J]. Entropy,2019,21(6):541.

[15] DRUCKER H, BURGES C J, KAUFMAN L, et al. Support vector regression machines[J]. Advances in neural information processing systems,1996,9.

[16] ELMAN J L. Finding structure in time[J]. Cognitive science,1990,14(2):179-211.

[17] FENG Z-H, ZOU L-L, WEI Y-M. Carbon price volatility: Evidence from EU ETS[J]. Applied Energy,2011,88(3):590-598.

[18] HOCHREITER S, SCHMIDHUBER J. Long short-term memory[J]. Neural computation,1997,9(8):1735-1780.

[19] HUANG G-B, ZHU Q-Y, SIEW C-K. Extreme learning machine: theory and applications[J]. Neurocomputing,2006,70(1-3):489-501.

[20] HUANG N E, SHEN Z, LONG S R, et al. The empirical mode decomposition and the Hilbert spectrum for nonlinear and non-stationary time series analysis[J]. Proceedings of the Royal Society of London. Series A: mathematical, physical and engineering sciences,1998,454(1971):903-995.

[21] HUANG Y, HE Z. Carbon price forecasting with optimization prediction method based on unstructured combination[J]. Sci Total Environ,2020,725:138350.

[22] LI W, SUN W, LI G, et al. Transmission mechanism between energy prices and carbon emissions using geographically weighted regression[J]. Energy Policy,2018,115:434-442.

[23] LIN L, JIANG Y, XIAO H, et al. Crude oil price forecasting based on a novel hybrid long memory GARCH-M and wavelet analysis model[J]. Physica A: Statistical Mechanics and its Applications,2020,543.

[24] LU H, MA X, HUANG K, et al. Carbon trading volume and price forecasting in China using multiple machine learning models[J]. Journal of Cleaner Production,2020,249.

[25] PINCUS S M. Approximate entropy as a measure of system complexity[J]. Proceedings of the National Academy of Sciences,1991,88(6):2297-2301.

[26] QIN Q, XIE K, HE H, et al. An effective and robust decomposition-ensemble energy price forecasting paradigm with local linear prediction[J]. Energy Economics,2019,83:402-414.

[27] RICHMAN J S, MOORMAN J R. Physiological time-series analysis using approximate entropy and sample entropy[J]. American Journal of Physiology-Heart and Circulatory Physiology, 2000.

[28] RICHMAN J S, LAKE D E, MOORMAN J R. Sample entropy, Methods in enzymology: Elsevier, 2004: 172-184.

[29] SUN W, WANG Y. Factor analysis and carbon price prediction based on empirical mode decomposition and least squares support vector machine optimized by improved particle swarm optimization[J]. Carbon Management, 2020, 11(3): 315-329.

[30] SUN W, XU C. Carbon price prediction based on modified wavelet least square support vector machine[J]. Sci Total Environ, 2021, 754: 142052.

[31] TORRES M E, COLOMINAS M A, SCHLOTTHAUER G, et al. A complete ensemble empirical mode decomposition with adaptive noise[C]. 2011 IEEE international conference on acoustics, speech and signal processing (ICASSP), 2011: 4144-4147.

[32] TSAI M T, KUO Y T. Application of Radial Basis Function Neural Network for Carbon Price Forecasting[J]. Applied Mechanics and Materials, 2014, 590: 683-687.

[33] WANG J, SUN X, CHENG Q, et al. An innovative random forest-based nonlinear ensemble paradigm of improved feature extraction and deep learning for carbon price forecasting[J]. Sci Total Environ, 2021, 762: 143099.

[34] WU Q, LIU Z. Forecasting the carbon price sequence in the Hubei emissions exchange using a hybrid model based on ensemble empirical mode decomposition[J]. Energy Science & Engineering, 2020, 8(8): 2708-2721.

[35] WU Z, HUANG N E. Ensemble empirical mode decomposition: a noise-assisted data analysis method[J]. Advances in adaptive data analysis, 2009, 1(1): 1-41.

[36] XU H, WANG M, JIANG S, et al. Carbon price forecasting with complex network and extreme learning machine[J]. Physica A: Statistical Mechanics and its Applications, 2020, 545.

[37] YANG S, CHEN D, LI S, et al. Carbon price forecasting based on modified ensemble empirical mode decomposition and long short-term memory optimized by improved whale optimization algorithm[J]. Sci Total Environ, 2020, 716: 137117.

[38] ZHAO L T, MIAO J, QU S, et al. A multi-factor integrated model for carbon price forecasting: Market interaction promoting carbon emission reduction[J]. Sci Total Environ, 2021, 796: 149110.

[39] ZHOU J, CHEN D. Carbon Price Forecasting Based on Improved CEEMDAN and Extreme Learning Machine Optimized by Sparrow Search Algorithm[J]. Sustainability, 2021, 13(9).

[40] ZHU B. A Novel Multiscale Ensemble Carbon Price Prediction Model Integrating Empirical Mode Decomposition, Genetic Algorithm and Artificial Neural Network[J]. Energies, 2012, 5(2): 355-370.

[41] ZHU B, WEI Y. Carbon price forecasting with a novel hybrid ARIMA and least squares support vector machines methodology[J]. Omega, 2013, 41(3): 517-524.

指导教师评语：

该论文以碳价格预测为研究内容，充分运用数据挖掘相关理论方法，选题与本专业密切相关。在当前碳达峰、碳中和发展背景下具有突出的现实意义。研究聚焦于碳价格的非线性和多影响因素特征，提出分解-集成-深度学习预测方法，并对欧洲市场和中国多市场数据进行实证对比分析，具有一定的理论价值。该论文文献调研翔实，逻辑梳理清晰，有充分的个人思考。研究方法理论支撑充足，在模型构建、实证分析过程中论证合理清晰，工作充分，具有一定难度。论文结构合理，层次分明，语言表达流畅，写作符合规范性要求。该生在研究过程中，态度认真积极，富有钻研精神，展现出优秀的综合能力。因此推荐该论文为优秀毕业论文。